创新思维法学教材
Legal Textbooks of Creative Thinking

刑法各论

Specific Theory of Criminal Law

主编 ▸ 李希慧
副主编 ▸ 康均心 黄明儒

WUHAN UNIVERSITY PRESS
武汉大学出版社

图书在版编目(CIP)数据

刑法各论/李希慧主编;康均心,黄明儒副主编.—武汉:武汉大学出版社,2009.3
创新思维法学教材
ISBN 978-7-307-06870-4

Ⅰ.刑…　Ⅱ.①李…　②康…　③黄…　Ⅲ.刑法—中国—高等学校—教材　Ⅳ.D924

中国版本图书馆 CIP 数据核字(2009)第 021141 号

责任编辑:钱　静　　责任校对:黄添生　　版式设计:马　佳

出版发行:武汉大学出版社　(430072　武昌　珞珈山)
(电子邮件:cbs22@whu.edu.cn　网址:www.wdp.com.cn)
印刷:安陆市鼎鑫印务有限责任公司
开本:720×1000　1/16　印张:33　字数:591 千字　插页:1
版次:2009 年 3 月第 1 版　2011 年 7 月第 2 次印刷
ISBN 978-7-307-06870-4/D·873　定价:43.00 元

目　录

第一章　罪刑各论概说

第一节　罪刑各论的概念与研究意义

一、罪刑各论的概念与研究对象

罪刑各论，又称刑法各论、罪刑分论、刑法分论，上述概念的产生与刑法典的结构有着密切的关系。在人类社会发展到一定历史时期的时候，各国刑法典通常由总则与分则两部分组成，总则对犯罪、刑事责任和刑罚作出一般规定，分则对各类、各种犯罪作出具体规定。相应地，研究犯罪、刑事责任和刑罚一般规定的理论，就被称为刑法总论，而研究各类、各种具体犯罪的定义、构成及其刑事责任的理论则被称为罪刑各论。又由于社会的进一步发展，规定具体犯罪及其刑事责任的法律形式不再限于刑法典分则，单行刑法、非刑法法律也有了关于具体犯罪与刑事责任的规定，因此，关于具体犯罪及其刑事责任的渊源有了进一步的扩大。我国刑法关于具体犯罪及其刑事责任的法律渊源也是如此。当前，我国规定具体犯罪及其刑事责任的法律有1997年修订的《中华人民共和国刑法》、全国人民代表大会常务委员会《关于惩治骗购外汇、逃汇和非法买卖外汇犯罪的决定》以及非刑法法律如经济法律、行政法律有关刑事责任的规定，据此，罪刑各论就是对各种刑法渊源关于具体犯罪及其刑事责任的规定进行研究的学科。上述关于罪刑各论的定义表明，罪刑各论的研究对象就是各种具体犯罪及其刑事责任。

二、罪刑各论研究的意义和方法

在学习、掌握刑法总论知识的基础上，学习和研究罪刑各论具有重要的意义：首先，通过罪刑各论的学习和研究，有助于丰富和加深对刑法总论的理解和把握；其次，通过学习和研究罪刑各论，可以掌握各种具体犯罪的定罪量刑标准，有助于正确区分罪与非罪、此罪与彼罪的界限；再次，研究罪刑各论，有助于对各种具体的犯罪适用刑罚；最后，通过对罪刑各论的学习和研究，可以发现刑事立法关于具体犯罪规定中的缺陷和不足，并提出修改和完善建议，从而有助于刑事立法的改革与健全。

懂得了研究罪刑各论的意义，还必须掌握学习和研究罪刑各论的方法。研究罪刑各论除了必须注意以刑法总论的原理、原则为指导外，还应注意以下几点：其一，要注意及时了解刑事立法和司法实践的动态。罪刑各论研究的是具体犯罪问题，具有很强的实践性，因此，在研究罪刑各论时，必须密切关注刑法立法和司法的动态，根据刑法立法的发展和司法实践的新情况来探讨各种问题。其二，要注意抓住重点和难点。罪刑各论的重点是各种具体犯罪，尤其是司法实践中的常见罪、多发罪的构成、罪与非罪的界限以及此罪与彼罪的界限。难点问题在各罪中可能不尽相同，有的罪的难点可能是主体特征，有的罪的难点也许是主观方面，有的罪的难点可能是该罪与其他相关罪的界限。这就要求在研究罪刑各论时善于捕捉难点问题，进行认真的钻研和探讨。其三，要注意贯彻理论联系实际的学习和研究方法。理论联系实际，就是将具体罪刑理论运用于具体的案例分析之中，从而消化和掌握有关理论，并培养分析问题和解决问题的能力。

第二节　罪刑各论的体系

一、罪刑各论体系的概念

罪刑各论的体系，是指按照一定的结构和顺序所构建的研究具体犯罪及其刑事责任的理论整体。罪刑各论的体系与刑法分则的结构有着密切的联系，不同国家的刑法分则的结构不尽相同，相应地其罪刑各论的体系也就存在差异。这里所说的刑法分则的结构，是指刑法分则对具体犯罪的分类及其排列顺序。罪刑各论通常是按照刑法分则对具体犯罪的分类及其排列顺序来构建其体系的。

二、我国罪刑各论体系的特点

罪刑各论体系建立在具体犯罪分类及其排列顺序的基础之上，因此，罪刑各论体系的特点与具体犯罪分类排列的特点之间具有共同性。

（一）犯罪的分类排列

对于刑法分则所规定的具体犯罪的分类，各国刑法的做法不尽相同。有的国家分类比较简单，如《俄罗斯联邦刑法》分则将犯罪分为12类。有的国家分类繁琐，如《德意志联邦共和国刑法》分则将犯罪分为29类；《日本刑法》将犯罪分为40类；《韩国刑法》分则将犯罪分为42类。

我国刑法分则对犯罪采用的是简明的分类方法，共分为10类，依次是：危害国家安全罪；危害公共安全罪；破坏社会主义市场经济秩序罪；侵犯公民人身权利、民主权利罪；侵犯财产罪；妨害社会管理秩序罪；危害国防利益罪；贪污贿赂罪；渎职罪；军人违反职责罪。

（二）犯罪分类排列的依据

我国刑法分则对犯罪进行分类的标准是犯罪行为所侵犯的同类客体；对各类犯罪以及各种具体犯罪的排列是各类各种犯罪的社会危害性程度。

1. 以同类客体为标准对犯罪进行分类

犯罪的同类客体，是指某一类犯罪所共同侵犯而为我国刑法保护的整体法益的某一部分或某一方面。我国刑法分则所规定的10类犯罪，正是根据同类客体划分的结果。背叛国家罪、分裂国家罪、煽动分裂国家罪等具体犯罪，共同侵犯的是国家安全这方面的法益，因而将它们归为危害国家安全罪；放火罪、决水罪、爆炸罪、投放危险物质罪等具体犯罪，共同侵犯的是社会的公共安全，因而将它们归为危害公共安全罪；生产、销售伪劣产品罪，生产、销售假药罪，生产、销售劣药罪等具体犯罪，共同侵犯的是我国社会主义市场经济秩序这方面的法益，因而将它们归为破坏社会主义市场经济秩序罪；故意杀人罪、过失致人死亡罪、故意伤害罪、过失致人重伤罪、强奸罪等具体犯罪，共同侵犯的是公民人身权利、民主权利这方面的法益，因而将它们归为侵犯公民人身权利、民主权利罪；抢劫罪、盗窃罪、诈骗罪、抢夺罪等具体犯罪，共同侵犯的是公私财产所有权这方面的法益，因而将它们归为侵犯财产罪；妨害公务罪、煽动暴力抗拒法律实施罪、招摇撞骗罪等具体犯罪，共同侵犯的是社会管理秩序这方面的法益，因而将它们归为妨害社会管理秩序罪；阻碍军人执行职务罪、阻碍军事行动罪等具体犯罪，共同侵犯的是我国国防利益这方面的法益，因而将它们归为危害国防利益罪；贪污罪、挪用公款罪、受贿罪、行贿罪等具体犯罪，共同侵犯的是国家工作人员职务廉洁性这方面的法益，因而将它们归为贪污贿赂罪；滥用职权罪、玩忽职守罪等具体犯罪，共同侵犯的是国家机关的正常管理活动这方面的法益，因而将它们归为渎职罪；战时违抗命令罪，隐瞒、谎报军情罪等具体犯罪，共同侵犯的是军人职责这方面的法益，因而将它们归为军人违反职责罪。

我国刑法分则根据同类客体对犯罪进行分类，是正确的犯罪分类法，为构建科学的刑法分则体系奠定了良好的基础。

2. 以犯罪的危害程度为标准对各类、各种犯罪进行排列

有了正确的犯罪分类法，并不意味着必然建立起科学的刑法分则体系。只有在对犯罪进行正确分类的基础上，恰当地排列各类以及各种犯罪的次序，才能建立起科学的刑法分则体系。我国刑法分则根据犯罪的危害程度对各类、各种犯罪进行排列，使之与正确的犯罪分类法相结合，从而真正地构筑起科学的分则体系。

首先，类罪的排列是以社会危害程度的大小进行排列的。刑法分则共包括10类犯罪，这10类犯罪就是根据各类犯罪的社会危害性的大小，由重到轻依次排列的。危害国家安全罪侵犯的是国家安全，而国家安全是我国的根本利益，是我国刑法所保护的最重要的法益，因此，这类犯罪的社会危害性最为严重，所以，将其排在各章之首。危害公共安全罪侵犯的是社会的公共安全，其社会危害程度仅次于危害国家安全罪，因此，这类犯罪紧随危害国家安全罪之后。刑法分则第三章至第十章的排列，其原理与上相同。当然类罪的先后排列顺序所表明的社会危害程度的大小，是从总体上而言的，并不意味着排在前面的类罪中的每一种具体犯罪的社会危害性都大于排在后面的类罪中的所有具体罪的社会危害性。如危害公共安全罪的过失犯罪，就显然轻于侵犯公民人身权利、民主权利罪中的故意杀人、强奸等犯罪。

其次，各类罪中的具体犯罪也大体上是根据社会危害程度的大小进行排列的。刑法分则中的每一类犯罪都包括数目不等的具体犯罪，各类犯罪中的具体犯罪的排列也不是随心所欲的，而是基本上按照其社会危害性的大小，由重到轻依次编排的。例如，在危害公共安全这一类犯罪中，放火罪、决水罪、爆炸罪、投放危险物质罪等犯罪，均属于故意以危险方法危害公共安全的犯罪，其社会危害性最为严重，因此，将它们排在该类犯罪的前面。而工程重大安全事故罪、教育设施重大安全事故罪、消防责任事故罪等犯罪，属于过失危害公共安全的犯罪，社会危害性相对较轻，因而将它们排在该类犯罪的后面。当然，刑法分则中各类犯罪中的每一种具体犯罪，并非绝对按照社会危害性的大小由重到轻进行排列，有的犯罪的排列，还照顾到犯罪性质和相互间的逻辑联系。例如，故意杀人罪排在侵犯公民人身权利、民主权利罪之首，紧接其后的是过失致人死亡罪，而社会危害性显然大于过失致人死亡罪的强奸罪却排在后面，这种排列是因为故意杀人罪和过失致人死亡罪都是侵犯公民生命权利的犯罪，因此将它们排在一起。这样既照顾到犯罪的性质，也与逻辑相符。

与犯罪的分类排列相协调，罪刑各论的各章犯罪的排列是按照刑法分则各

类犯罪的排列顺序进行的，即除了罪刑各论的概述外，其他各章依次为：危害国家安全罪；危害公共安全罪；破坏社会主义市场经济秩序罪；侵犯公民人身权利、民主权利罪；侵犯财产罪；妨害社会管理秩序罪；危害国防利益罪；贪污贿赂罪；渎职罪；军人违反职责罪。此外，在设有节的类罪中，罪刑各论也是按照各节罪的顺序依次排列的。同时，对于那些刑法分则没有设节的各类犯罪来讲，罪刑各论中节的设置一般也是按照犯罪的性质进行的。

三、罪刑各论的注意规定与法律拟制

注意规定是在刑法已有某种规定的情况下，提示司法工作人员注意对符合该规定的情形适用该规定的一种立法现象。注意规定的特点是：第一，没有创设新的内容，即使没有注意规定，对符合某种规定的情形当然也要适用该规定。第二，注意规定的设置旨在引起司法工作人员的注意，具有提醒作用。例如，《刑法》第 271 条第 1 款规定：“公司、企业或者其他单位的人员，利用职务上的便利，将本单位财物非法占为已有，数额较大的，处 5 年以下有期徒刑或者拘役；数额巨大的，处 5 年以上有期徒刑，可以并处没收财产。”这是关于职务侵占罪的规定。该条第 2 款接下来规定：“国有公司、企业或者其他国有单位中从事公务的人员和国有公司、企业或者其他国有单位委派到非国有公司、企业以及其他单位从事公务的人员有前款行为的，依照本法第三百八十二条、第三百八十三条的规定定罪处罚。”这一规定就是注意规定，即提醒司法人员不要忘了对国有单位中从事公务的人员、国有单位委派到非国有单位从事公务的人员，利用职务上的便利侵占本单位财物的行为按贪污罪定罪处罚，而不是按职务侵占罪定罪处罚，因为上述行为本身就是贪污罪的一种表现形式。

法律拟制是指将原本不符合刑法某一规定的某种行为也按照该规定处理的立法现象。在法律拟制的场合，立法者出于某种目的，将明知在事实上并不完全相同的两种情形赋予相同的法律效果，从而指示法律适用者，将一种情形视为另一种情形的一个事例，对该种情形适用另一规定。例如，《刑法》第 267 条第 2 款规定：“携带凶器抢夺的，依照本法第二百六十三条的规定定罪处罚。”携带凶器抢夺与《刑法》第 263 条规定的抢劫罪在事实上并不完全相同，或者说，携带凶器抢夺的行为原本并不符合抢劫罪的构成要件，但立法者将该行为赋予与抢劫罪相同的法律效果。如果没有《刑法》第 267 条第 2 款的法律拟制，对于单纯携带凶器抢夺的行为，只能认定为抢夺罪，而不能认定为抢劫罪。由此可见，法律拟制的特别之处在于：即使某种行为原本不符合刑

法的相关规定，但在刑法明文规定的特殊条件下，也必须按相关规定论处。法律拟制仅适用于刑法所限定的情形；对于类似情形，如果没有法律拟制规定，就不得类比拟制规定处理。①

第三节 刑法分则条文的结构

刑法分则条文的基本表现形式是规定具体犯罪的条文，而具体犯罪条文一般由罪状和法定刑两部分组成，罪状又与罪名密切相关。对罪状、罪名以及法定刑的研究，是刑法各论的重要内容。

一、罪状

罪状，是指刑法分则罪刑式条文所描述的具体犯罪的基本构成要件。刑法理论上通常将罪状分为简单罪状、叙明罪状、引证罪状和空白罪状四种，当然也有其他的分类法。我们认为，对罪状可以根据两个不同的标准进行分类：根据罪刑式条文对罪状描述方式的不同，可以将罪状分为叙明罪状、简单罪状、引证罪状和空白罪状；根据罪刑式条文对罪状描述方式的多寡，可以将罪状分为单一罪状和混合罪状。

（一）叙明罪状、简单罪状、引证罪状和空白罪状

1. 叙明罪状，即罪刑式条文详细地描述了具体犯罪的基本构成要件。例如，《刑法》第399条规定：“司法工作人员徇私枉法、徇情枉法，对明知是无罪的人而使他受追诉、对明知是有罪的人而故意包庇不使他受追诉，或者在刑事审判活动中故意违背事实和法律作枉法裁判的，处……”本条对徇私枉法罪的主体、主观方面和客观方面的构成要件作了详细的描述，其罪状为叙明罪状。

2. 简单罪状，即罪刑式条文只简单地描述了具体犯罪的基本构成要件。在简单罪状中，有的只简单地描述具体犯罪的主观方面和客观方面的要件，如《刑法》第232条规定：“故意杀人的，处……”这里就只描述了故意杀人罪的主观方面和客观方面要件，因而该罪状是简单罪状。有的甚至只简单地描述具体犯罪的客观方面要件，如《刑法》第237条第1款规定：“以暴力、胁迫或者其他方法强制猥亵妇女或者侮辱妇女的，处……”这里就只简单地描述

① 参见张明楷：《如何区分法律注意规定与法律拟制》，载《人民法院报》2006年1月11日。

了强制猥亵、侮辱妇女罪的客观方面要件，因而也是简单罪状。使用简单罪状，一般是因为立法者认为这些犯罪的要件易于被人理解和把握，无须在法律上作具体的描述。

3. 引证罪状，即引用同一法律中的其他条款来说明和确定某一犯罪构成的要件。例如，《刑法》第115条第1款规定了放火罪、决水罪、爆炸罪、投放危险物质罪、以危险方法危害公共安全罪的罪状和法定刑，其第2款接下来规定："过失犯前款罪的，处……"该款就是引用第1款规定的罪状，来说明和确定失火罪、过失决水罪、过失爆炸罪、过失投放危险物质罪、过失以危险方法危害公共安全罪的罪状。采用引证罪状的方式，是为了避免条款间文字上的重复。

4. 空白罪状，即罪刑式条文没有直接地具体说明某一犯罪构成的要件，而是仅仅指明确定该罪构成需要参照的法律、法规的规定。例如，《刑法》第228条规定："违反土地管理法规，非法转让、倒卖土地使用权，情节严重的，处……"这里仅指明在确定非法转让、倒卖土地使用权罪的构成要件时必须参照土地管理法规的规定，没有直接地具体描述该罪的要件，因而是空白罪状。采用空白罪状的方式，是因为有关法律、法规的规定往往内容较多，一一写在条文中会使条文繁琐冗长。另外，参照的法律会修改、补充，采用违反有关法律的规定的模糊表述，使刑法关于具体犯罪的规定不至于因参照的法律规定的变化而变化，使刑法保持应有的稳定性。

（二）单一罪状和混合罪状

1. 单一罪状，即某一罪刑式条文仅采用一种方式对某一犯罪的基本构成要件进行描述。如仅采用简单、叙明、引证、空白四种方式中的一种。分则条文中的绝大多数罪状，属于单一罪状。

2. 复合罪状，即某一罪刑式条文同时采用两种方式对某一犯罪的基本构成要件进行描述。例如，《刑法》第338条规定："违反国家规定，向土地、水体、大气排放、倾倒或者处置有放射性的废物、含传染病病原体的废物、有毒物质或者其他危险废物，造成重大环境污染事故，致使公私财产遭受重大损失或者人身伤亡的严重后果的，处……"本条前一分句指出了确定重大环境污染事故罪的构成需要参照国家规定，属于空白性的描述方式；后一分句详细地描述了该罪的行为方式、行为对象、行为后果等方面的特征，属于叙明性的描述方式。本条由于使用了两种方式来描述重大环境污染事故罪的罪状，因而是复合罪状。采用复合罪状方式，是由某些犯罪的特殊性决定的。刑法分则条文中的复合罪状为数不多。

二、罪名

罪名，有广义和狭义之分。广义的罪名包括类罪名、类罪中的节罪名和具体罪名。狭义的罪名仅指具体罪名。由于本节论述的是具体犯罪条文的构成，因此，这里所讲的是狭义上的罪名。

（一）罪名的概念和功能

罪名，是指高度概括具体犯罪本质特征，对具体犯罪的称谓。罪名虽是具体犯罪的称谓，但其功能是多方面的。从理论上阐明罪名的功能，能使我们认识到罪名的重要性，从而重视罪名的确定和使用。

1. 概括功能

犯罪现象纷繁复杂，千姿百态。罪名对形形色色的犯罪现象进行概括，使人们能够明确刑法上规定了哪些具体犯罪。这里所说的概括，有两层含义：一是将现实生活中的不同形式的同一性质的犯罪行为概括为刑法上的一个罪名。例如，入室盗窃、扒窃、顺手牵羊窃取等，属于不同形式的相同性质的犯罪，刑法上用“盗窃罪”这个罪名来概括这些行为，使这些行为成为一种具体犯罪。二是在罪状的基础上概括成一个罪名。例如，《刑法》第116条规定：“破坏火车、汽车、电车、船只、航空器，足以使火车、汽车、电车、船只、航空器发生倾覆、毁坏危险，尚未造成严重后果的，处3年以上10年以下有期徒刑。”该罪状所描述的行为方式是破坏，行为对象是交通工具，故将其概括为破坏交通工具罪。

2. 区分功能

具体罪名，是对具体犯罪本质特征的概括。由于不同的罪名所反映的性质和特征不同，这就使得罪名具有了区分功能。也就是说，通过罪名所传递的信息，人们在感官上基本能够区分罪与非罪、此罪与彼罪的界限。罪名区分功能的意义主要表现在以下几个方面：（1）在社会生活中，它有助于广大公民刑法意识的建立。公民可以通过罪名知道有哪些犯罪，各种具体犯罪的性质和基本构成条件是什么，从而不去实施犯罪行为，并积极地同犯罪作斗争。（2）在司法活动中，罪名是区分罪与非罪的标志，不触犯某一罪名的行为，绝不是犯罪行为；同时，罪名是决定罪质、罪数的标志，因而罪名无论对区分罪与非罪、此罪与彼罪，还是对区分一罪与数罪的界限都有重要意义。

3. 评价功能

罪名不仅揭示犯罪的内容，同时还代表了一种评价，即国家对危害社会行为所给予的法律上的强烈的否定评价，以及对触犯某种罪名的主体的最严厉的谴责。例如，非法拘禁罪，就是国家对非法拘禁他人或者以其他方法非法剥夺他人人身自由的行为的强烈的否定评价，同时也表明国家对实施该犯罪行为的主体的严厉谴责。罪名对行为的否定评价和对行为主体谴责的实现有两种具体表现形式：一是司法机关认定某种行为触犯了某种罪名而对行为人判处刑罚，从而使该种行为受到否定评价和实施该行为的人受到谴责。二是司法机关仅确定某种行为触犯某种罪名，而不给予行为人刑罚处罚（免予刑罚处罚），这同样表明国家对该行为的否定评价和对该行为人的谴责。

4. 威慑功能

罪名的评价功能，引申出罪名的威慑功能。因为罪名体现了国家对犯罪的否定评价和对行为人的谴责，它就告诉人们，任何触犯罪名的行为都要受到否定的评价，任何触犯罪名的人都要受到谴责。这种否定评价和谴责就是悬在人们头上的达摩克利斯剑，使其不敢贸然以身试法，触犯罪名，因此，罪名具有威慑和预防犯罪的作用。

（二）罪名的分类

根据不同的标准，可以将罪名划分为以下一些种类：

1. 立法罪名、司法罪名和学理罪名

这是以罪名的效力为依据划分出的罪名种类。立法罪名，是指立法机关在刑法分则条文中明确规定的罪名。如贪污罪、受贿罪、挪用公款罪、行贿罪等都是由刑法分则有关条文明确规定的罪名。立法罪名具有普遍的法律效力，司法实践及刑法理论均不能对有关犯罪使用与立法罪名不同的罪名。司法罪名，是指最高司法机关通过司法解释所确定的罪名。如最高人民法院于 1997 年 12 月 9 日通过的《关于执行〈中华人民共和国刑法〉确定罪名的规定》将《刑法》最初规定的犯罪确定为 413 个罪名，这 413 个罪名就是司法罪名。最高人民法院、最高人民检察院《关于确定罪名的补充规定》新增了 9 个罪名，减少了 1 个罪名即取消了奸淫幼女罪，修改了几个罪名。最高人民法院、最高人民检察院《关于罪名解释的补充规定（三）》又对新增设的犯罪的罪名予以了确定，并修改了原有相关犯罪的罪名。司法罪名对司法机关办理刑事案件具有法律约束力。学理罪名，是指刑法理论上根据刑法分则的有关规定对具体犯罪所概括出的罪名。学理罪名没有法律效力，但对司法实践确定罪名具有指导和参考作用。

2. 单一罪名和选择性罪名

这是以罪名所包含的犯罪构成内容的单复为依据划分出的罪名种类。单一罪名，是指所包含的犯罪构成的具体内容单一的罪名。如故意杀人罪、故意伤害罪等。选择性罪名，是指所包含的犯罪构成的具体内容复杂，可以概括使用，也可以分解使用的罪名。如出售、购买、运输假币罪，伪造、变造金融票据罪等。

（三）罪名的确定

除了立法罪名外，其他罪名都有一个如何确定的问题。正确确定罪名，必须遵循以下原则：

1. 合法性原则。合法性原则，是指确定罪名必须以刑法分则条文或者其他刑法法律条文所描述的罪状为根据，既不能超越罪状的范围，将条文没有规定为犯罪的行为纳入罪名之中，也不能缩小罪状的范围，将条文规定为犯罪的行为排除在罪名的涵盖之外。确定罪名遵循合法性原则是罪刑法定原则的必然要求。例如，《刑法》第 320 条的罪状是，“为他人提供伪造、变造的护照、签证等出入境证件，或者出售护照、签证等出入境证件”。有学者为这一罪状所确定的罪名是“提供伪造、变造的出入境证件罪”,① 这显然缩小了罪状的范围，因为这一罪名将法律规定的“出售护照、签证等出入境证件”的行为排除在其涵盖的范围之外。最高人民法院、最高人民检察院将上述罪状描述的犯罪确定为两个罪名，即“提供伪造、变造的出入境证件罪”和“出售出入境证件罪”是正确的。

2. 概括性原则。所谓概括性，是指罪名必须是对具体犯罪罪状的高度概括。罪名的表述应力求简明，避免冗长繁琐。例如，《刑法》第 341 条描述的罪状是：“非法猎捕、杀害国家重点保护的珍贵、濒危野生动物的，或者非法收购、运输、出售国家重点保护的珍贵、濒危野生动物及其制品”，最高人民法院、最高人民检察院将前半段的规定概括为“非法猎捕、杀害珍贵、濒危野生动物罪”，笔者认为此种概括虽然不能说是特别简练，但也不算繁琐，如果精益求精，应该叫“非法捕杀珍贵、濒危野生动物罪”。而将后半段规定的犯罪称为“非法收购、运输、出售珍贵、濒危野生动物、珍贵、濒危野生动物制品罪”，这一罪名不但没有对罪状进行概括，反而其字数增加了，罪状的字数是 30 个（包括标点符号），罪名的字数是 32 个（包括标点符号）。正确的罪名应该是“非法收购、运输、出售珍贵、濒危野生动物及其制品罪”。

3. 科学性原则。所谓科学性，是指罪名必须反映具体犯罪的性质与本质特征，反映出此罪与彼罪的区别。例如，《刑法》第 279 条描述的罪状是“冒充国家工作人员招摇撞骗”，《刑法》第 372 条描述的罪状是“冒充军人招摇

① 参见陈兴良：《刑法疏议》，中国人民公安大学出版社 1997 年版，第 504 页。

撞骗”。前者的本质特征是“冒充国家工作人员招摇撞骗”，后者的本质特征则是“冒充军人招摇撞骗”，要从罪名上区分这两条所规定的犯罪，正确的做法是将前者的罪名确定为“冒充国家工作人员招摇撞骗罪”，将后者的罪名确定为“冒充军人招摇撞骗罪”。然而，最高人民法院、最高人民检察院却将《刑法》第279条的罪名确定为“招摇撞骗罪”，将《刑法》第372条的罪名确定为“冒充军人招摇撞骗罪”，这两个罪名似乎将《刑法》第279条和第372条规定的两种不同的犯罪区别开来了，实则不然。因为“招摇撞骗”是两种犯罪的共同特征，二者的本质区别在于招摇撞骗时所冒充的身份不同，前者是冒充国家工作人员，后者则是冒充军人。所以，“招摇撞骗罪”这一罪名并没有反映《刑法》第279条所规定的犯罪的本质特征。此外，“招摇撞骗”与“冒充军人招摇撞骗”这两个概念不是并列关系，而是属种关系，“招摇撞骗”是属概念，“冒充军人招摇撞骗”是种概念，两罪之间的包容关系决定了它们之间不具有区分功能。所以，笔者认为，将《刑法》第279条规定的犯罪称为“招摇撞骗罪”有欠妥当。

三、法定刑

法定刑，是指刑法分则罪刑式条文所确定的适用于具体犯罪的刑罚的种类和幅度。法定刑表明罪与罚的质的因果性联系和量的相适应关系，是审判机关对犯罪人适用刑罚的依据。对犯罪人判处刑罚时，除其具备法定的减轻情节外，必须在法定刑的范围内进行。因此，研究法定刑问题，对正确适当地量刑具有重要的意义。

法定刑是相对于具体犯罪而言的，一种具体犯罪只有一个法定刑。一个法定刑通常有几个量刑幅度，但也有的只有一个量刑幅度。例如，《刑法》第224条规定：“有下列情形之一，以非法占有为目的，在签订、履行合同过程中，骗取对方当事人财物，数额较大的，处3年以下有期徒刑或者拘役，并处或者单处罚金；数额巨大或者有其他严重情节的，处3年以上10年以下有期徒刑，并处罚金；数额特别巨大或者有其他特别严重情节的，处10年以上有期徒刑或者无期徒刑，并处罚金或者没收财产：（一）以虚构的单位或者冒用他人名义签订合同的；（二）以伪造、变造、作废的票据或者其他虚假的产权证明作担保的；（三）没有实际履行能力，以先履行小额合同或者部分履行合同的方法，诱骗对方当事人继续签订和履行合同的；（四）收受对方当事人给付的货物、贷款、预付款或者担保财产后逃匿的；（五）以其他方法骗取对方当事人财物的。”这表明合同诈骗罪的法定刑有三个量刑幅度。又如，《刑法》

第 222 条规定："广告主、广告经营者、广告发布者违反国家规定，利用广告对商品或者服务作虚假宣传，情节严重的，处 2 年以下有期徒刑或者拘役，并处或者单处罚金。"这里就只对虚假广告罪规定了一个量刑幅度。

法定刑不同于宣告刑。法定刑是国家立法机关针对某种犯罪的性质和危害程度所确定的量刑标准，是立法活动的结果。它着眼于该罪的共性。宣告刑是法定刑的实际运用，是国家审判机关对具体犯罪案件中的犯罪人依法判处并宣告的应当实际执行的刑罚，是司法审判活动的结果。它着眼于具体犯罪案件及犯罪人的特殊性。

法定刑通常可分为绝对确定的法定刑、绝对不确定的法定刑和相对确定的法定刑。绝对确定的法定刑，是指在条文中对某种犯罪或某种犯罪的某种情形只规定单一的刑种和刑度。绝对不确定的法定刑，是指在条文中对某种犯罪不规定具体的刑种和刑度，只规定对该种犯罪处以刑罚，具体如何处罚完全由法官掌握。相对确定的法定刑，是指在条文中对某种犯罪规定一定的刑种和刑度。绝对确定的法定刑，使法官不能根据具体情况对犯罪人判处轻重适当的刑罚。绝对不确定的法定刑，由于没有统一的量刑标准，容易导致法官裁量刑罚的不平衡。相对确定的法定刑，既有刑罚的限度，也有一定的自由裁量余地，便于法官在保证司法统一的基础上，根据具体案情和犯罪人的具体情况，在法定刑的幅度内选择适当的刑种和刑期，有利于刑罚目的的实现。因而这种法定刑被世界各国刑法所广泛采用。

我国现行刑法分则中没有绝对不确定的法定刑，但存在着少量的绝对确定的法定刑。当然，我国刑法中的绝对确定的法定刑均是相对于特定犯罪的具体情形而言的，而不是对某种犯罪的所有情况都适用的。例如，《刑法》第 121 条规定，劫持航空器，致人重伤、死亡或者使航空器遭受严重破坏的，处死刑。又如，《刑法》第 239 条规定，致使被绑架人死亡或者杀害被绑架人的，处死刑，并处没收财产。前者是对致人重伤、死亡或者使航空器遭受严重破坏的劫持航空器罪的绝对确定的法定刑，后者则是对致使被绑架人死亡或者杀害被绑架人的绑架罪的绝对确定的法定刑。我国刑法分则条文中法定刑绝大多数为相对确定的法定刑。其具体做法有以下几种：

1. 分则条文仅规定法定刑的最高限度，其最低限度决定于刑法总则对某刑种下限的规定。例如，《刑法》第 315 条规定的破坏监管秩序罪的法定刑是 3 年以下有期徒刑，结合《刑法》总则第 45 条关于有期徒刑的最低期限为 6 个月的规定，该罪的法定刑实为 6 个月以上 3 年以下有期徒刑。

2. 分则条文仅规定法定刑的最低限度，其最高限度则取决于刑法总则的规定。例如,《刑法》第286条第1款规定:违反国家规定,对计算机信息系统功能进行删除、修改、增加、干扰,造成计算机信息系统不能正常运行,后果严重的,处5年以下有期徒刑或者拘役;后果特别严重的,处5年以上有期徒刑。后段法定刑没有最高限度,但结合总则第45条关于有期徒刑的最高期限为15年的规定,该法定刑就是5年以上15年以下有期徒刑。

3. 分则条文同时规定法定刑的最高限度与最低限度。例如,根据《刑法》第276条的规定,情节严重的破坏生产经营罪的法定刑是3年以上7年以下有期徒刑。

4. 分则条文规定两种以上的主刑或者规定两种以上的主刑及附加刑。例如,《刑法》第274条规定:"敲诈勒索公私财物,数额较大的,处3年以下有期徒刑、拘役或者管制。"这里规定了三种主刑,对其中的有期徒刑又规定了上限。法院可以根据案件的具体情况,在三种主刑中选择一种,然后再按照有关规定确定具体刑期。又如,《刑法》第280条第2款规定的伪造公司、企业、事业单位、人民团体印章罪的法定刑为"3年以下有期徒刑、拘役、管制或者剥夺政治权利"。该条规定了三种主刑和一种附加刑,法院可以选择其中的一种主刑或者附加刑。

5. 分则条文规定援引性的法定刑。例如,《刑法》第386条规定:"对犯受贿罪的,根据受贿所得数额及情节,依照本法第三百八十三条的规定处罚。索贿的从重处罚。"

第二章 危害国家安全罪

第一节 危害国家安全罪概述

一、危害国家安全罪的概念和构成

危害国家安全罪是指故意危害中华人民共和国国家安全的行为。这是现行刑法为适应我国政治形势和阶级关系的变化，适应改革开放的现实需要，对1979年刑法的“反革命罪”作出必要修改而形成的新类罪名。本类罪的共同构成要件是：

1. 本类罪的客体是中华人民共和国的国家安全。所谓国家安全，是指国家的主权、领土完整与安全、国家政权和社会主义制度的稳固。我国的主权、领土完整与安全以及人民民主专政的国家政权与社会主义制度，是全国各族人民在中国共产党的领导下经过长期的艰苦卓绝的浴血奋战而取得的胜利果实，是各族人民的根本利益之所在。然而，境内外的敌对势力亡我之心不死，从来就没有停止过对我国国家安全的破坏活动，因此，我们必须坚决同危害国家安全的犯罪行为作斗争。我国刑法将这类犯罪作为刑法分则各章犯罪之首加以规定，就足以表明国家严厉打击这类犯罪的态度与决心。

2. 本类罪的客观方面表现为危害国家安全的行为。危害国家安全的行为，具体表现为我国《刑法》第102条至第112条所规定的背叛国家，分裂国家，煽动分裂国家，武装叛乱、暴乱，颠覆国家政权，煽动颠覆国家政权，投敌叛变，叛逃，间谍，为境外的机构、组织、人员窃取、刺探、收买、非法提供国家秘密或者情报等行为。总的来说，这些行为主要表现为刑法中的积极作为，且多数为犯罪的实行行为。不过，立法者鉴于本类犯罪的严重社会危害性，不得不将有些应予处罚的行为尽量提前，将有些犯罪行为中的勾结、组织、策划、煽动、教唆、帮助、共谋、预备、帮助等行为实行行为化。在立法已将这些行为实行行为化的场合，应直接依据刑法相关罪名的规定予以定罪处刑，无须也不能再运用共同犯罪和犯罪的未完成形态对此加以认定处理。

3. 本类罪的主体多数为一般主体，少数为特殊主体，单位不能成为本类罪的主体。本类犯罪的主体多数没有特别的身份要求，如分裂国家，煽动分裂国家，武装叛乱、暴乱，颠覆国家政权，煽动颠覆国家政权，间谍，为境外的机构、组织、人员窃取、刺探、收买、非法提供国家秘密或者情报等犯罪的主体，即是一般主体，无论是中国人抑或外国人，只要是达到刑事责任年龄具有刑事责任能力，便可构成。另有少数犯罪对主体身份有一定要求，只有具备一定的身份才可构成，否则不能成立相应的犯罪。比如，背叛国家罪、投敌叛变罪的主体只能是中国公民，外国人不可能单独构成本罪主体；叛逃罪的主体只能是国家机关工作人员和掌握国家秘密的国家工作人员，其他人员不能单独成为本罪的主体。本类犯罪中的有些犯罪虽然可由单位组织实施，但我国刑法并没有单位可构成危害国家安全罪的立法规定，故单位不能成为本类犯罪的主体。

4. 本类罪的主观方面是故意，且绝大多数是直接故意，少数犯罪主观方面既可以是直接故意，也可以是间接故意。例如，分裂国家、武装叛乱等犯罪的主观方面是且只能是直接故意，即行为人明知自己的行为是分裂、叛乱等危害国家安全的行为，并希望这种危害结果发生的心理；煽动分裂国家罪，为境外窃取、刺探、收买、非法提供国家秘密、情报罪等危害国家安全罪的主观方面则是既可由直接故意，也可由间接故意构成。

二、危害国家安全罪的种类

刑法分则规定了 12 种危害国家安全的犯罪。根据行为危害国家安全的具体情况及行为自身的一些特点，一般可将这些罪名划分为以下三类：

1. 背叛、叛乱、叛变、叛逃的犯罪。具体包括背叛国家罪，武装叛乱、暴乱罪，投敌叛变罪，叛逃罪。

2. 颠覆、分裂国家的犯罪。具体包括颠覆国家政权罪，煽动颠覆国家政权罪，分裂国家罪，煽动分裂国家罪。

3. 间谍、资敌的犯罪。具体包括间谍罪，为境外窃取、刺探、收买、非法提供国家秘密、情报罪，资敌罪。

第二节　背叛、叛乱、叛变、叛逃的犯罪

一、背叛国家罪

背叛国家罪，是指勾结外国或者境外机构、组织、个人，危害国家主权、领土完整和安全的行为。本罪的客体是国家的主权、领土完整和安全。本罪的

客观方面表现为勾结外国或与境外机构、组织、个人相勾结，危害中华人民共和国的国家主权、领土完整和安全的行为。所谓勾结，是指与外国政府、外国政党、外国政治集团或者境外机构、组织、个人进行联络、谋划，共同进行危害我国主权、领土完整和安全的活动。根据1994年施行的《中华人民共和国国家安全法实施细则》第3条的规定，“境外机构、组织”，包括境外机构、组织在中华人民共和国境内设立的分支机构和分支组织；“境外个人”，包括居住在中华人民共和国境内不具有中华人民共和国国籍的人，即外国人和无国籍人。危害国家主权、领土完整和安全，这里的“危害”并不要求实际上发生了国家主权、领土完整和安全受到损害的结果。本罪属于行为犯，只要行为人实施了勾结外国、背叛国家的行为，并足以危害中华人民共和国的国家主权、领土完整和安全，即可构成本罪的既遂。本罪的主体是年满16周岁具有刑事责任能力的我国公民。本罪的主观方面只能是故意，并且具有危害中华人民共和国国家主权、领土完整和安全的目的。

根据《刑法》第102、113条之规定，犯本罪的，处无期徒刑或者10年以上有期徒刑；情节特别恶劣、后果特别严重的，可以判处死刑。根据总则有关规定，犯本罪可以并处没收财产，应当附加剥夺政治权利。

二、武装叛乱、暴乱罪

（一）武装叛乱、暴乱罪的概念和构成

武装叛乱、暴乱罪，是指组织、策划、实施武装叛乱或者武装暴乱，危害中华人民共和国国家安全的行为。本罪是选择性罪名，根据行为特征可分别定为武装叛乱罪、武装暴乱罪。其构成要件是：

1. 本罪的客体，目前学界存有争议，主要有以下两种观点：一种观点认为，本罪的客体是我国人民民主专政的政权和社会主义制度；① 另一种观点认为，本罪的客体是我国人民民主专政的政权、国家和人民的财产安全以及公民的人身安全。② 上述第二种观点没有正确理解直接客体的本质和作用。我国刑法理论通说认为，直接客体决定犯罪的性质，是区别本罪与其他犯罪的基本标准。判断某种法益是否为某罪的犯罪客体时，应以某罪行为所直接侵害的具体

① 参见高铭暄、马克昌主编：《刑法学》（第三版），北京大学出版社、高等教育出版社2007年版，第367页。

② 参见熊选国主编：《新编刑法罪名适用指南》，人民法院出版社2002年版，第5页。

法益为准，而不能任意扩大。尽管武装叛乱、暴乱行为，必然会侵害国家和人民的财产安全以及公民的人身安全，但这种法益不是危害行为所直接侵犯的具体法益，不能决定本罪的性质，也不能将本罪与其他犯罪区别开来，自不能作为本罪的客体。相比较而言，观点一却不存在这样的问题，它揭示了本罪侵犯的主要客体，能够决定本罪的性质，可有效地将本罪和其他犯罪区别开来。因此，本罪的客体应是我国人民民主专政的政权和社会主义制度。

2. 本罪的客观方面表现为组织、策划、实施武装叛乱或者武装暴乱的行为。所谓叛乱，是指意图投靠境外组织或者境外敌对势力而反叛国家和政府。所谓暴乱，是指不以投靠境外敌对势力为目的，而是采用武力的形式，与国家或者政府直接进行对抗。所谓武装，是指叛乱、暴乱者携带或者使用了具有杀伤力、破坏力的武装器械。如果没有携带或者使用武器，或者只是使用一般性的物品，如石块、棍棒、农具等，则不能认为是武装。当然，武器的认定也不能仅限于军火，具体认定范围可结合暴乱的实际情况考虑。武装叛乱，是指采取对抗的方式反叛国家和政府，即配备杀伤性、破坏性的武器、弹药、爆炸物、车辆等进行爆炸，放火，杀人，破坏道路、桥梁、建筑，抢劫档案、军火或其他物资等；武装暴乱，是指使用武器装备制造暴力事件从而引起暴乱。

组织武装叛乱或者武装暴乱，是指以拉拢、收买、策动等各种方法使分散的人形成一个准备武装叛乱或暴乱整体的行为。策划武装叛乱或者武装暴乱，是指制定武装叛乱或者武装暴乱计划、方案的行为。组织、策划行为，既包括领导、指挥他人进行武装叛乱、武装暴乱的行为，也包括策动、胁迫、勾引、收买他人进行武装叛乱、武装暴乱的行为。策动，是指策使、鼓动他人进行武装叛乱或者武装暴乱；胁迫，是指以使人产生恐惧心理的方法，迫使他人进行武装叛乱或武装暴乱；勾引，是指利用名利、地位、色情等引诱他人进行武装叛乱或武装暴乱；收买，是指用金钱、物资等物质利益作为代价换取他人进行武装叛乱或者武装暴乱。

3. 本罪的主体是一般主体，刑法学界多数学者认为无论是中国人，还是外国人、无国籍人，凡是达到法定刑事责任年龄，具有刑事责任能力的自然人，均能成为本罪的主体。不过，也有少数学者认为，本罪的主体是一般主体，武装叛乱的主体只能是中国公民；武装暴乱罪的主体主要是中国公民，也包括外国人、无国籍人。① 笔者赞成通说。

① 参见熊选国主编：《新编刑法罪名适用指南》，人民法院出版社2002年版，第5页。

4. 本罪的主观方面是故意，过失不能构成本罪。即行为人明知自己的行为是武装叛乱、武装暴乱而故意实施的，可构成本罪。

（二）武装叛乱、暴乱罪的界限划分

1. 武装叛乱罪与武装暴乱罪的界限

无论是武装叛乱，还是武装暴乱，都是采取武装对抗的形式，两者在表现形式上存有诸多相同之处，比如聚众冲击、占领国家机关、占领交通要道或公共场所，与军队、警察、民兵进行武力对抗，并时常伴有杀人、放火等严重暴力行为。但是，两罪毕竟是不同的犯罪，仍有其不同之处。具体来说，二者的区别表现在：武装叛乱是与境外组织或境外敌对势力相勾结，或在它们的唆使下，以投靠境外组织或境外敌对势力为目的，而与国家和政府进行武装对抗的行为；武装暴乱则无上述内外勾结的背景因素，是单纯发生在境内的直接与国家和政府进行武力对抗的行为。

2. 犯罪既遂与未遂的界限

根据刑法规定及有关刑法理论，只要行为人实施了武装叛乱、暴乱的行为，即使尚未造成危害国家安全的严重后果，即可成立本罪的既遂。所以，本罪是行为犯，而非结果犯。在组织、策划、实施武装叛乱、暴乱过程中自动停止或者被迫停止犯罪行为的，不能成立中止或未遂，但可作为量刑情节处理。

3. 一罪与数罪的界限

武装叛乱、暴乱行为实施过程中，常会伴有杀人、伤人、放火等危害行为。对于此种情形，究竟是按一罪处理，还是按数罪并罚，学界存有不同意见。一种观点认为，杀人、伤人、放火等行为业已包含在武装叛乱、暴乱的行为之中了，为想象竞合犯，应从一重罪处罚，不实行数罪并罚。另一种观点认为，武装叛乱不能包含杀人、伤人、放火等行为，理应按照数罪并罚原则进行处理。① 数罪并罚的观点，由于未能认识到有些杀人、伤人、放火等行为只是武装叛乱、暴乱行为应有之内涵，以至于不适当地将此种行为作为独立于武装叛乱、暴乱之外的行为，与武装叛乱、暴乱行为实行并罚，这无疑违背了禁止重复评价原则，因此并不足取。实际上，对于武装叛乱、暴乱过程中，伴生的杀人、伤人、放火等行为，可根据案件的具体情况作出不同处理。若是在实施武装叛乱、暴乱行为时，致使他人伤亡、公私财产等损坏的，只能认定为一罪，这是由武装叛乱、暴乱的武装对抗性质所决定的。倘若从中抽取杀人、伤人、放火等暴力行为，武装叛乱、暴乱行为也就无从谈起了。若是在实施武装

① 参见周道鸾、张军：《刑法罪名精粹》，人民法院出版社 1998 年版，第 37 页。

叛乱、暴乱行为之外，或者与之没有直接联系，而又实行杀人、伤人、放火等行为的，应认定为数罪，实行数罪并罚。

（三）武装叛乱、暴乱罪的刑事责任

根据《刑法》第104条、第106条、第113条、第56条的规定，犯本罪的，对首要分子或者罪行重大的，处无期徒刑或者10年以上有期徒刑；对积极参加的，处3年以上10年以下有期徒刑；对其他参加的，处3年以下有期徒刑、拘役、管制或者剥夺政治权利。犯本罪，对国家和人民危害特别严重、情节特别恶劣的，可以判处死刑。对犯本罪者，可以并处没收财产；应当附加剥夺政治权利。此外，与境外机构、组织、个人相勾结犯本罪的，从重处罚。

三、投敌叛变罪

投敌叛变罪，是指中国公民投奔敌人营垒，或者被捕、被俘后投降敌人，危害国家安全的行为。本罪的客体是人民民主专政的政权和社会主义制度。本罪的客观方面表现为投敌叛变的行为。行为的具体表现形式主要有两种：一是投奔敌人营垒，为敌人效劳，进行危害国家安全的活动。投奔，是指由我方逃到敌方，脱离我方的指挥、管辖。敌人营垒，是指与我国处于敌对关系的国家、地区的政党、政府、派别。此处的投奔行为，不限于行为人在境外实施，境内的投靠、参与也属于投奔。二是在被敌人抓捕、俘虏后投降变节，进行危害国家安全的活动。叛变的实质在于投降变节，因此只是被抓捕、俘虏的，并不构成本罪。行为人被抓捕、俘虏后，从事危害国家安全的活动，可认定为投敌叛变。所谓从事危害国家安全的活动，是指出卖同志、出卖组织、向敌人提供我方政治、经济、军事等国家秘密、情报，以及其他为敌人效力的行为。投敌叛变后，参加了间谍组织，又被派遣回我国境内进行危害国家安全活动的，应以投敌叛变罪和其他相关犯罪实行数罪并罚。本罪的主体只能是中国公民，外国人和无国籍人不能成为本罪的实行犯，但可以构成我国公民实施的投敌叛变罪的教唆犯或帮助犯。投敌叛变既可由单独的一人实施，也可由多人实施。本罪的主观方面是故意，且具有危害国家安全的目的，即行为人明知自己投奔敌人营垒后实施的是危害国家安全的行为，明知被敌人俘获后实施的是危害国家安全的行为，并且希望危害结果的发生，以实现危害国家安全的目的。

根据《刑法》第108条的规定，犯本罪的，处3年以上10年以下有期徒刑；情节严重或者带领武装部队人员、人民警察、民兵投敌叛变的，处10年以上有期徒刑或者无期徒刑。根据《刑法》第103条的规定，犯本罪的，可以并处没收财产。根据《刑法》第56条的规定，犯本罪的，应当附加剥夺政治权利。

四、叛逃罪

（一）叛逃罪的概念和构成

叛逃罪，是指国家机关工作人员以及掌握了国家秘密的其他国家工作人员，在履行公务期间，擅离岗位，叛逃境外或者在境外叛逃，危害中华人民共和国国家安全的行为。本罪具有如下构成要件：

1. 本罪的客体是中华人民共和国的国家安全。叛逃罪作为危害国家安全罪中的具体罪名，根据犯罪客体分类的一般理论以及直接犯罪客体的确定方法，本罪的犯罪客体应是国家安全。由于叛逃行为人的地位、掌握国家秘密性质的不同，其行为对国家安全造成的威胁并不相同，究竟会给国家安全带来何种性质的具体威胁也带有一定的不确定性，故本罪犯罪客体所指的国家安全，既可指国家的外部安全，也可指国家的内部安全。

2. 本罪的客观方面表现为行为人在履行公务期间，擅离岗位，叛逃境外或者在境外叛逃，危害中华人民共和国国家安全的行为。具体而言，可包括三方面的内容：

其一，行为发生在履行公务期间。对于履行公务期间的理解，我国学界存有分歧。一种观点认为，履行公务期间是指在执行职务或者执行某项工作任务期间。① 另一种观点则认为，履行公务期间，即国家工作人员代表国家依照有关规定，办理自己职责范围内的事务过程。② 这两种观点都没有明确履行公务期间的具体内涵，故并不足取。有学者就此指出，叛逃罪规定履行公务期间并不妥当，因为行为人在境外出差或者工作期间叛逃的，可以将其在境外的整个期间都包括在履行公务期间，但行为人在境内叛逃，多数不在上班等履行公务期间进行，不符合叛逃罪有关履行公务期间的构成要求，所以不能成立叛逃罪。这显然不利于同叛逃罪作有效的斗争，所以应取消叛逃罪中的履行公务期间的构成要件规定。应该说这种主张的确有些道理，但取消履行公务期间的构成要件，恐与立法精神不符，因为我国立法对叛逃罪的规定，是从不要求履行公务期间到要求履行公务期间转变的，立法意图以此要件来限制叛逃罪的打击

---

① 参见高铭暄、马克昌主编：《刑法学》（第二版），北京大学出版社、高等教育出版社2005年版，第368页。

② 参见肖扬主编：《中国刑法学》，中国人民公安大学出版社1997年版，第313页。

范围。那么怎样才能既满足打击叛逃罪的现实需要，而又不违背立法意图呢？比较可行的办法，应该是对履行公务期间作扩大解释。所谓扩大解释，是指根据立法者制定某一刑法规定的立法意图，结合社会的现实需要，将该规定所含有的词义扩大到更广范围的解释。据此，有论者认为，履行公务期间应理解为国家工作人员具有国家机关工作人员身份期间。不过，这样界定与取消履行公务期间要件的范围没有多大的差别，无形中扩大了叛逃罪的成立范围，显然有违立法原意，也不妥当。另有论者认为，履行公务期间从时间因素上应当包括国家机关工作人员或者掌握国家秘密的国家工作人员被任职起至被解职止的期间，但下列情况除外：行为人虽有国家机关工作人员身份，但行为人在一定期间不能正常履行职责、离职学习、因病等被免职、国家机关工作人员被停职审查期间应当开除而有关机关尚未办理手续的等。① 现在多数学者倾向于支持这种观点。

其二，行为人的具体表现形式有两种：一是擅离岗位，叛逃境外；二是擅离岗位，在境外叛逃。有一种观点认为，擅离岗位是指未经主管部门批准，离开自己工作岗位或者工作地方的行为。将“岗位”作如此理解，显得有点机械狭隘，无形中缩小了叛逃罪的成立范围，不利于同此类犯罪作有效的斗争。所谓“岗位”，原指军警守卫的地方，现泛指职位，所谓“擅离”是指行为人自作主张地离开。这样，“擅离岗位”便是指未经批准自作主张地离开所在的职位。“叛逃”是“叛”与“逃”的结合，单纯的逃离行为不是叛逃，故应将“叛逃”理解为背叛我方，投靠境外组织或机构。一般认为，此处的境外组织或者机构是指敌我性质不明的组织或者机构。如果行为人投靠的组织或者机构是与我国处于敌对关系的组织或者机构，此时，就不应再将此种行为认定为叛逃罪，而应认定为投敌行为。擅离岗位，叛逃境外，是指行为人在境内履行公务期间，擅自离开工作岗位，叛变逃往境外；擅离岗位，在境外叛逃，是指行为人在境外履行公职或者执行某项具体任务时，擅自离开工作岗位叛变逃走。

其三，危害中华人民共和国国家安全。叛逃行为是否危害国家安全，应通过考察行为人投奔境外的组织、机构的性质，叛逃的目的与动机，叛逃的方式与手段等进行判断。如果行为人投奔境外组织或者机构具有危害国家安全的目的，可以认定叛逃行为危害了国家安全；如果行为人为讨好境外组织或者机

① 参见于志刚主编：《危害国家安全罪》，中国人民公安大学出版社 1999 年版，第 276 页。

构，携带国家秘密、情报等叛逃，可以认定叛逃行为危害了国家安全。

3. 本罪的主体是特殊主体，即只能是国家机关工作人员和掌握国家秘密的国家机关工作人员以外的国家工作人员。根据我国宪法有关国家机构的规定，国家机关应是指国家各级权力机关、各级行政机关、各级审判机关、各级检察机关、各级军事机关，这些机关中从事公务的人员即为国家机关工作人员。另外，在中国共产党和中国人民政治协商会议的各级机关中从事公务的人员，也应属于国家机关工作人员的范围。掌握国家秘密的国家工作人员，是指由于职务关系、工作关系知悉或控制国家秘密的国家工作人员。那种通过窃取、刺探、收买等非法手段而获取国家秘密的行为人，不是这里所说的掌握国家秘密的工作人员。所谓“国家秘密”，是指关系到国家安全与利益，依照法定程序确定，在一定时间内只限于一定范围人员知晓的事项，如国防、外交等重要事项。

4. 本罪的主观方面是故意，且只能是直接故意，即行为人明知自己的叛逃行为会发生危害国家安全的结果，并且希望这种结果发生。犯罪动机尽管各不相同，但不影响本罪的构成。

(二) 叛逃罪的界限划分

1. 本罪与非罪的界限

国家机关工作人员或掌握国家秘密的国家工作人员在履行公务期间，擅离岗位，逃往境外，或者在境外擅离岗位的行为，并非一律构成叛逃罪，此种行为是否构成犯罪，关键看行为人是否实施了危害中华人民共和国国家安全的行为。叛逃行为不仅要求行为人形式上有逃往境外的行为，而且要有实质上背叛国家的性质，即行为人不仅逃往境外，而且还投靠境外组织、机构，危害国家安全。如果行为人在履行公务期间，擅离岗位，逃往境外投靠自己的亲友，或者在境外擅离岗位不归，但并没有实施任何危害中华人民共和国国家安全的活动，对此，就不能按本罪处理，而只能给予行为人一定的党纪政纪处分。此外，认定叛逃罪应注意区分在国外滞留不归的行为与在境外叛逃的行为。境外叛逃者在主观上具有危害国家安全的故意，而滞留不归者不具有危害国家安全的故意。

2. 本罪与背叛国家罪的界限

本罪与背叛国家罪都具有出卖、叛离国家的性质，且两者的主体都只能是中华人民共和国公民。因此，两者有很大相似之处，但两罪也有着明显的不同之处。首先，两罪主体的范围不同。刑法对背叛国家罪的主体无特别规定，从理论上来讲，可以是任何中国公民，而叛逃罪的主体是特殊主体，仅限于国家机关工作人员和掌握国家秘密的国家工作人员。其次，两罪客观方面表现不同。叛逃罪的客观方面必有叛逃境外或在境外叛逃，投奔境外组织、机构，危害国家安全的行为，而背叛国家罪的客观方面表现为勾结外国或者境外机构、组织、个人，危害国家安全的行为。

3. 本罪与投敌叛变罪的界限

投敌叛变罪，是指中国公民投奔敌人营垒，或者被捕、被俘后投降敌人，危害国家安全的行为。投敌叛变罪与本罪都具有反叛祖国的性质，且两罪的主体都只能是中国公民。但两罪也有着明显的不同之处：首先，本罪的主体是特定的中国公民，即只能是国家机关工作人员和掌握国家秘密的国家工作人员，而投敌叛变罪的主体则为一般主体，即任何已满16周岁具有刑事责任能力的中国公民都可构成。其次，本罪客观方面的行为表现为履行公务期间，叛逃境外或者在境外叛逃两种形式，而投敌叛变罪客观方面的行为除主动投敌的行为外，还包括与敌人勾结后潜伏在我内部伺机进行活动的行为，被俘、被捕后变节投降的行为，率领武装部队人员、人民警察、民兵投敌叛变等多种表现。再次，投敌叛变罪要求行为人投奔、投靠的对象必须是“敌人”，而叛逃罪投奔、投靠的对象只是境外机构、组织。

（三）叛逃罪的刑事责任

根据《刑法》第109条的规定，犯本罪的，处5年以下有期徒刑、拘役、管制或者剥夺政治权利；情节严重的，处5年以上10年以下有期徒刑；掌握国家秘密的国家工作人员犯本罪的，从重处罚。根据《刑法》第56条、第113条第2款的规定，犯本罪的，除单处剥夺政治权利的外，应当附加剥夺政治权利，可以并处没收财产。

第三节　颠覆、分裂国家的犯罪

一、颠覆国家政权罪

颠覆国家政权罪，是指组织、策划、实施颠覆国家政权、推翻社会主义制度的行为。本罪的客体是我国人民民主专政的政权和社会主义制度。本罪客观上表现为组织、策划、实施颠覆国家政权、推翻社会主义制度的行为。颠覆国家政权、推翻社会主义制度是本罪犯罪行为的实质与内容；组织、策划、实施是行为人具体行为的表现形式。本罪是必要共同犯罪。组织，是指为颠覆国家政权而进行的网罗成员、纠集他人的活动；策划，是指密谋、计划如何颠覆国家政权、推翻社会主义制度，具体包括制定实施计划、行动纲领和具体步骤，具体部署实施方略等；实施，是指将行为人组织、策划内容付诸实际行动，以颠覆国家政权、推翻社会主义制度的行为。颠覆国家政权、推翻社会主义制度，是指采取各种手段意图使国家政权、社会主义制度覆灭。组织和利用邪教组织，组织、策划、实施颠覆国家政权、推翻社会主义制度活动的，成立本罪。颠覆、推翻的手段，可以是暴力，也可以是非暴力。只要行为人实施了组织、策划、实施颠覆国家政权、推翻社会主义制度的行为，就可构成本罪的既遂。本罪的主体是一般主体，凡已满 16 周岁具有刑事责任能力的人均可成为本罪的主体，具体包括中国人、外国人和无国籍人。本罪的主观方面是故意，且只能是直接故意，行为人主观上具有颠覆国家政权和推翻社会主义制度的目的。

根据《刑法》第 105 条第 1 款的规定，犯本罪的，对首要分子或者罪行重大的，处无期徒刑或者 10 年以上有期徒刑；对积极参加的，处 3 年以上 10 年以下有期徒刑；对其他参加的，处 3 年以下有期徒刑、拘役、管制或者剥夺政治权利。根据《刑法》第 106 条的规定，与境外机构、组织、个人相勾结，实施本罪的，从重处罚。根据《刑法》第 113 条的规定，犯本罪的，可以并处没收财产。根据《刑法》第 56 条的规定，犯本罪的，应当附加剥夺政治权利。

二、煽动颠覆国家政权罪

煽动颠覆国家政权罪，是指以造谣、诽谤或者其他方式煽动颠覆国家政权、推翻社会主义制度的行为。本罪的客体是我国人民民主专政的政权和社会主义制度。本罪的客观方面表现为以造谣、诽谤或者其他方式煽动颠覆国家政权、推翻社会主义制度的行为。煽动，是指利用各种方式鼓动、怂恿、挑拨、利诱、教唆他人接受或相信其煽动的内容或促其去进行煽动的行为。本罪的主体是一般主体，凡已满 16 周岁具有刑事责任能力的人，都能成为本罪的主体，具体包括中国公民、外国人及无国籍人。本罪的主观方面是故意，既可是直接故意，也可是间接故意，即行为人明知自己的行为会使他人产生颠覆国家政权、推翻社会主义制度的犯罪意图，并且希望或放任这种结果的发生。行为人明知出版物中载有煽动颠覆国家政权、推翻社会主义制度的内容，而予以出版、印刷、复制、发行、传播的，或者利用互联网煽动颠覆国家政权、推翻社会主义制度的，以本罪论处。在这种情况下，行为人出版、印刷、复制、发行、传播出版物，可能是为了其他目的，但明知出版物中载有煽动颠覆国家政权、推翻社会主义制度的内容而放任其出版、印刷、复制、发行、传播，就是一种间接故意。

根据《刑法》第105条第2款的规定，犯本罪的，处5年以下有期徒刑、拘役、管制或者剥夺政治权利；首要分子或者罪行重大的，处5年以上有期徒刑。根据《刑法》第106条的规定，与境外机构、组织、个人相勾结，实施本罪的，从重处罚。根据《刑法》第113条的规定，犯本罪的，可以并处没收财产。

三、分裂国家罪

（一）分裂国家罪的概念和构成

分裂国家罪，是指组织、策划、实施分裂国家、破坏国家统一的行为。本罪的构成要件是：

1. 本罪的客体是国家的统一。我国是由各族人民共同缔造的统一的多民族的社会主义国家，各民族之间平等、团结、互助的社会关系已通过宪法和法律得到确认。国家的统一、民族的团结是我们进行社会主义现代化建设事业的基本保障，也是全国各民族的根本利益之所在。民族团结是国家统一的基本内容，破坏民族团结也是破坏国家统一、危害中华人民共和国国家安全的行为。

2. 本罪的客观方面表现为组织、策划、实施分裂国家、破坏国家统一的行为。所谓组织，是指为分裂国家、破坏国家统一而纠集他人，相互聚合在一起进行分裂国家、破坏国家统一的非法活动，或者建立旨在分裂国家、破坏国家统一的非法组织。既包括为了分裂国家、破坏国家统一而纠集人员，也包括物资的筹集活动；既包括以蛊惑、欺骗、利诱等手段聚集人员，也包括以强迫、胁迫等手段扩充人员，等等。所谓策划，是指商讨、制定分裂国家计划的行为。例如，为分裂国家、破坏国家统一而出谋划策，制定行动纲领、活动计划，确定具体实施方案、步骤等。所谓实施，是指将分裂国家的计划付诸实行的行为，即实际着手进行具体的分裂国家、破坏国家统一的活动。所谓分裂国家，是指推翻地方政府，拒绝中央领导，割据一方，分裂我国团结、统一的多民族国家。所谓破坏国家统一，是指将统一的国家予以瓦解、分裂，或者阻碍国家统一进程。本罪行为人只要实施上述组织、策划、实施三种行为之一的，即构成本罪的既遂。

3. 本罪的主体是一般主体，凡已满16周岁具有刑事责任能力的人均能成为本罪的主体，包括我国公民、具有外国国籍的人和无国籍人。《刑法》第103条对本罪主体作了三类划分，并规定了相应的法定刑。一是首要分子或者罪行重大者。根据《刑法》第97条关于首要分子的解释及本罪的立法规定，此处的首要分子，是指在分裂国家犯罪集团中或者聚众犯罪中起组织、策划、指挥作用的犯罪分子。一般情况下，首要分子通常是在一定地区或某个民族中，具有一定的社会影响力的地方分离主义分子或民族分裂主义分子。他们或者炮制分裂国家的计划，或者组建犯罪集团，是分裂国家的主谋和头子，其在分裂国家的活动中所起的作用最大。所谓罪行重大者，是指首要分子之外的在犯罪活动起主要作用的犯罪分子。这类犯罪分子虽然并不直接组织、策划分裂国家的犯罪活动，但是分裂国家罪的主要实行者，所以他们在分裂国家罪中应是危害最为重大的一类人。二是积极参加者，即是指那些在分裂国家犯罪活动中虽然不起主要作用，但很积极主动地参与的犯罪分子。三是其他参加者，即是指首要分子、罪行重大者、积极参加者之外的，在分裂国家犯罪活动中，不起主要作用，也不是很积极主动参与的犯罪分子。

4. 本罪的主观方面，刑法学界存在认识上的分歧。一种观点认为，本罪罪过既可是直接故意，也可是间接故意，即行为人“明知自己的行为会发生分裂国家、破坏国家统一的结果，并且希望或放任这种结果发生”。① 另一种观点认为，本罪罪过为故意，且只能是直接故意，即“行为人明知自己的行为会发生分裂国家、破坏国家统一的结果，并且希望这种结果发生”。② 目前，第二种观点是通说，具有相当的合理性，得到了多数学者的认同。因为本罪是以组织、策划、实施分裂国家、破坏国家统一为必要的行为犯，不以发生分裂国家、破坏国家统一的危害结果为犯罪成立的必要条件，故只要行为人主观上认识到自己的行为是组织、策划、实施分裂国家、破坏国家统一的行为而仍然实施，就必然是希望的心理态度。

（二）分裂国家罪的界限划分

1. 本罪与背叛国家罪的界限

本罪与背叛国家罪都是危害国家安全的犯罪，在构成要件及其表现形式上存在着相似甚至相同之处，如二者侵害的同类客体皆为国家安全，直接客体都牵涉到国家领土完整与安全。但两罪也有重要的区别之处：（1）侵犯的直接客体不完全相同。前者侵犯的客体是国家的统一；后者侵犯的直接客体是国家主权、领土完整和安全。（2）犯罪的客观方面不同。前者客观方面表现为分

① 张明楷：《刑法学》，法律出版社2007年版，第507页。

② 高铭暄、马克昌主编：《刑法学》（第二版），北京大学出版社、高等教育出版社2005年版，第362页。

裂国家、破坏国家统一的行为，无须具有“勾结外国”的行为表现；后者客观方面表现为勾结外国，危害国家主权、领土完整和安全的行为，“勾结外国”是成立本罪的客观要件。（3）犯罪主体不同。前者为一般主体，无论是中国公民、外国人抑或无国籍人，只要达到了刑事责任年龄具有刑事责任能力的人，都可以成为本罪的主体；后者为特殊主体，即只有达到刑事责任年龄具有刑事责任能力的中国公民才能成为本罪的主体。（4）主观故意的内容不同。前者的故意内容是分裂国家、破坏国家统一；后者的故意内容则是勾结外国，危害国家主权、领土完整和安全。

2. 本罪罪数的认定

行为人在实施分裂国家行为的过程中，又实施了其他犯罪行为，对此究竟是按一罪处理，抑或按数罪处理，刑法学界尚存争议。有的认为，应按数罪处理，实行并罚；有的认为，应当按处理牵连犯或吸收犯的原则从一重处断。通说认为，上述处理过于片面简单，皆有不妥之处。正确的处理方式，应是具体问题具体分析，不能一概以一罪论处，抑或实行数罪并罚。行为人在实施本罪过程中，行为触犯其他犯罪，并和本罪行为形成竞合关系或牵连关系，则应从一重处断。反之，如果触犯的其他犯罪与本罪不存在竞合关系或牵连关系，就不能以一罪论处，只能实行数罪并罚。

（三）分裂国家罪的刑事责任

根据《刑法》第103条第1款、第106条、第113条第1款的规定，犯本罪的，对首要分子或者罪行重大的，处无期徒刑或者10年以上有期徒刑；对国家和人民危害特别严重、情节特别恶劣的，可以判处死刑。对积极参加的，处3年以上10年以下有期徒刑。对其他参加的，处3年以下有期徒刑、拘役、管制或者剥夺政治权利。与境外机构、组织、个人相勾结实施本罪的，从重处罚。根据《刑法》第56条、第113条第2款的规定，犯本罪的，应当附加剥夺政治权利，可以并处没收财产。

四、煽动分裂国家罪

煽动分裂国家罪，是指煽动分裂国家、破坏国家统一的行为。本罪的客体是国家的统一。客观方面表现为煽动他人进行分裂国家、破坏国家统一的行为。所谓煽动，是指为了实现分裂国家、破坏国家统一的犯罪，而以劝诱、造谣、诽谤、迷惑等方式对不特定人或者多数人实施的，使其产生分裂国家的犯罪决意，或者刺激、助长其已产生的分裂国家的犯罪决意的行为，既包括使行为人产生分裂国家的犯罪决意，进而实施分裂国家的犯罪行为，也包括他人已经产生分裂国家犯罪意图，但尚处犹豫阶段，通过行为人煽动，犯意进一步坚定的情况。这实际上是分裂国家罪的教唆行为，但由于立法将这种行为规定为独立的犯罪，因而不能再以共同犯罪的理论追究行为人分裂国家罪的教唆犯责任，应直接按照煽动分裂国家罪的立法规定定罪处刑。明知出版物中载有煽动分裂国家、破坏国家统一的内容，而予以出版、印刷、复制、发行、传播的，成立本罪。使用互联网方式煽动分裂国家、破坏国家统一的，成立本罪。组织和利用邪教组织，煽动分裂国家、破坏国家统一的，构成本罪。行为人只要实施煽动行为，即构成本罪，至于被煽动人是否实施分裂国家、破坏国家统一的行为，不影响本罪的成立。本罪的主体是一般主体，无论是我国公民、外国人抑或无国籍人，凡是达到刑事责任年龄具有刑事责任能力的人，均能成为本罪的主体。这些人，既可是在国内有一定影响的人物，也可是普通的公民。不过，从实际情况来看，多数是那些具有分裂倾向的地方分裂主义分子和民族分裂主义分子。本罪的主观方面是故意，可以是直接故意，也可以是间接故意。故意的具体内容表现为行为人明知自己的行为会使他人实施分裂国家、破坏国家统一的行为，并且希望或者放任分裂国家、破坏国家统一的结果发生。

根据《刑法》第 103 条第 2 款、第 113 条、第 56 条的规定，犯本罪的，处 5 年以下有期徒刑、拘役、管制或者剥夺政治权利；首要分子或者罪行重大的，处 5 年以上有期徒刑。犯本罪的，可以并处没收财产；应当附加剥夺政治权利。根据《刑法》第 106 条的规定，与境外机构、组织、个人相勾结犯本罪的，从重处罚。

第四节 间谍、资敌的犯罪

一、间谍罪

（一）间谍罪的概念和构成

间谍罪，是指参加间谍组织，接受间谍组织及其代理人的任务，或者为敌人指示轰击目标，危害国家安全的行为。本罪的构成要件如下：

1. 本罪的客体是中华人民共和国的国家安全。间谍行为是指采取秘密方式打入对方内部进行窃取、刺探、收买政治、经济、军事、文化等方面的情报和秘密，实施各种破坏、暗杀、策反叛乱等间谍活动，以配合公开斗争的行为。境外间谍机关利用我国扩大对外交往的便利，极力地运用各种方式，进行种种破坏活动，使得体现国家安全的具体对象受到侵犯，从而侵害了国家安全。因此，实施间谍行为就必然会危害我国的国家安全。

2. 本罪的客观方面表现为参加间谍组织、接受间谍组织及其代理人的任务，或者为敌人指示轰击目标的行为。具体包括三种情形：（1）参加间谍组织，成为间谍组织的成员。所谓间谍组织，是指外国政府或境外的敌对势力建立起来的旨在收集我国情报或国家秘密，进行颠覆破坏活动，危害我国国家安全的组织。参加间谍组织，是指行为人主动要求加入间谍组织并被间谍组织所接纳，或者间谍组织主动邀请行为人加入其组织，行为人同意加入的行为。参加间谍组织，可以是行为人履行了正式的加入手续，也可以是没有履行加入间谍组织的手续而在实际上成为间谍组织的成员。（2）接受间谍组织或者其代理人的任务。间谍组织的代理人，是指受间谍组织或者其成员的指使、委托、资助，进行或者授意、指使他人进行危害我国国家安全的人。接收间谍组织及其代理人的任务，是指行为人受间谍组织及其代理人的命令、派遣、指使、委托为间谍组织服务，进行危害国家安全的活动。这里所说的任务，是指刺探、收集我国秘密、情报，破坏我国设施，煽动我国公民抗拒国家法律的实施，离间我国公民与政府的关系等危害我国国家安全的活动。参加间谍组织或者接受间谍组织及其代理人任务的，行为人只要实施了接受间谍组织或者代理人任务的行为，即可构成本罪的既遂。本罪的客观方面所说的间谍组织包括外国的间谍组织、境外敌对势力组织的间谍组织。（3）为敌人指示轰击目标。敌人，是指敌视我国人民民主专政政权和社会主义制度，危害我国国家安全的武装力量和敌对营垒。为敌人指示轰击目标，是指为军事侵略我国的敌对势力提供有关我国国家安全的重大军事设施、建设工程、城市等目标的行为。指示轰击目标的手段多种多样，如打电话、放烟火、信号弹等。不管行为人采取何种手段，也不论所指示的目标是否有误，以及是否加入间谍组织，所造成的危害结果如何，只要行为人为敌人指示轰击目标，均成立本罪。行为人实施了上述三种行为之一，即可构成间谍罪，同时实施了上述三种行为的，也只构成间谍罪一罪。

3. 本罪的主体是一般主体，无论是中国公民、外国人，抑或无国籍人，只要已满 16 周岁具有刑事责任能力，即可成为本罪的主体。

4. 本罪的主观方面是故意，故意的内容因行为方式不同而不完全相同：参加间谍组织的，必须明知是间谍组织而参加；接受间谍组织及其代理人任务的，必须明知是间谍组织或者间谍组织的代理人派遣的任务而接受；为敌人指示轰击目标的，必须明知是敌人要轰击的目标而给予指示。但无论行为人实施何种具体行为，其犯罪的故意都表现为明知自己的行为会发生危害国家安全的结果，并且希望这种结果的发生。至于行为人的动机，可以是多种多样的，无论行为人出于何种动机，都不影响本罪的构成。

（二）间谍罪的界限划分

1. 本罪与非罪的界限

本罪与非罪的界限，主要在于行为人主观上有无危害国家安全的故意和客观上有无实施危害国家安全的间谍行为。如果行为人不知是间谍组织而加入，事后发现又退出的，或者不知是间谍组织或其代理人任务而予以接受，事后知道真相后拒绝执行的，就不构成本罪。如果行为人仅主观上具有参加间谍组织或从事间谍活动的意图而客观上并未实施间谍行为，也不能作为犯罪处理。另外，根据《国家安全法》第25条的规定，在境外受威胁或者诱骗参加敌对组织，从事危害中华人民共和国国家安全的活动，及时向中华人民共和国驻外机构如实说明情况的，或者入境后直接或者通过所在组织及时向国家安全机关或者公安机关如实说明情况的，不予追究。

2. 一罪与数罪的界限

根据刑法的规定，间谍罪既遂的成立，只要行为人实施了法定三种间谍行为之一即可。至于行为人参与间谍组织后有无进一步实施其他的间谍活动；接受外国间谍组织或者代理人派遣的任务后是否完成了任务；为敌人指示轰击目标的行为是否导致目标被炸毁，并不影响本罪既遂的成立。即间谍罪为行为犯。行为人参加间谍组织，从事其他危害国家安全的行为而触犯其他罪名，或者行为人接受间谍组织或其代理人的任务，实施该种任务，从而触犯其他罪名的，可作如下认定：行为人参加间谍组织或者接受间谍组织及其代理人的任务，实施其他危害国家安全的行为，如进行暗杀、破坏等活动，若这些活动是间谍组织命令范围内的，以间谍罪论处；若超出了间谍组织的指令范围，除了构成间谍罪之外，还应根据触犯的其他具体犯罪，实行数罪并罚。

（三）间谍罪的刑事责任

根据《刑法》第110条、第113条第1款的规定，犯本罪的，处10年以上有期徒刑或者无期徒刑；情节较轻的，处3年以上10年以下有期徒刑；对国家和人民危害特别严重、情节特别恶劣的，可以判处死刑。根据《刑法》第56条、第113条第2款的规定，犯本罪的，应当附加剥夺政治权利；可以并处没收财产。

二、为境外窃取、刺探、收买、非法提供国家秘密、情报罪

为境外窃取、刺探、收买、非法提供国家秘密、情报罪，是指为境外的机

构、组织、人员窃取、刺探、收买、非法提供国家秘密、情报的行为。本罪的客体是中华人民共和国的国家安全。本罪的客观方面表现为为境外的机构、组织、人员窃取、刺探、收买、非法提供国家秘密或者情报的行为。具体包括以下内容：其一，必须是为境外的机构、组织、个人窃取、刺探、收买、非法提供国家秘密或者情报。境外机构、组织、个人，既包括设置在境外的机构、组织和居住在境外的人员，也包括境外机构、组织设置在境内的分支机构和居住在境内的人员，至于境外机构、组织、个人是否与我国为敌，并不影响本罪的成立。为境内的机构、组织、个人窃取、刺探、收买国家秘密或者情报后，非法直接或者间接提供给境外机构、组织或者个人的，仍然成立本罪。其二，行为表现为窃取、刺探、收买、非法提供四种形式。所谓窃取，是指行为人采取隐秘的、自认为不被国家秘密、情报保管人所知悉的手段，非法获取国家秘密、情报的支配权。所谓刺探，是指用探听的方法获取国家秘密、情报的行为。刺探的方式不同于窃取的方式，它并不是采取秘密手段去支配、控制国家秘密、情报，而是通过调查、讯问等方式获取国家秘密、情报的信息。所谓收买，是指采用金钱、财物、美色等财产性利益和非财产性利益进行利诱，以换取国家秘密或者情报的行为。所谓非法提供，是指行为人违反国家法律规定，未经有关部门批准，擅自将国家秘密、情报提供给境外机构、组织、人员的行为。其三，行为的对象是国家的秘密或者情报。所谓国家秘密，是指关系国家安全和利益，依法确定的在一定时间内只限一定范围内的人员知悉的事项。国家秘密分为绝密、秘密与机密三个等级。三个密级的国家秘密均能成为本罪的对象。所谓情报，是指关系国家安全和利益、尚未公开或者依照有关规定不应公开的事项。本罪的主体是一般主体，无论是中国公民、外国人，抑或无国籍人，只要是已满16周岁具有刑事责任能力的人，均能成为本罪的主体。本罪的主观方面是故意，即明知是国家秘密或者情报，而故意为境外的机构、组织、人员窃取、刺探、收买或者非法提供。

根据《刑法》第111条、第113条和第56条的规定，犯本罪的，处5年以上10年以下有期徒刑；情节特别严重的，处10年以上有期徒刑或者无期徒刑；情节较轻的，处5年以下有期徒刑、拘役、管制或者剥夺政治权利；对国家和人民危害特别严重、情节特别恶劣的，可以判处死刑。犯本罪的，可以并处没收财产；应当附加剥夺政治权利。

三、资敌罪

资敌罪，是指战时供给敌人武器装备、军用物资资敌的行为。本罪的客体是中华人民共和国的国家安全。本罪在客观上表现为战时供给敌人武器装备、军用物资资助的行为。所谓战时，是指国家宣布进入战争状态、部队受领作战任务或者遭敌突然袭击时。部队执行戒严任务或者处置突发性暴力事件时，以战时论。所谓供给，是指以各种方式无偿或有偿，公开或秘密，非法提供。所谓敌人，是指处于敌对状态的营垒或者敌对的武装力量。所谓武器装备，是指枪支、弹药、坦克、大炮等武器以及运兵装甲车、指挥通讯设备等直接为战斗服务的设备。军用物资，是指武器装备以外的供部队使用的物品，如军服、军被、军用帐篷、军用药品等。本罪的主体为一般主体，无论是中国公民、外国人，抑或无国籍人，只要是已满16周岁具有刑事责任能力的人，均能成为本罪的主体。本罪主观上必须出于故意，即明知处于战时，明知对象为敌人，而故意供给武器装备、军用物资予以资助。

根据《刑法》第112条、第113条第1款的规定，犯本罪的，处10年以上有期徒刑或者无期徒刑；情节较轻的，处3年以上10年以下有期徒刑；对国家和人民危害特别严重、情节特别恶劣的，可以判处死刑。根据《刑法》第56条、第113条第2款的规定，犯本罪的，可以并处没收财产；应当附加剥夺政治权利。

第三章　危害公共安全罪

第一节　危害公共安全罪概说

一、危害公共安全罪的概念和构成

危害公共安全罪，是指故意或过失以危险方法或其他方法危害公共安全的行为。本类犯罪的构成要件如下：

1. 本类罪的客体是公共安全。根据刑法理论通说，所谓公共安全，是指不特定多数人的生命、健康、重大公私财产以及公共生产、生活的安全。一方面，公共安全具有不特定性，亦即危害公共安全罪是针对不特定对象实施的犯罪。所谓不特定，是指侵犯对象和实际发生的危害后果具有不确定性。危害公共安全罪，由于行为人的行为方式（如爆炸）或犯罪对象（如交通工具）等所决定，行为侵犯的对象在人员数量、财物价值等各方面都具有不确定性，行为一旦实施，在多大程度内发生人身或财产受到侵犯的后果也无法预料和估计，行为造成的后果具有进一步发展的现实可能性。由于侵犯对象和危害后果的不确定性，导致给普通民众的生活带来极大的恐惧感，从而严重影响社会安定。另一方面，公共安全具有多数性，亦即危害公共安全罪是针对不特定多数人或重大财物实施的犯罪。由于公共安全的本质特征是不特定性，而不特定性蕴含着作为被侵害对象的人员或财物在数量上具有多数性。如果事先能够确定是特定的对象，例如1～3个被害人、价值2000元的电视机或者1万元的空调等，就不是危害公共安全罪。如果事先能够确定针对的是“特定的”多数人或重大公私财物，例如，恐怖分子针对一栋内有5000人、财产价值上千万元的大楼实施恐怖爆炸袭击，此时，这种特定性实际上也是不特定的，它只是一个大致范围的确定而不等于实际侵害对象的固定，具体会伤害1000人还是5000人、会损毁整栋大楼或是其中的某一部分，这些都是不确定的。此时，所谓“特定的多数”实际上变成了不特定的多数，可见，“特定的多数”这一概念并不合理。既然侵犯“特定的少数”人员或财物的行为不能成为危害公共安全罪，“特定的多数”这个概念本身又不合理，那么，特定性和多数性理所当然地成为公共安全的两个重要特性。总之，这里的不特定“多数人”和“重大公私财物”并非指实际发生的危害后果导致了众多人的伤亡或者数额较大或巨大的财产损失，而是指与“不特定性”紧密联系的对犯罪对象上、数量上的盖然性描述。例如破坏交通工具罪中，如果驾驶员发现了汽车刹车胶管被行为人割破并及时予以维修从而有效地避免了汽车的倾覆危险的，同样能对行为人定破坏交通工具罪；对一栋居民楼放火焚烧，即使烧死了1人，但因其针对的是不特定的多数人，故同样可成立放火罪。

危害公共安全罪侵犯的公共安全特性，决定了本章犯罪较之单纯侵犯人身权利或针对特定对象的侵犯财产等犯罪性质要严重得多，因而刑法才将本章犯罪作为普通刑事犯罪之首规定在刑法典分则的第二章。

2. 本类罪的客观方面表现为行为人实施了危害或足以危害公共安全的行为。危害公共安全的行为有作为和不作为。作为的方式，例如用引火物点燃燃烧物的行为；不作为的方式，如仓库保管员见到仓库内财物有被大火焚烧的危险而不去救火导致财物被烧毁的。危害的方式有以危险方法危害公共安全的，以破坏交通工具及设施、电力及易燃易爆设备、其他电视电信等设备的手段危害公共安全的，恐怖犯罪危害公共安全的，违规制售运输买卖枪支弹药等危险物品危害公共安全的，违反安全事故管理规定违规作业等行为发生重大安全事故的，不论何种行为，必须要达到危害或足以危害公共安全的程度。

3. 本类罪的主体大多数是一般主体，少数犯罪是特殊主体，例如铁路运营安全事故罪的主体是铁路职工；少数犯罪的主体既可以由自然人构成也可以由单位构成，例如资助恐怖活动罪，大多数犯罪的主体是自然人。

4. 本类罪的主观方面有的为故意，也有的为过失。

二、危害公共安全罪的种类

本章犯罪由刑法典分则第二章危害公共安全罪规定，共计26个条文（第114条至第139条），规定了42个具体罪名。此后，2001年12月29日全国人大常委会通过的《中华人民共和国刑法修正案（三）》（以下简称《刑法修正案（三）》）增加了资助恐怖活动罪、2006年6月29日全国人大常委会通过的《中华人民共和国刑法修正案（六）》（以下简称《刑法修正案（六）》）增加了强令违章冒险作业罪，大型群众性活动重大安全事故罪，不报、谎报安全事故罪，因此，本章共有罪名46个。这46个罪名可分为以下几类：

（一）以危险方法危害公共安全的犯罪。具体包括：放火罪、失火罪、决水罪、过失决水罪、爆炸罪、过失爆炸罪、投放危险物质罪、过失投放危险物质罪、以危险方法危害公共安全罪、过失以危险方法危害公共安全罪。

（二）破坏特殊对象的危害公共安全的犯罪。具体包括：破坏交通工具罪，过失损坏交通工具罪，破坏交通设施罪，过失损坏交通设施罪，破坏电力设备罪，过失损坏电力设备罪，破坏易燃易爆设备罪，过失损坏易燃易爆设备罪，破坏广播电视设施、公用电信设施罪，过失损坏广播电视设施、公用电信设施罪。

（三）以恐怖、危险活动为内容的危害公共安全的犯罪。具体包括：组织、领导、参加恐怖组织罪，资助恐怖活动罪，劫持航空器罪，劫持船只、汽车罪，暴力危及飞行安全罪。

（四）以枪支、弹药、爆炸物、危险物质为对象的危害公共安全的犯罪。具体包括：非法制造、买卖、运输、邮寄、储存枪支、弹药、爆炸物罪，非法制造、买卖、运输、储存危险物质罪，违规制造、销售枪支罪，盗窃、抢夺枪支、弹药、爆炸物、危险物质罪，抢劫枪支、弹药、爆炸物、危险物质罪，非法持有、私藏枪支、弹药罪，非法出租、出借枪支罪，丢失枪支不报罪，非法携带枪支、弹药、管制刀具、危险物品危及公共安全罪。

（五）过失造成重大事故的危害公共安全的犯罪。具体包括：重大飞行事故罪，铁路运营安全事故罪，交通肇事罪，重大责任事故罪，强令违章冒险作业罪，重大劳动安全事故罪，大型群众性活动重大安全事故罪，危险物品肇事罪，工程重大安全事故罪，教育设施重大安全事故罪，消防责任事故罪，不报、谎报安全事故罪。

第二节　以危险方法危害公共安全的犯罪

一、放火罪

（一）放火罪的概念和构成

放火罪，是指以故意放火的方法焚烧公私财物，危害公共安全的行为。本罪构成要件如下：

1. 本罪侵犯的客体是公共安全，即不特定多数人的生命、健康和重大公私财产的安全。水火无情，放火属于危险性极大的行为，一旦有人纵火而致火势蔓延，往往导致公民人身、公共财产和公民财产的安全受到侵犯，因而它属于严重危害公共安全的犯罪。

2. 本罪的客观方面表现为放火破坏工厂、矿场、油田、港口、河流、水源、仓库、住宅、森林、农场、谷场、牧场、重要管道、公共建筑物或者其他公私财产，危害公共安全的行为。(1) 放火行为有作为和不作为，作为的方式如用火机点燃引火物并使之燃烧的行为，不作为的方式如房屋管理人员看见房屋失火燃烧而任火势蔓延不采取措施灭火。(2) 放火行为的着手既包括点燃引火物的行为，例如直接点燃汽车；也包括点燃媒介物的行为，例如点燃缠绕着棉絮的竹竿然后将其伸到被害人的住宅内；还包括虽然并未点燃任何物品，但已经实施了点火行为，例如，已经开始划火柴、将正在燃烧的火机放在衣物上等。对此，日本刑法理论持相同的见解，“即便没有实施点火行为，如果洒下汽油等引火性很高的物质，也可以认定存在实行的着手”。① 总之，只要行为对放火罪所保护的公共安全发生了直接危险，就可以认定为放火罪的着手。(3) 放火行为必须足以危害公共安全。放火罪是危险犯，发生了实际严重后果的是其加重处罚情节，没有发生实际的任何危害后果，但有危害公共安全的具体危险或者侵害可能性的，即能成立放火罪。

3. 本罪的主体为年满14周岁具有辨认和控制能力的自然人。

4. 本罪的主观方面是故意，即明知自己放火焚烧公私财物的行为会导致不特定多数人的生命、健康或重大公私财产或公共生产、生活安全受到危害，而希望或放任这种结果的发生。

(二) 放火罪的界限划分

1. 本罪与非罪的界限

放火行为能否成立犯罪，主要是看行为是否危害公共安全。如果放火行为已经危害或者足以危害公共安全的，就可以成立放火罪；虽然实施了放火行为，但根本不足以危害公共安全的，则不构成放火罪。

2. 本罪既遂与未遂的界限

如何区分放火罪的既遂与未遂，刑法理论有四种观点：(1) 独立燃烧说。认为只有将点火物点燃并开始独立燃烧，才是放火罪的既遂。(2) 效用丧失说。认为放火行为仅仅是被燃烧物独立燃烧尚不能构成放火罪既遂，只有在此基础之上还使被燃烧物的重要部分烧毁并失去了其原来的用途才能构成既遂。(3) 燃烧说。认为只要被燃烧目的物的主要部分要达到开始燃烧的程度就可

---

① [日] 西田典之：《日本刑法各论》，刘明祥、王昭武译，中国人民大学出版社2007年版，第230页。

以成立既遂。(4) 毁弃说。认为只有火力对目的物的破坏达到故意毁坏财物罪中的毁坏程度才能成立既遂。① 对于以上各种学说，我国刑法理论通说采纳的是“‘独立燃烧说’，即只要放火的行为将目的物点燃后，已经达到脱离引燃媒介也能够独立燃烧的程度，即使没有造成实际的危害后果，也应视为放火罪既遂。反之，为未遂”。②

根据刑法对放火罪的规定及犯罪既遂的有关理论分析，独立燃烧说作为放火罪既遂标准存在疑问。

根据《刑法》第 114 条的规定，放火“危害公共安全，尚未造成严重后果的”即可构成犯罪，第 115 条规定，致人重伤、死亡或者使公私财产遭受重大损失的，处 10 年以上有期徒刑、无期徒刑或者死刑。这表明，如果将独立燃烧说作为放火罪既遂的标准，则意味着在实施完放火行为之后还未发生第 115 条规定的结果之前行为人出于己意自动放弃了犯罪的，也不能成立犯罪中止。例如甲用火机点燃储存有重大公私财物的某单位仓库中的目的物，在目的物开始独立燃烧后，甲立于远处观望，后见火势愈来愈猛，甲又有些害怕和后悔，于是亲自动手将火扑灭。后经检查，由于大火被及时扑灭，仓库内财物损失并不严重，总计烧毁价值几百元的物品。如果按照独立燃烧说，甲的行为不能成立犯罪中止，只能成立犯罪既遂。这样认定问题很多：其一，根据《刑法》第 24 条对犯罪中止的规定，“在犯罪过程中，自动放弃犯罪或者自动有效地防止犯罪结果发生的，是犯罪中止”。甲的行为完全符合犯罪中止的特征却被认定为既遂，这无疑是错误的。而且，犯罪的既遂、未遂、中止等不同形态体现的是行为人犯罪意志实现的程度和犯罪行为发展的不同状态，而将放火行为没有发生实际的人员或财物遭受侵害的实际后果与已经发生这一后果的行为都作为犯罪既遂处理，无法体现出不同阶段犯罪行为的特点及犯罪意志实现的不同程度之间的区别，从而抹杀了犯罪过程或划分不同形态的意义。其二，违背罪责刑相适应的刑法基本原则，将罪责不同的行为作为相同的行为处理，显然不妥。其三，在刑事政策上不利于为犯罪分子架设后退的黄金桥。无论是否发生实际危害后果一律定为既遂，无异于鼓励犯罪分子如若实施放火行为就干脆去追求实际后果的发生，否则即使放弃了犯罪也会被认定为既遂。其四，

---

① 参见［日］大谷实：《刑法讲义各论》，黎宏译，中国人民大学出版社 2008 年版，第 345 页。

② 高铭暄、马克昌主编：《刑法学》（第三版），北京大学出版社、高等教育出版社 2007 年版，第 380 页。

如果目的物独立燃烧后危害结果发生之前行为人就自动中止放火行为一律不能认定为犯罪中止，则意味着行为人的放火行为必须在目的物独立燃烧前就自动中止犯罪，然而，如果目的物都没有独立燃烧又如何判断足以危害公共安全并且成立放火罪？换言之，根据独立燃烧说，放火罪不可能存在犯罪中止的情况，因为，独立燃烧说下的中止实际上连放火罪都不成立，更何谈犯罪中止？

综上，独立燃烧说不能作为放火罪既遂的学说。既遂就是已遂其愿，放火罪的既遂，应该以是否发生不特定多数人的生命、健康或重大公私财产或公共生产、生活安全受到危害的实际后果为标准。因此，《刑法》第 115 条实际就是对放火罪既遂的规定,① 第 114 条则是对放火罪成立的规定，放火“危害公共安全，尚未造成严重后果的”即可构成犯罪，换言之，放火行为只要足以危害公共安全而不要求发生实际的人员伤亡、财物毁损等后果。为此，放火行为并不需要火力对目的物的焚烧达到毁坏财物罪中的毁坏程度，只要达到独立燃烧，就可以判断具有危害公共安全的可能，就可以成立放火罪。我国刑法理论将独立燃烧说作为放火罪既遂与未遂的学说，实际上混淆了放火罪成立与否与放火罪既、未遂两个不同层面的问题。可以说，“独立燃烧说”可以作为放火行为是否足以危害公共安全的判断标准亦即宜作为放火罪与非罪的界限学说，而不是放火罪既遂与未遂的判断标准。

3. 本罪与其他犯罪的界限

（1）本罪与故意杀人罪、故意伤害罪的界限

当使用放火的方法故意杀人或者故意伤害他人的，究竟是定放火罪还是故意杀人罪、故意伤害罪？对此可分为以下三种情况解决：

第一，以杀害或伤害特定个人为目的而采用了放火方法，但根本不会危及公共安全的，构成故意杀人罪或故意伤害罪。例如，甲欲杀乙，放火焚烧独住海边自建小木屋中的乙，由于木屋中只有乙一人且木屋周围并无人和房屋等财物，甲的行为成立故意杀人罪。

第二，以杀害或伤害特定个人为目的而采用了放火方法，且会危及公共安全的，构成故意杀人罪或故意伤害罪与放火罪的想象竞合犯。例如甲欲杀害居住在某居民小区大楼 A 单元 6 楼的乙，将汽油泼进乙家然后放火焚烧，无论火势是否实际造成了人员伤亡或财物毁损的严重后果，甲的行为足以危害公共安全，因此，甲的行为成立故意杀人罪与放火罪的想象竞合犯，应择一重罪处罚。

---

① 参见黎宏：《论放火罪的若干问题》，载《法商研究》2005 年第 3 期。

问题是，故意杀人罪与放火罪两罪之中何者是重罪？放火罪侵犯的客体兼有人身和财产权利，较之单纯侵犯人身权利和财产权利的犯罪，危害性无疑更大，也因此，刑法才将危害公共安全犯罪作为普通刑事犯罪之首而置于分则第二章，而将侵犯公民人身权利罪置于危害公共安全罪之后作为分则第四章。据此，认为放火罪的危害性要重于故意杀人罪似乎是有道理的。然而，这种比较只是从一般意义上、从类罪的整体角度而言的，就单个罪名而言往往并非如此。例如《刑法》分则第三章破坏社会主义市场经济秩序罪第226条的强迫交易罪的危害性就小于第四章侵犯公民人身权利罪中的许多罪名如故意杀人罪、绑架罪、强奸罪等，也小于第五章侵犯财产罪中的某些罪名如抢劫罪等。因此，仅仅根据刑法分则立法认为放火罪的危害性重于故意杀人罪无疑有失片面。

就放火罪和故意杀人罪来说，故意杀人罪的危害性应该重于放火罪。放火罪的法定刑是3~10年有期徒刑和10年以上有期徒刑、无期徒刑或者死刑两个档次，故意杀人罪的法定刑则是死刑、无期徒刑或10年以上有期徒刑和3~10年有期徒刑两个档次。虽然两罪的最低刑和最高刑以及刑罚幅度相同，然而，刑法对放火罪和对故意杀人罪法定刑的排序却大不一样。放火罪是由轻到重：从有期徒刑到死刑，故意杀人罪则是由重到轻：由死刑到有期徒刑。这意味着，在立法评价上，故意杀人罪的危害性是最严重的，否则就不会规定首先适用死刑、无期徒刑和10年以上有期徒刑。因此，故意杀人罪的危害较之放火罪要重。

第三，以杀害或伤害不特定多数人为目的而采用放火方法，危害或足以危害公共安全的，其行为只构成放火罪，而不存在成立放火罪与故意杀人罪的想象竞合问题，此时直接以放火罪定罪处罚。例如，甲放火焚烧某居民大楼，意欲将该楼的居民烧死，此时，无论其实际后果导致了多数人还是个别人的伤亡或是否有重大财物损失，甲的行为都应成立放火罪。因为此时行为人不是出于侵犯人身权利罪中故意杀人罪或故意伤害罪的故意，而是出于危害公共安全的故意。

（2）本罪与破坏交通工具等罪的界限

以特定的交通工具或设施为犯罪对象，放火焚烧并危害公共安全，例如，行为人对某停车场的车辆予以放火焚烧，宜定破坏交通工具罪、破坏交通设施罪等犯罪；不以特定的交通工具或者电力设施等为对象而实施的放火行为，如行为人在人群车辆密集的广场实施放火行为，宜定放火罪。

（3）本罪与故意毁坏财物罪的界限

以放火的方式焚烧公私财物，如果没有危害也不足以危害公共安全的，则定故意毁坏财物罪；如果危害或足以危害公共安全的，则定放火罪。

（三）放火罪的刑事责任

根据《刑法》第114条、第115条的规定，犯本罪，尚未造成严重后果的，处3年以上10年以下有期徒刑；致人重伤、死亡或者使公私财产遭受重大损失的，处10年以上有期徒刑、无期徒刑或者死刑。

二、失火罪

（一）失火罪的概念和构成

失火罪，是指过失引起火灾，致人重伤、死亡或者使公私财产遭受重大损失，危害公共安全的行为。本罪的客观方面表现为行为人因过失引起火灾，致人重伤、死亡或者使公私财产遭受重大损失，危害公共安全的行为。如果行为人的过失引起的火灾并未导致他人重伤、死亡或使公私财产遭受重大损失的严重后果的，不构成本罪。本罪的主体是一般主体。本罪的主观方面是过失。

（二）失火罪的界限划分

认定失火罪，应注意区分它与放火罪的界限。二者的客体都是公共安全，主体都是一般主体。所不同的是：失火罪的主观方面是过失，放火罪的主观方面是故意；失火罪是结果犯，它要求发生了重伤、死亡或者使公私财产遭受重大损失的后果，放火罪是危险犯，只要行为人的制造火灾的行为足以危害公共安全的，不管是否实际导致了人员伤亡或财物受损的后果发生，均不影响放火罪的成立，而只影响量刑。

（三）失火罪的刑事责任

根据《刑法》第115条第2款的规定，犯本罪的，处3年以上7年以下有期徒刑；情节较轻的，处3年以下有期徒刑或者拘役。

三、决水罪

决水罪，是指故意破坏水利设施，制造水患，危害公共安全的行为。本罪的客体是公共安全。本罪的客观方面表现为破坏水利设施，制造水患，危害公共安全的行为。破坏水利设施制造水患的行为有作为也有不作为，具体方式表现为破坏、侵占、毁损堤防、水闸、渠道、护岸、抽水站、排水渠系等水利工程和水文设施等。行为人的行为必须足以危害公共安全。水利建设事关人民的生命和财产安全，事关国家经济建设的顺利进行，人为制造水害的决水行为，严重危害公民生命财产安全，因而本罪的成立只要足以危害公共安全即可，至于是否实际发生水灾，并不影响本罪的成立，但可以影响量刑。本罪的主体是一般主体。本罪的主观方面是故意。

根据《刑法》第115条第2款的规定，犯本罪的，处3年以上7年以下有期徒刑；情节较轻的，处3年以下有期徒刑或者拘役。

四、过失决水罪

过失决水罪，是指过失引起水患，致人重伤、死亡或者使公私财产遭受重大损失，危害公共安全的行为。本罪的客观方面表现为行为人因过失损坏水利设施，引起水患，致人重伤、死亡或者使公私财产遭受重大损失，危害公共安全的行为。如果行为人的过失决水行为并未导致他人重伤、死亡或使公私财产遭受重大损失的严重后果的，不构成本罪。本罪的主体是一般主体。本罪的主观方面是过失。

根据《刑法》第115条第2款的规定，犯本罪的，处3年以上7年以下有期徒刑；情节较轻的，处3年以下有期徒刑或者拘役。

五、爆炸罪

爆炸罪，是指故意使用爆炸的方法，危害公共安全的行为。本罪的客体是公共安全。本罪的客观方面表现为使用爆炸的方法破坏工厂、矿场、油田、港口、河流、水源、仓库、住宅、森林、农场、谷场、牧场、重要管道、公共建筑物或者其他公私财产，危害公共安全的行为。爆炸的方法，是指使用引爆物或其他方法引起一定目的物爆炸的行为。成立本罪只要行为足以危害公共安全，无须发生危害公共安全的后果。行为人使用爆炸方法对不特定多数人的生命健康或重大公私财物的安全没有任何危险性的，不能成立本罪。本罪的主体为年满14周岁具有辨认和控制能力的自然人。本罪的主观方面是故意。

根据《刑法》第114条、第115条的规定，犯本罪，尚未造成严重后果的，处3年以上10年以下有期徒刑；致人重伤、死亡或者使公私财产遭受重大损失的，处10年以上有期徒刑、无期徒刑或者死刑。

六、过失爆炸罪

过失爆炸罪，是指过失引起爆炸，致人重伤、死亡或者使公私财产遭受重大损失，危害公共安全的行为。

根据《刑法》第115条第2款的规定，犯本罪的，处3年以上7年以下有期徒刑；情节较轻的，处3年以下有期徒刑或者拘役。

七、投放危险物质罪①

（一）投放危险物质罪的概念和构成

投放危险物质罪，是指故意投放毒害性、放射性、传染病病原体等物质，危害公共安全的行为。本罪构成要件如下：

1. 本罪的客体是公共安全。

2. 本罪的客观方面表现为行为人实施了投放毒害性、放射性、传染病病原体等物质，危害公共安全的行为。（1）行为对象是“毒害性、放射性和传染病病原体等物质”。“毒害性物质”，是指进入人畜肌体后能与体液和组织发生生物化学作用或生物物理学变化，扰乱或破坏肌体的正常生理功能，引起暂时性或持久性的病理状态，甚至危及生命的物品，亦可简称为对人畜有毒有害并为国家所限制或禁止使用的各种物质，包括化学性有毒物质（如国家明令禁止的毒鼠强、氟乙酰氨、氟乙酸钠、毒鼠硅、甘氟等禁用剧毒化学品），生物性有毒物质（如有剧毒的野蘑菇、河豚等），微生物类有毒物质（如肉毒杆菌等）。“放射性物质”，是指物质的原子核能发生衰变而放出肉眼看不见也感觉不到并只能用专门仪器才能探测到的射线的物质，它包括低比活度放射性物质、表面污染物体、可裂变物质、特殊形式放射性物质、其他形式放射性物质等。“传染病病原体”，是指能够引起人与人、动物与动物、人与动物之间相互传染的疾病发生的致病性的微生物，即病原微生物，包括细菌、病毒、衣原体、支原体、螺旋体、真菌等。例如，邮寄炭疽病芽胞菌就是投放传染病病原体的行为。“其他危险物质”，是指除毒害性、放射性和传染病病原体之外的其他与这三类物质性质相似对人体或动物等有害的危险物质也属于本罪的对象范围。（2）行为方式是“投放”。所谓“投放”，是指向人畜饮用水、食品、空气等人类赖以生存的各种自然条件或生存环境投入或放置危险物质的行为。（3）行为必须足以危害公共安全，不可能危害公共安全的投放危险物质行为，不构成本罪。

3. 本罪的主体为年满 14 周岁具有辨认和控制能力的自然人。

4. 本罪的主观方面是故意，即明知自己投放危险物质的行为会导致不特定多数人的生命、健康或重大公私财产或公共生产、生活安全受到危害，而希望或放任这种结果的发生。

---

① 本罪名是《刑法修正案（三）》第 1 条通过修订《刑法》第 114、115 条后形成的罪名。

（二）投放危险物质罪的界限划分

1. 本罪与故意杀人罪、故意伤害罪的界限

以杀害或伤害特定个人为目的而投放危险物质，但根本不会危及公共安全的，则构成故意杀人罪或故意伤害罪。以杀害或伤害特定个人为目的而投放危险物质，且会危及公共安全的，成立故意杀人罪与投放危险物质罪的想象竞合犯，根据想象竞合犯择一重罪处罚的原则，应以故意杀人罪处理。以杀害或伤害不特定多数人为目的而投放危险物质，危害或足以危害公共安全的，应直接以投放危险物质定罪处罚。

2. 本罪与故意毁坏财物罪的界限

行为人投放危险物质，如果没有危害也不足以危害公共安全的，则定故意毁坏财物罪；如果危害或足以危害公共安全的，则定投放危险物质罪。

（三）投放危险物质罪的刑事责任

根据《刑法》第114条、第115条的规定，犯本罪，尚未造成严重后果的，处3年以上10年以下有期徒刑；致人重伤、死亡或者使公私财产遭受重大损失的，处10年以上有期徒刑、无期徒刑或者死刑。

八、过失投放危险物质罪

过失投放危险物质罪，是指过失投放毒害性、放射性、传染病病原体等物质，致人重伤、死亡或者使公私财产遭受重大损失，危害公共安全的行为。

根据《刑法》第115条第2款的规定，犯本罪的，处3年以上7年以下有期徒刑；情节较轻的，处3年以下有期徒刑或者拘役。

九、以危险方法危害公共安全罪

以危险方法危害公共安全罪，是指使用放火、爆炸、决水、投放危险物质之外的其他危险方法危害公共安全的行为。本罪构成要件如下：

1. 本罪的客体是公共安全。

2. 本罪的客观方面表现为使用与放火、爆炸、决水、投放危险物质之外的其他危险方法危害公共安全的行为。放火、爆炸、决水、投放危险物质四种行为，具有危害对象不特定性、行为性质高度危险性、行为本身难以操控性、危害后果蔓延性等特点，它们均属于严重的危害公共安全的犯罪，正因如此，刑法本章犯罪才将放火、爆炸等几个罪名作为本章第一个条文予以规定，以表明其社会危害性之严重。作为与“放火、决水、爆炸以及投放毒害性、放射性、传染病病原体等物质”相并列的“以其他危险方法危害公共安全”的

“其他危险方法”，是指与放火、爆炸、决水、投放危险物质之性质相当、危害性相当的行为，而不是泛指任何其他危害公共安全的行为。因此，认为本罪是第 114 条、第 115 条的兜底规定而不是危害公共安全罪的兜底条款的看法，无疑是正确的。① 然而，这并不意味着从基本性质上对“其他危险方法”予以了限定，实践中对“其他危险方法”范围的理解就不存在争议。例如，在广场等人群集聚的地方以驾车撞人的方法撞死不特定多数人的，此种行为与杀害特定对象的故意杀人有所不同，它是针对对象不特定、危害范围非常广泛、危害行为和危害后果都很难预测和控制的行为，它类似于在公共场所实施放火、爆炸等危险行为，换言之，是以危险方法实施的杀人行为，此时，应成立以危险方法危害公共安全罪。

综合司法实践，常见的以危险方法危害公共安全罪中的“其他危险方法”，主要有破坏矿井通风设备、私设电网、驾车撞人，等等。2003 年最高人民法院、最高人民检察院《关于办理妨害预防、控制突发传染病疫情等灾害的刑事案件具体应用法律若干问题的解释》（以下简称《传染病解释》）第 1 条第 1 款规定，故意传播突发传染病病原体，危害公共安全的，按照以危险方法危害公共安全罪定罪处罚。

3. 本罪的主体为一般主体，即年满 16 周岁具备辨认和控制能力的自然人。

4. 本罪的主观方面是故意。

根据《刑法》第 114 条与第 115 条第 1 款的规定，犯本罪，尚未造成严重后果的，处 3 年以上 10 年以下有期徒刑；致人重伤、死亡或者使公私财产遭受重大损失的，处 10 年以上有期徒刑、无期徒刑或者死刑。

十、过失以危险方法危害公共安全罪

过失以危险方法危害公共安全罪，是指过失使用引起火灾、水灾、爆炸、投放危险物质之外的其他危险方法危害公共安全，致人重伤、死亡或者使公私财产遭受重大损失的行为。《传染病解释》第 1 条第 2 款规定，“患有突发传染病或者疑似突发传染病而拒绝接受检疫、强制隔离或者治疗，过失造成传染病传播，情节严重，危害公共安全的，依照刑法第一百一十五条第二款的规定，按照过失以危险方法危害公共安全罪定罪处罚。”

根据《刑法》第 115 条第 2 款的规定，犯本罪的，处 3 年以上 7 年以下有

① 参见张明楷：《刑法学》，法律出版社 2007 年版，第 521 页。

期徒刑；情节较轻的，处3年以下有期徒刑或者拘役。

第三节 破坏特殊对象的危害公共安全的犯罪

一、破坏交通工具罪

（一）破坏交通工具罪的概念和构成

破坏交通工具罪，是指破坏火车、汽车、电车、船只、航空器，足以使火车、汽车、电车、船只、航空器发生倾覆、毁坏危险，危害公共安全的行为。本罪构成要件如下：

1. 本罪的客体是交通运输方面的公共安全，亦即交通运输安全。火车、汽车、电车、船只、航空器等交通工具，均是大型、现代化的交通运输工具，承载着运送大量人员或重大财物等繁重的交通运输任务，这些交通工具一旦遭受破坏，往往会导致巨大的人员伤亡或者财产损失，从而严重危及公共交通运输安全。

2. 本罪的客观方面表现为行为人实施了破坏火车、汽车、电车、船只、航空器，足以使其发生倾覆、毁坏危险，危害公共安全的行为。

（1）行为对象是交通工具。根据《刑法》第116条的规定，这里的交通工具只限于火车、汽车、电车、船只、航空器五种。这五种交通工具的特点是，它们都是大型、现代化、动力支持的交通工具，因此，小型交通工具，例如小型农用拖拉机、摩托车，就不属于本罪的交通工具的范围；非机动车辆例如自行车、电瓶车、三轮车、牛马车等，也不属于本罪交通工具的范围；有些虽然属于大型但并非现代化的交通工具，例如大型农用拖拉机，也不属于本罪交通工具的范围。对于本罪交通工具范围之外的其他交通工具进行破坏、危害公共安全的行为，可按照以危险方法危害公共安全罪定罪处罚。此外，这里的交通工具必须处于正在使用中的状态。“正在使用”包括正在行驶和已经正式交付使用而处于停驶状态两种情况。破坏已经报废或正在制造尚未出厂等未投入使用的交通工具的，不构成本罪。

（2）行为方式是“破坏”。所谓“破坏”，是指对交通工具的全部或部分进行物理性的摧毁或毁坏。破坏方式有作为和不作为。

（3）破坏行为必须足以危害公共安全。所谓“足以”危害公共安全，是指行为人的破坏行为，足以使火车、汽车、电车、船只、航空器发生倾覆、毁坏危险。至于实际是否发生倾覆和毁坏、是否导致了人员伤亡或者财物毁损，并不影响本罪的成立，但可以影响量刑。因此，本罪是具体危险犯，而非实害犯。判断是否“足以”危害公共安全，除了根据交通工具是否正在使用之中外，还可根据行为人破坏的交通工具的部位，例如，是破坏交通工具整体或重要零部件，如汽车刹车、油箱，还是其辅助零部件，如门把手、座椅等，一般破坏后者往往并不足以导致交通工具倾覆或毁坏，对此就不能定破坏交通工具罪。有争议的是，盗窃或破坏车辆备用轮胎的行为是否成立破坏交通工具罪？轮胎直接关乎汽车的安全行驶，本身属于交通工具中确保其发挥正常性能和运输安全的重要零部件。但是，备用轮胎只是准备使用而不是正在使用的轮胎，即便其被盗或被破坏，车主在准备使用其之前也能发现，虽然这会影响到车辆因没有轮胎使用从而不能行驶，但此时车辆必定处于停驶之中因而不会危害公共安全。所以，盗窃或破坏备用轮胎的行为并不足以危害公共安全，不能成立破坏交通工具罪，只能根据其数额等情节以盗窃罪或故意毁坏财物罪论处。

3. 本罪的主体为一般主体，即年满16周岁具备辨认和控制能力的自然人。

4. 本罪的主观方面是故意，即行为人明知自己破坏火车、汽车等交通工具的行为会导致其发生倾覆或毁坏的危险，而仍然希望或者放任这种结果发生。

（二）破坏交通工具罪的界限划分

1. 本罪与放火罪、爆炸罪的界限

一般情况下，破坏交通工具罪与放火罪、爆炸罪等容易区分，二者发生界限认定问题主要是在行为人以放火或者爆炸的方法破坏火车、汽车、电车、船只、航空器这五种交通工具时。例如，甲投放手榴弹炸毁他人汽车，此时如何定罪，应根据情况分别而定：（1）行为人放火或爆炸的对象是正在行驶的交通工具，既成立放火罪、爆炸罪，又成立破坏交通工具罪，此时属于想象竞合犯，应从一重罪处理。（2）行为人放火或爆炸的对象是虽已投入使用但并非正在行驶而是处于停机状态的这五种交通工具，此时，由于遭受烧毁或炸毁的交通工具不会有人在未修复的情况下去使用，因此，此种情况对交通运输安全的危害是间接的，而对一般公共安全的危害更为直接，因而宜以放火罪或爆炸罪定罪处罚。

2. 本罪与盗窃罪、故意毁坏财物罪的界限

一般情况下，破坏交通工具罪与盗窃罪、故意毁坏财物罪容易区分，二者发生界限认定问题主要是在行为人以盗窃或者毁坏的方式破坏火车、汽车、电车、船只、航空器这五种交通工具时。例如，甲盗窃航空器上的导航仪、盗窃

汽车上的方向盘等。此时应从以下两点把握：一是交通工具是否处于正在使用中。盗窃或者毁坏正在使用中的交通工具从而影响交通运输安全的，则应定破坏交通工具罪。如果盗窃或毁坏正在使用中的交通工具，同时构成盗窃罪、故意毁坏财物罪和破坏交通工具罪的，择一重罪处罚。盗窃或毁坏废弃不用或者虽已组装完毕但并未正式投入使用的交通工具上的零部件的，不构成破坏交通工具罪，可视其主观目的以及数额或情节以盗窃罪或故意毁坏财物罪定罪处罚。二是盗窃或者毁坏的交通工具上的零部件的性质。如果盗窃或毁坏的是正在使用中的交通工具上不影响安全行驶的零部件如座椅外套等，则不构成破坏交通工具罪，视其具体情况成立盗窃罪或故意毁坏财物罪；反之则成立破坏交通工具罪。

（三）破坏交通工具罪的刑事责任

根据《刑法》第116条与第119条第1款的规定，犯本罪，尚未造成严重后果的，处3年以上10年以下有期徒刑；造成严重后果的，处10年以上有期徒刑、无期徒刑或者死刑。

二、过失损坏交通工具罪

过失损坏交通工具罪，是指过失损坏交通工具，造成严重后果，危害公共安全的行为。

根据《刑法》第119条第2款的规定，犯本罪的，处3年以上7年以下有期徒刑；情节较轻的，处3年以下有期徒刑或者拘役。

三、破坏交通设施罪

破坏交通设施罪，是指故意破坏轨道、桥梁、隧道、公路、机场、航道、灯塔、标志或者进行其他破坏活动，足以使火车、汽车、电车、船只、航空器发生倾覆、毁坏危险，危害公共安全的行为。本罪的客体是交通运输安全。本罪的客观方面表现为破坏保证交通工具安全行驶的各种设施如轨道、桥梁、隧道、公路、机场、航道、灯塔、标志等，并足以使火车、汽车、电车、船只、航空器发生倾覆、毁坏危险，危害公共安全的行为。本罪的主体是一般主体。本罪的主观方面是故意。

根据《刑法》第117条与第119条第1款的规定，犯本罪，尚未造成严重后果的，处3年以上10年以下有期徒刑；造成严重后果的，处10年以上有期徒刑、无期徒刑或者死刑。

四、过失损坏交通设施罪

过失损坏交通设施罪，是指过失损坏交通设施，造成严重后果，危害公共安全的行为。

根据《刑法》第119条第2款的规定，犯本罪的，处3年以上7年以下有期徒刑；情节较轻的，处3年以下有期徒刑或者拘役。

五、破坏电力设备罪

（一）破坏电力设备罪的概念和构成

破坏电力设备罪，是指故意破坏电力设备，危害公共安全的行为。本罪构成要件如下：

1. 本罪的客体是电力设备的安全。

2. 本罪的客观方面表现为破坏电力设备危害公共安全的行为。（1）行为对象是正在使用中的电力设备。所谓“正在使用中”，是指已经安装完毕并已投入使用的电力设备，包括正在使用和已经交付使用两种情况，尚未安装完毕的电力设备，不属于正在使用中；已经通电使用，只是由于电力不足等原因暂停使用的，也属于正在使用中的电力设备；已经安装完毕的电力设备，只要是已经正式交付电力部门使用的，无论是否通电使用，均属于正在使用中。所谓“电力设备”，根据1998年的《电力设施保护条例》，是指负责电力生产、输送、运行的各种设备，包括发电、变电生产的有关设施，发电厂、变电所外各种专用管道等附属设施，水力发电厂所使用的水库等设施，架空电力线路的各种设施，电力线路上的变压器、互感器等设施以及电力调度设施。（2）行为方式是“破坏”，既有作为，也有不作为，前者如盗割、焚烧、拆卸等方式，后者如电力设备管理人员发现电力设备出现断裂、破旧、坏损等问题，而不予维修，从而危害公共安全的行为。（3）破坏行为必须“危害公共安全”。破坏电力设备是危害公共安全的犯罪，因此，如果破坏电力设备的行为没有危害社会公共安全的危险的，就不能成立本罪。

3. 本罪的主体为一般主体，即年满16周岁具备控制和辨认能力的自然人。

4. 本罪的主观方面是故意，即行为人明知是正在使用中的电力设备，却仍然使用盗割、拆除等方式予以破坏，并希望或放任危害公共安全的结果发生。

（二）破坏电力设备罪的界限划分

认定本罪，应该区分它与盗窃罪、破坏生产经营罪、故意毁坏财物罪等的界限。

综合破坏电力设备罪与其他犯罪直接的构成要件界限、根据1986年最高人民检察院《关于破坏电力设备罪几个问题的批复》和1993年最高人民法院《关于破坏生产单位正在使用的电动机是否构成破坏电力设备罪问题的批复》，可将本罪与盗窃等犯罪之间的区分总结为如下几点：（1）尚未安装完毕的农用低压照明电线路，不属于正在使用中的电力设备。行为人即使盗走其中架设好的部分电线，也不致对公共安全造成危害，其行为应以盗窃定性。已经通电使用，只是由于枯水季节或电力不足等原因，而暂停供电的线路，仍应认为是正在使用的线路。行为人偷割这类线路中的电线，如果构成犯罪，应按破坏电力设备罪追究其刑事责任。（2）偷割已经安装完毕，但未供电的电力线路的行为：如果电力线路尚未正式交付电力部门使用，或者虽已正式交付电力部门使用，但行为人对此并不知情而偷割电线的，应按盗窃罪处理；如果行为人明知线路已交付电力部门使用而偷割电线的，应定为破坏电力设备罪。（3）拆盗某些排灌站、加工厂等生产单位正在使用中的电机设备等，没有危及社会公共安全，但应当追究刑事责任的，可以根据案件的不同情况，按盗窃罪、破坏生产经营罪或故意毁坏财物罪处理。例如，如果行为人出于非法占有的目的而采用盗割线路等办法秘密窃取电力设备的，可按盗窃罪定罪处罚；如果行为人出于泄愤报复或者其他个人目的而毁坏电力设备影响生产经营的，应该以破坏生产经营罪定罪处罚；如果行为人故意毁坏电力设备数额较大或有其他严重情节的，则以故意毁坏财物罪定罪处罚。（4）盗割线路或拆盗电机设备等行为，既危及公共安全，构成破坏电力设备罪，又因盗窃等犯罪的主客观要件而成立盗窃罪、破坏生产经营罪或故意毁坏财物罪的，属于想象竞合犯，应从一重罪处罚。

（三）破坏电力设备罪的刑事责任

根据《刑法》第118条与第119条第1款的规定，犯本罪，尚未造成严重后果的，处3年以上10年以下有期徒刑；造成严重后果的，处10年以上有期徒刑、无期徒刑或者死刑。

六、过失损坏电力设备罪

过失损坏电力设备罪，是指过失损坏电力设备，造成严重后果，危害公共安全的行为。

根据《刑法》第119条第2款的规定，犯本罪的，处3年以上7年以下有期徒刑；情节较轻的，处3年以下有期徒刑或者拘役。

七、破坏易燃易爆设备罪

破坏易燃易爆设备罪，是指故意破坏易燃易爆设备，危害公共安全的行为。本罪的客体是公共安全。本罪的客观方面是破坏易燃易爆设备，造成严重后果的行为。(1) 行为对象是正在使用中的"易燃易爆设备"，亦即生产、储存、输送或使用爆炸品、压缩气体、液化气体等具有易燃性、爆炸性质物品的各种设备，例如存放烟花炮竹的仓库，加油站，液化气罐，生产、储存和装卸易燃易爆危险物品的工厂、仓库和专用车站、码头，易燃易爆品的充装站、供应站、调压站等。易燃物品的燃点低，对热、撞击、摩擦敏感，易被外部火源点燃，燃烧迅速，并可能散发出有毒烟雾或有毒气体；易爆品在外界作用下(如受热、撞击等)，能发生剧烈的化学反应，瞬时产生大量的气体和热量，使周围压力急骤上升，发生爆炸，对周围环境造成极大的破坏。因此，国家对于易燃易爆物品的生产管理和储存运输等都规定要使用专门的设备，以保障国民生活的安全。破坏易燃易爆设备的行为，极易导致易燃易爆品的燃烧或爆炸，因此危害性极大。根据2002年最高人民法院《关于对采用破坏性手段盗窃正在使用的油田输油管道中油品的行为如何适用法律问题的批复》和2007年最高人民法院、最高人民检察院《关于办理盗窃油气、破坏油气设备等刑事案件具体应用法律若干问题的解释》分别规定，"正在使用中的油田输油管道"和"油汽设备"，均属于"易燃易爆设备"。此处的"油气"，是指石油、天然气。其中，石油包括原油、成品油；天然气包括煤层气。"油气设备"，则是指用于石油、天然气生产、储存、运输等的易燃易爆设备。(2) 行为方式是"破坏"，例如切割、打孔、撬砸、拆卸、开关易燃易爆设备等的行为。(3) 破坏行为必须"危害公共安全"，如果没有危害公共安全，不构成本罪。本罪的主体是一般主体。本罪的主观方面是故意。

根据《刑法》第118条与第119条第1款的规定，犯本罪，尚未造成严重后果的，处3年以上10年以下有期徒刑；造成严重后果的，处10年以上有期徒刑、无期徒刑或者死刑。上述《关于办理盗窃油气、破坏油气设备等刑事案件具体应用法律若干问题的解释》规定，具有下列情形之一可认定为"造成严重后果"：造成1人以上死亡、3人以上重伤或者10人以上轻伤的；造成井喷或者重大环境污染事故的；造成直接经济损失数额在50万元以上的；造成其他严重后果的。

八、过失损坏易燃易爆设备罪

过失损坏易燃、易爆设备罪，是指过失损坏易燃易爆设备，造成严重后果，危害公共安全的行为。本罪的客观方面是损坏易燃易爆设备，造成严重后果的行为；行为对象是易燃易爆设备。本罪的主体是一般主体。本罪的主观方面是过失。

根据《刑法》第 119 条第 2 款的规定，犯本罪的，处 3 年以上 7 年以下有期徒刑；情节较轻的，处 3 年以下有期徒刑或者拘役。

九、破坏广播电视设施、公用电信设施罪

（一）破坏广播电视设施、公用电信设施罪的概念和构成

破坏广播电视设施、公用电信设施罪，是指故意破坏广播电视设施、公用电信设施，危害公共安全的行为。本罪构成要件如下：

1. 本罪的客体是公共通讯安全。

2. 本罪的客观方面表现为破坏广播电视设施、公用电信设施，危害公共安全的行为。（1）行为对象是正在使用中的“广播电视设施、公用电信设施”。根据 2000 年国务院颁布的《广播电视设施保护条例》的规定，广播电视设施，是指为了确保广播电视信号顺利优质地播放和接收而设立的无线或有线广播电视台、站和广播电视传输网等各种设施。它包括广播电视信号发射设施（如天线、地网、塔杆灯等）、广播电视信号专用传输设施（如电缆线路、光缆线路、卫星地面接收设施等）和广播电视信号监测设施（如监测接收天线、馈线等）。公用电信设施，是指用于公共通信的各种设备。（2）行为方式是“破坏”。破坏广播电视设施或公用电信设施，包括物理性破坏和非物理性破坏，前者是指使广播电视设施或公用电信设施的外观发生改变并进而使其功能不能正常发挥的行为，例如拆除、损坏电视或电信线路，炸毁或烧断电话交换局等；后者是指没有使广播电视设施或公用电信设施发生物理性改变，但是却使其丧失了发射信号或者通信等正常功能的行为，例如，在广播电视设施或公用电信设施周围修建距离或者高度违规的建筑或者穿越架空电力线路等从而致使广播电视设施或电信信号无法正常工作的行为，就是属于非物理性破坏。（3）行为程度是“危害公共安全”。至于何为“危害公共安全”，2004 年最高人民法院《关于审理破坏公用电信设施刑事案件具体应用法律若干问题的解释》第 1 条规定：“采用截断通信线路、损毁通信设备或者删除、修改、增加

电信网计算机信息系统中存储、处理或者传输的数据和应用程序等手段，故意破坏正在使用的公用电信设施，具有下列情形之一的，属于刑法第一百二十四条规定的‘危害公共安全’，依照刑法第一百二十四条第一款规定，以破坏公用电信设施罪处3年以上7年以下有期徒刑：（一）造成火警、匪警、医疗急救、交通事故报警、救灾、抢险、防汛等通信中断或者严重障碍，并因此贻误救助、救治、救灾、抢险等，致使人员死亡一人、重伤三人以上或者造成财产损失三十万元以上的；（二）造成二千以上不满一万用户通信中断一小时以上，或者一万以上用户通信中断不满一小时的；（三）在一个本地网范围内，网间通信全阻、关口局至某一局向全部中断或网间某一业务全部中断不满二小时或者直接影响范围不满五万（用户×小时）的；（四）造成网间通信严重障碍，一日内累计二小时以上不满十二小时的；（五）其他危害公共安全的情形。”

3. 本罪的主体为一般主体，即年满16周岁具备控制和辨认能力的自然人。

4. 本罪的主观方面是故意。

（二）破坏广播电视设施、公用电信设施罪的界限划分

认定破坏广播电视设施、公用电信设施罪，主要应分清它与盗窃罪、故意毁坏财物罪等财产犯罪的界限。对此，《关于审理破坏公用电信设施刑事案件具体应用法律若干问题的解释》第3条规定：“故意破坏正在使用的公用电信设施尚未危害公共安全，或者故意毁坏尚未投入使用的公用电信设施，造成财物损失，构成犯罪的，依照刑法第二百七十五条规定，以故意毁坏财物罪定罪处罚。盗窃公用电信设施价值数额不大，但是构成危害公共安全犯罪的，依照刑法第一百二十四条的规定定罪处罚；盗窃公用电信设施同时构成盗窃罪和破坏公用电信设施罪的，依照处罚较重的规定定罪处罚。”

（三）破坏广播电视设施、公用电信设施罪的刑事责任

根据《刑法》第124条的规定，犯本罪的，处3年以上7年以下有期徒刑；造成严重后果的，处7年以上有期徒刑。

十、过失损坏广播电视设施、公用电信设施罪

过失损坏广播电视设施、公用电信设施罪，是指过失损坏广播电视设施、公用电信设施，危害公共安全，造成严重后果的行为。

根据《刑法》第124条第2款的规定，犯本罪的，处3年以上7年以下有

期徒刑；情节较轻的，处3年以下有期徒刑或者拘役。

第四节　以恐怖危险活动为内容的危害公共安全的犯罪

一、组织、领导、参加恐怖活动组织罪①

（一）组织、领导、参加恐怖活动组织罪的概念和构成

组织、领导、参加恐怖活动组织罪，是指故意组织、领导、参加恐怖活动组织的行为。本罪构成要件如下：

1. 本罪的客体是公共安全。

2. 本罪的客观方面表现为行为人实施了组织、领导、参加恐怖活动组织的行为。所谓“恐怖活动”，是指以谋求一定政治利益为目的，对个人、组织、国家或国际组织机构等，以恐吓、暴力或者威胁等手段实施的严重干扰公共秩序的个人或集体的行为。恐怖活动的内容广泛、性质多样，例如谋杀、绑架、爆炸、劫持人质等。所谓“恐怖活动组织”，是指以实施恐怖犯罪为目的多人聚集而形成的犯罪组织。“组织”恐怖活动组织，是指组建、鼓动、召集多人建立以实施恐怖活动为目的的组织或集团；“领导”恐怖活动组织，是指在恐怖活动组织中起着负责人的作用，策划、指挥各类恐怖犯罪活动；“参加”恐怖活动组织，是指为了成为恐怖活动组织成员而主动积极谋求加入恐怖活动组织。

3. 本罪的主体是一般主体，即年满16周岁具有辨认和控制能力的自然人。

4. 本罪的主观方面是故意，而且行为人具有一定的政治目的。虽然《刑法》第120条没有规定本罪必须具有一定的犯罪目的，然而，从本罪区分于普通的刑事犯罪的角度而言，根据本罪司法实践的状况和各国及国际社会打击恐怖犯罪的立法例，宜将本罪界定为目的犯。对于恐怖犯罪的政治目的可作如下理解：一是对个人或组织使用恐怖暴力或威胁使用恐怖暴力，消灭（破坏）或威胁消灭（破坏）财产和其他设施，造成人员伤害、财产损失和其他社会不良后果，目的是破坏社会安定，伤害平民，或企图迫使权力部门作出有利于恐怖分子的决定，满足他们不合理的经济或其他要求，以助其实现政治欲求。二是企图谋害国家和社会活动家，目的是报复，迫使他们停止国家政治活动。

---

① 本罪名是《刑法修正案（三）》第3条通过修订《刑法》第120条后形成的罪名。

三是攻击享有国际保护的外国代表或国际组织工作人员，或攻击这些人员的办公机构和交通工具，目的是挑起战争或使国际局势复杂化。①

（二）组织、领导、参加恐怖活动组织罪的界限划分

1. 本罪与非罪的界限

成立本罪，只要行为人实施了组织、领导、参加恐怖活动组织的行为，而不需要实际参与了或者实施了恐怖活动。

如果组织、领导、参加恐怖活动组织之后，又参与了杀人、爆炸、放火、劫机、绑架等犯罪的，根据《刑法》第120条第2款的规定，应以本罪和其他犯罪实行数罪并罚。笔者认为，这一规定值得商榷。其一，任何恐怖活动组织成立都是为了实施各种各样的恐怖活动犯罪，如绑架、劫机、暗杀等，没有这些恐怖活动，就不能称其为恐怖活动组织了。其二，将恐怖组织所实施的恐怖活动另行定罪，如将恐怖暗杀定为故意杀人罪、将恐怖爆炸定为爆炸罪，意味着将恐怖活动犯罪等同于普通刑事犯罪处罚，这违背并降低了恐怖活动犯罪立法的旨意。其三，违背了法律上的禁止重复评价原则。例如，恐怖组织成员甲在一次暗杀他国领导人的行动中起着部署、指挥的作用，换言之，甲虽然没有直接参与具体的杀人行为，但却负责指挥了杀人行为，属于“领导恐怖组织实施暗杀恐怖活动”的行为，该行为是单一行为；此时，如果对甲按照领导恐怖活动组织罪与故意杀人罪数罪并罚，意味着对甲指挥杀人的一个行为在刑法上评价了两次，从而违反了法律上禁止重复评价的原则。

如果行为人在参加恐怖活动组织的过程中，因为意志以外的原因未能成功加入恐怖活动组织的，此时行为社会危害性轻微，不宜以犯罪论处，换言之，对于参加行为而言，参加成功亦即既遂的才构成犯罪；未能成功参加的，属于不可罚的未遂，不成立犯罪。至于组织、领导恐怖活动组织的行为，从性质上看，组织和领导行为均属于身份行为，亦即恐怖活动组织的成员在恐怖组织内部具有组织和领导者的身份地位，而加入恐怖活动组织成为其中的成员本身就是刑法所打击的犯罪行为，组织、领导者往往又是恐怖活动组织成员所推崇的、具有更高的策划恐怖活动或管理组织成员等能力的人或者在恐怖活动组织中时间很长的人，因此，无论是组织、领导的地位的确立之时或者在确立之后意欲策划具体的恐怖活动之时因被查获或其他原因而未遂的，都应该构成犯罪。换言之，组织、领导恐怖活动未遂的，应该予以刑罚处罚。

① 参见中国现代国际关系研究所反恐怖研究中心编：《各国及联合国反恐怖主义法规选编》，时事出版社2002年版，第82页。

2. 本罪与组织、领导、参加黑社会性质组织罪的界限

《刑法》第294条规定，组织、领导和积极参加以暴力、威胁或者其他手段，有组织地进行违法犯罪活动，称霸一方，为非作恶，欺压、残害群众，严重破坏经济、社会生活秩序的黑社会性质的组织的，是组织、领导、参加黑社会性质组织罪。本罪与组织、领导、参加黑社会性质组织罪的行为方式、主观罪过、主体都一样，所不同者，前者是恐怖活动组织，后者是黑社会性质的组织。至于如何区分恐怖活动组织与黑社会性质的组织，是一个理论和实践中的难题，大致可以掌握如下几点：（1）目的不同。恐怖活动组织一般追求政治利益的实现，黑社会性质的组织一般追求经济利益的获取。（2）活动内容不同。恐怖组织的活动一般是指以令人战栗或者极度憎恶的行为方式危害社会安定破坏和平的行为，例如“9·11”事件；黑社会性质的组织的活动一般是以暴力或威胁手段有组织地多次进行违法犯罪活动，为非作恶、欺压残害群众，例如收保护费、砍杀无辜群众。（3）活动空间不同。恐怖组织的活动在空间上具有不确定性，可能是针对某一地区也可能是针对某一国也可能针对全人类全世界，黑社会性质的组织一般是固定在一定区域或者行业内形成稳定而长期的非法控制。

（三）组织、领导、参加恐怖活动组织罪的刑事责任

根据《刑法》第120条的规定，组织、领导恐怖活动组织的，处10年以上有期徒刑或者无期徒刑；积极参加的，处3年以上10年以下有期徒刑；其他参加的，处3年以下有期徒刑、拘役、管制或者剥夺政治权利。犯本罪并实施杀人、爆炸、绑架等犯罪的，依照数罪并罚的规定处罚。

二、资助恐怖活动罪①

资助恐怖活动罪，是指以提供资金、财物等方式资助恐怖活动组织或者实施恐怖活动的个人的行为。本罪的客体是公共安全。本罪的客观方面表现为资助恐怖活动组织或者实施恐怖活动的个人的行为。所谓资助，是指以资财钱物等相助，包括提供资金、供给财物、提供住所、予以食宿等各种形式帮助的行为。本罪对象是恐怖活动组织或者实施恐怖活动的个人。本罪的主观方面为故意，行为人明知对方是恐怖活动组织或者实施恐怖活动的个人而提供资财予以帮助的，构成本罪；反之，则不成立本罪。本罪的主体为一般主体，包括自然人和单位。

---

① 本罪名是《刑法修正案（三）》通过增设《刑法》第120条之一后形成的罪名。

根据《刑法》第120条之一第1款的规定，犯本罪的，处5年以下有期徒刑、拘役、管制或者剥夺政治权利，并处罚金；情节严重的，处5年以上有期徒刑，并处罚金或者没收财产。该条第2款规定，单位犯本罪的，对单位判处罚金，并对其直接负责的主管人员和其他直接责任人员，依照前款的规定处罚。

三、劫持航空器罪

（一）劫持航空器罪的概念和构成

劫持航空器罪，是指以暴力、胁迫或者其他方法强夺或控制航空器的行为。本罪构成要件如下：

1. 本罪侵犯的客体是航空运输方面的公共安全，行为侵犯的对象是航空器。航空器是指空间飞行的各种工具，如人造卫星、航天飞机、宇宙飞船、运载火箭、飞机或其他航空器具。而所有的航空器根据用途又可分为民用航空器与国家航空器，用于军事、海关、警察部门的航空器是常见的国家航空器。那么，劫持航空器罪中的航空器在性质上属于其中哪一种？笔者认为，应该将劫持航空器罪中的航空器理解为所有的航空器——不论是民用航空器或是国家航空器。理由是：其一，排斥国家航空器作为劫持航空器罪的对象，就须准确地划分出国家航空器与民用航空器的界限，然而，目前国际航空法和刑法理论上都没有一个行之有效的区分民用航空器与国家航空器的标准，既如此，将民用与国家航空器一律作为本罪的对象，就可避免人为划分民用与国家航空器所带来的航空器的性质认定上种种难以解决的问题。其二，将航空器区分为民用与国家航空器本身就是不正确不科学的，以之界定本罪中航空器的范围更不合理。国际法上提出国家航空器的概念是为了解决领空使用问题，其根本意义在于确定哪些航空器可以自由飞越他国领空。然而，由于航空业的迅速发展，领空对于主权国家的重要性日益彰显。因此，目前一般情况是，一国民用与国家航空器进入或飞越他国领空均须事先得到主权国的许可。在此情况下，再机械地将航空器划分为民用与国家航空器已没有多大意义。也因此，在国际航空法上，反对划分民用与国家航空器的观点已为诸多学者赞同。其三，仅将劫持航空器罪限定适用于民用航空器，则会出现军用等航空器被劫持而无法可依的情况，这势必会放纵罪犯，不利于惩治航空运输犯罪，不利于保护主权国家的合法权益。

作为本罪对象的航空器必须处于正在飞行或正在使用的状态。其一，“正在飞行中”的航空器。根据《海牙公约》第3条第1款的规定，所谓“正在飞行中”，正常情况下是指航空器从装载完毕，机舱外部各门均已关闭时起，直至打开任一机舱门以便卸载时为止；航空器被迫降落时，在主管当局接管对该航空器及其所载人员和财产的责任前，应被认为仍在飞行中。如果劫持的是停放在机场跑道上或摆放在仓库里或车间组装的航空器，则不构成本罪。其二，“正在使用中”的航空器。《蒙特利尔公约》将危害航空安全的犯罪由正在飞行中的航空器扩及正在使用中的航空器。该公约第1条规定，破坏使用中的航空器或对该航空器造成损坏，使其不能飞行或将会危及其飞行安全；或用任何方法在使用中的航空器内放置将会破坏该航空器飞行安全的装置或物质的，是犯罪行为。虽然这一规定不是针对劫持航空器罪而设，而是对危害航空器飞行安全罪的规定，但是，劫持航空器罪作为性质比危害航空器飞行安全罪更为严重的犯罪行为，如果后者都适用于正在使用中的航空器，那么前者没有理由不适用。而且，从各国打击劫机犯罪的实践来看，对劫持正在使用中的航空器与劫持正在飞行中的航空器是持同样的非难立场的。至于何谓“正在使用中”的航空器，根据《蒙特利尔公约》第2条的规定，是指从地面人员或机组为某一特定飞行而对航空器进行飞行前的准备时起，直到降落后24小时止，该航空器应被认为是在使用中；在任何情况下，使用的期间就包括航空器在飞行中的整个时间。

2. 本罪的客观方面表现为使用暴力、胁迫或者其他方法劫持航空器的行为。

(1)“暴力”劫机。

“暴力”劫机，是指以力量造成侵害的方式强夺或控制航空器的行为。这里的“暴力”，是指对航空器实施物理袭击，或对机上成员如驾驶员或乘客等实施捆绑、殴打、伤害、杀害、监禁、扣押等危害人身安全和人身自由，使他人不能或不敢反抗的强力行为。

为了保障航空运输安全，维护大多数人或不特定乘客的生命、身体、自由、财产等安全，宜将暴力劫机中的“暴力”理解为：第一，有形力与无形力。通常所认为的暴力是有形暴力，即物理力的不法行使，如扭、捆、殴击、杀害等均是力学作用的暴力。抢劫或强奸等犯罪中的暴力就是对财产所有或持有人或被害妇女等实施有形暴力。而劫机犯罪与这些普通的暴力犯罪有所不同。除常见的有形暴力外，无形暴力也是劫持航空器罪的表现形式。如照射强光、播放极强分贝之噪音、深夜尖声喊叫、于航空器内放置有毒气体或细菌等，均是无形暴力。无形暴力甚至比有形暴力的危害性更大，杀伤力更强。第二，直接暴力与间接暴力。通过实施殴打等身体的力量直接强制诸如机长、机械师等被害人，或者对被害人强制注射麻醉剂等，排除被害人的意思自由或思考能力，从而排除其反抗的行为，是直接的暴力。间接暴力则是行为人对被害人之外的第三人或被害人所有的物品施以强力损害，以使被害人受行为人之牵制。第三，实施暴力的对象不仅限于人，还可及于物。抢劫等普通的暴力犯罪中的暴力往往只针对人，而劫机犯罪中的暴力则还针对物。对人实施暴力，如殴打、捆绑等行为，当然是暴力；对有形物品如航空器内的设施实施踢打、拆卸等行为也是暴力。总之，凡为达劫持航空器之目的而实施的以力量造成侵害的方式，均是暴力劫机。

(2)“胁迫”劫机。

“胁迫”劫机是指，行为人采取以暴力或其他任何危险恐吓之内容进行逼迫挟持，以对他人实行精神强制，使人心生恐惧而不敢反抗而抢夺或控制航空器的行为。

所谓胁迫，一般是指以引起对方的恐惧心理为目的而告知欲行加害之事。刑法上的胁迫一般分为广义、狭义及最狭义三种。① 广义的胁迫是指以引起对方的恐惧为目的，告知欲加害的一切事情。至于加害的性质、内容、告知的方法及是否引起受威胁之人的恐惧，都不受限制。例如我国《刑法》第219条规定的“以盗窃、利诱、胁迫或者其他不正当手段获取权利人的商业秘密”中的“胁迫”；德日刑法中恐吓罪中的“胁迫”等。狭义的胁迫则是指加害的种类是特定的，或者引起对方的恐惧，而强制对方为一定作为或不作为。例如《德国刑法》第105条规定的“行为人违法地使用暴力或者通过暴力威胁”，这里的胁迫即以暴力为其特定内容。最狭义的胁迫是指不但能引起对方恐惧，还能达到压制对方反抗程度的胁迫。如强奸罪、强制猥亵罪中的胁迫等。劫持航空器罪中的胁迫宜采广义胁迫说，理由如下：

首先，劫机行为的危害性极大，其所劫持的对象是国际交通必备的工具，如果对之给予劫持或者攻击，不但直接威胁到乘客及机组人员的人身安全，而且会阻断交通，改变航班航线及变更降落地，间接地剥夺了空中旅行者在航空器内的安全保障，同时对空中航行的自由及安全，也构成了严重的危害。加以航空器具有快速性、便捷性及飞越性，行为人的加害程度有时连其自身也无法控制，且难以预料。所以，劫机犯罪并不是以对他人的生命、身体或财产发生具体实害为犯罪构成要件的实害犯，而是以劫机行为对国际秩序所造成的抽象

① 参见甘雨霈、何鹏：《外国刑法学》(下)，北京大学出版社1985年版，第902页。

的危险性作为犯罪构成必备要件的危险犯，即抽象危险犯。就采取胁迫手段的劫机来看，凡是使人心生畏惧为目的的劫机行为，无论行为人以何种方式胁迫他人，也不论其以直接或间接的方式进行胁迫，都有可能对人产生威胁和阻吓，引起他人内心之恐惧，从而对航空器及其内的机组人员的人身和财产安全产生危险性。显然，非暴力内容的胁迫也具有劫持航空器罪作为抽象危险犯所要求的可能产生之抽象危险，也符合该罪的构成要件。既如此，只处罚暴力内容的胁迫而放纵非暴力内容的胁迫，与劫持航空器罪之抽象危险犯的性质不相符合。

其次，国际犯罪的方式正在日新月异，胁迫劫机的内容也各有不同，如果采取狭义的胁迫论，将会放纵劫机犯罪，不利于国际社会及各国当局对劫机犯罪的严厉打击。更何况，与采广义胁迫论的一些犯罪相比，诸如前述恐吓罪、妨害公务罪等，这些犯罪的危害性较之劫持航空器罪无疑小得多，根据“举轻以明重”的当然解释原则，如果对这些轻罪都适用广义胁迫论，那么，对劫持航空器这一重罪更应采取广义胁迫论。

总之，胁迫劫机既包括以实施暴力为内容的胁迫，也包括非暴力的胁迫，如行为人以揭发机长或其他机组人员的严重犯罪行为相胁迫；既包括直接胁迫，如直接针对机长进行胁迫，迫使其改变航线，也包括间接胁迫，如行为人威胁以自爆相威胁；既包括有形胁迫，如以暴力为内容的胁迫，还包括无形胁迫，如以精神为内容的胁迫；既包括对人的胁迫，也包括对物的胁迫，等等。需要说明的是，无论何种方式的胁迫，在胁迫内容的实现上都是以当场性为条件的。

另外，要注意区分胁迫劫机与暴力劫机之间的界限，尤其是无形暴力的劫机行为与胁迫劫机之间的界限。一般而言，可以通过以下几点把握：无形暴力的劫机行为本质上仍为一种力的行使，而胁迫劫机并未行使力，而是通过意思内容的表达来体现；暴力劫机均具有动作，而胁迫劫机不一定是动作，可能是通过语言、文字等表达。

（3）“其他方法”的劫机。

“其他方法”的劫机，是指采取除暴力、胁迫之外其他使人不能、不知或不敢反抗的方法抢夺或控制航空器的行为。

一般来讲，“其他方法”如果在手段上与暴力和胁迫在性质上相类似，即具有一定的强制性，那么其认定不成为问题。例如向被害人饮用的饮料中投放迷幻药使其饮用后失去知觉，就属于性质与暴力和胁迫性质相类似的行为，即都是通过外界的原因使被害人不反抗，而不是通过被害人内心意志的改变而自动自愿地不去反抗。问题是，如果行为人所采用的“其他方法”是通过被害人内心意愿的改变而改变航线或降落地点的，该如何处理？例如，以欺诈、贿赂、收买等方式使机长对某种客观事实发生错误的认识，或改变自己最初的想法，愿意与劫机人相互勾结，配合其劫机行为，最终完成行为人劫持航空器之犯罪。此时，应该肯定可以构成“其他方法”的劫机。理由是：其一，从暴力与胁迫行为的本质分析，欺诈等非强制性方法同样达到了使人不能或不知反抗的结果。欺诈的方式使人信以为真，错误的认识使被骗人根本不会去反抗；贿赂的方式改变了机长或有关当事人的想法，自不存在反抗行为人的意图或行为。总之，欺诈等方式的劫机犯罪因为都排除了被害人的反抗，而在本质上与暴力、胁迫如出一辙。其二，劫持航空器并非“必然通过坠机、暴力手段直接伤害机组人员或旅客来实现”的。不坠毁也不使用暴力手段，同样可以达到控制航空器的目的，比如揭发他人严重罪行的胁迫劫机。加之劫持航空器罪是抽象的危险犯，当行为人采取欺诈或贿赂方式意图劫机的，同样也能造成对机上乘客安全与航空器本身之安全的危险性，既如此，当然应该按犯罪处罚。其三，认为欺诈、贿赂等非强制方式能够成为“其他方法”的劫机也有法律根据。实际上，很多国家在规定劫持航空器罪的其他方法时，已经直接赋予了欺诈或诡计等非强制性的其他方法作为劫机犯罪法定构成要件的效力，即通过刑罚规范肯定了这类行为的可罚性。例如，前述《日本刑法》第199条规定的“使用诡计或者威力”；《德国刑法》第360条C所规定的“使用暴力或侵害他人自由或其他阴谋者”；《阿根廷刑法》第198条规定，“任何人意图劫持船舶或航空器及占有其上之人员及财产，而以暴力、暴力之威胁或诈术篡取船舶或航空器之指挥权时”，构成劫持航空器罪；《意大利航空法》第1139条规定，“如以秘密方式诈骗手法夺取……航空器”，构成劫持航空器罪；古巴劫机法也规定，劫持航空器罪包括“以欺诈、贿赂、暴力或胁迫”等“任何方法”，等等。① 这些条文中的诸如“诡计”、“阴谋”、“诈术”、“秘密方式诈骗手法”及“欺诈、贿赂”等，显然都是指那些非强制性的、暴力与胁迫之外的其他方法。笔者以为，如此多的国家将非强制性的“其他方法”作为一种法定的劫机行为加以规定，体现了各国政府在打击劫持航空器罪方面的决心，意味着从立法上对劫持航空器罪中的“其他方法”作了不同于类似犯罪如抢劫罪中的“其他方法”的定性，因为抢劫罪中的“其他方法”只能是一

① 参见郑正忠：《劫机犯罪之研究》，台湾五南图书出版公司1996年版，第352～388页。

种强制性的行为，如果是以非强制性的欺诈和贿赂获取财物的，不能构成抢劫罪，但可成立其他犯罪。之所以将劫持航空器罪中的“其他方法”作这样的规定，这是因为劫持航空器与劫持其他物品不同，它不仅仅是对航空器本身及其内所载财物的危害，而且危及机组成员与乘客的生命与人身权利。无论是采用诈骗还是贿赂还是阴谋或诡计，只要行为人意在劫机，就会对航空器内的所有成员及财产产生危险性，其后果与暴力、胁迫或其他强制性劫机方式并无两样。总之，“其他方法”的劫机应该理解为除了暴力、胁迫之外排除了他人反抗的任何方法。

3. 本罪的主体为一般主体，即年满 16 周岁具备辨认和控制能力的自然人。

4. 本罪的主观方面是故意。

（二）劫持航空器罪的界限划分

1. 本罪与破坏交通工具罪的界限

破坏交通工具罪中的行为对象也有航空器，因此，当行为人破坏的是火车、汽车、电车、船只这四种交通工具时，不存在区分劫持航空器罪与破坏交通工具罪的界限问题；当行为对象是航空器时，由于破坏交通工具罪中的对象也有航空器，此时则需区分这两罪的界限。破坏交通工具罪中的行为是“破坏”，即针对航空器本身的物理性的毁坏，其意在于使航空器发生倾覆或坠毁；劫持航空器罪中的行为是“劫持”，即针对航空器采用暴力、胁迫或其他方法，其意在于强夺或控制航空器。如果行为人采用物理性损坏的方式来劫持航空器的，不能构成破坏交通工具罪，而只成立劫持航空器罪。

2. 本罪与暴力危及飞行安全罪的界限

本罪与暴力危及飞行安全罪都是侵犯航空运输公共安全的犯罪，但二者有如下不同点：（1）客观行为不同。前者表现为以暴力、胁迫或者其他方法强夺或控制航空器的行为；后者表现为对飞行中的航空器上的人员使用暴力的行为，对航空器上的人员使用胁迫或其他方法的不成立后罪。（2）航空器的状态不同。劫持航空器罪中的航空器是正在飞行或使用中的航空器；暴力危及飞行安全罪中的航空器必须是正在飞行中的航空器。（3）针对的对象不同。前者针对的是航空器；后者针对的是航空器上的人员。（4）成立犯罪的条件不同。前者只要实施了劫持航空器的行为，不论是否足以危害公共安全，都成立犯罪；后者要求必须危及飞行安全，否则不构成犯罪。

（三）劫持航空器罪的刑事责任

不同于灭种罪、侵略罪、反人道罪等由国际刑事法院进行管辖的国际犯罪，劫持航空器罪必须由各主权国家根据国际条约的有关规定进行国内管辖。这首先就涉及刑事管辖权的问题。从实际情况来看，应该赋予航空器登记国优先管辖的权利。这是因为，其一，将航空器登记国作为优先管辖地国符合反劫机公约之旨意。《东京公约》第4条将航空器登记国之管辖列为刑事管辖权的首项，足见公约对登记国管辖的重视，以之为优先管辖权国是对公约精神的贯彻。其二，符合国际社会对于劫机犯罪刑事管辖权问题的普遍认知态度。国际社会对管辖冲突问题向来极为重视，将航空器登记国作为管辖权优先国也为国际社会公约成员国所普遍赞同。其三，登记在一国的航空器，如果在激烈的国际航空竞争中为乘客等选乘，则体现了搭乘者对该国航空安全与法律保障的信赖，一旦发生劫机行为，搭乘者有权要求航空器登记国履行保护义务。其四，航空器登记国较之其他有管辖权地国容易认定。与其他有权对劫机犯罪行使管辖权的国家，如犯罪地国、出现地国等往往有多个的复杂情况不同，航空器登记国只能是某一个主权国家，不可能出现两个或两个以上的航空器登记国的情况。因此，以之作为劫机犯罪的优先管辖地国容易认定，也不会发生多个具有同样情况的管辖国之间的争议问题。

劫持航空器罪的惩治规则。本罪应适用“或起诉或引渡”原则。根据《海牙公约》第7条和《蒙特利尔公约》第7条的规定，“凡在其境内发现所称案犯的缔约国，如不将他引渡，则不论犯罪是否发生在其境内，必须毫无例外地为起诉目的，将案件送交其主管当局，该当局应以与本国法中任何严重性质普通罪的同样方式，作出决定”。这就是“或起诉或引渡”原则。它要求各缔约国如果不把其在领土内发现的被指称的罪犯引渡给有关国家，就必须“毫无例外地”将案件交给主管当局起诉，而且该当局必须“以与本国法中任何严重性质普通罪的同样方式”作出处理。这样规定的主要意图是“不受这种罪行的任何政治方面的影响”,防止任何犯危害国际航空罪的犯罪分子的漏网。

根据《刑法》第121条的规定，犯本罪的，处10年以上有期徒刑或者无期徒刑；致人重伤、死亡或者使航空器遭受严重破坏的，处死刑。

四、劫持船只、汽车罪

劫持船只、汽车罪，是指以暴力、胁迫或者其他方法劫持船只、汽车的行为。本罪的客体是船只、汽车的运输安全。本罪的客观方面表现为使用暴力、胁迫或者其他方法劫持船只或汽车。本罪的对象只限于船只、汽车。本罪中的汽车，应该不同于破坏交通工具罪中的汽车，前者是广义，后者是狭义；前者除了狭义的汽车外，还包括电车等车辆。行为人劫持火车的，不构成本罪；对此行为也不宜认定为破坏交通工具罪，否则就超出了“破坏”的文义范围，此时，宜以《刑法》第114、115条的以危险方法危害公共安全罪定罪。因为“劫持火车”行为使火车上的不特定多数人以及重大公私财物都面临着生命健康和财产安全的危害，此时，将之认定为与放火、爆炸等方法性质相似的“其他危险方法”更为可取。

根据《刑法》第122条的规定，犯本罪的，处5年以上10年以下有期徒刑；造成严重后果的，处10年以上有期徒刑或者无期徒刑。

五、暴力危及飞行安全罪

暴力危及飞行安全罪，是指对飞行中的航空器上的人员使用暴力，危及飞行安全的行为。本罪的客体是航空器的飞行安全。本罪的客观方面表现为对飞行中的航空器上的人员使用暴力，危及飞行安全的行为。这里的航空器必须处于正在“飞行中”，即航空器从装载完毕，机舱外部各门均已关闭时起，直至打开任一机舱门以便卸载时为止。暴力危及飞行已经结束然而仍然正在使用中的航空器上的人员的，不构成本罪。行为方式是“对航空器上的人员使用暴力”，这里的“暴力”只能是针对人的暴力，即针对飞行中的航空器内的人员的暴力，包括机组成员、普通乘客等任何在航空器上的人员。针对航空器本身的暴力危及飞行安全的，构成破坏交通工具罪；如果对航空器上的人员使用了暴力，例如对民用航空器上的乘客拳打脚踢，但并不足以危及航空器本身的飞行安全的，不能成立本罪；如果殴打行为严重的，可以成立故意伤害罪等其他犯罪。本罪的主体为一般主体。本罪的主观方面是故意。

根据《刑法》第123条的规定，犯本罪，尚未造成严重后果的，处5年以下有期徒刑或者拘役；造成严重后果的，处5年以上有期徒刑。

第五节　以枪支、弹药、爆炸物、危险物质为对象的危害公共安全的犯罪

一、非法制造、买卖、运输、邮寄、储存枪支、弹药、爆炸物罪

（一）非法制造、买卖、运输、邮寄、储存枪支、弹药、爆炸物罪的概念和构成

非法制造、买卖、运输、邮寄、储存枪支、弹药、爆炸物罪，是指违反国家有关枪支、弹药、爆炸物的管理法规，故意非法制造、买卖、运输、邮寄、储存枪支、弹药、爆炸物，危害公共安全的行为。本罪构成要件如下：

1. 本罪侵犯的客体是公共安全和国家对枪支、弹药、爆炸物的管理秩序。枪支、弹药、爆炸物因其巨大的杀伤性和破坏性而被列为国家管制的物品，对这些物品如果不加控制而任其在社会上流散蔓延，将会导致持枪杀人、抢劫、连环爆炸等恶性犯罪的发生，从而严重危害人民群众生命财产安全和公共安全。

本罪的行为对象是枪支、弹药和爆炸物。“枪支”，是指以火药或者压缩气体等为动力，利用管状器具发射金属弹丸或者其他物质，足以致人伤亡或者丧失知觉的各种枪支，包括军用枪支（如手枪、步枪、防暴枪、冲锋枪、机枪等）和民用枪支（如转轮运动手枪、气步枪、双管猎枪等）。“弹药”，一般指有壳体，是含有火药、炸药或其他装填物，爆炸后能对目标起毁坏、杀伤作用或完成其他任务的物品，包括枪弹、炮弹、手榴弹、枪榴弹、航空炸弹、火箭弹、导弹、鱼雷、水雷、地雷、爆破筒、爆破药包等，以及用于非军事目的的礼炮弹、警用弹和狩猎、射击运动的用弹。“爆炸物”，是指供军事或民用的各类具有爆破性对人、物具有杀伤力的物品，包括军地雷、手雷、火药、炸药及其制品和雷管、导火索等点火、起爆器材等。

2. 本罪的客观方面表现为行为人实施了违反国家有关枪支、弹药、爆炸物的管理法规，非法制造、买卖、运输、邮寄枪支、弹药、爆炸物，危害公共安全的行为。（1）违反了国家有关枪支、弹药、爆炸物的管理法规。国家有关枪支、弹药、爆炸物的管理法律法规有很多，比如《中华人民共和国枪支管理法》、《民用爆炸物品安全管理条例》、《中华人民共和国人民警察法》、《中华人民共和国治安管理处罚法》，这些法律法规对枪支、弹药和爆炸物的生产、制造、买卖、运输等都有严格的规定。未经许可擅自制造或者非法买卖、运输、邮寄枪支、弹药、爆炸物的行为，都属于违法行为。（2）实施了非法制造、买卖、运输、邮寄、储存枪支、弹药、爆炸物的行为。“非法制造”，是指没有获得国家制造枪支的特别许可权，或者许可权限有效期届满而未重新申请领取许可证件，而擅自制造枪支的行为，“制造”是指生产、加工、修理、变造装备等各种方式。依照枪支管理法的规定，国家对枪支的制造实行特别许可制度，未经许可或许可失效的，任何单位或者个人不得制造枪支。“非法买卖”，是指未经许可，私自购买或出售枪支、弹药、爆炸物的行为，“买卖”是指交易行为，包括以金钱货币作价或以物易物等各种方式交易。“非法运输”，是指未经许可擅自运送枪支、弹药、爆炸物的行为，包括汽车运输、飞机运输、随身携带等各种方式。依照有关法律法规的规定，任何单位或者个人未经许可，不得运输枪支、弹药、爆炸物；需要运输的，必须向公安机关如实申报运输的品种、数量和运输的路线、方式，领取运输许可证件。“非法邮寄”，是指明知是枪支、弹药、爆炸物而投递邮件寄送的行为，包括直接邮寄或者在邮寄的物品或托运的货物、行李、包裹、邮件中夹带邮寄。“非法储存”，是指明知是他人非法制造、买卖、运输、邮寄的枪支、弹药、爆炸物而为其存放的行为。本罪是选择性罪名，制造、买卖、运输、邮寄行为只要实施其一就可以构成犯罪；都实施了的，也只成立一罪，而不数罪并罚。

3. 本罪的主体为一般主体，任何年满16周岁具有辨认和控制能力的自然人，都能成为本罪主体；单位也可以成为本罪的主体。2001年最高人民法院《关于审理非法制造、买卖、运输枪支、弹药、爆炸物等刑事案件具体应用法律若干问题的解释》（以下简称《枪支弹药爆炸物解释》）规定，介绍买卖枪支、弹药、爆炸物的，以买卖枪支、弹药、爆炸物罪的共犯论处。

4. 本罪的主观方面是故意，即明知是枪支、弹药、爆炸物而非法制造、买卖、运输、邮寄、储存。

根据《刑法》第125条的规定，非法制造、买卖、运输、邮寄、储存枪支、弹药、爆炸物不管数量多少、情节如何、成功与否，都应该成立犯罪。然而，这样的定罪标准有失严苛，从可罚必要性的程度而言，对其数量和情节加以必要限定更加符合刑法法规妥当性原则。因此，《枪支弹药爆炸物解释》第1条规定，只有具备下列情形之一的，才能认定为犯罪：非法制造、买卖、运输、邮寄、储存军用枪支1支以上或者以火药为动力发射枪弹的非军用枪支1支以上或者以压缩气体等为动力的其他非军用枪支2支以上的；非法制造、买卖、运输、邮寄、储存军用子弹10发以上、气枪铅弹500发以上或者其他非军用子弹100发以上或者手榴弹1枚以上的；非法制造、买卖、运输、邮寄、储存爆炸装置的；非法制造、买卖、运输、邮寄、储存炸药、发射药、黑火药1000克以上或者烟火药3000克以上、雷管30枚以上或者导火索、导爆索30米以上的；具有生产爆炸物品资格的单位不按照规定的品种制造，或者具有销售、使用爆炸物品资格的单位超过限额买卖炸药、发射药、黑火药10千克以上或者烟火药30千克以上、雷管300枚以上或者导火索、导爆索300米以上的；多次非法制造、买卖、运输、邮寄、储存弹药、爆炸物的；虽未达到上述最低数量标准，但具有造成严重后果等其他恶劣情节的。2001年最高人民法院《对执行〈关于审理非法制造、买卖、运输枪支、弹药、爆炸物等刑事案件具体应用法律若干问题的解释〉有关问题的通知》（以下简称《通知》）第1条规定，本解释施行前，行为人确因生产、生活所需而非法制造、买卖、运输枪支、弹药、爆炸物，没有造成严重社会危害，经教育确有悔改表现的，可以依照《刑法》第13条的规定，不作为犯罪处理。

（二）非法制造、买卖、运输、邮寄、储存枪支、弹药、爆炸物罪的界限划分

在认定本罪时，要注意区分本罪与非法持有、私藏、枪支、弹药罪的界限。当行为的对象均为枪支、弹药时，两罪的界限容易混淆。二者的区别在于：非法持有、私藏的枪支、弹药不是因非法制造、买卖、运输枪支、弹药等犯罪活动（包括盗窃、抢夺、抢劫枪支、弹药的犯罪活动）而持有、私藏的枪支、弹药。如果是因非法制造、买卖、运输等犯罪活动而持有、私藏枪支、弹药的，则应当构成本罪，而不构成非法持有、私藏枪支、弹药罪。

（三）非法制造、买卖、运输、邮寄、储存枪支、弹药、爆炸物罪的刑事责任

根据《刑法》第125条的规定，犯本罪的，处3年以上10年以下有期徒刑；情节严重的，处10年以上有期徒刑、无期徒刑或者死刑。单位犯本罪的，对单位判处罚金，并对其直接负责的主管人员和其他直接责任人员，依照上述法定刑处罚。至于情节严重的具体标准，根据《枪支弹药爆炸物解释》第2条的规定执行。此外，《通知》第2条规定，上述解释施行后，行为人确因生产、生活所需而非法制造、买卖、运输枪支、弹药、爆炸物，没有造成严重社会危害，经教育确有悔改表现的，可依法免除或者从轻处罚。

二、非法制造、买卖、运输、储存危险物质罪①

非法制造、买卖、运输、储存危险物质罪，是指违反国家有关危险物质的管理规定，非法制造、买卖、运输、储存危险物质，危害公共安全的行为。本罪的客体是公共安全。本罪的客观方面表现为行为人实施了违反国家有关危险物质的管理规定，故意非法制造、买卖、运输、储存危险物质，危害公共安全的行为。这里的“危险物质”，与《刑法》第114、115条投放危险物质罪中的危险物质相同，即是指毒害性（如毒鼠强）、放射性（如核材料）、传染病病原体（如SARS病原体）等物质。从《刑法》第125条的规定来看，本罪应为行为犯，但有关司法解释对于成立本罪也作了数量或后果等要求。例如，2003年最高人民法院、最高人民检察院《关于办理非法制造、买卖、运输、

① 本罪名是《刑法修正案（三）》第5条通过修订《刑法》第125条后形成的罪名。

储存毒鼠强等禁用剧毒化学品刑事案件具体应用法律若干问题的解释》（以下简称《剧毒化学品解释》）第1条，对于非法制造、买卖、运输、储存毒鼠强等禁用剧毒化学品成立犯罪以及情节严重的标准都作了明确规定。本罪的主体包括自然人和单位。本罪的主观方面是故意。

根据《刑法》第125条的规定，犯本罪的，处3年以上10年以下有期徒刑；情节严重的，处10年以上有期徒刑、无期徒刑或者死刑。单位犯本罪的，对单位判处罚金，并对其直接负责的主管人员和其他直接责任人员，依照上述法定刑处罚。《剧毒化学品解释》规定，确因生产、生活需要而非法制造、买卖、运输、储存毒鼠强等禁用剧毒化学品饵料自用，构成犯罪，但没有造成严重社会危害，经教育确有悔改表现的，可以依法从轻、减轻或者免除处罚。

三、违规制造、销售枪支罪

违规制造、销售枪支罪，是指依法被指定、确定的枪支制造企业、销售企业，违反枪支管理规定，以非法销售为目的，超过限额或者不按照规定的品种制造、配售枪支或者制造无号、重号、假号的枪支的，或者非法销售枪支或在境内销售为出口制造的枪支的行为。本罪的客体是公共安全和国家对枪支的管理秩序。本罪的客观方面表现为违反枪支管理规定，非法制造、销售枪支的行为。(1）行为违反了枪支管理规定，具体是指违反了《中华人民共和国枪支管理法》等行政法律法规对于枪支制造、配售等的有关规定。(2）行为方式有三种：一是超过限额或者不按照规定的品种制造、配售枪支的行为。这是指违反枪支管理规定，超过国家对枪支的限额管理制造、配置或出售枪支的行为，或者不按照国家发放的枪支配购证上所规定的品种、型号或数量，制造、配置或出售枪支的行为。二是制造无号、重号、假号的枪支的行为。这是指制造枪支时，没有在指定部位铸印制造厂的厂名、枪种代码和国务院公安部门统一编制的枪支序号的规定，制造无号、重号、假号枪支的行为。三是非法销售枪支或在境内销售为出口制造的枪支的行为。这是指无枪支销售许可而擅自销售，或者有销售许可但是违反了枪支配购证件规定的型号或数量等违规销售枪支的行为，或者在中国境内销售为出口而制造的枪支的行为。本罪的主体为特殊主体，即依法被指定、确定的枪支制造企业、销售企业。本罪的主观方面是故意。如果是实施超过限额或者不按照规定的品种制造、配售枪支或者制造无号、重号、假号的枪支的行为，则必须要求具备非法销售的目的；如果是实施非法销售枪支或在境内销售为出口制造的枪支的行为，则无须特定目的。

根据《刑法》第126条的规定，犯本罪的，对单位判处罚金，并对其直接负责的主管人员和其他直接责任人员，处5年以下有期徒刑；情节严重的，处5年以上10年以下有期徒刑；情节特别严重的，处10年以上有期徒刑或者无期徒刑。至于本罪成立犯罪、情节严重以及情节特别严重的标准，参照《枪支弹药爆炸物解释》第3条的规定执行。

四、盗窃、抢夺枪支、弹药、爆炸物、危险物质罪①

盗窃、抢夺枪支、弹药、爆炸物、危险物质罪，是指以非法占有为目的，秘密窃取或者公然夺取他人枪支、弹药、爆炸物、危险物质的行为。本罪的客体是公共安全。本罪的客观方面表现为盗窃、抢夺枪支、弹药、爆炸物或者毒害性、放射性、传染病病原体等危险物质的行为。(1) 行为对象是枪支、弹药、爆炸物、危险物质。(2) 行为方式是盗窃或抢夺。"盗窃"，是指以非法占有为目的，进行秘密窃取的行为；"抢夺"，是指乘人不备当场夺取的行为。(3) 盗窃、抢夺枪支、弹药、爆炸物、危险物质的行为数量较大或者造成了严重后果或者具有其他恶劣情节。至于具体标准，参照《枪支弹药爆炸物解释》第4条的规定执行。本罪的主体为一般主体，即年满16周岁具有辨认和控制能力的自然人。本罪的主观方面是故意。本罪为选择性罪名，同时实施了盗窃和抢夺枪支、弹药、爆炸物、危险物质的行为，也只成立一罪，而不数罪并罚。

根据《刑法》第127条第1款的规定，犯本罪的，处3年以上10年以下有期徒刑；情节严重的，处10年以上有期徒刑、无期徒刑或者死刑。盗窃、抢夺国家机关、军警人员、民兵的枪支、弹药、爆炸物的，处10年以上有期徒刑、无期徒刑或者死刑。

五、抢劫枪支、弹药、爆炸物、危险物质罪②

抢劫枪支、弹药、爆炸物、危险物质罪，是指采用暴力、胁迫或者其他方法强行夺取枪支、弹药、爆炸物、危险物质的行为。本罪的客体是公共安全。本罪的客观方面表现为采用暴力、胁迫或者其他使人不知抗拒、不能抗拒或不

① 本罪名是《刑法修正案（三）》第6条通过修订《刑法》第127条第1款后形成的罪名。

② 本罪名是《刑法修正案（三）》第6条通过修订《刑法》第127条第2款后形成的罪名。

敢抗拒的方法，强行夺取枪支、弹药、爆炸物或毒害性、放射性、传染病病原体等危险物质的行为。抢劫行为本身性质就很严重，同时，较之于抢劫普通财物的行为，抢劫枪支、弹药、爆炸物、危险物质的行为，对社会的危害性也更为严重，因此，刑法及相关司法解释对于抢劫枪支、弹药、爆炸物、危险物质都没有数量、情节或后果的要求，行为一经实施，就可成立本罪。本罪的主体为一般主体。本罪的主观方面是故意。

根据《刑法》第127条第2款的规定，犯本罪的，处10年以上有期徒刑、无期徒刑或者死刑。

六、非法持有、私藏枪支、弹药罪

（一）非法持有、私藏枪支、弹药罪的概念和构成

非法持有、私藏枪支、弹药罪，是指违反枪支管理法规，非法持有、私藏枪支、弹药，危害公共安全的行为。

1. 本罪的客体是公共安全和国家对枪支、弹药的管理秩序。

2. 本罪的客观方面表现为违反枪支管理法规，非法持有、私藏枪支、弹药，危害公共安全的行为。(1) 行为违反了枪支管理法规。《枪支管理法》规定，国家严格管制枪支，禁止任何单位或者个人违反法律规定持有枪支；配备公务用枪的人员不再符合持枪条件时，由所在单位收回枪支和持枪证件；配置民用枪支的单位和个人不再符合持枪条件时，必须及时将枪支连同持枪证件上缴核发持枪证件的公安机关；未及时上缴的，由公安机关收缴。如果违反上述规定，非法持有、私藏枪支的，构成本罪。(2) 实施了非法持有、私藏枪支、弹药的行为。“非法持有”，是指不符合配备、配置枪支、弹药条件的人员，违反枪支管理法律、法规的规定，擅自持有枪支、弹药的行为。1998年最高人民检察院《关于将公务用枪用作借债质押的行为如何适用法律问题的批复》（以下简称《批复》）指出，接受依法配备公务用枪的人员非法作借债质押物的公务用枪的，对接受枪支质押的人员，构成犯罪的，应以非法持有枪支罪追究其刑事责任。该司法解释将接受以枪支作非法质押的行为也解释为“非法持有”。“非法私藏”，是指依法配备、配置枪支、弹药的人员，在配备、配置枪支、弹药的条件消除后，违反枪支管理法律、法规的规定，私自藏匿所配备、配置的枪支、弹药且拒不交出的行为。

3. 本罪的主体只限于自然人，单位不构成本罪。

4. 本罪的主观方面是故意。

（二）非法持有、私藏枪支、弹药罪的界限划分

1. 本罪与非罪的界限

虽然《刑法》第 128 条规定，只要是违反枪支管理规定，非法持有、私藏枪支、弹药的就可以构成本罪，但是，为了实现刑罚法规的妥当性，有关司法解释只将那些非法持有、私藏枪支、弹药达到一定数量确有危害公共安全可能性的行为当做犯罪处理。《枪支弹药爆炸物解释》第 5 条规定了本罪与非罪的标准：非法持有、私藏军用枪支 1 支的；非法持有、私藏以火药为动力发射枪弹的非军用枪支 1 支或者以压缩气体等为动力的其他非军用枪支 2 支以上的；非法持有、私藏军用子弹 20 发以上，气枪铅弹 1000 发以上或者其他非军用子弹 200 发以上的；非法持有、私藏手榴弹 1 枚以上的；非法持有、私藏的弹药造成人员伤亡、财产损失的。

2. 本罪与非法储存枪支、弹药罪的界限

非法持有、私藏枪支、弹药罪与《刑法》第 125 条规定的非法储存枪支、弹药罪在很多方面都具有相似性：（1）犯罪客体都是公共安全和国家对枪支、弹药的管理秩序；（2）行为对象都是枪支和弹药；（3）行为都必须足以危害公共安全；（4）主观方面都是故意。不同之处是：（1）客观行为不同。前者的行为是非法持有、私藏。非法持有是指不符合配备、配置枪支、弹药条件的人员，违反枪支管理法律、法规的规定，擅自持有枪支、弹药的行为。非法私藏是指依法配备、配置枪支、弹药的人员，在配备、配置枪支、弹药的条件消除后，违反枪支管理法律、法规的规定，私自藏匿所配备、配置的枪支、弹药且拒不交出的行为。后者的行为是非法储存，即明知是他人非法制造、买卖、运输、邮寄的枪支、弹药、爆炸物而为其存放的行为。（2）主体不同。前者的主体为自然人。后者的主体既包括自然人也包括单位。

（三）非法持有、私藏枪支、弹药罪的刑事责任

根据《刑法》第 128 条第 1 款的规定，犯本罪的，处 3 年以下有期徒刑、拘役或者管制；情节严重的，处 3 年以上 7 年以下有期徒刑。至于情节严重的具体标准，参照《枪支弹药爆炸物解释》第 5 条的规定执行。

七、非法出租、出借枪支罪

非法出租、出借枪支罪，是指违反有关枪支管理法规的规定，未经批准，非法出租、出借依法配备的公务用枪，或者非法出租、出借依法配置的民用枪支造成严重后果的行为。本罪的客体是公共安全和国家对枪支的管理秩序。本罪的客观方面表现为违反有关枪支管理法规，未经批准，非法出租、出借依法

配备的公务用枪或者依法配置的民用枪支造成严重后果的行为。其一，非法出租、出借依法配备的公务用枪；其二，非法出租、出借依法配置的民用枪支，造成严重后果。依法配备公务用枪或民用枪支的单位和个人，必须遵守《枪支管理法》的有关安全使用的管理规定，不得擅自出租或出借给他人使用，使用完毕，应及时上缴收回。如果是未经批准出租、出借依法配备的公务用枪的，不论是否发生严重后果，行为一经实施，就可以成立犯罪；如果是未经批准出租、出借依法配置的民用枪支的，考虑到民用枪支的用途和性能不如公务用枪，因此，刑法规定，只有造成严重结果的才构成犯罪。前述《批复》规定："依法配备公务用枪的人员，违反法律规定，将公务用枪用作借债质押物，使枪支处于非依法持枪人的控制、使用之下，严重危害公共安全，是刑法第一百二十八条第二款所规定的非法出借枪支行为的一种形式，应以非法出借枪支罪追究刑事责任。"本罪的主体包括自然人和单位，具体是指依法配备公务用枪或者依法配置民用枪支的单位或个人。《枪支管理法》规定，"依法配备公务用枪的单位或个人"，是指公安机关、国家安全机关、监狱、劳动教养机关的人民警察，人民法院的司法警察，人民检察院的司法警察和担负案件侦查任务的检察人员，海关的缉私人员，在依法履行职责时确有必要使用枪支的，可以配备公务用枪。"依法配置民用枪支的单位或个人"，是指经省级人民政府体育行政主管部门批准专门从事射击竞技体育运动的单位、经省级人民政府公安机关批准的营业性射击场，可以配置射击运动枪支；经省级以上人民政府林业行政主管部门批准的狩猎场，可以配置猎枪；野生动物保护、饲养、科研单位因业务需要，可以配置猎枪、麻醉注射枪；猎民在猎区、牧民在牧区，可以申请配置猎枪。本罪的主观方面是故意。

根据《刑法》第 128 条的规定，犯本罪的，处 3 年以下有期徒刑、拘役或者管制；情节严重的，处 3 年以上 7 年以下有期徒刑。单位犯本罪的，对其直接负责的主管人员和其他直接责任人员，依照上述法定刑处罚。

八、丢失枪支不报罪

丢失枪支不报罪，是指依法配备公务用枪的人员，丢失枪支不及时报告，造成严重后果的行为。本罪的客体是公共安全和国家对枪支的管理秩序。本罪的客观方面表现为丢失枪支不及时报告，造成严重后果的行为。（1）必须存在"丢失枪支"的行为。如何理解"丢失"行为，刑法学上有不同观点。一种观点认为，这里的丢失只是因为疏忽大意而遗失，例如，枪支从身上滑落而行为人不知情，不包括被盗、被抢等其他原因造成枪支脱离合法控制的行为。

理由是，我国《枪支管理法》第23条规定，“配备、配置给个人使用的枪支，必须采取有效措施，严防被盗、被抢、丢失或者发生其他事故”。第25条规定，配备枪支的人员，如果“枪支被盗、被抢或者丢失的，立即报告公安机关”。在此，“丢失”枪支与枪支“被盗”、“被抢”是并列的，这意味着，丢失行为只能是因疏忽大意而遗失，而不包括其他人为原因如被盗、被抢等。另一种观点认为，这里的丢失除了由于疏忽而遗失外，还包括被盗、被抢、被骗等。后一种观点无疑更具有合理性。理由是①：枪支被盗、被抢、被骗与因疏忽而遗失枪支的行为一样，都存在主观上的疏忽，都造成了枪支脱离合法控制，流入到社会，都会造成难以想象的后果。当枪支被盗、被抢、被骗时，枪支直接流入到犯罪分子的手中，他们盗窃、抢劫、抢夺枪支的目的就是为了作为犯罪工具使用，为了实施犯罪，因此，其危害性要大于因疏忽而遗失枪支的行为。总之，对丢失枪支不报罪中的“丢失”应该作广义理解，只要行为人不是出于故意将枪支送给他人或者有意扔掉等，无论是疏忽大意遗失还是被盗、被抢、被骗等，都属于“丢失。（2）丢失枪支后行为人“不及时报告”。其一，何谓“不及时”？行为人丢失枪支后，在什么时间内履行了报告义务的是“及时”报告？在多长的时间段内没有报告是“不及时”？枪支丢失后造成了严重后果的，行为人是否报告、报告是否及时，则直接关系到能否成立犯罪，因而极其重要。如果行为人完全没有报告的，当然成立本罪；行为人虽然作了报告，但报告时间与丢失枪支时间间隔已经很长，且已出现了严重后果的，当然也成立本罪；在枪支丢失后第一时间内迅即作了报告，后来即使出现了枪支被犯罪分子使用等严重后果，也不构成本罪。可见，在枪支丢失之后且造成严重后果的情况下，何时报告可认定为“及时”，对于区分罪与非罪意义重大。从一般意义上来说，报告时间距离丢失枪支时间间隔越短的越容易认定（认定为“及时”），间隔很长的也容易认定（认定为“不及时”），间隔时间不算长也不算短的，则不宜认定是否“及时”，此时，宜综合根据案件的情况、报告或不报告的原因等各方面来判断，而不宜机械地根据时间的长短来判断。其二，报告的对象是什么？丢失枪支后，行为人应该及时向谁报告？根据《枪支管理法》的规定，报告的对象应该是行为人所在的当地公安机关以及本单位负责枪支管理的机构或有关责任人员。《枪支管理法》第25条规定，配备枪支的单位或个人，“枪支被盗、被抢或者丢失的，立即报告公安机关”。

---

① 参见王作富主编：《刑法分则实务研究》（第三版），中国方正出版社2007年版，第176页。

这表明，公安机关是行为人丢失枪支后报告的对象。但是，该法第23条规定，“配备、配置枪支的单位和个人必须妥善保管枪支，确保枪支安全。配备、配置枪支的单位，必须明确枪支管理责任，指定专人负责，应当有牢固的专用保管设施，枪支、弹药应当分开存放。对交由个人使用的枪支，必须建立严格的枪支登记、交接、检查、保养等管理制度，使用完毕，及时收回”。第26条规定，“配备公务用枪的人员不再符合持枪条件时，由所在单位收回枪支和持枪证件”。这表明，对配备给公务人员使用的枪支进行管理的，除了公安机关之外，还有行为人所在单位。既然如此，在发生枪支丢失时，除了报告给公安机关之外，理所当然也可以报告给所在单位。否则，也不利于鼓励行为人及时报告。（3）必须“造成严重后果”。这里所谓的“严重后果”，是指致人重伤、死亡或者公私财产遭受重大损失。枪支丢失之后，被犯罪分子利用而杀人抢劫从而严重危害社会秩序，或者是被他人捡拾之后，作为玩具使用而走火误伤他人等，都属于造成严重后果。换言之，丢失的枪支在被他人获取后，是因为他人的故意犯罪或是过失行为导致严重后果的，并不影响本罪的成立，只要事实上发生了他人死伤或者公私财产遭受重大损失的后果，都可以认定为造成了严重后果。本罪的主体是依法配备公务用枪的人员。枪支的使用分为配备和配置，针对公务人员依法发放的公务用枪叫配备，针对非公务人员发放的民用枪支叫配置。《枪支管理法》第5条规定，“依法配备公务用枪的人员”包括：公安机关、国家安全机关、监狱、劳动教养机关的人民警察，人民法院的司法警察，人民检察院的司法警察和担负案件侦查任务的检察人员，海关的缉私人员，在依法履行职责时确有必要使用枪支的，可以配备公务用枪。国家重要的军工、金融、仓储、科研等单位的专职守护、押运人员在执行守护、押运任务时确有必要使用枪支的，可以配备公务用枪。其他公务人员不能配备枪支。本罪的主观方面是过失，即行为人丢失枪支后，因为疏忽大意没有预见自己丢失枪支不及时报告的行为可能会发生危害社会的严重后果，或者虽然已经预见但轻信能够避免结果的发生。

根据《刑法》第129条的规定，犯本罪的，处3年以下有期徒刑或者拘役。

九、非法携带枪支、弹药、管制刀具、危险物品危及公共安全罪

非法携带枪支、弹药、管制刀具、危险物品危及公共安全罪，是指违反国家管理规定，非法携带枪支、弹药、管制刀具或者爆炸性、易燃性、放射性、毒害性、腐蚀性物品，进入公共场所或者公共交通工具，危及公共安全，情节

严重的行为。本罪的客体是公共安全。本罪的客观方面表现为携带国家管制物品进入公共场所或者公共交通工具，危及公共安全，情节严重的行为。这里的管制物品，是指枪支、弹药、管制刀具和爆炸性、易燃性、放射性、毒害性、腐蚀性等危险物品。至于情节严重的具体标准，参照《枪支弹药爆炸物解释》第6条的规定执行。本罪的主体为一般主体。本罪的主观方面为故意。

根据《刑法》第130条的规定，犯本罪的，处3年以下有期徒刑、拘役或者管制。

第六节　过失造成重大事故的危害公共安全的犯罪

一、重大飞行事故罪

重大飞行事故罪，是指航空人员违反规章制度，致使发生重大飞行事故，造成严重后果的行为。本罪的客体是飞行安全。这里的规章制度，是指国家为了确保航空运输安全而颁布的各种法律法规和规章制度等，例如《中华人民共和国航空法》、《一般运行和飞行规则》、《空中交通管理规则》、《民用机场安全管理规定》、《航空安全员合格审定规则》等。行为人违反航空管理规章制度必须发生了重大飞行事故、造成严重后果，否则，不构成本罪。本罪的主体是特殊主体，只限于航空人员，即从事航空活动的空勤人员和地面人员，其中空勤人员包括驾驶员、领航员、飞行机械人员、飞行通信员、乘务员等；地面人员包括民用航空器维修人员、空中交通管制员、飞行签派员、航空电台通信员等。本罪的主观方面是过失。

根据《刑法》第131条的规定，犯本罪的，处3年以下有期徒刑或者拘役；造成飞机坠毁或者人员死亡的，处3年以上7年以下有期徒刑。

二、铁路运营安全事故罪

铁路运营安全事故罪，是指铁路职工违反规章制度，致使发生铁路运营安全事故，造成严重后果的行为。本罪的客体是铁路运营安全。铁路运营规章制度是指国家为了保障铁路运输和铁路建设的顺利进行而颁布的各种法律法规和规章制度，如《中华人民共和国铁路法》、《铁路运输安全保护条例》、《中华人民共和国铁路技术管理规程》等。行为人违反铁路运营规章制度的行为，必须发生了铁路运营安全事故，造成严重后果，否则，不成立本罪。本罪的主体为特殊主体，即铁路职工。本罪的主观方面是过失。

根据《刑法》第132条的规定，犯本罪的，处3年以下有期徒刑或者拘役；造成特别严重后果的，处3年以上7年以下有期徒刑。

三、交通肇事罪

（一）交通肇事罪的概念和构成

交通肇事罪，是指违反交通运输管理法规，因而发生重大事故，致人重伤、死亡或者使公私财产遭受重大损失的行为。本罪构成要件如下：

1. 本罪侵犯的客体是交通运输方面的公共安全。道路交通的有序、安全、畅通，是确保国家经济建设和社会发展的重要前提；交通工具的安全行驶，是保障公民人身、财产安全和公共财产安全的重要条件。交通事故的发生，往往危及不特定多数人的生命健康和重大公私财产的安全，危害性极大。

2. 本罪的客观方面表现为违反交通运输管理法规，因而发生重大事故，致人重伤、死亡或者使公私财产遭受重大损失的行为。

（1）必须存在违章驾驶行为。所谓违章驾驶行为，也就是指违反交通运输管理法规的行为，以及与交通活动有关的人员，违反《中华人民共和国道路交通安全法》、《中华人民共和国道路交通管理条例》和其他道路交通管理法规、规章的行为。比如，驾驶机件不合安全要求的机动车辆的；饮酒后驾驶机动车辆的；未经批准在街道上搭棚、盖房、摆摊、堆物或者有其他妨碍交通行为的；驾驶机动车违反装载、车速规定或者违反交通标志、信号指示等。

（2）必须是在交通运输活动的过程中。由于《刑法》第131条规定了重大飞行事故罪、第132条规定了铁路运营安全事故罪，因此，本罪中的交通运输活动，只限于水路和陆路交通运输活动。认定交通事故是否“在交通运输活动的过程中”可从时间和场所两方面来判断。从时间判断，交通运输工具必须是在行驶过程中。所谓行驶，不限于车辆正在驾驶或船舶正在航行之中，还包括发动之后上路之前、停靠之后熄火之前。换言之，车辆或船舶从开始行驶至停止或停泊为止，都是在交通运输活动的过程中。停放在停车场的车辆或港口的船舶，如因外力原因致其发生与人员或财物的碰撞并致人员伤亡或财物损毁的，不成立本罪。从场所判断，水路交通运输是指在沿海、江河、湖泊及其他通航水域内发生的交通事故；陆路交通运输专指在公共交通道路上发生的交通事故。如何理解陆路交通运输中的场所特征，对于认定本罪极为重要。根据有关交通运输管理法规的规定，所谓公共交通道路，则是指公路、城市道路和虽在单位管辖范围但允许社会机动车通行的地方，包括广场、公共停车场等用于公众通行的场所。因此，有些城市街道或胡同里巷虽然很窄小，有些场所虽然属于单位或小区院落而不属于公共所有，但是，只要它们是允许社会车辆通行或公众通行的场所，就可以认定它们为交通运输活动领域；有些空间虽然极为宽敞，但仅供特定人员的车船行驶，例如可供汽车行驶或停靠的别墅院落，在此场所驾驶汽车发生的事故就不能认定为是在交通运输活动过程中发生的事故，因为该种场所不属于公共交通领域。

（3）必须发生了重大的道路交通事故。所谓道路交通事故，是指与交通活动有关人员的违章驾驶行为造成了人身伤亡或者财产损失的事故。至于何为“重大事故”，根据2000年最高人民法院《关于审理交通肇事刑事案件具体应用法律若干问题的解释》（以下简称《交通肇事解释》）第2条的规定，是指以下四种情形：一是死亡1人或者重伤3人以上，负事故全部或者主要责任的。二是死亡3人以上，负事故同等责任的。三是造成公共财产或者他人财产直接损失，负事故全部或者主要责任，无能力赔偿数额在30万元以上的。四是交通肇事致1人以上重伤，负事故全部或者主要责任，并具有下列情形之一的：酒后、吸食毒品后驾驶机动车辆的；无驾驶资格驾驶机动车辆的；明知是安全装置不全或者安全机件失灵的机动车辆而驾驶的；明知是无牌证或者已报废的机动车辆而驾驶的；严重超载驾驶的；为逃避法律追究逃离事故现场的。

（4）违章驾驶行为与重大交通事故之间必须具有关联性。这种关联性就是Roxin所说的规范保护目的的关联性，即“必须正好是违反义务行为而导致了实际发生的结果，才能把结果归责给行为人”,① 简言之，即危害结果是由违反规范保护目的的行为引起的。例如，甲无证驾驶汽车行驶，在其正常行驶过程中，突遇违规闯红灯穿越人行道的行人并致其死亡。甲无证驾驶虽然属于违反交通运输管理法规的行为，然而，事故的发生并非由于该行为引起，甲无证驾驶的行为并未违反交通肇事罪的规范保护目的，其行为与事故结果的发生之间不具有关联性，因此不成立交通肇事罪。事实上，规范保护目的就是对交通肇事行为与结果之间因果关系的确认。对此，我国《道路交通事故处理办法》也规定，“当事人有违章行为，其违章行为与交通事故有因果关系的，应当负交通事故责任。当事人没有违章行为或者虽有违章行为，但违章行为与交通事故无因果关系的，不负交通事故责任”。

3. 本罪的主体为一般主体，从事交通运输的人员或者非交通运输人员，都可以成为本罪主体，前者如车辆驾驶人、车辆调度员、交通警察等；后者如

① 参见林钰雄：《新刑法总则》，林钰雄自行出版2006年版，第486页。

行人、乘车人等。总之，任何与道路交通活动有关的人员都可以成为本罪主体。《交通肇事解释》第7条规定，单位主管人员、机动车辆所有人或者机动车辆承包人指使、强令他人违章驾驶造成重大交通事故的，以交通肇事罪定罪处罚。

4. 本罪的主观方面是过失，即行为人应当预见自己违章行车或行船的行为会发生危害社会的结果，因为疏忽大意而没有预见，或者已经预见而轻信能够避免，以致这种结果发生的心态。至于行为人对自己违章行为有明确认识的，例如明知自己无驾驶资格而驾驶机动车辆或明知是无牌证或者已报废的机动车辆而仍然予以驾驶，此种"明知"，是判断行为人是否已经预见自己的行为会发生危害结果的依据，亦即判断交通肇事行为究竟是出于疏忽大意的过失还是出于过于自信的过失的依据，因此，它是过于自信过失中的认识因素。换言之，此种情况下，行为人的主观罪过仍然是过失，而不能据此认为行为人的罪过是故意。

（二）交通肇事罪的界限划分

1. 本罪与非罪的界限

根据人身伤亡或者财产损失的程度和数额，交通事故分为轻微事故、一般事故、重大事故和特大事故。其中，只有重大事故才能成立本罪。所谓重大事故，是指致人重伤、死亡或者使公私财产遭受重大损失。其立案标准，根据前述《交通肇事解释》第2条的规定执行。

2. 本罪与重大责任事故罪的界限

一般情况下，交通肇事罪与重大责任事故罪之间容易区分，关键是，如果是在厂矿、企事业单位的生产、作业过程中因违章驾驶车辆作业而发生致人重伤、死亡或使公私财产遭受重大损失的行为，究竟应定何罪？

重大责任事故罪是在生产、作业中违反有关安全管理的规定，发生重大伤亡事故或者造成其他严重后果的行为，而企事业单位的生产作业过程中常常会借助车辆为工具，如煤矿作业过程中采用大卡车拉煤，如果此时发生违章驾驶行为并发生重大事故的，应该定重大责任事故罪。因为重大责任事故罪发生的区域是特定的，它只限于在生产、作业的过程中，而交通肇事罪的发生区域则是公共交通领域。如果车辆接受运货任务后进入厂矿、企业之外的公共交通领域行驶而发生重大事故的，则定交通肇事罪。

3. 本罪与过失致人死亡罪的界限

一般情况下，这两个罪名容易区分。问题是，违章驾驶而致他人死亡的，并不一定都成立交通肇事罪。例如，在自家房前屋后的空地上、私人会所或车库等地驾驶或停靠车辆而致他人死亡的，则成立过失致人死亡罪，因为此时行为的发生并不在交通运输的过程中。如果是在交通运输过程中，例如在公路上超速行为致人死亡的，则定交通肇事罪。

4. 驾驶非机动车辆发生重大事故的能否成立交通肇事罪

驾驶非机动车发生重大交通事故的能否认定为交通肇事罪？根据《刑法》第131、132、133条的规定，虽然可以明确交通肇事罪是指发生在陆路和水路上的交通事故，但是，对于陆路上的交通事故，究竟是由机动车辆引起或是由非机动车辆引起，则并不明确。

然而，有关交通肇事罪的司法解释似乎已经限定本罪中的交通事故只能由机动车辆引起。《交通肇事解释》第2条第2款规定，"交通肇事致1人以上重伤，负事故全部或者主要责任，并具有下列情形之一的：（一）酒后、吸食毒品后驾驶机动车辆的；（二）无驾驶资格驾驶机动车辆的；（三）明知是安全装置不全或者安全机件失灵的机动车辆而驾驶的；（四）明知是无牌证或者已报废的机动车辆而驾驶的……"成立交通肇事罪。该条规定似乎表明，只有驾驶机动车辆发生重大事故的才能成立本罪。然而，该条第1款规定的死亡1人或者重伤3人以上等三个立案标准，却并未涉及机动车或是非机动车的问题。因而，根据该解释仍然不能认为驾驶非机动车发生事故的不能成立交通肇事罪。

交通肇事罪是违反交通运输管理法规的行为，而我国有关交通运输管理法规明确规定①，道路交通事故包括由机动车与非机动车、行人所发生的交通事故。道路交通事故中所说的车辆包括机动车和非机动车，"机动车"是指以动力装置驱动或者牵引，上道路行驶的供人员乘用或者用于运送物品以及进行工程专项作业的轮式车辆，如各种汽车、电车、电瓶车、摩托车、拖拉机、轮式专用机械车等；"非机动车"是指以人力或者畜力驱动，上道路行驶的交通工具，以及虽有动力装置驱动但设计最高时速、空车质量、外形尺寸符合有关国家标准的残疾人机动轮椅车、电动自行车等交通工具，包括自行车、三轮车、人力车、畜力车、残疾人专用车等。因此，一概将非机动车排除在交通肇事罪的成立范围之外显然违反有关交通运输管理方面的行政法律法规。而交通肇事罪是行政犯，作为行政犯，其首要特点是行政违法性，然后才是刑事违法性，当行政违法的程度达到刑事立案的标准时才能施以刑事处罚，作为行政犯的交

---

① 参见《道路交通事故处理办法》第2、21、44条，《道路交通管理条例》第3条，《道路交通安全法》第119条。

通肇事罪，其违反道路交通管理条例等行政法规的行政违法性与违反《刑法》第133条的刑事违法之间，只存在着危害后果的程度不同，以及因程度不同而引起的由行政违法行为到刑事违法行为的质变，除此之外，并不存在其他差异。因此，既然交通运输行政管理法规规定机动与非机动车辆均可成立交通事故违法行为，那么，当非机动车行驶致人死亡或重伤或财产重大损失的，当然也应成立交通肇事罪。这样理解，既符合《刑法》第133条的规定，又符合交通肇事罪作为行政犯的本质及特性。

（三）交通肇事罪的刑事责任

根据《刑法》第133条的规定，犯本罪的，处3年以下有期徒刑或者拘役；交通运输肇事后逃逸或者有其他特别恶劣情节的，处3年以上7年以下有期徒刑；因逃逸致人死亡的，处7年以上有期徒刑。根据《交通肇事解释》第3条的规定，“交通运输肇事后逃逸”，是指行为人具有本解释第2条第1款规定和第2款第（一）至（五）项规定的情形之一，在发生交通事故后，为逃避法律追究而逃跑的行为。《交通肇事解释》第4条规定，交通肇事具有下列情形之一的，属于“有其他特别恶劣情节”，处3年以上7年以下有期徒刑：死亡2人以上或者重伤5人以上，负事故全部或者主要责任的；死亡6人以上，负事故同等责任的；造成公共财产或者他人财产直接损失，负事故全部或者主要责任，无能力赔偿数额在60万元以上的。根据上述解释第5条的规定，“因逃逸致人死亡”，是指行为人在交通肇事后为逃避法律追究而逃跑，致使被害人因得不到救助而死亡的情形。交通肇事后，单位主管人员、机动车辆所有人、承包人或者乘车人指使肇事人逃逸，致使被害人因得不到救助而死亡的，以交通肇事罪的共犯论处。根据上述解释第6条的规定，行为人在交通肇事后为逃避法律追究，将被害人带离事故现场后隐藏或者遗弃，致使被害人无法得到救助而死亡或者严重残疾的，应当分别依照《刑法》第232条、第234条第2款的规定，以故意杀人罪或者故意伤害罪定罪处罚。

四、重大责任事故罪①

（一）重大责任事故罪的概念和构成

重大责任事故罪，是指在生产、作业中违反有关安全管理的规定，发生重大伤亡事故或者造成其他严重后果的行为。本罪的构成要件如下：

1. 本罪的客体是公共安全。

① 本罪名是《刑法修正案（六）》第1条通过修订《刑法》第134条后形成的罪名。

2. 本罪的客观方面表现为在生产、作业中违反有关安全管理的规定，发生重大伤亡事故或者造成其他严重后果。首先，行为人必须有违反安全管理规定的行为。所谓违反安全管理规定，是指违反保障生产作业安全有关的劳动纪律、操作规程和劳动保护法规，例如《中华人民共和国安全生产法》、《中华人民共和国劳动法》、《特种设备安全生产条例》等法律、法规中对有关安全生产的规定。其次，行为表现为不服管理进行作业、违反规章制度作业。最后，必须发生重大伤亡事故或者造成其他严重后果，同时重大事故必须发生在生产、作业活动中，并同有关从业人员的生产、作业活动有直接联系。如果事故的发生与生产、作业没有关系，则不宜以本罪论处。至于何为“重大伤亡事故或者造成其他严重后果”，虽然对此刑法没有明确规定，也没有司法解释直接对此予以说明，但是，2007 年最高人民法院、最高人民检察院《关于办理危害矿山生产安全刑事案件具体应用法律若干问题的解释》（以下简称《矿山安全生产解释》）中对于矿山安全事故“重大伤亡事故或者造成其他严重后果”的立案标准规定，可以成为除了矿山生产之外的其他生产作业领域责任事故成立犯罪的参照标准，具体是指：造成死亡 1 人以上，或者重伤 3 人以上的；造成直接经济损失 100 万元以上的；造成其他严重后果的情形。

3. 本罪的主体是一般主体，任何人只要是在生产、作业的过程违反安全管理规定的，均可以成为本罪主体。《矿山安全生产解释》第 1 条规定，在矿山生产作业领域实施本罪行为的主体，包括对矿山生产、作业负有组织、指挥或者管理职责的负责人、管理人员、实际控制人、投资人等人员，以及直接从事矿山生产、作业的人员。

4. 本罪的主观方面是过失。

（二）重大责任事故罪的界限划分

1. 本罪与重大劳动安全事故罪的界限

两罪主要区别在于：前者的行为是在生产、作业中违反有关安全管理的规定，因而发生重大伤亡事故或者造成其他严重后果，后者的行为是不采取措施消除劳动安全设施事故隐患；前者的主体是一般主体，主要是从事生产、作业人员或与生产、作业有关的人员，后者的主体是安全设施或安全生产的主管或管理人员。

在实践中，区分此二罪的困难在于，当这两罪的主体和行为有交叉时该如何定罪？即在存在安全设施或安全生产条件事故隐患的前提下，行为人既对劳动安全设施或安全生产条件负有管理责任，又在生产、作业过程中违反安全管理规定违章生产、作业，导致发生重大伤亡事故或造成其他严重后果的，应如何处理？首先可以肯定的是，这种情况构成重大责任事故罪和重大劳动安全事故罪的想象竞合犯，应定一罪而非数罪。其次，由于此种情况构成的重大责任事故罪的法定刑与重大劳动安全事故罪是一样的，二者无轻重罪之分，此时应根据事故发生的主要原因来定罪：如果事故发生的主要原因是安全设施或安全生产条件事故隐患，则定重大劳动安全事故罪；如果事故发生的主要原因是生产、作业过程中违反安全管理规定的违章行为，则定重大责任事故罪。

2. 本罪与失火罪、过失爆炸罪、过失决水罪、过失致人死亡罪等的界限

本罪与失火罪等都是出于过失导致了他人的死伤或者财物的损失，因而较易发生混淆。区分它们，主要看过失导致他人死伤或财物损失的行为是否与生产、作业相关，如果是在生产、作业过程中违反有关安全管理的规定而导致，则定重大责任事故罪；如果不是在生产、作业的过程中，而只是在平时生活中由于缺乏履行必要的注意义务而导致火灾、水灾等事故的发生，则定失火罪、过失爆炸罪等犯罪。总之，重大责任事故罪是业务过失犯罪，失火罪等犯罪则是普通过失犯罪。

（三）重大责任事故罪的刑事责任

根据《刑法》第134条的规定，犯本罪的，处3年以下有期徒刑或者拘役；情节特别恶劣的，处3年以上7年以下有期徒刑。参照并借鉴《矿山安全生产解释》第4条的规定，本罪中的“情节特别恶劣”宜界定为：造成死亡3人以上，或者重伤10人以上的；造成直接经济损失300万元以上的；其他特别恶劣的情节。

五、强令违章冒险作业罪①

强令违章冒险作业罪，是指在生产作业中违反有关安全管理的规定，强令他人违章冒险作业，因而发生重大伤亡事故或者造成其他严重后果的行为。本罪的客体是公共安全。本罪的客观方面包括以下几点内容：（1）行为必须发生在生产作业的过程中，包括在工厂、矿山、林场、建筑企业或其他单位施工作业的过程之中。（2）行为人实施了违反有关安全管理的规定，强令他人违章冒险作业的行为。所谓“强令”，是指明知违章并存在着很大的危险却强行命令他人实施或不实施某种行为。比如，强令没有电力作业资格的人从事配电工作、强令没有高空作业资格者从事高空作业等。（3）必须发生了重大伤亡事故或者造成其他严重后果，否则不构成犯罪。“重大伤亡事故或者造成其他

---

① 本罪名是《刑法修正案（六）》第1条通过修订《刑法》第134条后形成的罪名。

严重后果”的认定，可参照以下标准：造成死亡1人以上，或者重伤3人以上的；造成直接经济损失100万元以上的；造成其他严重后果的情形。本罪的主体是一般主体。《矿山安全生产解释》第2条规定，在矿山生产作业领域实施本罪行为的主体，包括对矿山生产、作业负有组织、指挥或者管理职责的负责人、管理人员、实际控制人、投资人等人员。本罪的主观方面是过失。

根据《刑法》第134条第2款的规定，犯本罪的，处5年以下有期徒刑或者拘役；情节特别恶劣的，处5年以上有期徒刑。参照并借鉴《矿山安全生产解释》第4条的规定，本罪中的“情节特别恶劣”宜界定为：造成死亡3人以上，或者重伤10人以上的；造成直接经济损失300万元以上的；其他特别恶劣的情节。

六、重大劳动安全事故罪①

重大劳动安全事故罪，是指安全生产设施或者安全生产条件不符合国家规定，因而发生重大伤亡事故或者造成其他严重后果的行为。本罪的客体是公共安全。本罪的客观方面表现为安全生产设施或者安全生产条件不符合国家规定，因而发生重大伤亡事故或者造成其他严重后果。理解修改后的本罪行为可把握以下两点：第一，必须是安全生产设施或安全生产条件不符合国家规定。“安全生产设施”，是指为了维护生产秩序，确保生产安全，依照规定在有关生产经营单位配备的用于保护劳动者人身安全和健康、符合国家标准的各种设施、设备及用品，比如矿井中使用的矿井气体分析仪，各种生产企业使用的炉具、防毒和防静电装置、排水通风系统等。“安全生产条件”，是指生产经营单位在安全生产中的设施、设备、场所、环境等方面的条件。至于是否经过有关部门或者单位职工提出消除劳动安全设施或安全生产条件事故隐患，不影响本罪的成立。第二，必须发生了重大伤亡事故或者造成其他严重后果。事故的发生不再局限于工厂、矿山、林场等企事业单位。至于事故发生前是否有人提出事故隐患，是否经过有关单位采取措施，都在所不问。换言之，只要是安全生产设施或安全生产条件不符合国家规定而引发重大伤亡事故的，就构成本罪。这里的“重大伤亡事故或者造成其他严重后果”是指：造成死亡1人以上，或者重伤3人以上的；造成直接经济损失100万元以上的；造成其他严重后果的情形。本罪的主体是对安全生产设施和安全生产条件负有管理监督职责的直接负责的主管人员和其他直接责任人员。《矿山安全生产解释》第3条规

① 本罪名是《刑法修正案（六）》第2条通过修订《刑法》第135条后形成的罪名。

定，在矿山生产作业领域“直接负责的主管人员和其他直接责任人员”，是指对矿山安全生产设施或者安全生产条件不符合国家规定负有直接责任的矿山生产经营单位负责人、管理人员、实际控制人、投资人，以及对安全生产设施或者安全生产条件负有管理、维护职责的电工、瓦斯检查工等人员。本罪的主观方面是过失。

根据《刑法》第 135 条的规定，犯本罪的，处 3 年以下有期徒刑或者拘役；情节特别恶劣的，处 3 年以上 7 年以下有期徒刑。参照并借鉴《矿山安全生产解释》第 4 条的规定，本罪中的“情节特别恶劣”宜界定为：造成死亡 3 人以上，或者重伤 10 人以上的；造成直接经济损失 300 万元以上的；其他特别恶劣的情节。

七、大型群众性活动重大安全事故罪①

大型群众性活动重大安全事故罪，是指举办大型群众性活动违反安全管理规定，因而发生重大伤亡事故或者造成其他严重后果的行为。本罪的客体是公共安全。本罪的客观方面表现为举办大型群众性活动违反安全管理规定，因而发生重大伤亡事故或者造成其他严重后果。“大型群众性活动”是指以广泛且不特定的社会成员为对象、以一定规模的文体娱乐等为内容、以较大面积的场地为活动空间的社会活动。“违反安全管理规定”是指在举办大型群众性活动的过程中，没有按照国家有关安全管理的法律法规做好安全防护或施救处理工作或者有其他违反安全管理规定的行为。例如，根据《烟花爆竹安全管理条例》，举办大型群众焰火晚会就必须按照举办的时间、地点、环境、活动性质、规模以及燃放烟花爆竹的种类、规格和数量，确定危险等级，实行分级管理，否则就是违反安全管理规定。本罪的主体为特殊主体，即举办大型群众性活动直接负责的主管人员和其他直接责任人员。本罪的主观方面是过失。

根据《刑法》第 135 条之一的规定，犯本罪的，对直接负责的主管人员和其他直接责任人员，处 3 年以下有期徒刑或者拘役；情节特别恶劣的，处 3 年以上 7 年以下有期徒刑。

八、危险物品肇事罪

危险物品肇事罪，是指违反爆炸性、易燃性、放射性、毒害性、腐蚀性物品的管理规定，在生产、储存、运输、使用中发生重大事故，造成严重后果的

---

① 本罪名是《刑法修正案（六）》通过增设《刑法》第 135 条之一后形成的罪名。

行为。本罪的客体是公共安全。本罪的客观方面表现为违反危险物品的管理规定，在生产、储存、运输、使用中发生重大事故，造成严重后果的行为。“危险物品”，根据《危险货物分类与品名编号》、《化学危险物品安全管理条例》的规定，是指具有爆炸、易燃、毒害、腐蚀、放射性等性质，在运输、装卸和储存保管过程中，容易造成人身伤亡和财产损毁而需要特别防护的物品，具体包括爆炸品、压缩气体和液化气体、易燃液体、易燃固体、自然物品和遇湿易燃物品、氧化剂和有机过氧化物、毒害品和感染性物品、放射性物品、腐蚀品等。危险物品的生产、储存、运输和使用，都有严格的工艺、设备标准和方式、设施要求，以及严格的管理人员和技术人员要求，在此过程中发生违反有关法律、法规规定和国家标准的行为，才构成本罪。本罪的主体为一般主体，主要是负责生产、储存、运输、使用危险物品的人员。本罪的主观方面是过失。

根据《刑法》第136条的规定，犯本罪的，处3年以下有期徒刑或者拘役；后果特别严重的，处3年以上7年以下有期徒刑。

九、工程重大安全事故罪

工程重大安全事故罪，是指建设单位、设计单位、施工单位、工程监理单位违反国家规定，降低工程质量标准，造成重大安全事故的行为。本罪的客体是公共安全。本罪的客观方面表现为违反国家规定，降低工程质量标准，造成重大安全事故的行为。所谓“违反国家规定”，是指违反国家有关工程质量管理方面的法律、行政法规等，例如，《中华人民共和国建筑法》、《建设工程质量管理条例》、《建设工程质量管理办法》、《建筑工程施工质量验收统一标准》等。这里的“工程”，是指建设工程，亦即土木工程、建筑工程、线路管道和设备安装工程及装修工程。“降低工程质量标准”，是指违反法律、行政法规和建筑工程质量、安全标准，降低工程勘察、设计、施工的质量标准，降低建筑材料、配件或设备的规格、型号、性能等技术指标，或者违反工程设计图纸和施工技术标准施工偷工减料等。本罪的主体为特殊主体，具体是指建设单位、设计单位、施工单位、工程监理单位。本罪的主观方面是过失。

根据《刑法》第138条的规定，犯本罪的，对直接责任人员，处5年以下有期徒刑或者拘役，并处罚金；后果特别严重的，处5年以上10年以下有期徒刑，并处罚金。

十、教育设施重大安全事故罪

教育设施重大安全事故罪，是指明知校舍或者教育教学设施有危险，而不采取措施或者不及时报告，致使发生重大伤亡事故的行为。本罪的客体是公共安全。本罪的客观方面表现为对于有危险的教育教学设施不采取措施或者不及时报告，致使发生重大伤亡事故的行为。本罪的主体为特殊主体，即对教育教学安全负有责任的人员，例如主管后勤的领导、学校校长等；对于教育设施并不负有管理监督责任的有关人员，例如从事教学工作的普通教师或者学校的学生，即使知道校舍或教育教学设施有危险而不主动报告的，也不构成本罪。本罪的主观方面是过失。虽然《刑法》第 138 条规定本罪是“明知校舍或者教育教学设施有危险”，但不能据此认为本罪的主观方面是故意。如同交通肇事罪中的“明知自己无驾驶资格而驾驶机动车辆”，这种“明知”，是判断行为人是否已经预见自己的行为会发生危害结果的依据，它是过于自信过失中的认识因素，行为人的主观罪过仍然是过失。

根据《刑法》第 138 条的规定，犯本罪的，对直接责任人员，处 3 年以下有期徒刑或者拘役；后果特别严重的，处 3 年以上 7 年以下有期徒刑。

十一、消防责任事故罪

消防责任事故罪，是指违反消防管理法规，经消防监督机构通知采取改正措施而拒绝执行，造成严重后果的行为。本罪的客体是公共安全。本罪的客观方面表现为违反消防管理法规，经消防监督机构通知采取改正措施而拒绝执行，造成严重后果的行为。“违反消防管理法规”，是指违反国家有关消防安全方面的法律法规和规章制度，例如《中华人民共和国消防法》、《消防法实施细则》等。消防管理法规对于不同机构和单位等的消防责任都有具体规定，例如，公共场所室内装修、装饰根据国家工程建筑消防技术标准的规定，应当使用不燃、难燃材料的，必须选用依照产品质量法的规定确定的检验机构检验合格的材料；机关、团体、企业、事业单位应当按照国家有关规定配置消防设施和器材，设置消防安全标志，并定期组织检验、维修，确保消防设施和器材完好、有效；歌舞厅、影剧院、宾馆、饭店、商场、集贸市场等公众聚集的场所，在使用或者开业前，应当向当地公安消防机构申报，经消防安全检查合格后，方可使用或者开业，等等。违反这些规定的，即具备了本罪的前提条件。“经消防监督机构通知采取改正措施而拒绝执行”，是指对于违反消防法规的行为被消防监督机构发现后，经过通知要求改正，而拒不采取改正措施的行为。例如，建筑构件和建筑材料的防火性能达不到国家规定标准，经公安消防机构指出后仍然拒绝更换符合防火标准的材料。本罪的主体为对消防安全负有责任的人员。本罪的主观方面是过失。

根据《刑法》第139条的规定，犯本罪的，对直接责任人员，处3年以下有期徒刑或者拘役；后果特别严重的，处3年以上7年以下有期徒刑。

十二、不报、谎报安全事故罪①

不报、谎报安全事故罪，是指在安全事故发生后，负有报告职责的人员不报或者谎报事故情况，贻误事故抢救，情节严重的行为。本罪的客体是公共安全。本罪的客观方面表现为在安全事故发生后，负有报告职责的人员不报或者谎报事故情况，贻误事故抢救，情节严重。(1) 必须是在安全事故发生之后。这是本罪成立的前提条件。这里的安全事故不限于哪一种安全事故，无论是生产安全事故、工程安全事故、大型群众性活动安全事故或是其他安全事故，只要是安全事故，均符合本罪的前提条件。(2) 必须是负有报告职责的人员不报或者谎报事故情况。"不报事故情况"是指应该向有关地方人民政府或者政府部门报告安全事故而没有报告的；"谎报事故情况"是指安全事故发生后，应当如实向有关地方人民政府或者政府部门报告安全事故，但却以编造、篡改的虚假事故情况予以报告的行为。(3) 必须贻误了事故抢救。不报或者谎报安全事故情况的行为如果并未影响对事故的及时抢救，则不构成本罪；只有行为人报告失职的行为导致贻误了事故抢救的最佳时机，才成立本罪。安全事故的发生往往具有突发性、爆发性，抢救行为必须及时有效，而报告失职行为如果误导事故抢救人员，会为事故的抢险带来极大困难，导致损失的扩大。(4) 必须情节严重。不报或者谎报安全事故导致贻误事故抢救，只有情节严重的才构成犯罪。这里的情节严重，既包括报告失职行为导致延误抢救，致使人民群众生命、财产遭受重大损失，也包括其他严重情节，例如虽然没有发生严重的人员伤亡或财产损失，但是安全事故的发生给环境造成了严重污染，或使抢救成本加大、难度增加，或者社会影响极为恶劣，等等。借鉴《矿山安全生产解释》第6条关于矿山生产作业领域立案标准的规定，建议本罪中的"情节严重"参照如下标准执行：①导致事故后果扩大，增加死亡1人以上，或者增加重伤3人以上，或者增加直接经济损失100万元以上的；②实施下列行为之一，致使不能及时有效开展事故抢救的：决定不报、谎报事故情况或者指

① 本罪名是《刑法修正案（六）》通过增设《刑法》第139条之一后形成的罪名。

使、串通有关人员不报、谎报事故情况的；在事故抢救期间擅离职守或者逃匿的；伪造、破坏事故现场，或者转移、藏匿、毁灭遇难人员尸体，或者转移、藏匿受伤人员的；毁灭、伪造、隐匿与事故有关的图纸、记录、计算机数据等资料以及其他证据的；③具有其他严重情节的情形。本罪的主体为特殊主体，即对安全事故负有报告职责的人员。这类人员一般是指对安全事故具有监督管理职责的人员，事故发生地的普通群众或职工不能成为本罪主体。《矿山安全生产解释》第5条规定，在矿山生产作业领域，“负有报告职责的人员”，是指矿山生产经营单位的负责人、实际控制人、负责生产经营管理的投资人以及其他负有报告职责的人员。本罪的主观方面是过失。

根据《刑法》第139条之一的规定，犯本罪的，处3年以下有期徒刑或者拘役；情节特别严重的，处3年以上7年以下有期徒刑。借鉴《矿山安全生产解释》第6条关于矿山生产作业领域“情节特别严重”的规定，建议本罪的“情节特别严重”参照如下标准：导致事故后果扩大，增加死亡3人以上，或者增加重伤10人以上，或者增加直接经济损失300万元以上的；采用暴力、胁迫、命令等方式阻止他人报告事故情况导致事故后果扩大的；其他特别严重的情节。

第四章　破坏社会主义市场经济秩序罪

第一节　破坏社会主义市场经济秩序罪概说

一、破坏社会主义市场经济秩序罪的概念和构成

破坏社会主义市场经济秩序罪，是指违反国家经济管理法规，在市场经济运行或管理活动中进行非法经济活动，严重扰乱社会主义市场经济秩序的行为。本类犯罪具有以下构成要件：

1. 本类罪的客体是我国社会主义市场经济秩序。所谓社会主义市场经济秩序，是指国家通过法律对市场资源配置的经济运行过程进行规范所形成的正常有序的产品生产秩序、产品流通秩序以及产品消费秩序等。为了促进我国社会主义市场经济的发展，保证市场经济的正常运行以及国家宏观调控的有效性，国家制定了一系列的经济法律、法规。这些法律、法规涉及市场经济主体（个人、公司、企业、经济组织、金融机构等）、市场经济客体（商品物资、技术、信息、文化等）、金融市场（金融工具、信贷市场、证券市场、外汇市场、保险市场等）、市场经济管理（市场管理、金融管理、税务管理、合同管理等）以及其他各个方面。如果从不同的经济领域看，产品质量管理秩序，进出口管理秩序，公司、企业管理秩序，金融管理秩序，税收管理秩序等各方面的管理秩序，都是我国社会主义市场经济秩序的组成部分。侵犯这些组成部分的某一经济秩序，也就是侵犯了我国社会主义市场经济秩序，从而构成破坏社会主义市场经济秩序罪。刑事立法规定这类犯罪，目的在于用刑罚手段惩治对社会主义市场经济秩序的破坏，以保护社会主义市场经济的正常发展。

2. 本类罪的客观方面表现为违反国家经济管理法规，破坏国家经济管理活动，严重扰乱社会主义市场经济秩序的行为。具体表现为：

首先，行为违反了国家经济管理法规。由于本类罪大部分是法定犯，因此其本身并不具有像自然犯那样的严重的反社会伦理性，但是之所以仍规定其为

犯罪，是由于该行为违反了国家的经济管理法规，是国家基于经济秩序上的需要而将一定的市场活动规范上升到经济管理法规的层面，而严重违反国家经济管理法规的人即要受到刑法的追究。因此，对大部分破坏社会主义市场经济秩序罪而言，其犯罪行为首先就在于违反了国家的经济管理法规，即行为违反刑法的首要前提是该行为违反了相关的市场经济管理法规。如生产、销售伪劣产品罪违反了《中华人民共和国产品质量法》（下称《产品质量法》）或《中华人民共和国药品管理法》（下称《药品管理法》）或《中华人民共和国食品卫生法》（下称《食品卫生法》），走私罪违反了《中华人民共和国海关法》（下称《海关法》），妨害对公司、企业管理秩序的犯罪违反了《中华人民共和国公司法》（下称《公司法》）和《中华人民共和国合伙企业法》（下称《合伙企业法》）等法律。但是值得注意的是，并不是任何违反经济管理法规的行为都构成犯罪，仅仅是那些严重违反经济管理法规并且我国刑法予以明确规定的行为才构成犯罪。

其次，该行为是在市场经济运行或经济管理活动中进行的非法经济活动。犯罪人通过非法经济活动对国家的经济管理造成了破坏，进而影响到经济秩序的发展。破坏社会主义市场经济秩序是在市场经济活动中产生的，但由于这种经济活动违反了国家的经济管理法规，因而得不到法律的认可，是一种非法的经济活动，其本质是一种破坏性的经济活动。例如，生产、销售伪劣商品罪，首先表现为商品的生产、销售；合同诈骗罪，首先表现为经济合同的签订。有些行为所造成的结果也是对一定经济管理活动的破坏和经济秩序的扰乱，但是这种行为根本不是经济活动，更谈不上是非法的经济活动，如盗窃金融机构的现金、利用迷信骗取公司经理的钱财，可能构成盗窃罪和诈骗罪，而不可能构成破坏社会主义市场经济秩序罪。由此可见，构成此类犯罪的犯罪行为还必须是一种非法性质的经济活动。

再次，该行为破坏了国家经济管理活动，严重扰乱了社会主义市场经济秩序。如前所述，构成本类犯罪的前提通常是行为违反了国家的市场经济管理法规，这是一种形式的违法性，但是这些行为的实质违法性就是破坏了国家经济管理活动，严重扰乱了社会主义市场经济秩序，这才是行为构成犯罪的原因之所在。当然我国的法律规定与人的行为是一致的，行为人只要违反了相关的市场经济管理法规就显示出行为人对国家经济管理活动的破坏和对社会主义市场经济秩序的扰乱。值得注意的是，任何违反国家市场经济管理秩序法规的行为都具有对国家经济管理活动的破坏性，也都扰乱了社会主义市场经济秩序，但是并不能立即得出这些行为构成犯罪的结论，因为刑法规范与其他法律规范的区别之一就在于刑法所规范的是对社会生活具有重要影响的行为，因此启动刑法的前提是行为必须具有严重的社会危害性。具体来说，就是只有对国家经济管理活动造成了严重破坏，严重扰乱了社会主义市场经济秩序的行为才能受到刑法的规范，才能认为是犯罪行为，而对于其他一般的违反市场经济管理法规、造成了一般的经济秩序破坏的行为仅由相关的市场经济管理法规调整即可，而无须适用刑法，更不需要将其认定为犯罪行为。

3. 本类罪的主体可以分为自然人犯罪主体和单位犯罪主体两大类：（1）自然人主体。即年满16周岁具有辨认和控制能力的自然人，具体又可分为一般主体和特殊主体。本类罪中自然人的一般主体，是指年满16周岁具有辨认和控制能力的任何自然人；本类罪中自然人的特殊主体，是指除了具备刑事责任能力之外，还必须要具有一定的法律规定的身份才可以构成本类罪的主体，如偷税罪的主体只能是具有纳税义务的人，签订、履行合同失职被骗罪的主体只能是国有公司、企业、事业单位直接负责的主管人员等。本类罪的自然人主体大部分都是一般主体，只有少数的特殊主体。（2）单位主体。由于单位在社会主义市场经济活动中为数众多，并且随着市场经济的发展，单位对整个市场经济的影响力逐渐变大。根据我国《刑法》总则第30条的规定，单位是指公司、企业、事业单位、机关、团体，同时单位是否构成犯罪主体必须要有法律的明文规定。和自然人一样，此类罪的单位犯罪主体也分为一般主体和特殊主体。

在论述本章的单位犯罪时，必须注意以下几点：第一，是否成立单位犯罪必须要有刑法的明文规定，要注意到何种单位是否构成犯罪、构成何种犯罪等，否则单位就不存在犯罪及负刑事责任的问题。第二，根据1999年最高人民法院《关于审理单位犯罪案件具体应用法律有关问题的解释》，在以下几种情况下不以单位犯罪论处：个人为进行违法犯罪活动而设立的单位实施犯罪的；单位成立后以实施犯罪为主要活动的；盗用单位名义实施犯罪，违法所得由实施犯罪的个人私分的。这三种情况以自然人犯罪处理。最高人民法院的这个解释是针对所有单位犯罪案件而言的，对本章的破坏社会主义市场经济秩序犯罪同样具有效力。

4. 本类罪的主观方面绝大多数是故意，也即行为人（包括单位和自然人）认识到自己的行为会违反国家关于市场经济管理的法规，也会破坏社会主义市场经济秩序，并且希望或者放任其行为的危害结果的发生。其中有一部分犯罪，法律规定还必须要以一定的目的为构成要件，这种目的包括牟利目的、非法占有目的或其他目的。例如走私淫秽物品罪，我国刑法规定必须是以牟利或者传播为目的；高利转贷罪，我国刑法规定必须是以转贷牟利为目的等。还有少数犯罪只能由过失构成，例如签订、履行合同失职被骗罪。

二、破坏社会主义市场经济秩序罪的种类

根据刑法分则第三章的规定，破坏社会主义市场经济秩序罪分为以下八类：

1. 生产、销售伪劣商品罪。这类犯罪不仅严重破坏了社会主义市场经济竞争秩序，而且也严重损害了消费者的合法权益，有些犯罪还危害了公共安全。这类罪具体包括：生产、销售伪劣产品罪，生产、销售假药罪，生产、销售劣药罪，生产、销售不符合卫生标准的食品罪，生产、销售有毒、有害食品罪，生产、销售不符合标准的医用器材罪，生产、销售不符合安全标准的产品罪，生产、销售伪劣农药、兽药、化肥、种子罪，生产、销售不符合卫生标准的化妆品罪。

2. 走私罪。该类罪既破坏了对外贸易秩序，同时也破坏了国家的税收征管秩序。这类罪具体包括：走私武器、弹药罪，走私核材料罪，走私假币罪，走私文物罪，走私贵重金属罪，走私珍贵动物、珍贵动物制品罪，走私珍稀植物、珍稀植物制品罪，走私淫秽物品罪，走私废物罪，走私普通货物、物品罪。

3. 妨害对公司、企业的管理秩序罪。具体包括：虚报注册资本罪，虚假出资、抽逃出资罪，欺诈发行股票、债券罪，违规披露、不披露重要信息罪，妨害清算罪，隐匿、故意销毁会计凭证、会计账簿、财务会计报告罪，虚假破产罪，非国家工作人员受贿罪，对非国家工作人员行贿罪，非法经营同类营业罪，为亲友非法牟利罪，签订、履行合同失职被骗罪，国有公司、企业、事业单位人员失职罪，国有公司、企业、事业单位人员滥用职权罪，徇私舞弊低价折股、出售国有资产罪，背信损害上市公司利益罪。

4. 破坏金融管理秩序罪。具体包括：伪造货币罪，出售、购买、运输假币罪，金融工作人员购买假币、以假币换取货币罪，持有、使用假币罪，变造货币罪，擅自设立金融机构罪，伪造、变造、转让金融机构经营许可证、批准文件罪，高利转贷罪，骗取贷款、票据承兑、金融票证罪，非法吸收公众存款罪，伪造、变造金融票证罪，妨害信用卡管理罪，窃取、收买、非法提供信用卡信息罪，伪造、变造国家有价证券罪，伪造、变造股票、公司、企业债券罪，擅自发行股票、公司、企业债券罪，内幕交易、泄露内幕信息罪，编造并传播证券、期货交易虚假信息罪，诱骗投资者买卖证券、期货合约罪，操纵证

券、期货市场罪，背信运用受托财产罪，违规运用资金罪，违规发放贷款罪，吸收客户资金不入账罪，非法出具金融票证罪，对违法票据承兑、付款、保证罪，骗购外汇罪，逃汇罪，洗钱罪。

5. 金融诈骗罪。这类犯罪既破坏了金融秩序，又侵犯了公私财产。具体包括：集资诈骗罪，贷款诈骗罪，票据诈骗罪，金融凭证诈骗罪，信用证诈骗罪，信用卡诈骗罪，有价证券诈骗罪，保险诈骗罪。

6. 危害税收征管罪。这类犯罪既侵犯了国家的税收征管秩序，也破坏了市场竞争秩序。具体包括：偷税罪，抗税罪，逃避追缴欠税罪，骗取出口退税罪，虚开增值税专用发票、用于骗取出口退税、抵扣税款发票罪，伪造、出售伪造的增值税专用发票罪，非法出售增值税专用发票罪，非法购买增值税专用发票、购买伪造的增值税专用发票罪，非法制造、出售非法制造的用于骗取出口退税、抵扣税款发票罪，非法制造、出售非法制造的发票罪，非法出售用于骗取出口退税、抵扣税款发票罪，非法出售发票罪。

7. 侵犯知识产权罪。知识产权是一种新型的民事权利，是一种有别于财产所有权的无形财产权，但是刑法没有将侵犯知识产权的犯罪规定在侵犯财产罪中，而规定在破坏社会主义市场经济秩序罪中，这主要是因为此类犯罪严重侵害了市场竞争秩序，国家将竞争秩序作为主要客体予以保护。本类罪具体包括：假冒注册商标罪，销售假冒注册商标的商品罪，非法制造、销售非法制造的注册商标标识罪，假冒专利罪，侵犯著作权罪，销售侵权复制品罪，侵犯商业秘密罪。

8. 扰乱市场秩序罪。这类犯罪包括：损害商业信誉、商品声誉罪，虚假广告罪，串通投标罪，合同诈骗罪，非法经营罪，强迫交易罪，伪造、倒卖伪造的有价票证罪，倒卖车票、船票罪，非法转让、倒卖土地使用权罪，提供虚假证明文件罪，出具证明文件重大失实罪，逃避商检罪。

第二节　生产、销售伪劣商品罪

一、生产、销售伪劣产品罪

生产、销售伪劣产品罪，是指生产者、销售者在产品中掺杂、掺假，以假充真，以次充好或者以不合格产品冒充合格产品，销售金额 5 万元以上的行为。本罪属选择性罪名，在司法实践中应根据行为的具体情况分别定为生产伪劣产品罪、销售伪劣产品罪或者生产、销售伪劣产品罪。

（一）生产、销售伪劣产品罪的构成要件

1. 本罪的客体属复杂客体，既包括国家对产品质量的监督、管理秩序，也包括广大消费者的合法权益，同时还包括产品市场的管理秩序。任何生产、销售伪劣产品的行为都违反了我国的产品质量法的规定，而我国的产品质量法是国家对产品质量进行监督管理的法律依据，产品质量法的存在就是为了维护国家对产品质量的监督和管理，生产、销售伪劣产品表面上是对产品质量法的违反，但实质上体现出行为侵犯了国家通过法律所确立的产品质量监督管理秩序。同时任何产品的最终流通环节就是消费，广大消费者是产品的最终归宿，生产、销售的伪劣产品必然会侵犯消费者的正当权益。再次，生产的伪劣产品通过销售流向市场，这对于正常的产品市场秩序必然会造成扰乱和破坏。

2. 本罪的客观方面表现为生产、销售伪劣产品，并且销售金额在5万元以上的行为。具体包括以下几个方面的内容：

第一，生产、销售的产品是伪劣产品。所谓的“伪产品”主要是指以假充真的产品，而“劣产品”主要指掺杂掺假、以次充好的产品。根据《中华人民共和国产品质量法》的规定，这里的“产品”主要是指经过加工、制作、用于销售的产品，但不包括建筑工程。即除了建筑工程以外的一切伪劣产品，不管是工业用品还是农业用品，不管是生活用品还是生产资料，不管是危害人身、财产安全的产品还是不危害人身、财产安全的产品，都可能包括在本罪的伪劣产品之中。

第二，行为的方式主要有四种，即在产品中掺杂、掺假，以假充真，以次充好，以不合格产品冒充合格产品这四种方式。根据2001年最高人民法院、最高人民检察院《关于办理生产、销售伪劣商品刑事案件具体应用法律若干问题的解释》（以下简称《办理伪劣商品刑事案件解释》），“在产品中掺杂、掺假”是指在产品中掺入杂质或异物，致使产品质量不符合国家法律、法规或者产品明示质量标准规定的质量要求，降低、失去应有使用性能的行为。其中“掺杂”是指在某种产品中掺入同种但是品质和级别不同的物质，主要指将低等级同种物品掺入到高等级同种物品里，例如在优质大米中掺入次级大米。其中“掺假”是指在某种产品中掺入部分其他类产品或者非产品物质，例如在白酒里兑水。“以假充真”是指以不具有某种使用性能的产品冒充具有该种使用性能的产品的行为，例如将玩具笔记本电脑冒充真电脑进行生产或出卖。“以次充好”是指以低等级、低档次产品冒充高等级、高档次产品，或者以残次、废旧零配件组合、拼装后冒充正品或新产品的行为，例如将次级大米当做优质大米出卖。“以不合格产品冒充合格产品”是指以不符合产品质量标准的产品冒充符合产品质量标准的产品。根据《产品质量法》第26条第2款的规定，不合格产品主要是指：（1）存在危及人身、财产安全的不合理的危险的产品；（2）有保障人体健康和人身、财产安全的国家标准、行业标准，而不符合该国家标准和行业标准的产品；（3）不具备产品应当具备的使用性能，也没有对产品存在的使用性能的瑕疵作出说明的产品；（4）不符合在产品或者其包装上注明采用的产品标准的产品；（5）不符合以产品说明、实物样品等方式表明的质量状况的产品。

第三，伪劣产品的销售金额必须在5万元以上。所谓“销售金额”，根据《办理伪劣商品刑事案件解释》，是指生产者、销售者出售伪劣产品后所得和应得的全部违法收入。这就说明销售金额并不是伪劣产品生产者、销售者的纯利润，而是在未扣除成本之前的全部违法收入。同时，根据这个司法解释，即使伪劣产品尚未销售，但货值金额达到《刑法》第140条规定的销售金额3倍以上（即15万元以上）的，以生产、销售伪劣产品罪（未遂）定罪处罚。关于生产后尚未销售的伪劣产品的货值金额的认定问题，《办理伪劣商品刑事案件解释》指出：货值金额以违法生产、销售的伪劣产品的标价计算；如果没有标价，则按同类合格产品的市场中间价格计算；货值实在难以确定的，按照国家计划委员会、最高人民法院、最高人民检察院、公安部于1997年联合发布的《扣押、追缴、没收物品估价管理办法》的规定，委托指定的估价机关进行确定。

3. 本罪的主体是伪劣产品的生产者、销售者，是一般主体，只要是达到法定年龄、具有辨认和控制能力的自然人和任何单位，都可以成为本罪的主体。

4. 本罪的主观方面只能是故意，过失不构成本罪。即行为人明知自己在生产、销售的产品中掺杂、掺假，以假充真，以次充好或以不合格产品冒充合格产品的行为会发生破坏社会主义市场经济秩序、侵害消费者合法权益的危害结果，并且希望或者放任这种结果发生。并且行为人通常具有非法牟利的目的，但非法牟利的目的不是构成本罪的要件，行为人是否具有非法牟利的目的，不影响本罪的成立。如果生产者在生产过程中疏忽大意造成产品配方出现错误，进而导致该产品成为伪劣产品的，因其行为是过失性质，故不构成本罪，即使造成了严重的后果，也只能以其他犯罪论处。

（二）生产、销售伪劣产品罪的界限划分

1. 本罪与非罪的界限

在划分本罪与非罪的界限时，应主要从以下几个方面入手：（1）生产、销售伪劣产品的行为人主观上是否出于故意。本罪以行为人主观上出于故意为要件，如果生产者不知道使用的原材料被掺杂、掺假或者由于疏忽大意或过于自信导致在配置产品的配方时出现错误，或者销售者不知道其销售的商品是伪劣产品，等等，这些非故意行为均不构成本罪。（2）生产、销售伪劣产品的销售金额是否达到5万元以上。如前所述，本罪有一个数额上的限定，达到一定的数额也是本罪的构成要件，只有生产、销售的金额达到5万元才构成本罪，生产、销售金额不满5万元的，不构成本罪，而属于一般违法行为，可以由工商等行政部门给予适当的行政处罚。

2. 本罪与销售假冒注册商标的商品罪的界限

划分这两种犯罪界限的难点在于这两种犯罪存在着互相交叉的情况，例如行为人为了顺利销售伪劣产品，往往假冒名牌产品的注册商标；而销售假冒注册商标的商品，也往往是将自己生产的质量差的产品冒充他人质量好的产品。二者的区别主要在于：（1）犯罪行为侵犯的客体不同。本罪侵犯的客体是国家对产品质量的监督管理秩序、广大消费者的合法权益以及产品市场的管理秩序，而后者侵犯的客体是他人的注册商标专用权和国家的商标管理秩序。（2）犯罪对象的性质不同。本罪的犯罪对象是伪劣产品，即掺杂掺假、以次充好、以假充真等不合格的产品，而后者的犯罪对象是假冒他人已注册商标的商品，该产品的质量有可能是合格的。如果行为人生产、销售伪劣产品并假冒他人注册商标时，在这种情况下属于牵连犯，应从一重罪从重处罚。①

3. 本罪与其他伪劣产品犯罪的界限

《刑法》分则第三章除了规定生产、销售伪劣产品罪之外，于第141条至第148条还规定了其他特定的伪劣产品犯罪，包括：生产、销售假药罪，生产、销售劣药罪，生产、销售不符合卫生标准的食品罪，生产、销售有毒、有害食品罪，生产、销售不符合标准的医用器材罪，生产、销售不符合安全标准的产品罪，生产、销售伪劣农药、兽药、化肥、种子罪，生产、销售不符合卫生标准的化妆品罪。本罪与这些犯罪的区别主要在于：（1）犯罪对象是否特定。本罪的犯罪对象是伪劣产品，刑法未作特别的限定；而后者的犯罪对象是刑法规定的特别种类的伪劣产品，例如假药、劣药等。（2）认定构成犯罪的要件不同。本罪以“销售金额5万元以上”为犯罪的构成要件；而后者以“足以严重危害人体健康”或“对人体健康造成严重危害”等为犯罪的构成要件。

---

① 有学者认为此种情况属于想象竞合犯，也有学者认为此种情况属于法条竞合，具体请见本章第八节假冒注册商标罪中的论述。

生产、销售特定种类的伪劣产品的犯罪，有时也同时触犯了《刑法》第140条规定的生产、销售伪劣产品罪。这在刑法理论上属于法规竞合犯，通常应依特别法优于普通法的原则处理，即依照规定生产、销售特定种类的伪劣产品犯罪的法条来论处，而不再按照生产、销售伪劣产品罪论处。但根据《刑法》第149条第2款的规定，如果行为既触犯了生产、销售伪劣产品罪，又触犯了生产、销售特定伪劣产品的犯罪，则要"依照处罚较重的规定定罪处罚"，即依重法优于轻法的原则处理。如果生产、销售的是《刑法》第141条至第148条所列产品，但不构成各该条规定的特定种类的伪劣产品犯罪，可是销售金额在5万元以上的，依照第140条关于生产、销售伪劣产品罪的规定定罪处罚。

4. 本罪与诈骗罪的界限

本罪与诈骗罪在很多方面具有相似性，二者在客观行为上都是以欺诈的手段欺骗他人，在主观上都是故意。但是二者有着明显的区别：（1）行为的性质不同。本罪的行为是发生在商品生产、销售过程中的一种经济行为；而诈骗罪的诈骗行为并不是发生在商品生产、销售过程中，并且严格来讲也不属于经济行为。（2）主体不同。本罪的主体既可以是自然人，也可以是单位；而诈骗罪的主体只能是自然人。（3）主观目的不同。本罪不以非法占有为目的，而是在通常情况下伴随着非法牟利的目的，但并不要求行为人必须具有非法牟利的目的；而诈骗罪要求行为人主观上具有非法占有的目的。

（三）生产、销售伪劣产品罪的刑事责任

根据《刑法》第140条的规定，犯本罪，销售金额在5万元以上不满20万元的，处2年以下有期徒刑或者拘役，并处或者单处销售金额50%以上2倍以下罚金；销售金额在20万元以上不满50万元的，处2年以上7年以下有期徒刑，并处销售金额50%以上2倍以下罚金；销售金额在50万元以上不满200万元的，处7年以上有期徒刑，并处销售金额50%以上2倍以下罚金；销售金额在200万元以上的，处15年有期徒刑或者无期徒刑，并处销售金额50%以上2倍以下罚金或者没收财产。根据《刑法》第150条的规定，单位犯本罪的，对单位判处罚金，并对其直接负责的主管人员和其他直接责任人员，依照上述规定追究刑事责任。

二、生产、销售假药罪

（一）生产、销售假药罪的概念和构成

生产、销售假药罪，是指违反国家药品管理法规，生产、销售假药，足以

严重危害人体健康的行为。本罪的构成要件是：

1. 本罪的客体是复杂客体，即本罪既侵犯了国家药品管理秩序，也侵犯了不特定多数人的身体健康权利。国家为了保障公众的用药安全，维护人民群众的身体健康，制定了一系列有关的法律、法规来对药品的生产、经营进行管理和监督，从而建立起严格的药品管理秩序。而生产、销售假药的行为完全违背了国家的这些法律、法规，是对国家药品管理秩序的极端蔑视。同时，生产、销售的假药流向市场，必然会对药品消费者的生命、身体健康产生危害。所以生产、销售假药，既侵犯了国家对药品的管理秩序，又侵犯了不特定多数人的身体健康权利。

本罪的对象仅限于假药，根据《刑法》第141条第2款和《药品管理法》第48条的规定，所谓假药，是指假药和按假药处理的药品、非药品，具体是指：（1）药品所含成分与国家药品标准规定的成分不符的；（2）以非药品冒充药品或者以他种药品冒充此种药品的。此外，按假药处理的药品指：（1）国务院药品监督管理部门规定禁止使用的；（2）依照《药品管理法》必须经过批准而未经批准生产、进口，或者依照《药品管理法》必须经过检验而未经检验即销售的；（3）变质的；（4）被污染的；（5）使用依照《药品管理法》必须取得批准文号而未取得批准文号的原料药生产的；（6）所标明的适应症或者功能主治超出规定范围的。从广义上讲，药品既包括人用药也包括兽药等药品，但是本罪中的药品专指人用药品，因为刑法明确规定本罪中的假药是“足以严重危害人体健康”的假药。而对生产、销售假农药、假兽药的行为，由于刑法对其专设罪名规定，从而其行为就不构成本罪。由此可见，生产、销售假药罪中的假药仅限于人用药品与非药品，“但这又不意味着上述药品从客观上看都是能够用于人体的物品，有些物品本来不能用于人体，但行为人将它假冒为药品而提供给人使用的，就是本罪中的假药。看来，这取决于行为人的行为与主观意图，当行为人将某种物品假冒为对人体使用的药品时，它就是假药，而不管这种物品实际上能否用于人体；当行为人将某种物品假冒为对兽类使用的药品时，它就不是假药，也不问这种物品能否用于人体”。①

2. 本罪的客观方面表现为违反国家药品管理法规，生产、销售假药，足以严重危害人体健康的行为。

首先，生产、销售行为违反了国家药品管理法规，主要是违反了《药品管理法》和《关于贯彻〈中华人民共和国药品管理法〉的有关暂行规定》等

---

① 张明楷：《刑法学》，法律出版社2007年版，第554页。

法律法规。这些法律法规是国家维护药品市场和保护人民群众生命健康的制度性规范，必须得到遵守，严重违反这些法律法规达到一定程度就会构成犯罪。

其次，必须实施了生产、销售假药的行为。所谓生产，是指制造、加工、采集、收集假药的行为；所谓销售，是指将自己生产的或他人生产的假药非法出售的行为。生产和销售虽有联系却是两种不同的行为。行为人可能只生产假药而不销售，也可能只销售假药而不生产，只要生产或销售具备其一，即可构成生产假药罪或销售假药罪。如果行为人既生产假药，又销售假药，则构成生产、销售假药罪，不实行数罪并罚。

再次，生产、销售的假药必须足以严重危害人体健康。所谓“足以严重危害人体健康”，指的是只要对人体健康具有严重的危险即可，不要求对人体健康造成严重的实际危害。可见本罪属于危险犯。如果行为在实际上对人体健康造成了严重危害，则构成本罪的结果加重犯，应根据具体情况，依照相应的法定刑处罚。如何认定“足以严重危害人体健康”？我们认为应以客观事实为标准，而不应以主观认识为标准。所谓客观事实，即行为人所生产、销售的假药的性质、成分、效用、他人使用的可能性等事实以及医学、科学事实。根据《办理伪劣商品刑事案件解释》第3条，本罪规定的“足以严重危害人体健康”的情形包括：(1) 含有超标准有毒有害物质的；(2) 不含所标明的有效成分，可能贻误诊治的；(3) 所标明的适应症或者功能主治超出规定范围，可能造成贻误诊治的；(4) 缺乏所标明的急救必需的有效成分的。同时上述“解释”还指出：生产、销售的假药被使用后，造成轻伤、重伤或者其他严重后果的，应当认定为“对人体健康造成严重危害”。

3. 本罪的主体是一般主体，年满16周岁具有刑事责任能力的自然人和任何单位都可以成为本罪的主体。

4. 本罪的主观方面只能是故意，即行为人明知自己生产、销售的是假药，而仍然生产、销售。行为人实施本罪的目的是为了非法营利，但非法营利不是本罪的必备构成要件。

（二）生产、销售假药罪的界限划分

生产、销售假药的行为是否构成犯罪，主要有以下两个判断标准：(1) 看客观方面的行为是否“足以严重危害人体健康”。生产、销售的假药，足以严重危害人体健康的，可以构成本罪，否则，虽然是假药，但不足以严重危害人体健康的，仅属于行政违法行为，而不构成犯罪，可以依照《药品管理法》等相关行政法律、法规的规定，予以行政处罚。例如行为人用红糖冒充板蓝根冲剂，虽然在形式上符合生产、销售假药行为，但是对人体并无任何危害，故不构成本罪。(2) 看在主观方面是否出于故意。本罪在主观方面必须是故意，只有行为人明知自己生产、销售假药的行为足以严重危害人体健康，而仍然生产、销售时才可能构成本罪，如果行为人不知自己生产、销售的是假药，则不能成立本罪。

(三) 生产、销售假药罪的刑事责任

根据《刑法》第141条和第150条的规定，犯本罪的，处3年以下有期徒刑或者拘役，并处或者单处销售金额50%以上2倍以下罚金；对人体健康造成严重危害的，处3年以上10年以下有期徒刑，并处销售金额50%以上2倍以下罚金；致人死亡或者对人体健康造成特别严重危害的，处10年以上有期徒刑、无期徒刑或者死刑，并处销售金额50%以上2倍以下罚金或者没收财产。根据《办理伪劣商品刑事案件解释》的规定，生产、销售的假药被使用后，造成轻伤、重伤或者其他严重后果的，应认定为"对人体健康造成严重危害"；生产、销售的假药被使用后，致人严重残疾，3人以上重伤、10人以上轻伤或者造成其他特别严重后果的，应认定为"对人体健康造成特别严重危害"。单位犯本罪的，对单位判处罚金，并对其直接负责的主管人员和其他责任人员，依照上述规定处罚。

三、生产、销售劣药罪

生产、销售劣药罪，是指生产、销售劣药，对人体健康造成严重危害的行为。本罪的客体是国家对药品的监督管理秩序和不特定多数人的身体健康的权利。本罪的客观方面表现为违反国家药品管理法规，生产、销售劣药，对人体健康造成了严重危害的行为。本罪是结果犯，要求以造成实际的严重危害结果为构成要件。所谓劣药，根据《药品管理法》的规定，主要是指：(1) 药品成分的含量与国家药品标准或者省、自治区、直辖市药品标准规定不符合的；(2) 超过有效期的；(3) 其他不符合药品标准规定的。本罪属于选择性罪名，在司法实践中根据具体情况认定为生产劣药罪、销售劣药罪或者生产、销售劣药罪。所谓对人体健康造成严重危害，是指因服用劣药对人体造成轻伤、重伤，以及因服用劣药，延误治疗致使病情加重或难以治愈等严重后果。本罪的主体是一般主体，任何年满16周岁具有刑事责任能力的自然人和任何单位均可成为本罪主体。本罪的主观方面是故意，即明知生产、销售劣药的行为会发生破坏市场秩序、危害人体健康的结果，并且希望或者放任这种结果的发生。

根据《刑法》第142条第1款、第150条的规定，犯本罪的，处3年以上

10 年以下有期徒刑，并处销售金额 50% 以上 2 倍以下罚金；后果特别严重的，处 10 年以上有期徒刑或者无期徒刑，并处销售金额 50% 以上 2 倍以下罚金或者没收财产。所谓后果特别严重，通常指致人死亡或者致多人重伤等后果发生。单位犯本罪的，对单位判处罚金，并对其直接负责的主管人员和其他直接责任人员，依照上述规定处罚。

四、生产、销售不符合卫生标准的食品罪

生产、销售不符合卫生标准的食品罪，是指生产、销售不符合卫生标准的食品，足以造成严重食物中毒事故或者其他严重食源性疾患的行为。本罪的客体是复杂客体，包括国家对食品的监督管理秩序以及广大消费者的身体健康权利。本罪在客观方面表现为生产、销售不符合卫生标准的食品，足以造成严重食物中毒事故或者其他严重食源性疾患的行为。其中的“食品”是指各种供人食用或者饮用的成品、原料以及按照传统既是食品又是药品的物品，但不包括专门以治疗为目的的物品。不符合卫生标准的食品，是指不符合《食品卫生法》规定的卫生标准的食品。根据《办理伪劣商品刑事案件解释》，所谓“足以造成严重食物中毒事故或者其他严重食源性疾患”，是指经省级以上卫生行政部门确定的机构鉴定，食品中含有可能导致严重食物中毒或者其他严重食源性疾患的超标准的有害细菌或者其他污染物。本罪的主体是一般主体，任何年满 16 周岁具有刑事责任能力的自然人和任何单位均可成为本罪主体。本罪的主观方面只能出于故意，过失不成立本罪。即明知生产、销售不符合卫生标准的食品会造成严重食物中毒事故或者其他严重食源性疾患的结果，并且希望或者放任这种结果的发生。

根据《刑法》第 143 条的规定，犯本罪的，处 3 年以下有期徒刑或者拘役，并处或者单处销售金额 50% 以上 2 倍以下罚金；对人体健康造成严重危害的，处 3 年以上 7 年以下有期徒刑，并处销售金额 50% 以上 2 倍以下罚金；后果特别严重的，处 7 年以上有期徒刑或者无期徒刑，并处销售金额 50% 以上 2 倍以下罚金或者没收财产。根据《办理伪劣商品刑事案件解释》的规定，“对人体健康造成严重危害”是指生产、销售不符合卫生标准的食品被食用后，造成轻伤、重伤或者其他严重后果；“后果特别严重”是指生产、销售不符合卫生标准的食品被食用后，致人死亡、严重伤残、3 人以上重伤、10 人以上轻伤或者其他特别严重的后果。根据《刑法》第 150 条的规定，单位犯本罪的，对单位判处罚金，并对其直接负责的主管人员和其他直接责任人员，依照上述规定处罚。

五、生产、销售有毒、有害食品罪

（一）生产、销售有毒、有害食品罪的概念和构成

生产、销售有毒、有害食品罪，是指在生产、销售的食品中掺入有毒、有害的非食品原料，或者销售明知掺有有毒、有害的非食品原料的食品的行为。本罪的构成要件如下：

1. 本罪的客体是复杂客体，即国家对食品卫生的监督管理秩序以及不特定人的生命健康权利。生产、销售有毒、有害的食品一方面严重违反了国家关于食品安全方面的法律法规，从而破坏了国家对食品卫生的监督管理秩序；另一方面，国家建立食品安全监督管理秩序的目的就是为了保障广大民众的生命健康权利，因此本罪在破坏国家对食品监督管理秩序的同时也侵犯了不特定民众的生命健康权利。

2. 本罪的客观方面表现为在生产、销售的食品中掺入有毒、有害的非食品原料，或者销售明知掺有有毒、有害的非食品原料的食品的行为。本罪是行为犯，只要实施了上述行为就可以构成犯罪，行为是否足以严重危害人体健康或者是否在实际上造成了中毒事故等严重后果都不影响本罪的成立，如果产生了实际危害结果，则构成本罪的结果加重犯。本罪客观方面的具体行为表现为以下三种：一是在生产的食品中掺入有毒、有害的非食品原料；二是在销售的食品中掺入有毒、有害的非食品原料；三是明知是掺有有毒、有害的非食品原料的食品而销售。其中的“食品”是指各种供人食用或者饮用的成品、原料以及按照传统既是食品又是药品的物品，但不包括专门以治疗为目的的物品。认定本罪中的“有毒、有害食品”应注意：（1）该种食品中掺入了非食品原料，掺入食品原料的不成立本罪。（2）掺入的非食品原料对人体有毒或者有害。所谓“有毒、有害的非食品原料”，是指对人体具有生理毒性，食用后会引起不良反应，损害肌体健康的不能食用的原料，如工业酒精等。如果在食品中掺入的不是非食品原料而是有害的食品原料，或者虽然是非食品原料但却无毒无害，这些情况都不构成本罪，而只可能构成生产、销售不符合卫生标准的食品罪。值得注意的是，根据2002年最高人民法院、最高人民检察院《关于办理非法生产、销售、使用禁止在饲料和动物饮用水中使用药品的解释》，对于使用盐酸克仑特罗等禁止在饲料和动物饮用水中使用的药品或者含有该类药品的饲料养殖供人食用的动物，或者销售明知是使用该类药品或者含有该类药品的饲料养殖的供人食用的动物的，以本罪论处。明知是使用盐酸克仑特罗等禁止在饲料和动物饮用水中使用的药品或者含有该类药品的饲料养殖的供人食

用的动物，而提供屠宰等加工服务，或者销售其制品的，以本罪追究刑事责任。

3. 本罪的主体是一般主体，自然人和单位均可以成为本罪的主体。

4. 本罪的主观方面只能是故意，过失不构成本罪。行为人实施本罪往往具有非法牟利的目的，但刑法没有规定非法牟利的目的为本罪的构成要件。

（二）生产、销售有毒、有害食品罪的界限划分

1. 本罪与非罪的界限

在生产、销售的食品中掺入有毒、有害的非食品原料或者销售掺有有毒、有害的非食品原料的食品的行为是否构成犯罪，主要看行为人的主观方面是故意还是过失。如果明知在生产、销售的食品中掺入的是有毒、有害的非食品的原料，或者明知是掺有有毒、有害的非食品原料的食品仍然予以生产、销售，则构成本罪；如果误认为有毒、有害的非食品原料是食品添加剂加入食品中，或者根本不知道是掺有有毒、有害的非食品原料的食品而予以生产、销售的，则不构成犯罪。

2. 本罪与生产、销售不符合卫生标准的食品罪的界限

两者在犯罪客体、犯罪主体方面存在相同或相似之处，但有根本的区别：(1) 生产、销售的食品性质不同。本罪生产、销售的是其中掺有有毒、有害的非食品原料的食品；而后罪生产、销售的食品中并没有掺入有毒、有害的非食品原料，而是不符合卫生标准。(2) 犯罪的形态不同。本罪是行为犯，只要实施了生产、销售有毒、有害食品的行为，即构成犯罪，而不论其是否产生了危险或者实害；而后罪是危险犯，除了实施生产、销售不符合卫生标准的食品的行为外，还要求该行为造成了法定的危险结果，犯罪才能成立。

3. 本罪与投放危险物质罪的界限

二者在主客观方面具有相似之处，在主观方面都是故意，在客观方面销售有毒食品的行为也近似于投毒型的投放危险物质罪。但是二者的区别在于：(1) 二者的行为方式不同。本罪表现为生产、销售了掺有有毒、有害的非食品原料的食品；后者表现为在食品、河流、水井乃至公众场所等地方投放毒害性、放射性等危险物质。(2) 行为实施的环境不同。本罪的行为一般是在生产、经营活动中实施；而后者一般与生产、经营活动没有关系。(3) 主体方面不同。本罪主体既可以是自然人主体也可以是单位主体，并且自然人主体必须已满16周岁；而后者的主体只能是自然人主体，单位不能成为其主体，并且自然人主体只需年满14周岁。(4) 主观目的不同。本罪行为的目的往往是为了增加食品数量、降低成本从而牟取利润；而后者是出于其他目的实施投放

危险物质的行为。

（三）生产、销售有毒、有害食品罪的刑事责任

根据《刑法》第144条的规定，犯本罪的，处5年以下有期徒刑或者拘役，并处或者单处销售金额50%以上2倍以下罚金；造成严重食物中毒事故或者其他严重食源性疾患，对人体健康造成严重危害的，处5年以上10年以下有期徒刑，并处销售金额50%以上2倍以下罚金；致人死亡或者对人体健康造成特别严重危害的，依照《刑法》第141条的规定处罚，即处10年以上有期徒刑、无期徒刑或者死刑，并处销售金额50%以上2倍以下罚金或者没收财产。根据《办理伪劣商品刑事案件解释》的规定，“对人体健康造成严重危害”是指生产、销售有毒有害、食品被食用后，造成轻伤、重伤或者其他严重后果；“对人体健康造成特别严重危害”是指生产、销售有毒、有害食品被食用后，致人严重残疾、3人以上重伤、10人以上轻伤或者造成其他特别严重的后果。根据《刑法》第150条的规定，单位犯本罪的，对单位判处罚金，并对其直接负责的主管人员和其他直接责任人员，依照上述规定处罚。

六、生产、销售不符合标准的医用器材罪

生产、销售不符合标准的医用器材罪，是指生产不符合保障人体健康的国家标准、行业标准的医疗器械、医用卫生材料，或者销售明知是不符合保障人体健康的国家标准、行业标准的医疗器械、医用卫生材料，足以严重危害人体健康的行为。本罪的客体是国家对医用器材的监督管理秩序和不特定多数人的身体健康权利。本罪的客观方面表现为生产不符合保障人体健康的国家标准、行业标准的医疗器械、医用卫生材料，或者销售明知是不符合保障人体健康的国家标准、行业标准的医疗器械、医用卫生材料，足以严重危害人体健康的行为。所谓“医疗器材”，是指用于治疗人体疾病的机械设备、仪器、用具等。“医用卫生材料”，是指在医疗过程中使用的辅助性、消耗性物品。“国家标准”，是指国务院标准化行政主管部门制定的，在全国范围内的统一技术要求。“行业标准”，是指对于没有国家标准的产品，由国务院有关行政主管部门制定的，在全国某个行业范围内的统一技术要求。同时根据《办理伪劣商品刑事案件解释》的规定，对于没有国家标准、行业标准的医疗器械，注册产品标准可视为“保障人体健康的行业标准”。本罪的主体既可以是自然人，也可以是单位。本罪的主观方面只能出于故意，过失不成立本罪。

根据《刑法》第145条的规定，犯本罪的，处3年以下有期徒刑或者拘役，并处销售金额50%以上2倍以下罚金；对人体健康造成严重危害的，处3

年以上10年以下有期徒刑，并处销售金额50%以上2倍以下罚金；后果特别严重的，处10年以上有期徒刑或者无期徒刑，并处销售金额50%以上2倍以下罚金或者没收财产。根据《办理伪劣商品刑事案件解释》的规定，“对人体健康造成严重危害”，是指造成轻伤、重伤或者其他严重后果；“后果特别严重”，是指造成感染病毒性肝炎等难以治愈的疾病、1人以上重伤、3人以上轻伤或者其他严重后果；“情节特别恶劣”，是指致人死亡、严重残疾、感染艾滋病、3人以上重伤、10人以上轻伤或者造成其他特别严重后果的。根据《刑法》第150条的规定，单位犯本罪的，对单位判处罚金，并对其直接负责的主管人员和其他直接责任人员，依照上述规定处罚。

七、生产、销售不符合安全标准的产品罪

生产、销售不符合安全标准的产品罪，是指生产不符合保障人身、财产安全的国家标准、行业标准的电器、压力容器、易燃易爆产品或者其他不符合保障人身、财产安全的国家标准、行业标准的产品，或者销售明知是以上不符合保障人身、财产安全的国家标准、行业标准的产品，造成严重后果的行为。本罪的客体是国家对生产、销售电器、压力容器、易燃易爆产品及其他产品的监督管理秩序以及不特定多数人的身体健康权利。本罪的主体是一般主体。本罪的主观方面是故意。

根据《刑法》第146条与第150条的规定，犯本罪的，处5年以下有期徒刑，并处销售金额50%以上2倍以下罚金；后果特别严重的，处5年以上有期徒刑，并处销售金额50%以上2倍以下罚金。单位犯本罪的，对单位判处罚金，并对其直接负责的主管人员和其他直接责任人员，依照上述规定处罚。

八、生产、销售伪劣农药、兽药、化肥、种子罪

生产、销售伪劣农药、兽药、化肥、种子罪，是指生产假农药、假兽药、假化肥，销售明知是假的或者失去使用效能的农药、兽药、化肥、种子，或者生产者、销售者以不合格的农药、兽药、化肥、种子冒充合格的农药、兽药、化肥、种子，使生产遭受较大损失的行为。本罪的客体是国家对农业生产资料的监督管理秩序和消费者的合法权益。本罪的主体是一般主体。本罪的主观方面是故意。

根据《刑法》第147条与第150条的规定，犯本罪的，处3年以下有期徒刑或者拘役，并处或者单处销售金额50%以上2倍以下罚金；使生产遭受重大损失的，处3年以上7年以下有期徒刑，并处销售金额50%以上2倍以下罚

金；使生产遭受特别重大损失的，处7年以上有期徒刑或者无期徒刑，并处销售金额50%以上2倍以下罚金或者没收财产。《办理伪劣商品刑事案件解释》规定，“使生产遭受较大损失”一般以2万元为起点；“重大损失”一般以10万元为起点；“特别重大损失”一般以50万元为起点。单位犯本罪的，对单位判处罚金，并对其直接负责的主管人员和其他直接责任人员，依照上述规定处罚。

九、生产、销售不符合卫生标准的化妆品罪

生产、销售不符合卫生标准的化妆品罪，是指生产不符合卫生标准的化妆品，或者销售明知是不符合卫生标准的化妆品，造成严重后果的行为。“化妆品”，是指以涂擦、喷洒或者其他类似方法，散布于人体表面任何部位（皮肤、毛发、指甲、口唇等），以达到清洁、消除不良气味、护肤、美容和修饰目的的日用化学工业品。“不符合卫生标准”是指违反了《化妆品卫生标准》和《化妆品卫生监督条例》等法规规定的化妆品卫生标准。本罪的客体是国家对化妆品的管理秩序和消费者的合法权益。本罪的主体是一般主体。本罪的主观方面是故意。

根据《刑法》第148条和第150条的规定，犯本罪的，处3年以下有期徒刑或者拘役，并处或者单处销售金额50%以上2倍以下罚金。单位犯本罪的，对单位判处罚金，并对其直接负责的主管人员和其他直接责任人员，依照上述规定处罚。

第三节　走　私　罪

一、走私武器、弹药罪

走私武器、弹药罪，是指违反海关法规，逃避海关监管，运输、携带、邮寄武器、弹药进出国（边）境的行为。本罪的客体是国家关于禁止进出口武器、弹药的对外贸易管理秩序。所谓对外贸易管理秩序，指国家对进出口货物及其他物品的种类、数量实行控制和监督的秩序。本罪的犯罪对象是武器、弹药。所谓“武器、弹药”，根据《中华人民共和国海关进口税则》及《中华人民共和国禁止进出境物品表》的有关规定确定。根据有关规定，走私仿真武器，情节严重的，应追究刑事责任。但由于仿真武器与真正的武器有别，而本罪的法定刑相当高，故本罪中的武器不包括仿真武器，对走私仿真武器情节严重的，可按走私普通货物、物品罪论处。本罪的客观方面表现为违反海关法规，逃避海关监管，运输、携带、邮寄武器、弹药进出国（边）境的行为。具体表现为：(1) 未经国务院或国务院授权的部门批准，不经过设立海关的地点，非法运输、携带武器、弹药进出国（边）境；(2) 虽然通过设立海关的地点进出国（边）境，但采取隐匿、伪装、假报等欺骗手段，逃避海关监管、检查，非法盗运、偷带或者非法邮寄武器、弹药。其中“运输”是指使用交通工具将武器弹药运出或运进国（边）境；“携带”是指随身携带武器弹药进出国（边）境；“邮寄”是指通过邮递途径将武器弹药寄出境外或者寄人境内。同时根据《刑法》第155、156条的规定：(1) 直接向走私人非法收购国家禁止进口的武器、弹药的，以本罪论处；(2) 在内海、领海、界河、界湖运输、收购、贩卖国家禁止进出口的武器、弹药的，以本罪论处；(3) 与走私武器、弹药的罪犯通谋，为其提供贷款、资金、账号、发票、证明，或者为其提供运输、保管、邮寄或者其他方便的，以本罪的共犯处理；(4) 根据2006年最高人民法院《关于审理走私刑事案件具体应用法律若干问题的解释(二)》(以下简称《审理走私刑事案件解释（二)》) 的规定，走私各种弹药的弹头、弹壳，构成犯罪的，以走私弹药罪定罪处罚。本罪的主体是一般主体。自然人和单位均可构成本罪。本罪的主观方面只能是故意，过失不成立本罪。

根据《刑法》第151条的规定以及2000年最高人民法院《关于审理走私刑事案件具体应用法律若干问题的解释》（以下简称《审理走私刑事案件解释》）的规定，对本罪的处罚应分三种情况适用不同的法定刑。第一，具有下列情节之一的，处7年以上有期徒刑，并处罚金或者没收财产：(1) 走私军用枪支1支或者军用子弹50发以上不满100发的；(2) 走私非军用枪支5支以上不满10支或者非军用子弹500发以上不满1000发的；(3) 走私武器、弹药达到本条下述情节较轻的数量标准，并具有其他恶劣情节的。第二，情节较轻的，处3年以上7年以下有期徒刑，并处罚金。具有下列情节之一的，属于“情节较轻”：(1) 走私军用子弹10发以上不满50发的；(2) 走私非军用枪支2支以上不满5支或者非军用子弹100发以上不满500发的；(3) 走私武器、弹药虽未达到上述数量标准，但具有走私的武器、弹药被用于实施其他犯罪等恶劣情节的。第三，情节特别严重的，处无期徒刑或者死刑，并处没收财产。具有下列情节之一的，属于“情节特别严重”：(1) 走私军用枪支2支以上或者军用子弹100发以上的；(2) 走私非军用枪支10支以上或者非军用子弹1000发以上的；(3) 犯罪集团的首要分子或者使用特种车，走私武器、弹药达到情节严重的数量标准的；（4）走私武器、弹药达到情节严重的数量标准，并具有其他恶劣情节的。此外，走私其他武器、弹药的，参照上述量刑标准处罚。走私成套枪支散件的，以走私相应数量的枪支计；走私非成套枪支散件的，以每30件为1套枪支散件计。同时根据2006年《审理走私刑事案件解释（二）》的规定，走私各种口径在60毫米以下常规炮弹、手榴弹或者枪榴弹等分别或者合计不满5枚的，属于《刑法》第151条第1款规定的“情节较轻”，以走私弹药罪判处3年以上7年以下有期徒刑，并处罚金；走私各种口径在60毫米以下常规炮弹、手榴弹或者枪榴弹等分别或者合计达到5枚以上不满10枚，或者走私各种口径超过60毫米以上常规炮弹合计不满5枚的，依照《刑法》第151条第1款的规定，以走私弹药罪判处7年以上有期徒刑，并处罚金或者没收财产；走私上款规定的各种弹药，数量超过该款规定的数量标准，或者走私具有巨大杀伤力的非常规炮弹1枚以上的，属于《刑法》第151条第4款规定的“情节特别严重”，以走私弹药罪判处无期徒刑或者死刑，并处没收财产；走私各种炮弹、手榴弹、枪榴弹的弹头、弹壳的定罪量刑数量标准，按照上述解释第1条规定的定罪量刑数量标准的5倍执行；走私军用子弹、非军用子弹的弹头、弹壳的定罪量刑数量标准，按照《审理走私刑事案件解释》第1条规定的关于走私军用子弹或者非军用子弹的定罪量刑数量的5倍执行。根据《刑法》第151条的规定，单位犯本罪的，对单位判处罚金，并对其直接负责的主管人员和其他直接责任人员，依照上述规定处罚。同时，依照《刑法》第157条的规定，武装掩护走私武器、弹药的，以本罪从重论处；以暴力、威胁方法抗拒缉查走私武器弹药的，以本罪和妨害公务罪实行数罪并罚。

二、走私核材料罪

走私核材料罪，是指违反海关法规，走私核材料的行为。本罪的走私对象为核材料，走私行为的表现形式与走私武器、弹药罪的表现形式相同。本罪的主体为一般主体。本罪的主观方面是故意。

根据《刑法》第151条第1款、第4款、第5款的规定，犯本罪的，处7年以上有期徒刑，并处罚金或没收财产；情节较轻的，处3年以上7年以下有期徒刑，并处罚金；情节特别严重的，处无期徒刑或者死刑，并处没收财产。单位犯本罪的，对单位判处罚金，并对其直接负责的主管人员和其他直接责任人员，依照上述规定处罚。同时，《刑法》第157条规定：武装掩护走私核材料的，以本罪从重论处；以暴力、威胁方法抗拒缉查走私核材料的，以本罪和妨害公务罪实行数罪并罚。

三、走私假币罪

（一）走私假币罪的概念和构成

走私假币罪，是指违反海关法规，逃避海关监管，运输、携带、邮寄伪造的货币进出国（边）境的行为。本罪的构成要件如下：

1. 本罪的客体是国家禁止进出口伪造的货币的管理秩序。所谓“货币”是指可在国内市场流通或者兑换的人民币、境外货币；“伪造的货币”，是指依照真货币的图案、形状、颜色、面额和质地制造的假货币。

2. 本罪在客观方面表现为违反海关法规，逃避海关监管，运输、携带、邮寄伪造的货币进出国（边）境的行为。具体的走私形式与走私武器、弹药罪的相同。同时根据《刑法》第155、156条的规定：（1）直接向走私人非法收购国家禁止进口的假币的，以本罪论处；（2）在内海、领海、界河、界湖运输、收购、贩卖国家禁止进出口的假币的，以本罪论处；（3）与走私假币的罪犯通谋，为其提供贷款、资金、账号、发票、证明，或者为其提供运输、保管、邮寄或者其他方便的，以本罪的共犯处理。

3. 本罪的主体为一般主体，包括单位和个人。

4. 本罪在主观方面是故意，即明知是假币而仍然从事运输、携带、邮寄进出国（边）境的行为。

（二）走私假币罪的界限划分

1. 本罪与非罪的界限

在认定行为人运输、携带、邮寄伪造的货币进出国（边）境的行为是否构成犯罪时，应考察两个方面的情况：（1）假币的数量。根据《刑法》第151条的规定，走私假币的总面额2000元以上或者币量200张（枚）以上的才构成犯罪，如果行为人明知自己运输、携带、邮寄的是假币，但是假币的总面额在2000元以下或者币量在200张（枚）以下，那么其行为就不构成犯罪，仅会受到行政处罚。（2）主观方面。本罪的主观方面是故意，只有行为人明知是假币时而仍然进行走私，才可能构成犯罪。如果行为人不知道运输、携带、邮寄进出国（边）境的物品是假币，那么其行为就不构成犯罪。

2. 本罪与运输假币罪的区别

由于二者都包括有运输假币的内容，因此在司法实践中容易混淆。区分二者的关键是看行为人的主观目的，如果行为人运输假币是为了走私假币进出国（边）境，那么运输假币是方法行为（手段行为），而走私假币进出国（边）

境是目的行为，方法行为和目的行为之间构成牵连关系，此时二者之间构成了牵连犯，就按照牵连犯的"从一重从重处罚"原则来处理。如果行为人进行走私假币行为的同时本身也实行了运输假币行为，那么就符合两个罪的犯罪构成，一行为触犯数个罪名，此时就构成了想象竞合犯，按照想象竞合犯的重法优于轻法的处罚原则来处理，选择走私假币罪与运输假币罪二者之间刑罚处罚较重的犯罪定罪处罚。

（三）走私假币罪的刑事责任

根据《刑法》第151条以及《审理走私刑事案件解释》的规定，犯本罪的，分别不同情况给予以下不同的处罚：

(1) 走私伪造的货币，总面额2000元以上不足2万元，或者币量200张（枚）以上不足2000张（枚）的，属于情节较轻，处3年以上7年以下有期徒刑，并处罚金。

(2) 具有下列情形之一的，处7年以上有期徒刑，并处罚金或者没收财产：走私伪造的货币，总面额2万元以上不足20万元或者币量2000张（枚）以上不足2万张（枚）的；走私伪造的货币并流入市场，面额达到上述情况(1)规定的数量标准的。

(3) 具有下列情形之一，属于"情节特别严重"，处无期徒刑或者死刑，并处没收财产：走私伪造的货币，总面额20万元以上或者币量2万张（枚）以上的；走私伪造的货币并流入市场，总面额2万元以上不足20万元或者币量2000张（枚）以上不足2万张（枚）的；走私伪造的货币达到上述情况(2)所列明的数量标准，并具有是犯罪集团的首要分子或者使用特种车进行走私等严重情节的。

(4) 另应注意的是，货币面额以人民币计。走私伪造的境外货币的，其面额以案发时国家外汇管理机关公布的外汇牌价折合人民币计算。

单位犯本罪的，对单位判处罚金，并对其直接负责的主管人员和其他直接责任人员，依照上述规定处罚。同时，《刑法》第157条规定：武装掩护走私假币的，以本罪从重论处；以暴力、威胁方法抗拒缉查走私假币的，以本罪和妨害公务罪实行数罪并罚。

四、走私文物罪

走私文物罪，是指违反海关法规，逃避海关监管，运输、携带、邮寄禁止出口的文物出国（边）境的行为。本罪的客体是国家关于禁止文物出口的对外贸易管理秩序。本罪的犯罪对象是国家禁止出口的文物。本罪的客观方面表现为违反海关法规，逃避海关监管，运输、携带、邮寄禁止出口的文物出国（边）境。本罪的走私方式，与走私武器、弹药罪相同，但是本罪仅限于将文物从境内走私至境外的行为。如果将文物从境外走私至境内的，则不构成本罪，而只能成立走私普通货物、物品罪。所谓的“禁止出口的文物”，根据《文物保护法》的规定，是指具有重要历史、艺术、科学价值的且不是经国务院批准的运往国外展览的文物。同时根据《刑法》第155、156条的规定：(1)在内海、领海、界河、界湖运输、收购、贩卖国家禁止进出口的文物的，以本罪论处；(2)与走私文物的罪犯通谋，为其提供贷款、资金、账号、发票、证明，或者为其提供运输、保管、邮寄或者其他方便的，以本罪的共犯处理。本罪的主体为一般主体，自然人和单位都可以成为本罪的犯罪主体。本罪的主观方面是故意，即明知是国家禁止出口的文物，而仍然予以出口。

根据《刑法》第151条以及《审理走私刑事案件解释》的规定，(1)走私国家禁止出口的三级文物2件以下的，属于走私文物罪“情节较轻”，处5年以下有期徒刑，并处罚金。(2)走私文物，具有下列情节之一的，处5年以上有期徒刑，并处罚金：走私国家禁止出口的二级文物2件以下或者三级文物3件以上8件以下的；走私国家禁止出口的三级文物2件以下，并具有造成该文物严重毁损或者无法追回等恶劣情节的。(3)具有下列情节之一的，属于“情节特别严重”，处无期徒刑或者死刑，并处没收财产：走私国家禁止出口的一级文物1件以上或者二级文物3件以上或者三级文物9件以上的；走私国家禁止出口的文物达到情节严重的数量标准，并造成该文物严重毁损或者无法追回的；走私国家禁止出口的文物达到情节严重的数量标准，并具有是犯罪集团的首要分子或者使用特种车进行走私等严重情节的。单位犯本罪的，对单位判处罚金，并对其直接负责的主管人员和其他直接责任人员，依照上述规定处罚。同时，依照《刑法》第157条的规定，武装掩护走私文物的，以本罪从重论处；以暴力、威胁方法抗拒缉查走私文物的，以本罪和妨害公务罪实行数罪并罚。

五、走私贵重金属罪

走私贵重金属罪，是指违反海关法规，走私国家禁止出口的黄金、白银或者其他贵重金属出国（边）境的行为。本罪的客体是国家对外贸易管理秩序。本罪的犯罪对象是贵重金属，包括黄金、白银以及与金、银同等重要的铱、铂、钯、铑、钛等国家禁止出口的各种贵重金属及其制品。本罪的走私方式，与走私武器、弹药罪相同，但是本罪仅限于将贵重金属从境内走私至境外的行为。如果将贵重金属从境外走私至境内的，只能成立走私普通货物、物品罪。同时根据《刑法》第155、156条的规定：(1) 在内海、领海、界河、界湖运输、收购、贩卖国家禁止进出口的贵重金属的，以本罪论处；(2) 与走私贵重金属的罪犯通谋，为其提供贷款、资金、账号、发票、证明，或者为其提供运输、保管、邮寄或者其他方便的，以本罪的共犯处理。本罪的主体是一般主体。本罪的主观方面是故意。

根据《刑法》第151条的规定，犯本罪的，处5年以上有期徒刑，并处罚金；情节较轻的，处5年以下有期徒刑，并处罚金；情节特别严重的，处无期徒刑或者死刑，并处没收财产。单位犯本罪的，对单位判处罚金，并对其直接负责的主管人员和其他直接责任人员，依照上述规定处罚。根据《刑法》第157条的规定，武装掩护走私贵重金属的，以本罪从重论处；以暴力、威胁方法抗拒缉私的，以本罪和妨害公务罪实行数罪并罚。

六、走私珍贵动物、珍贵动物制品罪

走私珍贵动物、珍贵动物制品罪，是指违反海关法规，走私国家禁止进出口的珍贵动物或者珍贵动物制品进出国（边）境的行为。本罪的客体是国家关于禁止珍贵动物及其制品进出口的对外贸易管理秩序。本罪的犯罪对象仅限于珍贵动物及其制品。所谓"珍贵动物"，是指1988年12月10日国务院公布施行的《国家重点保护野生动物名录》中规定的在生态、科学研究、文化艺术、经济等方面具有重要价值的陆生、水生、野生动物，这些动物或者在世界上数量较少，或者具有濒于灭绝的危险，如大熊猫、华南虎、白鳍豚等。"珍贵动物制品"是指上述动物的皮、毛、骨骼等制品。同时根据《刑法》第155、156条的规定：(1) 直接向走私人非法收购国家禁止进口的珍贵动物、珍贵动物制品的，以本罪论处；(2) 在内海、领海、界河、界湖运输、收购、贩卖国家禁止进出口的珍贵动物、珍贵动物制品的，以本罪论处；(3) 与走私珍贵动物、珍贵动物制品的罪犯通谋，为其提供贷款、资金、账号、发票、证明，或者为其提供运输、保管、邮寄或者其他方便的，以本罪的共犯处理。本罪的主体是一般主体。本罪的主观方面是故意。

根据《刑法》第151条的规定，犯本罪的，处5年以上有期徒刑，并处罚金；情节较轻的，处5年以下有期徒刑，并处罚金；情节特别严重的，处无期徒刑或者死刑，并处没收财产。单位犯本罪的，对单位判处罚金，并对其直接负责的主管人员和其他直接责任人员，依照上述规定处罚。根据《刑法》第157条的规定，武装掩护走私珍贵动物、珍贵动物制品的，以本罪从重论处；以暴力、威胁方法抗拒缉私的，以本罪和妨害公务罪实行数罪并罚。

七、走私珍稀植物、珍稀植物制品罪

走私珍稀植物、珍稀植物制品罪，是指违反海关法规，逃避海关监管，运输、携带、邮寄珍稀植物及其制品进出国（边）境的行为。走私的对象仅限于珍稀植物及其制品。所谓的“珍稀植物”，是指天然生长的并且目前无法进行人工栽培的被子植物、裸子植物、蕨类植物中的稀有、濒危种类。“珍稀植物制品”，是指利用珍稀植物加工制作的标本、药材及其他制成品。同时根据《刑法》第155、156条的规定：（1）直接向走私人非法收购国家禁止进口的珍稀植物、珍稀植物制品的，以本罪论处；（2）在内海、领海、界河、界湖运输、收购、贩卖国家禁止进出口的珍稀植物、珍稀植物制品的，以本罪论处；（3）与走私珍稀植物、珍稀植物制品的罪犯通谋，为其提供贷款、资金、账号、发票、证明，或者为其提供运输、保管、邮寄或者其他方便的，以本罪的共犯处理。本罪的主体是一般主体。本罪的主观方面是故意。

根据《刑法》第151条的规定，犯本罪的，处5年以下有期徒刑，并处或单处罚金；情节严重的，处5年以上有期徒刑，并处罚金。单位犯本罪的，对单位判处罚金，并对其直接负责的主管人员和其他直接责任人员，依照上述规定处罚。根据《刑法》第157条的规定，武装掩护走私珍稀植物、珍稀植物制品的，以本罪从重论处；以暴力、威胁方法抗拒缉私的，以本罪和妨害公务罪实行数罪并罚。

八、走私淫秽物品罪

走私淫秽物品罪，是指以牟利或者传播为目的，违反海关法规，逃避海关监管，运输、携带、邮寄淫秽的影片、录像带、录音带、图片、书刊或其他淫秽物品进出国（边）境的行为。本罪的客体是国家对外贸易管理秩序和国家查禁淫秽物品的管理秩序。本罪的犯罪对象是淫秽物品。所谓“淫秽物品”，是指具体描绘性行为或者露骨宣扬色情的书刊、影片、录像带、录音带、图片及其他淫秽物品。走私非淫秽的影片、影碟、录像带、录音带、音碟、图片、书刊、电子出版物等物品的，按走私普通货物、物品罪定罪处罚。同时根据《刑法》第155、156条的规定：（1）直接向走私人非法收购国家禁止进口的淫秽物品的，以本罪论处；（2）在内海、领海、界河、界湖运输、收购、贩卖国家禁止进出口的淫秽物品的，以本罪论处；（3）与走私淫秽物品的罪犯通谋，为其提供贷款、资金、账号、发票、证明，或者为其提供运输、保管、邮寄或者其他方便的，以本罪的共犯处理。本罪在主观方面，要求犯罪人具有牟利或者传播的目的，行为人是否具有这种目的，应主要通过走私淫秽物品的数量、次数等进行判断。

根据《刑法》第152条的规定，犯本罪的，处3年以上10年以下有期徒刑，并处罚金；情节严重的，处10年以上有期徒刑或者无期徒刑，并处罚金或者没收财产；情节较轻的，处3年以下有期徒刑、拘役或者管制，并处罚金。单位犯本罪的，对单位判处罚金，并对其直接负责的主管人员和其他直接责任人员，依照上述规定处罚。根据《刑法》第157条的规定，武装掩护走私淫秽物品的，以本罪从重论处；以暴力、威胁方法抗拒缉私的，以本罪和妨害公务罪实行数罪并罚。

九、走私废物罪

走私废物罪，是指违反海关法规，逃避海关监管，将境外固体废物、液态废物和气态废物运输进境，情节严重的行为。本罪的客体是国家关于固体废物、液态废物和气态废物进境的管理秩序。本罪客观方面仅限于将废物运输进境，且情节严重的行为。具体表现为：首先，行为必须违反了海关法规。其次，将固体废物、液态废物和气态废物运输进境，本罪的行为方式仅限于运输，而不包括携带、邮寄。运输的方向仅是将废物从境外运进境内，而不包括将废物运出境外的行为。再次，情节必须严重。根据《审理走私刑事案件解释（二)》的规定，情节严重是指：（1）走私国家禁止进口的危险性固体废物、液态废物和气态废物分别或者合计达到1吨以上不满5吨的。（2）走私国家禁止进口的非危险性固体废物、液态废物和气态废物分别或者合计达到5吨以上不满25吨的。（3）未经许可，走私国家限制进口的可用做原料的固体废物、液态废物和气态废物分别或者合计达到20吨以上不满100吨的；走私国家禁止进口的废物并且造成重大环境污染事故的。同时，根据《刑法》第339条第3款的规定，以原料利用为名，进口不能用做原料的固体废物、液态废物和气态废物的，以本罪论处。（4）虽经国家许可进口国家限制进口的可用做原料的废物，但却超过国家许可的数量进口，超过的部分以未经许可论处。本罪的主体是一般主体，自然人和单位都可成为本罪主体。本罪主观方面是故意，即明知是国家禁止进口的固体废物、液态废物和气态废物，而仍然运输进境。

根据《刑法》第152条的规定，犯本罪的，处5年以下有期徒刑，并处或者单处罚金；情节特别严重的，处5年以上有期徒刑，并处罚金。“情节特别严重"，根据《审理走私刑事案件解释（二）》的规定，是指：(1) 走私国家禁止进口的废物或者国家限制进口的可用做原料的废物的数量，超过了本解释关于"情节严重"所规定的数量标准；(2) 或者达到了"情节严重"所规定的数量标准并且造成了重大环境污染事故；(3) 或者虽未达到"情节严重"所规定的数量标准但造成了重大环境污染事故并且后果特别严重。单位犯本罪的，对单位判处罚金，并对其直接负责的主管人员和其他直接责任人员，依照上述法定刑处罚。根据《刑法》第157条的规定，以暴力、威胁方法抗拒缉私的，以本罪和妨害公务罪实行数罪并罚。

十、走私普通货物、物品罪

（一）走私普通货物、物品罪的概念和构成

走私普通货物、物品罪，是指违反海关法规，逃避海关监管，运输、携带、邮寄除武器、弹药、核材料、假币、贵重金属、珍贵动物及其制品、珍稀植物及其制品、淫秽物品以外的货物、物品进出国（边）境，偷逃应缴税额5万元以上的行为。本罪的构成要件如下：

1. 本罪的客体是国家对普通货物、物品进出口的监管、征收关税秩序。本罪的犯罪对象是普通货物或物品。所谓"普通货物、物品"，是指除武器、弹药、核材料、伪造的货币、文物、黄金、白银和其他贵重金属、珍贵动物及其制品、珍稀植物及其制品、淫秽物品、毒品以外的货物、物品。

2. 本罪的客观方面表现为违反海关法规，逃避海关监管，运输、携带、邮寄除武器、弹药、核材料、假币、贵重金属、珍贵动物及其制品、珍稀植物及其制品、淫秽物品以外的货物、物品进出国（边）境，偷逃应缴税额5万元以上的行为。所谓"海关法规"，是指《中华人民共和国海关法》、《中华人民共和国进出口关税条例》。所谓"逃避海关监管"，是指采用藏匿、隐瞒、伪报等方式蒙混过关，或者从不设关的国（边）境上进出绕关，躲避海关监督、管理和检查。所谓"应缴税额"，根据《中华人民共和国进出口关税条例》的规定，是指进出口普通货物、物品应该缴纳的关税以及应当由海关代征代扣的其他税的数额。对于多次走私未经处理的，按照累计走私货物、物品的偷逃应缴纳税额处理。同时，根据《刑法》第154、155条的规定，以下几种行为也构成本罪：(1) 未经海关许可且未补缴应缴税额，擅自将批准进口的来料加工、来件装配、补偿贸易的原材料、零件、制成品、设备等保税货物，在境内销售牟利的，构成本犯罪的，依本罪定罪处罚。(2) 未经海关许可并且未补缴应缴税额，擅自将特定减税、免税进口的货物、物品，在境内销

售牟利的，构成本犯罪的，依本罪定罪处罚。（3）直接向走私人非法收购国家禁止进口物品的，或者直接向走私人非法收购走私进口的其他货物、物品，数额较大的。其中“直接向走私人非法收购走私进口的其他货物、物品”，是指明知是走私行为人而向其非法收购走私进口的其他货物、物品。（4）在内海、领海、界河、界湖运输、收购、贩卖国家禁止进出口物品的，或者运输、收购、贩卖国家限制进出口货物、物品，数额较大，没有合法证明的。（5）与走私罪犯通谋，为其提供贷款、资金、账号、发票、证明，或者为其提供运输、保管、邮寄或者其他方便的。同时根据《审理走私刑事案件解释（二）》的规定，经许可进口国家限制进口的可用做原料的废物时，偷逃应纳税额，构成犯罪的，应当依照本罪定罪。

3. 本罪的主体是一般主体，自然人和单位均可成为本罪主体。

4. 本罪的主观方面是故意，即明知是国家禁止进出国（边）境的货物、物品，而仍然运输、携带、邮寄进出国（边）境。过失不构成本罪。在实践中，行为人一般具有牟取非法利润或其他非法利益的目的，但刑法并未规定以牟利为目的是本罪的构成要件，因而在认定本罪时，不要求行为人主观上具有牟利的目的。

（二）走私普通货物、物品罪的界限划分

1. 本罪与非罪的界限

判断行为人逃避海关监管，运输、携带、邮寄普通货物、物品的行为是否构成犯罪，主要应从以下几点进行：（1）看偷逃应缴税额的数量。本罪要求偷逃应缴税额在5万元以上，否则就不构成本罪，而属一般违法行为。（2）行为人主观上是否出于故意。故意将普通货物、物品运输、携带、邮寄进出国（边）境，偷逃应缴税额较大的，构成本罪；否则，过失实施上述行为的，则不构成本罪。

2. 本罪与走私废物罪的界限

一般来讲，本罪与走私废物罪的区别是很明显的，但是在有些情况下容易混淆二者。主要表现在，行为人进口国家限制进出口可用做原料的废物，并且未经过国家许可，偷逃应缴税额为5万元以上，此时就有可能同时构成走私废物罪和走私普通货物、物品罪。根据《审理走私刑事案件解释（二）》，此时应当按照刑法处罚较重的犯罪定罪处罚。

（三）走私普通货物、物品罪的刑事责任

根据《刑法》第153条与第157条的规定，犯本罪的，根据情节轻重，分别依照下列规定处罚：（1）走私货物、物品偷逃应缴税额在50万元以上的，处10年以上有期徒刑或者无期徒刑，并处偷逃应缴税额1倍以上5倍以下罚金或者没收财产；情节特别严重的，处无期徒刑或者死刑，并处没收财产。(2) 走私货物、物品偷逃应缴税额在15万元以上不满50万元的，处3年以上10年以下有期徒刑，并处偷逃应缴税额1倍以上5倍以下罚金；情节特别严重的，处10年以上有期徒刑或者无期徒刑，并处偷逃应缴税额1倍以上5倍以下罚金或者没收财产。(3) 走私货物、物品偷逃应缴税额在5万元以上不满15万元的，处3年以下有期徒刑或者拘役，并处偷逃应缴税额1倍以上5倍以下罚金。单位犯本罪的，对单位判处罚金，并对其直接负责的主管人员和其他直接责任人员，处3年以下有期徒刑或者拘役；情节严重的，处3年以上10年以下有期徒刑；情节特别严重的，处10年以上有期徒刑。对于多次走私未经处理的，按照累计走私货物、物品的偷逃应缴税额处罚。以暴力、威胁方法抗拒缉私的，按本罪与妨碍公务罪实行数罪并罚。

第四节　妨害对公司、企业的管理秩序罪

一、虚报注册资本罪

(一) 虚报注册资本罪的概念和构成

虚报注册资本罪，是指申请公司登记时使用虚假证明文件或者采取其他欺诈手段虚报注册资本，欺骗公司登记主管部门，取得公司登记，虚报注册资本数额巨大、后果严重或者有其他严重情节的行为。本罪的犯罪构成如下：

1. 本罪的客体是公司登记管理秩序。

2. 本罪在客观方面表现为申请公司登记时使用虚假证明文件或者采取其他欺诈手段虚报注册资本，欺骗公司登记主管部门，取得公司登记，虚报注册资本数额巨大、后果严重或者有其他严重情节的行为。具体内容为：(1) 申请公司登记使用虚假证明文件或者采取其他欺诈手段虚报注册资本。虚报注册资本，既可以表现为没有达到登记注册的资本数额，却采取欺诈手段证明达到了法定数额；也可以表现为虽然达到了法定数额却虚报具有更高数额的资本。(2) 欺骗的对象为公司登记主管部门。(3) 已经取得公司登记，即已被公司登记机关批准登记注册并已发给《企业法人营业执照》。如果欺诈手段被登记机关发觉而未予登记的，则不成立本罪。(4) 虚报注册资本数额巨大、后果严重或者有其他严重情节，具备三者之一，即可成立本罪。根据2001年最高人民检察院、公安部《关于经济犯罪案件追诉标准的规定》(以下简称《追诉

标准》)，“虚报注册资本数额巨大”是指下列情况：（1）实缴注册资本不足法定注册资本最低限额，有限责任公司虚报数额占法定最低限额的60%以上，股份有限公司虚报数额占法定最低限额的30%以上；（2）实缴注册资本达到法定最低限额，但仍虚报注册资本，有限责任公司虚报数额在100万元以上，股份有限公司虚报数额在1000万元以上。“后果严重”是指：虚报注册资本给投资者或者其他债权人造成的直接经济损失累计数额在10万元以上。“其他严重情节”是指：虽未达到上述数额标准，但具有下列情形之一的：因虚报注册资本，受过行政处罚2次以上，又虚报注册资本的；向公司登记主管人员行贿或者注册后进行违法活动的。

3. 本罪的主体是一般主体，可以由任何公司或申请公司登记的个人构成。

4. 本罪的主观方面只能出于故意，即明知自己虚报注册资本，欺骗公司登记主管部门的行为，会发生破坏公司登记秩序的危害结果，并且希望或者放任这种结果的发生，其目的在于取得公司登记和营业执照。

（二）虚报注册资本罪的界限划分

1. 本罪与非罪的界限

在司法实践中，判断申请公司登记时使用虚假证明文件或者采取其他欺诈手段虚报注册资本，欺骗公司登记主管部门，取得公司登记，虚报注册资本的行为是否构成犯罪，主要从以下两个方面进行：（1）主观方面。本罪对主观方面的要求是故意，只有明知自己虚报注册资本，欺骗公司登记主管部门的行为，会发生破坏公司登记秩序的危害结果，并且希望或者放任这种结果的发生，才有构成本罪的可能。否则，如果出于过失导致使用了虚假的证明文件等，则不构成本罪。(2）是否属于虚报注册资本数额巨大、后果严重或者有其他严重情节。虚报注册资本数额巨大、后果严重或者有其他严重情节的，构成犯罪，不具备上述三种情形之一，则不构成犯罪，只属于一般违法行为。

2. 本罪与他罪的界限

在司法实践中，可能会遇到犯罪人设立一个公司进行某种犯罪，但在设立公司的过程中，采取了虚报注册资本，欺骗公司登记主管部门，取得公司登记的情况，此时，犯罪人意欲实现的某种行为和其设立公司的行为同时构成了犯罪，这种情况就属于牵连犯。犯罪人意欲实现的某种行为是目的行为，而其为了达到目的行为而设立公司的行为则属于工具行为（手段行为)，目的行为和工具行为之间构成了牵连关系，此时就按照牵连犯的“从一重从重处罚”原则进行定罪处罚。

（三）虚报注册资本罪的刑事责任

根据《刑法》第158条的规定，犯本罪的，处3年以下有期徒刑或者拘役，并处或者单处虚报注册资本金额1%以上5%以下罚金。单位犯本罪的，对单位判处罚金，并对其直接负责的主管人员和其他直接责任人员，处3年以下有期徒刑或者拘役。上述“虚报注册资本金额”不是指行为人申报的全部金额，而是指超过实际资本部分的金额。

二、虚假出资、抽逃出资罪

虚假出资、抽逃出资罪，是指公司发起人、股东违反公司法的规定未交付货币、实物或者未转移财产权、虚假出资，或者在公司成立后又抽逃其出资，数额巨大、后果严重或者有其他严重情节的行为。本罪是选择性罪名，司法实践中应根据具体情况，进行选择适用或并合适用。本罪的客体是国家有关设立公司的出资管理秩序。本罪在客观方面表现为行为违反公司法的规定，或者在公司成立前虚假出资，或者在公司成立后抽逃出资，并要求具备数额巨大、后果严重或其他严重情节之一。客观方面具体表现为两种行为：一是虚假出资行为，是指公司发起人、股东违反公司法的规定，未交付应当认缴的出资额（包括实物或货币）或者未办理出资额中的财产转移手续的行为。一是抽逃资金行为，是指公司发起人在公司成立时交足了应当认缴的出资额，但是在公司成立后又将出资额撤回，使公司的实际认缴额减少的行为。所谓“数额巨大、后果严重或其他严重情节”一般是指：（1）虚假出资、抽逃出资，给公司、股东、债权人造成的直接经济损失累计数额在10万元至50万元以上的；（2）虽未达到上述数额标准，但具有下列情形之一的：致使公司资不抵债或者无法正常经营的；公司发起人、股东合谋虚假出资、抽逃出资的；因虚假出资、抽逃出资，受过行政处罚2次以上，又虚假出资、抽逃出资的；利用虚假出资、抽逃出资所得资金进行违法活动的。本罪的主体是公司发起人、股东，包括自然人与单位。本罪在主观方面必须是出于故意。

根据《刑法》第159条的规定，犯本罪的，处5年以下有期徒刑或者拘役，并处或者单处虚假出资金额或者抽逃出资金额2%以上10%以下罚金。单位犯本罪的，对单位判处罚金，并对其直接负责的主管人员和其他直接责任人员，处5年以下有期徒刑或者拘役。

三、欺诈发行股票、债券罪

欺诈发行股票、债券罪，是指违反公司法或企业法的规定，在招股说明书，认股书，公司、企业债券募集办法中隐瞒重要事实或者编造重大虚假内容，发行股票或者公司、企业债券，数额巨大、后果严重或者有其他严重情节的行为。本罪是选择性罪名，司法实践中应根据具体案情，进行选择适用或并合适用。本罪的客体是国家关于公司、企业发行股票、债券的管理秩序。本罪行为在客观方面表现为：首先，行为违反公司法或企业法的规定。其次，在招股说明书，认股书，公司、企业债券募集办法中隐瞒重要事实或者编造重大虚假内容，发行股票或者公司、企业债券。再次，数额巨大、后果严重或者有其他严重情节。所谓“数额巨大、后果严重或者有其他严重情节”，根据《追诉标准》第4条的规定，是指：（1）发行股票、债券的数额在1000万元以上的；（2）伪造政府公文、有效证明文件或者相关凭证、单据的；（3）股民、债权人要求清退，无正当理由不予清退的；（4）利用非法募集的资金进行违法活动的；（5）转移或者隐瞒所募集资金的；（6）造成恶劣影响的。本罪的主体是一般主体，自然人和单位均可构成。本罪在主观方面只能是故意，因过失而造成招股说明书，认股书，公司、企业债券募集办法出现错误或者不实的，不构成本罪。

根据《刑法》第160条的规定，犯本罪的，处5年以下有期徒刑或者拘役，并处或者单处非法募集资金金额1%以上5%以下罚金。单位犯本罪的，对单位判处罚金，并对其直接负责的主管人员和其他直接责任人员，处5年以下有期徒刑或者拘役。

四、违规披露、不披露重要信息罪①

违规披露、不披露重要信息罪，是指违反公司法的规定，依法负有信息披露义务的公司向股东和社会公众提供虚假的或者隐瞒重要事实的财务会计报告，或者对依法应当披露的其他重要信息不按照规定披露，严重损害股东或其他人利益，或者有其他严重情节的行为。本罪的客体是国家关于公司财务会计的管理秩序。本罪在客观方面表现为违反公司法的规定，依法负有信息披露义务的公司向股东和社会公众提供虚假的或者隐瞒重要事实的财务会计报告，或者对依法应当披露的其他重要信息不按照规定披露，严重损害股东或其他人利益，或者有其他严重情节的行为。根据《追诉标准》第5条的规定，下列情形应予追诉：（1）造成股东或者他人直接经济损失数额在50万元以上的；

① 本罪名是《刑法修正案（六）》通过修改《刑法》第161条关于提供虚假财会报告罪的规定后形成的罪名。

(2) 致使股票被取消上市资格或者交易被迫停牌的。本罪的主体只能是依法负有信息披露义务的公司，个人不是本罪的主体，但是本罪的刑事责任却只能由犯罪单位的直接负责的主管人员和其他直接责任人员承担，而不处罚公司，即对单位犯罪实行单罚制。这样做主要是因为提供虚假财会报告的行为，目的在于误导投资者购买该公司的股票，从而加大投资风险，本来作为被害人的投资者已经蒙受损失，如果再对犯罪的公司处以罚金，势必加大作为被害人的投资者的损失，从而会导致将刑事责任转嫁给被害人，这样就不符合规定本罪的初衷，也不利于实现刑罚的预防目的。本罪在主观方面只能是故意。

根据《刑法》第161条的规定，犯本罪的，对其直接负责的主管人员和其他直接责任人员，处3年以下有期徒刑或者拘役，并处或者单处2万元以上20万元以下罚金。

五、妨害清算罪

妨害清算罪，是指违反公司法、企业法的相关规定，公司、企业在进行清算时，隐匿财产，对资产负债表或者财产清单作虚伪记载或者在未清偿债务前分配公司、企业财产，严重损害债权人或者其他人利益的行为。本罪的客体是国家对公司、企业破产的管理秩序。本罪在客观方面表现为违反公司法、企业法的相关规定，公司、企业在进行清算时，隐匿财产，对资产负债表或者财产清单作虚伪记载或者在未清偿债务前分配公司、企业财产，严重损害债权人或者其他人利益的行为。客观方面的具体内容为：(1) 行为违反公司法、企业法的相关规定。(2) 行为发生的时间是在公司、企业清算财产时。(3) 行为的具体方式为：隐匿财产；对资产负债表作虚假记载，如夸大负债数额，作实际上并不存在的负债记载，对特定债权人作不符合事实的负债记载等；对财产清单作虚伪记载，如减少公司、企业的收入，提高固定资产的价格等；在清偿债务前分配公司、企业财产。(4) 行为严重损害债权人或者其他人的利益，这主要是指犯罪行为导致了债权人的合法巨额债权得不到清偿，工人工资和劳动保险得不到清偿，拖欠国家的巨额税款得不到偿还等。根据《追诉标准》第6条的规定，行为造成债权人或者其他直接经济损失数额在10万元以上的，应予追诉。本罪的主体是公司或企业，自然人不能构成本罪的主体，但是本罪的刑事责任只是由犯罪单位的直接负责的主管人员和其他直接责任人员承担，而不处罚单位，即实行单罚制。本罪的主观方面是故意，并且是直接故意。

根据《刑法》第162条的规定，犯本罪的，对直接负责的主管人员和其他直接责任人员，处5年以下有期徒刑或者拘役，并处或者单处2万元以上

20 万元以下罚金。

六、隐匿、故意销毁会计凭证、会计账簿、财务会计报告罪

隐匿、故意销毁会计凭证、会计账簿、财务会计报告罪，是指隐匿或者故意销毁依法应当保存的会计凭证、会计账簿、财务会计报告，情节严重的行为。本罪的客体是国家的会计管理秩序。本罪的犯罪对象为依法应当保存的会计凭证、会计账簿和财务会计报告。“会计凭证”是指记载经济业务发生和完成的状况和经济责任的书面证明。“会计账簿”是指由一定格式、相互联系的账页组成的系统、分类记录和反映单位经济状况的会计账目。“财务会计报告”是指提供企业财务状况、经营状况及其他相关信息，并予以分析说明的书面报告。本罪在客观方面表现为隐匿或者故意销毁依法应当保存的会计凭证、会计账簿、财务会计报告，情节严重的行为。本罪的行为方式包括隐匿、销毁，行为的对象包括会计凭证、会计账簿、财务会计报告，只要符合行为的方式和行为的对象其中的一种，就构成本罪。根据《追诉标准》第 7 条的规定，“情节严重”是指：隐匿、销毁的会计资料涉及金额在 50 万元以上；或者为逃避依法查处而隐匿、销毁或者拒不交出会计资料。本罪的主体为一般主体，并且不限于公司、企业，所有依照会计法的规定办理会计事务的国家机关、社会团体、公司、企业、事业单位等组织和个人都有可能成为本罪的主体。本罪的主观方面是故意，即明知是应当予以保存的会计凭证、会计账簿、财务会计报告，而予以隐匿或销毁。本罪通常伴有阻挠或逃避相关机关检查、销毁犯罪证据的犯罪动机，但动机如何不影响本罪的成立。

根据《刑法》第 162 条之一（由《刑法修正案》增设）的规定，犯本罪的，处 5 年以下有期徒刑，并处或者单处 2 万元以上 20 万元以下罚金。单位犯本罪的，对单位判处罚金，并对其直接负责的主管人员和其他直接责任人员依照上述规定处罚。

七、虚假破产罪

虚假破产罪，是指公司、企业通过隐匿财产、承担虚假的债务或者以其他方法转移、处分财产，实施虚假破产，严重影响债权人或者其他人利益的行为。本罪的客体是国家关于公司、企业的破产管理秩序。本罪在客观方面表现为公司、企业通过隐匿财产、承担虚假的债务或者以其他方法转移、处分财产，实施虚假破产，严重影响债权人或者其他人利益的行为。“隐匿财产”，是指将正常具有的财产（包括固定资产和不固定资产）通过各种方式使其不

反映在正规的账目之上，使其账面资产少于实际具有的资产的行为。“承担虚假的债务”，是指将本来不属于公司、企业的债务或者根本就没有的债务虚列在本公司、企业的债务上面的行为。“严重影响债权人或者其他人利益”，是指公司、企业通过隐匿财产、承担虚假的债务或者以其他方法转移、处分财产的方式使得本公司、企业非真实地破产，在事实上有偿还能力的情况下，却使债权人的合法巨额债权得不到清偿，工人工资和劳动保险得不到清偿，拖欠国家的巨额税款得不到偿还等。本罪的主体只能是公司或企业，自然人不构成本罪的犯罪主体，但是本罪实行单罚制，即实际承担刑事责任的是犯罪单位的直接负责的主管人员和其他直接责任人员。本罪在主观方面是故意，并且一般都伴随有逃避债务的犯罪动机。

根据《刑法》第162条之二（通过《刑法修正案（六）》增设）的规定，犯本罪的，对直接负责的主管人员和其他直接责任人员，处5年以下有期徒刑或者拘役，并处或者单处2万元以上20万元以下的罚金。

八、非国家工作人员受贿罪

非国家工作人员受贿罪，是指公司、企业或者其他单位的工作人员利用职务上的便利，索取他人财物或者非法收受他人财物，为他人谋取利益，数额较大的行为。本罪的客体是复杂客体，包括公司、企业、其他单位的正常管理秩序和公司、企业、其他单位的工作人员的职务廉洁性。本罪的客观方面表现为公司、企业或者其他单位的工作人员利用职务上的便利，索取他人财物或者非法收受他人财物，为他人谋取利益，数额较大的行为。具体内容包括：(1) 行为人利用了职务上的便利，这是指行为人利用自己在公司、企业、其他单位所任职务享有的决定、管理、承办某项公司事务的职权或者同职务有关的便利条件实施犯罪行为。行为人必须利用了自己的职权，否则不构成本罪。(2) 实施了索取他人财物或者非法收受他人财物的行为。所谓“索取”，是指单方面强行向他人要取，包括明示索取行为和暗示索要行为；“非法收受他人财物”，是指对他人主动送来的财物没有按照相关规定予以拒绝，反而收纳的行为。如何理解“财物”，是一个具有争议的问题，我们认为，金钱、有经济价值的物品等是财物最常见的表现形式，但是能否将财物扩张解释为譬如提供旅游、劳务，目前学界还无定论，我们对此持否定态度。(3) 为他人谋取利益，这是本罪构成要件中的一个重要方面。所谓“为他人谋取利益”是指行为人利用职务之便为他人或允诺为他人提供某种利益。该利益是合法还是非法、是物质利益还是非物质利益以及是否谋取到，均不影响本罪的成立。只索取或收受他人财物而没有为他人谋取利益的，不构成犯罪。(4) 同时，根据《刑法》第163条第2款的规定，公司、企业的工作人员在经济往来中，违反国家规定，收受各种名义的回扣、手续费，归个人所有的，也属于本罪的受贿行为。(5) 数额较大，这是指行为人索要或者收受的他人的财产数额较大。根据《追诉标准》第8条的规定，"数额较大"的起点为5000元人民币。本罪的主体是特殊主体，即公司、企业、其他单位的工作人员，但不包括国有公司、企业的工作人员，如果国有公司、企业的人员受贿，就要依《刑法》第385条和第386条规定的受贿罪定罪处罚。① 本罪的主观方面是故意，即行为人明知自己收受贿赂的行为是非法的，也会发生侵犯公司、企业管理秩序的结果，但却仍然收受贿赂。

根据《刑法》第163条的规定，犯本罪的，处5年以下有期徒刑或者拘役；数额巨大的，处5年以上有期徒刑，可以并处没收财产。

九、对非国家工作人员行贿罪

对非国家工作人员行贿罪，是指为谋取不正当利益，给予公司、企业、其他单位的工作人员以财物，数额较大的行为。本罪的犯罪客体是复杂客体，既侵犯了公司、企业、其他单位的正常管理秩序，又损害了公司、企业、其他单位工作人员职务活动的廉洁性。本罪的犯罪对象是财物。本罪的客观方面表现为谋取不正当利益，给予公司、企业、其他单位的工作人员以财物，数额较大的行为。所谓"给予"是指单方面主动给予，也包括在受到公司、企业、其他单位人员明示或暗示之后的给予。同时，给予公司、企业、其他单位的工作人员的财物必须数额较大。根据《追诉标准》第9条的规定，个人行贿数额在1万元以上，单位行贿数额在20万元以上的，应予追诉。本罪的主体是一般主体，既包括自然人，也包括单位。本罪在主观方面只能出于故意，并且必须具有谋取不正当利益的特定目的。所谓"不正当利益"是指行为人通过正当途径和程序无法获得的利益，至于行为人实际上是否已经获得了不正当利益，并不影响本罪的成立。

根据《刑法》第164条的规定，犯本罪的，处3年以下有期徒刑或者拘役；数额巨大的，处3年以上10年以下有期徒刑，并处罚金。单位犯本罪的，

---

① 其中国有公司、企业委派到国有控股、参股公司从事公务的人员，以国有公司、企业人员论。参见2005年最高人民法院《关于如何认定国有控股、参股股份有限公司中的国有公司、企业人员的解释》。

对单位判处罚金，并对直接负责的主管人员和其他直接责任人员，依照上述规定处罚。如果行贿人在被追诉前主动交代行贿行为的，可以减轻处罚或者免除处罚。

十、非法经营同类营业罪

非法经营同类营业罪，是指国有公司、企业的董事、经理利用职务便利，自己经营或者为他人经营与其所任职公司、企业同类的营业，获取非法利益，数额巨大的行为。本罪的客体是国家对国有公司、企业的管理秩序。国有公司、企业的董事、经理，应当忠实履行职务，维护该公司、企业的合法权益，如果允许其利用职务之便，自己经营或者为他人经营与其所任职公司、企业同类的营业，这势必会损害国有公司、企业的利益。本罪在客观方面表现为行为人利用自己的职务便利，自己经营或者为他人经营与其所任职公司、企业同类的营业，获取非法利益，数额巨大的行为，因此，本罪的行为方式包括自己经营和行为人为他人经营两种。根据《追诉标准》第 10 条的规定，获取 10 万元以上非法利益的，应予追诉。本罪的主体为特殊主体，只能是国有公司、企业的董事、经理。本罪的主观方面只能是故意，并且行为人具有获取非法利益的目的。

根据《刑法》第 165 条的规定，犯本罪的，处 3 年以下有期徒刑或者拘役，并处或者单处罚金；数额特别巨大的，处 3 年以上 7 年以下有期徒刑，并处罚金。

十一、为亲友非法牟利罪

为亲友非法牟利罪，是指国有公司、企业、事业单位的工作人员，利用职务便利，损公肥私，将本单位的盈利业务交由自己的亲友经营的，或者以明显高于市场的价格向自己的亲友经营管理的单位采购商品或者以明显低于市场的价格向自己的亲友经营管理的单位销售商品的，或者向自己的亲友经营管理的单位采购不合格商品，致使国家利益遭受重大损失的行为。本罪的客体是国有公司、企业、事业单位的正常管理活动、合法利益，以及国有公司、企业、事业单位工作人员的职务廉洁性。本罪在客观方面具体表现为：（1）必须利用职务上的便利，即利用自己主管、管理、经营、经手公司、企业业务的便利。（2）必须实施了为亲友牟利的行为，具体表现为以下几种：一是将本单位的盈利业务交由自己的亲友进行经营；二是以明显高于市场的价格向自己亲友经营管理的单位采购商品，或者以明显低于市场的价格向自己的亲友经营管理的单位销售商品；三是向自己的亲友经营管理的单位采购不合格的商品。行为人可能只实施三种行为中的一种，也可能同时实施这三种行为，但都只成立本罪一罪。(3)“以明显高于市场的价格或者以明显低于市场的价格”，是指这种价格高出或者低出市场价很多，如果只是稍微高出或者低出就不构成本罪。(4) 致使国家利益遭受重大损失。根据《追诉标准》第11条的规定，“重大损失”是指：造成国家直接经济损失额在10万元以上；或者致使有关单位停产、破产；或者造成恶劣影响的。本罪的主体是特殊主体，只能是国有公司、企业、事业单位的工作人员，其他性质的公司、企业、事业单位的工作人员均不能成为本罪的主体。“工作人员”应该是指在这些公司、企业、事业单位中工作的公务人员，而不包括劳务人员。本罪在主观方面只能是故意，过失不构成本罪。

根据《刑法》第166条的规定，犯本罪的，处3年以下有期徒刑或者拘役，并处或者单处罚金；致使国家利益遭受特别重大损失的，处3年以上7年以下有期徒刑，并处罚金。

十二、签订、履行合同失职被骗罪

签订、履行合同失职被骗罪，是指国有公司、企业、事业单位直接负责的主管人员，在签订、履行合同过程中，因严重不负责任被诈骗，致使国家利益遭受重大损失的行为。本罪的客体是国家对国有公司、企业、事业单位的经济贸易活动的管理秩序。本罪在客观方面表现为行为人在签订、履行合同过程中，因严重不负责任被诈骗，致使国家利益遭受重大损失的行为。同时，根据1998年全国人民代表大会常务委员会《关于惩治骗购外汇、逃汇和非法买卖外汇犯罪的决定》第7条的规定，金融机构、从事对外贸易经营活动的公司、企业的工作人员严重不负责任，造成大量外汇被骗购或者逃汇，致使国家利益遭受重大损失的，依照本罪定罪处罚。根据《追诉标准》第12条的规定，所谓“重大损失”是指：造成国家直接经济损失数额在50万元以上的，或者直接经济损失占注册资本30%以上的；或者金融机构、从事对外贸易经营活动的公司、企业的工作人员，严重不负责任，造成国家外汇被骗购或者逃汇，数额在100万美元以上的。本罪是结果犯，要求行为必须事实上造成了国家利益的重大损失。本罪的主体是特殊主体，包括国有公司、企业、事业单位直接负责的主管人员以及金融机构、从事对外贸易经营活动的公司、企业中的工作人员。本罪主观方面只能是过失，包括疏忽大意的过失和过于自信的过失。

根据《刑法》第167条的规定，犯本罪的，处3年以下有期徒刑或者拘役；致使国家利益遭受特别重大损失的，处 3 年以上 7 年以下有期徒刑。

十三、国有公司、企业、事业单位人员失职罪

国有公司、企业、事业单位人员失职罪，是指国有公司、企业、事业单位的工作人员，由于严重不负责任，造成国有公司、企业、事业单位破产、严重损失，致使国家利益遭受重大损失的行为。本罪的客体是国家对国有公司、企业、事业单位的管理秩序。本罪在客观方面表现为行为人严重不负责任，造成国有公司、企业、事业单位破产、严重损失，致使国家利益遭受重大损失的行为。根据 2000 年最高人民法院《关于审理扰乱电信市场管理秩序案件具体应用法律若干问题的解释》第 6 条的规定，国有电信企业的员工，由于严重不负责任，造成国有电信企业破产或者严重损失的，依照本罪定罪处罚。根据 2003 年最高人民法院、最高人民检察院《关于办理妨害预防、控制突发传染病疫情等灾害的刑事案件具体应用法律若干问题的解释》的规定，国有公司、企业、事业单位的工作人员，在预防、控制突发传染病疫情等灾害的工作中，由于严重不负责任，造成国有公司、企业破产或者严重损失的，依照本罪定罪处罚。根据《追诉标准》第 13 条的规定，所谓“重大损失”是指：造成国家直接经济损失数额在 50 万元以上；或者致使国有公司、企业、事业单位停产或者破产；或者造成恶劣影响的。本罪的主体是特殊主体，即国有公司、企业、事业单位的工作人员。本罪的主观方面只能是过失，包括疏忽大意的过失和过于自信的过失。

根据《刑法》第 168 条的规定，犯本罪的，处 3 年以下有期徒刑或者拘役；致使国家遭受特别重大损失的，处 3 年以上 7 年以下有期徒刑。国有公司、企业、事业单位的工作人员，徇私舞弊犯本罪的，从重处罚。

十四、国有公司、企业、事业单位人员滥用职权罪

国有公司、企业、事业人员滥用职权罪，是指国有公司、企业、事业单位的工作人员滥用职权，造成国有公司、企业、事业单位破产、严重亏损，致使国家利益遭受重大损失的行为。本罪的客体是国家对国有公司、企业、事业单位的管理秩序。本罪在客观方面表现为行为人滥用职权，造成国有公司、企业、事业单位破产、严重亏损，致使国家利益遭受重大损失的行为。本罪是结果犯，要求行为已经造成了国有公司、企业、事业单位破产、严重亏损，或者国家利益遭受重大损失。根据 2000 年最高人民法院《关于审理扰乱电信市场

管理秩序案件具体应用法律若干问题的解释》第 6 条的规定：国有电信企业的员工，由于滥用职权，造成国有电信企业破产或者严重损失的，依照本罪定罪处罚。根据 2003 年最高人民法院、最高人民检察院《关于办理妨害预防、控制突发传染病疫情等灾害的刑事案件具体应用法律若干问题的解释》的规定：国有公司、企业、事业单位的工作人员，在预防、控制突发传染病疫情等灾害的工作中，由于滥用职权，造成国有公司、企业破产或者严重损失的，依照本罪定罪处罚。根据《追诉标准》第 14 条的规定，所谓“重大损失”是指：造成国家直接经济损失数额在 30 万元以上；或者致使国有公司、企业、事业单位停产或者破产；或者造成恶劣影响的。本罪的主体是特殊主体，即国有公司、企业、事业单位的工作人员。本罪的主观方面只能是故意，即行为人明知自己滥用职权的行为会造成国家利益的重大损失，却仍然实施该行为。

根据《刑法》第 168 条的规定，犯本罪的，处 3 年以下有期徒刑或者拘役；致使国家遭受特别重大损失的，处 3 年以上 7 年以下有期徒刑。国有公司、企业、事业单位的工作人员，徇私舞弊犯本罪的，从重处罚。

十五、徇私舞弊低价折股、出售国有资产罪

徇私舞弊低价折股、出售国有资产罪，是指国有公司、企业或者其上级主管部门直接负责的主管人员，徇私舞弊，将国有资产低价折股或者低价出售，致使国家利益遭受重大损失的行为。本罪的客体是国家对国有公司、企业的管理秩序以及国家对国有资产的所有权。本罪的犯罪对象是国有资产。本罪的客观方面表现为行为人徇私舞弊，将国有资产低价折股或者低价出售，致使国家利益遭受重大损失的行为。所谓“低价折股”是指在股份制改造中，将国有公司、企业的动产、不动产、工业产权、专利技术等压价折合为出资股份；所谓“低价出售”是指以低于国有资产的实际价值将其卖出。本罪是结果犯。根据《追诉标准》第 15 条的规定，重大损失是指：行为造成国家直接经济损失数额在 35 万元以上的；或者致使国有公司、企业停产或者破产；或者造成恶劣影响的。本罪的主体为国有公司、企业或者其上级主管部门直接负责的主管人员。本罪的主观方面是故意，即明知自己徇私舞弊低价折股、低价出售国有资产的行为会使国家利益遭受重大损失，并且希望这种结果的发生。

根据《刑法》第 169 条的规定，犯本罪的，处 3 年以下有期徒刑或者拘役；致使国家利益遭受特别重大损失的，处 3 年以上 7 年以下有期徒刑。

十六、损害上市公司利益罪

损害上市公司利益罪，是指上市公司的董事、监事、高级管理人员违背对公司的忠实义务，利用职务便利，操纵上市公司从事各种损害上市公司利益的行为，致使上市公司利益遭受重大损失的行为。本罪的客体是国家对上市公司的管理秩序以及上市公司的利益。本罪的客观方面表现为行为人违背对公司的忠实义务，利用职务便利，操纵上市公司从事各种损害上市公司利益的行为，致使上市公司利益遭受重大损失的行为。具体内容为：首先，行为人利用了职务之便，这是指行为人利用自己所任职务而具有的人事权、财产权、管理权等权利所带来的便利。其次，行为人实施了各种损害上市公司利益的行为，根据《刑法修正案（六）》第9条的规定，所谓“各种损害上市公司利益的行为”是指：(1) 无偿向其他单位或者个人提供资金、商品、服务或者其他资产的；(2) 以明显不公平的条件，提供或者接受资金、商品、服务或者其他资产的；(3) 向明显不具有清偿能力的单位或者个人提供资金、商品、服务或者其他资产的；(4) 为明显不具有清偿能力的单位或者个人提供担保，或者无正当理由为其他单位或者个人提供担保；(5) 无正当理由放弃债权、承担债务的；(6) 采用其他方式损害上市公司的利益。最后，行为致使上市公司利益遭受重大损失。本罪是结果犯，构成本罪要求行为已经造成了上市公司利益的重大损失。同时，《刑法修正案（六）》规定：上市公司的控股股东或者实际控制人，指使上市公司的董事、监事、高级管理人员实施上述6种行为的，也按照本罪定罪处罚。本罪的主体是特殊主体，包括上市公司的董事、监事、高级管理人员以及上市公司的控股股东或者实际控制人（单位或自然人）。本罪的主观方面只能是故意，即明知实施以上的6种行为会使上市公司的利益遭受重大损失，并且希望或者放任这种危害结果的发生。

根据《刑法》第169条的规定，犯本罪的，处3年以下有期徒刑或者拘役，并处或者单处罚金；致使上市公司利益遭受重大损失的，处3年以上7年以下有期徒刑，并处罚金。如果犯本罪的是上市公司的控股股东或者实际控制人，并且该控股股东或者实际控制人为单位的，对该单位判处罚金，并且对单位直接负责的主管人员和其他直接责任人员，依照本罪规定处罚。

第五节　破坏金融管理秩序罪

一、伪造货币罪

（一）伪造货币罪的概念和构成

伪造货币罪，是指没有货币发行权的人仿照真货币的外部形状特征，使用各种方法，制造假货币，并意图使之进入流通领域的行为。本罪的构成要件如下：

1. 本罪的客体是国家的货币管理秩序。

2. 本罪的客观方面表现为仿照真货币的外部形状特征，使用一定的方法，制造假货币的行为。如果行为人根本不是制造货币，而是从画册上剪下货币的图案，然后冒充使用，则不构成本罪。根据2000年最高人民法院《关于审理伪造货币等案件具体应用法律若干问题的解释》（以下简称《审理货币案件的解释》）的规定，所谓“货币”是指可在国内市场流通或者兑换的人民币和境外货币。

3. 本罪的主体是一般主体，即年满16周岁具有刑事责任能力的自然人。

4. 本罪的主观方面是故意，即明知自己伪造货币的行为会发生侵犯国家货币管理秩序的危害结果，并且希望这种结果发生。并且行为人具有使伪造的假货币进入流通领域的意图。

（二）伪造货币罪的界限划分

1. 本罪与非罪的界限

区分是否构成本罪，主要从两个方面进行考察：（1）伪造货币的数额或者数量。本罪是一种经济犯罪，而经济犯罪通常又要以一定的数额或者数量为定罪量刑的标准，只有达到一定的数额或者数量才能构成犯罪。根据《审理货币案件的解释》的规定，伪造货币的总面额在2000元以上不满3万元或者币量在200张（枚）以上不足3000张（枚）的，处3年以上10年以下有期徒刑，并处5万元以上50万元以下罚金。这就表明只有伪造货币的数额达到2000元或者200张（枚）才构成犯罪，否则就不构成犯罪。（2）主观意图。成立本罪要求行为人的意图是使假币进入流通领域，如果行为人制造假货币的意图仅仅是出于观赏或收藏，并未具有使其进行流通的意图，那么行为也不构成本罪。

2. 本罪与变造货币罪的界限

本罪与变造货币罪在行为方式上有类似之处，即都是以不合法的手段产生出法律所不认可的货币，并且都意图使其进入流通领域。但是二者也存在明显的区别，区别主要在于：本罪在客观行为上表现为采用各种方式伪造真货币制造假币，制造假币的原料都是假货币原料；而变造货币罪行为的方式是通过修改、拼接、挖补等方式使真货币的面值增加，其基础是真货币。

3. 一罪与数罪的界限

在司法实践中，行为人伪造货币的目的通常是为了在社会上出售或使用，因此伪造货币又持有、使用、运输、出售自己伪造的货币，属于吸收犯，只按伪造货币一罪从重处罚，不能实行数罪并罚。如果行为人既伪造了货币，又持有、使用、运输、出售他人伪造的货币，应按伪造货币罪和有关犯罪实行数罪并罚。

4. 共同犯罪与非共同犯罪的界限

在司法实践中，贩卖假币者可能会直接从制造者手中购买假币。如果贩卖假币的犯罪分子在假币尚未制造出来之前就与制造者通谋，此时应该按伪造货币罪的共同犯罪处理。如果贩卖假币者仅仅是在假币制造好了之后才从制造者那里购买假币，而未参与制造假币的通谋，那么就不构成共同犯罪，对制造者与贩卖者只能分别以伪造货币罪和购买假币罪定罪处罚。

（三）伪造货币罪的刑事责任

根据《刑法》第170条以及《审理货币案件的解释》的规定，犯本罪的，如果伪造货币的总面额在2000元以上不满3万元或者币量在200张（枚）以上不足3000张（枚）的，处3年以上10年以下有期徒刑，并处5万元以上50万元以下罚金；有下列情形之一的，处10年以上有期徒刑、无期徒刑或者死刑，并处5万元以上50万元以下罚金或者没收财产：（1）伪造货币集团的首要分子；（2）伪造货币数额特别巨大的；（3）有其他特别严重情节的。其中的首要分子，是指在伪造货币集团中起组织、策划、指挥作用的犯罪人。所谓“伪造货币数额特别巨大”，是指伪造货币的总面额在3万元以上。其中，货币面额应当以人民币计算，其他币种以案发时国家外汇管理机关公布的外汇牌价折算成人民币。

二、出售、购买、运输假币罪

出售、购买、运输假币罪，是指出售、购买伪造的货币或明知是伪造的货币而予以运输，数额较大的行为。本罪的客体是国家对货币的管理秩序。本罪客观方面表现为出售、购买伪造的货币或明知是伪造的货币而予以运输，数额较大的行为。行为的方式包括出售、购买、运输，因此本罪属选择性罪名，实践中根据具体情况选择适用或并合适用。数额较大，是本罪的构成要件之一，根据《审理货币案件的解释》第 3 条的规定，“数额较大”是指总面额在4000元以上不满 5 万元。本罪的主体是一般主体，年满 16 周岁具有刑事责任能力的人均能成为本罪的主体。本罪的主观方面是故意，即明知是假币而仍然出售、购买或运输。

根据《刑法》第 171 条第 1 款的规定，犯本罪的，处 3 年以下有期徒刑或者拘役，并处 2 万元以上 20 万元以下罚金；数额巨大的，处 3 年以上 10 年以下有期徒刑，并处 5 万元以上 50 万元以下罚金；数额特别巨大的，处 10 年以上有期徒刑或者无期徒刑，并处 5 万元以上 50 万元以下罚金或者没收财产。根据《审理货币案件的解释》，“数额巨大”是指总面额在 5 万元以上不满 20 万元；“数额特别巨大”是指总面额在 20 万元以上。行为人伪造货币并且出售、购买或者运输，按本罪定罪从重处罚。行为人购买假币后使用，构成犯罪的，依照本罪定罪从重处罚。

三、金融工作人员购买假币、以假币换取货币罪

金融工作人员购买假币、以假币换取货币罪，是指银行或者其他金融机构的工作人员购买伪造的货币，或者利用职务上的便利，以伪造的货币换取货币的行为。本罪的客体是国家对货币的管理秩序。本罪在客观方面的行为方式有两种，即购买假币和以假币换取货币的行为，购买与换取假币这两种行为通常是密切联系的，但刑法并不要求两种行为同时实施，同时实施这两种行为的，也以一罪论处。因此本罪也属于选择性罪名，司法实践中根据具体情况选择适用或者并合适用。本罪的主体是特殊主体，即银行或者其他金融机构的工作人员，至于金融机构的所有制性质，在所不问。本罪的主观方面只能是故意，即明知是假币而购买，或者明知是假币，而将其换成货币。

根据《刑法》第 171 条第 2 款以及《审理货币案件的解释》的规定，犯本罪，总面额在 4000 元以上不满 5 万元或者币量在 400 张（枚）以上不足 5000 张（枚）的，处 3 年以上 10 年以下有期徒刑，并处 2 万元以上 20 万元以下罚金；数额巨大或者有其他严重情节，即总面额在 5 万元以上或者币量在 5000 张（枚）以上或者有其他严重情节的，处 10 年以上有期徒刑或者无期徒刑，并处 2 万元以上 20 万元以下罚金或者没收财产；情节较轻，即总面额不满人民币 4000 元或者币量不足 400 张（枚）或者具有其他情节较轻情形的，处 3 年以下有期徒刑或者拘役，并处或者单处 1 万元以上 10 万元以下罚金。

四、持有、使用假币罪

（一）持有、使用假币罪的概念和构成

持有、使用假币罪，是指明知是伪造的货币而持有、使用，数额较大的行为。本罪的构成要件如下：

1. 本罪的客体是国家对货币的管理秩序。

2. 本罪在客观方面表现为明知是伪造的货币而持有、使用，数额较大的行为。持有，是指将假币置于行为人事实上的支配之下，不要求行为人实际上握有假币，以单纯收藏为目的而持有假币的行为，也属于这里的持有行为。使用，是指在经济交易中将假币作为真货币进行使用，使用方式既可以是以外表合法的方式使用假币，如购买商品或者将假币用于交纳罚金或者罚款等，也可以是以非法的方式使用假币，如将假币用做赌资。本罪是选择性罪名，司法实践中应根据具体案情，选择适用或并合适用。本罪以持有、使用的数额较大的假币为构成犯罪所必需。何为"数额较大"？根据《审理货币案件的解释》第5条的规定，"数额较大"是指总面额在4000元以上不满5万元人民币。

3. 本罪主体只能是年满16周岁具有辨认控制能力的自然人，而不能是单位。

4. 本罪的主观方面是故意，即明知是假币而非法持有或者使用。通常行为人会伴有使假币进行流通的目的，但刑法不以此目的为构成要件，因此，即使行为人仅以单纯收藏为目的而持有假币的行为，也属于持有假币的行为，如果构成犯罪，应以本罪定罪处罚，但是基于行为人单纯收藏的主观恶性较小，在量刑时可从轻处理。

（二）持有、使用假币罪的界限划分

1. 本罪与非罪的界限

判断持有、使用假币的行为是否构成犯罪，主要从两个方面进行：（1）持有、使用假币的数额。按照《审理货币案件的解释》第5条的规定，持有、使用假币的数额只有达到4000元的，才构成本罪，未达到这一数额的，则不构成本罪。（2）主观方面是否故意。本罪是故意犯罪，如果行为人虽然持有、使用了假币，数额也达到了4000元以上，但是行为人根本不知道其持有、使用的是假币，在这种情况下，行为人因为没有持有、使用假币的故意而不构成本罪。

2. 持有假币罪与出售、购买、运输假币罪的界限

在司法实践中，存在出售、购买、运输假币而持有假币的情况，在这种情

况下，行为人的持有行为与出售、购买、运输行为之间成立吸收关系，也就是说持有行为是出售、购买、运输假币的行为的必然结果，因此犯罪人的数个犯罪行为之间具有吸收关系，对此应按照吸收犯的处理原则进行定罪处罚。

3. 使用假币罪与购买假币罪的界限

根据《审理货币案件的解释》第 2 条的规定，行为人购买假币后使用，构成犯罪的，以购买假币罪定罪，从重处罚，不另认定为使用假币罪；但行为人出售、运输假币构成犯罪，同时有使用假币行为的，应当实行数罪并罚。

（三）持有、使用假币罪的刑事责任

根据《刑法》第 172 条的规定，犯本罪的，处 3 年以下有期徒刑或者拘役，并处或者单处 1 万元以上 10 万元以下罚金；数额巨大的，处 3 年以上 10 年以下有期徒刑，并处 2 万元以上 20 万元以下罚金；数额特别巨大的，处 10 年以上有期徒刑，并处 5 万元以上 50 万元以下罚金或者没收财产。根据《审理货币案件的解释》第 5 条的规定，“数额较大”是指总面额在 4000 元以上不满 5 万元；“数额巨大”是指总面额在 5 万元以上不满 20 万元；“数额特别巨大”是指总面额在 20 万元以上。

五、变造货币罪

变造货币罪，是指以进入市场流通为目的，对真的货币采取涂改、拼接、剪贴、挖补、揭层等方法，对货币进行加工改造，使货币面值增大、数量增加，数额较大的行为。本罪的客体是国家对货币的管理秩序。本罪在客观方面表现为对货币进行加工改造，使货币面值增大、数量增加，数额较大的行为。所谓“加工改造”是指通过对真的货币采取涂改、拼接、剪贴、挖补、揭层等方法，使原来的真货币变成新的大面值或者多于原数量的货币的行为。根据《审理货币案件的解释》第 6 条的规定，“数额较大”是指总面额在 2000 元以上不满 3 万元人民币。本罪的主体是一般主体，只能是自然人。本罪的主观方面只能是故意，虽然大多数行为人具有牟利或使用的目的，但刑法不要求以营利目的或者使用目的为构成要件。

根据《刑法》第 173 条的规定，犯本罪的，处 3 年以下有期徒刑或者拘役，并处或者单处 1 万元以上 10 万元以下罚金；数额巨大的，处 3 年以上 10 年以下有期徒刑，并处 2 万元以上 20 万元以下罚金。根据《审理货币案件的解释》第 6 条的规定，“数额巨大”是指总面额在 3 万元以上。

六、擅自设立金融机构罪

擅自设立金融机构罪，是指未经国家有关主管机关批准，擅自设立商业银行、证券交易所、证券公司、期货交易所、期货经纪公司、保险公司或者其他金融机构的行为。本罪的客体是国家对金融机构的管理秩序。本罪在客观方面表现为未经国家有关主管机关批准，擅自设立商业银行、证券交易所、证券公司、期货交易所、期货经纪公司、保险公司或者其他金融机构的行为。所谓“未经批准”，是指既可能是没有依法提出设立金融机构的申请便自行设立金融机构，也可能是虽然依法提出申请但在没有获得《经营金融业务许可证》时便自行设立金融机构。本罪的主体是一般主体，包括自然人和单位。本罪在主观方面是故意，即明知未经国家有关主管机关批准，而仍然设立商业银行、证券交易所、证券公司、期货交易所、期货经纪公司、保险公司或者其他金融机构。

根据《刑法》第174条第1款与第3款的规定，犯本罪的，处3年以下有期徒刑或者拘役，并处或者单处2万元以上20万元以下罚金；情节严重的，处3年以上10年以下有期徒刑，并处5万元以上50万元以下罚金。单位犯本罪的，对单位判处罚金，并对其直接负责的主管人员和其他直接责任人员，依照上述规定处罚。

七、伪造、变造、转让金融机构经营许可证、批准文件罪

伪造、变造、转让金融机构经营许可证、批准文件罪，是指违反国家金融管理秩序，伪造、变造、转让商业银行、证券交易所、期货交易所、证券公司、期货经纪公司、保险公司或者其他金融机构经营许可证或者批准文件的行为。本罪的客体是国家对金融的管理秩序。本罪在客观方面表现为违反国家金融管理制度，伪造、变造、转让商业银行、证券交易所、期货交易所、证券公司、期货经纪公司、保险公司或者其他金融机构经营许可证或者批准文件的行为。本罪是选择性罪名，应根据案件具体情况，进行选择适用或并合适用。“伪造”是指采用各种方法制造假的金融机构经营许可证或者批准文件。“变造”是指以真实的金融机构经营许可证或者批准文件为基础，对其进行涂改或者加工。“转让”是指将金融机构经营许可证或者批准文件有偿或者无偿转让给他人。本罪的主体是一般主体，年满16周岁具有刑事责任能力的自然人和单位均可以构成本罪主体。本罪的主观方面只能是故意，即明知伪造、变造、转让金融机构经营许可证、批准文件违反了国家的金融管理秩序，而仍然

实施此种行为。

根据《刑法》第 174 条的规定，犯本罪的，处 3 年以下有期徒刑或者拘役，并处或者单处 2 万元以上 20 万元以下罚金；情节严重的，处 3 年以上 10 年以下有期徒刑，并处 5 万元以上 50 万元以下罚金。单位犯本罪的，对单位判处罚金，并对其直接负责的主管人员和其他直接责任人员，依照上述规定处罚。

八、高利转贷罪

（一）高利转贷罪的概念和构成

高利转贷罪，是指以转贷牟利为目的，套取金融机构信贷资金高利转贷他人，违法所得数额较大的行为。本罪的构成要件如下：

1. 本罪的客体是国家的信贷资金管理秩序。犯罪对象是信贷资金，即金融机构用于发放贷款的资金。

2. 本罪的客观方面表现为套取金融机构信贷资金高利转贷他人，违法所得数额较大的行为。所谓“套取”是指以用于借贷牟取非法收入为目的而取得金融机构贷款的行为。所谓“高利转贷他人”是指从金融机构套取信贷资金后，再以更高的利率借贷给其他人或者单位。所谓“信贷资金”是指银行用于发放贷款的资金，既包括担保贷款，也包括信用贷款。本罪在客观上还要求违法数额较大。所谓“违法数额”，是指扣除金融机构贷款的本息之外的所得。根据《追诉标准》第 23 条的规定，“违法数额较大”具体是指：（1）个人高利转贷，违法所得数额在 5 万元以上的；（2）单位高利转贷，违法所得数额在 10 万元以上的。虽未达到上述数额标准，但因高利转贷，受过行政处罚 2 次以上，又高利转贷的，也应追诉。

3. 本罪的主体是一般主体，凡年满 16 周岁具有刑事责任能力的自然人和任何单位均可成为本罪主体。

4. 本罪的主观方面只能是直接故意，即明知自己转贷牟利的行为会破坏国家的信贷资金管理秩序，而仍然实施该行为。同时行为人还必须具有转贷牟利的目的。

（二）高利转贷罪的界限划分

1. 本罪与非罪的界限

判断行为人套取金融机构信贷资金后又高利转贷他人的行为是否构成本罪，主要从以下三个方面入手：（1）行为人的主观目的。如上面主观方面构成要件所述，主观目的也是本罪的构成要件，行为人必须具有转贷牟利的目的，才可能构成本罪，否则，如果行为人套取金融机构信贷资金后又高利转贷他人的行为不是出于转贷牟利的目的，而是其他目的，则不构成本罪。（2）违法所得数额及是否受过行政处罚。本罪的构成，如果是个人高利转贷，以违法所得数额5万元以上为构成犯罪的标准；单位高利转贷的，以违法所得数额10万元以上为构成犯罪的标准。在未达到上述数额标准时，因高利转贷，受过行政处罚2次以上，又高利转贷的，也构成犯罪。（3）转贷的利率。本罪在客观方面表现为高利转贷，因此，行为人获取贷款后又转贷给他人的利率要高于从金融机构贷款的利率很多，否则，如果只是稍微高于行为人从金融机构贷款的利率，一般不构成犯罪。

2. 本罪与贷款诈骗罪的界限

区分二者的关键在于行为人的主观目的。如果行为人从金融机构套取信贷资金后又高利放贷给他人，其主观目的是占有，压根就没有想到要归还金融机构的贷款，其行为构成贷款诈骗罪，按照贷款诈骗罪定罪处罚。如果行为人从金融机构套取信贷资金后又高利放贷给他人只是转贷牟利，并且具有归还金融机构信贷资金的意图，则应按照本罪定罪处罚。

3. 本罪既遂与未遂的界限

本罪要求行为人转贷牟利的违法所得数额必须已经达到一定的标准，才能构成既遂。但是不排除在司法实践中，一些行为人将从金融机构套取的信贷资金以高利率转贷给他人，从应然的角度讲，行为人应该会获得数额较大的违法所得，但是在实际情况下，可能转贷资金的接收人还没有向转贷人偿还本息，即转贷人实际上没有获得数额较大的违法所得，此时转贷人就已经被有关机关发现，这种情况就构成本罪的未遂犯，按照本罪的未遂处理。

4. 正确认定变相转贷行为的性质

本罪在客观方面要求行为人必须是将从金融机构套取的信贷资金又转贷给了他人，但在有些案件中，从表面上看，行为人的确是将从金融机构套取的信贷资金用于自己正当的生产、生活，而没有高利转贷给他人，但是在将信贷资金用于自己正当的生产、生活的同时，却将不是向金融机构贷款的自有资金高利转贷给他人，从而获得较大数额的收益。在这种情况下，行为人所转贷的资金并非来源于金融机构的贷款，此行为是否构成犯罪？还有一种情况就是，行为人将从金融机构的贷款高利借贷给和自己具有合资经营关系的企业，但是实际上行为人与该企业只具有合资经营的名义，并没有参与合资合作经营，在这种情况下，行为是否构成本罪？我们认为，以上两种情况，实际上都是以表面的合法形式掩盖非法目的，如果获利较大，其行为均构成本罪，应按照本罪定罪处罚。

（三）高利转贷罪的刑事责任

根据《刑法》第175条的规定，犯本罪的，处3年以下有期徒刑或者拘役，并处违法所得1倍以上5倍以下罚金；数额巨大的，处3年以上7年以下有期徒刑，并处违法所得1倍以上5倍以下罚金。数额巨大的标准还有待司法解释确定。单位犯本罪的，对单位判处罚金，并对其直接负责的主管人员和其他直接责任人员，处3年以下有期徒刑或者拘役。

九、骗取贷款、票据承兑、金融票证罪

骗取贷款、票据承兑、金融票证罪，是《刑法修正案（六）》新增加的一个罪，是指以欺骗手段取得银行或者其他金融机构的贷款、票据承兑、信用证、保函等，给银行或者其他金融机构造成重大损失或者有其他严重情节的行为。本罪的客体是国家对金融机构的管理秩序。本罪在客观方面表现为以欺骗手段取得银行或者其他金融机构的贷款、票据承兑、信用证、保函等，给银行或者其他金融机构造成重大损失或者有其他严重情节的行为。具体内容包括：(1) 行为人采取了欺骗手段。所谓欺骗手段是指行为人使用了虚假的证明、批准文件，使得银行或者其他金融机构对此信以为真，进而导致银行或者其他金融机构向其提供了贷款、票据承兑、信用证、保函等。(2) 所谓“银行”包括各种所有制性质的银行。所谓“其他金融机构”是指证券交易所、期货交易所、证券公司、期货经纪公司、保险公司等。(3) 欺骗行为给银行或者其他金融机构造成重大损失或者有其他严重情节。只有行为对银行或者其他金融机构造成了重大损失，或者行为的情节严重，才可能构成本罪。何谓“重大损失”、“情节严重”有待于司法解释予以确定。本罪的主体是一般主体，年满16周岁的自然人和任何单位均可构成本罪的主体。本罪的主观方面是故意。

根据《刑法》第175条之一（《刑法修正案（六）》第10条）的规定，犯本罪的，处3年以下有期徒刑或者拘役，并处或者单处罚金；给银行或者其他金融机构造成特别重大损失或者有其他特别严重情节的，处3年以上7年以下有期徒刑，并处罚金。单位犯本罪的，对单位判处罚金，并对其直接负责的主管人员和其他直接责任人员，依照上述规定处罚。

十、非法吸收公众存款罪

（一）非法吸收公众存款罪的概念和构成

非法吸收公众存款罪，是指违反国家金融管理法规，非法吸收公众存款或

者变相吸收公众存款，扰乱金融秩序的行为。本罪的构成要件如下：

1. 本罪的客体是国家关于吸收公众存款的管理秩序。犯罪对象是公众存款。

2. 本罪的客观方面表现为违反国家金融管理法规，非法吸收公众存款或者变相吸收公众存款，扰乱金融秩序的行为。本罪在客观方面的行为方式主要有两种：非法吸收公众存款和变相吸收公众存款。根据国务院1998年《非法金融机构和非法金融业务活动取缔办法》第4条的规定，所谓“非法吸收公众存款”，是指未经中国人民银行批准，向社会不特定对象吸收资金，出具凭证，承诺在一定期限内还本付息的活动。所谓“变相吸收公众存款”，是指未经中国人民银行批准，不以吸收公众存款的名义，向社会不特定对象吸收资金，但承诺履行的义务与吸收公众存款性质相同的活动。所谓“公众存款”，是指社会上不特定的人群的储蓄，如果存款人是特定的少数人，不构成本罪。同时，只有非法吸收公众存款或者变相吸收公众存款的行为在客观上扰乱了金融秩序才构成本罪。

3. 本罪的主体是一般主体，既可以是已满16周岁、具有辨认控制能力的自然人，也可以是单位。但是当主体是单位时，该单位的性质有否限制？大多数学者认为该单位既可以是一般的单位，也可以是银行和其他金融机构。但也有学者认为单位主体仅限于非金融单位和不具有办理存款资格的金融机构。我们认为，一般单位（即非金融单位）可以构成本罪的主体。同时，由于金融单位包括不具有办理存款资格的金融单位和具有办理存款资格的金融单位，对于不具有办理存款资格的金融单位来说，其吸收公众存款的行为应该构成本罪，因为其没有获得有关机关的吸收存款批准，行为的性质和一般单位相同；对于具有办理存款资格的金融单位来说，如果其超过相关机关批准的范围而吸收公众存款，那么对于超出其合法吸收公众存款范围之外的吸收公众存款行为而言，就可能构成本罪。

4. 本罪的主观方面只能是故意，即明知不具有吸收存款的资格或者吸收存款的方式、内容不合法，明知非法吸收或者变相吸收公众存款的行为会发生扰乱金融秩序的结果，并且希望或者放任这种结果发生。

（二）非法吸收公众存款罪的界限划分

1. 本罪与非罪的界限

判断行为人非法吸收公众存款或者变相吸收公众存款的行为是否构成犯罪，主要从两个方面进行：一是存款者的数量。本罪要求必须是向不特定的公众吸收存款，这就说明只有吸收不特定的多数人的存款，才构成犯罪；如果行为人只吸收特定少数人的存款，那么其行为不构成本罪。二是非法吸收公众存款的数额和户数。具体来讲，行为人吸收公众存款的行为具有下列情形之一的，构成犯罪：（1）个人非法吸收或者变相吸收公众存款20万元以上的，单位非法吸收或者变相吸收公众存款100万元以上的；（2）个人非法吸收或者变相吸收公众存款30户以上的，单位非法吸收或者变相吸收公众存款150户以上的；（3）个人非法吸收或者变相吸收公众存款给存款人造成损失10万元以上的，单位非法吸收或者变相吸收公众存款给存款人造成损失50万元以上的，或者造成其他严重后果的。①

2. 本罪与集资诈骗罪的区别

二者在客观方面有相同的地方，即二者都包括向不特定的公众吸收大量资金的内容，但二者的区别也很明显。区别二者的关键在于行为人的主观方面不同，对于本罪而言，行为人吸收公众存款后，承诺在一定期限内还本付息，具有归还存款人本金和利息的主观意图；但是对于集资诈骗罪而言，行为人吸收公众的资金后，根本就没有归还公众资金的意图，其在主观方面是以非法占有为目的的。

3. 一罪与数罪的界限

在司法实践中，存在着行为人擅自设立金融机构后，又非法吸收公众存款，或者非法吸收公众存款后，又擅自设立金融机构的情况，对于这种情况，应按照擅自设立金融机构罪和非法吸收公众存款罪实行数罪并罚。

（三）非法吸收公众存款罪的刑事责任

根据《刑法》第176条的规定，犯本罪的，处3年以下有期徒刑或者拘役，并处或者单处2万元以上20万元以下罚金；数额巨大或者有其他严重情节的，处3年以上10年以下有期徒刑，并处5万元以上50万元以下罚金。单位犯本罪的，对单位判处罚金，并对其直接负责的主管人员和其他直接责任人员依照上述规定处罚。根据司法实践，个人非法吸收或者变相吸收公众存款100万元以上，单位非法吸收或者变相吸收公众存款500万元以上的，可以认定为“数额巨大”。

十一、伪造、变造金融票证罪

伪造、变造金融票证罪，是指采取各种方法制造假金融票证或篡改、变动

① 参见2001年最高人民检察院、公安部《关于经济犯罪案件追诉标准的规定》第24条的规定。

真实金融票证的行为。本罪的客体是国家对金融票证的管理秩序。犯罪对象是各种金融票证，所谓“金融票证”包括汇票、本票、支票、收款凭证、汇款凭证、银行存单等银行结算凭证、信用证、信用卡等。本罪在客观方面表现为采取各种方法制造假金融票证或篡改、变动真实金融票证的行为。所谓“伪造”是指没有金融票证制作权的人，假冒他人的名义，擅自制造外观上足以使一般人误认为是真实金融票证的假金融票证，或者具有金融票证制作权的人，超越其制作权限，违背事实制造内容虚假的金融票证。所谓“篡改、变动”是指无权更改金融票证的人，对真实的金融票证进行改动，如对金融票证的有效期、经营范围、经营资本等进行改动。具体来说，本罪在客观方面表现为以下几种形式：（1）伪造、变造汇票、本票、支票。所谓汇票，是指出票人签发的，委托付款人在见票时或者在指定日期无条件支付确定的金额给收款人或者持票人的票据。所谓本票，是指由出票人签发的，承诺自己在见票时无条件支付确定的金额给收款人或者持票人的票据。所谓支票，是指由出票人签发的，委托办理支票存款业务的银行或者其他金融机构在见票时无条件支付确定的金额给收款人或者持票人的票据。（2）伪造、变造委托收款凭证、汇款凭证、银行存单等其他银行结算凭证。所谓银行结算凭证，是指办理银行结算的凭据和证明。所谓委托收款凭证，是指收款人在委托银行向付款人收取款项时，所填写和提供的凭据和证明。所谓汇款凭证，是指汇款人委托银行将款项汇给外地收款人时，所填写的凭据和证明。所谓银行存单，是指储户向银行交存款项、办理开户时，银行向储户签发的载有户名、账号、存款金额、存期、存入日、到期日、利率等内容，存款到期后银行绝对付款的信用、结算凭证。（3）伪造、变造信用证或者随附的单据、文件。所谓信用证，是指银行根据开证申请人的请求，开给受益人的一种在具备约定的条件后，即可得到开证银行或支付银行支取约定金额的一种保证付款的凭证。（4）伪造信用卡。信用卡，是指由银行签发、供用户日常消费使用的一种支付现金的信用凭证。以上伪造、变造金融票证的行为，可以单独进行，也可以结合实施，但只要具备其中的一种行为，即构成犯罪；如果同时实施了上述两种行为，应当从重处罚，不可实行数罪并罚。本罪是选择性罪名，司法实践中应根据具体案情，选择适用或并合适用。根据《追诉标准》第 24 条的规定，伪造、变造金融票证，面额在 1 万元以上或者数量在 10 张以上的，应予追诉。本罪的主体是一般主体，既可以是已满 16 周岁具有辨认控制能力的自然人，也可以是单位。本罪主观方面只能是故意，即明知自己伪造、变造金融票证的行为会发生破坏金融秩序的结果，并且希望或者放任这种结果的发生。

根据《刑法》第177条的规定，犯本罪的，处5年以下有期徒刑或者拘役，并处或者单处2万元以上20万元以下罚金；情节严重的，处5年以上10年以下有期徒刑，并处5万元以上50万元以下罚金；情节特别严重的，处10年以上有期徒刑或者无期徒刑，并处5万元以上50万元以下罚金或者没收财产。单位犯本罪的，对单位判处罚金，并对其直接负责的主管人员和其他直接责任人员，依照上述规定处罚。

十二、妨害信用卡管理罪

妨害信用卡管理罪，是指行为人违反国家的信用卡管理制度，使用各种方法，妨害信用卡管理的行为。本罪的客体是国家的信用卡管理秩序。本罪的客观方面表现为使用各种方法，妨害信用卡管理的行为。根据《刑法》第177条的规定，所谓“各种方法”主要是指：（1）明知是伪造的信用卡而持有、运输，或者明知是伪造的空白信用卡而持有、运输，数量较大；（2）非法持有他人信用卡，数量较大；（3）使用虚假的身份证明骗取信用卡；（4）出售、购买、为他人提供伪造的信用卡或者以虚假的身份证明骗领信用卡；（5）窃取、收买或者非法提供他人信用卡信息资料的行为。① 以上的客观行为方式中所说的“数量较大”的具体标准为何，还有待于司法解释的进一步明确。本罪的主体是一般主体，年满16周岁具有刑事责任能力的自然人均可成为本罪主体。本罪的主观方面是故意，即行为人明知其行为违反国家的信用卡管理秩序，妨害了信用卡的管理，而仍然实施该行为。一般来说，行为人实施本罪客观方面行为时都具有牟利的目的，但牟利目的不是刑法所要求的构成本罪的必备主观要件。

根据《刑法》第177条（《刑法修正案（五）》）的规定，犯本罪的，处3年以下有期徒刑或者拘役，并处或者单处1万元以上10万元以下罚金；数量巨大或者有其他严重情节的，处3年以上10年以下有期徒刑，并处2万元以上20万元以下罚金。根据《刑法修正案（五）》第1条第3款的规定，银行或者其他金融机构的工作人员利用职务上的便利，窃取、收买或者非法提供他人信用卡信息资料的，按照上述规定从重处罚。

---

① 这是《刑法修正案（五）》新增加的一个行为，也有人将本行为认定为是一个单独的个罪，即窃取、收买、非法提供信用卡信息罪。

十三、窃取、收买、非法提供信用卡信息罪

窃取、收买、非法提供信用卡信息罪，是指行为人秘密窃取、有偿收买或者非法提供他人信用卡信息资料的行为。本罪的客体是国家对信用卡资料的管理秩序。本罪的客观方面表现为窃取、收买、非法提供他人信用卡资料的行为。窃取，是指采用秘密的方法取得他人信用卡资料；收买，是指用金钱、物品、美色等换取掌握他人信用卡信息的人提供他人的信用卡信息；非法提供，是指违反规定，将自己合法掌握的他人的信用卡信息提供给第三者。本罪的主体是一般主体，年满16周岁具有刑事责任能力的人均能成为本罪的主体。本罪的主观方面是故意，即明知是他人的信用卡信息资料而窃取、收买、非法提供。

根据《刑法》第177条之一第2款和第3款的规定，犯本罪的，处3年以下有期徒刑或者拘役，并处或者单处1万元以上10万元以下罚金；数量巨大的或者有其他严重情节的，处3年以上10年以下有期徒刑，并处2万元以上20万元以下罚金。银行或者其他金融机构的工作人员利用职务上的便利，犯本罪的，从重处罚。

十四、伪造、变造国家有价证券罪

伪造、变造国家有价证券罪，是指以使用或者流通为目的，伪造、变造国库券或者国家发行的其他有价证券，数额较大的行为。本罪的客体是国家对有价证券的管理秩序。本罪在客观方面表现为伪造、变造国库券或者国家发行的其他有价证券，数额较大的行为。所谓“伪造”，是指模仿真实的国家有价证券的样式、特征、颜色以印刷、绘制、复印等方法制造假的国家有价证券的行为。所谓“变造，是指以真实的国家有价证券为基础原料，通过对其进行剪接、粘贴、挖补等方式对有价证券的面额、发行期限、发行单位等进行改动的行为。所谓“有价证券”，是指具有一定货币票面价值，代表一定的财产所有权，并借以取得一定的收益，而且被作为金融工具的一种凭证，包括国库券和其他债券。国库券是国家为解决财政资金、建设资金的不足，由国家发行并由国家财政负责偿还其本息的一种有价证券；国家发行的其他债券，是指特种国债、特种国债券、保值公债券、财政债券、国家投资债券、国家建设债券、国家重点建设债券，等等。本罪的构成还要求伪造、变造的有价证券必须达到“数额较大”的标准，根据《追诉标准》第26条的规定，“数额较大”是指总面额在2000元以上。本罪的主体是一般主体，年满16周岁具有刑事责任能力

的自然人和任何单位均可成为本罪主体。本罪的主观方面是故意，即明知伪造、变造国家有价证券会破坏国家的有价证券管理秩序，而仍然实施该行为，并且行为人伴有使伪造、变造的国家有价证券进入市场流通的目的。

根据《刑法》第178条第1款的规定，犯本罪的，处3年以下有期徒刑或者拘役，并处或者单处2万元以上20万元以下罚金；数额巨大的，处3年以上10年以下有期徒刑，并处5万元以上50万元以下罚金；数额特别巨大的，处10年以上有期徒刑或者无期徒刑，并处5万元以上50万元以下罚金或者没收财产。根据《刑法》第178条第3款的规定，单位犯本罪的，对单位判处罚金，并对其直接负责的主管人员和其他直接责任人员，依照上述规定处罚。

十五、伪造、变造股票、公司、企业债券罪

伪造、变造股票、公司、企业债券罪，是指以使用或者流通为目的，伪造、变造股票或者公司、企业债券，数额较大的行为。本罪的客体是国家对股票、公司、企业债券的管理秩序。本罪在客观方面表现为伪造、变造股票或者公司、企业债券，数额较大的行为。具体内容包括：（1）实施了伪造或者变造股票、公司或企业债券的行为。所谓"伪造"，是指模仿真实的股票或公司、企业债券的样式、特征、颜色以印刷、绘制、复印等方法制造假的股票或公司、企业债券的行为。所谓"变造"，是指以真实的股票或公司、企业债券为基础原料，通过对其进行剪接、粘贴、挖补等方式对股票或公司、企业债券的面额、发行期限、发行单位等进行改动，从而使股票或公司或企业债券面值增大的行为。所谓"股票"，是指股份公司为筹集资金公开发行的证明股东在公司中拥有一定权益的有价证券。所谓"公司、企业债券"，是指公司、企业发行的，保证按规定时间向债券持有人（债权人）偿还本金和支付利息的凭证。（2）数额较大，这也是本罪在客观方面的构成要件之一。根据《追诉标准》第27条的规定，"数额较大"是指总面额在5000元以上。本罪的主体是一般主体，年满16周岁具有刑事责任能力的自然人和任何单位均可构成。本罪的主观方面是故意，即明知是伪造、变造股票或者公司、企业债券的行为而仍然予以实施。同时，行为人都具有使用伪造、变造的股票或公司、企业债券或者使其进入流通领域的目的。

根据《刑法》第178条第2款的规定，犯本罪的，处3年以下有期徒刑或者拘役，并处或者单处1万元以上10万元以下罚金；数额巨大的，处3年以上10年以下有期徒刑，并处2万元以上20万元以下罚金。根据《刑法》第178条第3款的规定，单位犯本罪的，对单位判处罚金，并对其直接负责的主

管人员和其他直接责任人员，依照上述规定处罚。

十六、擅自发行股票、公司、企业债券罪

擅自发行股票、公司、企业债券罪，是指未经国家有关主管部门批准，擅自发行股票或公司、企业债券，数额巨大、后果严重或者有其他严重情节的行为。本罪的客体是国家对股票及公司、企业债券的监督管理秩序。本罪在客观方面表现为未经国家有关主管部门批准，擅自发行股票或公司、企业债券，数额巨大、后果严重或者有其他严重情节的行为，具体内容包括：（1）未经国家有关主管部门批准。根据《中华人民共和国证券法》（以下简称《证券法》）第10条的规定，公开发行的证券，必须符合法律、行政法规规定的条件，并依法报经国务院证券监督管理机构或者国务院授权的部门核准；未经核准的，任何单位和个人不得公开发行证券。根据证券法的这一规定，所谓“未经国家有关主管部门批准”是指未经国务院证券监督管理机构或者国务院授权的部门批准。（2）擅自发行的股票或者公司、企业债券数额巨大、后果严重或者有其他严重情节。根据《追诉标准》第28条的规定，“数额巨大、后果严重或者有其他严重情节”是指：（1）发行数额在50万元以上的；（2）不能及时清偿或者清退的；（3）造成恶劣影响的。本罪的主体是一般主体，年满16周岁具有刑事责任能力的自然人和任何单位均可构成。本罪的主观方面是故意，即明知是擅自发行股票或者公司、企业债券的行为而仍然予以实施。同时，行为人都具有使擅自发行的股票，公司、企业债券进入流通领域的目的。

根据《刑法》第179条的规定，犯本罪的，处5年以下有期徒刑或者拘役，并处或者单处非法募集资金金额1%以上5%以下罚金。单位犯本罪的，对单位判处罚金，并对其直接负责的主管人员和其他直接责任人员，处5年以下有期徒刑或者拘役。

十七、内幕交易、泄露内幕信息罪

内幕交易、泄露内幕信息罪，是指证券、期货交易内幕信息的知情人员或者非法获取证券、期货交易内幕信息的人员，在涉及证券的发行，证券、期货交易或其他对证券、期货交易的价格有重大影响的信息尚未公开前，买入或者卖出该证券，或者从事与该内幕信息有关的期货交易，或者泄露该信息，情节严重的行为。本罪的客体是复杂客体，即国家对证券、期货市场的管理秩序以及其他证券、期货投资者的合法权益。犯罪行为的对象是有关证券、期货发

行、交易的内幕信息。本罪在客观方面表现为内幕交易或者泄露内幕信息的行为，只要符合内幕交易或者泄露内幕信息其中的一种行为，就构成本罪，因此，本罪是选择性罪名，在司法实践中，根据具体情况，进行选择适用或并合适用。本罪客观方面行为的具体内容包括：（1）内幕交易行为。是指内幕信息的知情人员在涉及公司的经营、财务或者对该公司证券的市场价格有重大影响的信息尚未公开时，买入或者卖出该证券，或者从事与该内幕信息有关的期货交易的行为。（2）泄露内幕信息的行为。是指知悉内幕信息的人员，将内幕信息透露给不应知道内幕信息的人员，或者建议他人买卖其知悉内幕的证券的行为。根据《中华人民共和国证券法》第75条的规定，所谓“内幕信息”是指涉及公司的经营、财务或者对该公司证券的市场价格有重大影响尚未公开的信息，具体种类包括《证券法》第67条和第75条规定的共20种信息。同时构成本罪还要求行为符合“情节严重”的标准。根据《追诉标准》第29条的规定，“情节严重”是指：（1）内幕交易数额在20万元以上的；（2）多次进行内幕交易、泄露内幕信息的；（3）致使交易价格和交易量异常波动的；（4）造成恶劣影响的。本罪的主体是一般主体，包括自然人和单位。本罪的自然人主体主要包括内幕信息的知情人员和非法获取证券、期货交易内幕信息的人员，其中“内幕信息的知情人员”是指《证券法》第74条所列举的7类人员，这些人员属特殊主体；其中“非法获取证券、期货交易内幕信息的人员”是指内幕信息的知情人员以外的，不是基于职务或者业务，而是通过偷听、监听、私下交易等非法手段获取证券、期货交易内幕信息的人员，这类人员属一般主体。此外，单位也能成为本罪的主体。本罪的主观方面是故意，但是故意的种类因具体行为的不同而有所不同：内幕交易行为的主观罪过只能表现为直接故意，即明知内幕信息而根据该信息买卖证券或进行期货交易，并且具有为自己或者他人牟取非法利益的目的。而泄露内幕信息的行为在主观方面既可以是直接故意，也可以是间接故意。

根据《刑法》第180条的规定，犯本罪的，处5年以下有期徒刑或者拘役，并处或者单处违法所得1倍以上5倍以下罚金；情节特别严重的，处5年以上10年以下有期徒刑，并处违法所得1倍以上5倍以下罚金。单位犯本罪的，对单位判处罚金，并对其直接负责的主管人员和其他直接责任人员，处5年以下有期徒刑或者拘役。

十八、编造并传播证券、期货交易虚假信息罪

编造并传播证券、期货交易虚假信息罪，是指编造并且传播影响证券、期

货交易的虚假信息，扰乱证券、期货交易市场，造成严重后果的行为。本罪的客体是证券、期货市场的正常交易秩序以及投资者的合法权益。本罪在客观方面表现为编造并且传播影响证券、期货交易的虚假信息，扰乱证券、期货交易市场，造成严重后果的行为。所谓“编造”，是指捏造虚假信息，既包括虚构根本不存在的信息，也包括篡改、加工真实的信息；所谓“传播”，是指使用各种方式使虚假信息为多数人知悉或者可能被知悉。并且“编造”和“传播”两种行为必须共同存在，即行为人必须是先编造，然后又对编造的信息进行了传播，此时才构成犯罪，否则，如果行为人在客观方面只进行了编造行为而没有进行传播行为，或者只进行了传播行为，但没有参与编造行为，这两种情况都不构成本罪。同时本罪在客观方面还要求行为已经造成了严重的后果，即本罪是结果犯。根据《追诉标准》第30条的规定，“造成严重后果”是指具备下列情形之一：（1）造成投资者直接经济损失数额在3万元以上的；（2）致使交易价格和交易量异常波动的；（3）造成恶劣影响的。本罪的主体是一般主体，包括自然人和单位。本罪的主观方面只能是故意，即行为人明知自己的编造并且传播行为会造成证券、期货市场秩序的混乱和影响投资者的合法权益，而仍然实施该行为。

根据《刑法》第181条第1款的规定，犯本罪的，处5年以下有期徒刑或者拘役，并处或者单处1万元以上10万元以下罚金。根据《刑法》第181条第3款的规定，单位犯本罪的，对单位判处罚金，并对其直接负责的主管人员和其他直接责任人员，处5年以下有期徒刑或者拘役。

十九、诱骗投资者买卖证券、期货合约罪

诱骗投资者买卖证券、期货合约罪，是指证券交易所、期货交易所、证券公司、期货经纪公司的从业人员，证券业协会、期货业协会或者证券、期货管理监督部门的工作人员，故意提供虚假信息或者伪造、变造、销毁交易记录，诱骗投资者买卖证券、期货合约，造成严重后果的行为。本罪的客体是国家对证券、期货市场的正常管理秩序以及投资者的合法权益。本罪在客观方面表现为提供虚假信息或者伪造、变造、销毁交易记录，诱骗投资者买卖证券、期货合约，造成严重后果的行为。所谓“提供虚假信息”是指以口头、书面或者传媒等方式将虚假的证券、期货投资信息发布给投资者。同时本罪在客观方面还要求诱骗投资的行为必须造成了严重的后果，即本罪是结果犯，以一定的结果为犯罪构成的必要条件。根据《追诉标准》第31条的规定，“严重后果”是指具有下列情形之一：（1）造成投资者直接经济损失数额在3万元以上的；

(2) 致使交易价格和交易量异常波动的；(3) 造成恶劣影响的。本罪的主体是特殊主体，包括特殊的自然人主体和特殊的单位主体，特殊的自然人主体包括证券交易所、期货交易所、证券公司、期货经纪公司的从业人员，证券业协会、期货业协会或者证券、期货管理部门的工作人员；特殊的单位主体包括证券交易所、期货交易所、证券公司、期货经纪公司以及证券、期货管理部门等单位。本罪在主观方面只能是故意，即明知是虚假的信息而予以提供或者故意伪造、变造、销毁交易记录。

根据《刑法》第181条第2款的规定，犯本罪的，处5年以下有期徒刑或者拘役，并处或者单处1万元以上10万元以下罚金；情节特别恶劣的，处5年以上10年以下有期徒刑，并处2万元以上20万元以下罚金。根据《刑法》第181条第3款的规定，单位犯本罪的，对单位判处罚金，并对其直接负责的主管人员和其他直接责任人员，处5年以下有期徒刑或者拘役。

二十、操纵证券、期货市场罪

操纵证券、期货市场罪，是指故意操纵证券、期货交易价格，获取不正当利益或者转嫁风险，情节严重的行为。本罪的客体是复杂客体，包括国家对证券、期货市场的管理秩序以及投资者的合法权益。本罪在客观方面表现为故意操纵证券、期货交易价格，获取不正当利益或者转嫁风险，情节严重的行为。本罪客观方面行为的具体方式包括：(1) 单独或者合谋，集中资金优势、持股或者持仓优势或者利用信息优势联合或者连续买卖，操纵证券、期货交易价格或者证券、期货交易数量；(2) 与他人串通，以事先约定的时间、价格和方式相互进行证券、期货交易，影响证券、期货交易价格或者证券、期货交易量；(3) 在自己实际控制的账户之间进行证券交易，或者以自己为交易对象，自买自卖期货合约，影响证券、期货交易价格或者证券、期货交易量；(4) 以其他方法操纵证券、期货交易市场。实施上述行为之一，情节严重的构成本罪。根据《追诉标准》第32条的规定，“情节严重”是指具有下列情形之一：(1) 非法获利数额在50万元以上的；(2) 致使交易价格和交易量异常波动的；(3) 以暴力、胁迫手段强迫他人操纵交易价格的；(4) 虽未达到上述数额标准，但因操纵证券、期货交易价格，受过行政处罚2次以上，又操纵证券、期货交易价格的。本罪的主体是一般主体，包括年满16周岁的自然人和任何单位。本罪的主观方面是故意，即明知操纵证券、期货交易价格会破坏国家对证券、期货市场的管理秩序以及损害投资者的合法权益，而仍然实施该行为。

根据《刑法》第182条的规定，犯本罪的，处5年以下有期徒刑或者拘役，并处或者单处罚金；情节特别严重的，处5年以上10年以下有期徒刑，并处罚金。单位犯本罪的，对单位判处罚金，并对其直接负责的主管人员和其他直接责任人员，依照上述规定处罚。

二十一、背信运用受托财产罪

背信运用受托财产罪，是《刑法修正案（六）》第12条第1款新增加的一个罪名，是指商业银行、证券交易所、期货交易所、证券公司、期货经纪公司、保险公司或者其他金融机构，违背受托义务，擅自运用客户资金或者其他委托、信托的财产，情节严重的行为。本罪的客体是复杂客体，包括国家对金融机构受托资金、财产的管理秩序以及委托者的合法财产权益。本罪在客观方面表现为违背受托义务，擅自运用客户资金或者其他委托、信托的财产，情节严重的行为。所谓“违背受托义务”，是指违背本应履行的按照法定或者约定的方式妥善托管委托者资金、财产的义务。作为受托者的金融机构与委托者或者信托者之间实际上是一种合同关系，委托者或者信托者承担给付受托者保管费的义务，而受托者承担合法、妥善、科学保管委托者资金、财产的义务，当受托者没有按照法定或者约定的方式保管委托者或者信托者的资金、财产时，就是一种对合同义务的违反。同时，受托者的行为必须达到情节严重的程度，否则不构成本罪。本罪的主体是特殊主体，只能是商业银行、证券交易所、期货交易所、证券公司、期货经纪公司、保险公司或者其他金融机构，同时，根据《刑法修正案（六）》第2款的规定：“社会保障基金管理机构、住房公积金管理机构等公众资金管理机构，以及保险公司、保险资产公司、证券投资基金管理公司，违反国家规定运用资金的，对其直接负责的主管人员和其他直接责任人员，依照前款的规定处罚。”这就说明，社会保障基金管理机构、住房公积金管理机构等公众资金管理机构，以及保险资产公司、证券投资基金管理公司也可以构成本罪主体，只是刑事责任由直接负责的主管人员和其他直接责任人员承担。本罪的主观方面只能是故意，即明知行为会破坏国家对金融机构受托资金、财产的管理秩序以及损害委托者的合法财产权益，而仍然实施该行为。

根据《刑法》第185条之一第1款的规定，犯本罪的，对单位判处罚金，并对其直接负责的主管人员和其他直接责任人员，处3年以下有期徒刑或者拘役，并处3万元以上30万元以下罚金；情节特别严重的，处3年以上10年以下有期徒刑，并处5万元以上50万元以下罚金。社会保障基金管理机构、住房公积金管理机构等公众资金管理机构，以及保险公司、保险资产公司、证券投资基金管理公司，违反国家规定运用资金的，对其直接负责的主管人员和其他直接责任人员，依照前款的规定处罚。

二十二、违规运用资金罪

违规运用资金罪，是指社会保障基金管理机构、住房公积金管理机构等公众资金管理机构，以及保险公司、保险资产公司、证券投资基金管理公司，违反国家规定运用资金的行为。本罪的客观方面表现为违反国家规定运用特定资金的行为。本罪的主体是上述公众资金管理机构或者特定的公司。本罪的主观方面是故意。

根据《刑法》第185条之一第2款的规定，犯本罪的，对其直接负责的主管人员和其他直接责任人员处3年以下有期徒刑或者拘役，并处3万元以上30万元以下罚金；情节特别严重的，处3年以上10年以下有期徒刑，并处5万元以上50万元以下罚金。

二十三、违规发放贷款罪

违规发放贷款罪，是指银行或者其他金融机构的工作人员违反国家规定发放贷款，数额巨大或者造成严重损失的行为。本罪的客体是国家的贷款管理秩序以及金融机构的利益。本罪在客观方面表现为违反国家规定发放贷款，数额巨大或者造成严重损失的行为。“国家规定”是指国家关于发放贷款的法律、行政法规等。行为的主要方式是违反国家规定发放贷款，一般主要是指违反国家规定对发放贷款的对象或者发放贷款的条件等进行不适当的扩大或者限制，既包括违反国家规定向普通民众发放贷款，也包括对关系人发放贷款，并且根据《刑法修正案（六）》第13条第2款的规定，“银行或者其他金融机构的工作人员违反国家规定，向关系人发放贷款的，依照前款规定从重处罚”。所谓“关系人”，根据《中华人民共和国商业银行法》第40条的规定，是指：（1）商业银行的董事、监事、管理人员、信贷业务人员及其近亲属。（2）前项所列人员投资或者担任高级管理职务的公司、企业和其他经济组织。同时，本罪在客观方面还要求违法发放贷款的数额巨大或者违法发放贷款的行为造成严重损失的后果，此时才能构成犯罪。① 本罪的主体是特殊主体，自然人主体必须

① 由于《刑法修正案（六）》将原来刑法中的违法向关系人发放贷款罪和违法发放贷款罪二者合并为一个罪名，即本罪，因此合并后的本罪“数额巨大”或者“严重损失”的具体标准还没有确定。但是根据行为的具体情况，在司法实践中可以参照2001年最高人民检察院、公安部《关于经济犯罪案件追诉标准的规定》第33条、第34条规定的标准。

是银行或者其他金融机构的工作人员，单位主体必须是银行或者其他金融机构。本罪的主观方面是故意，即明知是违反国家规定发放贷款，而仍然实施该行为。

根据《刑法》第186条第1款(《刑法修正案（六)》第13条）的规定，犯本罪的，处5年以下有期徒刑或者拘役，并处1万元以上10万元以下罚金；数额特别巨大或者造成特别重大损失的，处5年以上有期徒刑，并处2万元以上20万元以下罚金。根据《刑法》第186条第2款（《刑法修正案（六)》第13条）的规定，银行或者其他金融机构的工作人员违反国家规定，向关系人发放贷款的，依照前款规定从重处罚。根据《刑法》第186条第3款的规定，单位犯本罪的，对单位判处罚金，并对其直接负责的主管人员和其他直接责任人员，依照上述规定处罚。

二十四、吸收客户资金不入账罪

吸收客户资金不入账罪，是指银行或者其他金融机构的工作人员吸收客户资金不入账，数额巨大或者造成重大损失的行为。本罪的客体是复杂客体，包括国家对信贷资金的管理秩序、金融机构的信誉和利益。本罪在客观方面表现为行为人吸收客户资金不入账，数额巨大或者造成重大损失的行为。具体内容包括：(1）行为人实施了吸收客户资金不入账的行为。所谓“吸收客户资金不入账”是指行为人以金融机构的名义将客户的资金吸收到本金融机构之后，却不将所吸收的资金记录进金融机构的账户里面，反而自己掌控的行为。①(2）行为必须造成了数额巨大或者重大损失的危害后果，根据《追诉标准》第35条的规定，所谓的“数额巨大或者重大损失”是指：个人吸收客户资金不入账造成直接经济损失数额在50万元以上；单位吸收客户资金不入账造成直接经济损失数额在100万元以上。本罪的主体是特殊主体，既可以由单位主体的银行或者其他金融机构构成，也可以由自然人主体的银行或者其他金融机构的工作人员构成，其中银行主要包括中国人民银行以及各种商业银行，如中国工商银行、中国农业银行，等等，其他金融机构主要包括经营信贷业务的信托投资公司、农村信用社、城市信用社，等等。本罪的主观方面是故意，即故

① 本罪在未被《刑法修正案（六)》修改之前，在客观方面曾要求行为人吸收客户资金不入账之外还实行了非法拆借、发放贷款的行为，但《刑法修正案（六)》将这一行为排除在构成要件之外。也即只要实施了吸收客户资金不入账的行为，就有可能构成本罪，而不论行为人吸收资金之后还从事了什么行为。

意将吸收的客户资金不入账。①

根据《刑法》第185条之一第1款(《刑法修正案（六）》第12条）的规定，犯本罪的，处5年以下有期徒刑或者拘役，并处2万元以上20万元以下罚款；数额特别巨大或者造成特别重大损失的，处5年以上有期徒刑，并处5万元以上50万元以下罚款。根据《刑法》第187条第2款的规定，单位犯本罪的，对单位判处罚金，并对其直接负责的主管人员和其他直接责任人员，依照上述规定处罚。

二十五、非法出具金融票证罪

非法出具金融票证罪，是指银行或其他金融机构或者其工作人员违反规定，为他人出具信用证或者其他保函、票据、存单、资信证明，情节严重的行为。本罪的客体是国家对金融活动的管理秩序和金融机构的信誉。本罪在客观方面表现为违反规定，为他人出具信用证或者其他保函、票据、存单、资信证明，情节严重的行为。具体内容包括：（1）行为人违反规定。这是指行为人违反有关金融法律、行政法规、规章及银行金融机构内部制定的规章制度与业务规则。（2）为他人出具信用证或者其他保函、票据、存单、资信证明。所谓"为他人"包括为自然人和为单位。"保函"，是指银行办理代客担保业务时，应申请人的要求，向受益人开出的保证函件；"票据"是指金融票据；"存单"即银行存单；"资信证明"，是指提供客户的财产状况、偿还能力、信用程度等情况的证明文件。(3）情节严重。本罪在客观方面还要求情节严重。根据《追诉标准》第36条的规定，以下两种情况属于"情节严重"：个人违反规定为他人出具金融票证，造成直接经济损失数额在10万元以上的；单位违反规定为他人出具金融票证，造成直接经济损失数额在30万元以上的。②本罪的主体是特殊主体，既可以由银行或者其他金融机构构成，也可以由银行或者其他金融机构的工作人员构成。本罪的主观方面是故意，即故意违反规定

① 本罪在未被《刑法修正案（六）》修改之前，曾将牟利的目的作为本罪主观方面的一个要件，但是《刑法修正案（六）》将此目的排除在本罪的构成要件之外。这就说明，无论行为人基于何种目的，只要有吸收客户资金不入账，数额巨大或者造成重大损失的行为，就构成本罪。

② 在司法实践中需要注意的是，《刑法修正案（六）》将本罪在客观方面的必备要件"造成较大损失"修改成了"情节严重"。这一修改说明，本罪行为所造成的经济损失数额不再是本罪行为程度方面的唯一标准，除了这里所列举的两个数额标准之外，其他属于情节严重的行为（不一定达到了这里的数额标准）也能构成本罪。

而出具金融票证。

根据《刑法》第188条第1款(《刑法修正案（六）》第15条）的规定，犯本罪的，处5年以下有期徒刑或者拘役；情节特别严重的，处5年以上有期徒刑。根据《刑法》第188条第2款的规定，单位犯本罪的，对单位判处罚金，并对其直接负责的主管人员和其他直接责任人员，依照上述规定处罚。

二十六、对违法票据承兑、付款、保证罪

对违法票据承兑、付款、保证罪，是指银行或其他金融机构或者其工作人员在票据业务中，对违反票据法规定的票据予以承兑、付款或者保证，造成重大损失的行为。本罪的客体是复杂客体，包括国家对票据的监督管理秩序以及银行、其他金融机构、合法票据持有人的合法权益。本罪在客观方面表现为在票据业务中，对违反票据法规定的票据予以承兑、付款或者保证，造成重大损失的行为。具体内容包括：（1）行为人的行为发生在“票据业务”中。所谓“票据业务”，是指根据《中华人民共和国票据法》的规定所从事的有关汇票、本票和支票的流转活动。（2）行为必须针对的是违反票据法规定的票据，所谓“违反票据法规定的票据”，是指不符合票据法的规定，不能予以承兑、付款或者保证的票据。（3）行为的具体方式包括承兑、付款或者保证。“承兑”是指汇票付款人承诺在汇票到期日支付汇票金额的票据行为；“付款”是指票据债务人向票据债权人支付票据金额的行为；“保证”是指对已经存在的票据上的债务进行担保的票据行为。（4）行为必须造成了重大损失。根据《追诉标准》第37条的规定，“重大损失”是指：个人对违反票据法规定的票据予以承兑、付款、保证，造成直接经济损失数额在50万元以上的；单位对违反票据法规定的票据予以承兑、付款、保证，造成直接经济损失数额在100万元以上的。本罪的主体是特殊主体，既可以由单位主体的银行或者其他金融机构构成，也可以由自然人主体的银行或者其他金融机构的工作人员构成。本罪的主观方面是故意，即明知是违反票据法规定的票据，而仍然对其予以承兑、付款或者保证。

根据《刑法》第189条的规定，犯本罪的，处5年以下有期徒刑或者拘役；造成特别重大损失的，处5年以上有期徒刑。单位犯本罪的，对单位判处罚金，并对其直接负责的主管人员和其他直接责任人员，依照上述规定处罚。

二十七、骗购外汇罪

骗购外汇罪，是指使用伪造、变造的海关签发的报关单、进口证明、外汇管理部门核准件等凭证和单据，重复使用海关签发的报关单、进口证明、外汇管理部门核准件等凭证和单据，或者以其他方式骗购外汇，数额较大的行为。本罪的客体是国家的外汇管理秩序。犯罪对象是外汇，包括：（1）外国货币，包括钞票、铸币等；（2）外币有价证券，包括政府公债、国库券、公司债券、股票、息票等；（3）外汇支付凭证，包括票据、银行存款凭证、邮政储蓄凭证等；（4）其他外汇资金。本罪在客观方面表现为采用欺骗方法，骗购外汇，数额较大的行为，具体内容包括：（1）实施了骗购外汇的行为，骗购外汇的行为的具体方式包括三种：第一，使用伪造、变造的海关签发的报关单、进口证明、外汇管理部门核准件等凭证和单据进行骗购外汇；第二，重复使用海关签发的报关单、进口证明、外汇管理部门核准件等凭证和单据进行骗购外汇；第三，以其他方式骗购外汇。（2）本罪在客观方面还要求骗购的外汇数额较大，根据《追诉标准》第39条的规定，所谓“数额较大”是指骗购外汇数额在50万美元以上。本罪的主体是一般主体，凡年满16周岁具有刑事责任能力的自然人和任何单位均可成为本罪的主体。同时根据全国人民代表大会常务委员会《关于惩治骗购外汇、逃汇和非法买卖外汇犯罪的决定》（以下简称《决定》），明知用于骗购外汇而提供人民币资金的行为人，以共犯论处。本罪的主观方面是故意，即明知使用欺骗手段骗购外汇的行为会破坏国家的外汇管理秩序，并且希望这种危害结果的发生，且行为人具有非法获取外汇的目的。

根据《决定》第1条的规定，犯本罪的，处5年以下有期徒刑或者拘役，并处骗购外汇数额5%以上30%以下罚金；数额巨大或者有其他严重情节的，处5年以上10年以下有期徒刑，并处骗购外汇数额5%以上30%以下罚金；数额特别巨大或者有其他特别严重情节的，处10年以上有期徒刑或者无期徒刑，并处骗购外汇数额5%以上30%以下罚金或者没收财产。单位犯本罪的，依照上述规定判处罚金，并对其直接负责的主管人员和其他直接责任人员，处5年以下有期徒刑或者拘役；数额巨大或者有其他严重情节的，处5年以上10年以下有期徒刑；数额特别巨大或者有其他特别严重情节的，处10年以上有期徒刑或者无期徒刑。伪造、变造海关签发的报关单、进口证明、外汇管理部门核准件等凭证和单据，并用于骗购外汇，构成本罪的，依照上述规定从重处罚。

二十八、逃汇罪

根据1998年全国人民代表大会常务委员会《关于惩治骗购外汇、逃汇和非法买卖外汇犯罪的决定》第3条的规定，逃汇罪，是指公司、企业或者其他单位，违反国家规定，擅自将外汇存放境外，或者将境内的外汇非法转移到境外，数额较大的行为。本罪的客体是国家的外汇管理秩序。本罪在客观方面表现为违反国家规定，擅自将外汇存放境外，或者将境内的外汇非法转移到境外，数额较大的行为。具体内容包括：(1) 行为“违反国家规定”，这是指违反国家有关外汇管理方面的法律、法规的相关规定。(2) 行为的方式具体包括“擅自将外汇存放境外，或者将境内的外汇非法转移到境外”。其中“擅自将外汇存放境外”是指将按照法律规定本应该调回国内的经常项目外汇收入擅自存放在境外。其中“将境内的外汇非法转移到境外”是指违反国家规定携带外汇出境或者将外汇寄往境外，或者未经外汇管理机关批准，将外汇存款凭证、外汇有价证券携带、邮寄出境外的行为。(3) 数额较大。这也是本罪在客观方面的一个构成要件。根据《追诉标准》第38条的规定，“数额巨大”是指：公司、企业或者其他单位，违反国家规定，擅自将外汇存放境外，或者将境内的外汇非法转移到境外，单笔或者累计数额在500万美元以上。本罪是纯正的单位犯罪，主体要求是公司、企业或者其他单位，“其他单位”是指机关、团体、事业单位，并且公司、企业或者其他单位的性质都不局限于国有性质。本罪的主观方面是故意，即明知违反规定，而仍然将外汇存放境外，或者将境内的外汇非法转移到境外。

根据《决定》第3条的规定，犯本罪的，对单位判处逃汇数额5%以上30%以下罚金，并对其直接负责的主管人员和其他直接责任人员处5年以下有期徒刑或者拘役；数额巨大或者有其他严重情节的，对单位判处逃汇数额5%以上30%以下罚金，并对其直接负责的主管人员和其他直接责任人员处5年以上有期徒刑。

二十九、洗钱罪

(一) 洗钱罪的概念和构成

洗钱罪，是指明知是毒品犯罪、黑社会性质的组织犯罪、恐怖活动犯罪、走私犯罪、贪污贿赂犯罪、破坏金融管理秩序犯罪以及金融诈骗犯罪的违法所得及其产生的收益，[1] 为掩饰、隐瞒其来源和性质，而提供资金账户；或者协助将财产转换为现金或者金融票据；或者通过转账或者其他结算方式协助资金转移；或者协助将资金汇往境外；或者以其他方法掩饰、隐瞒犯罪的违法所得及其收益的性质和来源的行为。本罪的犯罪构成如下：

1. 本罪的客体是复杂客体，包括国家的金融管理秩序和司法机关正常的司法活动。本罪的行为对象是毒品犯罪、黑社会性质的组织犯罪、走私犯罪、贪污贿赂犯罪、破坏金融管理秩序犯罪和金融诈骗罪的违法所得及其产生的收益。

2. 本罪在客观方面表现为行为人掩饰、隐瞒毒品犯罪、黑社会性质的组织犯罪、走私犯罪、恐怖活动犯罪、贪污贿赂犯罪、破坏金融管理秩序犯罪以及金融诈骗犯罪的违法所得及其产生的收益的来源和性质的行为。行为的具体方式包括：（1）提供资金账户，是指行为人故意将自己在金融机构开设的账户提供给前述7类犯罪分子，或者为这7类犯罪分子在金融机构开立账户。（2）协助将财产转换为现金或者金融票据，指行为人采取各种方法，协助前述7类犯罪分子将通过犯罪行为所获得的现金以外的赃物通过各种方式，将其转换为现金或股票、本票、汇票、支票、债券等金融票据，以掩饰犯罪所得财产的来源和性质。（3）通过转账或者其他结算方式协助资金转移，指行为人协助前述7类犯罪分子，通过转账或者承兑、委托付款等方式将违法所得及其产生的收益，混入合法资金存入银行等金融机构。（4）协助将资金汇往境外，指享有掌管国内外资金来往权的个人或单位，协助前述7类犯罪分子，将违法所得及其产生的收益汇往境外。（5）以其他方法掩饰、隐瞒犯罪的违法所得及其收益的性质和来源，这是指采取前面所述4种方式以外的各种方式掩饰、隐瞒犯罪的违法所得及其收益的性质和来源的行为。[2] 本罪是行为犯，只要行为人实施了上述5种洗钱行为之一，不论其是否已经达到掩饰、隐瞒违法所得及其收益的性质和来源的目的，都构成犯罪。

3. 本罪的主体是一般主体，凡年满16周岁具有刑事责任能力的自然人和任何单位均可构成本罪。

4. 本罪的主观方面只能是故意，即明知是毒品犯罪、黑社会性质的组织

---

① 《刑法修正案（六）》增加了3类洗钱罪的上游犯罪，即贪污贿赂犯罪、破坏金融管理秩序犯罪、金融诈骗犯罪。

② 以上5种掩饰、隐瞒行为的行为人在上游犯罪人实施上游犯罪时必须没有与上游犯罪人通谋实施本法所规定的掩饰、隐瞒行为，而只是在上游犯罪实施完之后才知道，而仍然予以掩饰、隐瞒。如果行为人事前与上游犯罪人约定好在犯罪实施后，由其进行掩饰、隐瞒违法所得及其产生的收益，则行为人就不构成本罪，而构成上游犯罪的共犯。

犯罪、走私犯罪、恐怖活动犯罪、贪污贿赂犯罪、破坏金融管理秩序犯罪以及金融诈骗犯罪的违法所得及其产生的收益，而仍然采取各种方式进行掩饰或隐瞒。同时，行为人在主观方面还具有掩饰、隐瞒违法所得及其收益的性质和来源的目的。

（二）洗钱罪的界限划分

1. 本罪与非罪的界限

在司法实践中判断行为人掩饰、隐瞒通过犯罪行为所获得的违法所得及其产生收益的行为是否构成犯罪，主要从下面三个方面入手：（1）掩饰、隐瞒行为的对象的性质和类型。刑法规定本罪的犯罪对象只能是毒品犯罪、黑社会性质的组织犯罪、走私犯罪、恐怖活动犯罪、贪污贿赂犯罪、破坏金融管理秩序犯罪以及金融诈骗犯罪这7类犯罪的违法所得及其产生的收益，除此之外的掩饰、隐瞒其他任何犯罪的违法所得及其产生的收益的行为均不构成本罪。（2）主观方面。本罪的主观方面只能是故意，过失不构成本罪。如果行为人根本不知道或者不可能知道其掩饰、隐瞒的是上述7类犯罪的违法所得及其产生的收益，从而进行了掩饰、隐瞒行为，则行为人的此种行为不构成犯罪。（3）情节的严重或者数额的大小。虽然修订后的刑法和《刑法修正案（六）》均未将"情节严重"或者"数额较大"规定为本罪的构成要件，但是依照我国《刑法》第101条"本法总则适用于其他有刑罚规定的法律"的这一规定，本罪实际上也应该受到《刑法》总则第13条的制约。《刑法》总则第13条的但书规定，"但是情节显著轻微危害不大的，不认为是犯罪"。由此，只有当行为人掩饰、隐瞒通过犯罪行为所获得的违法所得及其产生收益达到了一定的严重情节或者一定的数额，才构成犯罪。至于何为情节严重或者达到多大数额，有待司法解释进行明确。

2. 本罪与掩饰、隐瞒犯罪所得及其收益罪的界限

二者在客观方面具有很多相似之处，但二者也有很大的区别，主要表现在：（1）二者的客体不同。本罪是复杂客体，既包括国家的金融管理秩序，也包括司法机关正常的司法活动；而掩饰、隐瞒犯罪所得及其收益罪的客体是单一客体，即司法机关的正常活动。（2）二者的犯罪对象不同。本罪的行为对象只包括毒品犯罪、黑社会性质的组织犯罪、走私犯罪、恐怖活动犯罪、贪污贿赂犯罪、破坏金融管理秩序犯罪以及金融诈骗犯罪这7类犯罪的违法所得及其产生的收益；而掩饰、隐瞒犯罪所得及其收益罪的行为对象则不局限于上述7类犯罪行为的违法所得及其产生的收益，而包括通过实施任何犯罪行为所获得的一切赃物。（3）客观方面的具体内容不同。本罪在客观行为上表现为

掩饰、隐瞒的行为；而掩饰、隐瞒犯罪所得及其收益罪则表现为窝藏、转移、收购或者代为销售的行为。(4) 犯罪主体不同。本罪的主体既可以是个人也可以是单位；而掩饰、隐瞒犯罪所得及其收益罪的主体只能是自然人，而不包括单位。(5) 主观方面不相同。本罪在主观上不仅要求明知是前述7类犯罪的赃款赃物，并且还要具有掩饰、隐瞒其来源和性质的主观目的；而掩饰、隐瞒犯罪所得及其收益罪只要求明知是赃款、赃物即可。

3. 本罪与包庇毒品犯罪分子罪及窝藏、转移、隐瞒毒品、毒赃罪的界限

本罪中的掩饰、隐瞒毒品犯罪的违法所得及其所产生的收益的行为很容易和包庇毒品犯罪分子的行为以及窝藏、转移、隐瞒毒品、毒赃的行为混淆。但是三者有很多的区别：(1) 犯罪客体不同。本罪是复杂客体，除了妨害司法机关的正常活动外，还破坏国家的金融管理秩序；而后二者侵犯的是司法机关的正常活动。(2) 犯罪对象不同。本罪的行为对象是前述7类特定犯罪的违法所得及其产生的收益；而后二者的行为对象则是毒品犯罪分子或者毒品、毒赃。(3) 客观方面不同。本罪在客观上表现为前述7类特定犯罪洗钱的行为，后二者则表现为包庇毒品犯罪分子和窝藏、转移、隐瞒毒品、毒赃的行为。(4) 犯罪主体不尽相同。本罪的主体可以是个人也可以是单位；而后二者的主体只能是自然人。(5) 主观方面不尽相同。本罪在主观上不仅要求明知是前述7类犯罪的赃款赃物并且要求具有掩饰、隐瞒其来源和性质的目的；而后二者只要求明知是毒品犯罪分子或毒品、毒赃即可。

(三) 洗钱罪的刑事责任

根据《刑法》第191条第1款(《刑法修正案(六)》第16条)的规定，犯本罪的，除没收实施这7类犯罪的所得及其所产生的收益外，处5年以下有期徒刑或者拘役，并处或者单处洗钱数额5%以上20%以下的罚金；情节严重的，处5年以上10年以下有期徒刑，并处洗钱数额5%以上20%以下的罚金。根据《刑法》第191条第2款的规定，单位犯本罪的，对单位判处罚金，并对其直接负责的主管人员和其他直接责任人员，处5年以下有期徒刑或者拘役。

第六节 金融诈骗罪

一、集资诈骗罪

(一) 集资诈骗罪的概念和构成

集资诈骗罪，是指以非法占有为目的，使用诈骗方法非法集资，数额较大

的行为。本罪的构成要件如下：

1. 本罪的客体是复杂客体，既包括国家正常的金融管理秩序，也包括公私财产所有权。

2. 本罪在客观方面表现为使用诈骗方法非法集资，数额较大的行为。具体内容包括：(1) 行为人使用了诈骗方法，这是指行为人采取虚构资金用途，以虚假的证明文件和高回报率为诱饵，或者采取其他骗取集资款的手段。(2) 进行了非法集资行为，这是指单位或者个人，未经有权机关批准，向社会公众募集资金的行为。行为人使用诈骗方法的目的也就是为了达到骗取公众的信任，从而得以非法集资。(3) 本罪在客观方面还必须达到非法集资的“数额较大”的标准，“数额较大”也是本罪的构成要件之一。根据《追诉标准》第41条的规定，“数额较大”是指：个人集资诈骗，数额在10万元以上；单位集资诈骗，数额在50万元以上。

3. 本罪的主体是一般主体，年满16周岁具有刑事责任能力的自然人和任何单位均可构成本罪主体。

4. 本罪的主观方面只能是故意，即明知自己的非法集资行为会产生破坏金融秩序、侵犯公私财产所有权的危害结果，并且希望或者放任这种结果的发生。并且行为人还具有非法占有的目的。

（二）集资诈骗罪的界限划分

1. 本罪与非罪的界限

区分非法集资的行为是否构成犯罪，主要从以下几个方面入手：(1) 非法集资数额的大小。只有个人非法集资数额达到10万元以上，单位非法集资数额达到50万元以上，才符合本罪的客观方面的要求。(2) 主观目的。本罪要求行为人具有非法占有的目的，如果行为人没有非法占有目的，在特定范围内筹集资金，或者仅仅是暂时周转资金并且打算将来归还资金的，即使行为人使用了欺诈方法，也不构成本罪。判断行为人是否具有非法占有目的，主要是通过行为人的客观行为表现出来的。一般来说，如果行为人具有下列客观行为，就表明其具有非法占有目的：(1) 明知没有归还能力而大量骗取资金的；(2) 非法获取资金后逃跑的；(3) 肆意挥霍骗取资金的；(4) 使用骗取的资金进行违法犯罪活动的；(5) 抽逃、转移资金、隐匿财产，以逃避返还资金的；(6) 隐匿、销毁账目，或者搞假破产、假倒闭，以逃避返还资金的；(7) 其他非法占有资金、拒不返还的行为。

2. 本罪与非法吸收公众存款罪的界限

二者主要存在如下区别：(1) 客体不尽相同。本罪侵犯的是复杂客体，包括金融管理秩序和公私财产所有权；而后者侵犯的则是单一客体，即金融管理秩序。（2）客观方面表现不同。本罪是结果犯，表现为使用诈骗的方法，进行非法集资，数额较大的行为；后者则是行为犯，表现为行为人不具有吸收公众存款的主体资格而非法吸收公众存款，或者虽然具有吸收公众存款的主体资格，但却采取非法的方法吸收公众存款。（3）犯罪目的不同。本罪的犯罪目的在于将非法筹集的资金占为己有；而后者的犯罪目的是通过非法吸收存款进行盈利活动，在主观上并无将非法所吸收的存款据为己有的目的。

3. 本罪与擅自发行股票、公司、企业债券罪的界限

集资诈骗罪有时在客观方面也表现为未经批准而擅自发行股票或者公司、企业债券，但本罪与擅自发行股票、公司、企业债券罪不同，二者的区别主要在于：（1）侵犯的客体不同。本罪是复杂客体，包括金融管理秩序和公私财产所有权；而后者侵犯的客体则是单一客体，是国家对股票、债券的管理秩序。（2）客观方面不同。本罪在客观方面表现为采用虚构事实、隐瞒真相的欺骗手段，擅自发行股票、债券数额较大的行为；而后者在客观方面表现为未经国家有关主管部门批准，擅自发行股票或公司、企业债券，数额巨大、后果严重或者有其他严重情节的行为。（3）主观目的不同。本罪的主观目的在于非法占有所筹集的资金；而后者的目的在于非法筹集生产经营资金。

（三）集资诈骗罪的刑事责任

根据《刑法》第192条的规定，犯本罪的，处5年以下有期徒刑或者拘役，并处2万元以上20万元以下罚金；数额巨大或者有其他严重情节的，处5年以上10年以下有期徒刑，并处5万元以上50万元以下罚金；数额特别巨大或者有其他特别严重情节的，处10年以上有期徒刑或者无期徒刑，并处5万元以上50万元以下罚金或者没收财产。根据《刑法》第199条的规定，对集资数额特别巨大并且给国家和人民利益造成特别重大损失的，处无期徒刑或者死刑，并处没收财产。根据《刑法》第200条的规定，单位犯本罪的，对单位判处罚金，并对其直接负责的主管人员和其他直接责任人员，处5年以下有期徒刑或者拘役；数额巨大或者有其他严重情节的，处5年以上10年以下有期徒刑；数额特别巨大或者有其他特别严重情节的，处10年以上有期徒刑或者无期徒刑。

二、贷款诈骗罪

（一）贷款诈骗罪的概念和构成

贷款诈骗罪，是指以非法占有为目的，采取虚构事实、隐瞒真相的方法骗

取银行或者其他金融机构的贷款，数额较大的行为。本罪的构成要件如下：

1. 本罪的客体是复杂客体，包括国家对金融机构的贷款管理秩序以及金融机构对所贷资金的所有权。犯罪的对象是银行或其他金融机构的贷款。

2. 本罪在客观方面表现为采取虚构事实、隐瞒真相的方法诈骗银行或者其他金融机构的贷款，数额较大的行为。首先，行为人实施了诈骗的行为。诈骗行为的方式主要包括：（1）编造引进资金、项目等虚假理由。如编造引进外资需要配套资金，编造所谓能够产生良好效益的投资项目等虚假理由，向银行或者其他金融机构骗取贷款。（2）使用虚假的经济合同。如使用伪造、变造的合同。（3）使用虚假的证明文件。如使用伪造或者无效的存款证明、公司或者金融机构的担保函、划款证明等向银行或者其他金融机构申请贷款所需的证明文件，骗取贷款。（4）使用虚假的产权证明作担保或者超出抵押物价值重复担保的。所谓产权证明，是指能够证明行为人对房屋、林木等不动产或者汽车、货币、可即时兑付的票据等动产享有所有权的书面文件。（5）以其他方法诈骗贷款。这是指除上述四种方法以外的其他诈骗方法。如伪造单位公章、印鉴骗取贷款，骗取贷款后故意转移资金，拒不归还的，等等。其次，诈骗的数额较大，数额较大也是本罪的构成要件之一。根据《追诉标准》第42条的规定，诈骗银行或者其他金融机构的贷款，数额在1万元以上的，应予追诉。

3. 本罪的主体是一般主体，并且只能是年满16周岁具有刑事责任能力的自然人，单位不能成为本罪主体。司法实践中，也存在着一些单位以非法占有为目的，利用签订借款合同诈骗银行和金融机构的贷款的情况，对这种情况究竟如何认定，学界和司法界存在着争论。我们认为，根据《刑法》第193条的规定，刑法没有将单位作为本罪的主体，因此，单位的诈骗贷款行为不构成本罪。有观点认为："对于所谓单位贷款诈骗案件，虽然不能直接追究单位本身的刑事责任，但对其直接负责的主管人员与其他直接责任人员应以贷款诈骗罪追究刑事责任。"① 我们认为，既然单位不构成犯罪，也就根本谈不上代罚制，因为代罚制的内容就是对于单位犯罪的，只对直接责任人员予以刑罚处罚而不处罚单位，也就是说直接责任人员承担刑事责任的前提必须是单位已构成犯罪，而刑法既然规定本罪根本不能由单位构成，并且刑法也没有特别规定刑事责任由直接负责的主管人员与其他直接责任人员承担，那么对其直接负责的主管人员与其他直接责任人员应以贷款诈骗罪追究刑事责任也就缺乏正当性与

① 张明楷：《刑法学》，法律出版社2003年版，第630页。

合法性基础。因此，对这种情况，我们赞同对单位以合同诈骗罪定罪处罚，而不构成本罪，直接负责的主管人员与其他直接责任人员也不应承担本罪的刑事责任。

4. 本罪的主观方面只能是故意，即行为人明知自己的诈骗行为会产生破坏金融秩序、侵犯金融机构财产权的危害结果，并且希望或者放任这种结果发生。并且行为人在主观上必须具有非法占有的目的。

（二）贷款诈骗罪的界限划分

1. 本罪与非罪的界限

判断贷款诈骗的行为是否构成本罪，主要从以下几方面入手：（1）数额大小。本罪对行为人追诉的标准是数额在1万元以上，因此，行为人诈骗贷款的数额必须达到这个标准，如果行为人仅仅是诈骗获得小额贷款，未达到1万元这个标准，则其行为不构成犯罪。（2）主体性质。本罪只能由自然人主体构成，单位不能成为本罪主体，如果单位实施了诈骗贷款行为，则不构成本罪。（3）主观目的。本罪要求行为人在实施诈骗行为的同时必须具有非法占有的目的，否则诈骗行为也不构成本罪。

根据上述判断标准，在司法实践中主要要注意本罪与一般借贷纠纷的区别，还有本罪与一般贷款诈骗违法行为的区别。（1）本罪与一般借贷纠纷的区别。对于合法取得贷款后，没有按照规定的用途使用贷款，到期没有归还贷款的，不能以贷款诈骗罪定罪处罚；对于确有证据证明行为人不具有非法占有的目的，因不具备贷款的条件而采取了欺骗手段获取贷款，案发时有能力履行还贷义务，或者案发时不能归还贷款是因为意志以外的原因，如因经营不善、被骗、市场风险等，不应以贷款诈骗罪定罪处罚。即对于合法取得贷款后，没有按照规定的用途使用贷款，到期没有归还贷款的，按照一般借贷纠纷处理，而不构成犯罪。对于采取欺骗手段获取贷款的，如果行为人主观上不具有非法占有贷款的目的，也不构成本罪。一般来说，如果具有以下情形之一就可以认定行为人具有非法占有目的：第一，明知没有归还能力而大量骗取贷款的；第二，非法获取贷款后逃跑的；第三，肆意挥霍骗取贷款的；第四，使用骗取的贷款进行违法犯罪活动的；第五，抽逃、转移资金、隐匿财产，以逃避返还贷款的；第六，隐匿、销毁账目，或者搞假破产、假倒闭，以逃避返还贷款的。（2）本罪与一般贷款诈骗违法行为的区别。实践中，有些行为人的确出于非法占有的目的，也实施了诈骗贷款的行为，但是由于诈骗的数额较小，没有达到1万元的数额标准，在这种情况下，行为人的诈骗贷款的行为就不构成犯罪，仅仅成立一般的违法行为，应该受到相关的民事、行政处罚。

2. 本罪与诈骗罪的界限

诈骗罪是指以非法占有为目的，以虚构事实或者隐瞒真相的方法，骗取数额较大的公私财物的行为，因此，本罪的诈骗行为实际上也属于诈骗罪的一种具体形式，但是法律将本罪独立出来，这就表明二者存在一定的区别。本罪与诈骗罪的区别在于：（1）两者侵犯的客体不同。本罪侵犯的客体是复杂客体，包括国家对金融机构的贷款管理秩序和金融机构对信贷资金的所有权；而后者侵犯的是单一客体，泛指公私财产的所有权。（2）两者的犯罪行为不同。本罪只能是通过金融机构的信贷业务实施诈骗；而后者则可以用各种各样的方法实施。总之，本罪与诈骗罪的关系是特别法与普通法的关系，从立法上来讲，《刑法》第266条在规定普通诈骗罪时指出，“本法另有规定的，依照规定”；从刑法理论上分析，在发生包容性的法条竞合时，应实行特别法优于普通法的原则，而不按照诈骗罪认定处理。

3. 对金融机构的工作人员与非金融机构工作人员相互勾结诈取金融机构贷款行为的认定

在司法实践中，会出现银行或者其他金融机构工作人员与其他非工作人员内外勾结，共同诈骗银行或其他金融机构的贷款，进而共同分赃的案件，此时就存在如何认定金融机构的工作人员行为的性质和非金融机构工作人员行为的性质的问题。此种情况下，银行或者其他金融机构的工作人员，实际上构成了贪污罪或者职务侵占罪，当工作人员具有国家工作人员身份时，构成贪污罪，当不具有国家工作人员身份时构成职务侵占罪。相应的，对非金融机构工作人员的诈骗行为应该按照贪污罪或者职务侵占罪的共同犯罪定罪处罚，而不是按照本罪定罪处罚。

（三）贷款诈骗罪的刑事责任

根据《刑法》第193条的规定，犯本罪的，处5年以下有期徒刑或者拘役，并处2万元以上20万元以下罚金；数额巨大或者有其他严重情节的，处5年以上10年以下有期徒刑，并处5万元以上50万元以下罚金；数额特别巨大或者有其他特别严重情节的，处10年以上有期徒刑或者无期徒刑，并处5万元以上50万元以下罚金或者没收财产。

三、票据诈骗罪

票据诈骗罪，是指以非法占有为目的，利用金融票据进行诈骗活动，骗取他人财物，数额较大的行为。本罪的客体是复杂客体，包括国家对票据活动的管理秩序以及公私财产的所有权。本罪在客观方面表现为利用金融票据进行诈骗活动，骗取他人财物，数额较大的行为。具体内容包括：第一，行为人进行了诈骗行为。这是指行为人用虚构事实，隐瞒真相的方法，利用票据骗取财物。根据《刑法》第194条的规定，票据诈骗的具体行为主要有以下几种：(1) 明知是伪造、变造的汇票、本票、支票而使用的。(2) 明知是作废的汇票、本票、支票而使用的。(3) 冒用他人的汇票、本票、支票，骗取财物的。(4) 签发空头支票或者与其预留印鉴不符的支票，骗取财物的。所谓“空头支票”是指出票人在银行没有存款或存款不足时签发的到期无法兑现的支票。(5) 汇票、支票的出票人签发无资金保证的汇票、支票或在出票时作虚假记载、骗取财物的。其中，所谓“出票人”是指制作票据，按照法定条件在票据上签章，并按照所记载的事项承担票据责任的人。只要行为人实施了这五种行为其中的一种即可构成本罪。第二，诈骗财物的数额较大。根据《追诉标准》第43条的规定，所谓“数额较大”是指：(1) 个人进行金融票据诈骗，数额在5000元以上；(2) 单位进行金融票据诈骗，数额在10万元以上。本罪的主体是一般主体，凡年满16周岁具有刑事责任能力的自然人和任何单位均可构成。本罪的主观方面只能是故意，即行为人明知是变造、伪造的票据，而仍然使用，同时行为人的主观方面还具有非法占有的目的。

根据《刑法》第194条的规定，犯本罪的，处5年以下有期徒刑或者拘役，并处2万元以上20万元以下罚金；数额巨大或者有其他严重情节的，处5年以上10年以下有期徒刑，并处5万元以上50万元以下罚金；数额特别巨大或者有其他特别严重情节的，处10年以上有期徒刑或者无期徒刑，并处5万元以上50万元以下罚金或者没收财产。根据《刑法》第199条的规定，数额特别巨大并且给国家和人民利益造成特别重大损失的，处无期徒刑或者死刑，并处没收财产。根据《刑法》第200条的规定，单位犯本罪的，对单位判处罚金，并对其直接负责的主管人员和其他直接责任人员，处5年以下有期徒刑或者拘役；数额巨大或者有其他严重情节的，处5年以上10年以下有期徒刑；数额特别巨大或者有其他特别严重情节的，处10年以上有期徒刑或者无期徒刑。

四、金融凭证诈骗罪

金融凭证诈骗罪，是指以非法占有为目的，使用伪造、变造的委托收款凭证、汇款凭证、银行存单等其他银行结算凭证，骗取财物，数额较大的行为。本罪的客体是国家对金融凭证的管理秩序以及公私财产所有权。本罪在客观方面表现为使用伪造、变造的委托收款凭证、汇款凭证、银行存单等其他银行结算凭证，骗取财物，数额较大的行为。所谓“委托收款凭证”是指行为人在委托银行向付款人收取货款等款项时，所填写和提供的凭据和证明。所谓“汇款凭证”是指汇款人委托银行将款项汇给外地的收款人时所填写的凭据和证明。所谓“银行存单”是指储户向银行交付存款后由银行开具的载有户名、账号、存款金额、存期、存款时间和到期时间、利率等内容的凭证和证明。所谓“其他银行结算凭证”是指除票据及上述凭证以外的各种银行结算凭证。同时，本罪在客观方面还要求必须达到“数额较大”的标准。所谓“数额较大”，根据《追诉标准》第44条的规定，是指：（1）个人进行金融凭证诈骗，数额在5000元以上；（2）单位进行金融凭证诈骗，数额在10万元以上。本罪的主体是一般主体，凡年满16周岁具有刑事责任能力的自然人和任何单位均可构成。本罪的主观方面只能是故意，即行为人明知是变造、伪造的委托收款凭证、汇款凭证、银行存单等其他银行结算凭证，而仍然使用，同时行为人的主观方面还具有非法占有的目的。

根据《刑法》第194条第2款的规定，本罪的刑事责任与票据诈骗罪的刑事责任相同，在此不再赘述。

五、信用证诈骗罪

信用证诈骗罪，是指以非法占有为目的，利用信用证进行诈骗活动的行为。本罪的客体是国家对信用证的管理秩序以及公私财产所有权。本罪在客观方面表现为利用信用证进行诈骗活动的行为。所谓“信用证”是指开证银行根据进口商的开证申请，开给受益人（通常是出口商）在一定条件下支付约定金额的保证付款的书面凭证。根据《追诉标准》第45条，行为人在客观方面具有下列行为的，应该受到追诉：（1）使用伪造、变造的信用证或者附随的单据、文件进行诈骗。所谓“附随的单据、文件”是指使用信用证时必须附随的运输单据、商业发票、合同、提单、保险单等单据、文件。（2）使用作废的信用证进行诈骗，这是指使用已经完全过期或者失效的信用证进行诈骗。（3）骗取信用证，是指以虚构事实、隐瞒真相的方法，欺骗开证银行，使其开具信用证。（4）以其他方法进行信用证诈骗活动，这是指采取上述三种方法以外的其他方法进行诈骗。例如与开证行、受益人合谋，在支付银行款项后宣布开证行破产，使支付行受到财产损失；利用软条款设置信用证陷阱，即在开立信用证时故意附加设置一些隐瞒性条款，使开证行单方取得主动权，以便能够单方随时解除信用证，以达到限制信用证的使用效力，从而达到诈骗目的等。本罪的主体是一般主体，凡年满16周岁具有刑事责任能力的自然人和任何单位均可构成。本罪的主观方面只能是故意，即明知信用证诈骗行为会破坏国家对信用证的管理秩序以及侵犯公私财产所有权，而希望或者放任这种危害后果的产生。

根据《刑法》第195条、第199条和第200条的规定，犯本罪的，处5年以下有期徒刑或者拘役，并处2万元以上20万元以下罚金；数额巨大或者有其他严重情节的，处5年以上10年以下有期徒刑，并处5万元以上50万元以下罚金；数额特别巨大或者有其他特别严重情节的，处10年以上有期徒刑或者无期徒刑，并处5万元以上50万元以下罚金或者没收财产；数额特别巨大并且给国家和人民利益造成特别重大损失的，处无期徒刑或者死刑，并处没收财产。单位犯本罪的，对单位判处罚金，并对其直接负责的主管人员和其他直接责任人员，处5年以下有期徒刑或者拘役；数额巨大或者有其他严重情节的，处5年以上10年以下有期徒刑；数额特别巨大或者有其他特别严重情节的，处10年以上有期徒刑或者无期徒刑。

六、信用卡诈骗罪

（一）信用卡诈骗罪的概念和构成

信用卡诈骗罪，是指以非法占有为目的，利用信用卡进行诈骗活动，骗取公私财物，数额较大的行为。本罪的构成要件如下：

1. 本罪的客体是复杂客体，既包括国家对信用卡的管理秩序，也包括公私财产的所有权。行为人利用的是信用卡。根据2004年12月29日通过的全国人民代表大会常务委员会《关于〈中华人民共和国刑法〉有关信用卡规定的解释》，所谓信用卡，是指由商业银行或者其他金融机构发行的具有消费支付、信用贷款、转账结算、存取现金等全部功能或者部分功能的电子支付卡。

2. 本罪在客观方面表现为采取虚构事实，隐瞒真相的方法，利用信用卡进行诈骗活动，数额较大的行为。根据《刑法》第196条(《刑法修正案(五)》第2条）的规定，本罪客观方面行为的具体方式有：（1）使用伪造的信用卡或者使用以虚假的身份证明冒领的信用卡，骗取公私财物。所谓“伪造的信用卡”是指行为人未经有关部门批准，自行利用相关材料，制造信用卡的行为；所谓“以虚假的身份证明冒领的信用卡”是指行为人在办卡时，向发卡单位提交伪造的身份证明或者使用他人的身份证明，从而以此虚假身份办取信用卡的行为。（2）使用作废的信用卡，骗取公私财物。所谓使用作废的信用卡，是指使用因法定原因失去效用的信用卡。根据规定，作废的信用卡主要有四种情形：一是信用卡超过有效使用期限而自动失效。二是信用卡持卡人如果在信用卡有效期间内停止使用，应办理退卡手续并将该信用卡退回发卡机构，此时该信用卡虽未过有效期，但已办理退卡手续，故属作废的信用卡。三是因挂失而使信用卡失效。四是因涂改信用卡而使信用卡作废，这是指将本已经作废的信用卡上的原来号码压平，然后再打上一个新的号码。行为人故意使用这四种信用卡进而骗取他人财物的行为均可能构成本罪。（3）冒用他人的信用卡，骗取公私财物。这是指非持卡人以持卡人的名义使用信用卡骗取财物或服务。例如使用拾得的信用卡，使用代他人保管的信用卡，骗取他人信用卡并予以使用等。冒用他人信用卡，通常情况下是冒用他人的有效的信用卡，但是当行为人不知道信用卡已经失效，而仍然冒用此信用卡，这种情况属于对象认识错误，不影响行为的不法性质。但是如果持卡人将本人信用卡借给亲朋好友使用，这是经持卡人同意的，虽然也是一种违规行为，但不构成本罪。（4）恶意透支。根据《刑法》第196条的规定，所谓“恶意透支”是指持卡人以非法占有为目的，超过规定限额或者规定期限透支，并且经发卡银行催收后仍不归还的行为。恶意透支的具体形式主要包括：①持卡人以非法占有为目的，持有效真实的信用卡，在不同的特约商户、网点频繁使用、取现，每次使用、取现的金额都在银行规定的透支限额内，积少成多，从而导致大量透支，然后携款潜逃，使银行无法追回透支款；②持卡人在申领信用卡时就弄虚作假，伪造身份证或者使用他人的身份证，办领信用卡，然后进行透支；③持卡人与他人合伙利用真信用卡异地恶意透支。行为人只要实施了上述四种行为之一，就可能构成本罪。

同时，诈骗“数额较大”也是本罪的必备构成要件。根据《追诉标准》第46条的规定，所谓“数额较大”是指：（1）使用伪造的信用卡，或者使用作废的信用卡，或者冒用他人信用卡，进行诈骗活动，数额在5000元以上；（2）恶意透支，数额在5000元以上。

3. 本罪的主体是一般主体，凡年满16周岁具有刑事责任能力的自然人均可构成本罪的主体。单位不能成为本罪的主体。

4. 本罪的主观方面必须是故意，即行为人明知自己的行为会发生破坏金融秩序，侵犯他人财产的危害结果，并且希望或者放任这种结果的发生。并且行为人在主观上具有非法占有他人财物的目的。

（二）信用卡诈骗罪的界限划分

1. 本罪与非罪的界限

在司法实践中，判断行为人使用信用卡进行诈骗的行为是否构成犯罪，主要从以下几方面入手：（1）诈骗的数额大小。本罪在客观方面要求行为人诈骗的数额必须达到5000元的标准，才能构成本罪；如果行为人使用信用卡诈骗的数额低于5000元，则其诈骗行为仅仅成立一般的违法行为。（2）罪过形式。本罪要求行为人的主观罪过必须是故意，也即行为人必须知道自己使用的信用卡是伪造的，或者是用虚假的身份证明办取的，或者是作废的，或者知道自己是在冒用他人的信用卡，或者知道自己是在恶意透支，否则，如果行为人在主观上根本不知道自己是在使用伪造、作废的信用卡，或者根本不知道自己使用的是他人的信用卡，或者根本不知道自己是在恶意透支，那么行为人即使使用这些信用卡取现或者消费了5000元以上的数额，其行为也不构成犯罪，也即过失不构成本罪。（3）主观目的。本罪要求行为人使用信用卡诈骗的主观目的必须是非法占有财物，否则，其行为就不构成犯罪。行为人是否具有非法占有的目的，主要从其客观行为上表现出来。一般来说，行为人在客观上具有下列行为，就可以认为行为人具有非法占有的目的：第一，行为人以虚假的身份证明文件等办理信用卡后进行透支；第二，行为人未经他人同意，而使用他人的信用卡；第三，行为人明知无力归还而进行透支，透支数额超过信用卡准许透支的数额较大；第四，行为人逃避追查，或者自收到发卡银行催收通知后超过3个月仍不归还透支款额。

2. 一罪与数罪的界限

（1）行为人为了达到信用卡诈骗的目的而伪造了信用卡。这种情况属于牵连犯，在牵连犯中存在着两个犯罪行为——目的行为与方法行为，行为人伪造信用卡的行为是为了达到信用卡诈骗的目的，因此其伪造行为属于牵连犯中的方法行为，该方法行为构成了伪造金融票证罪；而利用已经伪造的信用卡进行诈骗的行为正是行为人欲求达到的目的，因此该行为属于牵连犯中的目的行为，该行为构成信用卡诈骗罪。于是伪造信用卡的行为与利用该卡进行诈骗的行为之间构成了牵连关系，因而应按照牵连犯的处理原则——“从一重从重处罚”进行处理。也就是说，此时不实行伪造金融票证罪与信用卡诈骗罪数罪并罚，而只是选择二者中法定型较重的那个罪名定罪并且从重处罚。

（2）行为人伪造身份证明、单位证明、政府公章申领信用卡，在申领到信用卡后又进行了恶意透支。在此过程中，行为人伪造身份证明、单位证明、政府公章的行为构成了伪造居民身份证罪，伪造公司、企业、事业单位、人民团体印章罪或者伪造国家机关公文、证件、印章罪，而行为人利用这些虚假身份证明获取信用卡进行诈骗的行为构成了信用卡诈骗罪，此种情况也属于牵连犯，也按照牵连犯的处罚原则进行处罚。

3. 犯罪既遂与未遂的界限

本罪是结果犯，如果使用伪造、作废的信用卡或冒用他人信用卡（非盗窃所得）进行诈骗，由于行为人意志以外的原因而未骗得财物的，属犯罪未能得逞，应认定为本罪的未遂；但是，合法持卡人恶意透支未能得逞的，不存在未遂的问题，即不以犯罪论处。

4. “盗窃信用卡并使用”行为的定性

《刑法》第196条第3款规定：“盗窃信用卡并使用的，依照本法第二百六十四条的规定定罪处罚。”也就是说，对于此种情况，应按照盗窃罪定罪处罚。

（三）信用卡诈骗罪的刑事责任

根据《刑法》第196条的规定，犯本罪的，处5年以下有期徒刑或者拘役，并处2万元以上20万元以下罚金；数额巨大或者有其他严重情节的，处5年以上10年以下有期徒刑，并处5万元以上50万元以下罚金；数额特别巨大或者有其他严重情节的，处10年以上有期徒刑或者无期徒刑，并处5万元以上50万元以下罚金或者没收财产。

七、有价证券诈骗罪

有价证券诈骗罪，是指以非法占有为目的，使用伪造、变造的国库券或者国家发行的其他有价证券进行诈骗活动，数额较大的行为。本罪的客体是国家对有价证券的管理秩序和公私财产的所有权。本罪在客观方面表现为使用伪造、变造的国库券或者国家发行的其他有价证券进行诈骗活动，数额较大的行为。所谓数额较大，根据《追诉标准》第47条的规定，是指数额在5000元以上。本罪的主体是一般主体，凡年满16周岁具有刑事责任能力的自然人均可构成本罪的主体。本罪的主观方面只能是故意，即行为人明知使用伪造、变造的国库券或者国家发行的其他有价证券会破坏国家对有价证券的管理秩序和公私财产的所有权，而仍然实施该行为，同时行为人还具有非法占有公私财物的目的。

根据《刑法》第197条的规定，犯本罪的，处5年以下有期徒刑或者拘役，并处2万元以上20万元以下罚金；数额巨大或者有其他严重情节的，处5年以上10年以下有期徒刑，并处5万元以上50万元以下罚金；数额特别巨大或者有其他特别严重情节的，处10年以上有期徒刑或者无期徒刑，并处5万元以上50万元以下罚金或者没收财产。

八、保险诈骗罪

（一）保险诈骗罪的概念和构成

保险诈骗罪，是指投保人、被保险人或者受益人，以非法占有为目的，违反保险法律、法规，采取虚构事实、隐瞒真相的方法骗取数额较大的保险金的行为。本罪的构成要件如下：

1. 本罪的客体是复杂客体，既包括国家的保险管理秩序，也包括保险人的财产所有权。

2. 本罪的客观方面表现为违反保险法律、法规，采取虚构事实、隐瞒真相的方法骗取数额较大的保险金的行为。具体内容包括：第一，行为人违反了保险法律、法规。这主要是指行为人违反了《中华人民共和国保险法》，这是构成本罪的前提。第二，行为人实施了采取虚构事实、隐瞒真相的方法骗取保险金的行为。根据《刑法》第198条的规定，行为的具体方式包括：（1）投保人故意虚构保险标的，骗取保险金。根据《中华人民共和国保险法》第12条的规定，“保险标的”是指作为保险对象的财产及其有关利益或者人的寿命和身体；“保险金”是指投保人和保险人按照保险合同的约定，在保险事故发生时保险人支付给投保人的赔偿金。所谓“虚构保险标的”是指保险标的本身不存在，而投保人虚构其存在。（2）投保人、被保险人或者受益人对发生的保险事故编造虚假的原因或者夸大损失的程度，骗取保险金。其中“投保人”是指与保险人订立保险合同，并按照保险合同负有支付保险费义务的人；“保险人”是指与投保人订立保险合同，并承担赔偿或者给付保险金责任的保险公司；“受益人”是指人身保险合同中由被保险人或者投保人指定的享有保险金请求权的人，投保人、被保险人可以成为受益人。所谓“对发生的保险事故编造虚假的原因”是指保险事故发生的真实原因不属于保险公司应当赔偿的原因范围，而行为人却编造出保险公司应当赔偿的事故发生原因，以骗取保险金。所谓“夸大损失的程度”是指故意夸大保险标的在保险事故中所受到损失程度，从而骗取更多的保险金。（3）投保人、被保险人或者受益人编造未曾发生的保险事故，骗取保险金。这是指事实上根本没有发生保险公司应该支付保险金的保险事故，而行为人却编造一个虚假的保险事故，从而获得保险金。（4）投保人、被保险人故意造成财产损失的保险事故，骗取保险金。保险的目的本来是要降低风险，根据“大数法则”来分担风险，因此，就要求大家合力防止风险的发生。如果投保人故意制造保险事故，造成风险的发生，这就违背了保险的诚实信用原则，当然不应得到保险金，也是为法律所禁止的。（5）投保人、受益人故意造成被保险人死亡、伤残或者疾病，骗取保险金的。根据《中华人民共和国保险法》第65条的规定，投保人、受益人故意造成被保险人死亡、伤残或者疾病的，保险人不承担给付保险金的责任；受益人故意造成被保险人死亡或者伤残的，或者故意杀害被保险人的，丧失受益权。这就说明，如果投保人、受益人故意采取杀害、伤残、虐待等方法造成被保险人死亡、伤残或者疾病的，就无权要求获得保险金，如果行为人此时仍然领取保险金，就属于保险诈骗行为。

同时，本罪在客观方面还要求行为人保险诈骗的数额较大，否则其诈骗行为不构成犯罪。根据《追诉标准》第 48 条的规定，“数额较大”是指：个人进行保险诈骗，数额在 1 万元以上；单位进行保险诈骗，数额在 5 万元以上。

3. 本罪的主体是特殊主体，即投保人、被保险人与受益人。之所以本罪的主体是上述三类人员，主要是因为保险诈骗罪的基础还是保险合同，而保险合同中涉及的就只是保险人与投保人、被保险人或者受益人之间的权利义务关系，诈骗保险人的保险金的行为就只能由投保人、被保险人或者受益人实施，因此，也只有他们才能构成本罪的主体。但刑法根据行为的具体方式又对主体范围作了具体限定，对于虚构保险标的的，只限于投保人；虚构保险事故的，包括投保人、被保险人与受益人等。同时根据《刑法》第 198 条第 3 款的规定，单位可以成为本罪的主体。根据《刑法》第 198 条第 4 款的规定，保险事故的鉴定人、证明人、财产评估人故意提供虚假的证明文件，为他人诈骗提供条件的，以保险诈骗罪的共犯论处。

4. 本罪的主观方面只能是故意，且行为人具有非法占有保险金的目的。

（二）保险诈骗罪的界限划分

1. 本罪与非罪的界限

判断行为人诈骗保险金的行为是否构成犯罪，主要是看行为人诈骗保险金的数额是否较大，只有个人进行保险诈骗，数额在 1 万元以上；单位进行保险诈骗，数额在 5 万元以上的，行为人的行为才可能构成犯罪，否则，其诈骗行为只是一般违法行为。

2. 一罪与数罪的界限

在实践中，投保人、被保险人为了诈骗保险金，故意造成财产损失的保险事故，或者投保人、受益人为了诈骗保险金，故意造成被保险人死亡、伤残或者疾病，其方法行为或结果行为，往往触犯放火、爆炸、投放危险物质、故意杀人、故意伤害、虐待等罪名，这种情况实际上属于牵连犯，一般来说，应该按照牵连犯的“从一重从重处罚”原则来定罪处罚。但是由于《刑法》第 198 条第 2 款已明确规定，对这种情形应当依照数罪并罚的规定处罚，所以就不能按照“从一重从重处罚”原则来定罪处罚，这主要是考虑到此类犯罪行为的社会危害性较大的缘故。行为人如果为骗取保险金，伪造了有关公文、证件、印章，这同样是牵连犯，但是由于刑法分则对其定罪处罚没有特别规定，只能按照牵连犯的“从一重从重处罚”原则来定罪处罚。

3. 本罪的共同犯罪的认定

根据《刑法》第198条第4款的规定，保险事故的鉴定人、证明人、财产评估人故意提供虚假的证明文件，为他人诈骗提供条件的，以保险诈骗罪的共犯论处。这就说明，在一定情况下，保险事故鉴定人、证明人、财产评估人可以成为保险诈骗犯罪的共同犯罪主体。

4. 保险公司工作人员骗取保险金的行为的认定

根据《刑法》第183条的规定，保险公司的工作人员利用职务上的便利，故意编造未曾发生的保险事故进行虚假理赔，骗取保险金归自己所有的，以职务侵占罪定罪处罚，而不按照保险诈骗罪认定；国有保险公司工作人员和国有保险公司委派到非国有公司从事公务的人员实施上述行为的，以贪污罪定罪处罚，也不按照保险诈骗罪认定。这实际上是对保险公司的工作人员单独骗取保险金行为的定性。但是，在司法实践中，也存在着保险诈骗的行为人与保险公司的工作人员相勾结骗取保险金的行为，对于这种情形，应该将保险公司的工作人员作为保险诈骗犯罪的共同犯罪主体来定罪处理。

（三）保险诈骗罪的刑事责任

根据《刑法》第198条的规定，犯本罪的，处5年以下有期徒刑或者拘役，并处1万元以上10万元以下罚金；数额巨大或者有其他严重情节的，处5年以上10年以下有期徒刑，并处2万元以上20万元以下罚金；数额特别巨大或者有其他特别严重情节的，处10年以上有期徒刑，并处2万元以上20万元以下罚金或者没收财产。单位犯本罪的，对单位判处罚金，并对其直接负责的主管人员和其他直接责任人员，处5年以下有期徒刑或者拘役；数额巨大或者有其他严重情节的，处5年以上10年以下有期徒刑；数额特别巨大或者有其他特别严重情节的，处10年以上有期徒刑。

第七节　危害税收征管罪

一、偷税罪

（一）偷税罪的概念和构成

偷税罪，是指纳税人或扣缴义务人故意违反税收法律、法规，采取伪造、变造、隐匿、擅自销毁账簿、记账凭证，在账簿上多列支出或者不列、少列收入，经税务机关通知申报而拒不申报或者进行虚假的纳税申报的手段，不缴或者少缴应纳税款，偷税数额达到法定标准或者因偷税受到两次行政处罚又偷税的行为。本罪的犯罪构成如下：

1. 本罪的客体是国家的税收管理秩序。税收是国家为了实现统治职能，按照税法规定，强制、无偿、固定取得财政收入的一种手段，是国家凭借政治权力直接参与国民收入分配和再分配的一种方式。偷税行为导致国家按照税法规定的税收减少，是对国家通过法律确定的税收管理秩序的一种严重破坏。

2. 本罪的客观方面表现为采取伪造、变造、隐匿、擅自销毁账簿、记账凭证，在账簿上多列支出或者不列、少列收入，经税务机关通知申报而拒不申报或者进行虚假的纳税申报的手段，不缴或者少缴应纳税款，偷税数额达到法定标准或者因偷税受到两次行政处罚又偷税的行为。行为的具体内容包括：(1) 伪造、变造、隐匿、擅自销毁账簿、记账凭证。根据2002年最高人民法院《关于审理偷税抗税刑事案件具体应用法律若干问题的解释》（以下简称《审理税收刑事案件解释》）第1条的规定，所谓“伪造、变造、隐匿、擅自销毁账簿、记账凭证”，是指纳税人伪造、变造、隐匿、擅自销毁用于记账的发票等原始凭证。(2) 在账簿上多列支出或者不列、少列收入。由于行为人缴纳税收的多少取决于应纳税的所得额，根据我国税法，不管是企业所得税法还是个人所得税法，应纳税所得额 = 收入总额 - 不征税收入 - 免税收入 - 各项扣除（支出） - 允许弥补的以前年度亏损，因此根据这个公式，如果行为人多列支出或者不列、少列收入，就会导致其应纳税所得额减少，带来的后果就是其缴纳的实际税额少于其应该缴纳的税额。(3) 经税务机关通知申报而拒不申报。所谓“经税务机关通知申报而拒不申报”是指：第一，纳税人、扣缴义务人已经依法办理了税务登记或者扣缴税款登记的；第二，依法不需要办理税务登记的纳税人，经税务机关依法书面通知其申报的；第三，尚未依法办理税务登记、扣缴税款登记的纳税人、扣缴义务人，经税务机关依法书面通知其申报的。(4) 进行虚假的纳税申报，即纳税人或者扣缴义务人向税务机关报送虚假的纳税申报表、财务报表、代扣代缴、代收代缴税款报告表或者其他纳税申报资料，如提供虚假申请，编造减税、免税、抵税、先征收后退还税款等虚假资料等。(5) 缴纳税款后，以假报出口或者其他欺骗手段，骗取所缴纳的税款。这是《刑法》第204条规定的当然结论。

同时本罪在客观方面还必须具备偷税数额达到法定标准或者因偷税受到两次行政处罚又偷税的情形。根据《追诉标准》第49条的规定，所谓“偷税数额达到法定标准”是指：偷税数额在1万元以上，并且偷税数额占各税种应纳税总额的10%以上。根据《审理税收刑事案件解释》，纳税人、扣缴义务人实施下列行为之一，不缴或者少缴应纳税额，偷税数额占应纳税额的10%以上且偷税数额在1万元以上的，构成偷税罪：(1)伪造、变造、隐匿、擅自销毁账簿、记账凭证。(2)在账簿上多列支出或者不列、少列收入。(3)经税务机关通知申报而拒不申报。(4)进行虚假的纳税申报。(5)缴纳税款后，以假报出口或者其他欺骗手段，骗取所缴纳的税款。同时，根据2002年最高人民法院《关于审理非法生产、买卖武装部队车辆号牌等刑事案件具体应用法律若干问题的解释》第3条第1款的规定：使用伪造、变造、盗窃的武装部队车辆号牌，不缴或者少缴应纳的车辆购置税、车辆使用税等税款，偷税数额占应纳税额的10%以上，且偷税数额在1万元以上的，也构成本罪。并且，对于扣缴义务人书面承诺代纳税人支付税款的，应当认定扣缴义务人“已扣、已收税款”。同时，根据《追诉标准》第49条的规定，如果行为人偷税的数额虽未达到上述数额标准，但是偷税受到行政处罚两次以上又偷税的，也构成本罪。事实上，行为人因偷税受到税务机关两次行政处罚又偷税，具体的标准是：两年内因偷税受过两次行政处罚，又偷税且数额在1万元以上。

3. 本罪的主体是特殊主体，只能是纳税人或者扣缴义务人。纳税人是指法律、行政法规规定的负有纳税义务的单位或者个人；扣缴义务人是指法律、行政法规规定的负有代扣代缴、代收代缴税款义务的单位或者个人。因此，偷税罪的主体既可以是自然人，也可以是单位。

4. 本罪的主观方面只能是直接故意，过失导致未按时交纳税款不构成本罪；并且行为人具有逃避缴纳应缴税款，获取非法利益的目的。

(二) 偷税罪的界限划分

1. 本罪与非罪的界限

区分行为人未缴税的行为是否构成犯罪，主要从以下几方面入手：(1)偷税数额的大小。根据《追诉标准》的规定，行为人的偷税行为所导致的偷税数额必须在1万元以上，并且偷税数额占各税种应纳税总额的10%以上，才构成犯罪，否则，行为人的偷税行为就是一般的行政违法行为，应受到税务机关的行政处罚，而不应受到刑法追究。(2)因偷税受到两次行政处罚后又进行了第三次偷税，第三次偷税数额的大小。尽管《刑法》第201条和《追诉标准》第49条都规定行为人偷税的数额虽然未达到上述数额标准，但因偷税受到两次行政处罚又进行第三次偷税的也构成本罪，但是，实际上，行为人第三次偷税的行为并不必然构成犯罪，只有第三次偷税行为符合两年内因偷税受过两次行政处罚，又偷税且数额在1万元以上这个标准，才构成犯罪。如果第三次偷税数额较小，情节显著轻微，尚未达到行政处罚条件的，一般不宜作为犯罪处理。(3) 主观罪过的性质。本罪要求行为人的主观上必须是出于故意，并且具有非法占有应缴纳税款的目的。如果行为人在客观行为上虽然未缴纳或拖欠税款，但是这是由于行为人忘记等过失行为或者不可抗力导致的，即使数额达到上述追诉的标准，也不构成犯罪，而只构成漏税或者欠税行为。

2. 一罪与数罪的界限

在实践中，行为人为了达到偷税的目的，往往又实施了非法制造发票的行为，该非法制造发票的行为又构成了非法制造发票罪，但是，行为人非法制造发票的行为是为了达到偷税的目的，因此，行为人的非法制造发票的行为与偷税的行为之间具有牵连关系，属于牵连犯的情形，对此，应按照牵连犯的处罚原则对行为人定罪处罚，而不对行为人实行数罪并罚。

3. 本罪与避税行为的界限

所谓避税，是指行为人利用税法的漏洞或模糊之处，通过对经营活动和财务活动的安排，以达到免税或者少缴税款目的的行为。从与税收法规的关系上看，避税行为表现为以下四种情况：一是利用选择性条文避税；二是利用不清晰的条文避税；三是利用伸缩性条文避税；四是利用矛盾性、冲突性条文避税。第一种行为并不违法，其他三种行为虽然违反税法精神，但由于这些行为不符合偷税罪的构成要件，故只能根据税法的有关规定作补税处理，不能认定为偷税罪。

(三) 偷税罪的刑事责任

根据《刑法》第201条的规定，犯本罪的，处3年以下有期徒刑或者拘役，并处偷税数额1倍以上5倍以下罚金；偷税数额占应纳、应缴税额30%以上并且偷税数额在10万元以上的，处3年以上7年以下有期徒刑，并处偷税数额1倍以上5倍以下罚金。根据《刑法》第211条的规定，单位犯本罪的，对单位判处罚金，并对其直接负责的主管人员和其他直接责任人员，依照上述规定处罚。根据《刑法》第212条的规定，被判处罚金的，在执行前，应当先由税务机关追缴税款。根据《刑法》第201条第2款的规定，对多次犯有本罪规定的行为而未经处理的，按照累计数额计算。所谓“未经处理”，是指纳税人或者扣缴义务人在5年内多次实施偷税行为，但每次偷税数额均未达到《刑法》第201条规定的构成犯罪的数额标准，且未受行政处罚的情形。

二、抗税罪

抗税罪，是指纳税人、扣缴义务人，违反税收征收法规，以暴力、威胁方法拒不缴纳税款的行为。本罪的客体是复杂客体，既包括国家的税收征管秩序，也包括依法执行征税公务的国家工作人员的人身权利。本罪的客观方面表现为行为人以暴力、威胁方法拒不缴纳税款的行为。所谓暴力，包括对人身的暴力和对物体的暴力。对人身的暴力主要是指行为人对税收人员的身体实施袭击或者使用其他强暴手段，例如对税收人员进行殴打、捆绑、禁闭等足以危及人身安全的行为；对物体的暴力，主要是指行为人为阻碍执行征税而砸毁其使用的交通工具、聚众冲击打砸税务机关的，这些行为也应视为使用暴力。所谓威胁，是指行为人以杀害、伤害税收人员本人或者其亲属，或者毁坏其财产，或者损害税收人员名誉等进行威胁、恫吓，对税收人员实行精神强制。需要注意的是，在认定行为人的暴力、威胁行为时，要把握住两点：（1）行为人的暴力、威胁行为必须是发生在税收人员履行税收征管行为的过程中，否则，如果行为人的暴力、威胁行为虽然是针对税收人员，但是税收人员并不是处在履行职务期间，而是在日常的社会生活中，此时这种暴力、威胁行为不是因为税收人员的征税行为引起的，因此这种暴力、威胁行为如果构成犯罪，也不构成本罪，造成轻伤以上后果的，构成故意伤害罪。（2）行为人的暴力、威胁行为必须是一种现实可能的行为，如果行为人虽然口头上向外界表示要对税收人员实行暴力或者威胁，但是实际上只是一时冲动讲了气话，并无将威胁的内容付诸实施的意图，此种情况下行为人的行为不构成犯罪。本罪的主体是特殊主体，只能是纳税人和扣缴义务人，并且单位不能成为本罪主体，如果出于单位意志而实施抗税行为，就只应该处罚其直接负责的主管人员和其他直接责任人员，而不处罚单位。本罪的主观方面只能是故意，即行为人明知自己负有纳税的义务而仍然故意抗拒缴纳税款。

根据《刑法》第202条的规定，犯本罪的，处3年以下有期徒刑或者拘役，并处拒缴税款1倍以上5倍以下罚金；情节严重的，处3年以上7年以下有期徒刑，并处拒缴税款1倍以上5倍以下罚金。根据《刑法》第212条的规定，执行罚金前，应当先由税务机关追缴税款。同时根据《审理税收刑事案件解释》的规定，实施抗税行为具有下列情形之一的，属于情节严重：（1）聚众抗税的首要分子；（2）抗税数额在10万元以上的；（3）多次抗税的；（4）故意伤害致人轻伤的；（5）具有其他严重情节的。需要注意的是，本罪以抗税的激烈程度为要件，不以抗税数额为要件。如果行为人故意致税务人员重伤或者死亡的，应该按照故意伤害罪或者故意杀人罪定罪处罚，而不再按照本罪进行追究。

三、逃避追缴欠税罪

逃避追缴欠税罪，是指纳税义务人欠缴应纳税款，采取转移或者隐匿资产的手段，致使税务机关无法追缴欠缴的税款，数额较大的行为。本罪的客体是国家的税收管理秩序。本罪在客观方面表现为行为人采取转移或者隐匿资产的手段，致使税务机关无法追缴欠缴的税款，数额较大的行为。转移财产通常是指行为人将自己的流动资产或者汽车、轮船等法定的固定资产从本人的住所或者营业地转移到通常存放地点以外的地点，或者是从开户银行、有关金融机构将存款转入他人账号或提走存款，从而使税务人员无法知道其真实的资产的行为。隐匿资产是指行为人将其财产予以隐藏，使税务机关难以或者不能发现的行为。无法追缴是指因为行为人的转移或者隐匿资产的行为导致税务人员不能正确地获知行为人的资产情况，从而对其转移或者隐匿的那部分资产失去了征税的资产依据，进而无法进行征税。同时，本罪还要求逃避追缴欠税的数额较大，否则不构成犯罪。根据《追诉标准》第51条的规定，逃避追缴税款在1万元以上的，应予追诉。本罪的主体是特殊主体，只能是欠税人，包括欠税的个人和单位。本罪的主观方面是故意，即行为人明知转移、隐匿财产的行为，会发生使税务机关无法追缴欠缴税款的结果，并且希望或者放任这种结果发生。同时行为人还具有逃避税务机关追缴欠缴税款的目的。

根据《刑法》第203条的规定，犯本罪的，数额在1万元以上不满10万元的，处3年以下有期徒刑或者拘役，并处或者单处欠缴税款1倍以上5倍以下罚金；数额在10万元以上的，处3年以上7年以下有期徒刑，并处欠缴税款1倍以上5倍以下罚金。根据《刑法》第211条的规定，单位犯本罪的，对单位判处罚金，并对其直接负责的主管人员和其他直接责任人员，依照上述规定处罚。根据《刑法》第212条的规定，执行罚金前，应当先由税务机关追缴税款。

四、骗取出口退税罪

骗取出口退税罪，是指以假报出口或者其他欺骗手段，骗取国家出口退税款，数额较大的行为。本罪的客体是复杂客体，包括国家的出口退税管理秩序和国家的财产所有权。本罪的客观方面表现为以假报出口或者其他欺骗手段，骗取国家出口退税款，数额较大的行为。客观方面的具体行为方式包括：（1）假报出口的商品。这是指行为人本来就没有产品出口，采用虚构事实、隐瞒真相的方法，谎报产品已经出口，欺骗税务部门，使其信以为真，从而达到骗取退税款的目的。(2) 虚报出口产品的数量和价格，加大出口产品数额。这是指行为人出口的产品的实际数量较少或者价格较低，而行为人向税务机关申报的产品数额多于实际数额或者价格高于实际价格，从而非法获取申报的数额或者价格与实际数额或者价格之间的退税差额。(3) 利用同一批货物重复报关，重复申报。这是指行为人为了获取较多的出口退税，但是又没有较多的出口产品，于是就利用同批次的货物多次向税务机关申报，从而获取重复的出口退税款。(4) 向税务机关提供虚假退税申报凭证。这是指行为人本来不具备获得相应的出口退税资格，但是行为人却伪造或者变造税务机关的退税申报凭证，从而非法获得出口退税的行为。(5) 其他欺骗行为。这是指上述四种方式以外的其他骗税方式。同时本罪要求行为人骗取出口退税的数额必须较大，否则不构成本罪。根据《追诉标准》第 52 条的规定，骗取国家出口退税款数额在 1 万元以上的，应予追诉。本罪的主体是一般主体，即年满 16 周岁具有刑事责任能力的自然人和任何单位。本罪的主观方面只能是故意，即行为人明知假报出口或者以其他欺骗手段，骗取国家出口退税款的行为会破坏国家的出口退税管理秩序和国家的财产所有权，而仍然实施该行为，并且行为人还具有骗取国家出口退税款的目的。需要注意的是，根据《刑法》第 204 条第 2 款的规定，如果行为人在缴纳税款之后，采取了假报出口或者其他欺骗手段，骗取自己已经缴纳的税款的，应该按照偷税罪定罪处罚；但是如果行为人采取这种方式骗取的税款数额超过了自己所缴纳的税款数额的，对于其所骗取的超出自己所缴纳的税款的那一部分，应该按照本罪来定罪处罚。也就是说，如果行为人采取这种方式骗取的出口退税的税款数额超过了自己所缴纳的税款数额，就同时构成了偷税罪和骗取出口退税罪，实行数罪并罚。如果行为人实施骗取出口退税罪，同时其骗取的方式又构成了虚开增值税专用发票等其他的犯罪的，属于牵连犯的情况，应按照其中的重罪从重处罚。

根据《刑法》第 204 条的规定，犯本罪的，处 5 年以下有期徒刑或者拘役，并处骗取税款 1 倍以上 5 倍以下罚金；数额巨大或者有其他严重情节的，处 5 年以上 10 年以下有期徒刑，并处骗取税款 1 倍以上 5 倍以下罚金；数额特别巨大或者有其他特别严重情节的，处 10 年以上有期徒刑或者无期徒刑，并处骗取税款 1 倍以上 5 倍以下罚金或者没收财产。根据《刑法》第 211 条的规定，单位犯本罪的，对单位判处罚金，并对其直接负责的主管人员和其他直接责任人员，依照上述规定处罚。根据《刑法》第 212 条的规定，在执行罚金前，应当由税务机关追缴骗取的出口退税款。

五、虚开增值税专用发票、用于骗取出口退税、抵扣税款发票罪

虚开增值税专用发票、用于骗取出口退税、抵扣税款发票罪，是指为了牟取非法经济利益，故意违反国家发票管理规定，虚开增值税专用发票或者用于骗取出口退税、抵扣税款的其他发票的行为。本罪的客体是复杂客体，既包括国家的发票管理秩序，也包括税收征管秩序。本罪在客观方面表现为违反国家发票管理规定，虚开增值税专用发票或者用于骗取出口退税、抵扣税款的其他发票的行为。根据2005年12月29日通过的全国人民代表大会常务委员会《关于〈中华人民共和国刑法〉有关出口退税、抵扣税款的其他发票规定的解释》，所谓“出口退税、抵扣税款的其他发票”，是指除增值税专用发票以外的，具有出口退税、抵扣税款功能的收付款凭证或者完税凭证。所谓“虚开”，包括为他人虚开、为自己虚开、让他人为自己虚开、介绍他人虚开专用发票四种情况，只要具备上述四种行为之一即可构成本罪。虚开的具体表现形式包括：(1) 没有货物购销或者没有提供或接受应税劳务而为他人、为自己、让他人为自己、介绍他人开具专用发票；(2) 有货物购销或者提供或接受了应税劳务但为他人、为自己、让他人为自己、介绍他人开具数量或者金额不实的专用发票；(3) 进行了实际经营活动，但让他人为自己代开专用发票，用于骗取出口退税、抵扣税款的其他发票。同时，根据《追诉标准》第53条的规定，行为人虚开各种发票的税款数额在1万元以上或者致使国家税款被骗数额在5000元以上的，应予以追诉。本罪主体既可以是自然人，也可以是单位。本罪的主观方面只能是故意，即行为人明知虚开增值税专用发票或者用于骗取国家出口退税、抵扣税款的其他发票会造成国家税款的流失，而仍然实施该行为，并且行为人通常具有营利的目的。

根据《刑法》第205条的规定，犯本罪的，处3年以下有期徒刑或者拘役，并处2万元以上20万元以下罚金；虚开的税款数额较大或者有其他严重情节的，处3年以上10年以下有期徒刑，并处5万元以上50万元以下罚金；虚开的税款数额巨大或者有其他特别严重情节的，处10年以上有期徒刑或者无期徒刑，并处5万元以上50万元以下罚金或者没收财产；实施本罪行为骗取国家税款，数额特别巨大，情节特别严重，给国家利益造成特别重大损失的，处无期徒刑或者死刑，并处没收财产。单位犯本罪的，对单位判处罚金，并对其直接负责的主管人员和其他直接责任人员，处3年以下有期徒刑或者拘役；虚开的税款数额较大或者有其他严重情节的，处3年以上10年以下有期徒刑；虚开的税款数额巨大或者有其他特别严重情节的，处10年以上有期徒

刑或者无期徒刑。根据《刑法》第 212 条的规定，在执行罚金前，应当先由税务机关追缴骗取的税款。

六、伪造、出售伪造的增值税专用发票罪

伪造、出售伪造的增值税专用发票罪，是指仿照增值税专用发票的式样，非法印制假增值税专用发票或者出售非法印制的假增值税专用发票的行为。本罪的客体是国家对增值税专用发票的管理秩序。本罪在客观方面表现为仿照增值税专用发票的式样，非法印制假增值税专用发票或者出售非法印制的假增值税专用发票的行为。本罪是选择性罪名，应根据行为的方式进行选择适用或者并合适用。其中的“伪造”既包括行为人利用各种原料非法制造新的增值税专用发票，也包括行为人非法对真实的增值税专用发票进行变造和改动的行为。同时，根据《追诉标准》第 54 条的规定，行为人伪造或者出售伪造的增值税发票 25 份以上或者票面额累计在 10 万元以上的，应予以追诉。本罪的主体是一般主体，年满 16 周岁具有刑事责任能力的自然人和任何单位均可构成。本罪的主观方面是故意，即行为人明知自己伪造、出售伪造的增值税专用发票的行为会破坏国家对增值税专用发票的管理秩序，而仍然实施该行为。

根据《刑法》第 206 条的规定，犯本罪的，处 3 年以下有期徒刑、拘役或者管制，并处 2 万元以上 20 万元以下罚金；数量较大或者有其他严重情节的，处 3 年以上 10 年以下有期徒刑，并处 5 万元以上 50 万元以下罚金；数量巨大或者有其他特别严重情节的，处 10 年以上有期徒刑或者无期徒刑，并处 5 万元以上 50 万元以下罚金或者没收财产。伪造并出售伪造的增值税专用发票，数量特别巨大，情节特别严重，严重破坏经济秩序的，处无期徒刑或者死刑，并处没收财产。单位犯本罪的，对单位判处罚金，并对其直接负责的主管人员和其他直接责任人员，处 3 年以下有期徒刑、拘役或者管制；数量较大或者有其他严重情节的，处 3 年以上 10 年以下有期徒刑；数量巨大或者有其他特别严重情节的，处 10 年以上有期徒刑或者无期徒刑。

七、非法出售增值税专用发票罪

非法出售增值税专用发票罪，是指违反国家发票管理法规，非法出售增值税专用发票的行为。本罪的客体是国家对增值税专用发票的管理秩序。本罪在客观方面表现为非法出售增值税专用发票的行为，并且行为人所出售的必须是真实的增值税专用发票，如果出售伪造的增值税专用发票，则成立出售伪造的增值税专用发票罪。根据《追诉标准》第 55 条的规定，行为人在客观方面非

法出售增值税专用发票25份以上或者票面额累计在10万元以上的，应予以追诉。本罪的主体是一般主体，年满16周岁具有刑事责任能力的自然人和任何单位均可构成。本罪的主观方面只能是故意。

根据《刑法》第207条的规定，犯本罪的，处3年以下有期徒刑、拘役或者管制，并处2万元以上20万元以下罚金；数量较大的，处3年以上10年以下有期徒刑，并处5万元以上50万元以下罚金；数量巨大的，处10年以上有期徒刑或者无期徒刑，并处5万元以上50万元以下罚金或者没收财产。根据《刑法》第211条的规定，单位犯本罪的，对单位判处罚金，并对其直接负责的主管人员和其他直接责任人员，依照上述规定处罚。

八、非法购买增值税专用发票、购买伪造的增值税专用发票罪

非法购买增值税专用发票、购买伪造的增值税专用发票罪，是指故意违反国家发票管理法规，非法购买增值税专用发票或者购买伪造的增值税专用发票的行为。本罪的客体是国家对发票的管理秩序。本罪在客观方面表现为非法购买增值税专用发票或者购买伪造的增值税专用发票的行为，因此本罪是选择性罪名，司法实践中应根据具体案情，选择适用或并合适用。根据《追诉标准》第56条的规定，非法购买增值税专用发票或者购买伪造的增值税专用发票25份以上或者票面额累计在10万元以上的，应予以追诉。本罪的主体是一般主体，年满16周岁具有刑事责任能力的自然人和任何单位均可构成。本罪的主观方面只能是故意，即明知自己是非法购买增值税专用发票或者购买的是伪造的增值税专用发票的行为，而仍然实施该行为。

根据《刑法》第208条的规定，犯本罪的，处5年以下有期徒刑或者拘役，并处或者单处2万元以上20万元以下罚金。根据《刑法》第211条的规定，单位犯本罪的，对单位判处罚金，并对其直接负责的主管人员和其他直接责任人员，依照上述规定处罚。同时，根据《刑法》第208条第2款的规定：非法购买增值税专用发票或者购买伪造的增值税专用发票又虚开或者出售的，分别以虚开增值税专用发票、用于骗取出口退税、抵扣税款发票罪，出售伪造的增值税专用发票罪，非法出售增值税专用发票罪论处。

九、非法制造、出售非法制造的用于骗取出口退税、抵扣税款发票罪

非法制造、出售非法制造的用于骗取出口退税、抵扣税款发票罪，是指故意违反国家发票管理法规，伪造、擅自制造或者出售伪造、擅自制造的可以用于骗取出口退税、抵扣税款的非增值税专用发票的行为。本罪的客体是国家对

发票的管理秩序。本罪在客观方面表现为违反国家发票管理法规，伪造、擅自制造或者出售伪造、擅自制造的可以用于骗取出口退税、抵扣税款的非增值税专用发票的行为。根据《追诉标准》第57条的规定，行为人伪造、擅自制造或者出售伪造、擅自制造的可以用于骗取出口退税、抵扣税款的非增值税专用发票50份以上的，应予以追诉。本罪的主体是一般主体，年满16周岁具有刑事责任能力的自然人和任何单位均可构成。本罪的主观方面只能是故意，即明知自己制造用于骗取出口退税、抵扣税款的非增值税专用发票的行为是违法的，而仍然予以制造；或者明知出售的是伪造、擅自制造的可以用于骗取出口退税、抵扣税款的非增值税专用发票，而仍然实施该行为。

根据《刑法》第209条第1款的规定，犯本罪的，处3年以下有期徒刑、拘役或者管制，并处2万元以上20万元以下罚金；数量巨大的，处3年以上7年以下有期徒刑，并处5万元以上50万元以下罚金；数量特别巨大的，处7年以上有期徒刑，并处5万元以上50万元以下罚金或者没收财产。根据《刑法》第211条的规定，单位犯本罪的，对单位判处罚金，并对其直接负责的主管人员和其他直接责任人员，依照上述规定处罚。

十、非法制造、出售非法制造的发票罪

非法制造、出售非法制造的发票罪，是指违反国家发票管理法规，伪造、擅自制造或者出售伪造、擅自制造的不具备骗取出口退税、抵扣税款功能的普通发票的行为。本罪的客体是国家对发票的管理秩序。本罪在客观方面表现为违反国家发票管理法规，伪造、擅自制造或者出售伪造、擅自制造的不具备骗取出口退税、抵扣税款功能的普通发票的行为。本罪的犯罪对象是不具备骗取出口退税、抵扣税款功能的普通发票，即排除了用于骗取出口退税、抵扣税款的发票，如果行为人非法制造、出售非法制造的发票是用于骗取出口退税或者抵扣税款的发票，那么其行为就不构成本罪，而相应地成立非法制造、出售非法制造的用于骗取出口退税、抵扣税款发票罪。根据《追诉标准》第58条的规定，行为人伪造、擅自制造或者出售伪造、擅自制造的不具备骗取出口退税、抵扣税款功能的普通发票50份以上的，应予以追诉。本罪的主体是一般主体，年满16周岁具有刑事责任能力的自然人和任何单位均可成为本罪的主体。本罪的主观方面只能是故意，即明知自己制造不具备骗取出口退税、抵扣税款功能的普通发票的行为是违法的，而仍然予以制造；或者明知出售的是伪造、擅自制造的不具备骗取出口退税、抵扣税款功能的普通发票，而仍然实施该行为。

根据《刑法》第209条第2款的规定，犯本罪的，处2年以下有期徒刑、拘役或者管制，并处或者单处1万元以上5万元以下罚金；情节严重的，处2年以上7年以下有期徒刑，并处5万元以上50万元以下罚金。根据《刑法》第211条的规定，单位犯本罪的，对单位判处罚金，并对其直接负责的主管人员和其他直接责任人员，依照上述规定处罚。

十一、非法出售用于骗取出口退税、抵扣税款发票罪

非法出售用于骗取出口退税、抵扣税款发票罪，是指违反国家发票管理法规，非法出售可以用于骗取出口退税、抵扣税款的非增值税专用发票的行为。本罪的客体是国家对发票的管理秩序。客观方面表现为违反国家发票管理法规，非法出售可以用于骗取出口退税、抵扣税款的非增值税专用发票的行为。值得注意的是，行为人所出售的必须是真实的发票，如果出售的不是真实的发票，而是伪造、擅自制造的可以用于骗取出口退税、抵扣税款的发票，则成立出售非法制造的用于骗取出口退税、抵扣税款发票罪，而不构成本罪。根据《追诉标准》第59条的规定，行为人非法出售可以用于骗取出口退税、抵扣税款功能的发票50份以上的，应予以追诉。本罪的主体是一般主体，年满16周岁具有刑事责任能力的自然人和任何单位均可构成。本罪的主观方面只能是故意。

根据《刑法》第209条第3款的规定，犯本罪的，处3年以下有期徒刑、拘役或者管制，并处2万元以上20万元以下罚金；数量巨大的，处3年以上7年以下有期徒刑，并处5万元以上50万元以下罚金；数量特别巨大的，处7年以上有期徒刑，并处5万元以上50万元以下罚金或者没收财产。根据《刑法》第211条的规定，单位犯本罪的，对单位判处罚金，并对其直接负责的主管人员和其他直接责任人员，依照上述规定处罚。

十二、非法出售发票罪

非法出售发票罪，是指违反国家发票管理法规，非法出售除增值税专用发票，可以用于骗取出口退税、抵扣税款的非增值税专用发票以外的普通发票的行为。本罪的客体是国家对发票的管理秩序。客观方面表现为违反国家发票管理法规，非法出售除增值税专用发票，可以用于骗取出口退税、抵扣税款的非增值税专用发票以外的普通发票的行为。根据《追诉标准》第60条的规定，行为人非法出售除增值税专用发票，可以用于骗取出口退税、抵扣税款的非增值税专用发票以外的普通发票50份以上的，应予以追诉。本罪的主体是一般主体，年满16周岁具有刑事责任能力的自然人和任何单位均可构成。本罪的主观方面只能是故意，即明知自己违法出售发票的行为会破坏国家的发票管理秩序，而仍然实施该行为。

根据《刑法》第209条第4款的规定，犯本罪的，处2年以下有期徒刑、拘役或者管制，并处或者单处1万元以上5万元以下罚金；情节严重的，处2年以上7年以下有期徒刑，并处5万元以上50万元以下罚金。根据《刑法》第211条的规定，单位犯本罪的，对单位判处罚金，并对其直接负责的主管人员和其他直接责任人员，依照上述规定处罚。

第八节　侵犯知识产权罪

一、假冒注册商标罪

（一）假冒注册商标罪的概念和构成

假冒注册商标罪，是指未经注册商标所有人许可，在同一种商品上使用与其注册商标相同的商标，情节严重的行为。本罪的构成要件如下：

1. 本罪的客体是国家对商标的管理秩序以及他人注册商标的专用权。

2. 本罪的客观方面表现为未经商标所有人的许可，在同一种商品上使用与其注册商标相同的商标，情节严重的行为。其具体内容包括：（1）未经商标所有人的许可。这是指行为人使用他人注册商标，未取得注册商标所有人的同意，如果得到商标注册人同意后使用的，不成立本罪。（2）在同一种商品上使用与他人已经注册的商标相同的商标。首先，行为人注册的商标必须是他人已经注册的商标，如果行为人使用的商标尽管在事实上属于他人所有，但是他人却没有在商标注册机构注册，此时行为人使用商标的行为不构成本罪。其次，根据最高人民法院、最高人民检察院《关于办理知识产权刑事案件具体应用法律若干问题的解释》（以下简称《办理知识产权刑事案件解释》）第8条的规定，所谓“相同的商标”，是指与被假冒的注册商标完全相同，或者与被假冒的注册商标在视觉上基本无差别、足以对公众产生误导的商标。可见本罪这里所说的相同商标并非一定是与他人注册的商标完全相同的商标，对于相近似的、容易产生误导与混淆的商标也属于本罪所说的相同商标。所谓“使用”是指将注册的商标或者假冒的注册商标用于商品、商品包装或者容器及产品说明书、商品交易文书，或者将注册商标、假冒的注册商标用于广告宣传、展览以及其他商业活动的行为。（3）本罪在客观方面还要求行为的“情节严重”。根据《办理知识产权刑事案件解释》第 1 条的规定，本罪所说的“情节严重”是指具有下列情形之一：第一，非法经营数额在 5 万元以上或者违法所得数额在 3 万元以上的；第二，假冒两种以上注册商标，非法经营数额在 3 万元以上或者违法所得数额在 2 万元以上的；第三，具有其他严重情节的。

3. 本罪的主体是一般主体，凡年满 16 周岁具有刑事责任能力的自然人和任何单位均可构成。

4. 本罪的主观方面是故意，即行为人明知自己所使用的商标与他人已经注册的商标相同，而仍然使用该商标。

（二）假冒注册商标罪的界限划分

1. 本罪与非罪的界限

判断使用他人注册商标的行为是否构成犯罪，主要从以下几方面入手：（1）客观方面。首先，行为人使用他人注册商标是否经过商标所有人同意，本罪在客观方面表现为未经他人同意而使用他人商标，因此可能构成犯罪，如果行为人虽然使用了他人商标，但是这种使用行为是得到商标所有人同意或者授权的，此时行为人的使用行为就不构成犯罪。其次，他人的商标是否已经在商标管理部门合法注册。本罪要求行为人所假冒的必须是他人已经注册的商标，否则，如果他人商标已经创制出来了，但是未在商标管理部门注册登记，此时行为人抢注商标的行为就不构成犯罪，而属于一般的知识产权案件。（2）情节是否严重。本罪在客观方面要求行为人假冒注册商标的行为必须达到情节严重的程度，否则假冒行为只成立一般的知识产权案件，而不构成犯罪。情节严重的标准在前面客观方面已经论述，此处不再赘述。（3）主观方面的罪过。本罪要求行为人的罪过必须是故意，即明知自己所使用的商标与他人已经注册的商标相同，而仍然使用该商标。如果行为人根本不知道他人已经在同一种商品上注册使用了这个商标，从而使用了该商标，此时行为人的使用商标的行为完全是过失行为，没有主观恶性，此行为也就不构成犯罪。

2. 一罪与数罪的界限

在司法实践中，存在着行为人既实施了假冒注册他人商标的行为而构成假冒注册商标罪，又实施了销售该假冒注册商标的商品从而构成犯罪的情况，此时根据前述的最高人民法院、最高人民检察院《关于办理知识产权刑事案件具体应用法律若干问题的解释》第 13 条第 1 款的规定，对行为人只按照假冒注册商标罪定罪处罚，而不实行数罪并罚。虽然在司法实践中将上述情形按本罪处理，但是在刑法理论上如何认定行为人的行为，却争论不休。有人认为该行为为牵连犯，因为假冒注册商标是生产、销售伪劣商品的手段行为；[①] 有人认为这是一种法条竞合；[②] 有人认为属于一行为触犯数罪名的想象竞合犯。[③] 本书赞同牵连犯说，因为假冒注册商标的目的就是为了销售伪劣产品，假冒行为和销售行为之间具有明显的牵连关系。如果行为人既实施了假冒注册商标犯罪，又销售明知是他人假冒注册商标的商品，构成犯罪的，应当实行数罪并罚。

3. 本罪的共同犯罪的认定

根据《办理知识产权刑事案件解释》第 16 条的规定，明知他人实施本罪，而为其提供贷款、资金、账号、发票、证明、许可证件，或者提供生产、经营场所或者运输、存储、代理进口等便利条件、帮助的，以本罪的共犯论处。

（三）假冒注册商标罪的刑事责任

根据《刑法》第 213 条的规定，犯本罪的，处 3 年以下有期徒刑或者拘役，并处或者单处罚金；情节特别严重的，处 3 年以上 7 年以下有期徒刑，并处罚金。根据《办理知识产权刑事案件解释》第 1 条第 2 款的规定，所谓"情节特别严重"是指具有下列情形之一：（1）非法经营数额在 25 万元以上或者违法所得数额在 15 万元以上；（2）假冒两种以上注册商标，非法经营数额在 15 万元以上或者违法所得数额在 10 万元以上；（3）其他情节特别严重的情形。这个解释的第 12 条规定，所谓"非法经营数额"是指行为人在实施侵犯知识产权行为的过程中，制造、存储、运输、销售侵权产品的价值。已销售的侵权产品的价值，按照实际销售价格计算。制造、存储、运输和未销售的侵权产品的价值，按照标价或者已经查清的侵权产品的实际销售平均价格计算。侵权产品没有标价或者无法查清其实际销售价格的，按照被侵权产品的市场中间价格计算。多次实施侵犯知识产权行为，未经行政处理或者刑事处罚的，非法经营的数额、违法所得的数额或者销售金额应累计计算。

根据《刑法》第 220 条和《办理知识产权刑事案件解释》第 15 条的规定，单位犯本罪的，对单位判处罚金，并对其直接负责的主管人员和其他直接责任人员定罪处罚，处罚的标准是：按照相应的个人犯本罪的定罪量刑标准的

---

① 参见贾宇、齐文远、杨兴培：《刑法原理与实务》，中国政法大学出版社 2001 年版，第 318 页；陈忠林：《刑法学》，法律出版社 2005 年版，第 109 页。

② 参见赵秉志主编：《中国刑法特论》，中国人民大学出版社 1997 年版，第 348 页。

③ 参见马克昌主编：《经济犯罪新论》，武汉大学出版社 1998 年版，第 503 页。

3倍定罪量刑。

二、销售假冒注册商标的商品罪

销售假冒注册商标的商品罪，是指明知是假冒注册商标的商品，而予以销售，销售金额数额较大的行为。本罪的客体是注册商标所有人的注册商标专用权以及消费者的合法权益。本罪在客观方面表现为明知是假冒注册商标的商品，而予以销售，销售金额数额较大的行为。所谓“假冒注册商标的商品”是指假冒注册商标罪中的未经注册商标所有人许可，使用与其注册商标相同的商标的同一种商品。本罪在客观方面还要求假冒注册商标的商品的销售金额数额较大，否则不构成犯罪。根据《办理知识产权刑事案件解释》第2条的规定，数额较大是指：销售金额在5万元以上25万元以下。本罪的主体是一般主体，凡年满16周岁具有刑事责任能力的自然人和任何单位均可构成。① 本罪的主观方面是故意，即行为人明知是假冒注册商标的商品，而仍然予以销售。根据《办理知识产权刑事案件解释》第9条第2款的规定，行为人具有下列情形之一的，应当认定为本罪的“明知”：（1）知道自己销售的商品上的注册商标被涂改、调换或者覆盖的；（2）因销售假冒注册商标的商品受到过行政处罚或者承担民事责任，又销售同一种假冒注册商标的商品的；（3）伪造、涂改商标注册人授权文件或者知道该文件被伪造、涂改的；（4）其他知道或者应当知道是假冒注册商标的商品的情形。需要注意的一个问题是：销售假冒注册商标的商品罪可能同时也触犯销售伪劣产品罪，因为假冒注册商标的商品通常属于伪劣产品，这种情况属于想象竞合犯，是一个行为同时触犯两个罪名，从一重罪论处。

根据《刑法》第214条的规定，犯本罪的，处3年以下有期徒刑或者拘役，并处或者单处罚金；销售金额数额巨大的，处3年以上7年以下有期徒刑，并处罚金。根据《办理知识产权刑事案件解释》第2条的规定，所谓“数额巨大”是指销售金额在25万元以上，“销售金额”是指销售假冒注册商标的商品后所得和应得的全部违法收入。根据《刑法》第220条和《办理知识产权刑事案件解释》第15条的规定，单位犯本罪的，对单位判处罚金，并

---

① 事实上，本罪的主体不包括在该商品上假冒注册商标的人，因为根据最高人民法院、最高人民检察院《关于办理知识产权刑事案件具体应用法律若干问题的解释》第13条的规定，行为人假冒注册商标犯罪，又销售该假冒注册商标商品，构成犯罪的，应以假冒注册商标罪定罪处罚，而不另成立本罪。

对其直接负责的主管人员和其他直接责任人员定罪处罚，处罚的标准是：按照相应的个人犯本罪的定罪量刑标准的3倍定罪量刑。

三、非法制造、销售非法制造的注册商标标识罪

非法制造、销售非法制造的注册商标标识罪，是指伪造、擅自制造他人注册商标标识，或者销售伪造、擅自制造的注册商标标识，情节严重的行为。本罪的客体是国家对注册商标标识的管理秩序。本罪的客观方面表现为伪造、擅自制造他人注册商标标识，或者销售伪造、擅自制造的注册商标标识，情节严重的行为。所谓商标标识，是生产经营者在其商品或者服务项目上使用的，由文字、图形或者其组合构成的，具有显著特征，便于识别商品或者服务来源的专用标记。根据《办理知识产权刑事案件解释》第3条的规定，“情节严重”是指具有下列情形之一：（1）伪造、擅自制造或者销售伪造、擅自制造的注册商标标识数量在2万件以上，或者非法经营数额在5万元以上，或者违法所得数额在3万元以上的；（2）伪造、擅自制造或者销售伪造、擅自制造两种以上注册商标标识数量在1万件以上，或者非法经营数额在3万元以上，或者违法所得数额在2万元以上的；（3）其他情节严重的情形。本罪的主体是一般主体，凡年满16周岁具有刑事责任能力的自然人和任何单位均可成为本罪的主体。本罪的主观方面是故意，即行为人明知是他人注册的商标标识而予以伪造或者擅自制造，或者明知是伪造或者擅自制造的商标标识而予以销售。

根据《刑法》第215条的规定，犯本罪的，处3年以下有期徒刑、拘役或者管制，并处或者单处罚金；情节特别严重的，处3年以上7年以下有期徒刑，并处罚金。根据《办理知识产权刑事案件解释》第3条的规定，所谓“情节特别严重”是指具有下列情形之一：（1）伪造、擅自制造或者销售伪造、擅自制造的注册商标标识数量在10万件以上，或者非法经营数额在25万元以上，或者违法所得数额在15万元以上的；（2）伪造、擅自制造或者销售伪造、擅自制造两种以上注册商标标识数量在5万件以上，或者非法经营数额在15万元以上，或者违法所得数额在10万元以上的；（3）其他情节特别严重的情形。根据《刑法》第220条和《办理知识产权刑事案件解释》第15条的规定，单位犯本罪的，对单位判处罚金，并对其直接负责的主管人员和其他直接责任人员定罪处罚，处罚的标准是：按照相应的个人犯本罪的定罪量刑标准的3倍定罪量刑。

四、假冒专利罪

假冒专利罪，是指违反国家专利法规，假冒他人专利，情节严重的行为。本罪的客体是复杂客体，即国家的专利管理秩序和他人的专利专用权。本罪的客观方面表现为违反国家专利法规，假冒他人专利，情节严重的行为。客观方面的具体内容包括：第一，实施了假冒他人专利的行为。根据《办理知识产权刑事案件解释》的规定，“假冒他人专利”的具体表现形式有以下四种：(1) 未经许可，在其制造或者销售的产品、产品包装上标注他人专利号的；(2) 未经许可，在广告或者其他宣传材料中使用他人专利号，使人将所涉及的技术误认为是他人专利技术的；(3) 未经许可，在合同中使用他人专利号，使人将合同涉及的技术误认为是他人专利技术的；(4) 伪造或者变造他人专利证书、专利文件或者专利申请文件的。第二，情节严重。根据《办理知识产权刑事案件解释》第 4 条的规定，情节严重是指具有下列情形之一者：(1) 非法经营数额在 20 万元以上或者违法所得数额在 10 万元以上的；(2) 给专利权人造成直接经济损失 50 万元以上的；(3) 假冒两项以上他人专利，非法经营数额在 10 万元以上或者违法所得数额在 5 万元以上的；(4) 其他情节严重的情形。本罪的主体是一般主体，凡年满 16 周岁具有刑事责任能力的自然人和任何单位均可构成。本罪的主观方面是故意，即行为人明知是他人的专利而仍然予以假冒，并且还具有非法牟利的目的。

根据《刑法》第 216 条的规定，犯本罪的，处 3 年以下有期徒刑或者拘役，并处或者单处罚金。根据《刑法》第 220 条和《办理知识产权刑事案件解释》第 15 条的规定，单位犯本罪的，对单位判处罚金，并对其直接负责的主管人员和其他直接责任人员定罪处罚，处罚的标准是：按照相应的个人犯本罪的定罪量刑标准的 3 倍定罪量刑。

五、侵犯著作权罪

(一) 侵犯著作权罪的概念和构成

侵犯著作权罪，是指以营利为目的，未经著作权人或邻接权人的许可，复制发行其作品，出版他人享有专有出版权的图书，未经录音录像制作者许可，复制发行其制作的音像制品，或者制售假冒他人署名的美术作品，违法所得数额较大或者有其他严重情节的行为。本罪的构成要件如下：

1. 本罪的客体是他人的著作权和邻接权人的邻接权。所谓著作权是指文学、艺术和科学作品的创作者根据法律规定所享有的以对其作品的支配权为客体的民事权利；邻接权是指传播作品的人对其所赋予的作品的传播形式所享有的权利。

2. 本罪在客观方面表现为侵犯著作权人的著作权或者邻接权人的邻接权，并且违法所得数额较大或者具有其他严重情节的行为。具体内容包括：

第一，行为人必须实施了侵犯著作权人的著作权或者邻接权人的邻接权的行为。根据《刑法》第217条的规定，行为人侵犯著作权人的著作权或者邻接权人的邻接权的行为具体表现为以下几种形式：（1）未经著作权人许可，复制发行其文字作品、音乐、电影、电视、录像作品、计算机软件及其他作品。这是指没有得到著作权人授权或者伪造、涂改著作权人授权许可文件或者超出授权许可范围的情形。（2）出版他人享有专有出版权的图书。（3）未经录音录像制作者的许可，复制发行其制作的录音录像。所谓“复制”是指通过信息网络向公众传播他人文字作品、音乐、电影、电视、录像制品、计算机软件及其他作品的行为。① 同时，未经录音录像制作者许可，通过信息网络传播其制作的录音录像制品的行为，应当视为“复制行为”。②（4）制作、出售假冒他人署名的美术作品。

第二，侵犯著作权或者邻接权的行为必须发生在著作权的有效保护期限内。根据《中华人民共和国著作权法》第3节的规定，（1）作者的署名权、修改权、保护作品完整权的保护期不受限制。（2）公民的作品，其发表权、使用权、复制权、发行权、出租权、展览权、表演权、放映权、广播权、信息网络传播权、摄制权、改编权、翻译权、汇编权以及应当由著作权人享有的其他权利的保护期为作者终身及其死亡后50年，截止于作者死亡后第50年的12月31日；如果是合作作品，截止于最后死亡的作者死亡后第50年的12月31日。（3）法人或者其他组织的作品、著作权（署名权除外）由法人或者其他组织享有的职务作品，其前述的各种权利的保护期为50年，截止于作品首次发表后第50年的12月31日，但其作品自创作完成后50年内未发表的，著作权法不再保护。（4）电影作品和以类似摄制电影的方法创作的作品、摄制作品，其前述的各种权利的保护期为50年，截止于作品首次发表后第50年的12月31日，但作品自创作完成后50年内未发表的，著作权法不再保护。

① 参见2004年12月22日起实施的最高人民法院、最高人民检察院《关于办理知识产权刑事案件具体应用法律若干问题的解释》第11条第2款。

② 参见2005年10月18日起实施的最高人民法院、最高人民检察院《关于办理侵犯著作权刑事案件中涉及的录音录像制品有关问题的批复》。

第三，违法所得数额较大或者有其他严重情节。根据《办理知识产权刑事案件解释》第5条第1款的规定，所谓“违法所得数额较大”是指无论是单位还是个人违法所得数额在3万元以上；所谓“其他严重情节”是指具有下列情形之一：（1）非法经营数额在5万元以上的；（2）未经著作权人许可，复制发行其文字作品、音乐、电影、电视、录像制品、计算机软件及其他作品，复制品数量合计在1000张（份）以上的；（3）其他严重情节的情形。

3. 本罪的主体是一般主体，年满16周岁具有刑事责任能力的自然人和任何单位均可构成。

4. 本罪的主观方面是故意，即行为人明知自己的行为侵犯他人著作权，而仍然实施该行为。并且行为人主观上具有牟利的目的。

（二）侵犯著作权罪的界限划分

1. 本罪与非罪的界限

判断行为人使用他人著作权的行为是否构成犯罪，主要从以下几个方面入手：（1）行为的方式是否属于《刑法》第217条规定的四种方式，只有属于这四种行为才可能构成犯罪，否则，就不构成犯罪。（2）行为人使用他人著作权是否得到同意或者授权。规定本罪的目的就是为了保护著作人的著作权，因此在客观行为方面，行为人使用他人著作权的行为必然是未得到权利人的同意或授权而为之，从而其行为才构成犯罪。如果行为人得到了权利人的同意或者授权而使用了权利人的著作权，那么其行为根本就不具有社会危害性，从而就不构成犯罪。（3）侵犯著作权的行为是否发生在著作权的有效保护期限内。本罪要求行为人侵犯他人著作权的行为必须是在著作权的有效期间内，如果在法律对著作权的保护期间届满之后，行为人使用了著作权人的著作，这种行为就不构成犯罪，因为著作权人的权利已经届满，不再得到国家法律的保护。（4）违法所得数额是否较大或者是否有其他严重情节。本罪的构成要求违法所得数额较大或者情节严重，否则，如果行为没有达到法律规定的数额较大或者情节严重的标准，就不构成犯罪。（5）主观方面是否具有牟利目的。如果行为人不具有牟利目的，即使实施了前述的四种侵犯著作权的行为，也不能认定为犯罪。

2. 本罪与制作、贩卖、传播淫秽物品罪的界限

两者除侵犯的客体不同外，主要区别在于犯罪对象不同：本罪侵犯的对象是受法律所保护的他人依法享有著作权的作品，而后者的行为对象则是为法律所禁止的淫秽物品，不但不受法律的保护而且还要受到法律的禁止。如果行为人复制发行他人制作的淫秽物品，只能构成制作、贩卖、传播淫秽物品罪，不

构成本罪。

3. 一罪与数罪的界限

在很多案件中，一些行为人在实施了侵犯著作权的犯罪行为后，又实施了销售该侵权复制品的行为，并且也构成犯罪，对此不以侵犯著作权罪和销售侵权复制品罪实行数罪并罚，而只以侵犯著作权罪定罪处罚，因为前后两种行为存在着吸收与被吸收的关系。如果行为人既实施了侵犯著作权的犯罪，又实施了销售明知是他人的侵权复制品的行为，并且构成犯罪的，对此应按侵犯著作权罪和销售他人侵权复制品罪实行数罪并罚。

4. 本罪的共同犯罪的认定

根据1998年最高人民法院《关于审理非法出版物刑事案件具体应用法律若干问题的解释》第16条的规定，出版单位与他人事前通谋，向其出售、出租或者以其他形式转让该出版单位的名称、书号、刊号、版号，而他人又实施了侵犯著作权的行为，并且该侵犯行为构成犯罪的，对出版单位应当以侵犯著作权的共犯论处。根据《办理知识产权刑事案件解释》第16条的规定，明知他人实施侵犯著作权犯罪，而为其提供贷款、资金、账号、发票、证明、许可证件，或者提供生产、经营场所或者运输、存储、代理进出口等便利条件、帮助的，以侵犯著作权罪的共犯论处。

（三）侵犯著作权罪的刑事责任

根据《刑法》第217条的规定，犯本罪的，处3年以下有期徒刑或者拘役，并处或者单处罚金；违法所得数额巨大或者有其他特别严重情节的，处3年以上7年以下有期徒刑，并处罚金。根据《办理知识产权刑事案件解释》第5条第2款的规定，所谓“违法所得数额巨大”，是指违法所得数额在15万元以上。所谓“其他特别严重情节”，是指具有下列情形之一：（1）非法经营数额在25万元以上的。（2）未经著作权人许可，复制发行其文字作品、音乐、电影、电视、录像制品、计算机软件及其他作品，复制品数量合计在5000张（份）以上的；（3）其他特别严重情节的情形。根据《刑法》第220条和《办理知识产权刑事案件解释》第15条的规定，单位犯本罪的，对单位判处罚金，并对其直接负责的主管人员和其他直接责任人员定罪处罚，处罚的标准是：按照相应的个人犯本罪的定罪量刑标准的3倍定罪量刑。

六、销售侵权复制品罪

销售侵权复制品罪，是指以营利为目的，销售明知是侵犯他人著作权的复制品，违法所得数额巨大的行为。本罪的客体是他人的著作权以及与著作权相关的权益。本罪的客观方面表现为销售明知是侵犯他人著作权的复制品，违法所得数额巨大的行为。根据《办理知识产权刑事案件解释》第 6 条的规定，所谓“数额巨大”是指单位或者个人违法所得数额在 10 万元以上。本罪的主体是一般主体，年满 16 周岁具有刑事责任能力的自然人和任何单位均可构成。根据《办理知识产权刑事案件解释》第 14 条第 1 款的规定，如果行为人既实施了侵犯著作权的犯罪行为，又实施了销售该侵权复制品的行为，只按照侵犯著作权罪定罪处罚，而不按照本罪定罪处罚。本罪的主观方面是故意，即行为人明知其销售的是他人的侵权的复制品，而仍然实施该销售行为。

根据《刑法》第 218 条的规定，犯本罪的，处 3 年以下有期徒刑或者拘役，并处或者单处罚金。根据《刑法》第 220 条和《办理知识产权刑事案件解释》第 15 条的规定，单位犯本罪的，对单位判处罚金，并对其直接负责的主管人员和其他直接责任人员定罪处罚，处罚的标准是：按照相应的个人犯本罪的定罪量刑标准的 3 倍定罪量刑。

七、侵犯商业秘密罪

（一）侵犯商业秘密罪的概念和构成

侵犯商业秘密罪，是指违反国家商业秘密保护法规，侵犯他人商业秘密，给商业秘密权利人造成重大损失的行为。本罪的构成要件如下：

1. 本罪的客体是商业秘密所有权人的秘密权，犯罪对象是商业秘密。根据《刑法》第 219 条的规定，商业秘密是指不为公众所知悉，能为权利人带来经济利益，具有实用性并经权利人采取保密措施的技术信息和经营信息。

2. 本罪在客观方面表现为侵犯他人商业秘密，给商业秘密权利人造成重大损失的行为。所谓“权利人”是指商业秘密的所有人和经商业秘密所有人许可的商业秘密使用人。本罪在客观方面的具体内容包括：第一，必须实施了侵犯他人商业秘密的行为。侵犯商业秘密的具体形式主要有：（1）以盗窃、利诱、胁迫或者其他不正当手段获取权利人的商业秘密。（2）披露、使用或者允许他人使用以前项手段获取的权利人的商业秘密。（3）违反约定或者违反权利人有关保守商业秘密的要求，披露、使用或者允许他人使用其所掌握的商业秘密。（4）明知或者应当知道实施了前述三种行为，获取、使用或者披露他人商业秘密的。第二，本罪在客观方面还要求行为给商业秘密权利人造成重大损失。根据《办理知识产权刑事案件解释》第 7 条第 1 款的规定，所谓“重大损失”，是指给商业秘密的权利人造成损失数额在 50 万元以上。

3. 本罪的主体是一般主体，凡年满 16 周岁具有刑事责任能力的自然人和任何单位均可构成。

4. 本罪的主观方面是故意，即明知是权利人已采取保密措施加以保护的商业秘密，而故意实施侵犯权利人商业秘密的行为。

（二）侵犯商业秘密罪的界限划分

1. 本罪与非罪的界限

判断侵犯商业秘密的行为是否构成犯罪，主要应从以下几个方面入手：(1) 行为人所侵犯的是否商业秘密。何为商业秘密，必须根据《刑法》第219条的规定来认定，如果行为人所侵犯的虽然也属于权利人的秘密，但是却不是刑法所认可的商业秘密，则行为人的行为不构成犯罪。(2) 行为的方式是否属于客观方面所述的四种方式。如果行为人侵犯的是权利人的商业秘密，但是其侵犯的方式不属于这四种方式中的任何一种，此时即使行为人的侵犯行为对权利人造成了重大损害，但是根据刑法的规定，也不能认定该行为构成本罪。(3) 行为是否造成了重大损失。本罪是结果犯，只有侵犯商业秘密的行为给权利人造成了重大损失，即给商业秘密的权利人造成损失数额在50万元以上的，才构成犯罪。

2. 本罪共同犯罪的认定

根据《办理知识产权刑事案件解释》第16条的规定，明知他人实施侵犯商业秘密的犯罪，而为其提供贷款、资金、账号、发票、证明、许可证件，或者提供生产、经营场所或者运输、存储、代理进出口等便利条件、帮助的，以侵犯商业秘密罪的共犯论处。

（三）侵犯商业秘密罪的刑事责任

根据《刑法》第219条的规定，犯本罪的，处3年以下有期徒刑或者拘役，并处或者单处罚金；造成特别严重后果的，处3年以上7年以下有期徒刑，并处罚金。根据《办理知识产权刑事案件解释》第7条第2款的规定，所谓“造成特别严重后果”，是指给商业秘密的权利人造成损失的数额在250万元以上。根据《刑法》第220条和《办理知识产权刑事案件解释》第15条的规定，单位犯本罪的，对单位判处罚金，并对其直接负责的主管人员和其他直接责任人员定罪处罚，处罚的标准是：按照相应的个人犯本罪的定罪量刑标准的3倍定罪量刑。

第九节 扰乱市场秩序罪

一、损害商业信誉、商品声誉罪

（一）损害商业信誉、商品声誉罪的概念和构成

损害商业信誉、商品声誉罪，是指捏造并散布虚伪事实，损害他人的商业

信誉、商品声誉，给他人造成重大损失或者有其他严重情节的行为。本罪的构成要件如下：

1. 本罪的客体是复杂客体，既包括国家对市场秩序的管理秩序，也包括他人的商业信誉或者商品声誉。犯罪对象是他人的商业信誉或者商品声誉。本罪是选择性罪名，在司法实践中应根据具体情况选择适用或者并合适用。

2. 本罪在客观方面表现为捏造并散布虚伪事实，损害他人的商业信誉、商品声誉，给他人造成重大损失或者有其他严重情节的行为。客观方面的具体内容包括：第一，必须有捏造并散布虚伪事实，损害他人的商业信誉、商品声誉的行为。捏造，是指虚构、编造不符合真相或并不存在的事实；散布，是指使不特定人或者多数人知悉或可能知悉行为人所捏造的虚伪事实；虚伪事实，是指行为人捏造的具有贬低性、诋毁性的与他人商业信誉、商品声誉的真实情况不符合的虚假情况，这种虚假事实既包括其内容全部虚假，也包括内容部分虚假，只要是具有虚假的成分，就属于这里所说的“虚伪事实”。第二，行为在客观上还必须给他人造成了重大损失或者具有其他严重的情节。根据《追诉标准》第66条的规定，行为人捏造并散布虚伪事实，损害他人的商业信誉、商品声誉，涉嫌下列情形之一的，应予立案：（1）给他人造成的直接经济损失数额在50万元以上的；（2）虽未达到上述数额标准，但具有下列情形之一的，也构成犯罪：一是严重妨害他人正常生产经营活动或者导致停产、破产的；二是造成恶劣影响的。

3. 本罪的主体是一般主体，年满16周岁具有刑事责任能力的自然人和任何单位均可构成。

4. 本罪的主观方面是故意，即行为人明知捏造并散布的是虚伪事实，并且会损害他人的商业信誉、商品声誉，并且希望或者放任这种结果的发生。

（二）损害商业信誉罪、商品声誉罪的界限划分

1. 本罪与非罪的界限

判断行为人对他人的商业信誉、商品声誉的消极评价行为是否构成犯罪，主要从以下几个方面入手：（1）行为人对他人的商业信誉、商品声誉的消极评价是否符合事实。也就是说，虽然行为人对他人商业信誉、商品声誉的评价是一种消极的，会给他人造成重大损失，但是如果行为人对他人商业信誉、商品声誉的评价与他人的商业行为或者商品声誉相符合，此时，行为人的行为就是一种对他人商业行为或者产品质量的客观评价和合理批评、评论，因此不得认定为犯罪。当然，这种评价是否与事实相符合需要相关机关的调查和认定。（2）行为人是否同时实施了捏造虚伪事实和散布虚伪事实的行为。本罪在客

观方面要求行为人必须是捏造并散布虚伪事实。因此，如果行为人仅仅捏造了虚伪事实但却没有散布此虚伪事实，就不构成犯罪；反之，如果行为人散布了虚伪事实，但是此虚伪事实并不是行为人捏造的，而是道听途说或者别人传播的等，这种情况也不得认定为犯罪。总之，本罪要求行为人在客观方面必须同时实施了捏造和散布两种行为。(3) 行为人的行为是否给他人造成重大损失或者是否具有其他严重情节。本罪在客观方面的一个必备要件就是行为给他人造成了重大损失或者具有其他严重的情节，也即达到以下标准之一：给他人造成的直接经济损失数额在50万元以上的；或者虽未达到上述数额标准，但具有下列情形之一：一是严重妨害他人正常生产经营活动或者导致停产、破产的，二是造成恶劣影响的。行为人的行为达不到上述标准的，不构成犯罪。

2. 本罪与假冒注册商标罪的界限

在实际生活中，一些人为了损害竞争对手的商业信誉、商品声誉，自行生产一些劣质产品并且假冒他人优质产品的注册商标，进而使他人的商业信誉或者商品声誉受到重大损失；或者行为人为了牟利，在自己生产的劣质产品上贴上他人的优质商标，进而也使他人的商业信誉或者商品声誉受到重大损失。在行为人的这些行为，应以假冒注册商标罪论处，而不宜认定为损害商业信誉、商品声誉罪。

3. 本罪与诽谤罪的界限

二者在客观方面都表现为捏造并散布了虚假事实，都对他人造成了损害，并且情节严重；在主观上都是故意；主体都是一般主体。因此二者存在很多相似之处。但是二者的区别也很明显：(1) 客体不同。本罪的客体是复杂客体，既包括国家对市场的管理秩序，也包括他人的商业信誉或者商品声誉；而诽谤罪的客体是他人的人格权、名誉权。(2) 犯罪对象不同。本罪的对象是他人的商业信誉或者商品声誉；而诽谤罪的对象是被诽谤的个人。(3) 主体不同。虽然二者都是一般主体，但是，本罪的一般主体既包括自然人也包括单位；而后罪的一般主体仅限于自然人。(4) 主观故意的内容不同。本罪的故意内容是故意损害他人的商业信誉、商品声誉；而后罪故意的内容是损害他人的人格、名誉。

（三）损害商业信誉罪、商品声誉罪的刑事责任

根据《刑法》第221条与第231条的规定，犯本罪的，处2年以下有期徒刑或者拘役，并处或者单处罚金。单位犯本罪的，对单位判处罚金，并对其直接负责的主管人员和其他直接责任人员，依照上述规定处罚。

二、虚假广告罪

（一）虚假广告罪的概念和构成

虚假广告罪，是指广告主、广告经营者、广告发布者违反国家规定，利用广告对商品或者服务作虚假宣传，情节严重的行为。本罪的构成要件如下：

1. 本罪的客体是复杂客体，包括国家对广告的管理秩序、正常的市场竞争秩序以及消费者的合法权益。

2. 本罪的客观方面表现为利用广告对商品或者服务作虚假宣传，情节严重的行为。虚假宣传主要是指对产品的质量、制作成分、性能、用途、生产者、有效期限、产地、来源等情况作与实际不相符合的宣传。本罪在客观方面还要求行为必须达到情节严重的程度。根据《追诉标准》第67条的规定，行为具有下列情形之一的，应予追诉：（1）违法所得数额在10万元以上的；（2）给消费者造成的直接经济损失数额在50万元以上的；（3）虽未达到上述数额标准，但因利用广告作虚假宣传，受过行政处罚2次以上，又利用广告作虚假宣传的；（4）造成人身伤残或者其他严重后果的。同时根据2003年5月14日公布的最高人民法院、最高人民检察院《关于办理妨害预防、控制突发传染病疫情等灾害的刑事案件具体应用法律若干问题的解释》第5条的规定：广告主、广告经营者、广告发布者违反国家规定，假借预防、控制突发传染病疫情等灾害的名义，利用广告对所推销的产品或者服务作虚假宣传，致使多人上当受骗，违法所得数额较大或者有其他严重情节的，按照本罪定罪处罚。

3. 本罪的主体是特殊主体，只包括广告主、广告经营者和广告发布者。所谓广告主，是指为推销商品或提供服务，自行或委托他人设计、制作、发布广告的单位或者个人；所谓广告经营者，是指受委托提供广告设计、制作、代理服务的单位或者个人；所谓广告发布者，通常是指为广告主或广告主委托的广告经营者发布广告的单位，但也不排除个人。

4. 本罪的主观方面是故意，即明知利用广告对商品或者服务作虚假宣传的行为会扰乱市场秩序，损害消费者的权益，并希望或者放任这种结果的发生。当然，由于本罪的主体不同导致了不同主体在客观方面的行为方式不同，从而也就决定了广告主、广告经营者和广告发布者行为时的主观故意的内容也有所不同。一般来说，广告主为了使广告发布之后能带动自己的产品销售，因此其主观方面只能是直接故意；而广告经营者、广告发布者虽然也具有牟利的目的，但是这种牟利目的不是基于广告所带动的宣传效应，他们只是按广告主的要求完成广告获得报酬即可，并不直接追求广告能带动产品销售的结果，因此，其主观方面对危害结果即广告带来产品销售既可能是希望的态度，也有可能是放任的态度，即既可能是直接故意，也可能是间接故意。

（二）虚假广告罪的界限划分

1. 本罪与非罪的界限

判断实施虚假广告的行为是否构成犯罪，主要是看虚假广告的行为是否达到情节严重的程度。达到情节严重程度的，构成犯罪，反之，则不构成犯罪。

2. 本罪与诈骗罪的界限

在社会生活中，一些人实施了虚假广告行为，并且也骗取了财物，对这种行为的认定应注意两点：（1）如果行为人只是把虚假广告作为一种手段，是为了达到非法占有公私财物的目的，此时就只构成诈骗罪；（2）如果行为人实施虚假广告的行为只是为了夸大产品的效能，欺骗和误导消费者，目的是为了推销商品，这时，行为人就只构成本罪。

3. 本罪与损害商业信誉、商品声誉罪的界限

损害商业信誉、商品声誉的行为，也可能通过广告的形式实施，虚假广告行为也可能通过诋毁他人商品声誉来对自己的商品或者服务作虚假宣传。因此，一个行为就可能同时触犯两个罪名，这种情况属于想象竞合犯，就只能按照想象竞合犯的处罚原则来定罪量刑，即只能按照“从一重罪处断”原则处理。由于二者的法定刑相同，因此，所谓“重罪”是指根据犯罪行为的社会危害性和行为人的人身危险性的具体情况，法律所规定的在此具体情况下的量刑轻重，由于行为的具体情况不同，也就导致了两个罪名在不同的具体情况下各有轻重，也即二者在不同的具体情况下都有可能属于“重罪”。一般来说，如果广告的内容主要是弄虚作假，欺骗、误导消费者的，则按本罪论处；如果虚假广告的内容主要是损害他人商业信誉、商品声誉并构成犯罪的，应以损害商业信誉、商品声誉罪论处；如果虚假广告欺骗、误导消费者与损害商业信誉、商品声誉的危害性大体相当，应按本罪论处并从重处罚。

（三）虚假广告罪的刑事责任

根据《刑法》第222条与第231条的规定，犯本罪的，处2年以下有期徒刑或者拘役，并处或者单处罚金。单位犯本罪的，对单位判处罚金，并对其直接负责的主管人员和其他直接责任人员，依照上述规定处罚。

三、串通投标罪

串通投标罪，指投标人相互串通投标报价，损害招标人或者其他投标人的利益，情节严重的行为，或者投标人与招标人串通投标，损害国家、集体、公

民的合法利益的行为。本罪的客体是招标、投标活动的正常秩序。本罪的客观方面表现为以下两种行为：一是投标人相互串通投标报价，损害招标人或者其他投标人的利益，情节严重的行为；二是投标人与招标人串通投标，损害国家、集体、公民的合法利益的行为。所谓串通投标报价，是指两个以上投标人在投标过程中，相互串通，暗中商定抬高或压低投标报价的行为；所谓串通投标，是指投标人与招标人私下串通，事先根据招标底价确定投标报价、中标价格的行为。根据《追诉标准》第68条的规定，行为具有下列情形之一的，应予追诉：（1）损害招标人、投标人或者国家、集体、公民的合法权益，造成的直接经济损失数额在50万元以上的；（2）对其他投标人、招标人等投标招标活动的参加人采取威胁、欺骗等非法手段的；（3）虽未达到上述数额标准，但因串通投标，受过行政处罚2次以上，又串通投标的。本罪的主体是特殊主体，包括投标人和招标人，投标人和招标人既可以是单位，也可以是自然人，并且根据《刑法》第223条的规定，单独的一个投标人或者单独的一个招标人不能构成本罪的主体，必须是招标人与投标人同时构成本罪主体，或者投标人与招标人同时构成本罪主体。本罪的主观方面是故意，即明知串通投标的行为会损害招标人或者其他投标人的利益，或者会损害国家、集体、公民的合法利益，而仍然实施该行为。

根据《刑法》第223条与第231条的规定，犯本罪的，处3年以下有期徒刑或者拘役，并处或者单处罚金。单位犯本罪的，对单位判处罚金，并对其直接负责的主管人员和其他直接责任人员，依照上述规定处罚。

四、合同诈骗罪

（一）合同诈骗罪的概念和构成

合同诈骗罪，指以非法占有为目的，在签订、履行合同过程中，以虚构事实或隐瞒真相的方法，骗取对方当事人的财物，数额较大的行为。本罪的构成要件如下：

1. 本罪的客体是复杂客体，既包括国家对经济合同的管理秩序，也包括公私财物所有权。

2. 本罪在客观方面表现为在签订、履行合同过程中，以虚构事实或隐瞒真相的方法，骗取对方当事人的财物，数额较大的行为。具体内容包括：第一，行为人使用了虚构事实或隐瞒真相的方法。根据《刑法》第224条的规定，行为的具体方式表现为：（1）以虚构的单位或者冒用他人名义签订合同的；（2）以伪造、变造、作废的票据或者其他虚假的产权证明作担保的；（3）

没有实际履行能力，以先履行小额合同或者部分履行合同的方法，诱骗对方当事人继续签订和履行合同的；（4）收受对方当事人给付的货物、货款、预付款或者担保财产后逃匿的；（5）以其他方法骗取对方当事人财物的。第二，客观方面还必须是骗取对方当事人数额较大的财物。根据《追诉标准》第69条的规定，行为具有下列情形之一的，应予追诉：（1）个人诈骗公司财物，数额在5000元至2万元以上；（2）单位直接负责的主管人员和其他直接责任人员以单位名义实施诈骗，诈骗所得归单位所有的，数额在5万元至20万元以上。

3. 本罪的主体是一般主体，凡年满16周岁具有刑事责任能力的自然人和任何单位均可构成。

4. 本罪的主观方面是直接故意，即明知自己的诈骗行为会导致对方财物受到损失的结果，而希望这种结果发生。并且行为人还具有非法占有对方当事人财物的目的。

（二）合同诈骗罪的界限划分

1. 本罪与非罪的界限

本罪容易和一般违法行为或者合同纠纷相混淆。判断行为是属于本罪还是属于一般违法行为或者合同纠纷，主要需从以下几个方面入手：（1）诈骗数额大小。本罪在客观方面要求行为人必须骗取了他人数额较大的财物，也即个人诈骗数额在5000元至2万元以上，单位诈骗数额在5万元至20万元以上。如果行为人虽然实施了合同诈骗行为，但是诈骗的数额没有达到上述的法定标准，此时仅构成一般违法行为，而不构成犯罪。（2）合同的性质。本罪中所说的合同只能是经济合同，而不是泛指所有的合同，只有利用经济合同进行诈骗才构成本罪，否则，如果行为人利用赠与合同、劳务合同等经济合同以外的其他合同进行诈骗，就不构成本罪。（3）行为人是否具有非法占有的目的。非法占有的目的是本罪在主观方面的一个必备要件，行为人只有同时具备客观方面的行为和非法占有的主观目的时才构成犯罪。否则，如果行为人虽然未按时履行合同，但是行为人也不具有非法占有的目的，那么，就不能认定其行为构成犯罪。但是，客观行为是主观目的的反映，主观目的一般也会通过客观行为表现出来，因此，判断行为人是否具有非法占有的目的，一般主要从以下几个方面进行：第一，行为人有无履行合同的能力或者担保，如果行为人在合同签订时根本就不具有相应的履行能力或者没有担保，并且在合同签订之后也没有积极创造履行合同的条件，由此就能反映出行为人没有履行合同的主观意图，也就缺少履行合同的诚意。当然，行为人在签订合同时就已经具备了履行合同的能力，也并不能一定表明行为人不具有诈骗的意图，因为有些行为人具有履行合同的能力，但是却专门进行合同诈骗，将他人财物非法占为己有。对于另外一些人，虽然在合同签订时不具有履行能力，但是在合同签订后却积极创造履行合同的条件，这种情况就不能认定为行为人具有非法占有的目的，从而就不能认定为犯罪。第二，行为人有无履行合同的实际行动。一般来说，合同双方在合同签订后，都必须按照合同的约定积极地为一定的行为，这是履行合同的必经之路。如果行为人没有正当理由（例如行为人公司亏损、破产等）、合法理由（例如合同中的抗辩权）而无故不采取任何履行行动，或者仅仅履行了合同的一小部分内容，而未履行合同的主要内容，此时就能认定行为人具有非法占有的目的。第三，行为人是否采取了欺骗手段。根据《刑法》第224条的规定，行为人只要具有客观方面的五种行为方式即可认定为采取了欺骗手段，原则上就能认定为行为人具有非法占有的目的。

2. 本罪与诈骗罪的界限

从一般意义上来讲，本罪的合同诈骗行为也属于诈骗罪中的诈骗行为，也符合诈骗罪的特征，但是合同诈骗罪是法律从有利于同犯罪分子作斗争以及合同诈骗行为的特殊性出发而规定独立成罪的，合同诈骗罪与诈骗罪是特殊与一般的关系，属于法条竞合的情况。此时，行为虽然符合诈骗罪的特征，但是根据特别法优于普通法的原则，在刑法有特殊规定的时候必须按照特殊规定处理，即只按照本罪定罪处罚。

（三）合同诈骗罪的刑事责任

根据《刑法》第224条与第231条的规定，犯本罪的，处3年以下有期徒刑或者拘役，并处或者单处罚金；数额巨大或者有其他严重情节的，处3年以上10年以下有期徒刑，并处罚金；数额特别巨大或者有其他特别严重情节的，处10年以上有期徒刑或者无期徒刑，并处罚金或者没收财产。单位犯本罪的，对单位判处罚金，并对其直接负责的主管人员和其他直接责任人员，依照上述规定处罚。

五、非法经营罪

（一）非法经营罪的概念和构成

非法经营罪，是指违反国家规定，从事非法经营活动，扰乱市场秩序，情节严重的行为。本罪的构成要件如下：

1. 本罪的客体是国家对市场的管理秩序。

2. 本罪的客观方面表现为从事非法经营活动，扰乱市场秩序，情节严重的行为。客观方面的具体内容包括：第一，从事非法经营活动，扰乱市场秩序行为的表现形式主要有：（1）未经许可，经营法律、行政法规规定的专营、专卖物品或者其他限制买卖的物品；（2）买卖进出口许可证、进出口原产地证明以及法律、行政法规规定的其他经营许可证或者批准文件；（3）未经国家有关主管部门批准，非法经营证券、期货或者保险业务；（4）其他严重扰乱市场经营的非法经营行为。这是指除前述三种行为以外的非法经营行为，包括：在外汇指定银行和中国外汇交易中心及其分中心以外买卖外汇；采用非法手段，或者明知是伪造、变造的凭证、商业单据，而为他人向外汇管理部门指定的银行骗购外汇；居间介绍外汇；违反国家规定，出版、印刷、复制、发行非法出版物；擅自经营国际、港澳台电信业务进行营利活动；非法传销或者变相传销；未经国家批准擅自发行、销售彩票，等等。第二，客观方面还要求行为的情节严重。由于客观方面行为的方式不同，从而情节严重的标准也就不同，各种行为方式的情节严重的标准具体适用《追诉标准》第70条的规定。

3. 本罪的主体是一般主体，凡年满16周岁具有刑事责任能力的自然人和任何单位均可构成。

4. 本罪的主观方面是直接故意。

（二）非法经营罪的界限划分

认定本罪时主要需要划清的界限是罪与非罪的界限。划清这一界限应从下面几个方面入手：第一，行为是否构成非法经营行为。本罪属于法定犯，何谓非法经营必须依据相关的法律加以认定。除了《刑法》第225条所规定的几种非法经营的形式外，近些年还陆续出台了一些关于认定非法经营行为的司法解释，这反映了在社会主义市场经济向纵深发展的过程中，国家为了维护社会主义市场经济秩序，而发展性地对非法经营行为作出的认定。根据各种司法解释，下述几种行为属于非法经营行为：（1）违反国家规定，出版、印刷、复制、发行严重危害社会秩序和扰乱市场秩序的非法出版物（构成《刑法》第103条、第105条、第217条、第218条、第246条、第250条、第363条、第364条规定之犯罪的除外）①（2）违反国家规定，采取租用国际专线、私设转接设备或者其他方法，擅自经营国际电信业务或者涉港澳台电信业务进行

① 参见1998年最高人民法院《关于审理非法出版物刑事案件具体应用法律若干问题的解释》第11条。

营利活动，扰乱电信市场管理秩序。①（3）对于1998年4月18日国务院《关于禁止传销经营活动的通知》发布以后，仍然从事传销或者变相传销活动，扰乱市场秩序。实施上述犯罪，同时构成刑法规定的其他犯罪的，依照处罚较重的规定定罪处罚。②（4）未取得药品生产、经营许可证件和批准文号，非法生产、销售盐酸克仑特罗等禁止在饲料和动物饮用水中使用的药品，扰乱药品市场秩序，在生产、销售的饲料中添加盐酸克仑特罗等禁止在饲料和动物饮用水中使用的药品，或者销售明知是添加有该类药品的饲料。③（5）违反国家在预防、控制突发传染病疫情等灾害期间有关市场经营、价格管理等规定，哄抬物价、牟取暴利，严重扰乱市场秩序。④

第二，非法经营的行为是否达到了情节严重的程度，即是否达到了《追诉标准》第70条所确定的标准，达到者，构成犯罪；没有达到的，则不构成犯罪，而只能按一般违法行为处理。

（三）非法经营罪的刑事责任

根据《刑法》第225条、第231条的规定，犯本罪的，处5年以下有期徒刑或者拘役，并处或者单处违法所得1倍以上5倍以下罚金；情节特别严重的，处5年以上有期徒刑，并处违法所得1倍以上5倍以下罚金或者没收财产。单位犯本罪的，对单位判处罚金，并对其直接负责的主管人员和其他直接责任人员，依照上述规定处罚。

六、强迫交易罪

强迫交易罪，是指以暴力、威胁手段强买强卖商品、强迫他人提供服务或者强迫他人接受服务，情节严重的行为。本罪的客体是正常的市场交易秩序。本罪在客观方面表现为以暴力、威胁手段强买强卖商品、强迫他人提供服务或者强迫他人接受服务，情节严重的行为。所谓暴力，是指对他人的身体或者财

---

① 参见2000年最高人民法院《关于审理扰乱电信市场管理秩序案件具体应用法律若干问题的解释》第1条。

② 参见2001年最高人民法院《关于情节严重的传销或者变相传销行为如何定性问题的批复》。

③ 参见2002年最高人民法院、最高人民检察院《关于办理非法生产、销售、使用禁止在饲料和动物饮用水中使用的药品等刑事案件具体应用法律若干问题的解释》第1条、第2条。

④ 参见2003年最高人民法院、最高人民检察院《关于办理妨害预防、控制突发传染病疫情等灾害的刑事案件具体应用法律若干问题的解释》第6条。

物采取强制措施或者进行打击，从而排除他人的反抗，达到与他人进行商品交易、服务交易的目的；所谓威胁，是指对被害人的人身或者财物以立即实施暴力侵害相胁迫，从而对他人实施精神上的强制。因此本罪的行为方式不能包括利诱、欺骗等非暴力的行为。本罪在客观方面还要求行为的情节严重，至于情节严重的具体标准，有待司法解释的进一步明确。本罪的主体是一般主体，凡年满16周岁具有刑事责任能力的自然人和任何单位均可构成。本罪的主观方面是故意，即行为人明知自己以暴力、威胁手段强买强卖商品、强迫他人提供服务或者强迫他人接受服务的行为会破坏正常的市场交易秩序，并且希望或者放任这种危害结果的发生。

根据《刑法》第226条与第231条的规定，犯本罪的，处3年以下有期徒刑或者拘役，并处或者单处罚金。单位犯本罪的，对单位判处罚金，并对其直接负责的主管人员和其他直接责任人员，依照上述规定处罚。

七、伪造、倒卖伪造的有价票证罪

伪造、倒卖伪造的有价票证罪，是指伪造或者倒卖伪造的车票、船票、邮票或者其他有价票证，数额较大的行为。本罪的客体是国家对有价票证的管理秩序。本罪在客观方面表现为伪造或者倒卖伪造的车票、船票、邮票或者其他有价票证，数额较大的行为。所谓伪造，是指没有得到相关机关授权的行为人采取各种原料，制作与真实有价票证在外貌、特征、样式、面额等方面相同的，足以使他人误认为是真实有价票证的假有价票证，或者行为人对真实的有价票证进行拼凑、粘接等从而使有价票证的面额增大或者数额增多的行为。所谓倒卖，是指行为人作为中间人，对伪造的有价票证低价买进，高价卖出，或者非法转手贩卖的行为。本罪在客观方面还要求伪造、倒卖伪造的有价票证的数额较大，这也是本罪在客观方面的一个必备要件，“数额较大”的标准有待司法解释的进一步明确。本罪的主体是一般主体，凡年满16周岁具有刑事责任能力的自然人和任何单位均可构成。本罪的主观方面是故意，并且具有非法牟利的目的。

根据《刑法》第227条第1款与第231条的规定，犯本罪的，处2年以下有期徒刑、拘役或者管制，并处或者单处票证价额1倍以上5倍以下罚金；数额巨大的，处2年以上7年以下有期徒刑，并处票证价额1倍以上5倍以下罚金。单位犯本罪的，对单位判处罚金，并对其直接负责的主管人员和其他直接责任人员，依照上述规定处罚。

八、倒卖车票、船票罪

倒卖车票、船票罪，是指以牟取非法利益为目的，倒卖车票、船票，情节严重的行为。本罪的客体是国家对车票、船票的管理秩序。犯罪对象是车票、船票，并且车票、船票必须是真实的。如果倒卖的是伪造的车票、船票，则只能按照倒卖伪造的有价票证罪定罪处罚。本罪在客观方面表现为倒卖车票、船票，情节严重的行为。根据1999年最高人民法院《关于审理倒卖车票刑事案件有关问题的解释》的规定，所谓情节严重，是指高价、变相加价倒卖车票或者倒卖坐席、卧铺签字号及订购车票凭证，票面数额在5000元以上，或者非法获利数额在2000元以上的。本罪的主体是一般主体，凡年满16周岁具有刑事责任能力的自然人和任何单位均可构成。本罪的主观方面是故意，并且必须具有非法牟利的目的。

根据《刑法》第227条第2款和第231条的规定，犯本罪的，处3年以下有期徒刑、拘役或者管制，并处或者单处票证价额1倍以上5倍以下罚金。单位犯本罪的，对单位判处罚金，并对其直接负责的主管人员和其他直接责任人员，依照上述规定处罚。

九、非法转让、倒卖土地使用权罪

非法转让、倒卖土地使用权罪，是指以牟利为目的，违反土地管理法规，非法转让、倒卖土地使用权，情节严重的行为。本罪的客体是国家对土地使用权的管理秩序。本罪的客观方面表现为违反土地管理法规，非法转让、倒卖土地使用权，情节严重的行为。具体内容包括：第一，行为人违反土地管理法规，这是行为不法的前提。根据2001年8月31日通过的全国人民代表大会常务委员会《关于〈中华人民共和国刑法〉第二百二十八条、第三百四十二条、第四百一十条的解释》，违反土地管理法规，是指违反土地管理法、森林法、草原法等法律以及有关行政法规中关于土地管理的规定。第二，行为人实施了非法转让、倒卖土地使用权的行为。所谓转让，是指未经土地主管部门批准，而违法转让国有或者集体所有的土地使用权；所谓倒卖，是指行为人作为居间人，低价购进后高价卖出土地，从而牟取利益的行为。第三，行为的情节严重。《追诉标准》第71条规定，行为具有下列情形之一者，即属于情节严重，应予以追诉：（1）非法转让、倒卖基本农田5亩以上的；（2）非法转让、倒卖基本农田以外的耕地10亩以上的；（3）非法转让、倒卖其他土地20亩以上的；（4）违法所得数额在50万元以上的；（5）虽未达到上述数额标准，但因非法转让、倒卖土地使用权受过行政处罚2次以上，又非法转让、倒卖土地的；（6）造成恶劣影响的。本罪的主体是一般主体，凡年满16周岁具有刑事责任能力的自然人和任何单位均可构成。本罪的主观方面是故意，并且行为人还必须具有非法牟利的目的。

根据《刑法》第228条与第231条的规定，犯本罪的，处3年以下有期徒刑或者拘役，并处或者单处非法转让、倒卖土地使用权价额5%以上20%以下罚金；情节特别严重的，处3年以上7年以下有期徒刑，并处非法转让、倒卖土地使用权价额5%以上20%以下罚金。单位犯本罪的，对单位判处罚金，并对其直接负责的主管人员和其他直接责任人员，依照上述规定处罚。

十、提供虚假证明文件罪

提供虚假证明文件罪，是指承担资产评估、验资、验证、会计、审计、法律服务等职责的中介组织的人员，故意提供虚假的证明文件，情节严重的行为。本罪的客体是国家的工商管理秩序，本罪严重破坏了正常的公司、企业的设立秩序，妨害了国家工商机关对公司、企业的正常管理秩序。本罪在客观方面表现为提供虚假的证明文件，情节严重的行为。根据《追诉标准》第72条的规定，行为具有下列情形之一者，即属于情节严重，应予以追诉：（1）给国家、公众或者其他投资者造成直接经济损失数额在50万元以上的；（2）虽未达到上述数额标准，但因提供虚假证明文件，受过行政处罚2次以上，又提供虚假证明文件的；（3）造成恶劣影响的。本罪的主体是特殊主体，只能是承担资产评估、验资、验证、会计、审计、法律服务等职责的中介组织或者上述中介组织的人员。本罪的主观方面是故意，即明知自己所提供的是虚假的证明文件，而仍然实施该行为。

根据《刑法》第229条第1款、第2款和第231条的规定，犯本罪的，处5年以下有期徒刑或者拘役，并处罚金。中介组织的人员索取他人财物或者非法收受他人财物，犯本罪的，处5年以上10年以下有期徒刑，并处罚金。单位犯本罪的，对单位判处罚金，并对其直接负责的主管人员和其他直接责任人员，依照上述规定处罚。

十一、出具证明文件重大失实罪

出具证明文件重大失实罪，是指承担资产评估、验资、验证、会计、审计、法律服务等职责的中介组织或者中介组织的人员，严重不负责任，出具的证明文件有重大失实，造成严重后果的行为。本罪的客体是国家的工商管理秩序。本罪在客观方面表现为行为人严重不负责任，出具的证明文件有重大失实，造成严重后果的行为。根据《追诉标准》第73条的规定，行为具有下列情形之一者，应予以追诉：（1）给国家、公众或者其他投资者造成直接经济损失数额在100万元以上的；（2）造成恶劣影响的。本罪的主体是特殊主体，只能是承担资产评估、验资、验证、会计、审计、法律服务等职责的中介组织或者上述中介组织的人员。本罪的主观方面是过失，即行为人本应当严格履行自己的职责,认真评估、审查、检验相关的证明文件,但是行为人由于疏忽大意或者过于自信而没有做到,从而导致了损害结果的发生。

根据《刑法》第229条第3款和第231条的规定，犯本罪的，处3年以下有期徒刑或者拘役，并处或者单处罚金。单位犯本罪的，对单位判处罚金，并对其直接负责的主管人员和其他直接责任人员，依照上述规定处罚。

十二、逃避商检罪

逃避商品检验罪，是指自然人或者单位，违反进出口商品检验法的规定，故意逃避商品检验，将必须经商检机构检验的进口商品未报经检验而擅自销售、使用，或者将必须经商检机构检验的出口商品未报经检验合格而擅自出口，情节严重的行为。本罪的客体是国家对进出口商品的管理秩序。客观行为的方式有两种：一是将必须经商检机构检验的进口商品未报经检验而擅自销售、使用；二是将必须经商检机构检验的出口商品未报经检验合格而擅自出口。只要具有上述两种行为方式之一者即可能构成本罪。根据《追诉标准》第74条的规定，行为具有下列情形之一者，即属于情节严重，应予以追诉：（1）给国家、单位或者个人造成直接经济损失数额在50万元以上的；（2）导致病疫流行、灾害事故或者造成其他严重后果的；（3）造成恶劣影响的。本罪的主体是特殊主体，只能是对进出口商品负有报检责任的单位或者自然人。本罪的主观方面是故意，即行为人明知应当将商品报经检验机关检验，却故意逃避检验。

根据《刑法》第230条与第231条的规定，犯本罪的，处3年以下有期徒刑或者拘役，并处或者单处罚金。单位犯本罪的，对单位判处罚金，并对其直接负责的主管人员和其他直接责任人员，依照上述规定处罚。

第五章　侵犯公民人身权利、民主权利罪

第一节　侵犯公民人身权利、民主权利罪概述

一、侵犯公民人身权利、民主权利罪的概念和构成

侵犯公民人身权利、民主权利罪，是指故意或过失地侵犯公民的人身权利、民主权利和其他与人身有直接关系的权利，依法应受刑罚处罚的行为。侵犯公民人身权利、民主权利罪由刑法分则第四章（第232条至第262条）规定。根据1997年刑法，该章一共37个罪名①；2002年3月，最高人民法院、最高人民检察院《关于执行〈中华人民共和国刑法〉确定罪名的补充规定》取消了奸淫幼女罪罪名②；2002年12月，《刑法修正案（四）》在第244条后增加一条，新增“雇用童工从事危重劳动罪”③；2006年6月，《刑法修正案（六）》在第262条后增加一条，新增“组织残疾人、儿童乞讨罪”④。因此，目前该章一共规定了38个罪名。

侵犯公民人身权利、民主权利罪具有如下构成要件：

1. 本类犯罪的客体是公民的人身权利、民主权利，以及与人身直接有关的其他权利。具体包括以下几个方面的权利：一是公民的人身权利，如生命权、健康权、人身自由权、人格权、名誉权等；二是公民的民主权利，如选举

---

① 根据1997年12月16日起施行的最高人民法院《关于执行〈中华人民共和国刑法〉确定罪名的规定》。

② 根据2002年3月26日起施行的最高人民法院、最高人民检察院《关于执行〈中华人民共和国刑法〉确定罪名的补充规定》。

③ 根据2003年8月21日起施行的最高人民法院、最高人民检察院《关于执行〈中华人民共和国刑法〉确定罪名的补充规定（二）》。

④ 根据2007年11月6日起施行的最高人民法院、最高人民检察院《关于执行〈中华人民共和国刑法〉确定罪名的补充规定（三）》。

权、被选举权、申诉权、控告权、检举权、宗教信仰自由权等；三是与公民人身权利相关的其他权利，如住宅权、劳动权、婚姻自由权、接受抚养权、家庭关系不受侵犯的权利等。本类犯罪中有的犯罪的客体是复杂客体，如刑讯逼供罪、暴力取证罪等，既侵犯了公民的人身权利，又妨害了司法机关的正常活动，刑法之所以将这些犯罪规定在本章，是因为这些犯罪的主要客体是公民的人身权利。

2. 本类犯罪的客观方面表现为非法侵犯他人的人身权利、民主权利的行为。本类犯罪绝大多数只能由作为的方式实施，如刑讯逼供罪、强奸罪、强制猥亵妇女罪、诬告陷害罪等；也有少数犯罪行为既可以表现为作为的方式，也可以表现为不作为的方式，如故意杀人罪、故意伤害罪等。本类犯罪中部分犯罪是结果犯，要求造成一定的结果才构成既遂，如故意杀人罪、故意伤害罪等；一些犯罪则是行为犯，要求行为实施达到一定程度，才构成既遂，如侮辱罪、诽谤罪和诬告陷害罪等。

3. 本类犯罪的主体多为一般主体，即达到法定刑事责任年龄、具有刑事责任能力的自然人均可以构成本罪。但也有部分犯罪的主体为特殊主体，如强奸罪的主体只能是男性，刑讯逼供罪的主体只能是司法工作人员，报复陷害罪、非法剥夺公民宗教信仰自由罪、侵犯少数民族风俗习惯罪的主体只能是国家机关工作人员。不具有特殊身份的人虽然不能单独构成这些犯罪，但是可以成为这些犯罪的共犯。本类犯罪主体的刑事责任年龄一般是16周岁，但是对于故意杀人罪、故意伤害罪、强奸罪等，已满14周岁的人即可以构成。

4. 本类犯罪的主观方面，除过失致人死亡罪和过失致人重伤罪由过失构成以外，其余各罪都只能由故意构成。故意包括直接故意和间接故意，一些犯罪只能由直接故意构成，如强制猥亵、侮辱妇女罪，收买被拐卖的妇女、儿童罪，聚众阻碍解救被拐卖的妇女、儿童罪等；一些犯罪则要求行为人具有特定的目的，如诬告陷害罪要求行为人具有意图使他人受刑事追究的目的。

二、侵犯公民人身权利、民主权利罪的种类

根据本章各具体犯罪侵害的直接客体、主要客体的性质以及主要构成要件的特征，可将这38个罪名分为以下六类：

1. 侵犯公民生命、健康的犯罪，包括故意杀人罪、过失致人死亡罪、故意伤害罪、过失致人重伤罪。

2. 侵犯妇女、儿童身心健康的犯罪，包括强奸罪，强制猥亵、侮辱妇女罪，猥亵儿童罪。

3. 侵犯公民人身自由的犯罪，包括非法拘禁罪，绑架罪，拐卖妇女、儿童罪，收买被拐卖的妇女、儿童罪，聚众阻碍解救被收买的妇女、儿童罪，诬告陷害罪，强迫职工劳动罪，雇用童工从事危重劳动罪，非法搜查罪，非法侵入住宅罪，刑讯逼供罪，暴力取证罪，虐待被监管人罪。

4. 侵犯公民名誉、人格的犯罪，包括侮辱罪，诽谤罪，煽动民族仇恨、民族歧视罪，出版歧视、侮辱少数民族作品罪。

5. 侵犯公民民主权利的犯罪，包括非法剥夺公民宗教信仰自由罪，侵犯少数民族风俗习惯罪，侵犯通信自由罪，私自开拆、隐匿、毁弃邮件、电报罪，报复陷害罪，打击报复会计、统计人员罪，破坏选举罪。

6. 妨害婚姻家庭权利的犯罪，包括暴力干涉婚姻自由罪，重婚罪，破坏军婚罪，虐待罪，遗弃罪，拐骗儿童罪和组织残疾人、儿童乞讨罪。

第二节　侵犯公民生命、健康的犯罪

一、故意杀人罪

（一）故意杀人罪的概念和构成

故意杀人罪，是指故意非法剥夺他人生命的行为。本罪具有如下构成要件：

1. 本罪的客体是他人的生命权利。本罪的对象是具有生命的自然人。人的生命开始于何时，存在着不同的学说，主要有“阵痛说”（以孕妇产前阵痛为标志）、“一部分露出说”（以胎儿有部分器官露出母体之外为标志）、“全部露出说”（以胎儿全部器官露出母体之外为标志）、“断带说”（以剪断胎儿脐带为标志）、“发声说”（以胎儿发出第一声啼哭为标志）、“独立呼吸说”（以胎儿脱离母体后开始独立呼吸为标志）等，我国通说为“独立呼吸说”。生命的终结，传统观点为“心死说”，即以心脏停止跳动和停止呼吸为标志。但近年来随着医学科学发展，提出了“脑死亡”的概念，即认为只有包括大脑、小脑和脑干在内的脑的全部功能不可逆地完全消失，才是死亡的标志，即使心脏仍在跳动，也认为已经死亡。当前，我国司法实践中仍以心脏停止跳动和停止呼吸为生命终结的标志。因母体中的胎儿与人死亡后的尸体都没有生命权的存在，侵犯它们不能构成本罪，但根据情况可能构成其他犯罪。如误认尸体为活体而实施杀害行为的，应以故意杀人罪（未遂）论处。

2. 本罪的客观方面表现为非法剥夺他人生命的行为。首先，这种剥夺他人生命的行为必须是非法的。如果剥夺他人生命的行为是合法的，如死刑执行人员依法执行人民法院判处死刑的命令而将罪犯处死，则不构成犯罪。但是，如果不是死刑执行人员，而擅自将死刑犯杀死，同样也构成本罪。其次，要有剥夺他人生命的行为。行为方式既可以表现为作为，如枪击、刀砍、投毒，也可以表现为不作为，如母亲故意不给婴儿喂奶，将其饿死，有救助义务的人见死不救，致人死亡。实践中常见的是前者，后者并不常见。剥夺他人生命的手段，法律没有规定，但如果行为人采用放火、爆炸、决水、投放危险物质等危险方法杀人而同时危害不特定多数人的生命、健康权利时，则应以相应的危害公共安全犯罪论处。最后，在死亡结果发生的情况下，杀害行为与死亡结果之间必须有因果关系，否则不成立本罪的既遂。

3. 本罪的主体为一般主体，即已满 14 周岁具有刑事责任能力的自然人。

4. 本罪的主观方面是故意，包括直接故意和间接故意，即行为人明知自己的行为会造成他人死亡，并且希望或放任死亡结果的发生。在间接故意情况下，须有死亡结果发生，因为间接故意犯罪不存在犯罪的未遂、中止和预备等形态。故意杀人的动机是多种多样的，但动机如何不影响本罪的构成。

（二）故意杀人罪的界限划分

认定本罪时，要注意区分以下罪与非罪的界限：

1. 不作为致人死亡的罪与非罪的界限。由于行为人的不作为而导致他人死亡的行为，是否构成故意杀人罪，取决于行为人是否具有作为的义务。如果行为人具有作为的义务而不履行该义务，致使他人死亡的，则构成故意杀人罪；否则，则不构成犯罪。

2. 引起他人自杀并死亡行为的罪与非罪的界限。对这类行为应区分不同情况分别处理：其一，行为人实施的是合法正当行为或者轻微的违法行为，比如学生因教师的正当批评而自杀，职工因领导错误的处分而自杀等，不应追究行为人的刑事责任。其二，行为人具有致他人死亡的故意，以暴力、胁迫等手段或凭借权势故意置他人于走投无路的境地，促使他人自杀的，由于行为人主观上具有杀人故意，客观上又实施了与死亡有因果关系的行为，实质上是一种借刀杀人的行为，应以本罪论处。

3. 帮助他人自杀行为的罪与非罪的界限。在实践中主要有两种情况：一是他人已有自杀意图，但勇气不足，行为人对其在精神上加以鼓励，使其坚定自杀的意图；二是他人已有自杀意图，但自己因某种原因（如瘫痪）而不能实施，行为人给予物质上的帮助，使他人得以实现自杀。在前一种情况下，行为人对自杀死亡结果的原因力较小，危害也不大，可以不追究其故意杀人的刑事责任。在后一种情况下，行为人因为是应请求在物质上为自杀者提供了帮助，原则上应构成本罪，但由于自杀仍然是自杀者本人的意思决定，因此，可对帮助者从轻或减轻处罚。但需要注意的是，对于虽然是应要求实行帮助，却直接动手将自杀者杀死的，应当认定为本罪，只是在处罚时可以考虑从轻。

4. "相约自杀"行为的罪与非罪的界限。"相约自杀"，即两人以上约定共同实行自杀。在"相约自杀"中存在以下几种具体情况：一是双方相约共同自杀，一方未对他方实施教唆、帮助或诱使自杀行为。在这种情况下，虽然相约的行为对各方的自杀起到精神支持作用，但由于双方在客观上都没有教唆、帮助或诱使行为，因此，自杀而没有死亡的一方不应对他方的死亡负故意杀人的刑事责任。二是双方相约共同自杀，一方应要求先杀死对方，然后自己自杀未成或又放弃自杀念头的。这种情况本质上是一种受托杀人的行为，即行为人主观上明知实施的是杀人行为，客观上杀人行为与死亡结果之间有因果关系，应按故意杀人罪论处，但考虑到未死一方也是共同自杀者，在量刑时可从轻考虑。三是双方相约共同自杀，一方为自杀者提供物质条件，自杀者利用此条件自杀身死，而提供条件者自杀未死的。该种行为从性质上讲是一种帮助自杀，因此，可按照帮助自杀的原则处理。四是一方诱骗对方相约共同自杀，而行为人根本没有自杀的意图，在被诱骗者自杀死亡的情况下，对行为人应以本罪定性。

5. 受嘱托杀人及"安乐死"的罪与非罪的界限。受嘱托杀人，是指受已有自杀意图者的嘱托而直接将他人杀死的行为。从广义上来讲，这也是一种帮助自杀行为，但与帮助自杀的不同在于行为人是直接实施了杀人行为，而不是对嘱托者本人的自杀行为给予帮助。这种受嘱托杀人行为构成故意杀人罪，不过，由于是应自杀者所求才实施的行为，在处罚时可考虑从轻。"安乐死"在本质上也是一种受嘱托杀人的行为。一般是指应身患绝症，精神、肉体处极度痛苦的病人的请求，实施促使其提前、迅速无痛苦死亡的行为。我国目前还没有将"安乐死"合法化，对实践中发生的"安乐死"的案件，仍应按照故意杀人罪定性，但可根据具体情况免除或者减轻处罚。

（三）故意杀人罪的刑事责任

根据《刑法》第232条的规定，犯本罪的，处死刑、无期徒刑或者10年以上有期徒刑；情节较轻的，处3年以上10年以下有期徒刑。所谓情节较轻，一般是指实践中义愤杀人；防卫过当杀人；因受被害人长期迫害而杀人；帮助自杀；受嘱托杀人等情况。

二、过失致人死亡罪

过失致人死亡罪，是指因过失致使他人死亡的行为。本罪的客体是他人的生命权利。本罪的客观方面表现为致人死亡的行为，由于本罪是过失犯罪，所以发生被害人死亡的结果是成立本罪的必备条件，因此本罪也就不存在未遂等未完成形态的问题。同时，构成本罪还要求行为人的行为与死亡结果之间具有因果关系，至于被害人或他人有无过错，不影响本罪的成立。本罪的主体是一般主体，凡年满16周岁具有刑事责任能力的自然人均可成为本罪的主体。本罪的主观方面表现为过失，包括疏忽大意的过失和过于自信的过失。

根据《刑法》第233条的规定，犯本罪的，处3年以上7年以下有期徒刑；情节较轻的，处3年以下有期徒刑。本法另有规定的，依照规定。所谓本法另有规定，是指对其他因过失致人死亡的情况，如交通肇事、重大责任事故致人死亡等，应按照其他各条的规定定罪处刑，不再以本罪论处。

三、故意伤害罪

（一）故意伤害罪的概念和构成

故意伤害罪，是指故意非法损害他人身体健康的行为。本罪具有如下构成要件：

1. 本罪的客体是他人的身体健康权。所谓身体健康权，主要是指自然人对于保持其肢体、器官、组织的完整和正常机能的权利。故意伤害罪的本质特征就在于损害他人肢体、器官、组织的完整和正常机能。如果虽以他人身体为侵害对象，但未造成损害他人肢体、器官、组织的完整和正常机能，例如，实施一般殴打行为造成他人肉体疼痛的，则不应以本罪论处。而且，我国的刑法理论一般认为，伤害他人身体健康是指使他人的生理健康遭受实质的损害，造成他人“精神伤害”的，不构成本罪。但是，如果导致“精神分裂症”，乃系神经受到伤害而直接引起的身体病变，那么可以构成本罪。① 本罪的犯罪对象必须是他人。行为人对自己身体健康造成损害的不构成本罪，但是，如果军人在作战时自伤身体以逃避履行军事义务的，依法可构成战时自伤罪。

2. 本罪的客观方面表现为非法损害他人身体健康的行为。具体内容如下：

---

① 参见王作富主编：《刑法分则实务研究》，中国方正出版社2003年版，第993～994页。

(1) 必须存在非法损害他人身体健康的行为。首先，损害他人的身体健康的行为必须是非法的，因合法实施的行为而损害他人身体健康的，不构成犯罪。如实施正当防卫行为而打伤不法侵害者。其次，所谓损害他人健康，是指破坏他人的肢体、组织的完整或者损坏人体组织、肢体、器官的正常机能。实践中伤害他人身体健康的行为，既可以是作为，也可以表现为不作为。实践中通常表现为作为、暴力的方式，但对故意伤害的行为法律并不以作为及暴力为限。另外，需要注意的是刑法中规定暴力为构成要件的犯罪有多种，如强奸罪、抗税罪、抢劫罪、暴力取证罪等；而且有些犯罪通常是以暴力为手段行为，如绑架罪、非法拘禁罪等。由于暴力一般表现为伤害行为，暴力又主要是针对他人身体而实施，因此，可对被害人身体健康造成一定程度的损害，在法律没有明文规定的情况下，即使在实施该类犯罪中因为暴力伤害了他人身体健康的，也不能以故意伤害罪论处，而以相应的犯罪论处。不过，在法律另有规定的情况下，则应当以本罪论处。例如，《刑法》第 238 条在规定非法拘禁罪的同时指出，使用暴力致人伤残、死亡的，依照本法第 234 条、第 232 条的规定定罪处罚，此时即可以构成本罪。(2) 必须造成了他人伤害的结果。本罪是结果犯，即以造成伤害结果为构成犯罪所必需。这里所讲的伤害结果包括轻伤害、重伤害和伤害致死三种情况，伤害行为只造成了他人轻微伤害的，不构成犯罪，属于一般违法行为。明确三者的界限，对于正确量刑具有重要意义。由于伤害致死只要发生死亡结果即可认定，因此，有必要明确的是人体重伤害与非重伤害的标准。① 根据《刑法》第 95 条的规定，有下列情形之一的，均属于重伤害：①使人肢体残废或者毁人容貌的。②使人丧失听觉、视觉或其他器官机能的。③其他对于人身健康有重大伤害的。至于人体重伤害范围及伤害程度的认定时间，应参照最高人民法院、最高人民检察院、公安部、司法部 1990 年《人体重伤鉴定标准》的规定。确定伤害程度及确定的时间一般应以伤害当时的情况为主，结合审判时的治疗和恢复情况综合认定。如伤害当时伤情并不十分严重，虽经治疗，但最终呈现重伤的，应以重伤害论处；伤害当时伤情比较严重，而后又基本上恢复正常或者只造成轻伤害的，不能以重伤害论处。在确定为伤害并以此确定刑事责任时，应排除在诊治过程中有他人不当行为的介入，即要查明伤害行为与伤害结果之间具有因果关系。如在诊治过程中有他人不当

---

① 非重伤害包括轻伤害与轻微伤害。最高人民法院、最高人民检察院、公安部、司法部亦公布有《人体轻伤鉴定标准（试行）》，区别轻伤害与轻微伤害。

行为的介入致使伤情最终呈现为重伤害的，也不能以重伤害的结果追究刑事责任。关于轻伤害的认定，应适用1990年6月20日最高人民法院、最高人民检察院、公安部、司法部公布的《人体轻伤鉴定标准（试行）》的规定。（3）伤害行为与伤害结果之间存在因果关系。实践证明，在处理伤害案件，特别是伤害致死的案件时，因果关系往往相当复杂。例如，双方因琐事发生争吵，被告人并不知道对方有严重的心脏病，朝对方胸部打了一拳，导致对方心脏病发作而死。事实上被告人并无置对方于死地的意图，打击行为并不是死亡的决定性原因，被害人的死亡主要是因为其本身患有的严重的心脏病所导致，根据案件的具体情况，如果被告人应当预见而没有预见，则构成过失致人死亡罪；如果根本不可能预见，则属于意外事件，不能追究其刑事责任。

3. 本罪的主体为一般主体，对于故意伤害致人重伤或死亡的，主体可以为已满14周岁具有刑事责任能力的自然人。对于致人轻伤害的，主体是已满16周岁具有刑事责任能力的自然人。

4. 本罪的主观方面是非法损害他人身体健康的故意。本罪对造成伤害结果而言，可包括直接故意和间接故意，而在故意伤害致死的情况下，对伤害结果是出于故意，但是对死亡结果的发生则只能是出于过失的心理态度，即属于复杂罪过的情况。需注意的是，在间接故意伤害的情况下，只能是放任对他人身体健康损害结果的发生，而不能是放任死亡结果发生，否则，应构成故意杀人罪。伤害的动机是多种多样的，但动机如何不影响本罪的成立。

（二）故意伤害罪的界限划分

1. 本罪与故意杀人罪（未遂）的界限

二者的相同之处在于客观上都造成伤害的结果，而区别的关键在于行为人的故意内容不同。故意伤害罪的故意内容是非法损害他人身体健康，并无剥夺他人生命的故意内容；而故意杀人罪（未遂）的故意内容，是非法剥夺他人的生命，虽然在客观上呈现的是损害他人健康的结果，但这是由于行为人意志以外的原因，而未造成死亡的结果。所以，区别二者的关键在于主观上有无非法剥夺他人生命的故意内容。

2. 故意伤害罪（致人死亡）与过失致人死亡罪的界限

二者的相同之处在于客观上都造成了他人死亡的结果，主观上都没有剥夺他人生命的故意。两罪的区别主要是：故意伤害致人死亡的，行为人主观上具有伤害的故意，但对死亡的结果是过失，属于复杂罪过；而过失致人死亡的行为人主观上只对死亡结果有过失，主观上并无伤害的故意。因此，区分二者的关键在于主观上有无伤害的故意。

3. 故意伤害罪（致人死亡）与故意杀人罪（既遂）的界限

二者的相同之处在于主观上都是出于故意，在客观上都发生了死亡的结果。区分的关键主要是故意的内容不同。在故意伤害致死的情况下，行为人只有非法损害他人身体健康的故意，而对死亡结果的发生主观上是出于过失；而故意杀人在主观上具有非法剥夺他人生命的故意内容。

4. 本罪与一般殴打行为的界限

殴打，是指给他人造成暂时性肉体疼痛或轻微神经刺激，但不损及他人人体组织完整和人体器官正常功能的行为。殴打虽然也可以给他人造成轻微伤害，但因危害不大而不构成犯罪。但如果采取殴打方式造成身体健康损害结果时，特别是在发生死亡结果的情况下，应认真分析，是采用殴打方式行伤害之实，还是因过失造成重伤或致人死亡，或者对结果的发生主观上无罪过。不能因殴打是有意实施的，就认为只能构成故意伤害罪。

（三）故意伤害罪的刑事责任

根据《刑法》第 234 条的规定，犯本罪的，处 3 年以下有期徒刑、拘役或者管制；致人重伤的，处 3 年以上 10 年以下有期徒刑；致人死亡或者以特别残忍手段致人重伤造成严重残疾的，处 10 年以上有期徒刑、无期徒刑或者死刑。本法另有规定的，依照规定。这是指，对其他故意伤害他人身体健康的情况，刑法分则作了专门的规定，有独立的罪名与法定刑，如果法律没有规定依照伤害罪定罪处罚，那么必须按照各条的规定定罪处刑，不再以本罪论处。

四、过失致人重伤罪

过失致人重伤罪，是指由于过失导致他人重伤的行为。本罪的客体是他人的身体健康权。本罪客观方面必须具备两个条件：其一，必须造成他人重伤的结果，如果仅造成轻伤害，不构成本罪。其二，过失行为与重伤结果之间必须具有刑法上的因果关系。本罪的主体为已满 16 周岁具有刑事责任能力的自然人。本罪的主观方面是过失，既可以是疏忽大意的过失，也可以是过于自信的过失。

根据《刑法》第 235 条的规定，犯本罪的，处 3 年以下有期徒刑或拘役。本法另有规定的，依照规定。这是指，因过失致人重伤的行为，在刑法分则中另有规定的，应按相应的罪处理，而不再适用本条定罪处罚。

第三节　侵犯妇女、儿童身心健康的犯罪

一、强奸罪

(一) 强奸罪的概念和构成

强奸罪，是指违背妇女意志，以暴力、胁迫或者其他手段，强行与妇女性交，或者故意奸淫不满14周岁的幼女的行为。本罪的构成要件是：

1. 本罪的客体是女性的性自由权利和幼女的身心健康权利。本罪的对象是妇女和幼女。妇女是指年满14周岁的女性，即未成年妇女和成年妇女。根据2002年最高人民法院、最高人民检察院《关于执行〈中华人民共和国刑法〉确定罪名的补充规定》，原来的奸淫幼女罪已被取消，相应的行为也由强奸罪这一罪名包括。因此，强奸罪的对象也包括不满14周岁的幼女。

所谓妇女的性自由权利，是指妇女根据自己的意愿发生或不发生性行为的权利。所谓幼女的身心健康权利，是指幼女的身体和精神正常发育和健康成长的权利。第一，愿意发生性行为的权利是对具有责任能力、精神健全的妇女而言的，如果是不满14周岁的幼女或者精神病患者，则不问其是否有同意性行为的意思表示，均以违反其意志论。第二，妇女的性自由权利和幼女的身心健康权利，只有在妇女和幼女生命存续时才享有。因此，强奸罪的对象，无论是妇女还是幼女，都是指有生命的。对实践中奸淫妇女尸体或幼女尸体的行为，因犯罪客体、犯罪对象不存在，不构成强奸罪，可构成《刑法》第302条规定的侮辱尸体罪。如果在妇女、幼女生前已着手实施强奸的暴力手段而致妇女、幼女死亡，又奸淫妇女尸体或幼女尸体的，仍构成强奸罪。此外，还应当注意，即便是从事卖淫的女子，其性自由的权利也受到刑法保护，只要行为人违背其意志进行奸淫，同样可以构成强奸罪。

2. 本罪的客观方面表现为违背妇女意志，以暴力、胁迫或其他手段，强行与之性交，或者奸淫不满14周岁的幼女的行为。在强行与妇女发生性行为时，违背妇女意志，是构成本罪的本质特征。所谓违背妇女意志，是指违背了妇女不愿与行为人性交的真实意思，实质上是对妇女性行为“拒绝权”的侵犯。在司法实践中应当注意，妇女的不反抗或者反抗不明显不等于同意。明显的反抗固然是认定违背妇女意志的重要标志，而在没有反抗或者反抗不明显的情况下，应当具体分析没有反抗的原因，判断在当时具体情况下妇女的真实心

理，而不能断然认定不构成强奸罪。①

刑法规定的本罪的手段有暴力、胁迫和其他手段。在犯罪对象为不满14周岁的幼女时，出于对幼女的特别保护，法律对手段并无特别限制，即行为人无论采用何种手段，只要与幼女发生了性关系，无论幼女同意与否，均符合本罪的客观方面的要件。实践中，奸淫幼女的手段既有暴力、胁迫，也有使用欺骗、引诱等手段的情况。

暴力，是指以殴打、伤害、捆绑、按倒、强拉硬拽等，对被害人人身实行强制的手段，意图使被害人不敢、不能反抗，至于现实是否达到该种效果在所不问。胁迫，是指以杀害、伤害、职权、地位、揭发隐私等相威胁、恫吓，对被害人进行精神强制的手段，意图使其不敢反抗，至于现实是否达到该种效果在所不问。其他手段，是指暴力、胁迫手段以外其他使被害人不知反抗或不能反抗的手段，如用药麻醉，用酒灌醉。认定强奸罪不能以被害妇女有无反抗以及生活作风为标准。对故意与幼女发生性交行为而言，使用何种手段，并不影响犯罪的成立。

3. 本罪的主体是已满14周岁具有刑事责任能力的男性。女性不能单独构成本罪，但可以成为本罪的教唆犯和帮助犯。

4. 本罪的主观方面是直接故意，并且具有违背女性意志，与之发生性交的故意内容。对于奸淫幼女构成强奸罪，是否要求明知是幼女？对此问题我国司法和理论上一直存在着争议。2003年最高人民法院《关于行为人不明知是不满14周岁的幼女，双方自愿发生性关系是否构成强奸罪问题的批复》中规定："行为人明知是不满14周岁的幼女而与其发生性关系，不论幼女是否自愿，均应依照《刑法》第236条第2款的规定，以强奸罪定罪处罚；行为人确实不知对方是不满14周岁的幼女，双方自愿发生性关系，未造成严重后果，情节显著轻微的，不认为是犯罪。"根据上述规定，奸淫幼女构成强奸罪要求行为人必须明知奸淫的是幼女才构成强奸罪，这一司法解释可以说对这一问题已经有一定的结论。当然，这里所谓的"明知"，只要行为人认识到可能是幼女的，就符合本罪对认识因素的要求，而不是要求必须是确知。

（二）强奸罪的界限划分

本罪与其他相关犯罪界限的划分，将在论述后面的相关犯罪时予以阐明，这里主要论述本罪与非罪的界限。

---

① 参见赵秉志主编：《刑法争议问题研究》（下册），河南人民出版社1996年版，第274～275页。

1. 本罪与通奸的界限

通奸，是指有配偶的男女之间以及有配偶的男女一方与他人之间，基于情感、生理需要自愿发生的婚外性行为。通奸虽然会妨害一方或者双方的婚姻家庭关系，但因为通奸并不违背妇女的意志，也不使用暴力等手段，不构成本罪。在实践中应当注意区分以下几种情形：其一，男女双方多次通奸或有不正当性行为，但后来女方拒绝与男方保持性关系而男方继续纠缠，并使用强制手段对女方实施奸淫的，应当认定为强奸罪，但此前双方自愿发生的性行为，不应认定为强奸。其二，男方最初是用强制手段奸淫女方，但女方并未告发，后来女方又自愿与男方发生性行为，甚至发展成为恋爱关系或夫妻关系，一般认为从稳定社会关系的现实需要出发，不必再追究男方过去的强制性性行为的刑事责任。

2. “婚内强奸”罪与非罪的界限

近年来，一些学者从维护妇女权益和反对家庭暴力的角度出发，主张婚内强奸也构成强奸罪，但并未得到理论界和司法界的一致认可。目前我国刑法理论上的通说认为，一般情况下，丈夫强迫妻子发生性行为不构成强奸罪。因为夫妻之间的性生活是维持婚姻关系的重要纽带，夫和妻之间有要求进行性生活的正当权利，也同时负有配合对方进行性行为的义务。① 但是，如果男女双方的婚姻已经破裂，并且双方已经协议或者由法院判决离婚，但在离婚判决尚未发生法律效力时，男方强行与女方发生性交的，可构成强奸罪。另外，丈夫帮助其他男性强奸自己的妻子的，则构成强奸罪的共犯。

3. 已满 14 周岁不满 16 周岁的男性与幼女发生性行为的罪与非罪的界限

2000 年最高人民法院《关于审理强奸案件有关问题的解释》规定，对于已满 14 周岁不满 16 周岁的人，与幼女发生性关系构成犯罪的，依照《刑法》第 17 条、第 236 条第 2 款的规定，以强奸罪定罪处罚；对于与幼女发生性关系，情节轻微、尚未造成严重后果的，不认为是犯罪。对于行为人既实施了强奸妇女行为又实施了奸淫幼女行为的，依照《刑法》第 236 条的规定，以强奸罪从重处罚。2006 年最高人民法院《关于审理未成年人刑事案件具体应用法律若干问题的解释》第 6 条规定：已满 14 周岁不满 16 周岁的人偶尔与幼女发生性行为，情节轻微、未造成严重后果的，不认为是犯罪。因此，认定时应注意：行为人若使用暴力、胁迫或其他强制手段与幼女发生性行为，无论情节是否严重，均应以本罪论处。如果是偶尔自愿发生性关系，而且情节轻微，未

① 参见王作富主编：《刑法分则实务研究》，中国方正出版社 2003 年版，第 1022 页。

造成严重后果的，则不认为是犯罪；如果情节恶劣，后果严重的，可认定为本罪，如奸淫多名幼女或者造成幼女性器官严重损害等。对既实施强奸妇女行为又实施了奸淫幼女行为的，只能按照本罪一罪从重处罚，不实行数罪并罚。

4. 利用特定关系或职权与妇女发生性行为的罪与非罪的界限

男女之间如果存在上下级、师生、教养等关系，男方利用这种优势地位迫使妇女就范而发生的性行为，因为妇女如不接受性行为就会招致某种难以承受的损害，这种行为实质上是违背妇女意志的，因此可以认定为强奸。但是，如果男方仅仅是利用这种优势地位同女方讲条件，以给予妇女一定的好处，如晋升、加薪、分房等相引诱，而妇女为了贪图这些不正当的利益而以身相许的，这种性行为实质上是男女双方相互利用，各有所图，因而不能认定为强奸罪。

5. 与女性精神病人发生性行为的罪与非罪的界限

如果男子明知妇女是或者可能是精神病患者，而妇女无辨认、控制能力的，无论男子采用何种手段与之发生性行为的，均应认定为强奸罪。如果间歇性精神病人正处在精神正常期、精神发育不全的轻度患者并未完全丧失辨认和控制自己行为的能力，只要性行为不是违背其意志，就不能定为强奸罪。确实不知是痴呆或精神病患者，在征得其同意，甚至受到病患者的性挑逗的情况下，与之发生了性行为，行为人主观上缺乏违背女性意志强行与其性交的目的，不能认定为强奸罪。

6. 与被拐卖的妇女发生性行为的罪与非罪的界限

根据《刑法》第 241 条第 2 款的规定，收买被拐卖的妇女并强行与之发生性关系的，应认定为强奸罪。如果行为人收买妇女后，与收买妇女慢慢建立了感情而双方自愿发生性关系的，则不能认定为强奸罪。

（三）强奸罪的刑事责任

根据《刑法》第 236 条第 1 款、第 3 款的规定，犯本罪的，处 3 年以上 10 年以下有期徒刑。奸淫不满 14 周岁幼女的，以强奸论，从重处罚。强奸妇女，有下列情形之一的，处 10 年以上有期徒刑、无期徒刑或者死刑：（1）强奸妇女、奸淫幼女情节恶劣的。情节恶劣，是指强奸的手段残忍，在社会上造成很坏影响，等等。（2）强奸妇女、奸淫幼女多人的。多人，一般理解为三人以上。（3）在公共场所当众强奸妇女的。（4）两人以上轮奸的。轮奸，是指两人以上在一较短时间内先后轮流强奸同一妇女或者幼女。（5）致使被害人重伤、死亡或者造成其他严重后果的。致使被害人重伤、死亡，是指因强奸导致被害人性器官严重损伤，或者造成其他严重伤害，甚至当场死亡或者经治疗无效死亡的。对出于报复、灭口等动机，在实施强奸的过程中杀死或者伤害被害人的，应定故意杀人罪或者故意伤害罪，与强奸罪实行数罪并罚。造成其他严重后果，是指因强奸引起被害人自杀、精神失常以及其他严重后果。

二、强制猥亵、侮辱妇女罪

（一）强制猥亵、侮辱妇女罪的概念和构成

强制猥亵、侮辱妇女罪，是指违背妇女意志，以暴力、胁迫或者其他手段，猥亵妇女或侮辱妇女的行为。本罪具有如下构成要件：

1. 本罪的客体是妇女的人格尊严和人身自由权利。本罪的对象只限于妇女，即14周岁以上的未成年妇女和成年妇女。猥亵不满14周岁的幼女（包括幼年男性），构成《刑法》第237条第3款规定的猥亵儿童罪。已满14周岁的男性，不能成为本罪的对象。

2. 本罪的客观方面表现为以暴力、胁迫或者其他手段，违背妇女意志，强制猥亵、侮辱妇女的行为。所谓暴力，是指以殴打、捆绑、堵嘴等对妇女人身实行强制，使被害妇女不敢、不能抗拒的手段。所谓胁迫，是指以杀害、伤害、职权、地位、揭发隐私等相威胁、恫吓使被害妇女不敢反抗，对其进行精神强制的手段。其他手段，是指暴力、胁迫手段以外，其他使被害妇女不知反抗或不能反抗的手段，如用药麻醉，用酒灌醉等。所谓猥亵，主要是指为满足、发泄、刺激性欲，利用自己或他人的身体或其他工具，直接接触妇女的身体，明显带有性行为色彩又不属于奸淫的行为，如行为人强行搂抱、亲吻妇女等。所谓侮辱妇女，是指行为人以淫秽语言、下流动作损害妇女人格尊严，伤害妇女羞耻心的行为，如以下流语言辱骂、调戏妇女，向妇女身上泼洒污物或向妇女显露生殖器等。

3. 本罪的主体是已满16周岁具有刑事责任能力的男性。女性可以成为本罪的共犯。

4. 本罪在主观方面是直接故意，一般具有满足自己性欲或有损妇女人格的目的。行为人对妇女实施强制猥亵、侮辱行为，一般是出于流氓动机，是为了满足性欲和下流的精神刺激，但也不排除行为人出于报复或其他动机。

（二）强制猥亵、侮辱妇女罪的界限划分

1. 本罪与非罪的界限

《刑法》第237条并没有规定本罪的构成以“情节严重”为必需，但从立法精神和司法实践的需要来考虑，如果强制猥亵、侮辱妇女的行为情节轻微，造成的社会影响不大，应为一般违法行为，对此，应按照《治安管理处罚法》的规定处罚，而不应按犯罪处理。只有情节达到一定严重程度的，如强制猥亵

的手段恶劣、动机卑鄙；多次实施猥亵、侮辱行为，屡教不改的；结伙、持械追逐、堵截猥亵、侮辱妇女的；因实施猥亵、侮辱造成妇女人身伤害的等，才按犯罪处理。

2. 本罪与猥亵儿童罪的界限

二者的区别表现在：（1）侵犯的对象不同。本罪的对象是14周岁以上的女性；猥亵儿童罪的对象是14周岁以下的男童或女童。（2）客观方面不尽相同。本罪在客观上是违背妇女意志进行的；猥亵儿童罪在客观方面不问是否违背儿童意志，只要实施了猥亵行为，均可以构成猥亵儿童罪。

3. 本罪与强奸罪的界限

本罪与强奸罪二者都可以采用强制手段，对象都可以是妇女，主观方面的罪过形式都是故意，均以满足性欲为目的。因此，与伴随猥亵妇女的强奸罪的未遂行为从客观上看十分相似。区分二者的关键在于查明行为人主观上是否具有强行奸淫的故意内容。如果行为人主观上具有强行奸淫的目的，同时又有强制猥亵、侮辱行为，只是由于其意志以外的原因未能得逞的，应定为强奸罪（未遂）；如果没有奸淫的目的，只是实施猥亵以满足自己的性欲，应定强制猥亵、侮辱妇女罪。若无法查清其行为是否确实具有奸淫的目的，本着疑罪从轻原则，应按本罪论处。

（三）强制猥亵、侮辱妇女罪的刑事责任

根据《刑法》第237条第1款、第2款的规定，犯本罪的，处5年以下有期徒刑或者拘役。聚众或者在公共场所当众犯本罪的，处5年以上有期徒刑。

三、猥亵儿童罪

猥亵儿童罪，是指猥亵不满14周岁儿童的行为。本罪的客体是儿童的人格尊严和身心健康。本罪的对象必须是不满14周岁的儿童，包括男女儿童。本罪的客观方面表现为实施了猥亵儿童的行为。基于对儿童的特殊保护，无论行为人是否使用了暴力、胁迫或其他手段，只要实施了猥亵行为，即构成本罪。本罪的主体为一般主体，即已满16周岁具有刑事责任能力的自然人均可成为本罪的主体，行为人的性别不限于男性。本罪在主观上是故意，即行为人明知所猥亵的对象是或者可能是儿童，仍然以之为对象追求性欲的满足。

根据《刑法》第237条第3款的规定，犯本罪的，依照强制猥亵、侮辱妇女罪的法定刑从重处罚。即一般情况下，应在6个月至5年有期徒刑的范围内从重处罚；聚众或者在公共场所当众猥亵儿童的，应在5年以上15年以下有期徒刑的幅度内从重处罚。

第四节 侵犯公民人身自由的犯罪

一、非法拘禁罪

(一) 非法拘禁罪的概念和构成

非法拘禁罪，是指非法拘禁他人或者以其他方法非法剥夺他人人身自由的行为。本罪具有如下构成要件：

1. 本罪的客体是他人的人身自由权利，即他人根据自己的意愿自由支配自己身体活动的权利。公民的身体自由，是公民正常工作、生产、生活和学习的保证，失去身体自由，就失去了从事一切正常活动的可能。我国《宪法》第 37 条规定，“中华人民共和国公民的人身自由不受侵犯。任何公民，非经人民检察院批准或者决定或者人民法院决定，并由公安机关执行，不受逮捕。禁止非法拘禁和以其他方法非法剥夺或者限制公民的人身自由”。因此，非法拘禁是一种严重剥夺公民身体自由的行为。本罪的对象，是依法享有人身权利的任何自然人。身体自由权作为一种人格权，是组成民事权利体系之一的人身权的重要组成部分。民事权利的享有基于民事权利能力。凡具有民事权利能力之自然人均依法享受包括身体自由权在内的民事权利。民事权利能力是法律赋予民事主体从事民事活动，享受民事权利和承担民事义务的资格，始于出生，终于死亡，自然人的民事权利能力一律平等。因此本罪侵害的对象，包括一切自然人（即基于自然规律而出生的人）。

2. 本罪在客观上表现为非法剥夺他人身体自由的行为。这里的“他人”没有限制，既可以是守法公民，也可以是犯有错误或有一般违法行为的人，还可以是犯罪嫌疑人。行为的特征是非法拘禁他人或者以其他方法非法剥夺他人的身体自由。凡符合这一特征的均应认定为非法拘禁罪，概括起来分为两类：一类是直接拘束人的身体，剥夺其身体活动自由，如捆绑；另一类是间接拘束人的身体，剥夺其身体活动自由，即将他人监禁于一定场所，使其不能或明显难以离开、逃出。剥夺人身自由的方法既可以是有形的，也可以是无形的。例如，将妇女洗澡时的换洗衣服拿走，使其基于羞耻心无法走出浴室的行为，就是无形的方法。此外，无论是以暴力、胁迫方法拘禁他人，还是以欺诈方法拘禁他人，均不影响本罪的成立。

非法拘禁罪属于继续犯，非法剥夺人身自由是一种持续行为，即该行为在一定时间内处于继续状态，使他人在一定时间内失去身体自由，不具有间断性。拘禁的不法行为和他人失去自由的状态在一定时间内处于持续地不间断状态。拘禁时间的长短不影响本罪的成立，只影响量刑。

剥夺人身自由的行为必须是非法的。非法性主要表现为：一是无权拘禁他人的一般公民随意拘禁他人，使其失去人身自由（如绑架他人为人质讨债等）；二是有权拘禁的司法工作人员滥用职权，不遵守法律规定，或者违反法定程序和条件，非法剥夺他人人身自由，或者使他人无法恢复人身自由（如不释放已认定无罪的人）。司法机关根据法律规定，对于有犯罪事实和重大嫌疑的人采取拘留、逮捕等限制人身自由的强制措施的行为，不成立本罪。但发现不应拘捕时，借故不予释放，继续羁押的，则应认为是非法剥夺人身自由。对于正在实行犯罪或犯罪后及时被发觉的、通缉在案的、越狱逃跑的、正在被追捕的人，群众依法扭送至司法机关的，不是非法剥夺人身自由。依法收容精神病患者的，也不是非法剥夺人身自由的行为。

3. 本罪的主体为已满16周岁具有刑事责任能力的自然人。

4. 本罪在主观方面表现为故意，并以剥夺他人人身自由为目的。非法拘禁他人的动机是多种多样的，但动机如何不影响本罪的成立，不管出于什么动机，只要具有非法剥夺他人人身自由的目的，故意实施了非法拘禁他人的行为，即构成本罪。

（二）非法拘禁罪的界限划分

1. 本罪与非罪的界限

区分本罪与非罪的界限主要是要划清本罪与非法拘禁的一般违法行为的界限。非法拘禁行为，只有达到相当严重的程度，才构成犯罪。因此，应当根据情节轻重、危害大小、动机为私为公、拘禁时间长短等因素，综合分析，来确定非法拘禁行为的性质。根据2006年最高人民检察院《关于渎职侵权犯罪案件立案标准的规定》（以下简称《立案标准的规定》），国家机关工作人员利用职权非法拘禁，涉嫌下列情形之一的，应予以立案：（1）非法剥夺他人人身自由24小时以上的；（2）非法剥夺他人人身自由，并使用械具或者捆绑等恶劣手段，或者实施殴打、侮辱、虐待行为的；（3）非法拘禁，造成被拘禁人轻伤、重伤、死亡的；（4）非法拘禁，情节严重，导致被拘禁人自杀、自残造成重伤、死亡或者精神失常的；（5）非法拘禁3人次以上的；（6）司法工作人员对明知是没有违法犯罪事实的人而非法拘禁的；（7）其他非法拘禁应予追究刑事责任的情形。

2. 本罪与刑讯逼供罪的界限

两者都属于侵犯人身权利的犯罪，实践中往往互相牵连，容易混淆。两者的区别在于：(1) 主体要件不同。前者是一般主体，后者只能是国家工作人员。(2) 犯罪对象不同。前者是一般公民，后者只能是被控有违法犯罪行为的犯罪嫌疑人。(3) 犯罪客观行为表现和目的不同。前者是以拘禁或者其他强制方法非法剥夺他人人身自由，后者是对犯罪嫌疑人使用肉刑或者变相肉刑逼取口供。如果两罪一起发生，互有关联的，一般应按牵连犯罪从一重罪处理。非国家工作人员有类似“刑讯逼供”等关押行为的，不定刑讯逼供罪，应以非法拘禁罪论处。

3. 一罪与数罪的界限

(1) 非法拘禁罪与故意杀人罪、故意伤害罪、刑讯逼供罪及暴力取证罪的牵连、竞合。非法拘禁罪与故意杀人罪、故意伤害罪的牵连，通常表现为在非法拘禁过程中，行为人对被害人进行暴力加害，或者行为人用非法拘禁方法故意使被害人因冻饿等原因而死亡、受伤等。对于在非法拘禁中对被害人加害的情况，应当注意，非法拘禁“使用暴力致人伤残、死亡的”，依照故意伤害罪、故意杀人罪定罪处罚。因此，一方面对于这种情况只应按一重罪即故意伤害罪或故意杀人罪定罪处罚，另一方面，要注意其适用的条件：必须是在非法拘禁中“使用暴力”且“致人伤残、死亡”。这里的“伤残”不包括轻伤，而是指重伤，但不限于肢体残废的情形，而是包括各种对于人身健康有重大伤害的情形在内。至于上述后一种情况，即行为人目的在于故意伤害、故意杀害被害人，只不过其方法采用了非法拘禁而已，自然应按牵连犯的处罚原则，从一重罪定罪处罚，即按故意伤害罪或故意杀人罪定罪处罚。非法拘禁罪与刑讯逼供罪、暴力取证罪形成牵连犯形态或想象竞合犯形态的情况，表现为司法工作人员非法将犯罪嫌疑人、被告人或证人拘禁，在此过程中又进行刑讯逼供或暴力逼取证言的行为。对于这种情形，应按刑讯逼供罪或暴力取证罪对行为人定罪处罚。当然，如果行为人在拘禁他人进行刑讯逼供、暴力逼取证言过程中致人伤残、死亡的，应以故意伤害罪、故意杀人罪定罪处罚。

(2) 非法拘禁罪与妨害公务罪的想象竞合。妨害公务罪，是指以暴力、威胁方法阻碍国家机关工作人员依法执行职务，以暴力、威胁方法阻碍全国人大和地方各级人大代表依法执行代表职务，或者在自然灾害和突发事件中，以暴力、威胁方法阻碍红十字会工作人员依法履行职责的行为。除故意阻碍国家安全机关、公安机关依法执行国家安全工作任务造成严重后果的行为构成妨害公务罪，不需要“暴力、威胁方法”外，暴力、威胁方法是其他妨害公务行为构成犯罪必备的条件。妨害公务罪中的暴力，一般是指对国家机关工作人员等特定人员的身体实行打击或强制，例如殴打、捆绑等。司法实践中，往往有以捆绑等非法拘禁的方法妨害公务的案件发生。这实际上是一行为同时触犯两个罪名，属于想象竞合犯，对此应择一重罪从重处罚。但是，刑法对非法拘禁罪和妨害公务罪基本构成的法定刑设置基本相同，这就涉及究竟应以哪个罪名对行为人定罪处罚的问题。我们认为，应以妨害公务罪定罪处罚，这样可以更好地反映行为的整体性质和本质特征。当然，如果在非法拘禁妨害公务中过失致人重伤或死亡的，应当依照非法拘禁罪定罪处罚，因为刑法对非法拘禁致人重伤、死亡的规定了结果加重犯的法定刑（不过，如是故意致人重伤、死亡，则对行为人应定故意伤害罪或故意杀人罪，不再以非法拘禁或妨害公务罪定性）。

（三）非法拘禁罪的刑事责任

根据《刑法》第238条第1款、第2款的规定，犯本罪的，处3年以下有期徒刑、拘役、管制或者剥夺政治权利，具有殴打、侮辱情节的，从重处罚。犯非法拘禁罪致人重伤的，处3年以上10年以下有期徒刑；致人死亡的，处10年以上有期徒刑。为索取债务非法扣押、拘禁他人的，依照第238条第1款、第2款的规定处罚。国家机关工作人员利用职权犯非法拘禁罪的，从重处罚。所谓具有殴打、侮辱情节，是指为实行非法拘禁而在拘禁过程中进行殴打或侮辱。作为非法拘禁罪从重情节的殴打、侮辱包括轻伤罪和侮辱罪在内，但不应包括故意造成重伤害的情况在内。对于过失造成重伤的，应适用非法拘禁罪的加重结果犯之法定刑；故意造成重伤的，则应根据第238条第2款的转化犯规定，以故意伤害罪论处。所谓“致人重伤”、“致人死亡”仅仅是指过失致人重伤、致人死亡。所谓为索取债务非法扣押、拘禁他人，是指为索取合法债务的情形。行为人为索取非法债务而扣押、拘禁他人的，应以《刑法》第239条的绑架罪定罪处罚。国家机关工作人员利用职权犯非法拘禁罪从重处罚，仅限于“利用职权”的情形；没有利用职权的，不得从重处罚。另外，应当注意，行为人非法拘禁具有多个从重处罚情节的，应在更大幅度上从重处罚。比如国家机关工作人员利用职权非法拘禁，又具有殴打、侮辱情节的，就属于这种情况。

二、绑架罪

（一）绑架罪的概念和构成

绑架罪，是指以勒索财物为目的绑架他人，或者绑架他人作为人质的行为。本罪具有如下构成要件：

1. 本罪的客体是复杂客体，包括他人的人身自由权利，健康、生命权利及公私财产所有权。但应当具体分析，以勒索财物为目的绑架他人的行为，由于使用暴力、胁迫等强制手段将他人掳为人质，又向人质的关系人勒索财物，所以既侵犯他人的人身自由权利和健康、生命权利，也侵犯公私财产所有权，如果不是以勒索财物为目的而绑架他人，就侵犯他人的人身自由权利和健康、生命权利。绑架所使用的暴力、威胁、麻醉或其他方法本身就危及被害人的身体健康；以暴力、胁迫、麻醉或其他方法劫持他人以后对被害人加以禁闭、监视等，就剥夺了其人身自由权；绑架罪行为人对被害人杀人灭口，就侵犯了被害人的生命权。至于在复杂客体中，立法将本罪规定在侵犯人身权利的犯罪中，说明人身权利是本罪的主要客体。

2. 本罪的客观方面，虽然立法对本罪的绑架的手段行为没有规定，但是，从绑架的含义来说，是使用暴力、胁迫或者其他手段劫持他人的行为。所谓暴力是指直接对被害人身体实施打击和强制，如捆绑、推、拽、殴打、伤害、强行架走等，使被害人不能、不敢反抗的人身强制行为。所谓胁迫是指以不顺从就实施暴力相威胁、恫吓，对被害人实行精神强制，使其恐惧不敢反抗的精神强制行为。胁迫实施暴力的对象既可以是被害人本人，也可以是对在场的被害人的亲属，胁迫的方式可以用语言，也可以用动作，如用刀在被害人面前比划，但胁迫必须是对被害人当面实施。其他方法，是指除暴力、胁迫外，使被绑架人不知反抗或不能反抗的人身强制行为。如诱骗、用药物麻醉、用酒灌醉等方法。以勒索财物为目的偷盗婴幼儿的，亦构成本罪。根据刑法的规定，绑架的具体行为有两种情况：一是以勒索财物为目的绑架他人为人质；二是出于非法勒索财物之外的目的绑架他人为人质（但是，不包括为索取债务绑架他人为人质的情况）。无论属于哪一种情况，均构成本罪。不管是暴力、胁迫还是其他手段，其本质特征均是违背被害人意志，致被害人不能反抗、不敢反抗、无力或不知反抗而劫走被害人。

在实践中，行为人在实施绑架人质的行为之后，通常以一定的方式将人质被绑架的事实通知被绑架人的亲属或者其他利害关系人，或者有关的机关、政府部门，并以继续扣押人质或加以杀、伤相要挟，勒令在一定时间内交付一定数额的金钱或财物，或者满足其某种要求，以换取人质。但根据刑法的规定，行为人是否实施该种行为，并不影响本罪的成立，只是量刑的情节。此外，本罪在实施过程中对人质的非法拘禁，是绑架的当然结果，不另行定罪。根据2001年最高人民法院《关于对在绑架过程中以暴力、胁迫等手段当场劫取被害人财物的行为如何适用法律问题的答复》，行为人在绑架过程中，又以暴力、胁迫等手段当场劫取被害人财物，构成犯罪的，择一重罪处罚。

3. 本罪的主体是已满16周岁具有刑事责任能力的自然人。

4. 本罪的主观方面是直接故意，以勒索财物或者获得其他利益为目的。

(二) 绑架罪的界限划分

1. 本罪与敲诈勒索罪的界限

以威胁方法实施的绑架罪与敲诈勒索罪具有共同之处，具体表现在二者的主观方面的罪过形式均是故意，并且都具有勒索的目的；犯罪的主体均是一般主体。二者的区别是：(1) 犯罪侵害的对象不同。敲诈勒索罪实施威胁的对象和取得财物的对象是同一人，而绑架罪实施威胁的对象和取得财物的对象不是相同的人。(2) 客观要件表现不同。敲诈勒索罪威胁的内容如系暴力，行为人多是声称将来实施，而绑架暴力内容的威胁，则是当时、当场已经实施的。(3) 敲诈勒索罪的行为人并不掳走被害人予以隐藏控制，而绑架罪的行为人则将被害人掳走加以隐藏、控制。另外，如果行为人以并不存在的绑架行为欺骗威吓某人且不是当场交付财物的，既不应以敲诈勒索定罪，也不能以绑架定罪，而应以诈骗罪论处。如威吓某人当场交出财物，而威吓的内容是以暴力侵害人身为内容的，则应以抢劫罪论处。

2. 本罪与非法拘禁罪的界限

在绑架行为实施过程中，对他人人身自由的非法剥夺是绑架的当然结果；而非法拘禁也可以绑架的手段实施，两者容易混淆。二者的主要区别在于：(1) 主观方面，本罪是以勒索财物为目的或者是除勒索财物或者出卖为目的以外获取其他利益为目的。后者是以非法剥夺人身自由为目的。(2) 客观方面，本罪一般既有绑架的行为，又有勒索财物或者要求其他利益的行为，剥夺人身自由是绑架的当然结果。后者一般只具有非法剥夺人身自由的行为，除了索取债务的情况外，既无勒索财物的行为，也无要求其他利益的行为。实践中，涉及绑架罪与非法拘禁罪界限区分问题的主要是为索债而绑架、扣押人质的案件。《刑法》第238条第3款明确规定：为索取债务而非法扣押、拘禁他人的，以非法拘禁罪定罪处罚。

3. 本罪既遂与未遂的界限

关于绑架罪既遂与未遂的区分标准，理论上有不同主张。有的观点认为，本罪虽然是由两个行为构成，但是既遂与未遂的区分应以人质是否丧失行动自由为标准。至于是否开始索取财物或其他非法利益，不影响本罪的既遂。有的观点则认为，不能将绑架与勒索相分离，绑架人质是手段，勒索财物或取得其他利益才是目的，不能将其与勒索财物等行为割裂开来，所以，应以是否实际勒索到财物或其他非法利益为既遂标准。我国理论通说认为犯罪既遂以行为符合刑法规定的具体犯罪构成要件为标准。我们认为，根据《刑法》第239条的规定，在绑架罪的客观要件中，并未规定本罪必须在客观上具备勒索财物或强取其他利益的行为，“以勒索财物为目的”的规定，表明的只是实施绑架行为的主观要件。如果将此解释为必须是实行行为，就具有客观要件的意义，未实施则不能说完全符合犯罪构成。所以本罪的既遂与未遂应以绑架行为是否达到实际控制人质，将其置于自己实际支配之下为标准，已经实际控制人质的是既遂。虽实施暴力、胁迫、麻醉等行为，但未构成对人质人身实际控制的，是未遂。

（三）绑架罪的刑事责任

根据《刑法》第239条的规定，犯本罪的，处10年以上有期徒刑或者无期徒刑，并处罚金或者没收财产；致使被绑架人死亡或者杀害被绑架人的，处死刑，并处没收财产。所谓致使被绑架人死亡，是指在绑架实施过程中因使用暴力，故意伤害致人死亡或者因过失致人死亡。杀害被绑架人包括先杀害人质，然后隐瞒真相，向人质的利害关系人或者有关单位提出要挟；或者在要求未得到满足或得到满足后杀死人质。

三、拐卖妇女、儿童罪

（一）拐卖妇女、儿童罪的概念和构成

拐卖妇女、儿童罪，是指以出卖为目的，拐骗、绑架、收买、贩卖、接送、中转妇女、儿童的行为。本罪具有如下构成要件：

1. 本罪的客体是被害妇女、儿童的身体自由权和人格尊严权。身体自由权，是指以身体的动静举止不受非法干预为内容的人格权。人格尊严权，是指与民事主体的尊严密切相关的以精神性人格利益为内容的人格权。被害妇女、儿童被拐骗后，处于行为人控制之下，处于被欺骗、任其摆布的境地，失去决定自己去向的身体自由权，行为人将被害妇女、儿童当做商品出卖，损害其做人的尊严。本罪侵犯的对象为妇女、儿童。“妇女”指14周岁以上的女性。根据最高人民法院《关于审理拐卖妇女案件适用法律有关问题的解释》，这里的“妇女”既包括具有中国国籍的妇女，也包括具有外国国籍和无国籍的妇女，被拐卖的外国妇女没有身份证明的，不影响本罪的成立。“儿童”指不满14周岁的人。

2. 本罪在客观上表现为非法拐骗、绑架、收买、贩卖、接送或者中转妇女、儿童的行为。所谓拐骗，是指行为人以利诱、欺骗等非暴力手段使妇女、儿童脱离家庭或监护人并为自己所控制的行为；所谓绑架，是指采用暴力、胁迫、麻醉或其他强制性手段劫持妇女、儿童的行为；所谓收买，是指以出卖为目的买下妇女、儿童的行为；所谓贩卖，是指将妇女、儿童卖给第三者换取钱财的行为；所谓接送、中转，是指在拐卖妇女、儿童的过程中，进行接应、藏匿、转送、接转被拐卖的妇女、儿童的行为。将收买、绑架、贩卖、接送、中转被拐骗妇女、儿童的行为作为拐卖妇女、儿童犯罪的表现形式，是现行刑法对拐卖人口犯罪立法的进一步完善。根据刑法的规定，行为人只要实施了拐骗、绑架、收卖、贩卖、接送或者中转妇女、儿童中的任何一种行为，即构成拐卖妇女、儿童罪。至于拐卖行为是否违背被害人意志，不影响本罪的构成。

3. 本罪的主体是已满16周岁具有刑事责任能力的自然人。

4. 本罪的主观方面是直接故意，且行为人主观上具有出卖的目的。

(二) 拐卖妇女、儿童罪的界限划分

1. 本罪与绑架罪的界限

两者在客观上有相同之处，如拐卖妇女、儿童罪中有绑架妇女、儿童或偷盗婴幼儿的行为，绑架罪中也有为获取财物而实施的勒索行为，拐卖妇女、儿童罪也可以绑架为手段。区别主要表现在：(1) 犯罪客体不完全相同。本罪属于单一客体，而绑架罪的客体则是复杂客体。(2) 犯罪对象不同。本罪的对象仅限于妇女和儿童，而绑架罪的对象可以是任何人。(3) 获取的利益及方式不同。本罪是将妇女、儿童出卖获取钱财，而绑架罪是向人质的亲属或利害关系人或有关机关要挟，可为钱财，也可为其他利益。(4) 主观目的不同。本罪是以出卖为目的，而绑架罪是以勒索财物为目的或者除勒索财物目的以外，获取其他利益的目的。

2. 本罪与拐骗儿童罪的界限

两罪侵犯的都是人身权利，都可以儿童为对象，也都能采用欺骗手段。区别的主要方面在于主观要件的不同，本罪是以出卖为目的，而拐骗儿童罪不以出卖为目的，一般是为了供自己或他人收养、奴役。

3. 一罪与数罪的界限

根据《刑法》第240条的规定，拐卖妇女、儿童，具有下列情形的，不将行为人实施的其他犯罪与拐卖妇女、儿童罪实行并罚，只将这些情形作为拐卖妇女、儿童罪的加重量刑情节：(1) 奸淫被拐卖的妇女的。(2) 诱骗、强迫被拐卖的妇女卖淫或者将被拐卖的妇女卖给他人迫使其卖淫的。(3) 以出卖为目的，使用暴力、胁迫或者麻醉方法绑架妇女、儿童的。(4) 以出卖为目的，偷盗婴幼儿的。(5) 造成被拐卖的妇女、儿童或者其亲属重伤、死亡或者其他严重后果的。除此之外，对在拐卖妇女、儿童的犯罪过程中犯有其他罪行的，如对被拐卖的妇女、儿童故意杀害、伤害的，对行为人应以故意杀人罪或者故意伤害罪与拐卖妇女、儿童罪实行数罪并罚。

（三）拐卖妇女、儿童罪的刑事责任

根据《刑法》第240条的规定，犯本罪的，处5年以上10年以下有期徒刑，并处罚金；有下列情形之一的，处10年以上有期徒刑或者无期徒刑，并处罚金或者没收财产；情节特别严重的，处死刑，并处没收财产：（1）拐卖妇女、儿童集团的首要分子；（2）拐卖妇女、儿童3人以上的；（3）奸淫被拐卖的妇女的；（4）诱骗、强迫被拐卖的妇女卖淫或者将被拐卖的妇女卖给他人迫使其卖淫的；（5）以出卖为目的，使用暴力、胁迫或者麻醉方法绑架妇女、儿童的；（6）以出卖为目的，偷盗婴幼儿的；（7）造成被拐卖妇女、儿童或者其亲属重伤、死亡或者其他严重后果的；（8）将妇女、儿童卖往境外的。

四、收买被拐卖的妇女、儿童罪

收买被拐卖的妇女、儿童罪，是指不以出卖为目的，明知是被拐卖的妇女、儿童而予以收买的行为。本罪侵犯的客体是妇女、儿童的人身自由权和人格权。犯罪对象是被拐卖的妇女、儿童。犯罪主体是一般主体。主观方面是故意。行为人一方面明知自己所收买的妇女、儿童是被他人拐卖的妇女、儿童，另一方面也明知自己的收买行为侵犯了妇女、儿童的人身权利与人格尊严，但行为人仍然决意收买。

根据《刑法》第241条的规定，犯本罪的，处3年以下有期徒刑、拘役或者管制。收买被拐卖的妇女，强行与其发生性关系的，或者非法剥夺、限制被拐卖妇女、儿童的人身自由，或者有伤害、侮辱等犯罪行为的，应以本罪和相应的有关犯罪实行数罪并罚。收买被拐卖的妇女、儿童后又出卖的，依照《刑法》第240条的规定，以拐卖妇女、儿童罪论处。收买被拐卖的妇女、儿童，按照被买妇女的意愿，不阻碍其返回原居住地的，对被买儿童没有虐待行为、不阻碍对其进行解救的，可以不追究刑事责任。

五、聚众阻碍解救被收买的妇女、儿童罪

聚众阻碍解救被收买的妇女、儿童罪，是指纠集众人，阻碍国家机关工作人员解救被收买的妇女、儿童的行为。本罪的客体是国家机关工作人员解救被收买妇女、儿童的正常公务活动和妇女、儿童的人身自由权。犯罪对象必须是正在执行解救被收买的妇女、儿童任务的国家机关工作人员。本罪的主体为已

满16周岁具有刑事责任能力的自然人。刑法规定，只有首要分子才构成本罪。这里的首要分子，是指聚众阻碍国家机关工作人员解救被收买的妇女、儿童的策划者、指挥者、组织者。本罪的主观方面是故意。

根据《刑法》第242条的规定，犯本罪的，对其首要分子，处5年以下有期徒刑或者拘役；其他参与者使用暴力、威胁方法的，依照《刑法》第277条规定的妨害公务罪论处。

六、诬告陷害罪

（一）诬告陷害罪的概念和构成

诬告陷害罪，是指捏造犯罪事实诬陷他人，意图使他人受刑事追究，情节严重的行为。本罪具有如下构成要件：

1. 本罪的客体为他人的人身权利和司法机关的正常活动。这种犯罪是行为人企图假借司法机关实现其诬陷无辜的目的。这种犯罪不仅侵犯了公民的人身权利，使无辜者的名誉受到损害，而且可能导致错捕、错判，甚至错杀的严重后果，造成冤假错案，干扰司法机关的正常活动，破坏司法机关的威信。

2. 本罪的客观方面表现为捏造他人犯罪事实，向国家机关或有关单位进行告发，情节严重的行为。捏造犯罪事实和进行告发，是诬告陷害客观行为不可缺少的组成部分。首先，必须捏造了他人犯罪的事实。所谓捏造，是指无中生有，虚构某种事实。如果告发的是真实的事实，即使在情节上有所夸大，亦属检举失实，不能构成本罪。另外，如果捏造的不是他人的犯罪事实，而是生活作风败坏之类的事实，则不能构成本罪，情节严重的，可构成诽谤罪。其次，必须有告发的行为。所谓告发，是指向有关机关进行检举、揭发。告发既可向司法机关告发，也可向被诬告者所在单位及其他有可能向司法机关转送的机关告发。告发的方式不影响本罪的成立。再次，必须有特定的诬告对象。所谓特定的对象，并不要求必须明确指出被诬告者的姓名，只要从诬告的内容中能推断出是谁，即应当认为诬告的是特定对象。本罪是行为犯，只要行为人实施了捏造犯罪事实，进行告发的行为，就构成本罪的既遂。至于被害人是否被错误地追究刑事责任，只是量刑时考虑的情节，而非本罪的成立条件。最后，必须是情节严重，才能构成本罪。

3. 本罪的主体是一般主体，凡已满16周岁具有刑事责任能力的自然人均可成为本罪的主体。

4. 本罪的主观方面是直接故意，并具有使他人受到刑事追究的目的。如果不是有意诬陷，而是错告或者检举失实的，不构成本罪。动机通常有栽赃、泄愤、嫁祸于人等，动机如何不影响本罪的成立。

（二）诬告陷害罪的界限划分

1. 本罪与非罪的界限

（1）本罪与错告的界限。《刑法》第 243 条第 3 款规定：“不是有意诬陷，而是错告，或者检举失实的，不适用前两款的规定。”所谓错告，是指行为人关于他人有犯罪事实的告发是错误的。所谓检举失实，是指揭发他人罪行，但揭发的事实与实际情况完全不符或部分不符的行为。诬告与错告，在主观方面有着质的不同：前者是故意捏造事实，作虚假告发，属于犯罪行为；后者则是由于情况不明，或者认识片面而在控告、检举中发生差错。由此可见，是否具有诬陷的故意，是区分诬告与错告的最基本的标志。

（2）本罪与一般诬告陷害行为的界限。两者的界限主要是情节是否严重。诬告陷害他人，情节严重的，构成本罪；情节不严重的，不构成犯罪，属于一般诬告陷害行为。对一般诬告陷害行为，应给予必要的批评教育或行政处分。所谓情节严重，一般是指诬告行为使他人的名誉遭受到严重损害；因诬告被害人已被错误地追究刑事责任，使司法机关的名誉受到严重的损害；诬告行为严重干扰了司法机关的正常活动；诬告手段恶劣；诬告的动机卑鄙等。

2. 本罪与诽谤罪的界限

二者的共同点表现在，都是捏造事实，而且诽谤罪也可能捏造犯罪事实。它们的主要区别是：（1）客体要件不同。前者侵犯的是公民的人身权利；后者侵犯的是公民的名誉。（2）主观方面不同。前者的目的是使他人受刑事追究；后者的目的是破坏他人名誉。（3）客观行为不同。前者是捏造他人犯罪的事实，通常向国家机关或有关单位告发；后者是捏造有损他人名誉的事实，散布于第三者或更多的人，但不向国家机关或有关单位告发。如果行为人虽然捏造他人犯罪的事实，但并不告发，而是私下散布，旨在损害他人名誉，就构成诽谤罪。

（三）诬告陷害罪的刑事责任

根据《刑法》第 243 条的规定，犯本罪的，处 3 年以下有期徒刑、拘役或者管制；造成严重后果的，处 3 年以上 10 年以下有期徒刑。国家机关工作人员犯本罪的，从重处罚。

七、强迫职工劳动罪

强迫职工劳动罪，是指违反劳动管理法规，以限制人身自由的方法强迫职工劳动，情节严重的行为。本罪的客体是职工的人身自由权。所谓强迫劳动，是指以强制性手段，如暴力、威胁等，违背劳动者意志，迫使其劳动。限制人身自由是强迫劳动的手段，而限制人身自由又依赖于一定的强制手段。强迫他人劳动的行为，必须是情节严重的才构成犯罪。本罪的主体为用人单位的直接责任人员。本罪的主观方面是故意。

根据《刑法》第244条的规定，犯本罪的，处3年以下有期徒刑或者拘役，并处或者单处罚金。

八、雇用童工从事危重劳动罪

雇用童工从事危重劳动罪是《刑法修正案（四）》规定的新罪，作为《刑法》第244条之一。雇用童工从事危重劳动罪，是指违反劳动管理法规，雇用未满16周岁的未成年人从事超强度体力劳动的，或者从事高空、井下作业的，或者在爆炸性、易燃性、放射性、毒害性等危险环境下从事劳动，情节严重的行为。本罪的客体是未成年人的身体健康权利。本罪的主体，从构成犯罪的意义上说，应当是工矿企业中的直接责任人员。本罪的主观方面是故意。

根据《刑法》第244条之一的规定，对构成本罪的直接责任人员，处3年以下有期徒刑或者拘役，并处罚金；情节特别严重的，处3年以上7年以下有期徒刑，并处罚金。有前述行为，造成事故，又构成其他犯罪的，依照数罪并罚的规定处罚。

九、非法搜查罪

非法搜查罪，是指非法对他人的身体或住宅进行搜查的行为。本罪的客体是公民的人身权利和住宅安全权利。本罪的对象是他人的人身和住宅。所谓人身，包括其身体和着装。所谓住宅，通常是指自然人以久住或者暂住的意思而居住的处所，从法理上解释，供人居住和生活的场所都应视为住宅。本罪的主体是一般主体。本罪的主观方面是故意。

根据《刑法》第245条的规定，犯本罪的，处3年以下有期徒刑或者拘役。司法工作人员滥用职权，犯本罪的，从重处罚。根据前述《立案标准的规定》，国家机关工作人员利用职权非法搜查，涉嫌下列情形之一的，应予以立案：(1) 非法搜查他人身体、住宅，并实施殴打、侮辱等行为的；(2) 非法搜查，情节严重，导致被搜查人或者其近亲属自杀、自残造成重伤、死亡，或者精神失常的；(3) 非法搜查，造成财物严重损坏的；(4) 非法搜查3人（户）次以上的；(5) 司法工作人员对明知是与涉嫌犯罪无关的人身、住宅非法搜查的；(6) 其他非法搜查应予追究刑事责任的情形。

十、非法侵入住宅罪

非法侵入住宅罪，是指未经允许非法进入他人住宅或经要求退出无故拒不退出的行为。本罪的客体是公民的住宅安全权利。本罪的对象是他人的住宅。所谓住宅，通常是指自然人以久住或者暂住的意思而居住的处所，在法理解释上，供人居住和生活的场所都应视为住宅。通常认为，其范围有院墙的以院墙为界，没有的或公寓楼群，应以居室为界。司法实践中，非法侵入他人住宅的往往是其他犯罪的手段行为，如闯入他人住宅进行盗窃、抢劫、行凶等犯罪活动。这种情况下属于牵连犯，应择一重罪处罚。本罪的主体是一般主体。本罪的主观方面是故意。

根据《刑法》第245条的规定，犯本罪的，处3年以下有期徒刑或者拘役。司法工作人员滥用职权犯本罪的，从重处罚。

十一、刑讯逼供罪

（一）刑讯逼供罪的概念和构成

刑讯逼供罪，是指司法工作人员对犯罪嫌疑人、被告人使用肉刑或者变相肉刑，逼取口供的行为。本罪具有如下构成要件：

1. 本罪的客体是复杂客体，既包括公民的人身权利，也包括司法机关的正常活动。犯罪对象为犯罪嫌疑人和被告人。我国法律严格保护公民的人身权利，即使是被怀疑或者被指控犯有罪行而受审的人，也不允许非法侵犯其人身权利。刑讯逼供会造成受审人的肉体伤害和精神损害，因此直接侵犯了公民的人身权利，而按照刑讯逼供所得的口供定案，又往往是造成冤假错案的原因，因此，又妨害了司法机关的正常活动。

2. 本罪的客观方面表现为使用肉刑或变相肉刑逼取犯罪嫌疑人或被告人口供的行为。所谓肉刑，是指直接施加于犯罪嫌疑人或被告人人身，可使其身体健康遭到损害或肉体、精神遭受痛苦的摧残手段，如捆绑、吊打、使用械具、刑具等。所谓变相肉刑，是指上述肉刑以外的其他使犯罪嫌疑人或被告人在肉体上遭受折磨、精神上遭受痛苦的各种手段和方法，如长时间冻饿、站立、罚跪、晒烤、使用强烈灯光照射不准睡眠、轮番不间断地审讯等。此外，必须有逼供行为，即逼迫犯罪嫌疑人、被告人作出口供。诱供、骗供是错误的审讯方法，但不是刑讯逼供。至于行为人是否得到供述，犯罪嫌疑人、被告人的供述是否符合事实，均不影响本罪成立。

3. 本罪的主体是特殊主体，即具有侦查、检察、审判、监管职责的司法工作人员。

4. 本罪的主观方面是直接故意，且出于逼取口供的目的。如果出于其他目的，如泄愤报复等，对被告人或犯罪嫌疑人施以肉刑或变相肉刑，构成犯罪的，以相应的犯罪论处，不构成本罪。

（二）刑讯逼供罪的界限划分

1. 本罪与非罪的界限

对实际工作中由于业务素质低，政策观念不强，办案中采用一些轻微逼供的手段，情节显著轻微，危害不大的，可不以犯罪论处。此外，仅仅采取诱供、指名问供方法而没有采用刑讯逼供手段的，也不能构成本罪。根据前述《立案标准的规定》，涉嫌下列情形之一的，应予立案：（1）以殴打、捆绑、违法适用械具等恶劣手段逼取口供的；（2）以较长时间冻、饿、晒、烤等手段逼取口供，严重损害犯罪嫌疑人、被告人身体健康的；（3）刑讯逼供造成犯罪嫌疑人、被告人轻伤、重伤、死亡的；（4）刑讯逼供，情节严重，导致犯罪嫌疑人、被告人自杀、自残造成重伤、死亡，或者精神失常的；（5）刑讯逼供，造成错案的；（6）刑讯逼供3人次以上的；（7）纵容、授意、指使、强迫他人刑讯逼供，具有上述情形之一的；（8）其他刑讯逼供应予追究刑事责任的情形。

2. 本罪与故意伤害罪的界限

刑讯逼供行为往往给被害人的身体造成某种损害，严重的还可能致人伤残甚至死亡。这就与故意伤害的危害后果有相似之处，根据《刑法》第247条的规定，刑讯逼供，致人伤残、死亡的，依《刑法》第234条关于故意伤害罪、第232条关于故意杀人罪的规定，从重处罚。

3. 本罪与非法拘禁罪的界限

两罪同属于侵犯人身权利的犯罪；并都可以使用暴力等非法手段；主观上都是故意。二者的区别主要是：（1）侵犯的客体不尽一致。本罪属于复杂客体，既侵犯人身权利，也侵犯司法机关的正常活动，而非法拘禁罪是单一客体，即侵犯他人的人身自由权利。（2）客观方面的条件不同。本罪的实施是借司法机关及其司法人员职责、权力而实施，而非法拘禁罪对此没有特别的要求。此外，本罪的实施必须使用肉刑或变相肉刑，而非法拘禁罪是否使用暴力等，不影响犯罪成立。（3）主体不同。本罪的主体是特殊主体，必须是具有侦查、检察、审判、监管职责的司法工作人员，而非法拘禁罪的主体是一般主体。（4）主观目的不同。本罪的犯罪目的在于逼取口供，而非法拘禁罪的犯罪目的在于剥夺他人的人身自由。

4. 本罪与暴力取证罪的界限

两罪的客体相同，主体都是司法工作人员，在客观方面都可实施暴力行为。其区别主要是：（1）对象不同。本罪的对象是犯罪嫌疑人或被告人，暴力取证罪的对象为证人。（2）主观目的不同。本罪的主观目的是逼取口供，暴力取证罪的主观目的是逼取证人证言。（3）行为方式不完全相同。本罪既可采取暴力方式，也可采取非暴力方式，暴力取证罪只能采取暴力方式。（4）行为的场合条件不同。本罪只能发生在刑事诉讼中，暴力取证罪既可发生在刑事诉讼中，也可发生在民事、行政诉讼中。

（三）刑讯逼供罪的刑事责任

根据《刑法》第247条的规定，犯本罪的，处3年以下有期徒刑或者拘役；致人伤残、死亡的，依照《刑法》第234条规定的故意伤害罪、第232条规定的故意杀人罪定罪，从重处罚。致人伤残、死亡，是指司法工作人员在刑讯逼供过程中，故意使用肉刑、变相肉刑或者其他暴力手段致使犯罪嫌疑人、被告人受到伤害或者死亡，这里不包括致人自杀的情况，对于致人自杀的，可作为本罪的一个酌定情节在量刑时加以考虑。

十二、暴力取证罪

暴力取证罪，是指司法工作人员使用暴力逼取证人证言的行为。本罪的客体是公民的人身权利和司法机关的正常活动。本罪的对象是证人。这里的证人，一般是指在刑事诉讼中，有义务向司法机关作证，或者被要求提供所知案件情况的人。但对不知案件情况的人，使用暴力逼迫其作证的，也可成为本罪的对象。本罪的主体为特殊主体，即司法工作人员。本罪的主观方面是故意。

根据《刑法》第247条的规定，犯本罪的，处3年以下有期徒刑或者拘役；致人伤残、死亡的，依照《刑法》第234条规定的故意伤害罪、第232条规定的故意杀人罪定罪，从重处罚。根据前述《立案标准的规定》，涉嫌下列情形之一的，应予立案：（1）以殴打、捆绑、违法使用械具等恶劣手段逼取证人证言的；（2）暴力取证造成证人轻伤、重伤、死亡的；（3）暴力取证，情节严重，导致证人自杀、自残造成重伤、死亡，或者精神失常的；（4）暴力取证，造成错案的；（5）暴力取证3人次以上的；（6）纵容、授意、指使、强迫他人暴力取证，具有上述情形之一的；（7）其他暴力取证应予追究刑事责任的情形。

十三、虐待被监管人罪

虐待被监管人罪，是指监狱、拘留所、看守所等监管机构的监管人员对被监管人进行殴打或者体罚虐待，情节严重的行为。本罪的客体是被监管人的人身权利和国家的监管秩序。本罪的对象是被监管的人。所谓被监管的人，是指一切已判决或未判决的在押人员以及因违反《治安管理处罚法》而被拘留的人和其他依法被监管的人。本罪的主体是特殊主体，即监狱、拘留所、看守所、劳教所等监管机构的监管人员。本罪的主观方面是故意。

根据《刑法》第248条的规定，犯本罪的，处3年以下有期徒刑或者拘役；情节特别严重的，处3年以上10年以下有期徒刑。致人伤残、死亡的，依照《刑法》第234条规定的故意伤害罪、第232条规定的故意杀人罪的规定定罪从重处罚。根据前述《立案标准的规定》，涉嫌下列情形之一的，应予立案：(1) 以殴打、捆绑、违法使用械具等恶劣手段虐待被监管人的；(2) 以较长时间冻、饿、晒、烤等手段虐待被监管人，严重损害其身体健康的；(3) 虐待造成被监管人轻伤、重伤、死亡的；(4) 虐待被监管人，情节严重，导致被监管人自杀、自残造成重伤、死亡，或者精神失常的；(5) 殴打或者体罚虐待3人次以上的；(6) 指使被监管人殴打、体罚虐待其他被监管人，具有上述情形之一的；(7) 其他情节严重的情形。

第五节 侵犯公民名誉、人格的犯罪

一、侮辱罪

(一) 侮辱罪的概念和构成

侮辱罪，是指使用暴力或者以其他方法，公然贬损他人人格，破坏他人名誉，情节严重的行为。本罪具有如下构成要件：

1. 本罪侵犯的客体是他人的人格尊严和名誉权。《宪法》第38条规定："中华人民共和国公民的人格尊严不受侵犯。禁止用任何方法对公民进行侮辱、诽谤和诬告陷害。"所谓人格尊严，是指公民基于自己所处的社会环境、地位、声望、工作环境、家庭关系等各种客观条件而对自己或他人的人格价值和社会价值的认识和尊重。所谓名誉权，是指以名誉的维护和安全为内容的人格权。

本罪的犯罪对象，只能是自然人，不包括国家机关、企业、事业单位和人民团体等单位。

2. 本罪的客观方面表现为以暴力或者其他方法公然贬损他人人格、破坏他人名誉，情节严重的行为。具体包括以下要素：（1）具有以暴力或者其他方法侮辱他人的行为。所谓暴力侮辱，是指采取对人身具有一定强制性的方法损害他人的名誉或贬低他人人格。如以粪便泼人，以墨涂人，强剪头发，强迫他人做有辱人格的动作等。所谓其他侮辱方法，是指暴力方法之外具有侮辱性质的方法，如采用言语进行侮辱，即用恶毒刻薄的语言对被害人进行嘲笑、辱骂，口头散布被害人的生活隐私、生理缺陷等，或文字侮辱，即以图画、漫画、信件、书刊或者其他公开的文字等方式泄露他人隐私，诋毁他人人格，破坏他人名誉。（2）侮辱他人的行为必须公然进行。所谓公然进行侮辱，是相对于秘密进行有损他人名誉，贬低他人人格的行为而言的，即是指侮辱是当着不特定人的面，即当着第三者甚至众人的面或者利用可以使多人听到或看到的方式对他人进行侮辱，以破坏他人名誉，贬低他人人格。至于他人名誉、人格实际上是否受到损害并不影响侮辱罪的成立。（3）侮辱对象必须是针对特定的人。所谓特定的人，就是说被侮辱的对象必须是具体的人，可以是一人，也可以是数人，至于是否当着被害人的面，是否指名道姓，不影响认定。如果是在大庭广众之中进行无特定对象的谩骂，不构成侮辱罪。（4）公然侮辱他人的行为达到了情节严重的程度。所谓情节严重，是指侮辱手段恶劣、动机卑鄙、造成恶劣的社会影响，或者引起严重的后果（如引起被害人自杀、精神失常）等。

3. 本罪的主体是一般主体，凡达到刑事责任年龄且具有刑事责任能力的自然人均能构成本罪。

4. 本罪在主观方面表现为直接故意，并且具有贬损他人人格，破坏他人名誉的目的。过失损坏他人人格名誉的，不构成犯罪。

（二）侮辱罪的界限划分

1. 本罪与非罪的界限

区分本罪与非罪的界限，需要综合考察以下几点：（1）行为是否具有侮辱性质。除暴力方法外，必要时应考虑行为人的年龄、职业、受教育程度、与被害人的关系，当地的方言、土语以及行为人用语习惯等因素。（2）行为是否具有公然性。如果行为不具有公然性，即使行为具有侮辱性，也不能构成犯罪。（3）侮辱的情节是否严重。如果侮辱的情节尚不能认为是严重的，不能构成本罪。符合条件的，按照《中华人民共和国治安管理处罚法》的规定进行处理。另外，要注意分清正当的舆论监督、批评建议、正当的文字创作及通过正当、合法的渠道向有关部门反映、举报、揭发不道德行为、违法犯罪行为等与本罪的界限。

2. 本罪与强制猥亵、侮辱妇女罪的界限

两罪都具有破坏他人名誉、贬低他人人格的性质；都可以暴力方法实施；主观上都是直接故意；都是一般主体。二者的区别主要在于：（1）对象不同。本罪的对象虽然必须是特定的，但可以是任何自然人；而强制猥亵、侮辱妇女罪的对象只能是妇女，并且不以特定的妇女为必要条件。（2）客观方面的条件不同。本罪的侮辱行为必须是公然进行的，至于侮辱性的行为是否具有强制性，在所不问；而强制猥亵、侮辱妇女罪的猥亵、侮辱行为不要求必须公然实施，但必须具有抑制被害人反抗的对人身的强制性。（3）主观目的不同。本罪的主观目的是破坏他人名誉，贬低他人人格；而强制猥亵、侮辱妇女罪的目的，是满足行为人的性欲或者损害妇女的人格。

（三）侮辱罪的刑事责任

根据《刑法》第246条的规定，犯本罪的，处3年以下有期徒刑、拘役、管制或者剥夺政治权利。同时，犯本罪，告诉的才处理，但是严重危害社会秩序和国家利益的除外。所谓“告诉才处理”，是指被害人告诉才处理。如果被害人因受强制、威吓无法告诉的，人民检察院和被害人的近亲属也可以告诉。

二、诽谤罪

（一）诽谤罪的概念和构成

诽谤罪，指故意捏造并散布虚构的事实，贬损他人人格，破坏他人名誉，情节严重的行为。本罪具有如下构成要件：

1. 本罪的客体是他人的人格尊严和名誉权。所谓他人，是指行为人以外的自然人。犯罪对象必须是特定的自然人，并不以我国公民为限，诽谤外国人的，亦可构成犯罪。

2. 本罪的客观方面表现为捏造并散布虚构的事实诽谤他人的行为。所谓捏造事实，是指捏造某种事实并加以散布，破坏他人名誉，贬低他人人格的行为。具体包括以下内容：（1）捏造破坏他人名誉、贬低他人人格的事实。所谓捏造，是指无中生有，凭空虚构破坏他人名誉，贬低他人人格的虚假事实。（2）散布所捏造的事实。所谓散布，是指用语言或文字的方式扩散捏造的内容，使第三者或者众人知道。至于以何种方式加以散布，不影响犯罪的构成。如果只有捏造破坏他人名誉、贬低他人人格的虚假事实的行为，但并没有加以散布，或者散布的是某种客观存在的或者有点夸张的客观事实，均不构成本罪。此外，散布他人捏造的破坏他人名誉，贬低他人人格的虚假事实的，由于并不是自己捏造的，因此，也不构成犯罪。（3）诽谤的对象是特定的人。所谓特定的人，是指被诽谤的必须是具体的人。具体的人，可以是一个，也可以是数个，至于是否当着被害人的面，是否指名道姓，不影响犯罪的构成。（4）情节严重。所谓情节严重，一般理解为诽谤手段恶劣、动机卑鄙、造成恶劣的社会影响，或者引起严重的后果，如引起被害人自杀、精神失常等。

3. 本罪的主体是已满16周岁具有刑事责任能力的自然人。

4. 本罪的主观方面是直接故意，并且具有贬低他人人格，破坏他人名誉的目的。

（二）诽谤罪的界限划分

1. 本罪与非罪的界限

区分本罪与非罪的界限，应综合考察以下几个方面的情况：（1）捏造并散布的事实，是否具有诽谤性质。虽是捏造的事实，但不具有诽谤的性质，则不构成犯罪。（2）诽谤行为是否针对特定的对象，虽捏造并散布某种事实，但不是针对特定对象的，不构成犯罪。（3）诽谤的情节是否严重。情节严重的，构成犯罪，反之，则不能构成犯罪，只属于一般民事侵权行为。

2. 本罪与侮辱罪的界限

二者的区别主要在于：（1）本罪的犯罪方法不包括暴力方法，而侮辱罪的方法可以是暴力方法。（2）本罪的诽谤，必须是捏造并散布有损他人人格、名誉的事实，且法律没有规定以公然实施为必需，而侮辱罪的构成不要求捏造有损他人人格、名誉的事实，只要行为人公然实施侮辱他人人格、破坏他人名誉、贬低他人人格的行为，即可构成。

（三）诽谤罪的刑事责任

根据《刑法》第246条的规定，犯本罪的，处3年以下有期徒刑、拘役、管制或者剥夺政治权利。犯本罪，告诉的才处理，但是严重危害社会秩序和国家利益的除外。

三、煽动民族仇恨、民族歧视罪

煽动民族仇恨、民族歧视罪，是指故意以语言、文字或者其他方式煽动民族仇恨、民族歧视，情节严重的行为。本罪的客体是民族团结和民族平等。本罪的客观方面表现为煽动民族仇恨、民族歧视，情节严重的行为。所谓情节严重，一般是指手段恶劣、多次煽动、引起民族公愤的；严重损害民族感情、民族尊严的；引起其他影响民族团结、民族平等严重后果的等。本罪的主体是一般主体。本罪的主观方面是故意。

根据《刑法》第249条的规定，犯本罪的，处3年以下有期徒刑、拘役、管制或者剥夺政治权利；情节特别严重的，处3年以上10年以下有期徒刑。

四、出版歧视、侮辱少数民族作品罪

出版歧视、侮辱少数民族作品罪，是指在出版物中刊载歧视、侮辱少数民族的内容，情节恶劣，造成严重后果的行为。本罪的客体是民族团结和少数民族的尊严。本罪的客观方面具体包括：（1）在出版物中刊载了歧视、侮辱少数民族的内容。所谓出版物，是指报纸、期刊、图书、音像制品和电子出版物等。包括公开与内部出版物，合法与非法的出版物。所谓刊载，是指在出版物中发表、制作、转载。刊载的表现形式，可以是文字、漫画，也可以是录像带、录音带、光盘中的画面等。所谓歧视、侮辱少数民族的内容，是指针对少数民族的形成历史、风俗、习惯等，对少数民族进行贬低、诬蔑、嘲讽、辱骂，以及其他歧视、侮辱。（2）情节恶劣，造成严重后果。所谓情节恶劣，一般是指动机卑鄙，手段恶劣等。造成严重后果，是指造成恶劣的政治影响，引发民族纠纷、冲突、矛盾等。本罪的主体是在出版物中刊载歧视、侮辱少数民族内容的直接责任人员，包括作者、责任编辑以及其他对刊载上述内容负有直接责任的人员。本罪的主观方面是故意。

根据《刑法》第250条的规定，犯本罪的，处3年以下有期徒刑、拘役或者管制。

第六节 侵犯公民民主权利的犯罪

一、非法剥夺公民宗教信仰自由罪

非法剥夺公民宗教信仰自由罪，是指国家机关工作人员非法剥夺公民的宗教信仰自由，情节严重的行为。本罪的客体是公民的宗教信仰自由权利。我国《宪法》规定："中华人民共和国公民有宗教信仰自由。任何国家机关、社会团体和个人不得强制公民信仰宗教或者不信仰宗教，不得歧视信仰宗教的公民和不信仰宗教的公民。"宗教信仰自由包括，信仰宗教的自由与不信仰宗教的自由，信仰这种宗教的自由和信仰那种宗教的自由，进行正当的宗教活动的自由，等等。本罪在客观方面表现为非法剥夺公民的宗教信仰自由，情节严重的行为。非法剥夺公民宗教信仰自由，是指违反法律规定，采用暴力、胁迫或其

他强制方法，制止某人信仰宗教，加入宗教团体；或者强迫其放弃宗教，退出宗教团体；或者强制不信仰宗教的人信仰宗教；或者用上述方法破坏宗教活动，等等。情节严重，是指行为人的手段恶劣或危害后果严重。本罪的主体是特殊主体，即构成本罪的人必须是国家机关工作人员。但非国家工作人员可以与国家机关工作人员构成非法剥夺公民宗教信仰自由罪的共同犯罪。本罪在主观方面表现为故意。

根据《刑法》第251条的规定，犯本罪的，处2年以下有期徒刑或者拘役。

二、侵犯少数民族风俗习惯罪

（一）侵犯少数民族风俗习惯罪的概念和构成

侵犯少数民族风俗习惯罪，是指国家机关工作人员以强制手段破坏少数民族风俗习惯，情节严重的行为。本罪的构成要件是：

1. 本罪侵犯的客体是少数民族的风俗习惯自由。少数民族的风俗习惯是在长期的历史发展过程中形成的，法律规定各民族都有保持或者改革自己的风俗习惯的自由。侵犯少数民族风俗习惯的行为，侵害了少数民族公民所享有的上述权利，伤害了少数民族的民族感情与民族自尊心，破坏了民族团结和民族平等的原则，应当予以禁止。

2. 本罪在客观上表现为侵犯少数民族风俗习惯，情节严重的行为。侵犯少数民族风俗习惯的行为方式主要表现为使用暴力、胁迫、利用权势、运用行政措施等方式；从行为的内容上看，主要表现为干涉或破坏少数民族根据自己的风俗习惯进行活动，强迫少数民族公民改变自己的风俗习惯，等等。情节严重主要是指手段恶劣、后果严重、政治影响恶劣，等等。

3. 本罪的主体为特殊主体，即只有国家机关工作人员才能成为本罪的主体。非国家机关工作人员侵犯少数民族风俗习惯触犯刑法的，应根据行为的性质、情节与危害程度，以其他犯罪论处。

4. 本罪的主观方面是故意。

（二）侵犯少数民族风俗习惯罪的界限划分

认定本罪，应注意区分它与非法剥夺公民宗教信仰自由罪的界限。二者的区别表现在：（1）侵犯的客体和对象不同。本罪侵犯的客体是少数民族的风俗习惯自由，非法剥夺公民宗教信仰自由罪侵犯的客体是公民的宗教信仰自由权。本罪侵犯的对象只限于少数民族公民的风俗习惯不包括汉族公民的风俗习惯，而非法剥夺公民宗教信仰自由罪的犯罪对象则为任何宗教信仰。（2）犯罪手段不尽相同。本罪在客观上主要表现为以强制手段破坏少数民族风俗习惯的行为，而非法剥夺公民宗教信仰自由罪的手段则包括暴力、胁迫和其他方法。

（三）侵犯少数民族风俗习惯罪的刑事责任

根据《刑法》第251条的规定，犯本罪的，处2年以下有期徒刑或者拘役。

三、侵犯通信自由罪

（一）侵犯通信自由罪的概念和构成

侵犯通信自由罪，是指隐匿、毁弃或者非法开拆他人信件，侵犯公民通信自由权利，情节严重的行为。本罪的构成要件是：

1. 本罪的客体是公民的通信自由和通信秘密的权利。通信自由，是指与他人进行正当通信的自由；通信秘密指为自己信件保守秘密，不受非法干涉和侵犯的权利。本罪的对象是公民的信件，包括电报、信函等文字邮件，但不包括汇款、包裹、书籍等邮件，作为犯罪对象的信件，不仅包括私人间的信件，而且包括国家机关、企事业单位、社会团体、组织发给公民个人的信函。

2. 本罪在客观方面表现为隐匿、毁弃或者非法开拆他人信件，情节严重的行为。所谓隐匿，是指把被害人的信件扣留，在一定的地点加以隐藏，不交给被害人的行为。所谓毁弃，是指故意丢弃、撕毁、焚毁信件的行为。所谓非法开拆，是指未经信件所有人同意，使信件内容处于第三者可能知悉的状态的行为。情节严重主要是指：隐匿、毁弃、非法开拆他人信件，次数较多，数量较大的；致使他人工作、生活受到严重妨害，或者身体、精神受到严重损害以及家庭不睦、夫妻离异等严重后果的；非法开拆他人信件，涂改信中的内容，侮辱他人人格的，等等。

3. 本罪主体为一般主体。凡达到刑事责任年龄，具备刑事责任能力的自然人均可成为本罪主体。

4. 本罪在主观方面表现为故意，过失不构成本罪。

（二）侵犯通信自由罪的界限划分

1. 本罪与非罪的界限

对于行为人无意中遗失、积压、毁弃他人信件，或者误把他人信件当做自己的信件开拆的，不构成犯罪。另外，侵犯他人通信自由，情节严重的，构成犯罪；反之，则属于一般的违法行为，不构成犯罪。

2. 本罪与私自开拆、隐匿、毁弃邮件、电报罪的界限

这两种犯罪行为在犯罪方法和对象上是基本相同的，在主观方面都由故意

构成。二者的主要区别在于：(1) 犯罪的主体不同，本罪的主体为一般主体，后者是特殊主体。(2) 犯罪的客体不同，本罪侵犯的是公民的通信自由和通信秘密的权利，后者不仅侵犯了公民的通信自由和通信秘密权，也侵犯了国家邮电部门的正常工作秩序。(3) 构成犯罪的情节要求不同，本罪要求“情节严重”才构成本罪，后罪的构成则没有这方面的要求。

3. 一罪与数罪的界限

实践中侵犯公民通信自由，非法开拆他人信件，并从中窃取财物的，对这类案件，应根据以下不同情况分别处理：(1) 非邮电工作人员非法开拆他人信件，侵犯公民通信自由权利，情节严重的，并从中窃取财物，或者窃取汇票、汇款支票，骗取汇兑数额不大的，按侵犯通信自由罪一罪处理，并给予适当的从重处罚。(2) 非邮电通信人员非法开拆他人信件，侵犯公民通信自由权利，情节严重，并从中窃取财物数额较大的，应按照重罪吸收轻罪的原则，依照刑法中关于盗窃罪的规定处罚。(3) 非邮电工作人员非法开拆他人信件，侵犯公民通信自由，情节严重，并从中窃取汇票或汇款支票，冒名骗取汇兑数额较大的，应依照刑法侵犯通信自由罪和诈骗罪的规定，实行数罪并罚。

(三) 侵犯通信自由罪的刑事责任

根据《刑法》第252条的规定，犯本罪的，处1年以下有期徒刑或者拘役。

四、私自开拆、隐匿、毁弃邮件、电报罪

(一) 私自开拆、隐匿、毁弃邮件、电报罪的概念和构成

私自开拆、隐匿、毁弃邮件、电报罪，是指邮政工作人员利用职务上的便利，私自开拆或者隐匿、毁弃邮件、电报的行为。本罪的构成要件是：

1. 本罪侵犯的客体是复杂客体，即不仅侵犯了公民的通信自由和通信秘密权，也侵犯了国家邮电部门的正常工作秩序。

2. 本罪在客观方面表现为邮政工作人员利用职务上的便利，私自开拆、隐匿、毁弃邮件、电报的行为。具体包括以下两个方面的内容：(1) 必须有私自开拆、隐匿、毁弃邮件、电报的行为。(2) 必须是利用了职务上的便利，即利用了其主管、经手邮件、电报的便利条件。

3. 本罪的主体为特殊主体，即只能是邮政工作人员，具体包括邮电部门的干部、营业人员、分拣员、接发员、押运员、接站员、搬运员等。根据《邮政法》第8条第2款的规定，邮政企业根据需要委托其他单位或个人代办邮政企业专营业务的代办人员，办理邮政业务时，亦应视为邮政工作人员。

4. 本罪的主观方面为故意，过失不构成本罪。

（二）私自开拆、隐匿、毁弃邮件、电报罪的界限划分

本罪的主观方面的罪过形式是故意，即利用职务上的便利，故意私自开拆、隐藏、毁弃邮件、电报。由于疏忽大意的过失所发生的误拆、遗失邮袋、信件、包裹、电报的，不构成本罪。

（三）私自开拆、隐匿、毁弃邮件、电报罪的刑事责任

根据《刑法》第253条的规定，犯本罪的，处2年以下有期徒刑或者拘役。犯前款罪而窃取财物的，依照盗窃罪的规定定罪从重处罚。

五、报复陷害罪

（一）报复陷害罪的概念和构成

报复陷害罪，是指国家机关工作人员滥用职权、假公济私，对控告人、申诉人、批评人、举报人实行报复陷害的行为。本罪的构成要件是：

1. 本罪的客体是复杂客体，既侵犯了国家机关的正常活动，又侵犯了公民的民主权利。本罪的对象为控告人、申诉人、批评人、举报人四类人员。

2. 本罪在客观方面表现为滥用职权、假公济私，对控告人、申诉人或批评人、举报人实行打击报复陷害的行为。行为人必须是超出职权范围，假借公事名义，陷害他人。如果所采取的报复陷害行为与行为人的职权没有关系，则不构成本罪。

3. 本罪的主体是特殊主体，即国家机关工作人员。

4. 本罪在主观方面表现为直接故意，并且具有报复陷害他人的目的。

（二）报复陷害罪的界限划分

1. 本罪与非罪的界限

本罪的客观方面表现为滥用职权、假公济私实行打击报复的行为，与职权无关的打击报复行为，不构成本罪。本罪的主体是国家机关工作人员，不是国家机关工作人员但具有国有公司、企业、事业单位工作人员身份的人所实施的相关行为，也不能构成本罪。

2. 本罪与诬告陷害罪的界限

本罪的主体只能是国家机关工作人员，而诬告陷害罪的主体则可以是任何公民；本罪的目的是打击报复陷害他人，而诬告陷害罪的目的则是意图使他人枉受刑事追究；本罪必须是基于职务，滥用职权、假公济私实施的打击报复行为，诬告陷害罪则不要求必须利用职权；本罪的犯罪对象仅限于控告人、申诉人、批评人、举报人这四种人，而诬告陷害罪的犯罪对象可以是任何干部和群众。

3. 本罪与打击报复证人罪的界限

本罪侵犯的客体是公民依法享有的控告、申诉、批评、检举等民主权利，同时也妨害了国家机关的正常管理活动；打击报复证人罪侵犯的是国家司法机关的正常活动和公民依法作证的民主权利。本罪的客观方面表现为行为人利用手中的职权，假公济私，对他人进行报复陷害的行为，其犯罪对象只限于控告人、申诉人、批评人、举报人；打击报复证人罪的客观方面表现为对证人进行打击报复的行为，其行为与职务没有必然联系，并且犯罪的对象只能是依法作证的证人。本罪的主体则为特殊主体，即只有国家机关工作人员才能构成本罪；打击报复证人罪的主体为一般主体，凡年满16周岁具有刑事责任能力的人都可构成该罪。

4. 本罪与滥用职权罪的界限

本罪的客体是我国公民依法享有的控告权、申诉权、批评权、检举权等民主权利，同时也妨害了国家机关的正常管理活动；滥用职权罪的客体是国家机关的正常管理活动。本罪的客观方面表现为行为人利用手中的职权，假公济私，对他人进行报复陷害的行为，其犯罪对象只限于控告人、申诉人、批评人、举报人；滥用职权罪的客观方面表现为行为人滥用职权，并导致了公共财产、国家和人民利益遭受重大损失的行为，两个方面缺一不可。

（三）报复陷害罪的刑事责任

根据《刑法》第254条的规定，犯本罪的，处2年以下有期徒刑或者拘役；情节严重的，处2年以上7年以下有期徒刑。

六、打击报复会计、统计人员罪

打击报复会计、统计人员罪，是指公司、企业、事业单位、机关、团体的领导人，对依法履行职责、抵制违反会计法、统计法行为的会计、统计人员实行打击报复，情节恶劣的行为。本罪的客体是复杂客体，既侵犯了会计、统计人员的人身权利，又侵犯了国家会计、统计管理秩序。本罪的对象为会计人员和统计人员。本罪在客观方面表现为公司、企业、事业单位、机关、团体的领导人，对依法履行职责，抵制违反会计法、统计法行为的会计、统计人员实行打击报复，情节恶劣的行为。本罪的主体为特殊主体，仅限于公司、企业、事业单位、机关、团体的领导人。本罪在主观方面表现为故意，并且具有打击报复的目的。

根据《刑法》第255条的规定，犯本罪的，处3年以下有期徒刑或者拘役。

七、破坏选举罪

破坏选举罪，是指在选举各级人民代表大会代表和国家机关领导人员时，以暴力、威胁、欺骗、贿赂、伪造选举文件、虚报选举票数等手段破坏选举或者妨害选民和代表自由行使选举权和被选举权，情节严重的行为。本罪的客体为复杂客体，既侵犯了国家的选举秩序，又侵犯了公民的选举权利。本罪在客观方面表现为在选举各级人民代表大会代表和国家机关领导人员时，采用各种手段破坏选举或者妨害选民和代表自由行使选举权和被选举权，情节严重的行为。本罪的主体是一般主体，可以是普通公民，也可以是国家工作人员。本罪在主观方面表现为故意，一般有出于破坏选举或妨害选民、代表自由行使选举权利的目的。

根据《刑法》第256条的规定，犯本罪的，处3年以下有期徒刑、拘役或者剥夺政治权利。

第七节　妨害婚姻家庭权利的犯罪

一、暴力干涉婚姻自由罪

（一）暴力干涉婚姻自由罪的概念和构成

暴力干涉婚姻自由罪，是指以暴力手段干涉他人结婚、离婚自由的行为。本罪的构成要件是：

1. 本罪侵犯的是复杂客体，既侵犯他人的婚姻自由权利，又侵犯他人的人身自由权。

2. 本罪在客观方面表现为使用暴力干涉他人婚姻自由的行为。具体内容包括：（1）行为人实施了暴力行为，即实施捆绑、殴打、禁闭、抢掠等对人身行使有形力的行为。（2）干涉他人婚姻自由。干涉他人婚姻自由主要表现为强制他人与某人结婚或者离婚，禁止他人与某人结婚或者离婚。

3. 本罪的主体为一般主体，凡达到刑事责任年龄且具备刑事责任能力的自然人均能成为本罪的主体。

4. 本罪在主观方面表现为直接故意，即明知自己实施的是干涉他人的婚姻自由的行为而故意实施。干涉他人婚姻自由的动机可能多种多样，如有的是父母嫌贫爱富；有的是父母认为双方家庭不门当户对，等等。动机如何不影响暴力干涉婚姻自由罪的构成，只是量刑时要考虑的情节。

（二）暴力干涉婚姻自由罪的界限划分

1. 本罪与非罪的界限

本罪在客观方面表现为使用暴力干涉他人婚姻自由的行为，如果行为人口头阻挠或者以暴力威胁及书面威胁等，则属于一般的违反婚姻法的行为，不构成暴力干涉婚姻自由罪。另外，本罪的手段仅限于暴力手段，虽然相关刑法条文没有对暴力的程度作出要求，但在认定本罪时，必须对暴力的程度予以考察。如果行为人使用的暴力轻微，对被干涉者争取婚姻自由的阻力不大，或者暴力行为对被干涉者的人身危害程度轻微，等等，都不能构成暴力干涉婚姻自由罪。

2. 本罪与故意杀人罪、故意伤害罪的界限

司法实践中因暴力干涉他人婚姻而造成他人伤害甚至死亡的，对这类案件的行为人是定本罪还是按故意伤害罪或者故意杀人罪定罪处罚，要考察行为人的主观心理状态。如果行为人采用杀人这种最严重的暴力干涉他人的婚姻自由，则应按故意杀人罪定罪处罚；如果行为人对被害人的伤害持故意的心理状态，客观上又造成了轻伤以上的伤害甚至致人死亡，那就应该按故意伤害罪定罪处罚。

（三）暴力干涉婚姻自由罪的刑事责任

根据《刑法》第257条的规定，犯本罪的，处2年以下有期徒刑或者拘役。犯前款罪，致使被害人死亡的，处2年以上7年以下有期徒刑。根据该条第3款的规定，犯本罪的，告诉的才处理。

二、重婚罪

（一）重婚罪的概念和构成

重婚罪，是指有配偶又与他人结婚或者明知他人有配偶而与之结婚的行为。本罪的构成要件是：

1. 本罪侵犯的客体是一夫一妻制的婚姻关系。一夫一妻制是我国婚姻法的一项基本原则。

2. 本罪在客观方面表现为行为人必须具有重婚的行为，即有配偶的人又与他人结婚的，或者明知他人有配偶而与之结婚的。重婚行为主要有以下几种类型：（1）有配偶的人，与他人又登记结婚而重婚，也即两个法律婚的重婚。（2）有配偶的人，与他人没有登记结婚，但却以夫妻关系共同生活，此即为先法律婚后事实婚型。（3）没有配偶的人，明知对方有配偶而与其登记结婚的行为。

3. 本罪的主体为一般主体，包括两种人：一是有配偶的人，在夫妻关系存续期间又与他人成立婚姻关系；二是没有配偶的人，明知对方有配偶而与之结婚。

4. 本罪在主观方面表现为直接故意，即明知他人有配偶而与之结婚或自己有配偶而故意与他人结婚。

（二）重婚罪的界限划分

在认定本罪时，要注意区分罪与非罪的界限，首先要注意区分本罪与非法同居行为的界限。非法同居既可以是有配偶的人与无配偶或者有配偶的人同居，也可以是双方都是无配偶的人同居。非法同居的双方不以夫妻的名义生活，周围的人也不认为他们是夫妻；反之，如果双方以夫妻的名义同居，或者周围的人认为二人是夫妻关系，那么，就应认定为重婚。其次，要将重婚罪与不构成犯罪的重婚行为区别开来。对实践中所发生的因遭受自然灾害外流谋生而重婚的，或者因强迫、包办或者婚后因受虐待而又与他人结婚的等，由于重婚行为系客观情况所迫，可以认为属情节显著轻微，不按犯罪处理。

（三）重婚罪的刑事责任

根据《刑法》第258条的规定，犯本罪的，处2年以下有期徒刑或者拘役。

三、破坏军婚罪

（一）破坏军婚罪的概念和构成

破坏军婚罪，是指明知是现役军人的配偶而与之同居或者结婚的行为。本罪的构成要件是：

1. 本罪的客体是现役军人的婚姻家庭关系。现役军人，是指有军籍的正在中国人民解放军部队或人民武装警察部队服役的人，不包括转业军人、复员退伍军人、人民警察，以及在军事部门、人民武装警察部队中工作但没有军籍的工作人员。

2. 本罪在客观方面表现为实施了与现役军人的配偶同居或者结婚的行为。本罪的行为方式有两种：（1）与现役军人的配偶同居，是指与现役军人的配偶在一定时期内公开或者秘密地姘居且共同生活在一起的行为。与现役军人的配偶通奸，从立法本意上讲则不能认定为犯罪。（2）与现役军人的配偶结婚，是指在现役军人的配偶没有与现役军人依法解除婚姻关系的情况下，行为人与现役军人的配偶向婚姻登记机关登记结婚的行为。

3. 本罪的主体是一般主体，凡达到刑事责任年龄且具有刑事责任能力的自然人均能构成本罪。

4. 本罪在主观方面表现为故意，即行为人必须明知对方是现役军人的配偶而与其结婚或者同居。

（二）破坏军婚罪的界限划分

1. 本罪与非罪的界限

本罪的客体是现役军人的婚姻关系，这是破坏军婚罪最本质的特征，如果侵犯的是其他人的婚姻关系，则不构成本罪。本罪客观方面表现为与现役军人的配偶同居或者结婚，与现役军人的配偶通奸的行为，一般属于思想教育的范围，不构成破坏军婚罪。

2. 本罪与重婚罪的界限

二者的区别在于：（1）本罪侵犯的客体是现役军人的婚姻家庭关系；而重婚罪侵犯的是一夫一妻制的婚姻关系。（2）本罪的行为方式有与现役军人的配偶同居或者结婚两种；而重婚罪则仅表现为与他人结婚这一种方式。（3）本罪要求行为人必须意识到与其同居或者结婚的是现役军人的配偶，而非一般人的配偶，否则即不可能构成本罪；而重婚罪在主观方面分为两种情况：一是对有配偶的人而言，只要意识到与其配偶没有依法解除婚姻关系即具备本罪的主观故意，二是对没有配偶的人而言，则要求其意识到对方是他人的配偶。（4）本罪侵犯的对象仅限于现役军人的配偶；而重婚罪的犯罪对象是非现役军人的配偶，既包括已结婚的人，又包括未结婚的人。

（三）破坏军婚罪的刑事责任

根据《刑法》第259条的规定，犯本罪的，处3年以下有期徒刑或者拘役。利用职权、从属关系，以胁迫手段奸淫现役军人的妻子的，依照《刑法》第236条的规定定罪处罚。

四、虐待罪

（一）虐待罪的概念和构成

虐待罪，是指对共同生活的家庭成员经常以打骂、捆绑、冻饿、限制自由、凌辱人格、不给治病或者强迫从事过度劳动等方法，从肉体上、精神上进行摧残迫害，情节恶劣的行为。本罪的构成要件是：

1. 本罪的客体是复杂客体，既侵犯了家庭成员在家庭中的合法权益，也侵犯了受害人的人身权利。本罪的对象只能是共同生活的家庭成员。

2. 本罪在客观方面表现为经常虐待家庭成员的行为。具体包括以下内容：（1）行为人实施了对被害人的肉体或者精神进行摧残、折磨、迫害的行为。

（2）摧残、折磨、迫害的行为具有经常性、一贯性。（3）虐待行为达到了情节恶劣的程度。

3. 本罪的主体为特殊主体，即必须是共同生活的同一家庭的成员，相互之间存在亲属关系或者扶养关系。

4. 本罪在主观方面表现为故意，即故意地对被害人进行肉体上、精神上的摧残和折磨。

（二）虐待罪的界限划分

1. 本罪与非罪的界限

区分本罪与非罪的界限，应从两个方面着手：一是看行为人是否实施了虐待行为。所谓虐待行为，是指行为人在主观上具有对被害人进行肉体或者精神上摧残、折磨的故意的行为，如果不是出于上述故意，而是出于管教的目的或者家庭的某种矛盾而动辄打骂的，则不属于虐待行为，不能构成本罪。二是看虐待行为是否达到了情节恶劣的程度。行为人所实施的虐待行为达到情节恶劣程度的，构成本罪；反之，尚未达到情节恶劣的程度的，则不能构成犯罪。如偶尔地打骂、不给被害人饭吃等，就不应作为虐待罪论处。

2. 本罪与故意伤害罪的界限

区分本罪与故意伤害罪的界限，应该从主客观两个方面着手。如果行为人在主观上只具有虐待他人的故意，客观上采用了长期肉体虐待被害人的方法，造成了被害人轻伤的后果，应按虐待罪定罪处罚。如果行为人明显出于伤害他人身体健康的故意，并且一次伤害行为造成了被害人轻伤以上的伤害后果，则其行为构成故意伤害罪。

（三）虐待罪的刑事责任

根据《刑法》第260条的规定，犯本罪的，处2年以下有期徒刑、拘役或者管制。犯前款罪，致被害人重伤、死亡的，处2年以上7年以下有期徒刑。另外，除致被害人重伤、死亡的外，本罪属告诉才处理的犯罪。如果被虐待者因受强制、威吓等而无法向人民法院起诉的，人民检察院可以提起公诉；被虐待者的其他近亲属也可以控告；有关单位和组织也可以向人民检察院检举揭发，由人民检察院查实后提起公诉。

五、遗弃罪

（一）遗弃罪的概念和构成

遗弃罪，是指对于年老、年幼、患病或者其他没有独立生活能力的人，负有扶养义务而拒绝扶养，情节恶劣的行为。本罪的构成要件是：

1. 本罪的客体是被害人应当享有的被扶养的权利。本罪侵犯的对象仅限于年老、年幼、患病或者其他没有独立生活能力的家庭成员。

2. 本罪在客观方面表现为对年老、年幼、患病或者其他没有独立生活能力的家庭成员，应当扶养而拒不扶养，情节恶劣的行为。构成本罪，在客观方面应当具备以下三个条件：（1）行为人对被害人负有扶养义务。这是构成本罪的前提条件。（2）行为人有能力扶养，却拒绝扶养，如果行为人没有扶养能力的，不能认定为构成本罪。（3）遗弃行为必须达到情节恶劣程度，才构成犯罪。

3. 本罪的主体为特殊主体，必须是对被遗弃者负有法律上的扶养义务而且具有抚养能力的人。

4. 本罪在主观方面表现为故意。即明知自己应履行扶养义务而拒绝扶养。

（二）遗弃罪的界限划分

1. 本罪与非罪的界限

区分本罪与非罪的界限应从以下两个方面着手：一是看行为人是否具有抚养的能力。有能力抚养而不履行抚养义务的，可以构成本罪；反之，则不能构成本罪。二是看遗弃行为是否达到情节恶劣的程度。遗弃情节达到恶劣程度的，构成本罪；否则，则属于一般违法行为。

2. 本罪与虐待罪的界限

本罪与虐待罪的区别表现在：（1）二者的客体的内容和单复不同。本罪的客体是单一客体，即家庭成员之间相互扶养的权利义务关系；而虐待罪的客体则是复杂客体，既侵犯共同生活的家庭成员在家庭生活中享有的合法权益，也侵犯了被害人的身体健康。（2）二者的客观方面内容不同。本罪的客观方面表现为对没有独立生活能力的家庭成员，具有扶养义务而拒绝扶养的行为；而虐待罪的客观方面则表现为经常或连续折磨、摧残家庭成员身心健康的行为。（3）二者的主体和对象不同。本罪的主体是对被遗弃者负有法律扶养义务而且具有履行义务能力的人，对象是年老、年幼、患病或者其他没有独立生活能力的人；而虐待罪的主体必须是在一个家庭内部共同生活的成员，犯罪对象是共同生活的家庭成员。

（三）遗弃罪的刑事责任

根据《刑法》第261条的规定，犯本罪的，处5年以下有期徒刑、拘役或者管制。

六、拐骗儿童罪

（一）拐骗儿童罪的概念和构成

拐骗儿童罪，是指用蒙骗、利诱或者其他方法使不满14周岁的未成年人，脱离家庭或者监护人的行为。本罪的构成要件是：

1. 本罪的客体是他人的家庭关系和未满14周岁的未成年人的合法权益。拐骗的对象是不满14周岁的未成年人。

2. 本罪在客观方面表现为采用蒙骗、利诱或者其他方法，使儿童脱离自己的家庭或者监护人的行为。拐骗行为，可以是直接对儿童实行，也可以是对儿童的家长或者监护人实行。

3. 本罪的主体为一般主体。凡达到刑事责任年龄且具备刑事责任能力的自然人均能成为本罪的主体。

4. 本罪在主观方面表现为故意。

（二）拐骗儿童罪的界限划分

在认定本罪时，要注意区分本罪与拐卖儿童罪的界限。二者的对象都是儿童；客观方面都有“拐”的行为；主观方面的罪过形式都是故意。二者的区别表现在：（1）客体不同。本罪的客体是他人的家庭关系和儿童的合法权益，而拐卖儿童罪的客体是他人的人身自由权利。（2）主观目的不同。本罪的目的主要是为了收养或者使唤、奴役，而拐卖儿童罪的目的则是贩卖牟利。

（三）拐骗儿童罪的刑事责任

根据《刑法》第262条的规定，犯本罪的，处5年以下有期徒刑或者拘役。

七、组织残疾人、儿童乞讨罪

组织残疾人、儿童乞讨罪，是指以暴力、胁迫手段组织残疾人或者不满14周岁的未成年人乞讨的行为。本罪的客体是残疾人、儿童的身心健康和人身自由。根据全国人大常委会1990年12月28日通过的《中华人民共和国残疾人保障法》第2条的规定：残疾人是指在心理、生理、人体结构上，某种组织、功能丧失或者不正常，全部或者部分丧失以正常方式从事某种活动能力的人。本罪的客观方面表现为以暴力、胁迫手段组织残疾人或者不满14周岁的未成年人乞讨的行为。所谓暴力，是指直接对残疾人或者不满14周岁的未成年人的身体实行打击或者强制。所谓胁迫，是指对残疾人或者不满14周岁的未成年人以实施暴力相威胁，使其不敢反抗。本罪的主体是一般主体，凡达到刑事责任年龄且具备刑事责任能力的自然人均能成为本罪的主体。本罪的主观方面的罪过形式是直接故意，而且主要以牟利为目的。

根据《刑法》第262条之一的规定，犯本罪的，处3年以下有期徒刑或者拘役，并处罚金；情节严重的，处3年以上7年以下有期徒刑，并处罚金。

第六章　侵犯财产罪

第一节　侵犯财产罪概述

一、侵犯财产罪的概念和构成

侵犯财产罪，是指以非法占有为目的，攫取公私财物，或者挪用、毁坏公私财物或者破坏生产经营的行为。作为我国刑法分则规定的一类犯罪，侵犯财产罪的构成要件如下：

1. 本类罪侵犯的客体是公私财产所有权。根据《中华人民共和国民法通则》第 71 条的规定，财产所有权是指所有人依法对自己的财产所享有的占有、使用、收益和处分的权利。财产所有权是一种支配权，其基本权能包括了占有、使用、收益和处分。多数情况下，侵犯财产犯罪是对这四项权能的全部侵犯，即使他人永久、完全丧失对财产的占有、使用、收益和处分的权利。但由于财产所有权包括的内容比较复杂，且各项权能之间既紧密联系又相互独立，在某些情况下，侵犯的仅仅是所有权中的部分权能。

侵犯财产罪的犯罪对象为公私财物。根据《刑法》第 91 条的规定，公共财产是指国有财产、劳动群众集体所有的财产以及用于扶贫和其他公益事业的社会捐助或者专项基金的财产，在国家机关、国有公司、企业、集体企业和人民团体管理、使用或者运输中的私人财产，以公共财产论。根据《刑法》第 92 条的规定，公民私有财产是指公民的合法收入、储蓄、房屋和其他生活资料，依法归个人、家庭所有的生产资料，个体户和私营企业的合法财产以及依法归个人所有的股份、股票、债券和其他财产。

公私财物的表现形式多种多样，可以分为动产和不动产，既包括具有一定经济价值的有形财产，也包括电力、煤气、热能、天然气等具有经济价值的无形物质。除此之外，代表一定经济价值的货币、有价证券或有价票证，如股票、存折、支票、货物托运单、信用卡等也属于财物的范围。因此，作为本类罪侵犯的对象，公私财产在具体认定的时候，应当具体问题具体分析，不同的侵犯财产罪，其对象范围会有所不同。

（1）财物仅限于有体物还是包括有管理可能性之物。关于刑法上的财物是否仅限于有体物，国外学者主要有以下几种学说：其一，有体性说。此说认为财物专指有体物，即具有容量、空间之物，但有体物却不限于固体，也包括流体、气体。如法国、日本的刑法均把电能视为财物。其二，管理可能性说。此说注重物之效用，认为凡能为人所管理支配之物，即为财物。其三，效用说。此说赞同管理可能性说，并加以扩大理解，认为财物的效用性，表现为客观上的经济价值。其四，持有可能说。此说认为，法律条文所称之财物，系指属于他人支配之动产而言。① 其中，有体物说和管理可能性说影响较大。相对而言，管理可能性说有合理性，但其解释存在模糊性，按照其理论，光、热、水力、冷气等是财物，债权、人的劳动力、牛马的牵引力等也是财物，使财产和财产性利益难以区分。为了对管理可能性说进行限制，针对事务管理可能性说，有人提出了物理管理可能性说，该说认为，只有存在物理管理可能性的，才是财物，因此，光、热、水力、冷气等是财物，但是债权、人的劳动力、牛马的牵引力等不是财物。

我们同意物理管理可能性说，即刑法上的财物应包括有体物与无体物，在某些情况下，还包括财产性利益。

（2）财物是否仅限于有价值之物。就侵犯财产罪的本质而言，理应要求财物具有财产性价值。但是，如何判断财产的价值，在理论上存在争议。主要有主观价值说和客观价值说之争。主观价值说认为作为侵犯财产罪对象的财物，不一定要求其具有客观的、经济上的价值，只要所有人、占有人主观上认为该物具有价值，即使它客观上没有经济价值，也不失为侵犯财产罪的对象。典型事例如，某些纪念品本身不一定具有客观的经济价值，但对所有人来说具有重要价值，盗窃这些物品可以构成侵犯财产罪。客观价值说认为财产价值指的就是经济价值，如果客观上难以衡量其经济效用，则不属于财物。我们认为，主观价值说更为合理。比如银行回收准备销毁的假币对于银行而言，没有经济价值，但是落入他人之手后可能被用来进行不当活动，进而使所有人、占有人遭受财物损害，因此，也应认为是有价值之物，能够成为侵犯财产罪的对象。

---

① 参见赵秉志主编：《侵犯财产罪研究》，中国法制出版社 1998 年版，第 27～238 页。

(3) 财物是否包括不动产。财物包括动产与不动产。不动产是指土地及其定着物。所谓定着物，是指不加以毁弃就难以同土地相分离，或一旦分离，其固有的使用可能性就会丧失的财物。不动产能否成为侵犯财产罪的对象，各国刑法理论和立法规定不一。传统观念认为盗窃罪的客体只限于动产，但现在赞同盗窃不动产具有可罚性的人越来越多。我国有学者认为，盗窃罪、抢劫罪的犯罪对象一般不包括不动产，而诈骗罪、侵占罪的对象则包括不动产。

我们认为，就本类罪整体而言，作为侵犯财产罪对象的财物，可以是动产，也可以是不动产。诈骗罪、侵占罪、敲诈勒索罪、故意毁坏财物罪、破坏生产经营罪的对象既可以是动产，也可以是不动产。而抢劫罪、抢夺罪、聚众哄抢罪、挪用资金罪的对象只能是动产。有争议的是盗窃罪，我们认为我国刑法没有规定盗窃罪的侵犯对象仅限为动产，因此，对于盗窃不动产的，可以构成盗窃罪。

(4) 特殊物品的财产性。这里讨论的特殊物品包括违禁品、非法取得的财产和人的身体及其代用品。违禁品是指按照国家法律规定，禁止公民个人持有的物品，如枪支弹药、伪造的货币、毒品、淫秽物品等。对于违禁品，日本学者有的认为应认定为财物，受刑法保护，有的则认为因其在法律上已禁止持有，故不在刑法保护财物之列。

我们认为，违禁品属于刑法上的财物。原因在于对违禁品的没收需要通过一定的法律程序，在没有通过法律程序还不能没收时，他人的占有是可能的，故对于没有通过法律程序的夺取行为，应当处罚。

一般情况下，侵犯财产罪的对象是合法所有的财物，即本类罪侵犯的是处于合法状态的财产，但是被非法取得的财产，也可以成为本类罪侵犯的对象。比如，抢劫赌场的赌资，盗窃他人贪污、受贿的赃物的行为同样可以构成抢劫罪、盗窃罪，即构成侵犯财产罪。原因在于，虽然这些财物处于非法状态，但从法律意义上讲，这些财物并非无主物，要么是属于他人合法所有或占有，要么属于国家、集体所有，被非法占有后，应由国家主管机关依法追缴，然后返还原主或者没收，而不允许他人非法侵占。

人的身体是人格权的客体，不是所有权的客体，不是财物，不能成为侵犯财产罪的对象。但是，从人的身体上分离出来的部分，可能属于财物。例如，从人的体内抽出的血液、剪下的头发等，可能成为侵犯财产罪的对象。人体代用品，如安装在人体为人体一部分而使用的假肢、假牙等，应当属于财物。

侵犯财产罪以财产所有权为前提，即被侵犯的财产，必须是依法归国家、集体或者公民个人所有的财物。如果是无主物或所有人自动丢弃放弃所有权的物品，则不发生非法侵犯财产所有权的问题。但是，遗忘物和埋藏物不是无主物，如果将其非法占为己有，拒不交出，仍可构成侵犯财产罪，因为，遗忘物和埋藏物虽然暂时脱离了所有者的控制和管理，但其所有权仍属于其所有人，不容他人非法侵犯。

2. 本类罪在客观上表现为行为人实施了各种侵犯公私财产的行为。侵犯财产罪的主体、客体、主观方面大致相同或相似，因此，正确理解和辨别侵犯财产罪的客观方面具有重要的意义。根据侵犯财产罪具体行为的表现形式，可以将其分为三种情况：非法占有公私财物的行为、非法挪用公私财物的行为或者非法毁坏公私财物的行为。非法占有是指将他人财物非法据为己有或转归他人所有，所侵犯的是财产所有权的所有权能，这种非法占有可以是公开的方式如抢劫，也可以是秘密的方式如盗窃，具体的行为方式则多种多样。在侵犯财产罪中，客观方面行为表现为非法占有方式的有抢劫罪、盗窃罪、诈骗罪、抢夺罪、聚众哄抢罪、侵占罪、职务侵占罪。非法挪用是指非法改变财产的正常使用范围，如私自使用单位款项，挪用并不改变财产所有关系。非法毁灭或损坏是指改变财产的自然形态，包括两种行为，一是直接使财产丧失或者减少使用价值的行为；二是通过使生产资料的使用价值丧失或者减少来破坏生产经营。

3. 本类罪的主体只能是自然人，不能是单位。就本类犯罪而言，多数犯罪的主体为一般主体，少数犯罪的主体为特殊主体。其中，除抢劫罪的主体是已满14周岁、具有辨认控制能力的自然人以外，其他犯罪的主体必须是已满16周岁、具有辨认控制能力的自然人。少数犯罪，如职务侵占罪、挪用资金罪、挪用特定款物罪，要求主体具有特殊身份。

4. 本类罪的主观方面均为故意，过失不构成这类犯罪。侵犯财产罪中绝大多数犯罪的成立要求以非法占有为目的，因而只能是直接故意。但毁坏财物的犯罪，要求行为人明知自己的行为会发生使他人财物丧失或者减少使用价值的危害结果，并且希望或者放任这种结果的发生，因此，其主观方面可以是间接故意。本类犯罪的犯罪动机多数出于贪图钱财，也可能出于报复、陷害、泄愤或其他动机，不同的动机只是反映了行为人不同的主观恶性，不改变行为的性质，不影响犯罪的成立，而只是量刑的考虑因素之一。

二、侵犯财产罪的种类

根据行为的样态，可以将侵犯财产罪分为两大类：毁坏财物的犯罪与取得财物的犯罪。根据刑法分则第五章的规定以及相关司法解释，侵犯财产罪包括：抢劫罪、盗窃罪、诈骗罪、抢夺罪、聚众哄抢罪、侵占罪、职务侵占罪、挪用资金罪、挪用特定款物罪、敲诈勒索罪、故意损坏财物罪和破坏生产经营罪共12个罪名。对这12种犯罪，根据其行为特征，我们将其分为以下四类：

（一）暴力、胁迫型财产犯罪。包括抢劫罪、抢夺罪、聚众哄抢罪、敲诈勒索罪。

（二）窃取、骗取型财产犯罪。包括盗窃罪、诈骗罪。

（三）侵占、挪用型财产犯罪。包括侵占罪、职务侵占罪、挪用资金罪、挪用特定款物罪。

（四）毁坏、破坏型财产犯罪。包括故意毁坏财物罪、破坏生产经营罪。

第二节　暴力、胁迫型财产犯罪

一、抢劫罪

（一）抢劫罪的概念和构成

抢劫罪，是指以非法占有为目的，当场对公私财物的所有人、占有人、保管人或其他在场人使用暴力、胁迫或者其他方法，强行劫取公私财物的行为。本罪的构成要件如下：

1. 本罪侵犯的客体是复杂客体，既侵犯公私财产的所有权，也侵犯他人的人身权利。这是抢劫罪区别于其他财产犯罪的重要标志，也是抢劫罪在处罚上重于其他侵犯财产罪的重要原因。我国刑法分则对双重客体犯罪的归类，一般是结合这些犯罪的主观和客观特点，根据其侵犯的客体的主要方面来决定犯罪分类的。犯罪人的目的是为了将公私财产据为己有，暴力、胁迫或其他手段都只是实现这一目的的手段，因此抢劫罪侵犯的主要客体是公私财产的所有权，这也是决定抢劫罪属于侵犯财产罪而非侵犯人身权利罪的关键。

本罪的对象为公私财物，一般为动产。抢劫不动产是否构成抢劫罪存在争议，各国刑法的规定不一，我国刑法没有对此作出规定，但也没有将不动产排除在外。从理论上讲，抢劫不动产可以构成抢劫罪。但抢劫罪的性质决定了抢劫罪是当场取得财物，而不动产难以被当场取走并非法占有，因此，实践中很难加以认定。如果行为人采用暴力手段赶走房屋主人强行霸占，可以根据其具体行为认定为故意杀人罪、故意伤害罪等，如果不构成犯罪，以其他法律处理，不宜定抢劫罪。

公私财物可以是被害人合法占有的财物，也可以是被害人非法取得的财物，即违禁品可以成为抢劫罪的对象。根据2005年最高人民法院《关于审理抢劫、抢夺刑事案件适用法律若干问题的意见》(以下简称《审理抢劫、抢夺刑事案件的意见》)，以毒品、假币、淫秽物品等违禁品为对象，实施抢劫的，以抢劫罪定罪；抢劫的违禁品数量作为量刑情节予以考虑。抢劫违禁品后又以违禁品实施其他犯罪的，应以抢劫罪与具体实施的其他犯罪实行数罪并罚。抢劫赌资、犯罪所得的赃款赃物的，以抢劫罪定罪，但行为人仅以其所输赌资或所赢赌债为抢劫对象，一般不以抢劫罪定罪处罚。构成其他犯罪的，依照刑法的相关规定处罚。

2. 本罪的客观方面表现为行为人对财物的所有人、占有人、保管人当场使用暴力、胁迫或者其他强制方法，强行当场劫取公私财物。暴力、胁迫或者其他强制方法，是抢劫罪的手段行为；强行劫取公私财物，是抢劫罪的目的行为。

所谓"暴力"，是指对财物的所有人、占有人、保管人或在场的其他人施以打击或强制，使被害人不能反抗的行为，如拳打、脚踢、捆绑、伤害、禁闭甚至杀害等。暴力行为只能针对人实施，不包括对物施加暴力，并要求足以抑制对方的反抗，但不要求事实上抑制了对方的反抗，更不要求具有危害人身安全的性质。

所谓"胁迫"，是指以当场立即实施暴力相威胁，对被害人实行精神强制，使被害人产生恐惧心理因而不敢反抗的行为，这种胁迫应达到足以抑制对方反抗的程度。这种胁迫是以暴力为后盾的。胁迫方式既可以是语言，也可以是动作、手势；胁迫的内容是当场立即对被害人实施暴力，如果被害人进行反抗，则立即实现胁迫内容。如果以揭发被害人隐私或其他损毁名誉等非暴力内容进行威胁的，不成立抢劫罪；以将来实施暴力相威胁的，也不成立抢劫罪。胁迫一般针对被害人本人，也可以针对在场的被害人的亲属或者其他有关人员。

所谓"其他方法"，是指除了暴力、胁迫方法以外的其他各种手段，通常是采用药物麻醉、用酒灌醉等手段使被害人暂时丧失自由意志，不能反抗或不知反抗，然后当场劫走财物。只是利用被害人昏睡或不能反抗的状态取走财物的，成立盗窃罪，而非抢劫罪，也就是说被害人的不能或不知反抗同行为人的手段有直接联系。

成立本罪要求当场使用暴力，并当场强行劫取财物。对于"当场"的理解不能过于狭窄，暴力、胁迫或者其他方法同取得财物之间有时会持续一定时间，甚至手段行为和取得财物行为不属于同一场所，但如果从整体上看行为无间断的，也应认定为当场取得财物。

本罪的客观方面除了上述表现形式外，《刑法》第 269 条还规定了一种抢劫罪的特别的表现形式，即犯盗窃、诈骗、抢夺罪，为窝藏赃物、抗拒抓捕或者毁灭罪证而当场使用暴力或者以暴力相威胁的，依照《刑法》第 263 条关于抢劫罪的规定定罪处罚。这种特别的抢劫形式在理论上被称为转化的抢劫、事后抢劫或准抢劫。根据《刑法》第 269 条的规定，盗窃、诈骗、抢夺罪转化为抢劫罪须符合以下条件：（1）行为人实施了盗窃、诈骗、抢夺罪。由于盗窃罪要求“数额较大或者多次盗窃”，诈骗罪与抢夺罪也要求“数额较大”，故存在实施了盗窃、诈骗、抢夺行为但并不构成犯罪时是否符合这一条件的问题。对此理论上存在不同观点。有人认为，行为人所实施的行为必须已经构成了犯罪，即只有盗窃、诈骗、抢夺了数额较大的财物，才可能转化为抢劫；有人认为，不要求盗窃、诈骗、抢夺行为构成犯罪，但也不是数额很小的行为。根据《审理抢劫、抢夺刑事案件的意见》，行为人实施盗窃、诈骗、抢夺行为，未达到“数额较大”，为窝藏赃物、抗拒抓捕或者毁灭罪证当场使用暴力或者以暴力相威胁，情节较轻、危害不大的，一般不以犯罪论处；但具有下列情节之一的，可依照《刑法》第 269 条的规定，以抢劫罪定罪处罚：盗窃、诈骗、抢夺接近“数额较大”标准的；入户或在公共交通工具上盗窃、诈骗、抢夺后在户外或交通工具外实施上述行为的；使用暴力致人轻微伤以上后果的；使用凶器或以凶器相威胁的；具有其他严重情节的。（2）当场使用暴力或者以暴力相威胁。所谓“当场”，是指行为人实施盗窃、诈骗、抢夺行为的现场，也包括刚一离开现场就被人发觉追捕的整个过程。所谓使用暴力或者以暴力相威胁，是指对抓捕他的人或者阻止其窝藏赃物、毁灭罪证的人实施暴力或暴力相威胁。这里的暴力和以暴力相威胁，不要求事实上已经抑制了他人的反抗。（3）目的是为了窝藏赃物、抗拒抓捕或者毁灭罪证。窝藏赃物，是指为保护已经取得的赃物不被追回；抗拒抓捕，是指抗拒公安机关的拘留、逮捕和一般公民的扭送；毁灭罪证，是指湮灭本人的犯罪证据。如果行为人出于其他目的，不能构成本罪。

3. 本罪的主体是一般主体，凡已满 14 周岁具有辨认控制能力的自然人均可成为本罪的主体。

4. 本罪的主观方面只能是直接故意，并且以非法占有为目的。

（二）抢劫罪的界限划分

1. 本罪与非罪的界限

抢劫罪是一种既侵犯公私财产所有权又侵犯公民人身权利的严重犯罪，因此《刑法》第263条没有对抢劫数额和情节作出限制性的规定。从文理解释的角度讲，只要是以非法占有为目的，实施了以暴力、胁迫或其他方法，迫使被害人当场交出财物或者当场夺走了其财物的行为，就可构成抢劫罪。但是，由于具有严重的社会危害性是犯罪的本质特征，因此，对实际生活中抢劫的财物数额很少，而且抢劫的方法是以实施较轻微的暴力进行威胁的方法，不应认定为抢劫罪。

2. 本罪的既遂与未遂的界限

关于抢劫罪的既遂与未遂的区分标准，理论上存在三种观点：其一，认为应以行为人是否占有了他人财物为标准。① 其二，认为应以行为是否侵害了他人的人身权利为标准。② 其三，认为应区分抢劫罪的基本犯和结果加重犯两种情况，对基本犯应以是否占有他人财物为标准；对结果加重的抢劫罪，则无论是否实际取得财物，均应按既遂处理。③ 根据《审理抢劫、抢夺刑事案件的意见》的规定，抢劫罪侵犯的是复杂客体，既侵犯财产权利又侵犯人身权利，具备劫取财物或者造成他人轻伤以上后果两者之一的，均属抢劫既遂；既未劫取财物，又未造成他人人身伤害后果的，属抢劫未遂。据此，《刑法》第263条规定的八种处罚情节中除"抢劫致人重伤、死亡的"这一结果加重情节之外，其余七种处罚情节同样存在既遂、未遂问题，其中属抢劫未遂的，应当根据刑法关于加重情节的法定刑规定，结合未遂犯的处理原则量刑。

3. 本罪与其他犯罪的界限

（1）本罪与故意杀人罪的界限。对于《刑法》第263条第2款规定抢劫"致人死亡"是否包括故意杀害他人而当场取走财物的问题，有人认为，"致人死亡"只能是过失致人死亡；有人认为，"致人死亡"只能是过失或间接故意致人死亡；有人认为，"致人死亡"包括过失与故意致人死亡。我们认为抢劫"致人死亡"包括故意杀人。如果行为人在抢劫行为完成以后，出于灭口或其他目的杀死被害人的，应当构成抢劫罪和故意杀人罪，实行数罪并罚。

（2）本罪与绑架罪的界限。本罪与绑架罪的区别在于：第一，主观方面不尽相同。抢劫罪中，行为人一般出于非法占有他人财物的故意；绑架罪中，行为人既可能为勒索他人财物而实施绑架行为，也可能出于其他非经济目的实

① 参见李光灿：《中华人民共和国刑法论》（下册），吉林人民出版社1984年版，第529页。

② 参见朱晓彬：《抢劫罪中的既遂与未遂的探讨》，载《法学》1981年复刊号。

③ 参见杨敦先：《试论抢劫罪的几个问题》，载《法学研究》1983年第2期。

施绑架行为。第二，行为手段不尽相同。抢劫罪表现为行为人劫取财物一般应在同一时间、同一地点，具有“当场性”；绑架罪表现为行为人以杀害、伤害等方式向被绑架人的亲属或其他人或单位发出威胁，索取赎金或提出其他非法要求，劫取财物一般不具有“当场性”。绑架过程中又当场劫取被害人随身携带财物的，同时触犯绑架罪和抢劫罪两罪名，应择一重罪定罪处罚。

(3) 本罪与抢劫枪支、弹药、爆炸物、危险物质罪的界限。二者的主要区别在于抢劫的对象不同。如果行为人故意抢劫一般财物而实际上抢劫了枪支、弹药、爆炸物、危险物质或者主观上具有抢劫枪支、弹药、爆炸物、危险物质的故意而实际上只是抢劫了一般财物的，应在主客观相统一的范围内认定为抢劫罪。如果行为人明知所抢劫的对象既有财物，又有枪支、弹药、爆炸物、危险物质，倘若不是明显具有两个行为，则属于一行为触犯两个罪名，按照处理想象竞合犯的原则，以其中较重的罪定罪处罚。

(4) 本罪与寻衅滋事罪的界限。寻衅滋事罪是严重扰乱社会秩序的犯罪，行为人实施寻衅滋事的行为时，客观上也可能表现为强拿硬要公私财物的特征。这种强拿硬要的行为与抢劫罪的区别在于：前者行为人主观上还具有逞强好胜和通过强拿硬要来填补其精神空虚等目的，后者行为人一般只具有非法占有他人财物的目的；前者行为人客观上一般不以严重侵犯他人人身权利的方法强拿硬要财物，而后者行为人则以暴力、胁迫等方式作为劫取他人财物的手段。司法实践中，对于未成年人使用或威胁使用轻微暴力强抢少量财物的行为，一般不宜以抢劫罪定罪处罚。其行为符合寻衅滋事罪特征的，可以寻衅滋事罪定罪处罚。

(5) 本罪与故意伤害罪的界限。行为人为索取债务，使用暴力、暴力威胁等手段的，一般不以抢劫罪定罪处罚。构成故意伤害等其他犯罪的，依照《刑法》第234条等规定处罚。

(三) 抢劫罪的刑事责任

根据《刑法》第263条的规定，犯本罪的，处3年以上10年以下有期徒刑，并处罚金。犯抢劫罪有下列情形之一的，处10年以上有期徒刑、无期徒刑或者死刑，并处罚金或者没收财产：(1) 入户抢劫的；(2) 在公共交通工具上抢劫的；(3) 抢劫银行或者其他金融机构的；(4) 多次抢劫或者抢劫数额巨大的；(5) 抢劫致人重伤、死亡的；(6) 冒充军警人员抢劫的；(7) 持枪抢劫的；(8) 抢劫军用物资或者抢险、救灾、救济物资的。

根据《审理抢劫、抢夺刑事案件的意见》的规定，在认定“入户抢劫”时，应当注意以下三个问题：一是“户”的范围。“户”在这里是指住所，其特征表现为供他人家庭生活和与外界相对隔离两个方面，前者为功能特征，后者为场所特征。一般情况下，集体宿舍、旅店宾馆、临时搭建工棚等不应认定为“户”，但在特定情况下，如果确实具有上述两个特征的，也可以认定为“户”。二是“入户”目的的非法性。进入他人住所须以实施抢劫等犯罪为目的。抢劫行为虽然发生在户内，但行为人不以实施抢劫等犯罪为目的进入他人住所，而是在户内临时起意实施抢劫的，不属于“入户抢劫”。三是暴力或者暴力胁迫行为必须发生在户内。入户实施盗窃被发现，行为人为窝藏赃物、抗拒抓捕或者毁灭罪证而当场使用暴力或者以暴力相威胁的，如果暴力或者暴力胁迫行为发生在户内，可以认定为“入户抢劫”；如果发生在户外，不能认定为“入户抢劫”。

认定“在公共交通工具上抢劫”时应注意，公共交通工具承载的旅客具有不特定多数人的特点。“在公共交通工具上抢劫”主要是指在从事旅客运输的各种公共汽车，大、中型出租车，火车，船只，飞机等正在运营中的机动公共交通工具上对旅客、司售、乘务人员实施的抢劫。在未运营的大、中型公共交通工具上针对司售、乘务人员抢劫的，或者在小型出租车上抢劫的，不属于“在公共交通工具上抢劫”。

在认定“多次抢劫”时应注意，“多次抢劫”是指抢劫3次以上。对于“多次”的认定，应以行为人实施的每一次抢劫行为均已构成犯罪为前提，综合考虑犯罪故意的产生，犯罪行为实施的时间、地点等因素，客观分析、认定。对于行为人基于一个犯意实施犯罪的，如在同一地点同时对在场的多人实施抢劫的；或基于同一犯意在同一地点实施连续抢劫犯罪的，如在同一地点连续地对途经此地的多人进行抢劫的；或在一次犯罪中对一栋居民楼房中的几户居民连续实施入户抢劫的，一般应认定为一次犯罪。

在认定“携带凶器抢夺”时应注意，“携带凶器抢夺”，是指行为人随身携带枪支、爆炸物、管制刀具等国家禁止个人携带的器械进行抢夺或者为了实施犯罪而携带其他器械进行抢夺的行为。行为人随身携带国家禁止个人携带的器械以外的其他器械抢夺，但有证据证明该器械确实不是为了实施犯罪准备的，不以抢劫罪定罪；行为人将随身携带凶器有意加以显示、能为被害人察觉到的，直接适用《刑法》第263条的规定定罪处罚；行为人携带凶器抢夺后，在逃跑过程中为窝藏赃物、抗拒抓捕或者毁灭罪证而当场使用暴力或者以暴力相威胁的，适用《刑法》第267条第2款的规定定罪处罚。

根据2000年最高人民法院《关于审理抢劫案件具体应用法律若干问题的解释》的规定，抢劫银行或者其他金融机构，是指抢劫银行或者其他金融机构的经营资金、有价证券和客户的资金等。抢劫正在使用中的银行或者其他金融机构的运钞车的，视为抢劫银行或者其他金融机构。

抢劫致人重伤、死亡，是指为抢劫财物使用暴力或其他强制方法或者以故意杀人为手段而造成他人重伤、死亡的行为。

冒充军警人员抢劫，是指冒充现役军人、武装警察或警察进行抢劫的行为。

持枪抢劫，是指行为人使用枪支或者向被害人显示持有、佩带的枪支进行抢劫的行为。枪支的概念和范围，适用《枪支管理法》的规定。

抢劫军用物资或者抢险、救灾、救济物资，是指抢劫除军用枪支、弹药、爆炸物以外的其他军用物资以及正在用于或将要用于抢险、救灾、救济物资的行为。

根据《审理抢劫、抢夺刑事案件的意见》，在认定抢劫犯罪的数额时，抢劫信用卡后使用、消费的，其实际使用、消费的数额为抢劫数额；抢劫信用卡后未实际使用、消费的，不计数额，根据情节轻重量刑。所抢信用卡数额巨大，但未实际使用、消费或者实际使用、消费的数额未达到巨大标准的，不适用“抢劫数额巨大”的法定刑。

为抢劫其他财物，劫取机动车辆当做犯罪工具或者逃跑工具使用的，被劫取机动车辆的价值计入抢劫数额；为实施抢劫以外的其他犯罪劫取机动车辆的，以抢劫罪和实施的其他犯罪实行数罪并罚。抢劫存折、机动车辆的数额计算，参照执行《关于审理盗窃案件具体应用法律若干问题的解释》的相关规定。

行为人冒充正在执行公务的人民警察“抓赌”、“抓嫖”，没收赌资或者罚款的行为，构成犯罪的，以招摇撞骗罪从重处罚；在实施上述行为中使用暴力或者暴力威胁的，以抢劫罪定罪处罚。行为人冒充治安联防队员“抓赌”、“抓嫖”、没收赌资或者罚款的行为，构成犯罪的，以敲诈勒索罪定罪处罚；在实施上述行为中使用暴力或者暴力威胁的，以抢劫罪定罪处罚。

从事正常商品买卖、交易或者劳动服务的人，以暴力、胁迫手段迫使他人交出与合理价钱、费用相差不大的钱物，情节严重的，以强迫交易罪定罪处罚；以非法占有为目的，以买卖、交易、服务为幌子采用暴力、胁迫手段迫使他人交出与合理价钱、费用相差悬殊的钱物的，以抢劫罪定罪处刑。在具体认定时，既要考虑超出合理价钱、费用的绝对数额，还要考虑超出合理价钱、费用的比例，加以综合判断。

二、抢夺罪

抢夺罪，是指以非法占有为目的，乘人不备，公然夺取数额较大公私财物的行为。本罪的客体是公私财物的所有权，其对象为公私财物，但仅限于动产，不动产不能成为本罪的对象。本罪在客观方面表现为乘人不备，公然夺取数额较大公私财物的行为。抢夺行为必须公然进行，这里的公然并不是指必须在不特定的人或多人面前实施，而是指当着财物保管人或所有人的面或者采取可以使其立即发觉的方式夺取财物。行为人在夺取财物时使用的暴力所针对的对象是物，而且暴力手段的采用不是为了压制被害人的反抗。根据2002年最高人民法院《关于审理抢夺刑事案件具体应用法律若干问题的解释》，抢夺公私财物“数额较大”是指抢夺公私财物价值人民币500元至2000元以上。本罪的主体为一般主体，即凡是年满16周岁并具有刑事责任能力的人，都可成为本罪的主体。本罪的主观方面为直接故意，并以非法占有公私财物为目的。

根据《刑法》第267条的规定，犯本罪的，处3年以下有期徒刑、拘役或者管制，并处或者单处罚金；数额巨大或者有其他严重情节的，处3年以上10年以下有期徒刑，并处罚金；数额特别巨大或者有其他特别严重情节的，处10年以上有期徒刑或者无期徒刑，并处罚金或者没收财产。根据最高人民法院的上述解释，“数额巨大”是指抢夺公私财物价值人民币5000元至2万元以上；“数额特别巨大”是指抢夺公私财物价值人民币3万元至10万元以上。抢夺公私财物，未经行政处罚处理，依法应当追诉的，抢夺数额累计计算。抢夺公私财物达到“数额较大”的标准，具有下列情形之一的，以抢夺罪从重处罚：（1）抢夺残疾人、老年人、不满14周岁未成年人的财物的；（2）抢夺救灾、抢险、防汛、优抚、扶贫、移民、救济等款物的；（3）1年内抢夺3次以上的；（4）利用行驶的机动车辆抢夺的。抢夺公私财物，数额接近“数额巨大”、“数额特别巨大”的标准，并具有上述情形之一的，可以分别认定为“其他严重情节”或者“其他特别严重情节”。

三、聚众哄抢罪

聚众哄抢罪，是指以非法占有为目的，聚集多人，实施哄抢公私财物，数额较大或者有其他严重情节的行为。本罪的客体是公私财物的所有权和社会正常的管理秩序。犯罪对象是他人占有的财物，限于动产和不动产中可以拆卸的部分。聚众哄抢罪一般不针对人身使用暴力或者使用的暴力比较轻微，这是它与抢劫罪和抢夺罪区别的关键。本罪的客观方面表现为聚集多人公然抢夺公私财物，数额较大或者有其他严重情节的行为。聚众哄抢罪是一种聚众性的必要共同犯罪，在客观方面必须同时有聚众和哄抢两方面的特征。所谓聚众，是指组织、策划、集合多人；所谓哄抢，是指在首要分子的鼓动、指挥下，乘财物占有人管理能力有限或无暇顾及之机，一哄而上公然哄抢财物的行为。聚众哄抢的特点是，哄抢人不使用暴力、胁迫手段，依靠人多势众取得财物，如果使用了暴力、胁迫或其他人身强制方法，应按抢劫罪论处。本罪的主体为一般主体，且必须是首要分子和积极参加者，其他一般参与人的行为不以犯罪论处。本罪的主观方面是故意，即行为人明知自己的行为会发生侵犯公私财产所有权的结果，并且希望或者放任这种结果的发生，同时还具有非法占有公私财物的目的。

根据《刑法》第 268 条的规定，犯本罪的，对首要分子和积极参加的，处 3 年以下有期徒刑、拘役或者管制，并处罚金；数额巨大或者有其他特别严重情节的，处 3 年以上 10 年以下有期徒刑，并处罚金。

四、敲诈勒索罪

（一）敲诈勒索罪的概念和构成

敲诈勒索罪，是指以非法占有为目的，对被害人使用威胁手段，强行索取数额较大公私财物的行为。本罪的构成要件如下：

1. 本罪的客体是复杂客体，既侵犯了公私财产的所有权，又侵犯了他人的人身权利和其他合法权益。犯罪对象为公私财物，可以是动产，也可以是不动产，还可以是财产性利益。

2. 本罪的客观方面表现为行为人采用威胁、要挟等方法，迫使被害人交出财产或提供财产性利益的行为。本罪成立的逻辑是：行为人实施恐吓行为→被害人产生恐惧→被害人处分财物→占有转移。恐吓，是指为了使被害人交出财物或财产性利益而对其实施胁迫。威胁内容的种类没有限制，可以是暴力威胁，也可以是非暴力威胁，如可以对被害人及其亲属等人的生命、身体、自由、名誉等进行威胁，一般是以侵害他人或者以宣扬不利于被害人的事项相威胁，可能涉及被害人的生命、身体和名誉，也可能涉及被害人的财物或财产性利益。威胁行为只要足以使他人产生恐惧心理即可，不要求现实上使被害人产生了恐惧心理。威胁内容的实现自身不必具有违法性。例如，行为人得知他人的犯罪事实后，向司法机关告发属合法行为，但行为人以向司法机关告发进行威胁索取财物的，也成立敲诈勒索罪。威胁的方法多种多样，可以是口头向被害人提出，也可以以书面形式提出；既可以向被害人本人提出，也可以通过第三人向被害人间接提出；既可以直截了当向被害人提出，也可以通过暗示方式使被害人了解。威胁的结果，是使被害人产生恐惧心理，然后为了保护自己更大的利益而处分其数额较大的财产，进而使行为人取得财产。被害人处分财产，并不限于被害人直接交付财产，也可以是因为恐惧而默许行为人取得财产，还可以是与被害人有特别关系的第三者基于被害人的财产处分意思交付财产。

3. 本罪的主体是一般主体，只要年满16周岁具有刑事责任能力的自然人即可构成。

4. 本罪的主观方面只能是故意，即行为人明知自己的行为会发生侵犯公私财产所有权的结果，并且希望这种结果的发生，同时还具有非法占有公私财产的目的。

（二）敲诈勒索罪的界限划分

1. 本罪与非罪的界限

敲诈勒索公私财物必须是数额较大才构成犯罪。根据2000年最高人民法院《关于敲诈勒索罪数额认定标准问题的规定》，敲诈勒索公私财物“数额较大”，以1000元至3000元为起点。敲诈勒索公私财物达到上述标准的，构成犯罪；否则，属于一般违法行为。

2. 本罪与抢劫罪的界限

二者的区别在于：（1）威胁的内容不完全相同。抢劫罪只能是当场以暴力侵害相威胁；而敲诈勒索罪的威胁内容则可以是暴力，也可以是毁坏名誉、揭发隐私等。（2）威胁的方式不完全一致。抢劫罪的威胁方式为直接当场向被害人提出；而敲诈勒索罪的威胁方式则既可以直接向被害人提出，也可以通过第三人间接向被害人提出。（3）威胁内容实现的时间不同。抢劫罪的威胁内容的实现具有现实性，如果不满足行为人的要求，则当场实现威胁内容，即实施暴力；敲诈勒索罪的威胁内容实现不具有现实性，如果不满足行为人的要求，威胁的内容将在以后的某个时间实现。（4）威胁要求交出财物的时间不同。抢劫罪只能要求被害人当场交付财物；敲诈勒索罪则可以要求被害人当场交出财物，也可以要求在以后的某个时间交出财物。如行为人胁迫被害人当场交付财物，否则日后将杀害被害人，或者行为人对被害人实施了没有达到抢劫程度的暴力，胁迫被害人日后交付财物的，应认定为敲诈勒索罪。

3. 本罪与绑架罪的界限

绑架罪中包括了向被绑架人的近亲属及其他人勒索财物的情况，它与敲诈勒索罪的关键区别在于是否实际上绑架了他人。如果绑架了他人然后向被绑架者的近亲属勒索财物，应认定为绑架罪；如果以将要实施绑架相威胁而勒索财物，则应认定为敲诈勒索罪。

（三）敲诈勒索罪的刑事责任

根据《刑法》第274条的规定，犯本罪的，处3年以下有期徒刑、拘役或者管制；数额巨大或者有其他严重情节的，处3年以上10年以下有期徒刑。根据前述司法解释，敲诈勒索公私财物“数额巨大”，以1万元至3万元为起点。

第三节　窃取、骗取型财产犯罪

一、盗窃罪

（一）盗窃罪的概念和构成

盗窃罪，是指以非法占有为目的，窃取公私财物数额较大，或者多次窃取公私财物的行为。本罪的构成要件如下：

1. 本罪的客体是公私财物的所有权。本罪的对象是公私财物。这里的财物既包括有体物，也包括无体物。但必须都有一定的经济价值，并可以为人们所控制和利用。一般而言，本罪的对象是动产，不动产不能成为本罪的对象，但从不动产拆卸分离出来的部分，如房屋门窗可以成为本罪对象。根据法律规定，本罪对象可以是无体物，如电信号码、电力、煤气、信用卡、增值税专用发票、科技成果、长途电话账号等。依照刑法规定，盗窃特定对象，如盗窃枪支、弹药、公文、印章等物的，不成立盗窃罪。

2. 本罪的客观方面表现为行为人违背占有人的意思，窃取公私财物数额较大，或者多次窃取公私财物的行为。所谓“窃取”，是指行为人采用自认为不会被财物所有人、保管人或者经手人察觉的情况下，将财物转移为自己或第三者占有。窃取行为通常具有秘密性，但事实上也存在公开盗窃的情况。因此，盗窃行为并不限于秘密窃取。窃取的手段与方法没有限制，可以是扒窃，也可以是入室盗窃。以欺骗手段造成占有者的财物支配力松弛，违反其意思取得财物，而不是由占有者自行交付的，不是诈骗而是窃取行为，例如装扮成顾客到服装店试衣服将其穿走，到珠宝店试戴首饰，用假首饰偷换真首饰的行为都是窃取行为。

窃取公私财物数额较大，才构成犯罪。所谓窃取公私财物数额较大，根据1998年最高人民法院《关于审理盗窃案件具体应用法律若干问题的解释》，盗窃公私财物“数额较大”的起点标准是价值人民币500元至2000元以上。“数额较大”是一个相对的概念。各省、自治区、直辖市高级人民法院可根据本地区经济发展状况，并考虑社会治安状况，在上述数额幅度内，分别确定本地区执行的“数额较大”标准。

所谓多次窃取公私财物，按照前述司法解释：“对于1年内入户盗窃或者在公共场所扒窃3次以上的，应当认定为‘多次盗窃’，以盗窃罪定罪处罚。”对于这一规定，应当注意，1年内盗窃3次以上的数额总和未达到“数额较大”标准的，或者存在盗窃未遂情形的，不影响盗窃的认定。但要综合考虑行为的时间、对象、方式，以及已经窃取的财物数额等。

3. 本罪的主体为一般主体，即年满16周岁具有辨认控制能力的自然人；单位不能成为本罪的主体。根据《刑法》第253条第2款的规定，邮政工作人员私自开拆或者隐匿、毁弃邮件、电报而窃取财物的，依照盗窃罪定罪从重处罚。

4. 本罪的主观方面表现为故意，即行为人明知自己的盗窃行为会发生侵犯公私财产所有权的结果，并且希望这种结果的发生，同时还具有非法占有公私财物的目的。行为人必须认识到自己所盗窃的是他人占有或所有的财物，如误认为是自己占有、所有的财物而取回的，或者因为疏忽过错把他人财物当成无主物、抛弃物拿走的，因欠缺故意不成立盗窃罪。但是，即使是自己所有的财产，倘若处于他人合法占有的状态，行为人窃取该财物的，也成立盗窃罪。盗接他人通信线路、复制他人电信码号或者明知是盗接、复制的电信设备、设施而使用的，必须具有“以牟利为目的”时，才成立盗窃罪。根据司法解释，这里的“以牟利为目的”，是指为了出售、出租、自用、转让等谋取经济利益的行为。

（二）盗窃罪的界限划分

1. 本罪与非罪的界限

对于盗窃财物没有达到数额较大也不属于多次盗窃的，原则上不应认定为盗窃罪。但1998年最高人民法院《关于审理盗窃案件具体应用法律若干问题的解释》（以下简称《审理盗窃案件的解释》）第1条规定：“盗窃未遂，情节严重，如以数额巨大的财物或者国家珍贵文物等为盗窃目标的，应当定罪处罚。”另外，偷拿自己家庭的财物或者近亲属的财物，一般可不按犯罪处理；对确有追究刑事责任必要的，处罚时也应与在社会上作案的有所区别。

数额未达到较大，但以破坏性手段盗窃造成公私财产损失的，或者盗窃残疾人、孤寡老人或者丧失劳动能力之人的财物的，以及造成严重后果或者具有其他恶劣情节的盗窃行为，也可以认定为盗窃罪。达到数额较大的起点数额，但情节轻微，并具有下列情形之一的，也可不作为犯罪处理：（1）已满16周岁不满18周岁的未成年人作案的；（2）全部退赃、退赔的；（3）主动投案的；（4）被胁迫参加盗窃活动，没有分赃或者获赃较少的；（5）其他情节轻微、危害不大的。

2. 本罪既遂与未遂的界限

关于盗窃罪的既遂标准，中外刑法理论众说纷纭，有接触说、转移说、隐匿说、失控说、控制说、失控加控制说。① 我们认为，盗窃罪的既遂标准原则上应是失控说，即只要被害人丧失了对自己财物的控制，不管行为人是否控制了该财物，都应当认定为盗窃既遂。因为盗窃行为是否侵害了他人财产，不是绝对取决于行为人是否控制了财产，而是取决于被害人是否丧失对自己的财产的控制。行为人是否控制了财产，不能改变被害人的财产实际上受侵害的事实。当然，被害人的失控与行为人的控制也可能存在不统一的情况，即财物的所有人或保管人失去了对财物的控制，而行为人也没有控制财物，此时也构成既遂。

3. 本罪与其他犯罪的界限

（1）盗窃广播电视设施、公用电信设施价值数额不大，但是构成危害公共安全犯罪的，依照《刑法》第124条的规定定罪处罚；盗窃广播电视设施、公用电信设施同时构成盗窃罪和破坏广播电视设施、公用电信设施罪的，择一重罪处罚。（2）盗窃使用中的电力设备，同时构成盗窃罪和破坏电力设备罪的，择一重罪处罚。（3）为盗窃其他财物，盗窃机动车辆当犯罪工具使用的，被盗机动车辆的价值计入盗窃数额；为实施其他犯罪盗窃机动车辆的，以盗窃罪和所实施的其他犯罪实行数罪并罚。为实施其他犯罪，偷开机动车辆当犯罪工具使用后，将偷开的机动车辆送回原处或者停放到原处附近，车辆未丢失的，按照其所实施的犯罪从重处罚。（4）为练习开车、游乐等目的，多次偷开机动车辆，并将机动车辆丢失的，以盗窃罪定罪处罚；在偷开机动车辆过程中发生交通肇事构成犯罪，又构成其他罪的，应当以交通肇事罪和其他罪实行数罪并罚；偷开机动车辆造成车辆损坏的，按照《刑法》第275条的规定定罪处罚；偶尔偷开机动车辆，情节轻微的，可以不认为是犯罪。（5）实施盗窃犯罪，造成公私财物损毁的，以盗窃罪从重处罚；又构成其他犯罪的，择一

① 参见赵秉志主编：《侵犯财产罪研究》，中国法制出版社1998年版，第196～197页。

重罪从重处罚；盗窃公私财物未构成盗窃罪，但因采用破坏性手段造成公私财物损毁数额较大的，以故意毁坏财物罪定罪处罚。盗窃后，为掩盖盗窃罪行或者报复等，故意破坏公私财物构成犯罪的，应当以盗窃罪和构成的其他罪实行数罪并罚。（6）盗窃技术成果等商业秘密的，按照《刑法》第219条的规定定罪处罚。

（三）盗窃罪的刑事责任

根据《刑法》第264条的规定，犯本罪的，处3年以下有期徒刑、拘役或者管制，并处或者单处罚金；数额巨大或者有其他严重情节的，处3年以上10年以下有期徒刑，并处罚金；数额特别巨大或者有其他特别严重情节的，处10年以上有期徒刑或者无期徒刑，并处罚金或者没收财产；盗窃金融机构数额特别巨大的，或者盗窃珍贵文物情节严重的，处无期徒刑或者死刑，并处没收财产。

根据《审理盗窃案件的解释》，个人盗窃公私财物价值人民币5000元至2万元以上的，为“数额巨大”；个人盗窃公私财物价值人民币3万元至10万元以上的，为“数额特别巨大”。盗窃数额达到“数额较大”或者“数额巨大”的起点，并具有下列情形之一的，可以分别认定为“其他严重情节”或者“其他特别严重情节”：（1）犯罪集团的首要分子或者共同犯罪中情节严重的主犯；（2）盗窃金融机构的；（3）流窜作案危害严重的；（4）累犯；（5）导致被害人死亡、精神失常或者其他严重后果的；（6）盗窃救灾、抢险、防汛、优抚、扶贫、移民、救济、医疗款物，造成严重后果的；（7）盗窃生产资料，严重影响生产的；（8）造成其他重大损失的。

“盗窃金融机构”，是指盗窃金融机构的经营资金、有价证券和客户的资金等，如储户的存款、债券、其他款物，企业的结算资金、股票，不包括盗窃金融机构的办公用品、交通工具等财物的行为。“盗窃珍贵文物，情节严重”，主要是指盗窃国家二级文物后造成损毁、流失，无法追回；盗窃国家二级文物3件以上或者盗窃国家一级文物1件以上，并具有首要分子、主犯、流窜作案、造成重大损失等情节的行为。

对于共同盗窃犯罪的刑事责任，按照前述司法解释，应根据案件具体情形进行处理，对犯罪集团的首要分子，应当按照集团盗窃的总数额处罚；对共同犯罪中的其他主犯，应当按照其参与的或组织、指挥的共同盗窃的数额处罚；对共同犯罪的从犯，应当按照其所参与的共同盗窃的数额确定量刑幅度，并根据《刑法》第27条第2款的规定，从轻、减轻处罚或者免除处罚。

在确定盗窃罪的刑事责任时，正确地认定盗窃公私财物的数额具有重要的意义。根据前述司法解释，盗窃数额应根据被盗物品的具体情况进行计算。(1) 被盗物品的价格，应当以被盗物品价格的有效证明确定。对于不能确定的，应当区别情况，根据作案当时、当地的同类物品的价格，并按照下列核价方法，以人民币分别计算：流通领域的商品（包括进出口货物）以及生产领域的成品，按市场零售价的中等价格计算；属于国家定价的，按国家定价计算；属于国家指导价的，按指导价的最高限价计算。单位和公民的生产资料、生活资料等物品，原则上按购进价计算，但作案当时市场价高于原购进价的，按当时市场价的中等价格计算。农副产品，按农贸市场同类产品的中等价格计算。大牲畜，按交易市场同类同等大牲畜的中等价格计算。金、银、珠宝等制作的工艺品，按国有商店零售价格计算；国有商店没有出售的，按国家主管部门核定的价格计算。黄金、白银按国家定价计算。外币，按被盗当日国家外汇管理局公布的外汇卖出价计算。不属于馆藏三级以上的一般文物，包括古玩、古书画等，按国有文物商店的一般零售价计算，或者按国家文物主管部门核定的价格计算。以牟利为目的，盗接他人通信线路、复制他人电信码号的，盗窃数额按当地邮电部门规定的电话初装费、移动电话入网费计算；移动电话的销赃数额，按减去裸机成本价格计算。明知是盗接他人通信线路、复制他人电信码号的电信设备、设施而使用的，盗窃数额按合法用户为其支付的电话费计算。盗窃数额无法直接确认的，应当以合法用户的电信设备、设施被盗接、复制后的月缴费额减去被复制前6个月的平均电话费推算；合法用户使用电信设备、设施不足6个月的，按实际使用的月平均电话费推算。如此等等。(2) 有价支付凭证、有价证券、有价票证，按下列方法计算：不记名、不挂失的有价支付凭证、有价证券、有价票证，不论能否即时兑现，均按票面数额和案发时应得的孳息、奖金或者奖品等可得收益一并计算。股票按被盗当日证券交易所公布的该种股票成交的平均价格计算。记名的有价支付凭证、有价证券、有价票证，如果票面价值已定并能即时兑现的，如活期存折、已到期的定期存折和已填上金额的支票，以及不需证明手续即可提取货物的提货单等，按票面数额和案发时应得的利息或者可提货物的价值计算。如果票面价值未定，但已经兑现的，按实际兑现的财物价值计算；尚未兑现的，可作为定罪量刑的情节。不能即时兑现的记名有价支付凭证、有价证券、有价票证或者能即时兑现的有价支付凭证、有价证券、有价票证已被销毁、丢弃，而失主可以通过挂失、补领、补办手续等方式避免实际损失的，票面数额不作为定罪量刑的标准，但可作为定罪量刑的情节。(3) 邮票、纪念币等收藏品、纪念品，按国家有关部门核定的价格计算。(4) 同种类的大宗被盗物品，失主以多种价格购进，能够分清的，分别计算；难以分清的，应当按此类物品的中等价格计算。(5) 被盗物品已被销赃、挥霍、丢弃、毁坏的，无法追缴或者几经转手，最初形态被破坏的，应当根据失主、证人的陈述、证言和提供的有效凭证以及被告人的供述，按上述 (1) 所述的核价方法，确定原被盗物品的价值。(6) 失主以明显低于被盗当时、当地市场零售价购进的物品，应当按上述 (1) 所述核价方法计算。(7) 盗窃违禁品，按盗窃罪处理的，不计数额，根据情节轻重量刑。(8) 被盗物品价格不明或者价格难以确定的，应当按国家计划委员会、最高人民法院、最高人民检察院、公安部《扣押、追缴、没收物品估价管理办法》的规定，委托指定的估价机构估价。(9) 对已陈旧、残损或者使用过的被盗物品，应当结合作案当时、当地同类物品的价格和被盗时的残旧程度，委托指定的估价机构估价。(10) 残次品，按主管部门核定的价格计算；废品，按物资回收利用部门的收购价格计算；假、劣物品，有价值的，委托指定的估价机构估价。(11) 多次盗窃构成犯罪，依法应当追诉的，或者最后一次盗窃构成犯罪，前次盗窃行为在 1 年以内的，应当累计其盗窃数额。(12) 盗窃行为给失主造成的损失大于盗窃数额的，损失数额可作为量刑情节。

二、诈骗罪

(一) 诈骗罪的概念和构成

诈骗罪，是指以非法占有为目的，用虚构事实或者隐瞒真相的方法，骗取数额较大的公私财物的行为。本罪具有如下构成要件：

1. 本罪的客体是公私财物的所有权，犯罪对象是公私财物。财物可以是被害人所有的，也可以是被害人持有的。

2. 本罪在客观方面表现为使用虚构事实或隐瞒真相的方法，使财物的所有人、管理人或持有人陷入错误认识，从而“自愿”将财物交付行为人，并且数额较大。首先，行为人实施了欺诈行为，欺诈行为从形式上说包括两类，一是虚构事实，即捏造客观上并不存在的事实，骗取被害人的信任；二是隐瞒真相，即对受害人掩盖客观存在的某种事实。这两种都是使对方陷入处分财产的认识错误的行为。欺诈行为的内容是，在具体状况下，使对方产生错误认识，并作出行为人所希望的财产处分。如果欺诈内容不是使他人作出财产处分，则不属于诈骗罪的欺诈行为。其次，欺诈行为使对方产生错误认识，或者说，对方产生错误认识是行为人的欺诈行为所致；即使对方在判断上有一定的错误，也不妨碍欺诈行为的成立。在欺诈行为与对方处分财产之间，必须介入对方的错误认识；如果对方不是因欺诈行为产生错误认识而处分财产，就不成立诈骗罪。欺诈行为的对方只要求是具有处分财产的权限或者处于可以处分财产地位的人，不要求一定是财物的所有人或占有人。再次，行为人基于错误认识“自愿”交付财物。这里的自愿并非被害人的本意，不是建立在对客观事实真正了解的基础之上，而是为行为人制造的假象所迷惑，陷入错误认识之后处分财产。处分财产表现为直接交付财产，或者承诺行为人取得财产，或者承诺转移财产性利益，或者承诺免除行为人的债务。最后，骗取的财物数额较大。根据最高人民法院的司法解释，个人诈骗公私财物数额较大的起点是2000元。

3. 本罪的主体为一般主体，凡已满16周岁、具有刑事责任能力的自然人均可成为本罪的主体。

4. 本罪的主观方面是故意，并具有非法占有公私财物的目的。故意的内容为行为人对于欺诈行为可能使对方陷于错误从而处分财物、交付财物，自己或者他人取得财物的占有必须有认识并积极追求。

（二）诈骗罪的界限划分

1. 本罪与非罪的界限

本罪与非罪的界限包括两种情况：一是本罪与一般违法行为的界限。刑法规定，诈骗公私财物数额较大的，才成立诈骗罪，骗取的公私财物的数额尚未达到较大的，不应以犯罪论处，而只能按一般违法行为处理。数额较大，其标准为个人诈骗公私财物2000元以上。达到上述数额标准的，构成犯罪，否则属于一般违法行为。二是本罪与正当借贷行为的界限。诈骗罪与借贷行为的关键区别在于，正常的借贷行为没有非法占有的目的。具体认定时要考虑行为人的借贷动机、目的、原因、用途、久拖不还的原因、有无归还能力等因素。如果行为人以高息为诱饵骗取财物，加以挥霍，然后久拖不还，百般掩饰，应认定为诈骗罪。如果行为人因正常用途而借贷，虽然在取得财物时编造了谎言，但没有非法占有的目的，也没有任意挥霍和赖账，只是因为客观原因无法如期归还，应属于借贷性质，不宜认定为诈骗罪。

2. 本罪既遂与未遂的界限

诈骗罪的既遂标准是行为人实施欺诈行为后，被害人陷入错误认识并自觉交付财物。行为人实施欺诈行为后，没有使他人陷入错误认识，或者虽使他人陷入错误认识但他人未处分财产的，属于诈骗未遂。

3. 本罪与其他特殊诈骗罪的界限

刑法除规定上述普通诈骗罪之外，还规定了其他一些特殊诈骗罪，如《刑法》第192条至第200条规定的各种金融诈骗罪，以及《刑法》第224条规定的合同诈骗罪。这些特殊诈骗罪同普通诈骗罪的主要区别在于诈骗对象、诈骗手段不同，规定这些特殊诈骗罪的法条与《刑法》第266条是特别法条与普通法条的关系，根据特别法优于普通法的原则，对符合特殊诈骗罪构成要件的行为，应认定为特殊诈骗罪。因此，《刑法》第266条在规定了诈骗罪的罪状与法定刑之后规定："本法另有规定的，依照规定。"

4. 一罪与数罪的界限

行为人为了骗取财物，往往使用法律所禁止的手段，如伪造并使用伪造的公文、证件、印章进行欺诈。在这种情况下，通常按照牵连犯以其中的一个重罪定罪并从重处罚，不实行数罪并罚，但法律另有规定的除外。

5. 本罪与赌博罪的界限

司法实践中，设置圈套诱骗他人参赌的行为具有诈骗的属性，但1995年最高人民法院《关于对设置圈套诱骗他人参赌又向索还钱财的受骗者施以暴力或暴力威胁的行为应如何定罪问题的批复》指出："行为人设置圈套诱骗他人参赌获取钱财，属赌博行为，构成犯罪的，应当以赌博罪定罪处罚。"

6. 本罪与盗窃罪的界限

二者的关键区别在于被害人是否基于认识错误而处分财产。如果不存在被害人处分财产的事实，则不可能成立诈骗罪。例如，机器不可能被骗，因此，向自动售货机中投入类似硬币的金属片，从而取得售货机内的商品的行为，不构成诈骗罪，只能成立盗窃罪。再如，行为人从没有处分能力的幼儿、高度精神病患者那里取得财产的，因为谈不上行为人的欺诈与被害人的处分，故不成立诈骗罪，只成立盗窃罪。实践中发案较多的"以借打手机为名进而非法占有"的行为，实际上也属于盗窃，而非诈骗。因为被害人将手机给行为人使用的行为，不是处分手机的行为。

（三）诈骗罪的刑事责任

根据《刑法》第266条的规定，犯本罪的，处3年以下有期徒刑、拘役或者管制，并处或者单处罚金；数额巨大或者有其他严重情节的，处3年以上10年以下有期徒刑，并处罚金；数额特别巨大或者有其他特别严重情节的，处10年以上有期徒刑或者无期徒刑，并处罚金或者没收财产。根据有关司法解释，"数额巨大"一般以3万元为起点，"数额特别巨大"一般以20万元为起点。但各地应根据实际情况，以此标准为大体依据确定执行数额。诈骗数额在10万元以上，又具有下列情形之一的，可认定为"有其他特别严重情节"：（1）诈骗集团的首要分子或者共同诈骗犯罪中情节严重的主犯；（2）一贯实施诈骗行为或者流窜作案危害严重的；（3）诈骗法人、其他组织或者个人急需的生产资料，严重影响生产或者造成其他严重损失的；（4）诈骗救灾、抢险、防汛、优抚、救济、医疗款物，造成严重后果的；（5）挥霍诈骗的财物，致使诈骗的财物无法返还的；（6）使用诈骗的财物进行违法犯罪活动的；（7）曾因诈骗受过刑事处罚的；（8）导致被害人死亡、精神失常或者其他严重后果的；（9）具有其他严重情节的。

第四节 侵占、挪用型财产犯罪

一、侵占罪

（一）侵占罪的概念和构成

侵占罪，是指以非法占有为目的，将代为保管的他人财物非法占为己有，数额较大，拒不退还的，或者将他人的遗忘物或者埋藏物非法占为己有，数额较大，拒不交出的行为。侵占罪的构成要件如下：

1. 本罪侵犯的客体是公私财物所有权。犯罪对象为行为人代为保管的他人财物，或者是他人的遗忘物、埋藏物。代为保管的他人财物既包括其他个人的财物，也包括单位的财物。这里所讲的单位，既包括国有性质的单位，也包括集体所有性质的单位，还包括私营性质的单位。代为保管，主要是指受财物所有人、持有人委托，或者基于保管合同关系以及其他对财物具有的事实上或法律上的支配关系，对他人的财物代为保存、管理，如基于委托租赁、借用、担保、无因管理、居间关系、雇佣关系等而代为保管他人财物。财物可以是动产，也可以是不动产，比如通过伪造契约占有代管的他人房屋可以构成侵占罪。财物可以是有形物，也可以是无形物。

“遗忘物”，是指财物的所有人或者持有人将所持财物放在某处，因疏忽忘记而失去占有、控制的财物。其特点是遗忘时间短，失主发现遗忘后，能比较快、比较准确地回忆起财物在何时、何地脱离自己的控制。是否应当区分遗忘物和遗失物，理论上存在争议。肯定说认为，两者含义不同，因此应当区分，其标准是失主能否回忆起财物遗失或遗忘的时间、地点。否定说认为遗忘物和遗失物用词不同，但含义一致，没有必要区分。民法上认为，遗失物是非出于遗失人自己的意思而丧失占有，同时又不为其他人占有的非无主财产。遗失人对财物的控制能力已经完全丧失。而遗忘物是指占有人偶然遗忘于特定场所的物品。遗忘人对财物的控制能力并未完全丧失。但是，将民法中的区分标准借用到刑法中并不合适，在刑法中，遗忘物与遗失物对侵占罪的认定没有影响，是否完全丧失对财物的控制能力不影响侵占罪的认定。

埋藏物，是指长期埋藏于地下，所有人不明或由国家所有的财物，如果是他人有意埋藏于地下的财物，属于他人占有的财物，而非埋藏物。行为人明知是他人有意埋藏的物品而窃取的，构成盗窃罪。

对不法委托的情形是否成立侵占罪，存在争议，如窝藏或者代为销售的赃物能否成为侵占罪的对象。肯定说认为，由于占有事实本身客观存在，虽然基于不法原因的委托和接受在法律性质上都是非法的，但是行为人侵占财物的事实是存在的，同时，虽然在民法上的不法给付情形中，给付人对财物没有返还请求权，但这不影响侵占行为的成立，而且在不法委托的情况中，仍然存在委托信任关系，对不法给付物进行侵占，同样破坏了这种关系。否定说则认为，在不法给付的场合，交付人和委托人均有不法行为，所以法律没有保护的必要，而且受托人对委托人不负返还义务，对于不负返还义务的人不能用刑法予以处罚，另外，在不法委托的情形中，不存在法律上的委托信任关系，因此受托人将其据为已有的，不构成侵占罪。肯定说是现在的通说，我们认同这一学说。

2. 本罪在客观方面表现为非法占有代为保管的他人财物或者他人的遗忘物、埋藏物，数额较大，拒不归还或拒不交出的行为。首先，行为人客观上必须有侵占行为，即非法占有了代为保管的他人财物或者他人的遗忘物、埋藏物，如将其出卖、转让、赠与、消费、抵偿债务或者采取其他方式非法据为已有。其次，行为人所侵占的财物必须数额较大，如果侵占的财物数额较小，则不以犯罪论处。最后，必须是行为人拒不归还或拒不交出所侵占的财物，即当物主或有关机关要求退还或交出财物时，行为人予以拒绝。这里的拒不归还或拒不交出是指客观上行为人有能力归还而主观上坚持不予归还的行为。在认定行为人是否拒不归还或拒不交出的行为，还应当注意：当行为人同意交出或未明确拒绝，但事后擅自处分了财物导致无法归还的，应当认定为拒不交出或拒不退还。

3. 本罪的主体是一般主体，凡年满16周岁并具有刑事责任能力的自然人均可构成本罪。

4. 本罪的主观方面表现为故意，并具有非法占有的目的。即明知是代为保管的他人财物，而不法据为已有。不具有不法占有目的的行为，不可能成立侵占罪。

（二）侵占罪的界限划分

1. 本罪与非罪的界限

根据《刑法》第270条的规定，侵占为他人代为保管的财物或者他人遗忘物、埋藏物，数额较大的，才构成侵占罪，否则不构成犯罪。“数额较大”的标准，有待于有关机关作出有权解释。

2. 本罪与盗窃罪的界限

两罪的主体均为一般主体，主观上都有非法占有他人财物的目的。二者的主要区别在于：(1) 犯罪客体不同。盗窃罪侵犯的是公私财产所有权；侵占罪只侵犯公民个人的财产所有权。(2) 对象不完全相同。虽然二者的对象都可以是公私财物，但侵占罪占有的财物是代为保管的财物、遗忘物或者埋藏物，而盗窃罪的对象只能是他人占有的财物，对自己占有的财物不可能成立盗窃罪。所以，判断财物由谁占有、是否脱离占有，是区分侵占罪与盗窃罪的关键。(3) 犯意形成的时间不同。盗窃罪是在窃取他人财物之前就产生非法占有他人财物的故意，侵占罪非法占有的故意，产生在代为保管他人财物之后。

(三) 侵占罪的刑事责任

根据《刑法》第270条的规定，犯本罪的，处2年以下有期徒刑、拘役或者罚金；数额巨大或者有其他严重情节的，处2年以上5年以下有期徒刑，并处罚金。犯本罪的，告诉的才处理。

二、职务侵占罪

(一) 职务侵占罪的概念和构成

职务侵占罪，是指公司、企业或者其他单位的人员，利用职务上的便利，将本单位财物非法占为己有，数额较大的行为。本罪的构成要件如下：

1. 本罪侵犯的客体是公司、企业或者其他单位的财物所有权。犯罪对象是行为人所属公司、企业或者其他单位的财物，可以是动产，也可以是不动产，可以是有体物也可以是无体物。“公司”是指有限责任公司和股份有限公司。“企业”是指除上述公司以外依法成立的从事生产、经营的经济组织。“其他单位”是指除公司、企业以外的群众团体、管理公益事业的单位、群众自治组织等。

2. 本罪的客观方面表现为行为人利用职务上的便利，将数额较大的单位财物非法占为己有的行为。构成本罪，首先必须是行为人利用了职务上的便利，所谓“利用职务上的便利”，是指行为人利用自己主管、管理、经营、经手单位财物的便利条件。例如公司保管员利用管理财物的便利，出纳利用管理现金的便利等。如果不是利用职务上的便利，而是仅仅利用熟悉单位环境和机会上的便利，实施的窃取行为不能认定为职务侵占罪。其次，实施了非法占有本单位财物的行为。非法占有的方法主要有侵吞、窃取和骗取。侵吞是典型的变占有为不法所有的行为，多表现为在执行职务、经手财物时加以截留；骗取是虚构事实、隐瞒真相而取得财物；窃取是以违反单位意思的方法，秘密占有单位财物的行为。最后，非法占有了数额较大的单位财物。根据司法实践，数额较大以5000元至1万元为起点。

3. 本罪的主体是特殊主体，必须是公司、企业或者其他单位的人员，但不包括国有公司、企业或者其他国有单位中从事公务的人员和国有公司、企业或者其他国有单位委派到非国有公司、企业以及其他单位从事公务的人员。根据《刑法》第183条的规定，保险公司的工作人员（但国有保险公司的工作人员和国有保险公司委派到非国有保险公司从事公务的人员除外）利用职务上的便利，故意编造未曾发生的保险事故进行虚假理赔，骗取保险金归自己所有的，以职务侵占罪论处。根据1999年最高人民法院《关于村民小组组长利用职务便利非法占有公共财物行为如何定性问题的批复》，对村民小组组长利用职务上的便利，将村民小组集体财产非法占为己有，数额较大的行为，以职务侵占罪定罪处罚。村民委员会等村基层组织人员，利用职务便利侵吞集体财产的，以职务侵占罪论处；但是如果在协助人民政府从事行政管理工作时，利用职务上的便利侵占公共财物的，则成立贪污罪。

根据2001年最高人民法院《关于在国有资本控股、参股的股份有限公司中从事管理工作的人员利用职务便利非法占有本公司财物如何定罪问题的批复》，在国有资本控股、参股的股份有限公司中从事管理工作的人员，除受国家机关、国有公司、企业、事业单位委派从事公务的以外，不属于国家工作人员。对其利用职务上的便利，将本单位财物非法占为己有，数额较大的，应当以职务侵占罪论处。

4. 本罪在主观上必须出于故意，并且具有非法占有单位财物的目的。故意内容为明知自己的行为会发生侵犯单位财产所有权的结果，并且希望这种结果的发生。

（二）职务侵占罪的界限划分

在认定本罪时，应该划清其与侵占罪的界限。二者的区别表现在：（1）主体不同。本罪的主体为公司、企业或者其他单位不具有国家工作人员身份的人；侵占罪的主体为一般主体。（2）客观方面不同。本罪的客观方面表现为行为人利用其职务上的便利，非法占有本单位财物；侵占罪则表现为将代为保管的他人财物或者他人的遗忘物、埋藏物非法占为己有，拒不退还或拒不交出。（3）犯罪对象不同。本罪的犯罪对象是本单位的财物；侵占罪的犯罪对象是一般公私财物。

(三) 职务侵占罪的刑事责任

根据《刑法》第271条第1款的规定，犯本罪的，处5年以下有期徒刑或者拘役；数额巨大的，处5年以上有期徒刑，可以并处没收财产。

三、挪用资金罪

(一) 挪用资金罪的概念和构成

挪用资金罪，是指公司、企业或者其他单位的工作人员，利用职务上的便利，挪用本单位资金归个人使用或者借贷给他人使用，数额较大、超过3个月未还的，或者虽未超过3个月，但数额较大、进行营利活动的，或者进行非法活动的行为。本罪的构成要件如下：

1. 本罪的客体是公司、企业或者其他单位的财产使用权。本罪的对象是单位资金，因此，挪用单位资金以外的财物的，不成立本罪。根据2000年最高人民检察院《关于挪用尚未注册成立公司资金的行为适用法律问题的批复》，筹建公司的工作人员在公司登记注册前，利用职务上的便利挪用准备设立的公司在银行开设的临时账户上的资金，归个人使用或者借贷给他人，构成犯罪的，应当以挪用资金罪论处。

2. 本罪客观方面表现为利用职务上的便利，挪用本单位资金归个人使用或者借贷给他人的行为。具体包括以下内容：

首先，行为人利用了职务上的便利，即利用了公司、企业或者其他单位中具有主管、管理、经手单位资金的便利条件。

其次，必须是将本单位资金挪给个人使用或者借贷给他人使用。挪用，是指未经合法批准，擅自动用主管、管理、经手的单位资金，但并非要永久占有，而是暂时使用并准备日后归还。挪用可以是借贷给其他自然人，也可以借贷给其他单位。根据2000年最高人民法院《关于如何理解刑法第二百七十二条规定的“挪用本单位资金归个人使用或者借贷给他人”问题的批复》，公司、企业或者其他单位的非国家工作人员，利用职务上的便利，挪用本单位资金归本人或者其他自然人使用，或者挪用人以个人名义将所挪用的资金借给其他自然人和单位，构成犯罪的，应当以挪用资金罪定罪处罚。

再次，必须是挪用的数额较大、超过3个月未还，或者虽未超过3个月，但数额较大、进行营利活动的，或者进行非法活动的行为。即分为三种情况：一是数额较大、超过3个月未还的；二是虽未超过3个月，但数额较大、进行营利活动的；三是进行非法活动的。第一种情况，挪用单位资金用于营利活动与非法活动以外的活动的，如旅游、购买物品等，必须数额较大，并且超过3

个月未还。这里的数额较大，根据《追诉标准》的规定，以1万元至3万元为起点。如果挪用资金数额较大，未超过3个月，或挪用资金数额较小，超过3个月没有归还，均不构成本罪。第二种情况，挪用单位资金进行营利活动的，只要求数额较大，不要求超过3个月。这里的营利活动，是合法的营利活动，如将单位资金存入银行、用于集资、购买股票等，数额较大也以1万元至3万元为起点。第三种情况，挪用单位资金进行非法活动，如走私、非法经营、赌博等。根据《追诉标准》的规定，挪用单位资金进行非法活动，数额在5000元至2万元以上的，应追究刑事责任。

3. 本罪的主体是特殊主体，即必须是公司、企业或者其他单位的工作人员，但不包括国有公司、企业或者其他国有单位中从事公务的人员和国有公司、企业或者其他国有单位委派到非国有公司、企业以及其他单位从事公务的人员。根据《刑法》第185条的规定，银行或者其他金融机构的工作人员（国有金融机构工作人员和国有金融机构委派到非国有金融机构从事公务的人员除外），利用职务上的便利用本单位或者客户资金的，依照挪用资金罪定罪处罚。根据2000年最高人民法院《关于对受委托管理、经营国有财产人员挪用国有资金行为如何定罪问题的批复》，对于受国家机关、国有公司、企业、事业单位、人民团体委托，管理、经营国有财产的非国家工作人员，利用职务上的便利挪用国有资金归个人使用构成犯罪的，应当以挪用资金罪定罪处罚。

4. 本罪的主观方面为直接故意，即明知是本单位的资金，而故意非法占有、使用。这里的非法占有的故意，是指暂时占有、使用单位资金的故意，而没有非法所有的目的。

（二）挪用资金罪的界限划分

在认定挪用资金罪时，主要应注意将其与职务侵占罪区别开来。二者的区别在于：（1）侵犯的客体不同。挪用资金罪侵犯的客体是本单位资金的占有权、使用权、收益权；职务侵占罪是将单位财物据为己有，因而侵犯了单位财物的所有权整体。（2）对象不完全相同。挪用资金罪的对象仅限于本单位资金；而职务侵占罪的对象，是单位财物，除了本单位资金外，还可以是其他财物。（3）行为方式不同。挪用资金罪没有改变资金的所有关系，只是将本单位资金挪用归个人使用或者借贷给他人；职务侵占罪则表现为以侵吞、窃取、骗取等手段，非法占有本单位的财物。（4）故意内容不同。挪用资金罪的行为人只是暂时占有、使用本单位资金，行为人主观上没有非法占有的目的；职务侵占罪的行为人出于非法占有的故意，不具有归还的意图。

（三）挪用资金罪的刑事责任

根据《刑法》第272条的规定，犯本罪的，处3年以下有期徒刑或者拘役；挪用本单位资金数额巨大的，或者数额较大不退还的，处3年以上10年以下有期徒刑。这里的不退还，是指挪用人由于某种原因不能归还所挪用的资金，即仅限于客观上不能归还。如果行为人挪用单位资金后，由于某种原因转化为主观上不愿意归还，则行为性质转化为职务侵占罪。

四、挪用特定款物罪

挪用特定款物罪，是指违反国家财经管理制度，挪用救灾、抢险、防汛、优抚、扶贫、移民、救济款物，情节严重，致使国家和人民群众利益遭受重大损害的行为。本罪的客体是复杂客体，即公共财产所有权和国家对特定款物的财经管理秩序。本罪的对象为救灾、抢险、防汛、优抚、扶贫、移民、救济款物。根据2003年最高人民检察院《关于挪用失业保险基金和下岗职工基本生活保障资金的行为适用法律问题的批复》的规定，挪用失业保险基金与下岗职工基本生活保障资金的，属于挪用救济款物。本罪的客观方面表现为违反国家财经管理秩序，将上述专用款物挪做其他用途的行为。本罪的挪用，是指未经合法批准，擅自将自己经管的专项款物调拨、使用于其他方面，改变特定款物的特别用途，这里的挪用只限于由有关单位改变专用款物用途，不包括挪做个人使用，国家工作人员挪用特定款物不是单纯改变用途，而是归个人或者他人使用，构成犯罪的应以挪用公款罪处理。挪用行为情节严重，给国家和人民群众利益造成重大损害的，才成立犯罪。根据司法实践，对于挪用特定款物价值在5000元以上的，或者造成国家和人民群众直接经济损失数额在5万元以上的，或者虽未达到上述数额标准，但造成人民群众的生产、生活严重困难的，应予追诉。本罪主观上只能是故意，即明知是特定专用款物，而故意挪做他用。

根据《刑法》第273条的规定，犯本罪的，对直接责任人员，处3年以下有期徒刑或者拘役；情节特别严重的，处3年以上7年以下有期徒刑。

第五节　毁坏、破坏型财产犯罪

一、故意毁坏财物罪

故意毁坏财物罪，是指故意毁坏公私财物，数额较大或者情节严重的行为。本罪的客体是公私财物所有权。其对象是公私财物，包括动产和不动产。但是，如果破坏某些特定物，而刑法有另外的规定，则按照有关特别条文的规定论处。例如，破坏了交通工具、交通设施，破坏广播电视设施、公用电信设施，破坏界碑、界桩，破坏永久测量标志，故意毁损文物、名胜古迹的，应分别按照《刑法》第 119 条、第 124 条、第 323 条、第 324 条的规定论处。本罪在客观方面表现为毁坏公私财物数额较大或者情节严重的行为。毁坏，是指毁灭或损坏。所谓毁灭，是指使财物完全丧失其价值和效用，如砸毁电器；所谓损坏，是指使财物部分丧失其价值和效用，如拆卸机器零件，使机器不能正常运转。毁坏财物数额较大或者有其他严重情节的，才成立本罪。但毁坏耕地或者进行破坏性采矿的，成立其他犯罪，不成立本罪；毁坏交通工具、交通设施、易燃易爆等设备，危害公共安全的，成立危害公共安全的犯罪，也不成立本罪。本罪的主体是一般主体。本罪主观上只能出于故意，即明知自己的行为会造成公私财物的毁坏，并且希望这种结果的发生。

根据《刑法》第 275 条的规定，犯本罪的，处 3 年以下有期徒刑、拘役或者罚金；数额巨大或者有其他特别严重情节的，处 3 年以上 7 年以下有期徒刑。

二、破坏生产经营罪

破坏生产经营罪，是指由于泄愤报复或者其他个人目的，毁坏机器设备、残害耕畜或者以其他方法破坏生产经营的行为。本罪侵犯的客体是正常的生产经营活动，包括国家、集体或者个人生产经营的正常秩序。本罪的犯罪对象是在生产经营中正在使用的设备、设施、牲畜或其他生产资料。本罪的客观方面表现为使用毁坏机器、残害耕畜或者其他类似方法破坏生产经营的行为。其中的生产经营，包括一切经济形式的生产经营，不问其所有制性质。这里的其他方法常见的有破坏农业机械、切断生产经营用电的电源，毁坏种子、育苗、庄稼等。本罪的主体是一般主体。本罪主观上表现为故意，并出于泄愤报复或者其他个人目的。

根据《刑法》第 276 条的规定，犯本罪的，处 3 年以下有期徒刑、拘役或者管制；情节严重的，处 3 年以上 7 年以下有期徒刑。

第七章　妨害社会管理秩序罪

第一节　妨害社会管理秩序罪概述

一、妨害社会管理秩序罪的概念和构成

妨害社会管理秩序罪，是指妨害国家机关或者其他有关机构对日常社会生活的管理活动，破坏社会秩序，情节严重的行为。社会管理秩序涉及公共生活、治安管理、司法活动、文化管理、自然资源和环境保护等各个方面。本类罪的构成要件如下：

1. 本类罪侵犯的客体是国家对社会的管理活动和社会管理秩序。所谓社会管理秩序，可以从广义、中间意义、狭义三个层次上予以理解。广义的社会管理秩序是指国家机关或有关机构对社会方方面面进行管理而形成的整个社会有条不紊的状态。中间意义的社会管理秩序是指除政治秩序、经济秩序以外的社会秩序。狭义的社会管理秩序是指国家机关或有关机构对日常社会生活进行管理而形成的有序状态。本书所指的社会管理活动和社会管理秩序是从狭义上加以理解的，即除刑法分则其他章所规定的各类犯罪所侵犯的诸如国家安全、社会公共安全、财产、人身、国家机关正常活动、国防与军事等管理活动和秩序之外的国家对日常社会生活的管理活动和秩序。因为狭义的社会管理秩序，能充分体现立法者将社会管理秩序作为一类罪共同侵犯的法益来与其他犯罪加以区分的立法意图，并合理地划清了妨害社会管理秩序罪与刑法分则其他类罪的界限。

2. 本类罪的客观方面表现为行为人必须具有违反各种社会管理法规，妨害国家机关或其他有关机构的管理活动，破坏社会秩序，情节严重的行为。国家机关或其他有关机构对社会的管理活动都是以国家颁布的各项社会管理法规为根据，并由各职能机关或机构实施的，一定的社会管理秩序，也是基于国家的各项社会管理法规所建立起来的。因此，妨害社会管理秩序的犯罪行为，首

先违反了国家的各项社会管理法规。其次，这一类罪的核心在于对国家机关或其他机构的日常社会生活管理活动进行妨害。由于管理活动的多种多样，导致这一类罪的犯罪行为的具体内容和表现形式也多种多样，主要分为九个大的方面。再次，情节严重是这一类罪的关键要件，是划分行为人一般违法行为和犯罪行为的重要标准，必须严格按照刑法分则规定的构成要件和行为的严重程度划清罪与非罪的界限，防止刑法的滥用。

3. 本类罪的主体绝大多数为一般主体，但也有少数几种犯罪如破坏监管秩序罪、脱逃罪、医疗事故罪等，只能由特殊主体构成。多数犯罪只能由自然人构成其主体，少数犯罪如倒卖文物罪、盗伐林木罪、重大环境污染事故罪等也可由单位构成。个别犯罪的主体只能是单位（如非法出售、私赠文物藏品罪，非法采集、供应血液、制作、供应血液制品罪等）。值得一提的是，虽然本类罪的一般主体多是已满16周岁、具有刑事责任能力的自然人，但对贩卖毒品罪而言，已满14周岁未满16周岁的自然人也可以构成该罪。

4. 本类罪的主观方面绝大多数犯罪表现为故意，但也有少数犯罪由过失构成，如医疗事故罪、为他人提供书号出版淫秽书刊罪等。故意犯罪中，有的还要求具有特定的犯罪目的，如赌博罪，倒卖文物罪和制作、贩卖、传播淫秽物品罪等就需要具备特定的营利或牟利目的方能构成犯罪。

二、妨害社会管理秩序罪的种类

根据刑法分则第六章第一节至第九节的规定，妨害社会管理秩序罪包括以下九类犯罪：

1. 扰乱公共秩序罪。本类犯罪共有38个罪名，具体包括妨害公务罪，煽动暴力抗拒法律实施罪，招摇撞骗罪，伪造、变造、买卖国家机关公文、证件、印章罪，盗窃、抢夺、毁灭国家机关公文、证件、印章罪，伪造公司、企业、事业单位、人民团体印章罪，伪造、变造居民身份证罪，非法生产、买卖警用装备罪，非法获取国家秘密罪，非法持有国家绝密、机密文件、资料、物品罪，非法生产、销售间谍专用器材罪，非法使用窃听、窃照专用器材罪，非法侵入计算机信息系统罪，破坏计算机信息系统罪，扰乱无线电通讯管理秩序罪，聚众扰乱社会秩序罪，聚众冲击国家机关罪，聚众扰乱公共场所秩序、交通秩序罪，投放虚假危险物质罪，编造、故意传播虚假恐怖信息罪，聚众斗殴罪，寻衅滋事罪，组织、领导、参加黑社会性质组织罪，入境发展黑社会组织罪，包庇、纵容黑社会性质组织罪，传授犯罪方法罪，非法集会、游行、示威罪，非法携带武器、管制刀具、爆炸物参加集会、游行、示威罪，破坏集会、游行、示威罪，侮辱国旗、国徽罪，组织、利用会道门、邪教组织、利用迷信破坏法律实施罪，组织、利用会道门、邪教组织、利用迷信致人死亡罪，聚众淫乱罪，引诱未成年人聚众淫乱罪，盗窃、侮辱尸体罪，赌博罪，开设赌场罪，故意延误投递邮件罪。

2. 妨害司法罪。本类罪共有17个罪名，具体包括伪证罪，辩护人、诉讼代理人毁灭证据、伪造证据、妨害作证罪，妨害作证罪，帮助毁灭、伪造证据罪，打击报复证人罪，扰乱法庭秩序罪，窝藏、包庇罪，拒绝提供间谍犯罪证据罪，掩饰、隐瞒犯罪所得、犯罪所得收益罪，拒不执行判决、裁定罪，非法处置查封、扣押、冻结的财产罪，破坏监管秩序罪，脱逃罪，劫夺被押解人员罪，组织越狱罪，暴动越狱罪，聚众持械劫狱罪。

3. 妨害国（边）境管理罪。本类罪共有8个罪名，具体包括组织他人偷越国（边）境罪，骗取出境证件罪，提供伪造、变造的出入境证件罪，出售出入境证件罪，运送他人偷越国（边）境罪，偷越国（边）境罪，破坏界碑、界桩罪，破坏永久性测量标志罪。

4. 妨害文物管理罪。本类罪共有10个罪名，具体包括故意损毁文物罪，故意损毁名胜古迹罪，过失损毁文物罪，非法向外国人出售、赠送珍贵文物罪，倒卖文物罪，非法出售、私赠文物藏品罪，盗掘古文化遗址、古墓葬罪，盗掘古人类化石、古脊椎动物化石罪，抢夺、窃取国有档案罪，擅自出卖、转让国有档案罪。

5. 危害公共卫生罪。本类罪共有11个罪名，具体包括妨害传染病防治罪，传染病菌种、毒种扩散罪，妨害国境卫生检疫罪，非法组织卖血罪，强迫卖血罪，非法采集、供应血液、制作、供应血液制品罪，采集、供应血液、制作、供应血液制品事故罪，医疗事故罪，非法行医罪，非法进行节育手术罪，逃避动植物检疫罪。

6. 破坏环境资源保护罪。本类罪共有15个罪名，具体包括重大环境污染事故罪，非法处置进口的固体废物罪，擅自进口固体废物罪，非法捕捞水产品罪，非法猎捕、杀害珍贵、濒危野生动物罪，非法收购、运输、出售珍贵、濒危野生动物、珍贵、濒危野生动物制品罪，非法狩猎罪，非法占用农用地罪，非法采矿罪，破坏性采矿罪，非法采伐、毁坏国家重点保护植物罪，非法收购、运输、加工、出售国家重点保护植物、国家重点保护植物制品罪，盗伐林木罪，滥伐林木罪，非法收购、运输盗伐、滥伐的林木罪。

7. 走私、贩卖、运输、制造毒品罪。本类罪共有12个罪名，具体包括走私、贩卖、运输、制造毒品罪，非法持有毒品罪，包庇毒品犯罪分子罪，窝藏、转移、隐瞒毒品、毒赃罪，走私制毒物品罪，非法买卖制毒物品罪，非法种植毒品原植物罪，非法买卖、运输、携带、持有毒品原植物种子、幼苗罪，引诱、教唆、欺骗他人吸毒罪，强迫他人吸毒罪，容留他人吸毒罪，非法提供麻醉药品、精神药品罪。

8. 组织、强迫、引诱、容留、介绍卖淫罪。本类罪共有7个罪名，具体包括组织卖淫罪，强迫卖淫罪，协助组织卖淫罪，引诱、容留、介绍卖淫罪，引诱幼女卖淫罪，传播性病罪，嫖宿幼女罪。

9. 制造、贩卖、传播淫秽物品罪。本类罪共有5个罪名，具体包括制作、复制、出版、贩卖、传播淫秽物品牟利罪，为他人提供书号出版淫秽书刊罪，传播淫秽物品罪，组织播放淫秽音像制品罪，组织淫秽表演罪。

第二节　扰乱公共秩序罪

一、妨害公务罪

（一）妨害公务罪的概念和构成

妨害公务罪，是指以暴力、威胁方法阻碍国家机关工作人员、全国人民代表大会和地方各级人民代表大会代表依法执行职务，或者在自然灾害和突发事件中，以暴力、威胁方法阻碍红十字会工作人员依法履行职责，或者虽未使用暴力、威胁方法，但故意阻碍国家安全机关、公安机关依法执行国家安全工作任务，造成严重后果的行为。本罪的构成要件如下：

1. 本罪的客体是国家机关工作人员的公务活动和红十字会工作人员履行职责的活动。这里的“公务”，包括国家机关工作人员依法执行职务的活动、全国人民代表大会和地方各级人民代表大会代表依法执行代表职务的活动以及国家安全机关、公安机关依法执行国家安全工作任务的活动。如果不是国家工作人员的职务活动，或者不是依法进行的职务活动，就不能视为“公务”。这里的红十字会工作人员的“职责”主要指在自然灾害和突发事件中，履行对伤病人员和其他受害者进行救助的职责。

本罪的犯罪对象是国家机关工作人员、各级人大代表和红十字会的工作人员，不包括国有企业、事业单位、人民团体中从事公务的人员，但在自然灾害和其他突发事件中，受雇于红十字组织或志愿从事人道救援活动和其他活动的志愿人员应以红十字会工作人员论。

2. 本罪客观方面表现为以下四种行为方式：以暴力、威胁方法阻碍国家机关工作人员依法执行职务；以暴力、威胁方法阻碍各级人大代表依法执行代表职务；在自然灾害和突发事件中，以暴力、威胁方法阻碍红十字会工作人员依法履行职责；故意阻碍国家安全机关、公安机关工作人员依法执行国家安全工作任务，虽未使用暴力、威胁方法，但造成严重后果。

(1) 本罪行为针对的对象必须是依法执行职务，所谓依法执行职务，是指在法律权限范围内，按照法律规定的程序实施其职务的行为。即执行者执行职务的行为不仅实体上要合法，而且程序上也要合法。具体来说，符合以下条件的才认为是依法执行职务：

首先，主体应具合法性。本罪中，只有国家机关工作人员、全国人民代表大会和地方各级人民代表大会代表、红十字会工作人员、国家安全机关和公安机关的工作人员等这些具有相关资格的人才能成为职务行为的主体。应当注意的是，在实践中，国家机关在从事正常公务活动的时候常常委托其他人员进行公务活动，这时，受委托人也应视为国家机关工作人员。

其次，职务行为应当符合主体的权限范围。这里的权限范围指抽象的职务权限或一般的职务权限范围，而不是指具体的权限范围，如税务人员依法征收税款，交通警察依法维护交通秩序。

最后，职务行为应当合法。职务行为合法，包括职务行为的内容必须合法，必须公平、合理，任何明显违背法律的目的或公共利益的行为，都应视为不合法。职务行为的程序也必须合法，必须符合法律规定的条件、方式与程序，如公安机关实施侦查活动，必须符合刑事诉讼法规定的条件、方式和程序。

(2) 犯罪行为所针对的对象必须是正在执行职务或履行职责。这是对执行职务的时间限制。所谓正在执行职务或履行职责，是指上述人员已经着手执行职务或履行职责，但职务尚未执行完毕或尚未履行完毕。我们认为，从立法精神，即保护依法执行职务、履行职责的角度进行考虑，执行职务、履行职责应当不仅包括正在执行职务、履行职责的过程，而且包括将要开始执行职务、履行职责的准备过程以及与执行职务、履行职责密切联系的待令状态。

(3) 行为人实施了暴力、威胁的方法或者虽未采用暴力、威胁的方法，但严重影响了国家安全工作的阻碍公务的行为。所谓暴力，是指对作为犯罪对象人员的身体实行打击或者强制，如捆绑、殴打、伤害等。所谓威胁，是指以口头或书面的形式，对前述人员以揭发隐私、损坏名誉、毁坏财产、伤害或杀害相要挟，进行精神强制。所谓“严重后果”，指犯罪嫌疑人逃跑，侦查线索中断，犯罪证据灭失，犯罪现场遭到严重破坏，赃款赃物被转移、挥霍等情况。

需要指出的是，根据2000年最高人民检察院《关于以暴力威胁方法阻碍事业编制人员依法执行行政职务是否可以对侵害人以妨害公务罪论处的批复》的规定，对于以暴力、威胁方法阻碍国有事业单位人员依照法律、行政法规的规定执行行政执法职务的，或者以暴力、威胁方法阻碍国家机关中受委托从事行政执法活动的事业编制人员执行行政职务的，可以对侵害人以本罪追究刑事责任。2002年全国人大常委会《关于〈中华人民共和国刑法〉第九章渎职罪主体适用问题的解释》指出："在依照法律、法规规定行使国家行政管理职权的组织中从事公务的人员，或者在受国家机关委托代表国家机关行使职权的组织中从事公务的人员，或者虽未列入国家机关人员编制但在国家机关中从事公务的人员，在代表国家机关行使职权时，有渎职行为，构成犯罪的，依照刑法关于渎职罪的规定追究刑事责任。"这一解释虽然是对"渎职罪主体"的解释，但由于渎职罪的主体均为国家机关工作人员，因而也可以认为这一解释实际上是对"国家机关工作人员"含义的解释。这就意味着立法机关通过法定程序对刑法的相关条文作出了扩张式的修改。根据这一立法解释，我们认为，完全可以肯定受委托从事公务的人能够成为本罪的犯罪对象。

此外，在理解本罪的客观方面时还应注意以下几个问题：其一，不能忽视以暴力、威胁方法阻碍国家安全机关、公安机关的工作人员依法执行职务构成妨害公务罪的一般情形，刑法规定"未使用暴力、威胁方法，造成严重后果"其实是一种特殊情况。其二，以暴力、威胁方法阻碍红十字会工作人员依法履行职责的，必须发生在自然灾害或突发事件中。

3. 本罪的主体为一般主体，凡年满16周岁、具有刑事责任能力的自然人均可成为本罪的主体。

4. 本罪的主观方面只能是故意。即行为人明知其侵犯对象具有公务身份且正在依法执行职务或履行职责，仍然加以阻碍或迫使其放弃职务。如果行为人不知道其行为侵犯对象的特定身份，或虽然知道是具有某种特定职责身份的人员，但不知道其正在依法执行职务或履行职责，或者误认为其依法执行的公务或履行的职责不合法，而加以阻碍的，不构成本罪。

（二）妨害公务罪的界限划分

1. 本罪与非罪的界限

首先应当分清妨害公务罪与人民群众和违法乱纪的国家机关工作人员作斗争的行为、与公务活动中的争执顶撞行为、与妨害公务的一般违法行为的界限，不能将一切引起公务活动阻碍的行为都认定为妨害公务罪，更不能将妨害公务罪简单地理解成与“公务人员作对的行为”。要正确区分行为人的主观意图和客观的行为表现，对于正当的与国家机关工作人员违法乱纪现象作斗争的行为，不仅不应定罪，而且应予以保护和鼓励。对于公务活动中的一般争执顶撞行为，要弄清原因、分清责任后加以引导和解决。对情节轻微、尚未达到犯罪程度的妨害公务行为，可以进行必要的教育和行政纪律处分，而不作犯罪处理。

2. 本罪与聚众阻碍解救妇女、儿童罪的界限

根据《刑法》第 242 条第 1 款的规定，以暴力、威胁方法阻碍国家机关工作人员解救被收买的妇女、儿童的，依照妨害公务罪进行定罪处罚。但该条第 2 款又规定了聚众阻碍解救妇女、儿童罪。此二罪的区别是：（1）公务的范围不同。后者的公务是特定的，即国家机关工作人员解救被收买的妇女、儿童的行为。前者除此之外还有其他的公务活动。（2）行为方式不同。后者必须聚众进行。前者无此要求。(3) 后者只处罚首要分子。前者为一般主体。

3. 本罪的既遂标准

根据《刑法》第 277 条的规定，在一般情况下，妨害公务罪只要客观上实施了暴力或威胁的行为，即可构成既遂，是否造成公务之放弃或公务之不能实施不影响既遂的构成。但该条第 4 款规定的犯罪，必须以“造成严重后果”为构成要件，实施该款所规定的行为，但未造成严重后果的，不构成犯罪。因此，该款规定的妨害公务罪不存在未遂问题。

4. 一罪与数罪的界限

对于合法公务活动或履行职责期间之外的针对国家机关工作人员、人大代表和红十字会工作人员的杀害、伤害、侮辱、毁坏财物行为构成犯罪的应追究相应的故意杀人罪、故意伤害罪、侮辱罪或故意毁坏财物罪的刑事责任。对于杀人、重伤的暴力妨害公务行为，应按牵连犯“从一重罪处断”的原则处理，① 按故意杀人罪或故意伤害罪论处，而不按数罪并罚处理。如果是轻伤，则按本罪定罪处罚。

（三）妨害公务罪的刑事责任

根据《刑法》第 277 条的规定，犯本罪的，处 3 年以下有期徒刑、拘役、管制或者罚金。

---

① 也有观点认为应按想象竞合犯来处理（参见赵秉志主编：《新刑法教程》，中国人民大学出版社 1997 年版，第 669 页）。但考虑到杀人、重伤的暴力行为属于典型的手段行为，而妨害公务行为属于目的行为，因而笔者认为对此按照牵连犯处理更为妥当些。

二、煽动暴力抗拒法律实施罪

煽动暴力抗拒法律实施罪，是指行为人以言词、文字等方式故意挑动、蛊惑群众用暴力抗拒国家法律、行政法规的实施，扰乱社会秩序的行为。本罪的客体是国家法律和行政法规的正常实施秩序。本罪的客观方面表现为煽动群众暴力抗拒国家法律、行政法规实施的行为。“国家法律”，是指全国人民代表大会及其常务委员会通过并颁行实施的法律和法律性文件。“行政法规”，是指国务院通过或者以国务院名义发布并颁行实施的行政法规。煽动，是指以口头、书面或其他方式挑动、蛊惑。煽动行为必须公然实施，即在不特定人、多数人共见共闻，或耳见耳闻的情形下从事煽动。煽动方法也没有限制，煽动的内容必须是暴力抗拒国家法律、行政法规的实施，但煽动分裂国家，破坏国家统一的，煽动军人逃离部队的，成立刑法规定的其他犯罪。只要行为人实施了上述煽动行为，不管群众是否听信，均可构成本罪。如果行为人在实施煽动暴力抗拒法律实施罪的行为时，其手段行为或结果行为又触犯了其他罪名，应成立牵连犯，从一重罪处断。本罪的主体是一般主体，即年满16周岁且具有刑事责任能力的自然人。本罪的主观方面为直接故意，即明知自己的行为会发生群众以暴力抗拒实施国家法律、行政法规的结果并且希望这种结果发生。

根据《刑法》第278条的规定，犯本罪的，处3年以下有期徒刑、拘役、管制或者剥夺政治权利；造成严重后果的，处3年以上7年以下有期徒刑。所谓造成严重后果，主要是指煽动行为造成了恶劣社会影响的；群众听信煽动而使用暴力抗拒国家法律、行政法规实施的；造成人身伤亡或较大财产损失的；造成生产、工作、教学、科研不能正常进行的；等等。

三、招摇撞骗罪

（一）招摇撞骗罪的概念和构成

招摇撞骗罪,是指为了谋取非法利益,假冒国家机关工作人员的身份和职务进行诈骗,损害国家机关正常活动和公务信誉的行为。本罪的构成要件如下：

1. 本罪的客体是国家机关的正常活动和公务信誉。国家机关工作人员的身份和职务是代表国家对社会依法进行管理的标志，冒充国家工作人员的身份或职务招摇诈骗，必然侵犯国家机关的正常活动和公务信誉，这正是本罪与诈骗罪的本质区别所在。因为，尽管都是欺骗性的犯罪行为，招摇撞骗罪和诈骗罪都会侵犯特定的公私财产和受害者的精神生活，但前者属于“妨害社会管理秩序罪”，而后者的客体主要表现为财产的所有权，属于刑法分则的“侵犯财产罪”。

2. 本罪的客观方面表现为冒充国家机关工作人员的身份和职务招摇撞骗的行为。所谓“冒充”是指不具备某种职级、职衔的人，假冒具有某种职级、职衔的国家机关工作人员。具体表现通常有三种：(1) 非国家机关的工作人员冒充国家机关工作人员；(2) 国家机关的下级工作人员冒充上级工作人员；(3) 此一部门的国家机关工作人员冒充彼一部门的国家机关工作人员。如果行为人冒充的是非国家机关工作人员（如企事业单位、人民团体的领导或者高干亲属等）招摇撞骗，就可能构成诈骗罪或其他犯罪，而不是招摇撞骗罪。如果冒充的是军人，则属于法条竞合，应按冒充军人招摇撞骗罪论处。所谓“招摇撞骗”是指行为人利用人们对国家机关工作人员的信任，以假冒的国家机关工作人员身份到处炫耀，从而骗取财物、爱情、职位、资格、荣誉、待遇等的行为，一般都具有连续性、多次性的特点。对于只有一次的冒充行为，一般不以犯罪处理。本罪客观方面表现的是复杂行为，即冒充国家机关工作人员与进行招摇撞骗两种行为必须同时兼备，否则就不构成本罪。

3. 本罪的主体是一般主体，即年满 16 周岁且具有刑事责任能力的自然人。

4. 本罪的主观方面表现为直接故意，而且通常具有骗取非法利益的目的，如骗取钱财、地位、荣誉、待遇或玩弄女性等。

(二) 招摇撞骗罪的界限划分

1. 本罪与诈骗罪的界限

招摇撞骗罪与诈骗罪在行为的“欺骗性”和主观意图的“非法获利性”方面是相同的，二者的区别主要表现在以下几个方面：(1) 犯罪客体不同。前者的犯罪客体是国家机关的正常活动和公务信誉，虽然本罪有时也能够骗取一些财物或者其他的非法利益，但是其犯罪客体只能是国家机关的正常活动和公务信誉。后者的犯罪客体则是公私财物的所有权。(2) 犯罪客观方面的行为方法和数额要求不同。前者必须利用冒充国家机关工作人员的身份或职务的方法进行欺骗，后者的行骗方法则可以多种多样。前者没有数额的限制，而后者则要求诈骗的公私财物数额较大方可构成。(3) 犯罪的目的不完全相同。本罪的目的主要是为了获取财产以外的其他利益，① 如地位、待遇和不正当的

① 我们比较赞成这样一种观点，即冒充国家机关工作人员招摇撞骗，原则上不包括骗取财物的现象，即使认为可以包括，但也不包括骗取数额巨大财物的情况。（参见张明楷：《刑法学》，法律出版社 2007 年版，第 757 页。）

“爱情”等。而后罪的目的则是为了非法占有公私财物。

2. 本罪与敲诈勒索罪的界限

在司法实践中，行为人冒充国家机关工作人员的身份或职务进行招摇撞骗的行为与假冒国家机关工作人员的身份向被害人进行胁迫、威逼、强索财物的行为相类似，这两种行为都与职务的国家权力性质有关。二者的区别主要是客观方面的表现不同：前者是利用冒充国家机关工作人员的身份或职务，蒙骗被害人，使之自愿交出财物，而后者则是利用冒充国家机关工作人员的身份，进行恐吓、威胁被害人，使之由于恐惧、害怕而被迫交出财物；前者一般采取较为平和的手段进行，后者一般采用暴力、威胁的方法进行。

3. 一罪与数罪的界限

如果行为人多次冒充国家机关工作人员招摇撞骗，不仅以获取财产以外的非法利益为目的，而且获取数额巨大财物的，应按照招摇撞骗罪和诈骗罪进行数罪并罚。如果为了招摇撞骗，而伪造国家机关的证件、公文、印章或以审查、拘押相威胁而勒索财物，则分别牵连触犯了伪造国家机关公文、证件、印章罪和敲诈勒索罪，应按处理牵连犯的原则从一重罪处理，而不实行数罪并罚。

4. 本罪与诈骗罪的竞合问题

尽管招摇撞骗罪与诈骗罪有着很大的区别，但在行为人冒充国家机关工作人员的身份或职务去骗取财物的情况下，是构成想象竞合犯、按照从一重处断的原则进行定罪处罚，还是按照法条竞合的关系来处罚，学者们和司法界有不同的意见。

第一种观点认为，这是一个行为同时触犯了两个罪名，属于想象竞合犯，结合两个罪名的法定刑及犯罪的实际情况，贯彻从一重处断的原则。第二种观点认为，这是法条竞合犯，“应按刑法理论上处理法条竞合犯的原则来解决行为人的定罪与量刑问题”。第三种观点认为，招摇撞骗罪原则上不包括骗取财物的现象，即使认为可以包括，也不包括骗取数额巨大财物的情况，应采取特别法条优于普通法条的原则，即诈骗行为符合其他条文规定，应按照其他条文规定处理。

我们同意第二种观点。首先这种情况不是想象竞合。这是因为想象竞合是一个犯罪行为同时触犯数个法条所规定的数个不同罪名的犯罪形态，而法条竞合，通常是指一种犯罪行为因刑事立法对法条的错综规定，导致数个法条所规定的犯罪构成要件在其内容上发生重合或交叉关系。它们之间的根本区别是：两者所属的一个犯罪行为同时触犯的规定不同罪名的数个法条之间的关系不尽一致，当一个犯罪行为同时触犯的规定之间存在重合或交叉关系时，是法条竞合而非想象竞合；当一个犯罪行为同时触犯的法条之间不存在重合或交叉关系时，是想象竞合。因此我们认为，这种行为应属于法条竞合犯。

但是，应当如何处理这种法条竞合的情况呢？一般来说，对于包容关系的法条竞合，采用特别法优于普通法的原则，特别条款优于普通条款的规定，如果由此而造成的适用刑罚的不公平，必须采用修改某一罪的法定刑来处理。而对于交叉关系的法条竞合，则采用下述原则：法律明文规定的依照规定适用法条，法律无明文规定的，采用重法条优于轻法条的原则，必须通过对二罪的法定刑进行分析，确定何为重，何为轻。就招摇撞骗罪与诈骗罪二者而言，如前者骗取数额达到一定数额，则符合诈骗罪的要求，而在逻辑上，诈骗罪所采用的方法又包括冒充国家机关工作人员，而招摇撞骗罪的对象又包括诈骗罪的对象。因此，两者之间的关系是交叉关系，其处罚原则是：(1) 在冒充国家机关工作人员骗取财物没有达到诈骗罪的数额要求时，不构成诈骗罪，按照招摇撞骗罪进行定罪处罚。(2) 在冒充国家机关工作人员骗取数额较大财物时，则形成竞合关系，骗取数额较大财物的诈骗罪法定刑最高为3年有期徒刑，而招摇撞骗罪具有骗取数额较大财物的法定情节的，其法定最高刑为10年有期徒刑，故按招摇撞骗罪定罪处罚。(3) 在骗取财物数额巨大或者具有其他严重情节时，从自由刑来看，招摇撞骗罪和诈骗罪的法定刑是相同的，但是诈骗罪并处罚金，因此诈骗罪之法定刑高于招摇撞骗罪的法定刑，因此按照诈骗罪进行定罪处罚。(4) 如果骗取财物数额特别巨大或者有其他特别严重情节，这时诈骗罪的法定刑最高为无期徒刑，明显高于招摇撞骗罪的法定刑，此时可按诈骗罪定罪处罚。

需要指出的是，《刑法》第266条的“本法有特别规定的，依照规定”的含义是指合同诈骗、信用卡诈骗、保险诈骗等特别条款的规定，而不是指这里的具有交叉关系的法条竞合。

(三) 招摇撞骗罪的刑事责任

根据《刑法》第279条规定，犯本罪的，处3年以下有期徒刑、拘役、管制或者剥夺政治权利；情节严重的，处3年以上10年以下有期徒刑。所谓情节严重，是指招摇撞骗的手段恶劣或者动机卑鄙；或者一贯或多次进行招摇撞骗，屡教不改；或者骗取巨额财物，给被害人和单位造成严重损失；或者骗取爱情，玩弄女性，造成被害人身心极大损害的等。冒充人民警察招摇撞骗的，从重处罚。

四、伪造、变造、买卖国家机关公文、证件、印章罪

（一）伪造、变造、买卖国家机关公文、证件、印章罪的概念和构成

伪造、变造、买卖国家机关公文、证件、印章罪，是指伪造、变造、买卖国家机关公文、证件、印章的行为。国家机关为行使管理社会和国家的职能，必须借助真实、有效的公文、证件、印章，而这些不仅是它们行使管理职能的重要手段和凭证，而且还是它们信誉的象征。因此，任何对它们的破坏行为，都会直接影响国家机关的正常管理活动，都会损害这些职能部门的信誉，给社会管理秩序带来危害。因此此种行为社会危害性很大，必须予以制止。本罪的构成要件如下：

1. 本罪的客体，理论界存在分歧。有学者认为本罪侵犯了国家机关公文、证件、印章的信用和对公文、证件、印章的管理权。① 有学者认为本罪的客体是国家机关的正常管理秩序。② 有学者将本罪的客体概括为国家机关的正常活动。③ 我们认为，公文、证件、印章是国家机关进行正常活动的凭证和依据，具有较强的社会信誉。侵害这些对象的证据力会妨害有关部门行使管理权，从而侵犯其公共信誉。另一方面，国家机关为保证其正常活动的需要，对公文、证件、印章有着严格的管理秩序，以确保公文、证件、印章的真实性、正确性和有效性，因此本罪自然也同时侵犯了国家机关对公文、证件、印章的管理秩序。所以本罪侵害的客体为复杂客体，是国家机关对公文、证件、印章的正常管理秩序和国家机关的公共信誉。

本罪的犯罪对象是国家机关的公文、证件和印章。“公文”，是指国家机关或者国家机关的工作人员在其职权范围之内，以国家机关名义制作的，用于联系公务、指导工作、处理问题的书面文件。“证件”，是指国家机关制作和颁发的，用以证明身份、权利义务关系或其他事项的凭证，主要包括证件、证书，证件本来包括出入境证件和居民身份证，但是由于刑法另有规定，形成特

---

① 参见顾肖荣：《试论伪造、变造公文、证件、印章罪的侵犯客体》，载《法学研究》1985 年第 5 期。

② 参见王作富主编：《刑法分则实务研究》，中国方正出版社 2003 年版，第 1382 页；高铭暄、马克昌主编：《刑法学》，北京大学出版社、高等教育出版社 2003 年版，第 736 页。

③ 参见高铭暄、马克昌主编：《刑法学》（第三版），北京大学出版社、高等教育出版社 2007 年版，第 596 页；高铭暄主编：《新编中国刑法学》（下册），中国人民大学出版社 1998 年版，第 817 页。

别条款，不以本罪论处。“印章”，是指刻有国家机关组织名称的公章或者某种特殊用途的专用章。按照2003年最高人民检察院研究室《伪造、变造、买卖政府设立的临时性机构的公文、证件、印章行为如何适用法律问题的答复》，各级人民政府设立的行使行政管理权的临时性机构的公文、证件、印章，也可以成为本罪对象。

2. 本罪的客观方面表现为伪造、变造、买卖国家机关公文、证件、印章。本罪是选择性罪名，即只要行为人实施了伪造、变造、买卖三种行之一的，便构成犯罪。因此，对于本罪的罪名，可据其具体的实施行为来确定。所谓“伪造”，是指行为人非法制作国家机关的公文、证件、印章的行为。伪造在理论上又可分为无形伪造和有形伪造。有形伪造是指无制作权限或者无代理权、代表权的人，冒用国家机关名义制作公文、证件、印章。无形伪造是指有制作权限或者有代理权、代表权的人，擅自以国家机关的名义制作与事实不相符合的公文、证件、印章。所谓“变造”，是指无权更改公文、证件、印章者利用涂改、拼凑、擦消、加写等方法，非法改制真实公文、证件、印章内容的行为。所谓“买卖”，是指购买或销售国家机关的公文、证件、印章的行为。

3. 本罪的主体为一般主体，即年满16周岁且具有刑事责任能力的自然人。

4. 本罪的主观方面为直接故意，行为的目的和动机不影响本罪的成立。

（二）伪造、变造、买卖国家机关公文、证件、印章罪的界限划分

1. 本罪与非罪的界限

（1）伪造、变造证件罪与一般涂改证件行为有明显的区别。例如行为人为了骗取上学或招工资格，故意涂改户口证件，如出生年龄、或者伪造学历证书等，尚未造成严重后果的，仅属一般违法行为，不以本罪论处。其次，本罪与变造、伪造私人文书、印章的行为也有着区别。由于我国刑法没有规定此类犯罪，因此变造、伪造私人文书、印章的不构成本罪，也不构成其他独立的犯罪。如果在实施该种行为后，又犯有其他罪，可按其他罪进行处理。

（2）“无形伪造”是否构成本罪的问题，即对于有权制作者对国家机关公文、证件、印章的制作和使用，其所作出的行为符合规定手续，但内容虚假的这种情况如何处理？有学者认为，公众信任的是国家机关的公文、证件、印章所代表的形式，其内容并不是主要的。因为公众很难了解政府职能部门的具体职权，也难以判断其内容虚假或者真实，只能以其形式真实而推定其内容有效真实。有权制作公文、证件的及有权使用印章的人，如果所制作的公文、证件

的内容虚假，实质上是一种弄虚作假的行为，是滥用职权的渎职行为。① 我们认为，第一，《刑法》第280条并未就犯罪主体作特别规定。这意味着既可以是没有制作权限者实施伪造行为，也可以是有制作权限者实施上述行为，自然所制作出的文书可能是有形伪造出的文书，也可能是无形伪造出的文书。第二，《刑法》第280条侵犯的客体是公文、证件等的社会信用和证据力。无形伪造行为和有形伪造行为一样，均侵犯了公文、证件等的社会信用，所制作出的公文与有形伪造出的公文都是虚假的。就文书的合法制作人而言，既然单位授权其作为单位对文书行使管理权，乃期待其正常行使，而不允许其越权行使，更不允许其利用职权制造虚假的文书。第三，从实践处理来看，虽然无形伪造行为在实践中不及有形伪造行为多发，但这只是事实问题，不是法律问题。如果对无形伪造行为不处罚，无异枉纵犯罪。第四，从社会后果来看，无形伪造行为不仅侵犯文书的社会信用和证据力，而且具有更大的欺骗性，其主观恶性和社会危害性均不轻于有形伪造，对之不进行处罚显然有悖情理，违背罪责刑相适应和罪刑平等原则。第五，如果按照滥用职权罪进行处理，按照我国《刑法》第397条的规定，造成“重大损失”才可能构成滥用职权罪，这样对无身份者尚且可以按照本罪处理，对有身份者从轻处理乃至不处理，未免宽纵有身份者的犯罪行为。因此，有权制作者制作和使用内容虚假的国家机关公文、证件、印章的行为，也应当以本罪定罪处罚。

（3）伪造虚构的国家机关的公文、证件、印章能否构成本罪？伪造国家机关公文、证件、印章罪侵犯的客体是国家机关对公文、证件、印章的正常管理秩序和国家机关的信誉，因此自然要求这些机关是真实存在的。如果行为人伪造了虚构的国家机关的公文、证件、印章，因为这些机关根本不存在，也就谈不上侵犯它们的管理秩序和信誉。所以这种伪造行为不构成本罪。如果行为人利用伪造的这种虚构的机关的公文、证件、印章进行某种违法或犯罪行为，则应按触犯的相应罪名定罪处刑。

（4）伪造已经失效的公文、证件、印章的行为能否构成本罪？如果公文、证件、印章由于长期失效或其他原因而使无效事实为一般社会公众所知，则对其实施伪造行为不能侵犯公文、证件、印章的管理秩序，不构成本罪。如果公文、证件、印章失效的事实不能为一般社会公众所知，则对其实施的伪造行为仍然侵犯了公文、证件、印章的管理秩序，应当构成本罪。

---

① 参见李希慧主编：《妨害社会管理秩序罪新论》，武汉大学出版社2001年版，第52页。

2. 本罪既遂的认定标准问题

在实践中，行为人只要把公文、证件、印章伪造、变造出来，就构成既遂，买卖如果已完成，也成立既遂。但是如果行为人已着手伪造、变造行为而由于意志以外的原因，没有伪造、变造出来，或者买卖双方正在交钱交货时被当场抓住，则是犯罪未遂。

3. 本罪与其他罪的牵连问题

在实践中，伪造、变造、买卖本身一般不是目的，而是实施其他犯罪活动的手段和方法，如果又实施其他犯罪活动，则按处理牵连犯的原则，从一重处断，例如，为骗取较大数额的财产而伪造公文、证件；有配偶的人为骗取结婚登记，以达到重婚的目的而伪造公章的行为。

4. 使用伪造、变造、买卖的国家机关的公文、证件、印章的行为应如何处理

刑法并没有单独规定使用伪造、变造、买卖的国家机关的公文、证件、印章罪，在实践中应分各种情况进行处理：（1）如果行为人自己伪造、变造国家机关的公文、证件、印章然后又使用的，构成伪造、变造国家机关公文、证件、印章罪。（2）如果行为人不明真相而使用了他人伪造、变造、买卖的国家机关公文、证件、印章的，不构成犯罪。（3）如果行为人明知是伪造、变造、买卖的国家机关公文、证件、印章而非法使用，本人又没有参与伪造、变造、买卖的，也不构成伪造、变造、买卖国家机关公文、证件、印章罪；其行为构成其他罪的，按其他犯罪处理。（4）如果行为人非法使用伪造、变造、买卖的国家机关公文、证件、印章，事前有通谋的，按伪造、变造、买卖国家机关公文、证件、印章罪的共犯论处。

如果行为人不知买卖的对象是伪造、变造的国家机关公文、证件、印章而误以为是真的，则属于认识错误，构成买卖国家机关公文、证件、印章罪。如果行为人知道购买的对象是伪造、变造的国家机关公文、证件、印章，如出于收藏等合法目的，不构成犯罪，如出于其他目的，构成什么罪就定什么罪。如果行为人知道是伪造、变造的国家机关公文、证件、印章而出卖的，构成买卖国家机关公文、证件、印章罪。

（三）伪造、变造、买卖国家机关公文、证件、印章罪的刑事责任

根据《刑法》第280条第1款的规定，犯本罪的，处3年以下有期徒刑、拘役、管制或者剥夺政治权利；情节严重的，处3年以上10年以下有期徒刑。所谓情节严重，一般是指多次伪造、变造、买卖的；或者在社会上造成恶劣影响的；或者给国家机关活动造成严重后果的等情形。根据全国人民代表大会常

务委员会《关于惩治骗购外汇、逃汇和非法买卖外汇犯罪的决定》第2条的规定，买卖伪造、变造的海关签发的报关单、进口证明、外贸管理部门核准件凭证和单据或者国家机关的其他公文、证件、印章的，按照本规定定罪处罚。

五、盗窃、抢夺、毁灭国家机关公文、证件、印章罪

盗窃、抢夺、毁灭国家机关公文、证件、印章罪，是指窃取、抢夺、毁灭国家机关公文、证件、印章的行为。本罪的客体是国家机关对公文、证件、印章的正常管理活动。本罪是一个选择性罪名，不管是实施盗窃、抢夺和毁灭行为中的任何一种行为，还是三种行为都实施，都只构成一个罪名。司法实践多根据行为方式和对象的不同来确定判决文书中的具体罪名，如盗窃国家机关公文罪，盗窃、抢夺国家机关证件罪，盗窃、抢夺、毁灭国家机关公文、印章罪，等等。本罪是行为犯，只要盗窃、抢夺、毁灭行为一经完成，即构成既遂。所谓“毁灭”，是指用火烧、手撕或其他方法使公文、证件、印章失去功效不能使用或者使之不复存在。本罪的主体是一般主体，即年满16周岁具有刑事责任能力的自然人。本罪的主观方面是故意，盗窃、抢夺、毁灭的目的不影响本罪的成立，如果行为人不知是国家机关的公文、证件、印章而进行盗窃、抢夺的，不应构成本罪，构成盗窃罪、抢夺罪的，按盗窃罪、抢夺罪进行处罚。

根据《刑法》第280条第1款的规定，犯本罪的，处3年以下有期徒刑、拘役、管制或者剥夺政治权利；情节严重的，处3年以上10年以下有期徒刑。所谓情节严重，一般是指一贯或者多次、大量盗窃、抢夺、毁灭公文、证件、印章的；盗窃、抢夺、毁灭国家重要机关的公文、证件、印章的；犯罪动机、目的或手段卑鄙、恶劣的；使国家机关活动受到严重影响的；使国家机关的信誉遭到破坏，从而造成恶劣社会影响和政治影响的等。

六、伪造公司、企业、事业单位、人民团体印章罪

伪造公司、企业、事业单位、人民团体印章罪，是指没有制作权限的人非法制作公司、企业、事业单位、人民团体印章的行为。本罪的客体是公司、企业、事业单位、人民团体的正常管理活动和信誉。本罪的客观方面表现为没有制作权限的人，冒用公司、企业、事业单位、人民团体的名义，对它们的印章进行仿造的行为。本罪的主体是一般主体，即年满16周岁具有刑事责任能力的自然人。实践中，由于伪造印章属于一项技术性很强的工作，所以掌握刻章技术的人如果明知行为人无权制作印章而为其制作，应视为共犯。本罪的主观

方面是故意且为直接故意，犯罪动机与目的不影响本罪的成立。根据2001年最高人民法院、最高人民检察院《关于办理伪造、贩卖伪造的高等院校学历、学位证明刑事案件如何适用法律问题的解释》，对于伪造高等院校印章制作学历、学位证明的行为，应以伪造事业单位印章罪定罪处罚。如果明知是伪造高等院校印章制作的学历、学位证明而贩卖的，则以伪造事业单位印章罪的共犯论处。

根据《刑法》第280条第2款的规定，犯本罪的，处3年以下有期徒刑、拘役、管制或者剥夺政治权利。

七、伪造、变造居民身份证罪

伪造、变造居民身份证罪，是指违反国家居民身份证管理法规，伪造、变造居民身份证的行为。本罪的客体是国家对居民身份证的管理秩序，犯罪对象是居民身份证。本罪的客观方面，表现为实施了伪造虚假的居民身份证和对真的居民身份证进行涂改、改变姓名或年龄等“伪造、变造”的行为。本罪的主体是一般主体。本罪的主观方面表现为故意，犯罪动机和目的不影响本罪的成立。

根据《刑法》第280条第3款的规定，犯本罪的，处3年以下有期徒刑、拘役、管制或者剥夺政治权利；情节严重的，处3年以上7年以下有期徒刑。“情节严重”，主要是指伪造或变造次数多、数量大的，谋取大量非法利益的，给他人造成严重后果的，等等。

八、非法生产、买卖警用装备罪

非法生产、买卖警用装备罪，是指违反国家规定，生产、买卖人民警察制式服装、车辆号牌等专用标志、警械，情节严重的行为。本罪的客体是国家对警用装备的管理秩序。本罪的客观方面表现为实施了生产、买卖人民警察制式服装、车辆号牌等专用标志、警械的行为，并且“情节严重”。这里的情节严重，主要指：生产、买卖警用装备次数多、数量大的；经过有关单位取缔仍然进行生产和买卖的；影响恶劣的；造成其他严重后果的，等等。本罪的主体，既可以是作为一般主体的自然人，也可以是单位。本罪的主观方面是故意。

根据《刑法》第281条的规定，犯本罪的，处3年以下有期徒刑、拘役或者管制，并处或者单处罚金。单位犯本罪的，对单位判处罚金，并对其直接负责的主管人员和其他直接责任人员，依照前述自然人犯本罪的规定处罚。

九、非法获取国家秘密罪

非法获取国家秘密罪，是指以窃取、刺探、收买方法，非法获取国家秘密的行为。本罪的客体是国家的保密管理秩序。本罪的客观方面表现为实施了窃取、刺探或者收买国家秘密的行为。所谓“窃取”，是指暗中盗窃国家秘密；所谓“刺探”，是暗中打听国家秘密；所谓“收买”，是指用金钱、权色等利益相诱惑而获取国家秘密。“国家秘密”是指依国家保密法有关规定，关系国家安全和利益，在一定时间内只限于一定范围的人员知悉的事项。国家秘密具体可分为三个等级：绝密、机密、秘密。本罪的主体是一般主体。本罪的主观方面是故意。本罪与间谍罪都可以表现为以窃取、刺探、收买方法非法获取国家秘密，但存在明显区别。客观方面，前罪只表现为以窃取、刺探、收买方法非法获取国家秘密；后罪则包括参加间谍组织、接受间谍组织及其代理人派遣的任务，或者为敌人指示轰击目标的行为，获取国家秘密只是其非法职能之一。主观方面，后罪包含将秘密提供给敌对机构的目的；而本罪行为人不含此目的，否则依危害国家安全的有关犯罪处罚。另外，本罪与为境外窃取、刺探、收买、非法提供国家秘密、情报罪也有区别，前罪侵犯的是国家保密管理秩序，后罪则是国家安全；前罪的对象为国家秘密，后罪的对象除国家秘密外还包括不属于“国家秘密”的情报；前罪将获取的国家秘密提供给国内组织或个人，成为个人持有，后罪则是提供给国外的组织机构和个人。

根据《刑法》第282条第1款的规定，犯本罪的，处3年以下有期徒刑、拘役、管制或者剥夺政治权利。情节严重的，处3年以上7年以下有期徒刑。这里的“情节严重”，主要是指：非法获取的国家秘密属于绝密级；非法多次、大量获取国家秘密；国家工作人员利用工作的便利非法获取国家秘密；因非法获取国家秘密造成严重后果或恶劣社会影响；等等。

十、非法持有国家绝密、机密文件、资料、物品罪

非法持有国家绝密、机密文件、资料、物品罪，是指非法持有国家绝密、机密的文件、资料或者其他物品，拒不说明来源与用途的行为。本罪的客体是国家的保密管理秩序，犯罪对象是国家绝密级、机密级（不包括秘密级）的文件、资料或物品。本罪的客观方面表现为非法持有国家绝密、机密的文件、资料或物品，并且拒绝说明来源。这里的“非法持有”，是指行为人对国家绝密、机密文件、资料、物品事实上的支配关系违反了法律规定的合法持有的实体条件和程序条件。这里的“拒绝说明来源”，是指行为人明知自己持有的国

家绝密、机密文件、资料、物品的真实来源，在有关机关要求说明其来源与用途时，予以掩盖、回绝的情况。拒绝说明可以是沉默无语，也可以是编造谎言、提供虚假的来源与用途。本罪的主体是一般主体。本罪的主观方面表现为直接故意，即明知自己持有文件、资料、物品的密级，为了掩盖其真实来源和用途而拒绝说明。

根据《刑法》第 282 条第 2 款的规定，犯本罪的，处 3 年以下有期徒刑、拘役或者管制。

十一、非法生产、销售间谍专用器材罪

非法生产、销售间谍专用器材罪，是指非法生产、销售窃听、窃照等专用间谍器材的行为。本罪的客体是国家对间谍专用器材的管理秩序，犯罪对象是窃听、窃照等专用间谍器材。这里的"间谍专用器材"，根据《国家安全法》的规定，主要指暗藏式窃听、窃照器材；突发式收发报机、一次性密码本、密写工具；用于获取情报的电子监听、截收器材；或者其他专用间谍器材等。本罪的客观方面表现为实施了非法生产、销售窃听、窃照等专用间谍器材的行为。"非法生产"具体来讲包括两个方面：一是行为人的生产行为未获得国家有关部门授权；二是行为人虽获得授权，却超范围、超指标生产。本罪没有情节上的限制，行为人只要实施了非法生产、销售专用间谍器材行为之一，即可构成本罪，若行为人同时实施两种行为，也只成立一罪，不实行并罚。本罪的主体是一般主体。本罪的主观方面表现为故意。

根据《刑法》第 283 条的规定，犯本罪的，处 3 年以下有期徒刑、拘役或者管制。

十二、非法使用窃听、窃照专用器材罪

非法使用窃听、窃照专用器材罪，是指违法国家法律、法规，使用窃听、窃照专用器材，造成严重后果的行为。本罪的客体是国家对窃听、窃照专用器材的管理秩序，犯罪对象是窃听、窃照专用器材。本罪的客观方面表现为实施了非法使用窃听、窃照专用器材并且造成严重后果的行为。本罪是结果犯，即只有非法使用的行为已经造成严重后果才能构成犯罪。这里的"严重后果"，是指由于非法使用窃听、窃照专用器材，造成他人自杀、精神失常；引发其他犯罪行为；危害国家安全或造成重大经济损失；等等。本罪属于选择性罪名，实施其中一个行为的，按其行为方式定罪。对于行为人既实施非法生产窃听、窃照专用器材，又非法使用窃听、窃照专用器材如何处理应作具体分析：(1)

以非法使用窃听、窃照专用器材为目的而进行生产行为则成立牵连犯，以一重罪处罚。(2) 行为人的两次行为出自两个故意，二者之间无手段、目的关系，则应实行数罪并罚。本罪的主体是一般主体。本罪的主观方面是故意，即明知自己无权使用或者违反国家规定使用窃听、窃照专用器材而予以使用。

根据《刑法》第284条的规定，犯本罪的，处2年以下有期徒刑、拘役或者管制。

十三、非法侵入计算机信息系统罪

非法侵入计算机信息系统罪，是指违反国家规定，侵入国家事务、国防建设、尖端科学技术领域的计算机信息系统的行为。本罪的客体是国家关于计算机信息系统的安全管理秩序，犯罪对象只限于有关国家事务、国防建设、尖端科学技术领域的计算机信息系统。这里的“计算机信息系统”，是指由计算机及其相关和配套的设备、设施（含网络）构成的，按照一定的应用目标和规则对信息进行采集、加工、存储、传输、检索等处理的系统。本罪的客观方面表现为实施了非法侵入有关国家事务、国防建设、尖端科学技术领域计算机信息系统的行为。“侵入”即指行为人凭借其掌握的计算机技术，通过破解计算机密码或其他途径而擅自闯入前述三个领域的计算机信息系统。本罪是行为犯，一旦行为人非法侵入计算机信息系统，犯罪即成立既遂。本罪的主体是一般主体，即年满16周岁有刑事责任能力的自然人。本罪的主观方面是故意，即行为人明知自己所实施行为的非法性以及行为对象的特定性（有关国家事务、国防建设、尖端科学技术领域的计算机信息系统）而仍然非法侵入。至于非法侵入的目的和动机，并不影响本罪的构成。根据2007年最高人民法院《关于审理危害军事通信刑事案件具体应用法律若干问题的解释》（以下简称《审理危害军事通信刑事案件的解释》）第6条第3款的规定，违反国家规定，侵入国防建设、尖端科学技术领域的军事通信计算机信息系统，尚未对军事通信造成破坏的，按本罪定罪处罚。

根据《刑法》第285条的规定，犯本罪的，处3年以下有期徒刑或者拘役。

十四、破坏计算机信息系统罪

破坏计算机信息系统罪，是指违反国家规定，破坏计算机信息系统功能，破坏计算机数据和应用程序，制作或传播破坏性程序，造成严重后果的行为。本罪的客体是国家对计算机信息系统的管理秩序，其犯罪对象是计算机信息系统，包括数据、应用程序和系统功能。所谓“数据”，是指计算机处理的信息。所谓“应用程序”，是指数据库使用的一种方式，即根据数据库的结构和编码，对数据进行操作的逻辑流程和运算程序。所谓“系统功能”，是指按照一定的应用目的和规则对信息进行采集、加工、存储、检索、传输的功用和能力。本罪的客观方面表现为违反国家规定，如《计算机系统安全保护条例》、《计算机信息网络国际联网安全保护管理办法》等规定，对计算机信息系统实施下列三种方式之一，并且造成严重后果的行为：（1）对计算机信息系统功能进行删除、修改、增加、干扰，造成计算机信息系统不能正常运行的行为；（2）对计算机信息系统中存储、处理或者传输的数据和应用程序进行删除、修改、增加的操作的行为；（3）故意制作、传播计算机病毒等破坏性程序，影响计算机系统正常运行的行为。所谓“制作”，是指运用计算机设计、编制破坏程序。所谓“传播”，是指将自己或他人制作的计算机病毒等破坏程序，直接输入、入侵计算机信息系统使其感染扩散，或者将存储、感染病毒等破坏程序的软件派送、散发或销售。所谓“计算机破坏性程序”，是指植入并隐藏在计算机可执行程序或数据文件中的，对系统功能进行干扰、破坏或损毁数据、硬件的攻击程序。“计算机病毒”，则是以不特定的计算机信息系统为对象的破坏程序的总称。本罪是结果犯，因此“后果严重”是本罪不可缺少的成立条件，主要是指：破坏计算机信息系统而导致大规模供电、供水、电讯等中断的；破坏计算机信息系统给国家、集体或者个人造成重大财产损失，或者造成恶劣的社会影响的；制作、传播计算机病毒导致众多计算机信息系统被破坏的；等等。本罪的主体是一般主体。本罪的主观方面表现为故意，既可以是直接故意，也可以是间接故意。值得注意的是，本罪与非法侵入计算机信息系统罪的侵犯对象、客观行为表现、主观故意的内容以及犯罪成立的标准是不完全相同的。根据全国人大常委会《关于维护互联网安全的决定》，故意制作、传播计算机病毒等破坏性程序，攻击计算机系统及通信网络，致使计算机系统及通信网络遭受损害，以及违反国家规定，擅自中断计算机网络及通信服务，造成计算机网络及通信系统不能正常运行的，也依照本罪定罪量刑。

根据《刑法》第286条的规定，犯本罪的，处5年以下有期徒刑或者拘役；后果特别严重的，处5年以上有期徒刑。这里的“后果特别严重”尚无法律的明确规定，但一般认为主要是指：破坏国家重要领域的计算机信息系统的；致使大规模的计算机信息系统出错，造成特别重大的经济损失和社会生活的重大混乱；等等。

十五、扰乱无线电通讯管理秩序罪

扰乱无线电通讯管理秩序罪，是指违反国家规定，擅自设置、使用无线电台（站），或者擅自占用频率，经责令停止使用后拒不停止使用，干扰无线电通讯正常进行，造成严重后果的行为。本罪的客体是国家对无线电通讯的正常管理秩序。本罪客观方面的行为表现特征有三：一是违反国家关于无线电台（站）或频率设置或使用的规定；二是擅自设置、使用无线电台（站），或者擅自占用频率，经责令停止使用后拒不停止使用，干扰无线电通讯正常进行；三是造成严重后果。本罪的主体既可以是一般主体的自然人，也可以是单位。本罪的主观方面为故意。根据2000年最高人民法院《关于审理扰乱电信市场管理秩序案件具体应用法律若干问题的解释》第5条，违反国家规定，擅自设置、使用无线电台（站），或者擅自占用频率，非法经营国际电信业务或者涉港澳台电信业务进行营利活动，同时构成非法经营罪和本罪的，依照处罚较重的规定定罪处罚。根据《审理危害军事通信刑事案件的解释》第6条第4款，违反国家规定，擅自设置、使用无线电台、站，或者擅自占用频率，经责令停止使用后拒不停止使用，干扰无线电通讯正常进行，也应按本罪定罪处罚；造成军事通信中断或者严重障碍，同时构成本罪和破坏武器装备、军事设施、军事通信罪的，依照处罚较重的规定定罪处罚。

根据《刑法》第288条的规定，犯本罪的，处3年以下有期徒刑、拘役或者管制，并处或者单处罚金。单位犯本罪的，对单位判处罚金，并对其直接负责的主管人员和其他直接责任人员，依照上述有关自然人犯本罪的规定处罚。

十六、聚众扰乱社会秩序罪

（一）聚众扰乱社会秩序罪的概念和构成

聚众扰乱社会秩序罪，是指聚众扰乱社会秩序，情节严重，致使工作、生产、营业和教学、科研无法进行，造成严重损失的行为。本罪的构成要件如下：

1. 本罪的客体是社会正常的工作、生产、营业和教学科研秩序。本罪的犯罪对象包括党政机关、企业、事业单位、人民团体、社会团体，同时还应当包括个体工商户和农村承包经营户。因为《刑法》第290条第1款并没有列举本罪所保护的对象种类，而是用“工作、生产、营业、教学、科研”五个普遍概念来规定其所保护的范围，所以应当认为，凡是合法、正常的工作、生产、营业、教学、科研活动，无论其实施主体如何，都应当成为本罪的犯罪对象，这样更有利于维护社会的正常秩序。

2. 本罪的客观方面表现为以下几个方面的内容：一是行为人实施了聚众扰乱社会秩序的行为。这里的“聚众”，是指由首要分子发动、纠集特定或不特定的三人以上在同一时间聚集于同一地点。这里的“扰乱”，是指对社会秩序进行干扰与破坏，分为暴力性扰乱与非暴力性扰乱。暴力性扰乱有聚众侵入有关工作场所，殴打、威胁有关人员；肆意打砸、毁坏该场所的财物；强行留置有关人员等。但如果实施的是冲闯、强行进入、占据国家机关或者堵塞国家机关通道的行为，应该以聚众冲击国家机关罪论处。非暴力扰乱有在该场所哄闹、纠缠、辱骂、擅自封闭有关单位的进出通道，占据工作场所等。本罪的行为方式是作为，不作为不可能构成本罪。二是情节严重。这里的“情节严重”，一般表现为纠集人数多、扰乱时间长，聚集经过精心策划和组织，造成影响恶劣，等等。三是上述行为致使工作、生产、营业和教学、科研无法进行，造成了严重损失。这里的“造成严重损失”，主要指造成财产的严重损失，或者经济建设、教学科研和正常办公受到严重的损失和阻碍。

3. 本罪的主体为一般主体，即年满 16 周岁且具有刑事责任能力的自然人。犯罪的特殊主体所要求的特定身份应该仅指行为人在实施危害行为之前便已经存在的身份，不包括行为人实施危害行为以后所形成的身份，因此本罪的主体应当是一般主体，但只处罚首要分子和其他积极参加的人，一般参加者不能成为本罪的主体。“首要分子”是指在犯罪中起策划、组织、领导作用的犯罪分子；“其他积极参加的”是指积极、主动参加聚众扰乱社会秩序活动的人。

4. 本罪的主观方面为故意，既可以是直接故意，也可以是间接故意。行为人的犯罪动机和目的不影响本罪故意的成立。

（二）聚众扰乱社会秩序罪的界限划分

1. 本罪与非罪的界限

（1）本罪与扰乱社会秩序的一般违法行为的界限。本罪的构成条件十分严格，只有聚众扰乱社会秩序，情节严重，造成严重损失的才构成犯罪。对于扰乱社会秩序情节不严重，损失不严重的一般违法行为，应当依照《治安管理处罚法》的有关规定给予行政处罚，但不能以犯罪论处。

（2）要注意把聚众扰乱社会秩序的首要分子、积极参加者同一般参与人区别开来。首要分子和其他积极参加者是制造事端、别有用心、故意扰乱社会秩序的人，煽动、蒙骗、引诱或组织领导群众闹事，冲击工厂、学校、科研单位，致使国家和社会遭受严重损失，必须坚决打击，依法惩处。而一般参与的人员是受蒙蔽参加的，他们由于不明事情的真相，所以在主观上没有扰乱社会秩序的故意，因而不是本罪的主体，应当用说服教育的方法，使他们承认错误，而不能追究他们的刑事责任。

2. 本罪与破坏生产经营罪的界限

破坏生产经营罪，是指由于泄愤报复或者其他个人目的，毁坏机器设备、残害耕畜或者以其他方法破坏生产经营的行为。二者都可以表现为对生产、经营的破坏。主观方面都是故意。二者的主要区别在于：（1）犯罪客体不同。本罪侵犯的是国家的社会管理秩序，后罪则是公私财产权。（2）犯罪手段和形式不同。本罪是通过聚众扰乱生产、经营秩序的方式使生产、经营无法进行，从而造成对生产、经营的破坏，而后罪则是通过破坏正在使用中的生产、经营设备等手段使生产、经营无法进行。（3）行为人的动机和目的不同。本罪的动机和目的是为了满足个人的某种无理要求或发泄对社会的不满；而后罪则是出于泄愤报复或其他个人目的。（4）本罪为结果犯，后罪则为行为犯，不以发生严重后果为构成要件。

3. 本罪与妨害公务罪的界限

二者具有相同之处：首先，二者在客观上都可能造成对公务的妨害。其次，二者的主观方面都是故意。二者的区别表现在：（1）前者所侵害的对象是国家机关等单位；而后者的对象是特定的国家工作人员。（2）前者只能是聚众进行；后者可以是单个人进行。（3）前者既可以采用暴力、威胁的方法，也可以采用其他方法；后者主要表现为暴力、威胁的方法，只在特定的情况下才可以采用其他方法。

4. 本罪的罪数形态

在扰乱社会秩序的犯罪活动中，如果首要分子和积极参加者在聚众闹事时，亲自参加和煽动参与人员进行哄抢的，能否定数罪，不能一概而论。如果发生的哄抢行为很严重，造成的影响和损失很大，可以对参与人员单独以抢夺罪论处，同时对实施本罪的首要分子或积极参加者实行数罪并罚。如果哄抢行为不严重，造成的损失不大，就不认定为抢夺罪，但在以本罪处罚时，应作为从重情节考虑。

（三）聚众扰乱社会秩序罪的刑事责任

根据《刑法》第290条第1款的规定，犯本罪的，对首要分子，处3年以上7年以下有期徒刑；对其他积极参加的，处3年以下有期徒刑、拘役、管制或者剥夺政治权利。

十七、聚众冲击国家机关罪

聚众冲击国家机关罪，是指聚众冲击国家机关，致使国家机关工作无法进行，造成严重后果的行为。本罪的客体是国家机关的正常工作秩序，这里的国家机关是指中央和地方各级权力机关、行政机关、审判机关和检察机关。本罪的客观方面表现为实施了组织、策划、指挥、领导或者积极参加聚众强行冲击国家机关的活动，致使国家机关工作无法正常进行并且造成严重后果的行为。所谓“冲击”，是指在首要分子的组织、策划和指挥下强行冲入、侵入国家机关，包围国家机关，堵塞国家机关通道，使人员、车辆不能正常出入，冲进国家机关，无理取闹，纠缠、殴打、威胁国家机关的工作人员，肆意砸损办公用品、毁弃文件材料，强行滞留有关人员或者强行侵入国家机关后占据国家机关，经命令后拒不解散的行为。本罪的客观方面是复杂的危害行为，即构成本罪必须同时具备聚众和冲击两种行为。二者之中缺少其中任何一种都不能构成本罪。本罪的犯罪主体为一般主体，而且只处罚聚众冲击国家机关的首要分子和其他积极参加的人。本罪的主观方面是故意，动机如何并不影响本罪成立。

根据《刑法》第290条第2款的规定，犯本罪的，对首要分子，处5年以上10年以下有期徒刑；对其他积极参加的，处5年以下有期徒刑、拘役、管制或者剥夺政治权利。

十八、聚众扰乱公共场所秩序、交通秩序罪

聚众扰乱公共场所秩序、交通秩序罪，是指聚众扰乱车站、码头、民用航空站、商场、公园、影剧院、展览会、运动场或者其他公共场所秩序，聚众堵塞交通或者破坏交通秩序，抗拒、阻碍国家治安管理工作人员依法执行职务，情节严重的行为。本罪的客体是公共场所秩序和交通秩序。本罪的客观方面表现为实施了聚众扰乱公共场所秩序、交通秩序，情节严重的行为。本罪以情节严重为构成要件。所谓“情节严重”，在司法实践中主要是指以下几个方面：(1) 由于聚众扰乱公共场所秩序，造成人员伤亡，建筑物被损坏，或者公私财产遭到重大损失的；(2) 在聚众闹事过程中，使用暴力手段殴打治安管理人员的；(3) 设置路障、堵塞或破坏交通秩序，致使车辆严重受阻，造成交通瘫痪等。本罪的主体是一般主体，而且只处罚聚众扰乱公共场所秩序、交通秩序的首要分子。本罪的主体是聚众扰乱公共场所秩序、交通秩序的首要分子。本罪的主观方面是故意。

根据《刑法》第291条的规定，犯本罪的，对首要分子处5年以下有期

徒刑、拘役或者管制。

十九、投放虚假危险物质罪

投放虚假危险物质罪，是指投放虚假的爆炸性、毒害性、放射性、传染病病原体等物质，严重扰乱社会秩序的行为。本罪的客体是日常社会生活的正常秩序和安宁。本罪的客观方面表现为实施了投放虚假的爆炸性、毒害性、放射性、传染病病原体等物质，严重扰乱社会秩序的行为。本罪的主体为一般主体。主观方面是故意。

根据《刑法》第291条之一(《刑法修正案（三)》第8条增设）的规定，犯本罪的，处5年以下有期徒刑；造成严重后果的，处5年以上有期徒刑。

二十、编造、故意传播虚假恐怖信息罪

编造、故意传播虚假恐怖信息罪，是指编造爆炸威胁、生化威胁、放射威胁等恐怖信息，或者明知是编造的恐怖信息而故意传播，严重扰乱社会秩序的行为。本罪的客体是社会日常生活的安宁和秩序。本罪在客观方面表现为两种严重扰乱社会秩序的行为：一是编造爆炸威胁、生化威胁、放射威胁等恐怖信息；二是明知是编造的恐怖信息而故意传播。本罪是选择性罪名，只要实施前面两种行为之中的任何一种行为，就可以构成犯罪，司法实践中通常根据行为的表现方式确定判决书的罪名。本罪的主体是一般主体。主观方面是故意。根据2003年最高人民法院、最高人民检察院《关于办理妨害预防、控制突发传染病疫情等灾害的刑事案件具体应用法律若干问题的解释》第10条第1款，编造与突发传染病疫情等灾害有关的恐怖信息，或者明知是编造的此类恐怖信息而故意传播，严重扰乱社会秩序的，也构成本罪。

根据《刑法》第291条之一(《刑法修正案（三)》第8条增设）的规定，犯本罪的，处5年以下有期徒刑；造成严重后果的，处5年以上有期徒刑。

二十一、聚众斗殴罪

（一）聚众斗殴罪的概念和构成

聚众斗殴罪，是指聚集多人进行斗殴或者明知是聚众殴斗而积极参加的行为。本罪的构成要件如下：

1. 本罪的客体是社会公共秩序。虽然聚众斗殴往往也会侵犯公民的人身权利和公私财产权利，但并不是每一个斗殴都会发生上述结果，即使发生，也只是以侵犯社会秩序的表现形式存在，如果聚众斗殴致人重伤、死亡的，则按故意伤害罪、故意杀人罪处理。所以本罪的客体不包括公民的人身权和公私财

产权。

2. 本罪客观方面表现为组织、策划、指挥或积极参加聚众斗殴的行为。聚众斗殴，是指双方或多方人数均在三人以上相互施加暴力攻击人身的行为。至于斗殴的双方是否使用凶器，并不影响本罪的构成。本罪的构成需要“聚众”和“斗殴”两个行为，仅仅实施其中的一个行为，不能构成本罪。如果组织、策划、指挥的首要分子仅仅聚集众人而尚未实施斗殴行为，则不能构成本罪。只有首要分子聚集一定的人数，并开始互相打斗，才能构成聚众斗殴罪。而其他积极参加的行为可以是在聚众斗殴开始时实施，也可以是在聚众斗殴开始以后实施。

3. 本罪的主体是一般主体，且只有聚众斗殴的首要分子和其他积极参加的人才可构成本罪，一般参加者不构成本罪。

4. 本罪的主观方面是直接故意，过失和间接故意不能构成本罪。本罪多有特定的犯罪动机，如因为精神空虚、是非观念颠倒，以寻求下流无耻的精神刺激，表明自己敢于公然蔑视国家法律和社会共同生活准则，而使畸形的、变态的“自我”得以显示。其动机是一种流氓动机。犯罪动机的流氓性是区分本罪与故意伤害罪共同犯罪的关键特征。

（二）聚众斗殴罪的界限划分

1. 本罪与一般群众打架的界限

对于一般群众因为民事纠纷而发生的数人之相互斗殴，不能以聚众斗殴定罪。这种情况，如果没有发生严重后果，只能按一般违法行为处理；如果发生了严重的后果，也只能根据案件的具体情况对相关人员以其他有关犯罪论处。

2. 本罪与故意伤害罪、故意杀人罪的界限

聚众斗殴罪只以轻伤为限，其客体主要表现为社会公共秩序，而不是公民的人身权利。如果聚众斗殴致人重伤、死亡的，根据《刑法》第 292 条第 2 款的规定，分别根据情况以故意伤害罪、故意杀人罪论处。这里的“人”既指参与斗殴的人，也指周围的群众，即凡因聚众斗殴行为，而出现重伤或死亡的结果，就可构成故意伤害罪、故意杀人罪。行为人对发生重伤或死亡的结果的心理状态主要是间接故意，即行为人由斗殴的心理状态向故意杀人或故意伤害的心态转化，从而放任他人重伤或死亡的结果的发生。

3. 本罪与聚众扰乱社会秩序罪以及聚众扰乱公共场所秩序、交通秩序罪的界限

聚众斗殴分子有时在单位、公共场所、交通要道进行聚众斗殴活动，这时易与聚众扰乱社会秩序罪以及聚众扰乱公共场所秩序、交通秩序罪相混淆。主要区别有以下几点：（1）犯罪动机不同。如果由于行为人精神空虚、或者反

社会的阴暗心理所驱使，为寻求刺激显示自己对社会公德、国家法纪的公然蔑视而实施的聚众斗殴行为，就构成聚众斗殴罪。如果故意以聚众斗殴的方式给单位或有关方面施加压力，以实现某种无理要求，情节严重的，则构成聚众扰乱社会秩序罪或聚众扰乱公共场所秩序、交通秩序罪。（2）犯罪形态不同。本罪属行为犯，而后两罪属结果犯。

（三）聚众斗殴罪的刑事责任

根据《刑法》第292条第1款的规定，犯本罪的，对首要分子和其他积极参加的，处3年以下有期徒刑、拘役或者管制。有下列情形之一的，对首要分子和其他积极参加的，处3年以上10年以下有期徒刑：（1）多次聚众斗殴的；（2）聚众斗殴人数多，规模大，社会影响恶劣的；（3）在公共场所或者交通要道聚众斗殴，造成社会秩序严重混乱的；（4）持械聚众斗殴的。

二十二、寻衅滋事罪

（一）寻衅滋事罪的概念和构成

寻衅滋事罪，是指肆意挑衅，无事生非，起哄闹事，骚扰破坏社会秩序，情节严重的行为。本罪的构成要件如下：

1. 理论界通说认为本罪的客体是公共秩序，① 或者认为本罪还同时侵犯了他人的人身权利、公私财产权利。② 但我们认为公共秩序所包含的范围较广，没有明确体现出本罪的直接客体，不利于理论研究与实践操作。所谓公共秩序，是人们遵守公共生活规则所形成的秩序，而公共生活规则实际上包含三方面的内容：（1）旨在保护人特别是老幼妇弱者的安全和尊严的安全规则；（2）用以调节公共场所秩序的纪律规则；（3）旨在维护日常生活中正常的人际关系和风尚习俗的交往规则。对公共秩序的破坏实质上就是对公共规则的违反。寻衅滋事行为的行为人主观上公然藐视国家法纪和社会公德，犯罪动机是寻求下流无耻的精神刺激，以填补精神空虚，直接违反的是公共生活规则中的交往规则，是对社会良好风尚的挑衅。因此，寻衅滋事罪所侵犯的直接客体是社会公共秩序中的良好社会风尚。另外，寻衅滋事罪可能会侵犯到被滋事当事人的相关人身权利或者财产权利，但却只是一种可能，我们不能把这种只是可能发生的侵害作为侵犯客体讨论的前提，而且其实质还是对社会公共秩序的良

① 参见侯国云：《刑法学》，中国政法大学出版社2005年版，第529页。

② 参见高铭暄、马克昌主编：《刑法学》（第三版），北京大学出版社、高等教育出版社2007年版，第609页。

好社会风尚的侵犯。

2. 本罪的客观方面表现为下列寻衅滋事的行为之一：(1) 随意殴打他人，情节恶劣的。主要指以打人为乐，随意殴打群众；多次殴打他人，影响恶劣；携带或使用凶器殴打他人；多次向他人抛投石块、污物等，造成后果，引起公愤的；等等。(2) 追逐、拦截、辱骂他人，情节恶劣的。"情节恶劣"是指：追逐、拦截、辱骂他人，造成恶劣影响的；结伙、持械追逐、拦截、辱骂他人的；追逐、拦截、辱骂他人，引起公共秩序严重混乱，激起公愤的；等等。(3) 强拿硬要或者任意损毁、占用公私财物，情节严重的。主要指在城乡市场强拿硬要，欺行霸市，扰乱正常贸易活动，激起公愤的；结伙哄抢、哄拿公私财物的；任意损毁公私财物，造成严重损失的；多次向车辆、住宅抛投石块、污物等，造成严重后果，引起公愤的；等等。(4) 在公共场所起哄闹事，造成公共场所秩序严重混乱的。主要指在集市、车站、码头、公园等公共场所起哄闹事，造成公共秩序严重混乱；在机关、学校、部队、厂矿等地方起哄闹事，引起社会严重不安，激起群众义愤的；等等。上述四种表现方式，不需要同时具备，只要具有其中一种，即可构成本罪。根据前引关于《办理妨害预防、控制突发传染病疫情等灾害的刑事案件》的司法解释第 11 条，在预防、控制突发传染病疫情等灾害期间，强拿硬要或者任意毁损、占用公私财物情节严重，或者在公共场所起哄闹事，造成公共场所秩序严重混乱的，按照本罪从重处罚。

3. 本罪的主体是一般主体，即年满 16 周岁且具备刑事责任能力的自然人都可成为本罪的主体。

4. 本罪的主观方面是故意，即明知自己寻衅滋事的行为违背社会常规，破坏社会秩序，而仍然为之。本罪的犯罪动机比较复杂，多是因为精神空虚，寻求精神刺激，荣辱观念颠倒，争强逞能、显示威风，发泄其低级下流的情趣等卑劣的动机，但动机如何并不影响本罪的成立。

（二）寻衅滋事罪的界限划分

1. 本罪与非罪的界限

本罪的罪与非罪的区别，关键是看行为人之行为是否属于"情节恶劣"、"情节严重"或者是否"造成公共场所秩序严重混乱"。对于一般寻衅滋事行为，则只能依照《治安管理处罚法》的有关规定，给予行政处罚。

2. 本罪与聚众扰乱社会秩序罪及聚众扰乱公共场所秩序、交通秩序罪的界限

由于三罪都侵犯公共秩序，后两罪都是聚众进行，而有些寻衅滋事罪也是聚众进行的，因此三罪有共同之处。但又存在显著区别：(1) 犯罪目的和动机不同。本罪多是寻求精神刺激，发泄低级情趣而破坏公共秩序；后两罪则多

是以破坏公共秩序给有关机关、单位、团体施加压力，以满足个人的不合理要求。（2）犯罪形式不同。本罪不限于聚众形式，而后两罪只限于聚众形式。（3）犯罪主体不同。对本罪的共同犯罪者，都要依法追究刑事责任；而聚众扰乱社会秩序罪只处罚首要分子和积极参加者，聚众扰乱公共场所秩序、交通秩序罪只处罚首要分子。

3. 本罪与故意毁坏财物罪的界限

在故意损毁公私财物的情况下，两罪有相似之处。两罪的区别是：（1）犯罪的动机不同。故意毁坏财物罪是因个人报复、妒嫉所致；而本罪的行为人损毁公私财物主要是借此表明自己对国家法律和社会公德的公然蔑视，以获得一种在大众面前可以为所欲为的精神上的满足，因而往往是对不特定人的财物“莫名其妙”的毁坏。（2）犯罪成立标准不同。本罪中任意损毁公私财物的情形，“情节严重的”才构成犯罪，但“情节严重”是以行为人行为造成的社会影响的恶劣程度来判断，与被毁坏财物价值大小无必然因果关系；而故意毁坏财物罪则要求行为人故意毁坏的公私财物“数额巨大”。

4. 本罪与敲诈勒索罪的界限

在行为人以威胁、要挟方式强拿硬要公私财物的情况下，本罪易与敲诈勒索罪相混淆。其区别主要有以下两点：（1）犯罪目的不同。本罪行为人的目的不在于非法占有公私财物，而是为了追求精神刺激，填补精神上的空虚；而敲诈勒索罪行为人目的则是为了非法占有公私财物。（2）行为表现方式不同。本罪的犯罪分子勒索他人财物，往往是当面、直接了当地进行，不仅毫不顾忌周围环境，而且还故意让人看出他在勒索被害人，拿到财物后或者故意炫耀，或者将其随意毁弃或浪费掉；而敲诈勒索罪则往往以间接的或当面暗示的方式进行，注意不让周围的人察觉，带有隐蔽性。

5. 本罪与伤害罪、杀人罪的界限

出于寻求精神刺激，以填补精神上极度空虚之动机，随意殴打他人，致人轻伤的，以本罪论处。

依据《刑法》第293条第1项的规定，随意殴打他人，情节恶劣的，才构成寻衅滋事罪。那么这里的“情节恶劣”是否包括致人重伤、死亡的情况，司法实践中主要有三种不同主张①：第一种观点认为情节恶劣包括致人重伤、死亡的情况，因此，如果行为人在寻衅滋事过程中导致他人重伤或死亡，应直

---

① 参见冯英菊：《寻衅滋事罪实务问题研究》，载陈兴良主编：《刑事法判解（第1卷）》，法律出版社1999年版，第287页。

接以寻衅滋事罪论处。第二种观点认为情节恶劣不包括致人重伤、死亡的情况，如果行为人在寻衅滋事时导致他人重伤、死亡，应分别成立故意伤害罪或故意杀人罪，与寻衅滋事罪实行并罚。第三种观点也认为情节恶劣不包括致人重伤、死亡的情况，但主张如果行为人在寻衅滋事时导致他人重伤、死亡，只成立故意伤害罪或故意杀人罪，因为此时成立转化犯。

我们认为，寻衅滋事罪的法定最高刑为5年有期徒刑，而刑法规定对致人重伤、死亡的情况，法定最高刑可判处死刑，情节较轻的也要处3年以上10年以下有期徒刑，显然后者的严厉程度远大于前者，如果对致人重伤、死亡的情况直接以寻衅滋事罪定罪，那么罪刑就明显不相适应。从寻衅滋事致人重伤、死亡的实际情况来看，行为人客观上只实施了一个随意殴打他人的行为，如果对这种情况分别定罪，实行数罪并罚，无疑是把一个客观行为进行了两次刑法评价，这是不妥当的。将寻衅滋事过程中致人重伤死亡的情况认定为转化犯，也是很牵强的，因为转化犯，必须要由刑法明文加以规定，但是《刑法》第293条关于寻衅滋事罪的条文并无此规定。因此三种观点都不够妥当。

由于行为人只实施了一个随意殴打他人的行为，而同时触犯了两个罪名，即寻衅滋事罪和故意伤害罪、故意杀人罪、过失致人死亡罪或过失致人重伤罪，属于典型的想象竞合的情况，因此应按从一重处断的原则处理。

（三）寻衅滋事罪的刑事责任

根据《刑法》第293条的规定，犯本罪的，处5年以下有期徒刑、拘役或者管制。

二十三、组织、领导、参加黑社会性质组织罪

（一）组织、领导、参加黑社会性质组织罪的概念和构成

组织、领导、参加黑社会性质组织罪，是指组织、领导或参加以暴力、威胁或者其他手段，有组织地进行违法犯罪活动，称霸一方，为非作恶，欺压、残害群众，严重破坏经济、社会生活秩序的黑社会性质的组织的行为。本罪的构成要件如下：

1. 本罪的客体是社会管理秩序。黑社会性质组织的产生和存在不仅破坏法律秩序，而且使公众生活丧失安全感和正义性，当今世界各国都十分注重对它的打击和防范。组织、领导、参加黑社会性质组织本身体现在对国家禁止非法组织存在的禁止性规定的违反上，表现为直接对社会管理秩序的侵犯。因此，本罪侵犯的客体应当是社会管理秩序。

2. 本罪的客观方面表现为实施了组织、领导、参加黑社会性质组织的行

为。所谓“黑社会性质组织”，是指以暴力、威胁或者其他手段，有组织地进行违法犯罪活动，称霸一方，为非作恶，欺压、残害群众，严重破坏经济、社会生活秩序的犯罪组织。一般认为，黑社会性质组织犯罪是有组织犯罪的一种形式。但它比普通的有组织犯罪更具有组织的严密性，它是处于一般犯罪集团与黑社会组织之间的一种过渡形态。2000 年最高人民法院《关于审理黑社会性质组织犯罪的案件具体应用法律若干问题的解释》第 1 条规定，《刑法》第 294 条规定的“黑社会性质的组织”，一般应具备以下特征：（1）组织结构比较紧密，人数较多，有比较明确的组织者、领导者，骨干成员基本固定，有较为严格的组织纪律；（2）通过违法犯罪活动或者其他手段获取经济利益，具有一定的经济实力；（3）通过贿赂、威胁等手段，引诱、逼迫国家工作人员参加黑社会性质组织活动，或者为其提供非法保护；（4）在一定区域或者行业范围内，以暴力、威胁、滋扰等手段，大肆进行敲诈勒索、欺行霸市、聚众斗殴、寻衅滋事、故意伤害等违法犯罪活动，严重破坏经济、社会生活秩序。2002 年全国人大常委会《关于〈中华人民共和国刑法〉第二百九十四条第一款的解释》规定，“黑社会性质的组织”应当同时具备以下特征：（1）形成较稳定的犯罪组织，人数较多，有明确的组织者、领导者，骨干成员基本固定；（2）有组织地通过违法犯罪活动或者其他手段获取经济利益，具有一定的经济实力，以支持该组织的活动；（3）以暴力、威胁或者其他手段，有组织地多次进行违法犯罪活动，为非作恶，欺压、残害群众；（4）通过实施违法犯罪活动，或者利用国家工作人员的包庇或者纵容，称霸一方，在一定区域或者行业内，形成非法控制或者重大影响，严重破坏经济、社会生活秩序。

所谓“组织”，即在黑社会性质组织未建立之前，通过策划、指挥、招揽、引诱、拉拢、安排、调配等手段聚集多人从而建立黑社会性质组织；所谓“领导”，是指在黑社会性质组织建立以后，策划、组织、指挥其活动的行为；所谓“参加”，是指参与、加入黑社会性质组织的行为。

关于本罪的客观方面，还有以下问题需要注意：

（1）组织行为和领导行为的认定及其关系问题。实践中，组织行为和领导行为多有交叉，组织者在黑社会性质组织建立以后往往成为领导者，领导者往往又同时实施组织行为，二者的区分有一定的难度。我们认为应以黑社会性质组织建立前后为界，建立前为促使该组织的建立而实施的组织、领导行为称为组织，建立以后的组织、领导行为称为领导。如在组建黑社会性质组织过程中起领导、统率作用的，应作组织行为。因为，在该黑社会性质组织尚未建立起来以前，就不存在领导的可能性，而在该组织建立以后，其组织本身又是一种领导。

需要指出的是，此处的组织行为不同于刑法典总则第 26 条“组织、领导犯罪集团进行犯罪活动”的组织行为。前者指犯罪组织尚未建立起来而组织多人意欲建立的行为，属犯罪成立的行为要件，后者则是指在已存在的犯罪集团中组织多人进行犯罪，属主犯的构成要件。而且，前者的组织对象是分散的，组织行为人与被组织者不一定构成共犯关系，如被组织者没有满足组织者的要求，没有成为该组织中的一员；而组织领导犯罪集团进行犯罪活动的组织人与被组织人却构成共犯关系。

（2）本罪是选择性罪名，所以构成本罪不以实施法条规定的全部行为为必要。实施其中任何一种行为，或者三种行为都实施，都只构成一个罪，确定罪名时，可以根据行为人具体实施的行为来加以确定。

（3）刑法并未规定本罪必须发生一定的结果才成立犯罪，而是只要实施组织、领导或参加的行为就可构成，可见本罪属于行为犯。当然，构成本罪不以行为实际发生结果为必要，决不意味着不会发生危害结果，只是危害结果是否发生不影响犯罪既遂的成立。

3. 本罪的主体是一般主体。即年满 16 周岁具有刑事责任能力的自然人均可构成本罪。

4. 本罪的主观方面是故意且为直接故意，即明知是黑社会性质组织而决意组织、领导或参加，但不管出于什么目的和动机，并不影响本罪的成立。如果行为人在不知是犯罪组织的情况下或者在被欺骗的情况下而加入其中的，不构成犯罪。如果行为人后来发现自己加入了黑社会性质组织而不退出，并参与犯罪活动的，仍可构成本罪。

（二）组织、领导、参加黑社会性质组织罪的界限划分

1. 本罪与组织、领导、参加一般犯罪集团的界限

黑社会性质组织属于一种高级形式的犯罪集团，但它与一般的犯罪集团又存在本质的区别，具体表现在：（1）犯罪目的不完全相同。黑社会性质组织不像一般犯罪集团是为了实施特定的某种或某几种犯罪而产生的，它所实施的犯罪是广泛的，主要是通过违法犯罪活动或者其他手段获取经济利益。（2）组织的严密程度不同。黑社会性质组织比一般犯罪集团具有更严密的组织结构，有比较明确的组织者、领导者和骨干成员，对内部成员的控制能力较强。（3）危害社会的范围和程度不同。黑社会性质组织在一定区域或行业范围内影响很大，严重破坏经济秩序和社会生活秩序，而一般犯罪集团则没有这种“称霸一方”的社会危害和严重程度。组织、领导、参加黑社会性质组织罪是

一个分则性的具体罪名，而组织、领导、参加一般犯罪集团只是一种共同犯罪的形式，其具体罪名要根据行为人所具体实施的行为内容来确定，作为组织、领导者的人，应作为共同犯罪的主犯来处罚。

2. 本罪与组织、领导、参加恐怖活动组织罪的界限

黑社会性质组织和恐怖活动组织在许多方面非常相似，如二者都有一定的组织性、隐蔽性，实施犯罪的性质都十分恶劣。一般都以惯犯、累犯为核心，对社会具有极大的破坏性。甚至这两种集团还可能直接合作，如恐怖活动组织可能通过非法方法筹集资金，为其从事恐怖活动打下经济基础，黑社会性质组织可能为了逃避追惩而对政府官员、执法人员或一般公民采取恐怖活动。二者的区别主要表现在：（1）犯罪客体不同。前者的客体是社会公共秩序，后者的客体是公共安全。（2）犯罪的目的不同。黑社会性质组织一般是为了争取更多的市场份额，虽然有时实施的犯罪行为有恐怖性，但并不以实施恐怖活动为目的。而恐怖组织是通过实施恐怖行为来制造恐惧气氛，从而引起社会动荡来实现其目的。

3. 本罪的罪数形态

我们认为，本罪应以黑社会性质组织的个数为标准来区分罪数。组织或者领导或者参加一个黑社会性质组织的为一罪，组织或者领导或者参加两个以上黑社会性质组织的为数罪。但是，如果行为人既组织又领导又参加同一个黑社会性质组织，仍只成立一罪，不能因其有数个故意和数个行为而认定有数罪。如果行为人组织、领导、参加黑社会性质组织后又实施其他犯罪的，应依照数罪并罚的规定处理。

（三）组织、领导、参加黑社会性质组织罪的刑事责任

根据《刑法》第294条第1款的规定，犯本罪的，对组织领导和积极参加黑社会性质组织的，处3年以上10年以下有期徒刑；对其他参加黑社会性质组织的，处3年以下有期徒刑、拘役、管制或者剥夺政治权利。

二十四、入境发展黑社会组织罪

入境发展黑社会组织罪，是指境外的黑社会组织的人员到中华人民共和国境内发展组织成员的行为。本罪的客体是社会公共生活秩序。本罪的客观方面表现为实施了到我国境内将境内、外人员发展为该黑社会组织成员的行为。对黑社会组织成员进行内部调整等行为，也可视为发展组织成员。本罪中“到中华人民共和国境内发展组织成员”并不要求境外的黑社会组织人员自身进入我国境内，行为人无论是采取网络、电话还是其他方式，只要在我国境内发

展组织成员，就应当以本罪论处。本罪的主体是境外的黑社会组织人员。本罪的主观方面是故意。

根据《刑法》第294条第2款、第3款的规定，犯本罪的，处3年以上10年以下有期徒刑；犯本罪又有其他犯罪行为的，依照数罪并罚的规定处罚。

二十五、包庇、纵容黑社会性质组织罪

包庇、纵容黑社会性质组织罪，是指国家机关工作人员包庇黑社会性质的组织，或者纵容黑社会性质的组织进行违法犯罪活动的行为。本罪的客体既包括社会治安管理秩序，也包括司法机关打击黑社会性质组织的正常活动。本罪的客观方面表现为实施了包庇或者纵容黑社会性质组织及其违法犯罪活动的行为。“包庇”，是指国家机关工作人员为使黑社会性质组织及其成员逃避查禁而通风报信，隐匿、毁灭、伪造证据，阻止他人作证、检举揭发，指使他人作伪证，帮助逃匿，或者阻挠其他国家机关工作人员依法查禁等行为。“纵容”，是指国家机关工作人员不依法履行职责，放纵黑社会性质组织进行违法犯罪活动的行为。这里的包庇、纵容，仅限于行为人事先与黑社会性质组织没有通谋的情况，否则应以相关犯罪的共同犯罪定罪处罚。而且，国家机关工作人员的包庇、纵容行为是否利用职务便利并不影响本罪的成立。本罪的主体是特殊主体，即国家机关工作人员。本罪的主观方面是故意。

根据《刑法》第294条第4款的规定，犯本罪的，处3年以下有期徒刑、拘役或者剥夺政治权利；情节严重的，处3年以上10年以下有期徒刑。根据2000年最高人民法院《关于审理黑社会性质组织犯罪的案件具体应用法律若干问题的解释》第6条的规定，情节严重包括：（一）包庇、纵容黑社会性质组织跨境实施违法犯罪活动的；（二）包庇、纵容境外黑社会组织在境内实施违法犯罪活动的；（三）多次实施包庇、纵容行为的；（四）致使某一区域或者行业的经济、社会生活秩序遭受黑社会性质组织特别严重破坏的；（五）致使黑社会性质组织的组织者、领导者逃匿，或者致使对黑社会性质组织的查禁工作严重受阻的；（六）具有其他严重情节的等情形。

二十六、传授犯罪方法罪

（一）传授犯罪方法罪的概念和构成

传授犯罪方法罪，是指以语言、文字、动作、图像或其他方法，故意将实施某种犯罪的具体方法、技能、经验传授给他人的行为。本罪的构成要件如下：

1. 本罪的客体是社会治安管理秩序。因为无论行为人具体传授何种犯罪方法，都将给社会带来直接危害。首先，传授犯罪方法的过程就是向他人灌输不良思想和意识的过程，被传授者通过学习犯罪方法，其思想意识开始受到犯罪意识的感染和腐蚀，反社会性大大增强。其次，传授犯罪方法行为客观上使犯罪方法在社会上流传开来，增大了犯罪发生的可能性和侦查破案的难度。所以，传授犯罪方法罪的直接后果就是给社会造成为数众多的既掌握一定的犯罪技能又具有较强的反社会意识的潜在犯罪者。这些人给社会治安状况带来极大隐患，因此本罪客体为社会治安管理秩序。

2. 本罪的客观方面表现为传授犯罪方法的行为，即以语言、文字、动作、图像或其他方法将实施犯罪的具体经验、技能传授给他人的行为。本罪的客观方面具有以下特征：(1) 行为人所传授的必须是犯罪方法。这里的犯罪方法，是指犯罪的经验与技能，包括手段、步骤、反侦查方法等。如果传授的不是实施犯罪的方法，而是实行一般违法或是不道德行为的方法，就不构成本罪。(2) 传授犯罪方法的形式，既可以用语言、文字，也可以通过动作表演示范；可以是对一人传授，也可以是同时或者多次对多人传授；可以是公开传授，也可以是秘密传授；可以是主动传授，也可以是应他人请求而传授；可以向一般公民传授，也可以向在押犯人传授等。(3) 本罪是举动犯，只要着手实施传授犯罪方法的行为即可构成。至于被传授者是否接受，是否学会或掌握或者是否以传授的犯罪方法去实施犯罪，在所不问。(4) 传授犯罪方法罪只可能是传授直接故意犯罪的方法，而不可能是传授过失犯罪、间接故意犯罪的方法。这是由直接故意、间接故意、过失的性质及传授犯罪方法罪的特征所决定的。犯罪方法是实施和完成犯罪的技术、步骤，是实现犯罪目的的手段，方法与目的不可分。只有直接故意才有明确的犯罪目的，才有为犯罪进行预备、实行的过程，才存在为能完成犯罪而选择、采取各种措施的必要和可能。而在过失犯罪、间接故意犯罪情况下，行为人对客观上所造成的结果要么完全反对，要么就抱无所谓的放任态度，不可能存在为实现一定犯罪结果而采用一定犯罪方法的问题，也就更谈不上传授该类犯罪的实施方法了。

3. 本罪的主体是一般主体，即年满 16 周岁且具有刑事责任能力的自然人均可成为本罪的主体。

4. 本罪的主观方面是故意。传授犯罪方法罪在主观方面只能是故意，过失不构成本罪，这一点在刑法学界已达成共识。但故意能否包括间接故意，对此有不同看法：有的认为传授犯罪方法罪只能由直接故意构成，不能由间接故意构成。① 有的则认为一般情况下由直接故意构成，但也不排除个别由间接故意构成的情况。② 我们赞同后一种观点，理由是：（1）从理论上讲，传授犯罪方法罪是故意犯罪，就不能排除存在间接故意可能性。传授犯罪方法罪的直接危害结果是使不会犯罪的人学会犯罪方法、技能，使社会上潜在犯罪者增多，对这一结果完全可能存在放任情况。因为被传授者是否学会犯罪方法，往往与传授者本人无大的利害关系，这种放任也是一种常见的心理现象。而这种现象一旦出现在具体案件中的行为人的主观心理之中，当然就属于间接故意的传授犯罪方法行为。（2）从司法实践看，确实存在间接故意传授犯罪方法的情况。例如为了炫耀盗窃技术而当众演示盗窃方法，明知旁观者可能学会这些方法，却对这种可能结果的产生抱放任态度。因此，我们认为传授犯罪方法罪的主观方面既可以是直接故意，也可以是间接故意。

（二）传授犯罪方法罪的界限划分

1. 本罪与非罪的界限

主观上有无传授犯罪方法的故意，是区分本罪罪与非罪的关键。应把传授犯罪方法罪与没有犯罪意图的不当言行等加以区别。例如，讲低级庸俗的故事，散布不健康的语言与表演动作，写作与出版低级的作品，属于不当言行。司法工作者在职务范围内讲述、剖析犯罪方法，体育工作者向他人传授健身、防身的武术等，则属于正常的行为。对有些行为要作具体分析，如教授他人修配钥匙的技术，如出自传授犯罪方法的故意，即构成本罪，如是为了向他人传授正当的谋生技艺的，则不能构成本罪。

2. 本罪的犯罪既遂与未遂界限

从本罪的构成要件看，法律对本罪客观要件的要求，只是具备传授行为，而不是完成传授行为。传授犯罪方法罪的主要危害性表现在通过故意地教给他人犯罪方法而对社会治安秩序形成侵害，这种侵害结果随着传授行为的着手实行就已经开始形成，至于着手后行为的继续发展程度，虽也会影响到犯罪的社会危害性，但这种影响只能作为量刑情节加以考虑，而不能作为区分既遂与未遂的标准。况且，传授行为的实行程度也难以有明确的实行终了的判断标志。如果要求司法机关在实践中去判明某种犯罪的完成程度，也无疑会增加办案的

---

① 参见肖扬主编：《中国新刑法学》，中国人民公安大学出版社 1997 年版，第 544 页。

② 参见陈兴良等：《案例刑法学教程》（下卷），中国政法大学出版社 1994 年版，第 455 页。

难度甚至有宽纵罪犯之嫌。因此，本罪是举动犯，不存在未遂。

3. 本罪与教唆犯罪的界限

二者的区别表现在：（1）客体不同。本罪侵犯的客体是确定的，即社会治安管理秩序；而教唆犯罪侵犯的客体取决于被教唆者具体的犯罪性质。（2）行为方式不同。本罪是把犯罪方法通过各种方式传授给他人的行为；教唆犯罪是唆使他人实施犯罪的行为，也即引起他人犯罪意图的行为。（3）主观方面不同。本罪是出于传授犯罪方法的故意，不论被教唆者原来有无犯罪意图；教唆犯罪是出于唆使他人实施犯罪的故意，不要求在犯罪方法上予以传授或提示。（4）本罪是单独犯罪；教唆犯罪属于共同犯罪的范畴。（5）本罪只要有传授犯罪方法的行为就是既遂，没有未遂；而后者有既遂与未遂之分。（6）本罪罪名与法定刑是独立的，按法律规定适用刑罚；教唆犯罪无独立的罪名与法定刑，其罪名与法定刑取决于教唆犯罪的罪名与法定刑，按照总则关于教唆犯的处罚原则及分则关于所教唆罪的法定刑适用刑罚。

4. 一罪与数罪的界限

（1）本罪所传授的对象一般都有犯罪决意，但实践中也存在原本没有犯罪意图或没有传授者所传授的犯罪意图，由于传授者的传授，才得以产生了原来没有的犯罪决意。这时，行为人是一个行为同时触犯了传授犯罪方法罪与所教唆的罪两个罪名，属想象竞合犯，只能作一罪处理，不存在数罪并罚问题。（2）犯罪人向不同的对象分别实施了教唆行为或者传授行为，不论所教唆的犯罪和所传授的犯罪方法是否为同种犯罪，犯罪人都构成教唆之罪和传授犯罪方法罪，实行数罪并罚。（3）犯罪人向同一对象既实施了甲罪的教唆行为，又传授了乙罪的犯罪方法，应构成教唆之罪和传授犯罪方法罪，实行数罪并罚。（4）犯罪人就不同犯罪向不同对象实施了教唆行为和传授行为，应构成教唆犯罪和传授犯罪方法罪，实行数罪并罚。（5）犯罪人就同种犯罪对一人或数人兼施教唆和传授两种行为的案件，应具体情况具体分析：其一，如果是在教唆过程中，为达到激起被教唆人犯意的目的，同时又传授了犯罪方法的，此时后者是达到前者目的的手段，属牵连犯，应择一重罪即以传授犯罪方法罪论处；其二，如果实施的教唆行为已激起被教唆人的犯意，教唆人又实施了传授犯罪方法的行为，此时传授犯罪方法的行为仍是为坚定对方的犯罪决意从而促使对方顺利实施和完成被教唆之罪服务的，是手段与目的的关系，属牵连犯，应择一重罪即传授犯罪方法罪论处；其三，如果先传授了犯罪方法，此后又教唆对方去实施所传授犯罪方法之罪，此时教唆行为被传授犯罪方法罪所吸收，作为传授犯罪方法罪的一种严重情节影响量刑。（6）传授犯罪方法罪的行为人传授犯罪方法时，其手段行为与目的行为又触犯其他犯罪的，属牵连犯，从一重罪处罚，不实行数罪并罚。(7) 传授犯罪方法罪的行为人传授犯罪方法后，又与被传授人一起运用自己所传授的犯罪方法共同进行犯罪，由于行为人主观上有两个故意，客观上又实行了两个犯罪行为，且这两个犯罪行为之间不存在牵连关系，侵犯了两个直接客体，符合两个犯罪构成，构成两个独立犯罪，实行数罪并罚。

(三) 传授犯罪方法罪的刑事责任

根据《刑法》第295条的规定，犯本罪的，处5年以下有期徒刑、拘役或者管制；情节严重的，处5年以上有期徒刑；情节特别严重的，处无期徒刑或者死刑。

二十七、非法集会、游行、示威罪

非法集会、游行、示威罪，是指举行集会、游行、示威，未依照法律规定申请或者申请未获许可，或者未按照主管机关许可的起止时间、地点、路线进行，又拒不服从解散命令，严重破坏社会秩序的行为。本罪的客体是国家对集会、游行、示威的管理秩序。所谓“集会”，是指聚集于露天公共场所，发表意见、表达意愿的活动；所谓“游行”，是指在公共道路、露天公共场所列队前进，表达共同意愿的活动；所谓“示威”，是指在露天公共场所或者公共道路上以集会、游行、静坐等方式，表达要求、抗议或者支持、声援等共同意愿的活动。本罪的客观方面表现为以下三种方式的集会、游行、示威行为：一是未依照法律申请；二是虽然申请但没有获得许可；三是未按照主管机关许可的起止时间、地点、路线进行，又拒不服从解散命令，严重破坏社会秩序的行为。根据我国《集会游行示威法》及其实施条例的规定，举行集会、游行、示威，必须向主管机关提出申请并获得许可。集会、游行、示威的主管机关，是集会、游行、示威举行地的市、县公安局、城市公安分局；游行、示威路线经过两个以上区、县的，主管机关为经过区、县的公安机关的共同上一级公安机关。申请举行集会、游行、示威，有下列情形之一的，不予许可：(1) 反对宪法所确定的基本原则的；(2) 危害国家统一、主权和领土完整的；(3) 煽动民族分裂的；(4) 有充分根据认定申请举行的集会、游行、示威将直接危害公共安全或者严重破坏社会秩序的。本罪的主体是一般主体，凡年满16周岁且具有刑事责任年龄的自然人均可成为本罪的主体。但并非一切参加非法集会、游行、示威的人均构成本罪，构成本罪的只能是举行集会、游行、示威的负责人和直接责任人员。本罪的主观方面是故意。

根据《刑法》第296条的规定，犯本罪的，处5年以下有期徒刑、拘役、管制或者剥夺政治权利。

二十八、非法携带武器、管制刀具、爆炸物参加集会、游行、示威罪

非法携带武器、管制刀具、爆炸物参加集会、游行、示威罪，是指违反法律规定，携带武器、管制刀具或者爆炸物参加集会、游行、示威的行为。本罪的客体既包括国家对集会、游行、示威活动的管理秩序，也包括集会、游行、示威者及周围群众的人身安全。本罪的客观方面表现为违反法律规定，非法携带武器、管制刀具或者爆炸物参加集会、游行、示威的行为。我国《集会游行示威法》第5条规定："集会、游行、示威应当和平地进行，不得携带武器、管制刀具和爆炸物，不得使用暴力或者煽动使用暴力。"因此，这里的"违反法律规定"即指违反《集会游行示威法》的规定。"携带"是指随身持有，可以是秘密携带，也可以是公然携带，主要包括：随身携带、暗藏在其他物品中夹带或手中携持。本罪的主体是一般主体。本罪的主观方面是故意，过失不构成本罪。如果行为人因受蒙骗或其他原因并不明知自己所携带的物品是武器、管制刀具、爆炸物而参加集会、游行、示威，就不构成本罪。

根据《刑法》第297条的规定，犯本罪的，处3年以下有期徒刑、拘役、管制或者剥夺政治权利。

二十九、破坏集会、游行、示威罪

破坏集会、游行、示威罪，是指扰乱、冲击或者以其他方法破坏依法举行的集会、游行、示威，造成公共秩序混乱的行为。本罪的客体是国家对集会、游行、示威的管理秩序和公民集会、游行、示威的政治自由权利。本罪的客观方面表现为实施了扰乱、冲击或者以其他方法破坏依法举行的集会、游行、示威，造成公共秩序混乱的行为。认定本罪的客观方面需要注意以下三点：(1)集会、游行、示威必须是依法举行的。只有是依法举行的集会、游行、示威，才受国家法律保护。如果对非法举行的集会、游行、示威进行干扰、冲击等破坏行为，则不能构成本罪。(2)行为人实施了破坏行为。所谓破坏，是指采用扰乱、冲击或者其他方法致使依法举行的集会、游行、示威不能正常进行。(3)破坏行为必须引起一定的危害后果，即"造成公共秩序混乱"。一般是指：依法举行的集会、游行、示威无法进行；集会、游行、示威行经地或举行地的场所秩序或交通秩序混乱；因破坏行为引发骚乱或者打、砸、抢、烧、杀等违法犯罪活动；等等，因此本罪是结果犯。本罪的主体是一般主体。本罪的

主观方面是故意。虽然本罪在多数情况下出于直接故意，但也不能排除行为人为追求某一目的而放任自己破坏集会、游行、示威行为的发生，因此也不能否定间接故意的存在。

根据《刑法》第298条的规定，犯本罪的，处5年以下有期徒刑、拘役、管制或者剥夺政治权利。

三十、侮辱国旗、国徽罪

侮辱国旗、国徽罪，是指在公共场合故意以焚烧、毁损、涂划、玷污、践踏等方式，贬损中华人民共和国国旗、国徽的行为。本罪的客体是国家对国旗、国徽的正常管理活动和国家尊严。本罪的客观方面表现为在公共场合以焚烧、毁损、涂划、玷污、践踏等方式侮辱中华人民共和国国旗、国徽的行为。这里的"在公共场合"是指：（1）依照《国旗法》和《国徽法》规定有权悬挂国旗、国徽的公共场所或政府机构所在地；（2）人群聚集的公共场所，如车站、码头、航空站、街头、商场、公园、影剧院等公共场所，或是能为3人以上见到的场合。焚烧、毁损、涂划、玷污、践踏这几种侮辱行为方式不要求同时具备，只要实施其中一种行为即构成本罪。如果行为人同时实施了上述几种行为或同时侮辱了国旗、国徽的，也应以一罪论处。本罪的主体是一般主体，包括中国公民与外国人均能构成本罪。本罪的主观方面是故意，且多为直接故意，但也不排除间接故意的可能，动机如何不影响本罪的成立。

根据《刑法》第299条的规定，犯本罪的，处3年以下有期徒刑、拘役、管制或者剥夺政治权利。

三十一、组织、利用会道门、邪教组织、利用迷信破坏法律实施罪

组织、利用会道门、邪教组织、利用迷信破坏法律实施罪，是指组织和利用会道门、邪教组织或者利用迷信破坏国家法律、行政法规实施的行为。本罪的客体是国家法律、行政法规的正常实施秩序。本罪的客观方面表现为实施了组织和利用会道门、邪教组织或者利用迷信破坏国家法律、行政法规实施的行为。所谓"会道门"，是一种迷信组织，它本身总是同迷信活动结合在一起，但是，它同单纯的迷信又有所不同，其区别在于它是以会道门组织的形式进行的，这种形式比单纯的迷信具有更强的组织性、更大的欺骗性和社会危害性。根据1999年最高人民法院、最高人民检察院《关于办理组织和利用邪教组织犯罪案件具体应用法律若干问题的解释》的规定，所谓"邪教组织"，是指冒用宗教、气功或者其他名义建立，神化首要分子，利用制造、散布迷信邪说等

手段蛊惑、蒙骗他人，发展、控制成员，危害社会的非法组织。邪教组织和一般的迷信组织不同，它主要借助宗教或气功的外衣，以传教或者传授气功的方式吸收和发展会员。本罪行为表现为两种情况：（1）组织和利用会道门、邪教组织蛊惑、煽动、欺骗群众破坏国家法律、行政法规的实施；（2）利用迷信破坏国家法律、行政法规的实施。本罪是行为犯，而且是选择性罪名，符合行为犯和选择性罪名的一般特征。本罪的主体是一般主体。本罪的主观方面是直接故意。根据1999年最高人民法院、最高人民检察院《关于办理组织和利用邪教组织犯罪案件具体应用法律若干问题的解释》第2条，组织和利用邪教组织并具有下列情形之一的，依照本罪定罪处罚：（1）聚众围攻、冲击国家机关、企业事业单位，扰乱国家机关、企业事业单位的工作、生产、经营、教学和科研秩序的；（2）非法举行集会、游行、示威，煽动、欺骗、组织其成员或者其他人聚众围攻、冲击、强占、哄闹公共场所及宗教活动场所，扰乱社会秩序的；（3）抗拒有关部门取缔或者已经被有关部门取缔，又恢复或者另行建立邪教组织，或者继续进行邪教活动的；（4）煽动、欺骗、组织其成员或者其他人不履行法定义务，情节严重的；（5）出版、印刷、复制、发行宣扬邪教内容出版物，以及印制邪教组织标识的；（6）其他破坏国家法律、行政法规实施的行为。

根据《刑法》第300条第1款的规定，犯本罪的，处3年以上7年以下有期徒刑；情节特别严重的，处7年以上有期徒刑。按照前述司法解释，所谓"情节特别严重"，是指跨省、自治区、直辖市建立组织机构或者发展成员的；或者勾结境外机构、组织、人员进行邪教活动的；或者出版、印刷、复制、发行宣扬邪教内容出版物以及印制邪教组织标识，数量或者数额巨大的；或者煽动、欺骗、组织其成员或者其他人破坏国家法律、行政法规实施，造成严重后果的等情形。

三十二、组织、利用会道门、邪教组织、利用迷信致人死亡罪

组织、利用会道门、邪教组织、利用迷信致人死亡罪，是指组织和利用会道门、邪教组织或者利用迷信蒙骗他人，致人死亡的行为。本罪的客体是社会管理秩序和公民的生命权。本罪的客观方面表现为实施了组织和利用会道门、邪教组织或者利用迷信蒙骗他人，并且致人死亡的行为。"利用迷信"是指通过占卜、看相、算命等形式散布迷信谣言，蛊惑人心，骗取钱财等。"蒙骗他人致人死亡"，是指组织、利用会道门、邪教组织制造、散布迷信邪说，蒙骗其成员或者其他人实施绝食、自残、自虐等行为，或者阻止病人进行正常治

疗，致人死亡的情形。对于利用迷信等邪术活动给人治病的行为，我们认为，邪术治病致人死亡，如果行为人对致死结果出于故意，则成立故意杀人罪，而不成立本罪，如果出于过失则成立利用迷信致人死亡罪。本罪是结果犯。本罪的主体是一般主体。本罪的主观方面，通说认为是故意。我们认为：（1）法条使用的是“致人死亡”的表述方式，联系到刑法修改中将“过失杀人”改为“过失致人死亡”，可见立法者强调“致人死亡”的主观心理态度应是过失。（2）如果行为人组织、利用会道门、邪教组织、利用迷信蒙骗他人，其目的在于杀害对方，则完全符合故意杀人罪的犯罪构成，以故意杀人罪定罪量刑更能体现对侵犯他人人身权利犯罪的惩罚。（3）本罪的蒙骗他人致人死亡，主要包括两种情况：一是愚弄、欺骗他人，使他人产生幻觉或对现实绝望而实施自焚、绝食等自杀行为。二是愚弄、欺骗他人，对他人实施迷信等行为，过失导致他人死亡，这两种情况主观上对死亡结果都出于过失。因此，本罪的主观方面应是过失，而不是故意。

根据《刑法》第300条第2款的规定，犯本罪的，依照本条第1款的规定处罚，处3年以上7年以下有期徒刑；情节特别严重的，处7年以上有期徒刑。所谓“情节特别严重”，根据前述司法解释，是指下列情形：（1）造成3人以上死亡的；（2）造成死亡人数不满3人，但造成多人重伤的；（3）曾因邪教活动受过刑事或者行政处罚，又组织和利用邪教组织蒙骗他人，致人死亡的；（4）造成其他特别严重后果的。

三十三、聚众淫乱罪

聚众淫乱罪，是指聚集3人以上共同进行猥亵、性交等集体淫乱活动的行为或者多次参加3人以上共同猥亵、性交等集体淫乱活动的行为。本罪的客体是良好的社会风尚。本罪的客观方面是实施了组织、策划、指挥或者多次参加多人共同猥亵、性交活动的行为。这里的“多人”一般是指聚集3人或3人以上，既可以是男性多人，也可以是女性多人，还可以是男女混杂多人。参加聚众淫乱的人应是自愿的，而不是被强迫的。在实践中，首要分子往往采取引诱、勾引等方法纠集他人参加淫乱活动。所谓引诱，是指行为人利用金钱、物质或者其他手段，拉拢、诱惑他人参加淫乱活动的行为。本罪的主体是一般主体，构成本罪的是首要分子及多次参加聚众淫乱的人，一般参加者不构成本罪。本罪的主观方面是直接故意。

根据《刑法》第301条第1款的规定，犯本罪的，处5年以下有期徒刑、拘役或者管制。

三十四、引诱未成年人聚众淫乱罪

引诱未成年人聚众淫乱罪，是指以各种手段引诱未成年人参加众人共同猥亵、性交活动的行为。本罪的客体是社会风尚和未成年人的身心健康。本罪的客观方面表现为引诱未成年人参加聚众淫乱的行为，其引诱的手段和方法不限。所谓“引诱”，是指以金钱、物质及其他利益诱导、拉拢本无意参加聚众淫乱活动的未成年人参加这一活动。如果未成年人出于自愿，而不是由于他人劝导诱惑而参加聚众淫乱活动，则不为“引诱”。所谓“未成年人”，依照《未成年人保护法》第2条的规定，是指未满18周岁的公民。本罪的行为人只要实施了引诱行为，就构成犯罪，至于被引诱的未成年人是否参加聚众淫乱活动，不是构成本罪的必要条件。本罪的主体是一般主体，凡年满16周岁具有刑事责任能力的人均可成为本罪的主体。本罪的主观方面是直接故意，但是并不意味着行为人必须明知未成年人实际年龄未满18周岁。只要行为人明知对方发育尚未成熟，被引诱之后其身心健康将会受到摧残，就可以认定行为人已经明知对方是未成年人，主观上也就完全具备了引诱未成年人参加聚众淫乱罪所要求的主观恶性。实践中有些未成年人虽不满18周岁，但发育早熟、貌似成年，加之隐瞒实际年龄，行为人确实不知对方是未成年人而加以引诱的，不构成本罪。构成其他罪的，按其他罪处罚。

根据《刑法》第301条第2款的规定，犯本罪的，处5年以下有期徒刑、拘役或者管制，并应从重处罚。

三十五、盗窃、侮辱尸体罪

盗窃、侮辱尸体罪，是指秘密窃取尸体或者侮辱尸体的行为。盗窃、侮辱尸体罪所直接伤害的是死者亲属的感情，破坏的是几千年来社会所形成的尊重死者、重视殡葬的风俗习惯，并通过破坏这种社会风尚来扰乱社会公共秩序，因此本罪的直接客体应是良好的社会风尚。本罪的犯罪对象是尸体，包括已经死亡的人的整具躯干或者一部分，骨灰、遗发、殓物不属于尸体。本罪的客观方面是实施了秘密窃取或者侮辱尸体的行为。所谓“侮辱尸体”，是指以暴露、猥亵、毁损、涂划、践踏等方式损害尸体的尊严或者伤害有关人员感情的行为。一般表现为言词辱骂、贬损、诽谤尸体，用秽物玷污尸体，奸污女尸，对尸体加以猥亵、毁损、破坏，或者出卖尸体或尸体部分，抛弃尸体，或者开棺露尸、鞭尸，等等。在实践中，对盗窃墓葬的行为，应作具体分析。盗窃现代人墓葬，窃取较大财物的，应定盗窃罪。窃得财物较少或未窃得财物，但情节严重的，也应以盗窃罪论处。盗窃财物的同时又侮辱尸体的（包括直接故意和间接故意）应以盗窃罪和侮辱尸体罪数罪并罚。此外，在盗窃尸体的情况下，如果行为人在盗窃尸体的同时又盗取殓物的，应对行为人以盗窃尸体罪和盗窃罪实行数罪并罚。本罪的主体是一般主体。本罪的主观方面是故意，行为的动机不影响本罪的成立。

根据《刑法》第 302 条的规定，犯本罪的，处 3 年以下有期徒刑、拘役或者管制。

三十六、赌博罪

（一）赌博罪的概念和构成

赌博罪，是指以营利为目的，聚众赌博或者以赌博为业的行为。本罪的构成要件如下：

1. 本罪的客体是良好的社会风尚。我国学者中多数人认为赌博罪所侵犯的是社会风尚和社会管理秩序，[①] 也有学者认为，赌博是行为人处理财产的一种方式，关系的是财产的得失，因而侵犯的应是财产所有权。[②] 还有人认为，赌博罪侵犯的法益是以劳动取得财产这一国民健全的经济生活方式与秩序。[③] 我们认为，将赌博罪的客体归结为财产所有权是不正确的。由于赌博这种行为具有传播性，它助长人们的侥幸心理，腐蚀人们特别是青少年的思想，滋生懒惰、浪费的恶习，造成家庭矛盾和纠纷，使一些人抛弃正业，变为无业游民，有的甚至因而倾家荡产，严重影响生产、工作和生活，有损于社会健康的、勤劳的风尚，威胁社会的正常发展。因此，本罪的客体应是良好的社会风尚。

2. 本罪的客观方面表现为以下两种行为方式：

（1）聚众赌博。赌博，一般是指以财物通过不确定的偶然因素决定输赢的行为。如果双方以财物之外的利益为决定输赢的对象的，应不以赌博认定。所谓“聚众赌博”，是指以公开或秘密的方式，提供赌博场所、赌具或其他服务，组织、招引、纠集不特定的多数人参加赌博，自己从中抽头渔利，或者招引多人在不固定的场所进行赌博，从中抽头渔利的行为。这种聚众赌博的组织

---

① 参见高铭暄、马克昌主编：《刑法学》（第三版），北京大学出版社、高等教育出版社 2007 年版，第 619 页。

② 参见甘雨霈、何鹏：《外国刑法学》（下），北京大学出版社 1985 年版，第 868 页。

③ 参见张明楷：《刑法学》，法律出版社 2007 年版，第 757 页。

者，俗称“赌头”。赌头可能参与赌博，也可能不参与赌博，但不管其本人是否参加赌博，都不影响本罪的成立。赌头有时并不限于一人，也可能是几个人，比如几个人经常纠集在一起，或者轮流出面招人赌博，从而给人一种没有固定的召集人的印象。实践中，不论以何种形式出现，只要是经常纠集、招引他人赌博，从中抽头渔利的，都应视为“赌头”。根据2005年最高人民法院、最高人民检察院《关于办理赌博刑事案件具体应用法律若干问题的解释》第1条，所谓“聚众赌博”，是指以营利为目的，有下列情形之一的：一是组织3人以上赌博，抽头渔利数额累计达到5000元以上的；二是组织3人以上赌博，赌资数额累计达到5万元以上的；三是组织3人以上赌博，参赌人数累计达到20人以上的；四是组织中华人民共和国公民10人以上赴境外赌博，从中收取回扣、介绍费的。

（2）以赌博为业。所谓“以赌博为业”，是指行为人赌博成性，以赌博为常业，在较长时间内，赌博活动成为其个人生活的主要内容，输赢金额在其经济生活中占主要地位，并以赌博收入作为其生活或挥霍的主要来源。这种人有的没有正当职业，专事赌博；有的有业不就，主要从事赌博；也有的虽有正当谋生手段，但以赌博为兼业，长期在业余时间进行赌博，输赢金额大大超过其正当收入。

上述两种行为方式是本罪客观方面的两个并列选择的行为方式，行为人只要实施其中一种即可构成本罪。

3. 本罪的主体是一般主体，凡年满16周岁且具备刑事责任能力的人均可构成本罪的主体。实践中，有的已满16周岁且具有刑事责任能力的人，利用、教唆不满16周岁的人或缺乏刑事责任能力的人实施赌博行为，此时，行为人只是把对方作为进行赌博的工具，在这种情况下，行为人构成赌博罪，而被教唆、利用的未达到刑事责任年龄或缺乏刑事责任能力的人不构成犯罪。

4. 本罪的主观方面是直接故意，并且行为人具有营利的目的。

（二）赌博罪的界限划分

1. 本罪与非罪的界限

（1）赌博罪与一般娱乐活动的界限。为了娱乐消遣，几个人凑在一起玩扑克或打麻将等，为了助兴，偶尔也有输赢，但其目的不是获利，不构成赌博罪。（2）赌博罪与一般违反治安管理的赌博行为的界限。二者主要区别是情节是否严重，对于偶尔参加赌博，情节显著轻微的，应该批评教育。对于参加赌博或者为赌博提供条件的，按治安管理处罚法的规定，处15日以下拘留，可以单处或者并处3000元以下罚款，或者依照规定实行劳动教养。但如果行为人一年内参赌十次以上或连续两年参赌均达十多次，输赢金额累计达几千元以上的，则不属一般赌博行为，具有较大的社会危害性，应追究刑事责任。

2. 本罪与诈骗罪的界限

在司法实践中，有的行为人以赌博为名，行诈骗之实，如参赌一方制造假赌具，或者采用暗语、黑话等方法，诱骗另一方与之赌博，诈取对方财物。在这种情况下，行为人实际上是以骗取他人财物为目的，而不是以营利为目的，应认定为诈骗罪。值得注意的是，1991 年最高人民法院研究室《关于设置圈套诱骗他人参赌获取钱财的案件应如何定罪问题的电话答复》指出："对于行为人以营利为目的，设置圈套，诱骗他人参赌的行为，需要追究刑事责任的，应以赌博罪论处。"1995 年最高人民法院《关于对设置圈套诱骗他人参赌又向索还钱财物的受骗者施以暴力或暴力威胁的行为应如何定罪问题的批复》（虽然刑法修订后该解释原则上已失去效力，但根据最高人民法院有关文件精神，在新的解释出台之前司法实践对之仍可参照适用）指出："行为人设置圈套诱骗他人参赌获取钱财，属赌博行为，构成犯罪的，应当以赌博罪定罪处罚。参赌者识破骗局要求退还所输钱财，设赌者又使用暴力或者以暴力相威胁，拒绝退还的，应以赌博罪从重处罚；致参赌者伤害或者死亡的，应以赌博罪和故意伤害罪或者故意杀人罪，依法实行数罪并罚。"这一司法解释与传统刑法理论之间存在着矛盾。因为赌博是以偶然的输赢决定财物归属的行为。赌博的一个重要特征就是赌博的结果取决于偶然的因素，这种偶然因素对当事人来说具有不确定性。而设置圈套诱骗他人获取钱财的行为，因为胜负的结果早已确定，不具有偶然性，不符合赌博罪的特征。相反完全符合诈骗罪的构成要件。同理，受骗者要求退还所输钱财，而设置圈套的人使用暴力或者以暴力相威胁的，完全符合抢劫罪的构成要件，应认定为抢劫罪。司法解释将以上行为以赌博罪论处，值得商榷。

3. 本罪与抢劫罪的界限

一般来说，赌博罪与抢劫罪是两个不同性质的犯罪，两者不易混淆，但在实践中有些犯罪分子诱骗对方服用迷魂药，在对方神志不清的情况下与之赌博，从而赢得钱财，对这种行为，是定赌博罪，还是定抢劫罪，抑或根据是当场取财还是事后取财分别定抢劫罪和敲诈勒索罪，存在不同看法。我们认为以放迷魂药为手段获取他人赌资，属于抢劫罪的暴力、胁迫之外的"其他手段"，这种手段使被害人不知反抗或丧失反抗能力，因而是一种特殊形态的抢劫，赌博只是其借用的一种方式而已。行为人当场取财自然成立抢劫罪。如果行为人当场没有取得财物，事后以威胁手段追收赌债的，追收赌债行为仍然是抢劫行为的自然延伸，也应成立抢劫罪，而不以敲诈勒索罪论。

4. 本罪的共犯形态

赌博罪的共犯，只能是必要共犯，即行为人必须是两人以上，没有两人以上，赌博活动就无法进行。聚众赌博与赌博的必要共犯不同，聚众赌博是聚集特定或不特定的多人共同赌博，后者则是指邀约特定的数人一起赌博。对聚众赌博的情况，只追究赌头的刑事责任，而赌博的必要共犯，则全部构成犯罪。按照前引有关办理赌博刑事案件的司法解释，明知他人实施赌博犯罪活动，而为其提供资金、计算机网络、通讯、费用结算等直接帮助的，以赌博罪的共犯论处。

（三）赌博罪的刑事责任

根据《刑法》第 303 条第 1 款的规定(《刑法修正案（六)》第 18 条修正)，犯本罪的，处 3 年以下有期徒刑、拘役或者管制，并处罚金。

三十七、开设赌场罪

开设赌场罪，是指以营利为目的，开设赌场，为他人提供赌博的器具和场所的行为。本罪的客体是良好的社会风尚和社会管理秩序。本罪的客观方面是开设赌场的行为。所谓“开设赌场”，是指开设以行为人为主宰者，在其支配下给他人提供赌博的场所，本人从中营利的行为。开设赌场营利有两种方式：(1) 开设赌场者不直接参加赌博，但收取场地、用具使用费或抽头渔利；(2) 开设赌场者直接参加赌博。如设置赌博机或雇用人员与顾客赌博。只有“开设赌场”的人，即赌场老板或合伙开办经营赌场者才构成犯罪，普通雇员不属于开设赌场的人。以营利为目的，在计算机网络上建立赌博网站，或者为赌博网站担任代理，接受投注的，也属于开设赌场的行为。本罪的主体是一般主体。本罪的主观方面是直接故意，并且具有营利的目的。

根据《刑法》第 303 条第 2 款(《刑法修正案（六)》第 18 条增设）的规定，犯本罪的，处 3 年以下有期徒刑、拘役或者管制，并处罚金；情节严重的，处 3 年以上 10 年以下有期徒刑，并处罚金。

三十八、故意延误投递邮件罪

故意延误投递邮件罪，是指邮政工作人员严重不负责任，故意延误投递邮件，致使公共财产、国家和人民利益遭受重大损失的行为。本罪的客体是国家邮政通讯管理秩序。本罪的客观方面表现为三个方面不可缺少的特征：严重不负责任；延误邮件投递；造成公共财产、国家和人民利益遭受重大损失。本罪的主体是特殊主体，即邮政工作人员。本罪的主观方面是故意。

根据《刑法》第304条的规定，犯本罪的，处2年以下有期徒刑或者拘役。

第三节　妨害司法罪

一、伪证罪

（一）伪证罪的概念和构成

伪证罪，是指在刑事诉讼中，证人、鉴定人、记录人、翻译人对与案件有重要关系的情节，故意作虚假证明、鉴定、记录、翻译，意图陷害他人或者隐匿罪证的行为。本罪的构成要件如下：

1. 本罪的客体主要是司法机关的正常活动，在“意图陷害他人”的场合还包括公民的人身权。因为在这种场合，作伪证的行为，不仅使司法机关查明犯罪事实的活动受阻，而且可能使无辜的人受到刑事追究。

2. 本罪客观表现为在刑事诉讼中，对与案件有重要关系的情节作虚假证明、鉴定、记录和翻译。具体而言，本罪的客观方面应该具备以下三个方面的要素：（1）必须在刑事诉讼中，如果不是在刑事诉讼过程中作伪证，则不构成本罪。这里的“刑事诉讼中”包括刑事案件的侦查、起诉、审判全过程，但不包括案件的执行程序。（2）有虚假的证明、鉴定、记录和翻译行为，而且只要行为人实施了这四种行为之中的一种行为，便足以构成本罪。所谓“虚假”，主要有两种情况：一是无中生有，捏造犯罪事实或夸大犯罪事实，意图陷害他人；二是将有说成无，掩盖事实真相，意图隐匿罪证以包庇他人。（3）行为人所作的虚假证明、鉴定、记录和翻译，必须是与案件有重要关系的情节，即对决定案件是否构成犯罪、构成犯罪的性质和轻重具有重要证明作用的事实。只有同时具备这三个要素条件，才能构成本罪。

3. 本罪的主体是特殊主体，即只能是刑事诉讼中的证人、鉴定人、记录人或者翻译人。

4. 本罪的主观方面是直接故意，并且要求行为人有陷害他人或者隐匿罪证的意图。

（二）伪证罪的界限划分

1. 本罪与非罪的界限

本罪的罪与非罪，要联系本罪的构成要件，注意划清下列界限：（1）伪证罪与刑事诉讼外的“伪证行为”的界限。如果在民事、行政诉讼或其他法律事务中作虚假证明、鉴定、翻译和记录，只能根据具体情况按一般违法行为进行处罚和教育，不能构成伪证罪。(2) 伪证罪与刑事诉讼中的“虚伪陈述”等行为的界限。刑事诉讼中上述证人、鉴定人、翻译人、记录人之外的人，如被告人、犯罪嫌疑人或者受害人等对案件事实作虚伪陈述，或者上述四种人对与案件没有重要关系的情节作伪证，均不能按伪证罪定罪处罚。(3) 伪证与“误证”的界限。如果行为人不是故意陷害他人或隐匿罪证，而是记忆错误、业务不熟、粗心大意作出错误的证明、鉴定、翻译或者记录，即便与案件有重要关系，也不能按伪证罪处理。

2. 本罪与诬告陷害罪的界限

伪证罪与诬告陷害罪都具有陷害他人、虚构事实或伪造证据的行为。其主要区别在于：(1) 侵犯的客体不同。前者的客体主要是司法机关的正常活动，后者则主要是公民的人身权利。(2) 客观方面的表现不同。前者必须发生在刑事诉讼中，只限于对与案件有重要关系的情节作“伪证”，而后者则发生在立案侦查之前，而且捏造的内容包括整个意图诬告的“犯罪事实”。(3) 犯罪主体不同。前者是特殊主体，只限于证人、鉴定人、翻译人和记录人，后者则是一般主体。(4) 犯罪意图和对象不同。前者具有陷害他人或者隐匿罪证的意图，并且其意图陷害的对象是进入刑事诉讼程序的犯罪嫌疑人和被告人，后者的意图只能是陷害还没有进入刑事诉讼程序的人。

以上是伪证罪与诬告陷害罪的一般区别，但在某些特殊情况下，两罪的界限值得进一步研究：

(1) 几人合谋对某人进行陷害，由一人出面控告，其他人则以证人身份作伪证，证明他人有罪。对这种“证人”的行为应当如何界定？我们认为，在这种情况下，证人应构成诬告陷害罪的共犯。因为证人与诬告人事先合谋，有共同的犯罪故意并且有共同的犯罪行为即陷害他人，只是在具体分工上有所不同，一个诬告，一个作伪证，行为完全符合共同犯罪的特征。

(2) 他人捏造犯罪事实并向司法机关告发，司法机关立案侦查后，行为人充当证人作伪证的，对行为人应定何罪？我们认为应定伪证罪而不能定诬告陷害罪。因为，他人捏造犯罪事实向司法机关告发，诬告陷害罪即已成立。这时行为人作伪证，不管是自己意图陷害第三人，还是帮助他人陷害第三人(属于事后帮助行为)，行为人都缺乏和他人共同犯罪的故意，他的伪证行为是一种独立的犯罪行为，因此不能构成诬告陷害罪的共犯，应单独构成伪证罪。

3. 本罪与包庇罪、包庇毒品犯罪分子罪的界限这三种罪的行为人，在作虚假证明，为犯罪分子隐匿罪证方面极为相似，目的都是包庇罪犯。其区别主要在于：（1）犯罪主体不同。伪证罪是特殊主体；后两种包庇犯罪是一般主体。（2）实施犯罪的时间不同。伪证罪只能在刑事诉讼阶段实施；后两罪则可以在犯罪分子被逮捕、关押前实施，也可以在被逮捕、关押后实施。（3）犯罪的内容不同。伪证罪掩盖的是与案件有重要关系的犯罪情节；后两罪掩盖的可以是全部罪行或者重要犯罪事实。（4）包庇对象的情况不同。伪证罪包庇的是整个刑事诉讼阶段的犯罪嫌疑人、被告人；后两罪包庇的可以是犯罪嫌疑人、被告人，也可以是已决犯或者是服刑中逃跑的犯罪分子。

应当指出的是，伪证罪与包庇罪、包庇毒品犯罪分子罪有时可能重合，即如果证人、鉴定人、记录人、翻译人在刑事诉讼阶段为了给罪犯隐匿罪证，而对与案件有重要关系的情节作伪证，就不仅符合伪证罪的构成，也符合包庇罪的构成，如对象是毒品犯罪分子，还符合包庇毒品犯罪分子罪的构成，这是一种想象竞合，应从一重罪处断即依后两罪定罪处罚。

4. 本罪的共犯形态

伪证罪的共犯形态，应根据本罪主体的不同，而作出不同的处理：

（1）证人对与案件有重要关系的情节，故意作虚假证明的，构成伪证罪。如果该证人作伪证是受他人威胁、贿买、引诱、教唆的，根据共同犯罪的有关原理，威胁者、教唆者应构成伪证罪的共犯。但由于《刑法》第 306 条、第 307 条对威胁、贿买、教唆证人作伪证的行为单独规定了罪名，因此对威胁者、教唆者不再以伪证罪的共犯论处，而应根据其身份的不同分别定第 306 条规定的辩护人、诉讼代理人妨害作证罪或第 307 条规定的妨害作证罪。

（2）鉴定人、记录人、翻译人如果受他人暴力、威胁、指使、贿买、引诱、教唆而在刑事诉讼中作伪证的，则应成立共同犯罪；在被暴力、威胁情况下作伪证的，胁迫者成为伪证罪主犯，行为人成为伪证罪的胁从犯；在被引诱、贿买情况下作伪证的，则行为人成为主犯，引诱、行贿者依其情形成为主犯或从犯；在被教唆情况下作伪证的，教唆者成为伪证罪的教唆犯。

5. 本罪的既遂、未遂界限

本罪属于行为犯，应以法定的犯罪行为的完成作为犯罪既遂的标志。即行为人只要在刑事诉讼中对与案件有重要关系的情节故意作了虚假的证明、鉴定、记录、翻译等，犯罪即已既遂。至于是否造成使他人受到不应有的刑事制裁或逃避应有的刑事制裁的严重后果在所不问。如果行为人主观上有作伪证的故意，客观上却由于认识错误，在对与案件无重要关系的情节上作了伪证，这种情况属于对象错误，行为人主观上有犯罪故意，客观上实施了伪证行为，由于认识错误（意志以外的原因）而使犯罪未能得逞，所以，应构成伪证罪的犯罪未遂。

6. 本罪的罪数形态

（1）行为人本人既捏造事实诬告他人，又到法庭上作伪证的行为，应当如何认定？我们认为应定诬告陷害罪一罪。因为诬告行为和作伪证行为都是基于同一故意，即陷害他人，作伪证行为是为了更好地实现诬告而实施的，两者之间有手段和目的的牵连关系，应成立牵连犯，依一重罪即诬告陷害罪从重处断。

（2）行为人在数个案件中都作了虚假陈述，应如何处理？如鉴定人在数个不同案件中都作了数个不同的虚假的鉴定结论，是构成数个伪证罪，还是一个伪证罪？我们认为，应以犯罪构成的个数来区分一罪与数罪，上述情况下故意内容不同，犯罪行为不同，应构成数罪。如果数罪在判决前均已案发，应否并罚，理论界有不同意见，一种意见认为，因是同种数罪，不应实行并罚，按一罪酌情从重处罚即可。另一种意见则主张应予并罚。① 我们认为，刑法对伪证罪的法定刑规定了两个量刑幅度，因此按伪证罪一罪从重处罚即可达到罪刑相适应，无须实行并罚，这也符合我国司法实践中同种数罪不并罚的传统。

（3）行为人只有一个伪证行为，但伪证对象为数人，或者伪证对象为一人，但对该对象在一案中连续几次作伪证，这时仍仅构成一罪。如果以伪证为手段犯其他罪的，按牵连犯从一重处断。

（三）伪证罪的刑事责任

根据《刑法》第305条的规定，犯本罪的，处3年以下有期徒刑或者拘役；情节严重的，处3年以上7年以下有期徒刑。

二、辩护人、诉讼代理人毁灭证据、伪造证据、妨害作证罪

辩护人、诉讼代理人毁灭证据、伪造证据、妨害作证罪，是指在刑事诉讼中，辩护人、诉讼代理人毁灭、伪造证据，帮助当事人毁灭、伪造证据，威胁、引诱证人违背事实改变证言或者作伪证的行为。本罪的客体是司法机关的正常刑事诉讼活动。本罪的客观方面表现为实施下列行为之一：（1）行为人直接毁灭、伪造证据；（2）帮助当事人毁灭、伪造证据；（3）威胁、引诱证人违背事实改变证言或者作伪证。值得注意的是，“在刑事诉讼中”是本罪客

① 参见赵秉志主编：《新刑法教程》，中国人民大学出版社1997年版，第370页。

观方面的构成要件之一，否则不能构成本罪。本罪的主体是特殊主体，只限于刑事诉讼中的辩护人和诉讼代理人。本罪的主观方面是故意。

根据《刑法》第306条的规定，犯本罪的，处3年以下有期徒刑或者拘役；情节严重的，处3年以上7年以下有期徒刑。

三、妨害作证罪

妨害作证罪，是指以暴力、威胁、贿买等方法阻止证人作证或者指使他人作伪证的行为。本罪的客体是司法机关的正常诉讼活动。本罪的客观方面表现为两类妨害作证的行为：(1) 以暴力、威胁、贿买等方法阻止证人作证；(2) 指使他人作伪证。本罪的主体是一般主体。主观方面是故意。

根据《刑法》第307条第1款、第3款的规定，犯本罪的，处3年以下有期徒刑或者拘役。情节严重的，处3年以上7年以下有期徒刑。司法工作人员犯本罪的，从重处罚。

四、帮助毁灭、伪造证据罪

帮助毁灭、伪造证据罪，是指帮助当事人毁灭、伪造证据，情节严重的行为。本罪的客体是司法机关的正常活动。本罪的客观方面表现为实施了帮助当事人毁灭、伪造证据，并且情节严重的行为。这里的情节严重，一般是指动机、手段恶劣，毁灭、伪造的证据涉及大案要案，造成严重后果，等等。本罪的主体是一般主体，但不包括当事人本人和刑事诉讼中的辩护人、诉讼代理人。本罪的主观方面是故意。

根据《刑法》第307条第2款、第3款的规定，犯本罪的，处3年以下有期徒刑或者拘役。司法工作人员犯本罪的，从重处罚。

五、打击报复证人罪

打击报复证人罪，是指采用各种手段故意对证人进行打击报复的行为。本罪的客体是司法机关的正常诉讼活动和证人依法作证的权利，其行为对象是已经在诉讼过程中依法作证的人。本罪的客观方面表现为实施了打击报复证人的行为，打击报复的手段既包括暴力也包括非暴力形式，如殴打、恐吓、骚扰、加害证人的近亲属，等等。本罪的主体是一般主体。本罪的主观方面为故意。

根据《刑法》第308条的规定，犯本罪的，处3年以下有期徒刑或者拘役；情节严重的，处3年以上7年以下有期徒刑。

六、扰乱法庭秩序罪

扰乱法庭秩序罪，是指聚众哄闹、冲击法庭，或者殴打司法工作人员，严重扰乱法庭秩序的行为。本罪的客体是法庭的正常秩序。本罪的客观方面表现为聚众哄闹、冲击法庭，或者殴打司法工作人员，严重扰乱法庭秩序的行为。这里的严重扰乱法庭秩序，主要是指致使案件审理无法正常进行或被迫中断。本罪的主体是一般主体。本罪的主观方面是故意。

根据《刑法》第309条的规定，犯本罪的，处3年以下有期徒刑、拘役、管制或者罚金。

七、窝藏、包庇罪

（一）窝藏、包庇罪的概念和构成

窝藏、包庇罪，是指明知是犯罪的人而为其提供隐藏的处所、财物，帮助其逃匿或者作假证明包庇的行为。本罪的构成要件如下：

1. 本罪的客体是司法机关对罪犯进行刑事追诉和刑罚执行的正常活动。① 本罪的行为对象是“犯罪的人”，即已经实施了犯罪行为的人，包括已决犯和未决犯，但不包括实际上并未犯罪而被司法机关怀疑犯罪的人。② 窝藏、包庇一般违法分子和已被判决免予刑罚处罚的人，不能构成窝藏、包庇罪。根据《刑法》第362条的规定，旅馆业、饮食服务业、文化娱乐业、出租汽车等单位的人员，在公安机关查处卖淫、嫖娼活动时，为违法犯罪分子通风报信，情节严重的，以本罪定罪处罚。

2. 本罪的客观方面表现为实施了窝藏或者包庇犯罪人的行为。“窝藏”，是指为犯罪的人提供隐藏处所、财物，帮助其逃匿的行为。具体而言，窝藏包括两种行为方式：一是为犯罪分子提供隐藏处所或财物。二是帮助犯罪人逃匿。一般说来，可具体表现为以下几种情形：为犯罪人提供逃跑路线；为犯罪人提供钱、财、物，使犯罪人在逃路中不致为生活所困；为犯罪人提供假身份证、假介绍信等帮助其掩盖真实身份等。以上两种窝藏方式，行为人常常同时使用，如先把犯罪人隐藏起来，而后再提供各种帮助。帮助犯罪人逃匿，不管

---

① 参见赵秉志主编：《妨害司法活动罪研究》，中国人民公安大学出版社1994年版，第251~252页。

② 参见高铭暄、马克昌主编：《刑法学》，北京大学出版社、高等教育出版社2000年版，第428页。

行为人采用哪种行为方式，或是采用多种方法，都只能定一罪，而不能数罪并罚。“包庇”，是指作假证明，以掩盖犯罪人的罪行或去向，即行为人以非证人的身份向司法机关提供虚假的证明材料为犯罪分子掩盖罪行或者开脱、减轻罪责，如提供虚假的出生证明等。① 如果以证人身份作假证包庇，则构成伪证罪。本罪是行为犯，以法定的犯罪行为的完成为犯罪既遂成立的标志。行为人只要实施了窝藏、包庇行为，就构成既遂。

3. 本罪的主体是一般主体，即年满 16 周岁具有刑事责任能力的自然人均能成为本罪的主体。在司法实践中，犯罪人的近亲属对犯罪人的窝藏和包庇行为，是否构成犯罪，是否应当从轻处罚，世界各国刑法规定不一。日本刑法规定，犯人或脱逃者的亲属为犯人或脱逃者的利益而犯藏匿犯人罪或湮灭证据罪的，得免除其刑。德国、奥地利、瑞士刑法也有类似规定。② 原因就是这类行为缺少期待可能性。我国古代也有“亲亲得相首匿”的规定。我们认为，为了更有力地打击犯罪，在目前对近亲属犯窝藏、包庇罪的，不宜免除其刑事责任，但是可以根据犯罪情节减轻或从轻处罚。

4. 本罪的主观方面是故意。即在事前没有通谋的情况下，明知对方是犯罪的人而意图使其逃避法律制裁。并不要求行为人对对方犯罪主观上确知，只要根据具体情况推定他可能知道就可认定是明知。对于窝藏罪而言，窝藏行为具有继续犯的性质，犯罪行为和不法状态一般同时持续，行为人主观上的明知，可以在行为开始时形成，也可以在行为的发展中形成。在包庇的情况下，一般要求行为人在进行包庇时就具备明知，当然也不排除行为人刚开始时不知道是犯罪人，知道是犯罪人后继续包庇的可能。如果行为人与被窝藏、包庇的犯罪人在实施其犯罪行为之前就有通谋，答应其作案后给予窝藏或者包庇的，应当对行为人以被窝藏、包庇者所犯之罪的共同犯罪论处，而不构成本罪。

（二）窝藏、包庇罪的界限划分

1. 本罪与非罪的界限

行为人主观上具有窝藏、包庇犯罪人的故意，客观上实施了窝藏、包庇行为，才能构成窝藏、包庇罪。如果主观上不知对方是犯罪人，由于受蒙蔽而为其提供一定处所、财物或者帮助其逃往他处，或作假证明包庇的，不构成窝藏、包庇罪。反之，如果行为人主观上有窝藏、包庇犯罪人的故意，但由于认

---

① 参见刘家琛主编：《新刑法及司法解释适用指南》（下），人民法院出版社 2002 年版，第 1456 页。

② 参见马克昌等主编：《刑法学全书》，上海科学技术出版社 1993 年版，第 743 页。

识错误，客观上窝藏、包庇了非犯罪人，由于其对司法机关的刑事追诉和刑罚执行活动没有危害或危害甚小，符合《刑法》第13条但书的规定，因此不作为犯罪处理。

区分本罪罪与非罪的界限，还应注意区别本罪与知情不报行为以及一般违法行为的界限：（1）本罪与知情不报行为的界限。知情不报行为一般属于道德或纪律问题，一般不构成犯罪。再者，知情不报仅仅表现为单纯的不作为，即明知他人犯罪而不检举告发；而本罪除了不检举告发这种消极的不作为外，还表现为窝藏、包庇犯罪分子这种积极的作为。（2）本罪与一般违法行为的界限。区别本罪与一般违法行为的界限，关键在于窝藏、包庇行为的社会危害性及其严重程度，如果窝藏、包庇行为"情节显著轻微危害不大的"，符合《刑法》总则第13条但书的规定，不认为是犯罪，而作为一般违法行为予以处理。

2. 本罪与伪证罪的界限

两罪在客观方面的表现有相似之处，如故意作虚假证明隐匿罪证的行为。两罪的主要区别在于：（1）主体不同。本罪是一般主体，而后罪是特殊主体，只限于证人、鉴定人、记录人、翻译人等四种人。（2）主观方面不同。本罪意图使犯罪分子逃避刑事责任，后罪则有两种意图，即陷害他人或者隐匿罪证包庇他人。（3）客观方面的表现不尽相同。本罪表现为为犯罪人提供隐藏处所、财物，帮助其逃匿或者作假证明包庇，而后罪则表现为对与案件有重要关系的情节作虚假证明、鉴定、记录、翻译的行为。（4）犯罪时间不同。本罪发生的时间没有限制，而后罪只能发生在刑事诉讼过程中。（5）本罪的对象既可以是未决犯，也可以是已决犯，而后罪所包庇的对象只能是未决犯。

3. 本罪与徇私枉法罪的界限

徇私枉法罪中对明知是有罪的人而故意包庇不使他受追诉的行为，与窝藏、包庇罪有相似之处。两罪最主要的区别在于：（1）犯罪主体不同。本罪是一般主体；而后罪的主体则是特殊主体，仅限于司法工作人员。（2）客观方面的表现不同。本罪是通过物质帮助使犯罪人逃匿或作假证明包庇，使其逃避刑事制裁；而后罪表现为司法工作人员利用职权对明知有罪的人故意包庇不使他受追诉，特点是利用职权进行包庇，除此之外，后罪还可表现为对明知无罪的人而使他受追诉，或者在刑事审判活动中故意违背事实和法律作枉法裁判的行为。

4. 包庇罪与包庇、纵容黑社会性质组织罪的界限

两罪的区别有以下几点：（1）客体不同。本罪的客体是司法机关的正常

活动。而包庇、纵容黑社会性质组织罪侵犯的客体是复杂客体，既包括正常的社会管理秩序，又包括国家机关的正常管理活动。（2）客观方面不同。包庇罪表现为作假证明包庇犯罪人的行为。而包庇、纵容黑社会性质组织罪表现为包庇黑社会性质的组织，或者纵容黑社会性质的组织进行违法犯罪活动的行为。具体而言：第一，二者包庇的对象不同。包庇罪包庇的对象是各种犯罪组织和犯罪人。而包庇、纵容黑社会性质组织罪包庇的对象仅限于黑社会性质的组织。第二，二者包庇的方式不同。包庇罪的包庇仅限于作假证明包庇犯罪人的行为。包庇、纵容黑社会性质组织罪的包庇可以是掩饰黑社会性质组织的存在、帮助其隐匿、毁灭违法犯罪证据的行为，也可以是作假证明和其他各种妨害国家机关查办、惩处、打击黑社会性质组织的行为。第三，包庇罪的包庇行为必须与犯罪人事前无通谋，如果行为人与其所包庇的对象事前有通谋的，则应按其所包庇的对象的共犯论处。而包庇、纵容黑社会性质组织罪中不管行为人事先是否与黑社会性质组织存在共谋，都可成立包庇、纵容黑社会性质组织罪。

（三）窝藏、包庇罪的刑事责任

根据《刑法》第 310 条第 1 款的规定，犯本罪的，处 3 年以下有期徒刑、拘役或者管制。情节严重的，处 3 年以上 10 年以下有期徒刑。另外，根据《刑法》第 362 条的规定，旅馆业、文化娱乐业、出租汽车业等单位的人员，在公安机关查处卖淫、嫖娼活动时为违法犯罪分子通风报信，情节严重的，依照本条的规定定罪处罚。

八、拒绝提供间谍犯罪证据罪

拒绝提供间谍犯罪证据罪，是指明知他人有间谍犯罪行为，在国家安全机关向其调查有关情况、收集有关证据时，拒绝提供，情节严重的行为。本罪的客体是国家安全机关与间谍犯罪作斗争的正常活动。本罪的客观方面表现为拒绝向国家安全机关提供他人间谍犯罪证据，情节严重的行为。本罪的主体是一般主体。本罪的主观方面是故意，目的和动机不影响定罪。

根据《刑法》第 311 条的规定，犯本罪的，处 3 年以下有期徒刑、拘役或者管制。

九、掩饰、隐瞒犯罪所得、犯罪所得收益罪

掩饰、隐瞒犯罪所得、犯罪所得收益罪，是指明知是犯罪所得及其产生的收益而予以窝藏、转移、收购、代为销售或者以其他方法掩饰、隐瞒的行为。本罪的客体是司法机关的正常活动。本罪的客观方面表现为事前没有通谋的情

况下，窝藏、转移、收购、代为销售或者以其他方法掩饰、隐瞒他人犯罪所得及其产生的收益的行为。本罪的主体是一般主体。本罪的主观方面是故意。行为人必须明知是犯罪所得及其产生的收益，而予以窝藏、转移、收购、代为销售或者以其他方法掩饰、隐瞒。对赃物的明知，一般可以采取推定的方法。如果在非法交易场所和销售单位购买；或者所购买的诸如机动车辆等物品的证件手续不全或者明显违反规定的或者没有合法证明的；或者以明显低于市场价格购买的；或者商定在秘密时间或地点交付物品的，除非有证据证明确属被蒙骗，可以认定为“明知”。

根据《刑法》第312条的规定(《刑法修正案（六)》第19条修正)，犯本罪的，处3年以下有期徒刑、拘役或者管制，并处或者单处罚金；情节严重的，处3年以上7年以下有期徒刑，并处罚金。

十、拒不执行判决、裁定罪

(一）拒不执行判决、裁定罪的概念和构成

拒不执行判决、裁定罪，是指对人民法院的判决、裁定有能力执行而拒不执行，情节严重的行为。本罪的构成要件如下：

1. 本罪的客体是司法机关的正常活动和人民法院判决、裁定的权威性。行为对象是人民法院依法作出的具有执行内容并已经发生法律效力的判决、裁定。人民法院为依法执行支付令、生效的调解书、仲裁裁决、公证债权文书等所作的裁定也属于这里的裁定。

2. 本罪的客观方面表现为有能力执行而拒不执行人民法院的生效裁判，并且情节严重的行为。拒不执行，是指不履行判决、裁定所规定的义务，或者不实现判决、裁定所要求的内容。根据2002年全国人大常委会《关于〈中华人民共和国刑法〉第三百一十三条的解释》，所谓情节严重，是指：(1）被执行人隐藏、转移、故意毁损财产或者无偿转让财产、以明显不合理的低价转让财产，致使判决、裁定无法执行的；（2）担保人或者被执行人隐藏、转移、故意毁损或者转让已向人民法院提供担保的财产，致使判决、裁定无法执行的；(3）协助执行义务人接到人民法院协助执行通知书后，拒不协助执行，致使判决、裁定无法执行的；（4）被执行人、担保人、协助执行义务人与国家机关工作人员通谋，利用国家机关工作人员的职权妨害执行，致使判决、裁定无法执行的；(5）其他有能力执行而拒不执行，情节严重的情形。

3. 本罪的主体是特殊主体，包括具有履行判决、裁定义务的当事人和其他具有协助执行义务的人。单位不能构成本罪，对单位的主管人员和直接责任

人员为了本单位的利益实施拒不执行判决、裁定犯罪行为的，按自然人犯本罪处理。按照上述立法解释，国家机关工作人员有上述第四项行为的，以本罪的共犯追究刑事责任；如果收受贿赂或者滥用职权，有上述第四项行为的，同时又构成受贿罪、滥用职权罪的，依照处罚较重的规定定罪处罚。

4. 本罪的主观方面是故意。即行为人明知是人民法院的判决、裁定，有能力执行却故意不执行。

（二）拒不执行判决、裁定罪的界限划分

1. 本罪与非罪的界限

对没有能力履行或者拒不执行判决、裁定，情节轻微的行为，不能以犯罪论处。

2. 拒不执行判决、裁定过程中造成人员伤亡和财产损坏的定罪问题

这时应视具体情形而定。如果只是轻微伤害或少量的财产损失，则仍以本罪论处。如果使用暴力、威胁方法造成执行人员轻伤以上的伤害甚至死亡，或者使用毁坏、抢夺的方法造成重大财产毁损，则应按想象竞合犯的“从一重罪处断”原则，以故意伤害罪、故意杀人罪或者故意毁坏财物罪论处。

（三）拒不执行判决、裁定罪的刑事责任

根据《刑法》第 313 条的规定，犯本罪的，处 3 年以下有期徒刑、拘役或者罚金。

十一、非法处置查封、扣押、冻结的财产罪

非法处置查封、扣押、冻结的财产罪，是指隐藏、转移、变卖、故意毁损已被司法机关查封、扣押、冻结的财产，情节严重的行为。本罪的客体是司法机关正常的诉讼和执行活动，行为对象是已被司法机关查封、扣押、冻结的财产。本罪的客观方面表现为“隐藏、转移、变卖、故意毁损”等任何一种非法处置并且情节严重的行为。本罪的主体是一般主体。本罪的主观方面是故意。

根据《刑法》第 314 条的规定，犯本罪的，处 3 年以下有期徒刑、拘役或者罚金。

十二、破坏监管秩序罪

破坏监管秩序罪，是指依法被关押的罪犯，破坏监管秩序，情节严重的行为。本罪的客体是国家的监管秩序。本罪的客观方面表现为以下破坏监管秩序情形之一，情节严重的行为：（1）殴打监管人员的；（2）组织其他被监管人

破坏监管秩序的；(3) 聚众闹事，扰乱正常监管秩序的；(4) 殴打、体罚或者指使他人殴打、体罚其他被监管人的。本罪的主体是特殊主体，限于正在被依法关押服刑的已决犯。本罪的主观方面是故意。

根据《刑法》第315条的规定，犯本罪的，处3年以下有期徒刑。

十三、脱逃罪

(一) 脱逃罪的概念和构成

脱逃罪，是指依法被关押的罪犯、被告人、犯罪嫌疑人从关押场所或者押解途中逃走的行为。本罪的构成要件如下：

1. 本罪的客体是司法机关对罪犯、被告人、犯罪嫌疑人的羁押监管秩序。

2. 本罪的客观方面表现为行为人实施了从关押场所或者押解途中逃走的行为。至于是否脱逃成功，并不影响本罪的构成，只是影响犯罪的既遂和未遂形态而已。脱逃的方式是多种多样的，如秘密逃走、押解途中趁押解人员不备而逃跑或是采取暴力、威胁方法逃跑，这些方式均不影响本罪的成立。这种行为发生的场所是羁押、管理的场所，包括监狱、劳改队、拘役所、看守所以及押解途中。只要实施了脱离上述存在羁押、管理状态场所的行为，都可构成本罪。

3. 本罪的主体是特殊主体，即依法被逮捕、关押的罪犯、被告人和犯罪嫌疑人。对于那些依法被关押，但属于错抓错判的人能否构成本罪的主体，学术界有肯定和否定两种观点。肯定说认为，本罪的主体应当是依据刑事实体法和刑事程序法而被予以关押的被告人、犯罪嫌疑人，而不必问其事实上是否有罪。① 否定说则认为，错抓错判，司法机关有责任，被冤枉者逃跑了，反而构成脱逃罪，成了真正的犯罪分子，这是不合理的。② 这里实质上是“形式的犯罪观”和“实质的犯罪观”的分歧，我们倾向于前一种肯定的观点。但同时必须考虑确实无罪的人尽管被依照法律程序错误关押但实质无罪这种情形，如果仅仅单纯脱逃，应根据刑法但书的规定不按犯罪处理；如果使用暴力等手段方法，破坏司法机关的羁押监管秩序的，可以按照脱逃罪从轻或者减轻处罚。

4. 本罪的主观方面故意，脱逃的目的是为了逃避羁押和刑罚的执行。如

---

① 参见李希慧主编：《妨害社会管理秩序罪新论》，武汉大学出版社2001年版，第277页。

② 参见高铭暄、马克昌主编：《刑法学》，北京大学出版社、高等教育出版社2000年版，第434页。

果不具备脱逃的故意和逃避羁押、服刑的目的的，不构成本罪。

（二）脱逃罪的界限划分

1. 本罪既遂与未遂的界限

在脱逃罪的既遂与未遂问题上，存在着“逃出关押场所”和“逃出监管人员的控制范围”两种区别标准的分歧。我们认为，脱逃行为的本质是脱离监管机关的监管，而行为人的目的也在于脱离监管机关的监管以非法获得人身自由。脱逃行为因为其发生于特定的场所，所以，监管应体现在特定的监管场所和受特定的监管人员的控制，两者是缺一不可的，仅仅脱离监管场所或脱离监管人员的控制，都不能构成既遂，只有既脱离了监管人员的控制范围，又逃出了监管场所，才构成脱逃罪既遂。否则，就是犯罪未遂。

2. 本罪与破坏监管秩序罪的界限

两罪的行为都是对我国监管机关的正常监管秩序的侵犯，但是两罪的区别也很明显：（1）主体不同。脱逃罪的主体是依法被关押的罪犯、被告人、犯罪嫌疑人，即已决犯和未决犯；破坏监管秩序罪的主体是依法被关押的罪犯，只能是依法被判处死刑、无期徒刑、有期徒刑、拘役并收监执行的犯罪分子。（2）客观方面不同。脱逃罪是脱离监管场所和逃避监管人员控制的行为；破坏监管秩序罪是指罪犯殴打监管人员、组织其他被监管人破坏监管秩序、聚众闹事、扰乱正常监管秩序或殴打、体罚或者指使他人殴打、体罚其他被监管人，情节严重的行为。（3）破坏监管秩序罪要求情节严重，不存在犯罪预备、中止、未遂形态；而脱逃罪存在犯罪预备、中止、未遂形态。

另外，脱逃过程中如果使用暴力或威胁方法构成脱逃罪，应以致人轻伤为限。如果造成监管人员重伤、死亡的，应按牵连犯“从一重罪处断”的原则，以故意伤害罪或者故意杀人罪处理。

（三）脱逃罪的刑事责任

根据《刑法》第316条第1款的规定，犯本罪的，处5年以下有期徒刑或者拘役。

十四、劫夺被押解人员罪

劫夺被押解人员罪，是指使用暴力、胁迫或者其他方法劫持夺取押解途中的罪犯、被告人、犯罪嫌疑人的行为。本罪的客体是司法机关的正常押解活动。本罪的客观方面表现为实施了劫夺押解途中的罪犯、被告人、犯罪嫌疑人的行为。犯罪嫌疑人、刑事被告人被押于法院受审、候审或者押至检察院提审的，也属于押解途中。本罪的主体是一般主体。本罪的主观方面是故意。

根据《刑法》第316条第2款的规定，犯本罪的，处3年以上7年以下有期徒刑；情节严重的，处7年以上有期徒刑。

十五、组织越狱罪

组织越狱罪，是指依法被关押的罪犯、犯罪嫌疑人、刑事被告人相互勾结，有组织、有计划地集体逃走的行为。本罪的客体是司法机关的正常监管秩序。本罪的客观方面表现为行为人实施了组织越狱或者参加越狱的行为。本罪的主体是特殊主体，包括依法被关押的罪犯、犯罪嫌疑人和刑事被告人。本罪的主观方面是故意。

根据《刑法》第317条第1款的规定，犯本罪的，对首要分子和积极参加的，处5年以上有期徒刑；对其他参加的，处5年以下有期徒刑或者拘役。

十六、暴动越狱罪

暴动越狱罪，是指依法被关押的罪犯、被告人和犯罪嫌疑人以有组织或者聚众集体使用暴力手段强行从关押场所逃走的行为。本罪的客体是司法机关的正常监管秩序。本罪的客观方面表现为实施了有组织或者聚众集体使用暴力手段强行从关押场所逃走的行为。本罪的主体是特殊主体，即依法被关押的罪犯、被告人和犯罪嫌疑人。本罪的主观方面是故意。

根据《刑法》第317条第2款的规定，犯本罪的，对首要分子和积极参加的，处10年以上有期徒刑或者无期徒刑；情节特别严重的，处死刑；其他参加的，处3年以上10年以下有期徒刑。

十七、聚众持械劫狱罪

聚众持械劫狱罪，是指狱外的人聚众持械劫夺依法被关押在监狱或看守所中的犯罪分子的行为。本罪的客体是司法机关的正常监管秩序。本罪的客观方面表现为聚众持械劫狱的行为。这里的“持械”，是指持有一定杀伤力的刀枪棍棒或炸药等武器或械具。本罪的主体是一般主体。本罪的主观方面是故意。

根据《刑法》第317条第2款的规定，犯本罪的，对首要分子和积极参加的，处10年以上有期徒刑或者无期徒刑；情节特别严重的，处死刑；其他参加的，处3年以上10年以下有期徒刑。

第四节　妨害国（边）境管理罪

一、组织他人偷越国（边）境罪

（一）组织他人偷越国（边）境罪的概念和构成

组织他人偷越国（边）境罪，是指违反出入国（边）境管理法规，采用鼓动、策划、拉拢、联络、组织他人等方式偷越国（边）境或者为偷越国（边）境制定计划，确定偷越时间、地点、人员、方式等的行为。本罪的构成要件如下：

1. 本罪的客体是国家对国（边）境的管理秩序。无论是中国公民，还是外国公民（包括无国籍人员），出入我国国（边）境，都必须按照我国出入境管理法规的规定，履行必要的申办手续。这种正常的管理秩序，对于维护国家主权、领土完整和国（边）境的安全是必不可少的。如果出入国（边）境的公民不按法律的规定履行必要的手续，随意出入我国国（边）境，必然会破坏我国的国（边）境管理制度，扰乱国（边）境的正常的管理秩序。

2. 本罪的客观方面表现为实施了非法鼓动、策划、拉拢、联络、组织他人偷越国（边）境的行为。认定本罪的客观方面，应当注意以下两个方面：(1) 行为的非法性。即行为人组织他人偷越国（边）境的行为违反国（边）境管理法规。(2) 组织他人偷越国（边）境。包括组织他人非法入境和组织他人非法出境两种形式。所谓"组织"，按照2002年最高人民法院《关于审理组织、运送他人偷越国（边）境等刑事案件适用法律若干问题的解释》，是指领导、策划、指挥他人偷越国（边）境或者在首要分子指挥下，实施拉拢、引诱、介绍他人偷越国（边）境等行为。具体而言，即是采用拉拢、动员、策划、串连、欺骗等方法，联络偷越国（边）境的人员，积极为偷越活动创造条件，提供便利，使偷越国（边）境的人员在其指挥、安排下非法出入国（边）境的行为。这里的"偷越"，就是指不在出入境口岸、边防站等规定地点出入国（边）境或者使用伪造的出入境证件在规定地点出入国（边）境。作为组织偷越国（边）境对象的"他人"，应是指多人。本罪必须以作为的行为方式实施，不作为一般不构成此类犯罪。行为人只要实施了组织他人偷越国（边）境的行为就可以成立本罪。

3. 本罪的主体是一般主体，即年满16周岁具有刑事责任能力的自然人，只要组织他人偷越国（边）境的，均可构成本罪。组织者可以是中国人，也可以是外国人或者无国籍人。被组织者不能构成本罪。

4. 本罪的主观方面是直接故意，且一般具有营利的目的，但不以营利目的为限。

（二）组织他人偷越国（边）境罪的界限划分

1. 本罪与非罪的界限

区分本罪罪与非罪的关键在于行为人是否具有组织他人偷越国（边）境的主观故意，如果行为人根本就不知道是国（边）境而组织他人跨越的，不构成犯罪。另外，根据《刑法》第13条的规定，如果组织他人偷越国（边）境的行为，情节显著轻微，危害不大的，不成立犯罪。例如，对于那些共同犯本罪的行为人中起辅助作用并只是偶尔为之者，我们就可以认定其不构成犯罪。

2. 与骗取出境证件罪的界限

这两罪在主观上都以组织他人偷越国（边）境为目的，其行为都是侵犯了国家对国（边）境正常的管理秩序和管理活动。二罪的主要区别在于行为方式不同，本罪是行为人组织他人偷越，而后罪却侧重于行为人采取各种虚假手段，骗取护照、签证等出入境证件，手段一般包括以劳务输出、经贸往来或其他名义等；本罪是非法组织偷越，后罪是骗取到合法证件以后，以“合法”的方式组织偷越国（边）境。本罪的犯罪主体只能是自然人，后罪的犯罪主体还包括单位。

3. 一罪与数罪的界限

（1）在犯本罪过程中，造成被组织人重伤、死亡的，剥夺或者限制被组织人人身自由的，以暴力、威胁方法抗拒检查的，不定过失致人死亡罪、非法拘禁罪和妨害公务罪，而按本罪的结果加重犯处理，适用《刑法》第318条第1款关于加重处罚的规定。（2）如果组织者对所造成的被组织者重伤、死亡的结果持故意的心理态度，则应另定故意杀人罪或故意伤害罪，与本罪实行并罚。（3）在犯本罪过程中，对被组织人有杀害、伤害、强奸、拐卖等犯罪行为，或者对检查人员有杀害、伤害等犯罪行为的，依照数罪并罚的规定处罚。（4）犯罪行为人在组织他人偷越国（边）境过程中，明知被组织人员中有在我国实施了犯罪行为的嫌疑人或罪犯，为使其逃避法律制裁，帮助其隐匿而组织其偷越国（边）境的，这种行为属于想象竞合犯，应从一重罪即组织他人偷越国（边）境罪处罚，其窝藏包庇行为可作为从重量刑的情节。如果行为人根本就不知道被组织人中有罪犯或犯罪嫌疑人，那就直接依组织他人偷越国（边）境罪定罪量刑。（5）实践中，组织他人偷越国（边）境的行为人往往自己也偷越国（边）境，这时偷越国（边）境罪与组织他人偷越国（边）境罪之间便形成了牵连关系，应依一重罪即组织他人偷越国（边）境罪论处，而不实行并罚。

（三）组织他人偷越国（边）境罪的刑事责任

根据《刑法》第318条的规定，犯本罪的，处2年以上7年以下有期徒刑，并处罚金；如果有下列情形之一的，处7年以上有期徒刑或者无期徒刑，并处罚金或者没收财产：（1）组织他人偷越国（边）境集团的首要分子；（2）多次组织他人偷越国（边）境或者组织他人偷越国（边）境人数众多的；（3）造成被组织人重伤、死亡的；（4）剥夺或者限制被组织人人身自由的；（5）以暴力、威胁方法抗拒检查的；（6）违法所得数额巨大的；（7）有其他特别严重情节的。如果在犯本罪过程中，对被组织人有杀害、伤害、强奸、拐卖等犯罪行为，或者对检查人员有杀害、伤害等犯罪行为的，依照数罪并罚的规定处罚。

二、骗取出境证件罪

骗取出境证件罪，是指为组织他人偷越国（边）境使用，而以劳务输出、经贸往来或者其他名义，弄虚作假，骗取护照、签证等出境证件的行为。本罪的客体是国家对出境证件的管理秩序。本罪的客观方面是实施了意图组织他人偷越国（边）境，而以劳务输出、经贸往来或者其他名义，弄虚作假，骗取护照、签证等出境证件的行为。本罪的主体是一般主体，单位也可以成为本罪的主体。本罪的主观方面是故意，并且具有为组织他人偷越国（边）境使用的目的。

根据《刑法》第319条的规定，犯本罪的，处3年以下有期徒刑，并处罚金；情节严重的，处3年以上10年以下有期徒刑，并处罚金。按照前引有关偷越国（边）境犯罪的司法解释，为组织他人偷越国（边）境使用、骗取出境证件5份以上，或者非法收取办证费30万元以上的，属于这里的情节严重。单位犯本罪的，对单位判处罚金，并对其直接负责的主管人员和其他直接责任人员，依照自然人犯本罪的规定处罚。

三、提供伪造、变造的出入境证件罪

提供伪造、变造的出入境证件罪，是指为他人提供伪造、变造的护照、签证等出入境证件的行为。本罪的客体是国家对出入境证件的管理秩序。本罪的客观方面表现为为他人提供伪造、变造的护照、签证等出入境证件的行为。如果行为人在“提供”之前，还有伪造、变造出入境证件的行为，则应按牵连犯处理。本罪的主体是一般主体。本罪的主观方面是故意。

根据《刑法》第320条的规定，犯本罪的，处5年以下有期徒刑，并处罚金；情节严重的，处5年以上有期徒刑，并处罚金。按照前引有关偷越国（边）境犯罪的司法解释，这里的情节严重，是指：(1) 为他人提供伪造、变造的护照、签证等出入境证件5份以上或者出售护照、签证等出入境证件5份以上的；(2) 违法所得30万元以上的；(3) 有其他严重情节的。

四、出售出入境证件罪

出售出入境证件罪，是指出售护照、签证等出入境证件的行为。本罪的客体是国家对出入境证件的管理秩序。本罪的客观方面表现为出售护照、签证等出入境证件的行为。这里的“出入境证件”，应该是本人或他人的真实有效证件，如果是伪造、变造的证件，则按提供伪造、变造的出入境证件罪定罪处罚。本罪的主体是一般主体。本罪的主观方面是故意，且一般具有营利的目的。

根据《刑法》第320条的规定，犯本罪的，处5年以下有期徒刑，并处罚金；情节严重的，处5年以上有期徒刑，并处罚金。按照前引有关偷越国（边）境犯罪的司法解释，这里的情节严重，是指：(1) 在境外实施损害国家利益的行为的；(2) 偷越国（边）境3次以上的；(3) 拉拢、引诱他人一起偷越国（边）境的；(4) 因偷越国（边）境被行政处罚后一年内又偷越国（边）境的；(5) 有其他严重情节的。

五、运送他人偷越国（边）境罪

运送他人偷越国（边）境罪，是指违反国家出入境管理法规，运送他人出入国（边）境的行为。本罪的客体是国家对国（边）境的管理秩序。本罪的客观方面是非法运送他人偷越国（边）境的行为，包括运送出境和运送入境。本罪的主体是一般主体。本罪的主观方面是故意，且一般具有营利目的，但刑法并没有将营利目的规定为本罪的构成要件。

根据《刑法》第321条的规定，犯本罪的，处5年以下有期徒刑、拘役或者管制，并处罚金；如果具有下列情形之一的，处5年以上10年以下有期徒刑，并处罚金：(1) 多次实施运送行为或者运送人数众多的；(2) 所使用的船只、车辆等交通工具不具备必要的安全条件，足以造成严重后果的；(3) 违法所得数额巨大的；(4) 有其他特别严重情节的。如果在运送他人偷越国

(边)境中造成被运送人重伤、死亡，或者以暴力、威胁方法抗拒检查的，处7年以上有期徒刑，并处罚金。这是本罪的结果加重处罚规定，其中的造成伤亡只能出于过失，其中的抗拒检查使用暴力也只能以轻微伤害为限。但如果对被运送人有杀害、伤害、强奸、拐卖等犯罪行为，或者对检查人员有杀害、伤害等犯罪行为的，依照数罪并罚的规定处罚。

六、偷越国（边）境罪

偷越国（边）境罪，是指违反国（边）境管理法规，偷越国（边）境，情节严重的行为。本罪的客体是国家对国（边）境的管理秩序。本罪的客观方面表现为违反国（边）境管理法规，偷越国（边）境，情节严重的行为。具体包括三个不可缺少的行为要素：其一是违反国（边）境管理法规，包括《公民出境入境管理法》、《外国人入境出境管理法》及其实施细则等。其二是未经有关部门批准非法偷越国（边）境。偷越的方法和手段可以各式各样。其三是情节必须严重。根据前引有关偷越国（边）境犯罪的司法解释，这里的“情节严重”是指：(1) 在境外实施损害国家利益的行为的；(2) 偷越国(边)境3次以上的；(3) 拉拢、引诱他人一起偷越国（边）境的；(4) 因偷越国（边）境被行政处罚后一年内又偷越国（边）境的；(5) 有其他严重情节的。本罪的主体是一般主体。本罪的主观方面是故意。

根据《刑法》第322条的规定，犯本罪的，处1年以下有期徒刑、拘役或者管制。

七、破坏界碑、界桩罪

破坏界碑、界桩罪，是指明知是国（边）境的界碑、界桩而故意进行破坏的行为。本罪的客体是国家对国（边）境的管理秩序。本罪的客观方面表现为破坏界碑、界桩的行为。本罪的主体是一般主体，既可以是中国人，也可以是外国人或无国籍人。本罪的主观方面是故意。

根据《刑法》第323条的规定，犯本罪的，处3年以下有期徒刑或者拘役。

八、破坏永久性测量标志罪

破坏永久性测量标志罪，是指故意破坏国家设立的永久性测量标志的行为。本罪的客体是国家对永久性测量标志的正常管理秩序。本罪的对象是永久性测量标志。根据我国《测量标志保护条例》的规定，永久性测量标志是指建设在地上、地下或者建筑物上的各种等级的三角点、基线点、导线点、军用控制点、重力点、天文点、水准点的木质觇标、钢质觇标和标石标志，全球卫星定位控制点，以及用于地形测图、工程测量和形变测量的固定标志和海底大地点设施等永久性测量标志。本罪的客观方面表现为破坏永久性测量标志的行为。本罪的主观方面是故意。

根据《刑法》第323条的规定，犯本罪的，处3年以下有期徒刑或者拘役。

第五节　妨害文物管理罪

一、故意损毁文物罪

（一）故意损毁文物罪的概念和构成

故意损毁文物罪，是指违反文物保护法规，明知是国家保护的珍贵文物或者被确定为全国重点文物保护单位、省级文物保护单位的文物而予以故意损毁的行为。本罪的构成要件如下：

1. 本罪的客体为国家对珍贵文物的管理秩序。犯罪对象是国家保护的珍贵文物和被确定为全国重点文物保护单位、省级文物保护单位的文物。所谓“文物”，根据文物保护法的规定，是指：（1）具有历史、艺术、科学价值的古文化遗址、古墓葬、古建筑、石窟寺和石刻、壁画；（2）与重大历史事件、革命运动或者著名人物有关的以及具有重要纪念意义、教育意义或者史料价值的近代现代重要史迹、实物、代表性建筑；（3）历史上各时代珍贵的工艺品、工艺美术品；（4）历史上各时代重要的文献资料以及具有历史、艺术、科学价值的手稿和图书资料等；（5）反映历史上各时代、各民族社会制度、社会生产、社会生活的代表性实物；（6）具有科学价值的古脊椎动物和古人类化石。所谓国家保护的珍贵文物，是指具有重大历史、科学、艺术价值的文物。珍贵文物包括具有重大历史、科学、艺术价值的纪念品、工艺美术品、革命文献资料、手稿、古旧图书资料以及代表性实物等文物。珍贵文物分为一、二、三级。所谓全国重点文物保护单位、省级文物保护单位的文物，是指由国务院，省、自治区、直辖市人民政府根据文物的历史、艺术、科学价值，核定公布并予以重点保护的革命遗址、纪念建筑物、古文化遗址、古墓葬、古建筑、石窟寺、石刻等文物。

2. 本罪在客观方面表现为故意损毁国家保护的珍贵文物或者被确定为全

国重点文物保护单位、省级文物保护单位的文物的行为。所谓“损毁”，是指使上述特定文物部分破损或者完全毁灭。

3. 本罪的主体是一般主体，单位不能成为本罪的犯罪主体。

4. 本罪在主观方面表现为故意。

（二）故意损毁文物罪的界限划分

1. 本罪与故意损毁财物罪的界限

两罪的区别在于：（1）犯罪客体不同。本罪侵犯的客体是国家对文物的管理秩序；而后罪侵犯的客体是公私财产所有权。（2）犯罪对象不同。本罪的犯罪对象是特定的文物，是一种特殊的财产，与普通公私财物有别；后罪的犯罪对象是各种公私财物，但如果刑法已对某些物品规定了独特的保护方式，就不能成为该罪的犯罪对象。

2. 一罪与数罪的界限

在实践中，有的犯罪分子在盗窃文物的同时造成了文物的损毁，这属于一个犯罪行为同时触犯了盗窃罪与故意损毁文物罪两个罪名，应按照想象竞合犯的处理原则来处理。

（三）故意损毁文物罪的刑事责任

根据《刑法》第324条的规定，犯本罪的，处3年以下有期徒刑或者拘役，并处或者单处罚金；情节严重的，处3年以上10年以下有期徒刑，并处罚金。所谓情节严重，一般是指多次损毁，屡教不改的；损毁国宝级文物的；损毁大量珍贵文物或致使国家重点文物保护单位的文物损毁严重的；损毁文物动机极其恶劣的。

二、故意损毁名胜古迹罪

故意损毁名胜古迹罪，是指违反文物保护法规，明知是国家保护的名胜古迹而予以损毁，情节严重的行为。本罪的客体是国家对名胜古迹的管理秩序。本罪的犯罪对象是国家保护的名胜古迹。所谓名胜古迹，一般是指具有重大历史、艺术、科学价值，并被核定为全国或地方重点文物保护单位的风景区或与名人事迹、历史大事有关而值得后人登临凭吊的胜地和建筑物。所谓国家保护的名胜古迹，是指国家保护的具有重大历史、艺术、科学价值的风景区或者与名人事迹、历史大事有关，值得后人登临凭吊的地点、遗迹和建筑物。国家保护的名胜古迹通常被核定为国家或者地方重点文物保护单位。本罪在客观方面表现为损毁国家保护的名胜古迹，情节严重的行为。所谓“情节严重”，一般是指损毁被联合国评定为世界历史文化遗产的名胜古迹的；或损毁国家级重点文物保护单位的名胜古迹的；或造成被损毁的名胜古迹无法恢复原状的；或损毁国家保护的名胜古迹后果严重的；等等。本罪主体为一般主体。主观方面表现为故意，包括直接故意和间接故意。在实践中，有的犯罪分子用放火、爆炸等方法来损毁名胜古迹，如果其行为足以危害公共安全，则属于牵连犯，应依一重罪处罚。

根据《刑法》第324条第2款的规定，犯本罪的，处5年以下有期徒刑或者拘役，并处或单处罚金。

三、过失损毁文物罪

过失损毁文物罪，是指行为人过失损毁国家保护的珍贵文物或者被确定为全国重点文物保护单位、省级文物保护单位的文物，造成严重后果的行为。本罪所侵犯的客体是国家对特定文物保护的正常管理活动。犯罪对象为国家保护的珍贵文物或者被确定为全国重点文物保护单位、省级文物保护单位的文物。本罪在客观方面表现为行为人因过失而实施了损毁珍贵文物，造成严重后果的行为。所谓"造成严重后果"，一般是指致使国家一级文物或者国家级重点文物保护单位的文物遭受不可弥补的毁坏的后果；或者致使大量受国家保护的文物遭受不可弥补的毁坏。本罪的主体是一般主体。本罪的主观方面是过失。

根据《刑法》第324条第3款的规定，犯本罪的，处3年以下有期徒刑或者拘役。

四、非法向外国人出售、赠送珍贵文物罪

非法向外国人出售、赠送珍贵文物罪，是指违反了文物保护法规，将收藏的国家禁止出口的珍贵文物私自出售或者私自赠送给外国人的行为。本罪的客体是国家对珍贵文物的出口管理活动。本罪在客观方面表现为违反文物保护法规，将收藏的国家禁止出口的珍贵文物私自出售或者私自赠送给外国人的行为。所谓禁止出口的珍贵文物，是指根据有关文物管理法规的规定而被禁止出口的珍贵文物。所谓收藏，既包括合法拥有的，也包括非法占有的，如盗窃、抢劫、欺诈、贪污、受贿等犯罪所得。所谓私自出售，是指私人收藏文物者、国有单位、非国有单位，未经文物管理部门批准，将珍贵文物当做商品有偿卖出，并收取相应价款的行为。所谓私自赠送，是指主体未经文物管理部门批准，将珍贵文物无偿赠与的行为。另外，构成本罪还必须将珍贵文物私自出售、赠送给外国人。外国人指不具有中国国籍的人，包括具有外国国籍的人和无国籍的人。本罪的主体是一般主体，既包括自然人，也包括单位。本罪的主

观方面是故意。

根据《刑法》第 325 条的规定，犯本罪的，处 5 年以下有期徒刑或者拘役，可以并处罚金。单位犯本罪的，对单位判处罚金，并对直接负责的主管人员和其他直接负责人员，按自然人犯本罪的规定处罚。

五、倒卖文物罪

倒卖文物罪，是指以牟利为目的，倒卖国家禁止经营的文物，情节严重的行为。本罪的客体是国家对文物的管理活动。本罪的犯罪客观方面表现为违反国家文物保护法规，倒卖国家禁止经营的文物，情节严重的行为。倒卖行为一般包括两种方式：一种是无权从事文物经营活动的单位或者个人从事上述经营活动，从中得利；二是指经营国家不允许自由买卖（包括拍卖）的文物。而并非仅仅限定于“低价买入而高价卖出”这种形式。所谓情节严重，一般是指倒卖三级文物，非法获利数额较大或非法经营数额较大的；或者多次倒卖三级以下文物、倒卖三级以下文物多件；倒卖文物屡教不改的；抗拒有关部门检查的，等等。而倒卖二级文物或一级文物的；或非法获利数额巨大的；非法经营数额巨大的或者倒卖稀世国宝的等，则属于情节特别严重。本罪的犯罪主体为一般主体。既可以是自然人，也可以是单位。本罪的主观方面为直接故意，并且具有牟利的目的。如果行为人不具有牟利目的，则不以犯罪论处。而行为人有牟利的目的，实际上未牟取到利益，不影响行为构成犯罪。

根据《刑法》第 326 条第 1 款的规定，犯本罪的，处 5 年以下有期徒刑或者拘役，并处罚金。情节特别严重的，处 5 年以上 10 年以下有期徒刑，并处罚金。同时《刑法》第 326 条第 2 款规定，单位犯本罪的，对单位判处罚金，并对其直接负责的主管人员和其他直接责任人员依照前述的规定处罚。

六、非法出售、私赠文物藏品罪

非法出售、私赠文物藏品罪，是指国有博物馆和图书馆以及其他国有单位违反文物管理法规，将国家保护的文物藏品出售或者私自送给非国有单位或者个人的行为。本罪既侵犯了国家对文物的管理秩序，同时也侵犯了国家对文物的所有权。本罪在客观方面表现为违反文物保护法规，私自出售或赠送给非国有单位或者个人文物藏品的行为。根据《文物保护法》第 2 条的规定，受国家保护的文物具体包括具有历史、艺术、科学价值的古文化遗址、古墓葬、古建筑、石窟寺和石刻、艺术品、工艺美术品、文献资料与实物等。本罪的主体为特殊主体，即只能是国有博物馆、图书馆等国有单位。根据国家法律的规定，这些单位都享有管理国家文物的权限，非国有单位或个人不能成为本罪主体。本罪的主观方面是故意。认定本罪的关键问题在于出售和赠送文物藏品的行为是否得到有关主管部门的批准。没有经过批准的出售、赠送行为属于非法行为，反之，则属于合法行为。

根据《刑法》第327条的规定，犯本罪的，对出售或私赠文物藏品的单位判处罚金，并对直接负责的主管人员和其他直接责任人员，处3年以下有期徒刑或者拘役。

七、盗掘古文化遗址、古墓葬罪

盗掘古文化遗址、古墓葬罪是指违反国家文物管理法规规定，未经国家有关部门批准，私自挖掘具有历史、艺术、科学价值的古文物遗址、古墓葬的行为。本罪侵犯的客体是国家对古文化遗址、古墓葬的管理秩序和国家对古文化遗址、古墓葬的所有权。本罪的犯罪对象是具有历史、艺术、科学价值的古文化遗址、古墓葬。所谓古文化遗址，是指在人类历史发展中由古代人类创造并留下了的表明文化发展水平的地区，如河姆渡遗址。古墓葬是指清代和清代以前的人类放置逝者及其遗物而修建的墓葬。本罪在客观方面表现为未经国家文化行政管理部门批准，盗掘古文化遗址、古墓葬的行为。具体表现为以下几种：（1）未经任何部门批准，即私自挖掘。（2）虽然取得某些地方政府同意，但未向文化部申请取得批准并获得考古发掘证照即发掘。（3）超出国家批准的发掘范围进行发掘。本罪的行为方法可以是多种多样的，如挖、拆、炸、凿、刨等，所用方法不影响本罪的成立。本罪的主体是一般主体。如果单位组织盗掘的，不应以单位犯罪论处，而应当直接追究直接责任人员的刑事责任。本罪的主观方面是故意。认定本罪，应注意与盗窃罪的区别：（1）两者侵犯的客体不同。本罪侵犯的客体为国家对古文化遗址、古墓葬的管理秩序和对古文化遗址、古墓葬的所有权，而盗窃罪客体为公私财物的所有权。（2）从客观行为上讲，两罪中的“盗”字含义不同。本罪中的“盗”字意为“未经批准私自”，而盗窃罪中的“盗”则为“秘密”之意。本罪的行为方式可以是秘密的，可以是公然的，还可以是聚众挖掘的，而盗窃罪的行为方式只能是秘密窃取。（3）两者主观目的不一。盗窃罪必须以非法占有为目的，而构成本罪不以任何目的为必要要件。如果在盗掘古文化遗址、古墓葬行为中盗窃其中文物的，则构成牵连犯，以本罪论处。

根据《刑法》第328条的规定，犯本罪的，处3年以上10年以下有期徒刑，并处罚金；情节较轻的，处3年以下有期徒刑、拘役或者管制，并处罚金；具有下列情形之一的，处10年以上有期徒刑、无期徒刑或死刑，并处罚金或者没收财产：（1）盗掘确定为全国重点文物保护单位和省级文物保护单位的古文化遗址、古墓葬的；（2）盗掘古文化遗址、古墓葬集团的首要分子；（3）多次盗掘古文化遗址、古墓葬的；（4）盗掘古文化遗址、古墓葬，并盗窃珍贵文物或者造成珍贵文物严重破坏的。

八、盗掘古人类化石、古脊椎动物化石罪

盗掘古人类化石、古脊椎动物化石罪，是指未经国家批准，私自挖掘古人类化石、古脊椎动物化石的行为。本罪侵犯的客体是国家对古人类化石、古脊椎动物化石的管理秩序和国家对古人类化石、古脊椎动物化石的所有权。本罪的犯罪对象是具有科学价值的古人类化石、古脊椎动物化石。所谓“具有科学价值”，一般是指能够反映和鉴别地层、地球历史，能够反映出动物（特别是脊椎动物）和人类的起源、发展历史及其规律的价值。本罪的客观方面必须是未经批准，私自挖掘古人类化石、古脊椎动物化石的行为。本罪的主体为一般主体，即凡年满16周岁、具有刑事责任能力的自然人均可能成为本罪主体。本罪在主观方面表现为故意。

根据《刑法》第328条第2款的规定，犯本罪的，根据具体情况，按照盗掘古文化遗址、古墓葬罪的处罚规定处罚。

九、抢夺、窃取国有档案罪

抢夺、窃取国有档案罪是指以非法占有为目的，当场直接夺取或秘密窃取国家所有的档案的行为。本罪侵犯的客体是国家对国有档案的管理秩序和国家对国有档案的所有权。本罪侵犯的对象是国有档案。根据《档案法》第2条的规定，所谓国有档案，是指机关、团体、事业单位和其他组织、政党以及国家领导人和其他国家工作人员在公务活动中形成的对国家和社会具有保存价值的各种文字、图表、声像等不同形式的历史记录。对属于集体或个人所有的档案，如果为国家收购或征购，或者为原所有人出售、捐赠给国家的，也应视为国家所有的档案。本罪在客观方面表现为当场直接夺取或秘密窃取国家所有的档案的行为。具体表现为两种行为形式：一是乘人不备而突然抢夺，即在国有档案管理人员没有觉察或无防备的情况下，使其来不及夺回或制造他人不能夺回的机会而直接夺取国有档案的行为。二是秘密窃取行为，即行为人采取自认为不使国有档案的管理人员发觉或知道的方法，使用非暴力胁迫的平和手段，违反国有档案管理人员的意志，秘密将国有档案转移取走为自己或者第三者占

有的行为。本罪主体为一般主体，单位不能构成本罪主体。本罪在主观方面表现为直接故意。抢夺、窃取国有档案罪是选择性罪名，如果行为人同时实施抢夺、窃取国有档案行为的，也只以一罪处罚，而不数罪并罚。另外，如果行为人抢夺、窃取国有档案的行为同时又触犯其他罪名的，则应根据《刑法》第329条第3款的规定，依照较重的规定定罪处罚。如果被抢夺、窃取的国有档案又同时为国家文物或者属于国家机密的，则行为人往往还触犯妨害文物管理罪或妨害国家机密罪，属于想象竞合犯，而不能按数罪处理。

对于我国刑法没有明确规定如何处理的抢劫国有档案行为，有的主张对此应按抢夺国有档案罪定罪处罚。① 有的则主张，应遵循严格罪刑法定主义的精神，将抢劫国有档案的行为不作犯罪处理。② 也有学者主张，一般情形下的抢劫国有档案行为，应认定为本罪；如果所抢劫的档案属于财物，则是本罪与抢劫罪的想象竞合犯，从一重罪论处。③ 我们认为，第一种主张显然有违罪刑法定原则，抢劫毕竟不等于抢夺，抢夺并不当然包含有抢劫，否则刑法就没有必要分别规定抢劫罪、抢夺罪两个罪名。如果将抢劫国有档案类推解释为抢夺国有档案，显然不符合我国已取消类推解释制度的立法精神。而第二种主张显然又会轻纵犯罪，从而导致社会危害性程度高的抢劫国有档案行为不作犯罪处理，而对社会危害性较轻的抢夺、窃取国有档案行为却作为犯罪处理的司法不公正现象。至于折中处理的第三种观点也有些似是而非：首先，无论如何，抢劫行为比抢夺行为社会危害性大，如果处以相同的刑罚，就会违背罪责刑相适应原则，而造成事实上的司法不公；其次，国有档案属于国家所有，这种所有也是一种包括有形财产和无形财产的财产权，并不需要再讨论其财物属性。因此，我们主张，对抢劫国有档案行为应以抢劫罪直接定罪处罚。首先，抢劫国有档案侵犯了国家对国有档案的所有权；其次，抢劫罪是一种行为犯，因而即使对国有档案无法估价定量，也不影响对抢劫国有档案行为的抢劫罪定性。

根据《刑法》第329条第1款的规定，犯本罪的，处5年以下有期徒刑或者拘役。

---

① 参见叶峰主编：《刑法新罪名通论》，中国检察出版社1997年版，第259页。

② 参见郭立新、黄明儒主编：《刑法分则适用典型疑难问题新释新解》，中国检察出版社2006年版，第566页。

③ 参见张明楷：《刑法学》，法律出版社2007年版，第834页。

十、擅自出卖、转让国有档案罪

擅自出卖、转让国有档案罪，是指违反档案法的规定，擅自出售、转让国家所有的档案，情节严重的行为。本罪的客体是国家对国有档案的管理秩序和国家对国有档案的所有权。本罪在客观方面表现为违反档案法的规定，擅自出卖、转让国家所有的档案，情节严重的行为。擅自出卖与转让国有档案两种行为方式是本罪客观方面的核心内容。所谓情节严重，一般是指擅自出卖、转让的对象是外国人的；或多次擅自出卖、转让国有档案的；或擅自出卖、转让的国有档案对国家和社会的价值特别重大的；或造成擅自出卖、转让的国有档案丢失、损毁或无法追回的，等等。本罪主体为一般主体，而单位不能构成本罪主体。本罪在主观方面表现为故意。

根据《刑法》第329条第2款的规定，犯本罪的，处5年以下有期徒刑或者拘役。

第六节　危害公共卫生罪

一、妨害传染病防治罪

妨害传染病防治罪，是指违反传染病防治法的规定，引起甲类传染病传播或者有传播严重危险的行为。本罪的客体是国家关于传染病防治的正常管理秩序。本罪的客观方面表现为实施了违反传染病防治法的规定，引起甲类传染病传播或者有传播严重危险的行为。具体包括下列几种行为：（1）供水单位供应的饮用水不符合国家规定的卫生标准的；（2）拒绝按照卫生防疫机构提出的卫生要求，对传染病病原体污染的污水、污物、粪便进行消毒处理的；（3）准许或者纵容传染病病人、病原体携带者和疑似传染病病人从事国务院卫生行政部门规定禁止从事的易使该传染病扩散的工作的；（4）拒绝执行卫生防疫机构依照传染病防治法提出的预防、控制措施的。这里的甲类传染病的范围，需要依照我国《传染病防治法》和国务院有关规定确定，目前主要指鼠疫、霍乱。只要实施了上述行为之一，引起了甲类传染病传播或者有传播严重危险，不论是否实际已经导致甲类传染病传播，便足以成立本罪。本罪的主体是一般主体，单位也可以构成本罪。本罪的主观方面是过失。

根据《刑法》第330条第1款、第2款的规定，犯本罪的，处3年以下有期徒刑或者拘役；后果特别严重的，处3年以上7年以下有期徒刑。

二、传染病菌种、毒种扩散罪

传染病菌种、毒种扩散罪，是指从事实验、保藏、携带、运输传染病菌种、毒种的人员，违反国务院卫生行政部门的有关规定，造成传染病菌种、毒种扩散，后果严重的行为。本罪的客体是国家关于实验、保藏、携带、运输传染病菌种、毒种的正常管理秩序。本罪的客观方面表现为违反国务院卫生行政部门的有关规定，造成传染病菌种、毒种扩散，后果严重的行为。本罪的主体是特殊主体，即从事实验、保藏、携带、运输传染病菌种、毒种的人员。本罪的主观方面是过失，如果行为人出于故意扩散传染病菌种、毒种，则按有关的危害公共安全方面的犯罪论处。

根据《刑法》第331条的规定，犯本罪的，处3年以下有期徒刑或者拘役；后果特别严重的，处3年以上7年以下有期徒刑。

三、妨害国境卫生检疫罪

妨害国境卫生检疫罪，是指违反国境卫生检疫规定，引起检疫传染病传播或者有传播严重危险的行为。本罪的客体是国境卫生检疫管理秩序。本罪的客观方面表现为违反国境卫生检疫规定，引起检疫传染病传播或者有传播严重危险的行为。检疫传染病，目前主要是指鼠疫、霍乱、黄热病以及由国务院确定、公布的其他传染病。本罪属危险犯，是否已经实际引起检疫传染病传播并不影响本罪的构成。本罪的主体是一般主体，单位也可以构成。本罪的主观方面是过失。

根据《刑法》第332条的规定，犯本罪的，处3年以下有期徒刑或者拘役，并处或者单处罚金。单位犯本罪的，对单位判处罚金，并对其直接负责的主管人员和其他直接责任人员，依照自然人犯本罪的规定处罚。

四、非法组织卖血罪

（一）非法组织卖血罪的概念和构成

非法组织卖血罪，是指违反国家有关法规，组织他人出卖血液的行为。本罪的构成要件如下：

1. 本罪的客体包括国家关于血液采集和供应的正常管理秩序和公民的身体健康与生命安全。

2. 本罪的客观方面表现为非法组织卖血的行为。即行为人实施了违反我国《献血法》等法律法规，策划、指挥、领导他人出卖血液的行为，行为的手段可以各式各样，如利诱、欺骗等。但公民本人自愿出卖自己的血液或者强迫他人卖血的不构成本罪，前者不构成犯罪，后者则可能构成强迫卖血罪。

3. 本罪的主体是一般主体。

4. 本罪的主观方面是故意，一般具有营利目的，但没有营利目的并不影响本罪的构成。

（二）非法组织卖血罪的界限划分

1. 本罪与近似犯罪的界限

本罪与强迫卖血罪的主要区别在于：后者以暴力、威胁方法为构成要件，前者则没有方法上的限制。本罪与非法采集、供应血液、制作、供应血液制品罪的主要区别在于：（1）行为对象不完全相同。前者的对象仅限于血液，后者则还包括血液制品。（2）客观方面的行为表现方式不同。前者表现为组织他人将血液作为商品加以出卖的行为，后者则表现为非法采集、供应血液，制作、供应血液制品的行为。（3）客观方面的构成要件不同。前者是行为犯，只要实施非法组织卖血的行为，除了符合《刑法》第13条“但书”关于“情节显著轻微危害不大的，不认为是犯罪”的规定外，即可构成本罪。而后者则是危险犯，必须“足以危害人体健康”才构成犯罪。

2. 本罪既遂与未遂的界限

关于本罪既遂与未遂的区别标准，有人认为应以“组织者是否将被组织者带至预定的卖血地点”① 为标准，有人则认为应以“被组织者是否已经实际卖出血液”② 为标准。我们认为，后一种观点比较可取。即被组织者已经卖出血液的，为既遂。行为人虽然已经组织好了卖血者，但被组织者尚未卖出血液的，为未遂。

（三）非法组织卖血罪的刑事责任

根据《刑法》第333条第1款、第2款的规定，犯本罪的，处5年以下有期徒刑，并处罚金；实施本罪行为，对他人造成伤害的，依照《刑法》第234条的故意伤害罪定罪处罚。

五、强迫卖血罪

强迫卖血罪，是指以暴力、威胁方法强迫他人出卖血液的行为。本罪的客

① 刘远编：《危害公共卫生罪》，中国人民大学出版社1998年版，第124页。

② 高铭暄、马克昌主编：《刑法学》（第三版），北京大学出版社、高等教育出版社2007年版，第645页。

体包括国家关于血液采集和供应的正常管理秩序和公民的身体健康与生命安全。本罪的客观方面表现为违背他人意志，以暴力、威胁方法强迫他人出卖血液的行为。本罪的主体是一般主体。本罪的主观方面是故意，一般都具有获取非法利益的目的。

根据《刑法》第333条第1款、第2款的规定，犯本罪的，处5年以上10年以下有期徒刑，并处罚金；实施本罪行为，对他人造成伤害的，依照《刑法》第234条的故意伤害罪定罪处罚。

六、非法采集、供应血液、制作、供应血液制品罪

非法采集、供应血液、制作、供应血液制品罪，是指非法采集、供应血液或者制作、供应血液制品，不符合国家规定的标准，足以危害人体健康的行为。本罪的客体是国家关于采集、供应血液及制作、供应血液制品的管理秩序。本罪的客观方面表现为三个不可缺少的行为要素：一是“非法”。即未经国家主管部门批准而采集、供应血液或者制作、供应血液制品。二是“不符合国家规定的标准”。即采集、供应的血液不符合《供血者体格检查标准》，或者制作、供应的血液制品不符合卫生部《生物制品规程》的各项要求。三是“足以危害人体健康”。即非法采集、供应的血液或者非法制作、供应的血液制品，一旦被使用，就可能让使用者因此感染疾病。本罪是选择性罪名，只要行为人实施了非法采集、供应血液或制作、供应血液制品四种行为方式中的一种行为，就可以构成本罪。本罪的主体是一般主体。本罪的主观方面是故意，一般具有获取非法利益的目的。

根据《刑法》第334条第1款的规定，犯本罪的，处5年以下有期徒刑或者拘役，并处罚金；对人体健康造成严重危害的，处5年以上10年以下有期徒刑，并处罚金；造成特别严重后果的，处10年以上有期徒刑或者无期徒刑，并处罚金或者没收财产。

七、采集、供应血液、制作、供应血液制品事故罪

采集、供应血液、制作、供应血液制品事故罪，是指经国家主管部门批准采集、供应血液或制作、供应血液制品的部门，不依照规定进行检测或者违背其他操作规定，造成危害他人身体健康后果的行为。本罪的客体是国家的采供血管理秩序和公民的生命健康权。本罪的客观方面表现为不依照规定进行检测或者违背其他操作规定，造成危害他人身体健康后果的行为。本罪属于结果犯，造成危害他人身体健康的后果才构成本罪。本罪的主体只能是经国家主管

部门批准采集、供应血液或制作、供应血液制品的部门。本罪的主观方面是过失。

根据《刑法》第 334 条第 2 款的规定，犯本罪的，对单位判处罚金，并对其直接负责的主管人员和其他直接责任人员，处 5 年以下有期徒刑或者拘役。

八、医疗事故罪

（一）医疗事故罪的概念和构成

医疗事故罪，是指医务人员由于严重不负责任，造成就诊人死亡或者严重损害就诊人身体健康的行为。本罪的构成要件如下：

1. 本罪的客体是正常的医疗工作管理秩序和就诊人的生命健康权。治病救人是医务人员的神圣职责，追究医疗事故责任人员的刑事责任对提高医务人员的业务素质和职业道德，保护就诊人的生命健康，是十分必要的。

2. 本罪的客观方面表现为医务人员严重不负责任，造成就诊人死亡或者严重损害就诊人身体健康的行为。具体来说，有以下三个不可缺少的方面：(1) 医务人员在诊疗护理工作中严重不负责任。“严重不负责任”，是指在诊疗护理工作中违反规章制度和诊疗护理常规，不履行或不正确履行职责。实践中，行为的方式既可以是作为，也可以是不作为。作为即行为人积极实施规章制度和诊疗护理常规所禁止的行为，如开错处方、打错针、误切除没有病变的器官等。不作为即行为人对自己应当履行并有能力履行的职责疏忽大意、敷衍塞责，不去履行，如拖延治疗、不按时巡房、不及时报告病情等。本罪是一种业务犯罪。所以危害行为应在行为人履行职责的过程中实施。如果不是在履行职责的过程中实施，就不能构成本罪。认定何时是履行职责，国家、集体、企事业单位中的医务人员一般看其行为是否发生在工作时间、工作职位上，个体医生因不存在工作时间和工作职位，可看其行为是否发生在法定区域范围内或者是否收取了医疗报酬。但上述参照因素不是绝对的，还应根据具体情况具体分析，作出判断。(2) 医务人员严重不负责任的行为，造成了就诊人死亡或者严重损害就诊人身体健康的后果。本罪是结果犯，以“造成就诊人死亡或身体健康严重受损”为要件。《医疗事故处理条例》第 2 条规定，所谓医疗事故，是指医疗机构及其医务人员在医疗活动中，违反医疗卫生管理法律、行政法规、部门规章和诊疗护理规范、常规，过失造成患者人身损害的事故。而该条例第 4 条规定，根据对患者人身造成的损害程度，医疗事故分为四级。一级医疗事故：造成患者死亡、重度残疾的；二级医疗事故：造成患者中度残疾、器官组织损伤导致严重功能障碍的；三级医疗事故：造成患者轻度残疾、器官组织损伤导致一般功能障碍的；四级医疗事故：造成患者明显人身损害的其他后果的。“严重损害就诊人身体健康”可以参照这一规定，理解为上述一、二、三、四级医疗事故。（3）医务人员严重不负责任的行为，与就诊人死亡或身体健康严重受损的结果之间，具有刑法上的因果关系。医疗伤亡结果的形成与一般加害事件有所不同，后者是加害行为本身直接引起人体损伤，而前者则多是由于医疗措施未能有效阻止病情发展而导致病情恶化引起伤残或死亡，或者是医疗措施直接引起病人伤亡，或者由于医疗措施客观上加重了病情，促使病人伤亡。医疗伤亡结果的出现既同原患疾病有关，又同医疗行为有关。在认定本罪中，应着重分析违章医疗行为与原患疾病对医疗责任发生的原因力大小。如果伤亡结果主要是由于病情自身发展导致的，行为人严重不负责任的行为所起作用很小，则不宜认定行为人构成医疗事故罪。

3. 本罪的主体是特殊主体，即医务人员，是指经过考核和卫生行政机关批准或承认取得相应资格的各级各类卫生技术人员。包括国家、集体医疗单位的医生、护士、药剂人员以及经主管部门批准开业的个体行医人员。我国医务人员按其业务性质分为四类：（1）医疗防疫人员，如中医、西医、卫生防疫、寄生虫防治、地方病防治、职业病防治和妇幼保健人员；（2）药剂人员；（3）护理人员；（4）其他专业技术人员，如检验、理疗、病理、口腔、同位素、放射、营养技术等专业人员。

4. 本罪的主观方面只能是过失。

（二）医疗事故罪的界限划分

1. 本罪与非罪的界限

要划清本罪与非罪的界限，关键要划清其与医疗技术事故、医疗风险事故、一般医疗过错的界限：医疗技术事故的原因主要是专业技术水平有限，经验不足或者设备条件的限制；医疗风险事故在某种程度上是不可避免的，其原因往往是现代医疗水平的有限性和患者的个体病因变化。可见，本罪与医疗技术事故、医疗风险事故在引起的原因和医务人员的主观心态上是完全不同的，后两者因为缺少主观上的罪过，因而不能按犯罪处理。医疗技术事故中如果行为人具有民事过错，可按民事违法处理。一般医疗过错虽然和本罪都是由于医务人员不负责任造成的，但本罪是“严重”不负责任，“造成就诊人死亡或者严重损害就诊人身体健康”的行为，可见其在责任程度和后果严重方面与一般医疗过错具有本质的不同。按照《医疗事故处理条例》第33条的规定，下列情形不属于医疗事故：（1）在紧急情况下为抢救垂危患者生命而采取紧急医学措施造成不良后果的；（2）在医疗活动中由于患者病情异常或者患者体质特殊而发生医疗意外的；（3）在现有医学科学技术条件下，发生无法预料或者不能防范的不良后果的；（4）无过错输血感染造成不良后果的；（5）因患方原因延误诊疗导致不良后果的；（6）因不可抗力造成不良后果的。

2. 本罪与重大责任事故罪的界限

本罪与《刑法》第134条规定的重大责任事故罪都是出于过失的责任事故，而且都有伤亡发生。二者的主要区别在于：（1）侵害的客体不同。本罪的客体是医务工作管理秩序和就诊人的生命健康权，而重大责任事故罪的客体则是生产、作业的公共安全。（2）客观方面的表现不同。本罪发生在医疗过程中，表现为行为人严重不负责任，因而造成了就诊人死亡或者严重损害了就诊人身体健康的行为，而后罪发生在生产、作业过程中，表现为行为人违反有关安全管理的规定，因而发生重大伤亡事故或者造成其他严重后果的行为。（3）主体不同。本罪的主体限于医务人员，重大责任事故罪的主体则可以是任何从事安全生产、作业的工作人员。

3. 本罪与玩忽职守罪的界限

本罪与《刑法》第397条规定的玩忽职守罪主要区别在于：（1）侵害的客体不同。本罪的客体是医务工作管理秩序和就诊人的生命健康权，而玩忽职守罪的客体是国家机关的正常管理活动。（2）客观方面的表现不同。本罪的行为发生在医疗业务过程中，而且以“造成就诊人死亡或者严重损害就诊人身体健康”为构成要件，玩忽职守罪的行为则发生在行政管理过程中，而且以“致使公共财产、国家和人民利益遭受重大损失”为构成要件。（3）主体不同。本罪的主体是医务人员，而玩忽职守罪的主体则是国家机关工作人员。

4. 本罪与过失致人死亡罪、过失致人重伤罪的界限

本罪与过失致人死亡罪、过失致人重伤罪在行为的危害后果、主观方面有相似之处，但仍有区别。首先，本罪不仅侵犯他人的生命健康权利，还侵犯国家的医疗管理活动，后二罪则侵犯他人的生命健康权利。其次，本罪的危害行为是行为人在从事医务活动中发生的，后二罪则无此特定要求，方式手段多样。最后，主体不同。本罪是特殊主体，仅限于依法从事医务工作的人员，而后二罪是一般主体。如果行为人借医疗之便，故意伤害或者杀害就诊人的，应以故意伤害罪或者故意杀人罪论处。如果没有取得医生执业资格的人非法行医致人伤亡的，应以非法行医罪论处。

（三）医疗事故罪的刑事责任

根据《刑法》第335条的规定，犯本罪的，处3年以下有期徒刑或者

拘役。

九、非法行医罪

(一) 非法行医罪的概念和构成

非法行医罪，是指未取得医生执业资格的人非法行医，情节严重的行为。本罪的构成要件如下：

1. 本罪的客体是国家对医疗事业的正常管理秩序和人民的生命健康权。我国《执业医师法》第14条第2款规定："未经医师注册取得执业证书，不得从事医师执业活动。"对那些没有取得医师执业证的非法行医行为予以打击，对于规范医疗秩序、保护人民的生命健康是十分必要的。

2. 本罪的客观方面表现为非法行医，情节严重的行为。这里的"非法行医"，是指违反执业医师法，没有取得执业资格而从事营利性的诊疗活动，包括自己挂牌行医和挂靠其他单位行医。本罪是情节犯，只有非法行医的行为"情节严重"，才构成本罪。如果无证行医的行为，没有达到情节严重的程度，应按一般的违法行为进行教育和处罚，不宜按犯罪处理。根据2008年最高人民法院《关于审理非法行医刑事案件具体应用法律若干问题的解释》第2条，所谓"情节严重"，主要是指：(1) 造成就诊人轻度残疾、器官组织损伤导致一般功能障碍的；(2) 造成甲类传染病传播、流行或者有传播、流行危险的；(3) 使用假药、劣药或不符合国家规定标准的卫生材料、医疗器械，足以严重危害人体健康的；(4) 非法行医被卫生行政部门行政处罚两次以后，再次非法行医的；(5) 其他情节严重的情形。非法行医造成多人多次轻伤害的；采取愚昧、野蛮的方法从事危险性较大的诊疗活动的；多次被取缔后仍然非法行医的；贻误病情使患者病情加重的；非法行医获利巨大的等情形，也可以视为"情节严重"。而所谓"轻度残疾、器官组织损伤导致一般功能障碍"，则应参照卫生部《医疗事故分级标准（试行)》认定。

3. 本罪的主体是一般主体，但只能是没有取得医师执业资格的自然人。根据《执业医师法》和相关法律法规，只有通过了医师资格考试，取得了医师资格，并经医师注册取得执业医师证书后，才能从事医师执业活动。如果没有获得医师执业资格，非法从事行医活动，就可以成为本罪主体。上述司法解释第1条规定，所谓未取得医师执业资格的人非法行医，是指：(1) 未取得或者以非法手段取得医师资格从事医疗活动的；(2) 个人未取得《医疗机构执业许可证》开办医疗机构的；(3) 被依法吊销医师执业证书期间从事医疗活动的；(4) 未取得乡村医生执业证书，从事乡村医疗活动的；(5) 家庭接生员实施家庭接生以外的医疗行为的。

4. 本罪的主观方面是故意。即明知自己未取得医师执业资格而实施非法行医的行为。行为人事实上一般都有牟利的目的，但刑法并没有将其规定为本罪的构成要件，因而有无牟利目的并不影响本罪的构成。本罪的故意，是针对非法行医的行为而言的，行为人对造成就诊人伤亡的后果则只能是过失，不可能是故意，否则应以故意伤害罪或者故意杀人罪论处。本罪为常业犯，因此，没有获得医生执业资格的人没有反复、继续实施的意思，只是偶尔或偶然为特定人医治疾病的，说明行为人缺乏本罪故意，不成立本罪；如果其行为构成其他犯罪的，则应按照其他犯罪处理。

（二）非法行医罪的界限划分

1. 本罪与医疗事故罪的界限

本罪与医疗事故罪之间有很多相似之处：都发生在医疗活动中，都造成了就诊人的生命或者健康的损害这种结果，侵犯的都是国家对医疗事业的正常管理秩序和人民的生命健康权。二者的主要区别在于：（1）主体不同。本罪的主体只能是没有取得医师执业资格的自然人；而后罪的主体则是经过考核和卫生行政机关批准或承认取得相应资格的各级各类卫生技术人员。（2）主观方面不同。本罪的主观罪过表现为故意；而后罪只能是过失。

2. 本罪与诈骗罪的界限

本罪与以行医为名实施诈骗的行为极其相似。但本罪与《刑法》第 266 条规定的诈骗罪之间的区别还是明显的：（1）侵犯的客体不同。本罪的客体是国家对医疗事业的正常管理秩序和人民的生命健康权。诈骗罪的客体是公私财物的所有权。（2）客观方面的行为表现不同。本罪的非法行医者通常具有一定的医学知识，而且有较为固定的诊疗场所和设施。而以行医为名的诈骗者通常缺乏基本的医学知识，而且少有固定的诊疗场所和设施，以游医和迷信方式居多。这类行为人往往声称自己的“医术”或“药品”属于祖传秘方，能够治愈某种疾病，使他人信以为真，而出资就诊或者购买该“药品”，从而非法获利取财。（3）主观目的不同。本罪的主观目的是通过非法行医获取报酬。而诈骗罪的主观目的则是非法占有他人财物。

（三）非法行医罪的刑事责任

根据《刑法》第 336 条第 1 款的规定，犯本罪的，处 3 年以下有期徒刑、拘役或者管制，并处或者单处罚金；严重损害就诊人身体健康的，处 3 年以上 10 年以下有期徒刑，并处罚金；造成就诊人死亡的，处 10 年以上有期徒刑，并处罚金。按照上述司法解释第 3 条，具有下列情形之一的，属于“严重损害就诊人身体健康”：(1) 造成就诊人中度以上残疾、器官组织损伤导致严重功能障碍的；(2) 造成3名以上就诊人轻度残疾、器官组织损伤导致一般功能障碍的。而所谓“中度以上残疾、器官组织损伤导致严重功能障碍”，则应参照卫生部《医疗事故分级标准（试行）》认定。如果实施非法行医犯罪，同时构成生产、销售假药罪，生产、销售劣药罪，诈骗罪等其他犯罪的，依照刑法处罚较重的规定定罪处罚。

十、非法进行节育手术罪

非法进行节育手术罪，是指未取得医生执业资格的人擅自为他人进行节育复通手术、假节育手术、终止妊娠手术或者摘取宫内节育器，情节严重的行为。本罪的客体是复杂客体，包括我国计划生育的管理政策、医疗卫生行业的管理秩序以及公民的身体健康和生命安全。本罪的客观方面表现为非法进行节育手术、情节严重的行为。具体包括：(1) 进行节育复通手术。节育复通手术，是指使就诊人本已被结扎过的输精管或输卵管重新畅通以至恢复生殖能力的一种手术。(2) 假节育手术。即虚假的结扎输卵管或者输精管以及在子宫内虚假安置节育器等虚假的节育手术，以此来蒙骗计划生育机关，逃避计划生育义务。(3) 终止妊娠手术。终止妊娠手术（俗称堕胎），是指给已经怀孕的妇女进行非法的药物或人工流产和引产手术。(4) 摘取宫内节育器。即指将放置在育龄妇女子宫内的节育器摘除以恢复其生育能力的行为。本罪的“情节严重”，主要是指擅自为他人进行前述四种手术的行为多次的；或者影响较坏的；或者是不听有关主管部门责令停业的处理仍然实施、屡教不改的；或者是动机卑鄙获取非法利益较大的；或者是使就诊人感染上其他疾病的；或者是使就诊人身体健康受到一定损害的；或者是采取欺骗手段获取医生执业资格后擅自实施前述行为的；等等。本罪主体是一般主体，即没有取得医生执业资格的年满16周岁具有刑事责任能力的自然人。本罪的主观方面是故意，而且是直接故意，目的和动机如何不影响本罪的构成。

根据《刑法》第336条第2款的规定，犯本罪的，处3年以下有期徒刑、拘役或者管制，并处或者单处罚金；严重损害就诊人身体健康的，处3年以上10年以下有期徒刑，并处罚金；造成就诊人死亡的，处10年以上有期徒刑，并处罚金。

十一、逃避动植物检疫罪

逃避动植物检疫罪，是指违反进出境动植物检疫法的规定，逃避动植物检疫，引起重大动植物疫情的行为。本罪的客体是国家进出境动植物检疫管理秩序。本罪的客观方面表现为三个不可缺少的要素：一是违反进出境动植物检疫法的规定。相关的法律法规主要包括《进出境动植物检疫法》、《进出境动植物检疫法实施条例》、《动物防疫法》等。二是逃避动植物检疫。逃避的方式和手段可以各式各样，如采取隐瞒、欺骗等方法或者避开检疫口岸进出境等。三是引起重大动植物疫情。这里的"重大动植物疫情"是指动物传染病在某一地区爆发、流行，使某一种类动物大量死亡甚至灭绝；或者植物病、虫、杂草的迅速蔓延，使粮食、瓜果、蔬菜严重减产，给某一地区造成巨大经济损失。本罪的主体是一般主体，单位也可以成为本罪主体。本罪的主观方面是直接故意。

根据《刑法》第337条第1款、第2款的规定，犯本罪的，处3年以下有期徒刑或者拘役，并处或者单处罚金；单位犯本罪的，对单位判处罚金，并对其直接负责的主管人员和其他直接责任人员，依照自然人犯本罪的规定处罚。

第七节　破坏环境资源保护罪

一、重大环境污染事故罪

（一）重大环境污染事故罪的概念和构成

重大环境污染事故罪，是指违反国家规定，向土地、水体、大气排放、倾倒或者处置有放射性的废物、含传染病病原体的废物、有毒物质或者其他危险废物，造成重大环境污染事故，致使公私财产遭受重大损失或者人身伤亡的严重后果的行为。本罪的构成要件如下：

1. 本罪的客体是复杂客体，包括国家环境保护和污染防治的管理秩序、公民的生命健康权和公私财产权。环境影响人类的生存和发展，保护环境就是保护人类自己的生存家园。因此，我国制定了一系列关于环境保护和污染防治的法律法规，主要包括《环境保护法》、《固体废物污染环境防治法》、《水污染防治法》、《海洋环境保护法》、《大气污染防治法》，等等。本罪侵犯的对象是土地、水体、大气，这些都是人类赖以生存的自然环境的有机组成部分。这里的土地，包括耕地、林地、草地、荒地、山岭、滩涂、河滩地及其他陆地；水体包括中华人民共和国领域内的江河、湖泊、运河、渠道、水库等地表水体及地下水体，还包括内海、领海以及中华人民共和国管辖的一切其他海域；大气则是指包围地球的空气层总体。

2. 本罪的客观方面表现为实施了违反国家规定，向土地、水体、大气排放、倾倒或者处置有放射性的废物、含传染病病原体的废物、有毒物质或者其他危险废物，造成重大环境污染事故，致使公私财产遭受重大损失或者人身伤亡的严重后果的行为。具体而言，需要具备三个行为要素：（1）违反国家规定。即违反了《环境保护法》、《固体废物污染环境防治法》、《水污染防治法》、《海洋环境保护法》、《大气污染防治法》等一系列关于环境保护和污染防治的法律法规。（2）向土地、水体、大气排放、倾倒或者处置有放射性的废物、含传染病病原体的废物、有毒物质或者其他危险废物。（3）造成重大环境污染事故，致使公私财产遭受重大损失或者人身伤亡的严重后果。根据2006年最高人民法院《关于审理环境污染刑事案件具体应用法律若干问题的解释》，公私财产损失，包括污染环境行为直接造成的财产损毁、减少的实际价值，为防止污染扩大以及消除污染而采取的必要的、合理的措施而发生的费用。如果致使公私财产损失30万元以上的；或者致使基本农田、防护林地、特种用途林地5亩以上，其他农用地10亩以上，其他土地20亩以上基本功能丧失或者遭受永久性破坏的；或者致使森林或者其他林木死亡50立方米以上，或者幼树死亡2500株以上的，则属于“公私财产遭受重大损失”。而如果致使1人以上死亡、3人以上重伤、10人以上轻伤，或者1人以上重伤并且5人以上轻伤的；或者致使传染病发生、流行或者人员中毒达到《国家突发公共卫生事件应急预案》中突发公共卫生事件分级Ⅲ级情形，严重危害人体健康等情形的，则属于“人身伤亡的严重后果”。

3. 本罪的主体是一般主体，既可以是自然人，也可以是单位。作为本罪主体的自然人，一般是工矿企业或其他企业中的直接责任人员。单位主体多数是从事生产经营和生产活动并排放、倾倒或者处置危险废物的单位。

4. 关于本罪的主观方面理论界存在分歧。一种观点认为本罪的主观方面是故意。即明知是危险废物而故意向土地、大气排放、倾倒或者处置。① 一种观点认为本罪的主观方面是过失。② 即行为人应当预见到自己向土地、水体、大气排放、倾倒、处置危险废物的行为会造成重大环境污染事故，因为疏忽大意而没有预见；或者应当预见向土地、水体、大气排放、倾倒或者处置危险废

① 参见王作富主编：《中国刑法的修改与补充》，中国检察出版社1997年版，第261页。

② 参见高铭暄、马克昌主编：《刑法学》（第三版），北京大学出版社、高等教育出版社2007年版，第651页。

物的行为，可能造成重大环境污染事故，造成公私财产遭受重大损失或者人身伤亡的严重后果，因为疏忽大意而没有预见，或者已经预见而轻信能够避免。① 还有一种观点认为本罪在主观方面主要是出于故意，但也不排除过失。② 我们赞同本罪的主观罪过为过失的观点。其实认为本罪主观罪过可以表现为故意的观点，在某种意义上是对我国刑法有关故意、过失罪过内容的误读，本罪中行为人向土地、大气排放、倾倒或者处置危险废物的行为可以是故意的，并不表明行为人对发生重大环境污染事故持故意态度，如果行为人对发生重大环境污染事故持希望或者放任态度，则不能被本罪所包容。对此，我们可以从重大环境污染事故罪的法定刑进行分析，本罪与交通肇事罪的法定刑幅度基本相同：二者的第一档法定刑都为“处 3 年以下有期徒刑或者拘役”，而第二档法定刑均为“处 3 年以上 7 年以下有期徒刑”，这明显属于对过失犯罪的处罚标准。有时行为人虽然是故意向土地、大气排放、倾倒或者处置危险废物，但是其对于“严重结果”的发生则出于过失心态。如果行为人对严重结果的发生持希望或者放任的态度，则应以危害公共安全的相关罪名定性处罚，而不能再以本罪定罪论处，否则就有轻纵犯罪之嫌。因此，第一种观点与第三种观点明显不妥，本罪的主观方面应当是过失。

（二）重大环境污染事故罪的界限划分

1. 本罪与非罪的界限

首先应当区分因意外事件或不可抗力而导致的重大环境污染事故与因过失而导致的重大环境污染事故罪的界限。前者行为在客观上虽然造成了损害结果，但是不是出于故意或者过失，而是由于不能抗拒或不能预见的原因所引起的，不是犯罪。其中主要表现为自然事故和技术事故，如因雷电、暴风雨导致重大毒气泄漏事故或者由于技术手段或设备条件所限而无法避免的重大环境污染事故，均不能以犯罪论处。如果排放、倾倒或者处置危险废物的行为没有违反国家规定，或者没有造成重大公私财产损失或人员伤亡严重后果的，也不能按本罪处理。

2. 本罪与重大责任事故罪的界限

从字面上看，本罪属于环境污染方面的“重大责任事故犯罪”，它与《刑法》第 134 条规定的“重大责任事故罪”在许多方面有相似之处：都属于结

---

① 参见张明楷：《刑法学》，法律出版社 2007 年版，第 817～818 页。

② 参见张穹主编：《新刑法罪与非罪此罪与彼罪的界限》，中国检察出版社 1998 年版，第 368 页。

果犯，都是违反有关规定造成人员伤亡或严重后果的行为；主观方面都是过失。但二者的区别也是非常明显的，具体表现在三个方面：（1）侵犯的客体不同。本罪的客体包括国家环境保护和污染防治的管理秩序，公民的生命健康权和公私财产权。而重大责任事故罪的客体则是生产、作业的公共安全。（2）客观方面的行为表现方式和后果的性质不完全相同。本罪表现为违反国家环境保护和污染防治的规定，向土地、水体、大气排放、倾倒或者处置有放射性的废物、含传染病病原体的废物、有毒物质或者其他危险废物的行为，造成的后果是重大环境污染事故，致使公私财产遭受重大损失或者人身伤亡。而后罪发生在生产、作业过程中，表现为行为人违反有关安全管理的规定，因而发生重大伤亡事故或者造成其他严重后果的行为。（3）主体不同。本罪的主体既可以是符合一般主体条件的自然人，也可以是排放、倾倒或者处置危险废物的单位。后罪的主体则可以是任何从事安全生产、作业的工作人员，单位不构成重大责任事故罪。

3. 本罪与危险物品肇事罪的界限

本罪与《刑法》第136条的危险物品肇事罪都有不当处理“危险物”和可能造成环境污染的类似，主观方面都表现为过失。二者的主要区别在以下几个方面：（1）侵犯的客体不同。本罪的客体是国家环境保护和污染防治的管理秩序、公民的生命健康权和公私财产权。而危险物品肇事罪的客体是公共安全，因而二者在刑法典中所属的类罪亦不同。本罪属于妨害社会管理秩序罪中的破坏环境资源保护罪，而危险物品肇事罪则属于危害公共安全罪。（2）客观方面的表现不同。具体又表现在“危险物”的范围、行为方式和结果等方面。本罪的危险物是指含放射性、传染病病原体、有毒物的“危险废物”，本罪的行为表现为违反环境保护和污染防治的法律法规，向土地、水体、大气“排放、倾倒或者处置”危险废物的行为，本罪结果要件是“造成重大环境污染事故，致使公私财产遭受重大损失或者人身伤亡的严重后果”。危险物品肇事罪的危险物是指“爆炸性、易燃性、放射性、毒害性、腐蚀性物品”，该罪的行为表现为违反危险物品管理规定进行“生产、储存、运输和使用”的行为，该罪的结果要件是“发生重大事故，造成严重后果”。（3）主体不同。本罪的主体既可以是符合一般主体条件的自然人，也可以是排放、倾倒或者处置危险废物的单位。危险物品肇事罪的主体则是特殊主体，即从事生产、储存、运输、使用爆炸性、易燃性、放射性、毒害性、腐蚀性物品的人员。

4. 本罪与投放危险物质罪的界限

投放危险物质罪是指故意投放毒害性、放射性或传染病病原体等物质，危害公共安全的行为。两罪的界限问题是理论上与实践上均应重视的问题。两罪的区别表现为：（1）犯罪客观特征不同。本罪是向土地、水体、大气排放、倾倒或者处置有放射性的废物、含传染病病原体的废物、有毒物质或者其他危险废物，污染环境进而造成公私财产的重大损失或者人身伤亡后果。只有在出现严重后果时，才构成本罪，没有造成严重后果的，不以犯罪论；而后罪则一般是将毒害性、放射性、传染病病原体等物质，投放于供不特定或者多数人使用的食品或者饮料中，供人、畜等使用的河流、池塘、水井中或者不特定、多数人通行的场所，而直接造成公私财产的重大损失或人身伤亡的后果，该罪属于危险犯，只要行为人实施投放毒物的行为，即可构成该罪，造成严重后果的，应为结果加重犯。（2）行为对象不同。本罪排放、倾倒或者处置的是因生产、加工产品等而产生的危险废物；而后罪无此要求。（3）主体不同。本罪主体既包括自然人，也包括单位；后罪的主体只能是自然人，而不能是单位。(4）主观方面不同。本罪的主观罪过为过失；后罪的主观罪过为故意。

5. 本罪与环境监管失职罪的界限

环境监管失职罪，是指负有环境保护监督管理职责的国家机关工作人员严重不负责任，导致发生重大环境污染事故，致使公私财产遭受重大损失或者造成人身伤亡的严重后果的行为。两罪同属结果犯，都是由于其行为造成了重大环境污染事故，致使公私财产遭受重大损失或者人身伤亡后果的发生，且主观上亦都含有过失的罪过形式。两罪的主要区别为：（1）客体不同。重大环境污染事故罪所侵犯的客体是国家环境保护和环境污染防治的管理秩序、公民的生命健康权和公私财产权，属于破坏环境资源的犯罪；而环境监管失职罪所侵犯的客体则为国家对环境保护工作的正常管理活动，属于渎职犯罪。（2）客观方面的特征不同。重大环境污染事故罪在行为方式上表现为违反国家规定，向土地、水体、大气排放、倾倒、处置废物而造成重大环境污染事故的行为；而环境监管失职罪的行为方式则为负有环境保护监督管理职责的国家机关工作人员的严重不负责任，从而造成重大环境污染事故，这种严重不负责任主要体现为滥用职权和玩忽职守、不尽职责的行为。（3）主体不同。重大环境污染事故罪的主体，既可以是自然人，也可以是单位，对自然人作为本罪的主体没有限制条件；而环境监管失职罪的主体是特殊主体，即负有环境保护监管职责的国家机关工作人员，单位不构成本罪的主体。

（三）重大环境污染事故罪的刑事责任

根据《刑法》第338、346条的规定，犯本罪的，处3年以下有期徒刑或者拘役，并处或者单处罚金；后果特别严重的，处3年以上7年以下有期徒刑，并处罚金。单位犯本罪的，对单位判处罚金，并对其直接负责的主管人员和其他直接责任人员，依照自然人犯本罪的规定处罚。具体认定标准，参照2006年最高人民法院《关于审理环境污染刑事案件具体应用法律若干问题的解释》的规定。

二、非法处置进口的固体废物罪

非法处置进口的固体废物罪，是指违反国家规定，将境外的固体废物进境倾倒、堆放、处置的行为。本罪的客体是国家关于进口固体废物的管理秩序。本罪的客观方面表现为违反《固体废物污染环境防治法》等规定，将我国境外的固体废物进境倾倒、堆放、处置的行为。本罪是行为犯，只要行为人实施了非法“倾倒、堆放、处置”方式之一的行为，即可构成本罪，而不需要造成严重后果。这里的严重后果只是加重处罚的情节，并不影响定罪。本罪的主体是一般主体，单位也可以构成。本罪的主观方面是故意。

根据《刑法》第339条第1款、第346条的规定，犯本罪的，处5年以下有期徒刑或者拘役，并处罚金；造成重大污染事故，致使公私财产遭受重大损失或者严重危害人体健康的，处5年以上10年以下有期徒刑，并处罚金；后果特别严重的，处10年以上有期徒刑，并处罚金。单位犯本罪的，对单位判处罚金，并对其直接负责的主管人员和其他直接责任人员，依照自然人犯本罪的规定处罚。具体认定标准，参照前引有关审理环境污染刑事案件司法解释的规定。

三、擅自进口固体废物罪

擅自进口固体废物罪，是指未经国务院有关主管部门许可，擅自进口固体废物用做原料，造成重大环境污染事故，致使公私财产遭受重大损失或者严重危害人体健康的行为。本罪的客体是固体废物的进口管理秩序和社会公共安全。本罪的客观方面表现为擅自进口固体废物的行为。本罪是结果犯，如果没有造成重大环境污染事故，致使公私财产遭受重大损失或者严重危害人体健康，则不构成犯罪。而且，进口固体废物的用途必须是“用做原料”，如果以原料利用为名，进口不能用做原料的固体废物或者液态、气态废物的，应按《刑法》第152条第2款的走私废物罪定罪处罚。本罪的主体是一般主体，单位也可以构成。本罪的主观方面是过失。行为人对擅自进口固体废物用做原料的行为有认识上的故意，但对于发生的严重后果只能出于过失。

根据《刑法》第339条第2款、第346条的规定，犯本罪的，处5年以下有期徒刑或者拘役，并处罚金；后果特别严重的，处5年以上10年以下有期徒刑，并处罚金。单位犯本罪的，对单位判处罚金，并对其直接负责的主管人员和其他直接责任人员，依照自然人犯本罪的规定处罚。具体认定标准，参照前引有关审理环境污染刑事案件司法解释的规定。

四、非法捕捞水产品罪

非法捕捞水产品罪，是指违反保护水产资源法规，在禁渔区、禁渔期或者使用禁用的工具、方法捕捞水产品，情节严重的行为。本罪的客体是国家关于水产资源的保护管理秩序。本罪在客观方面表现为违反保护水产资源法规，在禁渔区、禁渔期或者使用禁止使用的工具、方法捕捞水产品，情节严重的行为。这里的水产资源法规，包括《渔业法》、《渔业法实施细则》、《水产资源繁殖保护条例》等。这里非法捕捞水产品的特定地点、时间和方法都是本罪的构成要件。同时，本罪属于情节犯，非法捕捞行为只有达到“情节严重”才构成犯罪。本罪的主体是一般主体，既可以是自然人，也可以是单位。本罪的主观方面是故意，行为的目的和动机不影响本罪的构成。

根据《刑法》第340条、第346条的规定，犯本罪的，处3年以下有期徒刑、拘役、管制或者罚金。单位犯本罪的，对单位判处罚金，并对其直接负责的主管人员和其他直接责任人员，依照自然人犯本罪的规定处罚。

五、非法猎捕、杀害珍贵、濒危野生动物罪

非法猎捕、杀害珍贵、濒危野生动物罪，是指违反野生动物保护法规，猎捕、杀害国家重点保护的珍贵、濒危野生动物的行为。本罪的客体是国家关于珍贵、濒危野生动物保护的管理秩序。犯罪对象限于国家重点保护的珍贵、濒危野生动物，包括水生的、陆生的。根据2000年最高人民法院《关于审理破坏野生动物资源刑事案件具体应用法律若干问题的解释》（以下简称《审理破坏野生动物资源刑事案件的解释》），这里的“珍贵、濒危野生动物”，包括列入国家重点保护野生动物名录的国家一、二级保护野生动物，列入《濒危野生动植物种国家贸易公约》附录一、附录二的野生动物以及驯养繁殖的上述物种。其中，一级保护野生动物是指我国特产的或者濒于绝种的野生动物，如大熊猫、金丝猴、长臂猿、野马、虎、豹、野牛、梅花鹿、藏羚羊、绿孔雀、丹顶鹤、蟒、扬子鳄、新疆大头鱼、中华鲟、白鲟等；其中，二级保护野生动物是指数量极少或者有濒于灭绝危险的野生动物，如猕猴、黑熊、鸳鸯、锦鸡、凹甲陆龟、虎纹蛙、大鲵、文昌鱼、中华虎凤蝶等。本罪的客观方面表现为实施了猎捕、杀害珍贵、濒危野生动物的行为，只要行为人实施了非法猎捕或者杀害之一的行为，就可以构成本罪。本罪的主体是一般主体，单位也可以构成。本罪的主观方面是故意。

根据《刑法》第341条第1款、第346条的规定，犯本罪的，处5年以下有期徒刑或者拘役，并处罚金；情节严重的，处5年以上10年以下有期徒刑，并处罚金；情节特别严重的，处10年以上有期徒刑，并处罚金或者没收财产。单位犯本罪的，对单位判处罚金，并对其直接负责的主管人员和其他直接责任人员，依照自然人犯本罪的规定处罚。这里的"情节严重"和"情节特别严重"，可以参照2000年最高人民法院《关于审理破坏野生动物资源刑事案件具体应用法律若干问题的解释》加以认定。

六、非法收购、运输、出售珍贵、濒危野生动物、珍贵、濒危野生动物制品罪

非法收购、运输、出售珍贵、濒危野生动物、珍贵、濒危野生动物制品罪，是指非法收购、运输、出售国家重点保护的珍贵、濒危野生动物及其制品的行为。本罪的客体是国家保护珍贵、濒危野生动物及其制品的管理秩序。这里的野生动物制品，是指对非法捕杀的珍贵、濒危野生动物通过加工获得的成品与半成品，如标本、皮张和药品等。本罪的客观方面表现为非法收购、运输、出售珍贵、濒危野生动物及其制品的行为。这里的"收购"，包括以营利、自用等目的的购买行为；这里的"运输"，包括采用携带、邮寄、利用他人、使用交通工具等方法进行运送的行为；这里的"出售"，包括出卖和以营利为目的的加工利用行为。只要行为人实施上述行为之一，即可构成本罪。本罪的主体是一般主体，单位也可以构成。本罪的主观方面是故意。

根据《刑法》第341条第1款、第346条的规定，犯本罪的，处5年以下有期徒刑或者拘役，并处罚金；情节严重的，处5年以上10年以下有期徒刑，并处罚金；情节特别严重的，处10年以上有期徒刑，并处罚金或者没收财产。单位犯本罪的，对单位判处罚金，并对其直接负责的主管人员和其他直接责任人员，依照自然人犯本罪的规定处罚。这里的"情节严重"和"情节特别严重"，参照《审理破坏野生动物资源刑事案件的解释》加以认定。

七、非法狩猎罪

非法狩猎罪，是指违反狩猎法规，在禁猎区、禁猎期或者使用禁用的工具、方法进行狩猎，破坏野生动物资源，情节严重的行为。本罪的客体是国家保护一般陆生野生动物资源的管理秩序。本罪的对象是一般的陆生野生动物，主要包括禽、兽和两栖、爬行类野生动物，而不包括国家重点保护的珍贵、濒危野生动物和我国《水生野生动物保护实施条例》中的“水生野生动物”。因为前述条例中的水生野生动物就是指珍贵、濒危的水生野生动物，此外的水生野生动物的保护，适用渔业法的规定。所以，如果非法猎捕珍贵、濒危野生动物的，即构成《刑法》第 341 条第 1 款的“非法猎捕珍贵、濒危野生动物罪”。如果非法捕捞渔业法保护的其他水生野生动物，构成犯罪的，则适用《刑法》第 340 条的“非法捕捞水产品罪”。本罪的客观方面表现为三个方面不可缺少的行为要素：一是违反狩猎法规；二是行为的地点、时间或者方法，即在禁猎区、禁猎期或者使用禁用的工具、方法进行狩猎；三是破坏野生动物资源，情节严重。这里的“禁猎区”、“禁猎期”或者使用“禁用的工具、方法”是本罪成立的地点、时间或者工具、方法要件。这里的“情节严重”，根据《审理破坏野生动物资源刑事案件的解释》，是指具有下列情形之一的非法狩猎行为：（1）非法狩猎野生动物 20 只以上的；（2）违反狩猎法规，在禁猎区、禁猎期或者使用禁用的工具、方法狩猎的；（3）具有其他严重情节的。本罪的主体是一般主体，既可以是自然人，也可以是单位。本罪的主观方面是故意。

根据《刑法》第 341 条第 2 款、第 346 条的规定，犯本罪的，处 3 年以下有期徒刑、拘役、管制或者罚金。单位犯本罪的，对单位判处罚金，并对其直接负责的主管人员和其他直接责任人员，依照自然人犯本罪的规定处罚。

八、非法占用农用地罪

非法占用农用地罪，是指违反土地管理法规，非法占用耕地、林地等农用地，改变被占用土地用途，数量较大，造成耕地、林地等农用地大量毁坏的行为。本罪是由《刑法》第 342 条的“非法占用耕地罪”经过 2001 年《刑法修正案（二）》修改而成的。本罪的客体是国家关于农用地的保护管理秩序。本罪的客观方面表现为违反土地管理法规，非法占用耕地、林地等农用地，改变被占用土地用途，数量较大，造成耕地、林地等农用地大量毁坏的行为。这里的“违反土地管理法规”，是指违反土地管理法、森林法、草原法等法律以及有关行政法规中关于土地管理的规定。本罪属于结果犯，非法占用农用地改做他用，数量较大，造成耕地、林地等农用地大量毁坏的，才构成犯罪，这里的认定标准可参照 2000 年最高人民法院《关于审理破坏土地资源刑事案件具体应用法律若干问题的解释》的相关规定实行。本罪的主体是一般主体，单位也可以构成。本罪的主观方面是故意。

根据《刑法》第342条、第346条的规定，犯本罪的，处5年以下有期徒刑或者拘役，并处或者单处罚金。单位犯本罪的，对单位判处罚金，并对其直接负责的主管人员和其他直接责任人员，依照自然人犯本罪的规定处罚。

九、非法采矿罪

非法采矿罪，是指违反矿产资源法的规定，未取得采矿许可证擅自采矿的，或者擅自进入国家规划矿区、对国民经济具有重要价值的矿区和他人矿区范围采矿的，或者擅自开采国家规定实行保护性开采的特定矿种，经责令停止开采后拒不停止开采，造成矿产资源破坏的行为。本罪的客体是国家矿产资源保护管理秩序。本罪的客观方面表现为上述非法采矿的行为，具体而言包括三个要素：一是违反矿产资源法的规定；二是实施以下三种方式的行为：未取得采矿许可证擅自采矿的；擅自进入国家规划矿区、对国民经济具有重要价值的矿区和他人矿区范围采矿的；擅自开采国家规定实行保护性开采的特定矿种。三是经责令停止开采后拒不停止开采，造成矿产资源破坏。按照2003年最高人民法院《关于审理非法采矿、破坏性采矿刑事案件具体应用法律若干问题的解释》，所谓“未取得采矿许可证擅自采矿”，是指：(1)无采矿许可证开采矿产资源的；(2)采矿许可证被注销、吊销后继续开采矿产资源的；(3)超越采矿许可证规定的矿区范围开采矿产资源的；(4)未按采矿许可证规定的矿种开采矿产资源的(共生、伴生矿种除外)；(5)其他未取得采矿许可证开采矿产资源的情形。本罪的主体是一般主体，单位也可以构成。本罪的主观方面是故意。

根据《刑法》第343条第1款、第346条的规定，犯本罪的，处3年以下有期徒刑、拘役或者管制，并处或者单处罚金；造成矿产资源严重破坏的，处3年以上7年以下有期徒刑，并处罚金。单位犯本罪的，对单位判处罚金，并对其直接负责的主管人员和其他直接责任人员，依照自然人犯本罪的规定处罚。具体认定标准，参照上述司法解释的规定。如果多次非法采矿构成犯罪，依法应当追诉的，或者一年内多次非法采矿未经处理的，造成矿产资源破坏的数额应当累计计算。

十、破坏性采矿罪

破坏性采矿罪，是指违反矿产资源法的规定，采取破坏性的开采方法开采矿产资源，造成矿产资源严重破坏的行为。本罪的客体是国家矿产资源保护管理秩序。本罪的客观方面表现为违反矿产资源法的规定，采取破坏性的开采方法开采矿产资源，造成矿产资源严重破坏的行为。这里的“破坏性的开采方法”，是指行为人违反地质矿产主管部门审查批准的矿产资源开发利用方案开采矿产资源，并造成矿产资源严重破坏的行为。如违反矿产资源法的规定，使用不合理的开采顺序、开采方法和选矿工艺，严重违反开采回采率、采矿贫化率和选矿回收率的指标进行采矿，这种破坏性的开采会造成矿产资源的破坏和损耗。本罪的主体是特殊主体。即只有取得采矿许可证的个人或单位才能构成本罪，否则，应以非法采矿罪论处。本罪的主观方面是故意。

根据《刑法》第343条第2款、第346条的规定，犯本罪的，处5年以下有期徒刑或者拘役，并处罚金。单位犯本罪的，对单位判处罚金，并对其直接负责的主管人员和其他直接责任人员，依照自然人犯本罪的规定处罚。具体认定标准,参照《关于审理非法采矿、破坏性采矿刑事案件具体应用法律若干问题的解释》的规定。如果多次破坏性采矿构成犯罪,依法应当追诉的,或者一年内多次破坏性采矿未经处理的,造成矿产资源破坏的数额应当累计计算。

十一、非法采伐、毁坏国家重点保护植物罪

非法采伐、毁坏国家重点保护植物罪，是指违反国家规定，非法采伐、毁坏珍贵树木或者国家重点保护的其他植物的行为。本罪的客体是国家保护珍贵树木以及国家重点保护植物的管理秩序。本罪的对象是珍贵树木或者国家重点保护的其他植物。根据2000年最高人民法院《关于审理破坏森林资源刑事案件具体应用法律若干问题的解释》（以下简称《审理破坏森林资源刑事案件的解释》）第1条，这里的珍贵树木，包括由省级以上林业主管部门或者其他部门确定的具有重大历史纪念意义、科学研究价值或者年代久远的古树名木，国家禁止、限制出口的珍贵树木以及列入国家重点保护野生植物名录的树木，如原生种的银杏、银杉、水松、珙桐、长白松、红豆树、人参、水曲柳、楠木、胡杨、雪莲花等。本罪在客观方面表现为实施了非法采伐、毁坏珍贵树木或者国家重点保护的其他植物的行为。本罪是行为犯，只要实施了非法采伐或者毁坏珍贵树木或者国家重点保护的其他植物的行为，就可以构成犯罪。本罪的主体是一般主体，单位也可以构成。本罪的主观方面是故意。

根据《刑法》第344条(《刑法修正案（四）》第6条修正)、第346条的规定，犯本罪的，处3年以下有期徒刑、拘役或者管制，并处罚金；情节严重的，处3年以上7年以下有期徒刑，并处罚金。单位犯本罪的，对单位判处罚金，并对其直接负责的主管人员和其他直接责任人员，依照自然人犯本罪的规定处罚。

十二、非法收购、运输、加工、出售国家重点保护植物、国家重点保护植物制品罪

非法收购、运输、加工、出售国家重点保护植物、国家重点保护植物制品罪，是指违反国家规定，非法收购、运输、加工、出售珍贵树木或者国家重点保护的其他植物及其制品的行为。本罪的客体、主体、主观方面以及处罚都与刑法规定的“非法采伐、毁坏珍贵树木或者国家重点保护的其他植物罪”相同。其区别就在于，本罪的对象还包括珍贵树木或者国家重点保护的其他植物的“制品”。本罪的客观方面表现为“非法收购、运输、加工、出售”国家重点保护植物及其制品的行为。有学者主张，针对珍贵树木、植物自然死亡后所实施的收购、运输、加工、出售该树木、植物及其制品的行为，不应认定为本罪。① 这种观点值得商榷。一是法律并没有将本罪的行为限于具有生命力的珍贵树木、植物；二是如果在实践中按照这种观点处理，倘若行为人非法收购、运输、加工、出售的是这类珍贵树木的制品时，就有可能给行为人以口实，主张其行为对象是已经自然死亡了的珍贵树木或者国家重点保护的其他植物，从而可能导致放纵犯罪。

根据《刑法》第344条(《刑法修正案（四)》第6条修正)、第346条的规定，犯本罪的，处3年以下有期徒刑、拘役或者管制，并处罚金；情节严重的，处3年以上7年以下有期徒刑，并处罚金。

十三、盗伐林木罪

（一）盗伐林木罪的概念和构成

盗伐林木罪，是指以非法占有为目的，盗伐森林或者其他林木，数量较大的行为。本罪的构成要件如下：

1. 本罪的客体是复杂客体，包括国家对林业资源的管理秩序和公有或私有林木的所有权。本罪的对象为不属于本人或本单位所有的森林或其他林木，包括国有的、集体经济组织或其他公民个人所有的正在生长中的森林和其他林木。这里的森林，是指大片树林或竹林，包括原始森林和人造林，人造林又包括防护林、经济林、用材林、薪炭林和特种用途林等。这里的其他林木，是指小片树林或以生产竹材为主要目的的竹林。如果将他人已经砍伐的而不是“正在生长”的林木盗走，或者砍伐个人房前屋后种植的零星树木的，均不构成本罪。

① 参见张明楷：《刑法学》，法律出版社2007年版，第824页。

2. 本罪的客观方面表现为违反森林法规，盗伐森林或者其他林木，数量较大的行为。根据《审理破坏森林资源刑事案件的解释》，这里的“盗伐”，是指擅自砍（采）伐下列森林或者其他林木的行为：（1）国家、集体、他人所有或者他人承包经营管理的；（2）本单位或者本人承包经营管理的；（3）在森林采伐许可证规定的地点以外采伐国家、集体、他人所有或者他人承包经营管理的森林或者其他林木的。这里的“数量较大”，以2～5立方米或者幼树100～200株为起点。这里的林木数量以立木蓄积计算，即原木材积除以该树种的出材率。这里的幼树，是指胸径5厘米以下的树木。对于一年内多次盗伐少量林木未经处罚的，累积其盗伐林木的数量计算。

3. 本罪的主体是一般主体，单位也可以构成。

4. 本罪的主观方面是直接故意，并且以非法占有为目的。即行为人明知未经许可，而以非法占有为目的，擅自砍（采）伐不属于本单位或本人所有的森林或其他林木的心理状态。

（二）盗伐林木罪的界限划分

1. 本罪与非罪的界限

要注意划清本罪与盗伐林木的一般违法行为之间的界限，构成本罪应达到上述司法解释关于“数量较大”的规定，如果不能达到，则只能以一般违法行为处理，可以按照《森林法实施细则》的规定，分不同情况处以责令补种树木、没收非法所得以及罚款等。同时，还应注意的是，个人房前屋后种植的零星树木并不属于本罪的对象。砍伐本人房前屋后种植的零星树木的，不构成犯罪。如果盗伐他人房前屋后种植的零星树木，数额较大或者多次盗窃的，则构成《刑法》第264条的盗窃罪，如果只是偶尔或少量盗窃，则按一般盗窃行为处理。

2. 本罪与盗窃罪的界限

本罪与盗窃罪中盗窃树木的犯罪行为极为相似，但二者在罪质上明显不同，具体表现在：（1）客体不同。虽然二者都侵害了林木这种公私财产的所有权，但本罪的客体是国家对林业资源的管理秩序和公有或私有林木的所有权。（2）对象不同。虽然二者的对象都包括林木，但本罪的林木必须是正在生长的，并且不包括个人房前屋后的零星树木，而盗窃罪则没有这种限制。（3）行为的表现不同。盗窃罪的行为常常表现为“秘密窃取”，而本罪则主要是未经许可而砍（采）伐，不一定要秘密进行。（4）成立犯罪的标准计算不同。二者虽然都有数量的规定，但盗窃罪的成立标准是“数额较大”（一般是指盗窃价值在500元到2000元以上），而本罪的成立标准是“数量较大”，具体的计算方法须参照上述《关于审理破坏森林资源刑事案件具体应用法律若干问题的解释》实行。

值得注意的是，根据上述司法解释第15条的规定，非法实施采种、采脂、挖笋、掘根、剥树皮等行为，牟取经济利益数额较大的，依照盗窃罪定罪处罚。同时构成其他犯罪的，依照处罚较重的规定定罪处罚。

3. 本罪与故意毁坏财物罪、破坏生产经营罪的界限

一般情况下，它们之间的界限不难区分，但在某些情况下，如因进行营利性生产而毁坏生长中的林木的行为，则较易混淆。一般情况下，因进行营利性生产，违反森林法规，毁坏林木，如毁林种粮、种参、剥树皮卖药材，从而影响林木正常生长，致使林木死亡，情节严重的，应以故意毁坏财物罪定罪处罚。如果因泄愤报复或者其他目的而毁坏生长中的林木，情节严重的，以破坏生产经营罪定罪处罚。对毁林后又侵占林木情节严重的，或者盗伐林木种植木耳、香菇或烧炭等情节严重的，按照牵连犯从一重处断的原则，以盗伐林木罪定罪处刑。

（三）盗伐林木罪的刑事责任

根据《刑法》第345条第1款、第4款（《刑法修正案（四）》第7条第1款、第4款修正）以及第346条的规定，犯本罪的，处3年以下有期徒刑、拘役或者管制，并处或者单处罚金；数量巨大的，处3年以上7年以下有期徒刑，并处罚金；数量特别巨大的，处7年以上有期徒刑，并处罚金。盗伐国家级自然保护区内的森林或者其他林木的，从重处罚。单位犯本罪的，对单位判处罚金，并对其直接负责的主管人员和其他直接责任人员，依照自然人犯本罪的规定处罚。这里的“数量巨大”和“数量特别巨大”，根据上述司法解释的规定，分别以20~50立方米或者幼树1000~2000株为起点，以100~200立方米或者幼树5000~10000株为起点。

十四、滥伐林木罪

滥伐林木罪，是指违反森林法的规定，滥伐森林或者其他林木，数量较大的行为。本罪的客体是国家森林保护管理秩序。本罪的客观方面表现为违反森林法的规定，滥伐森林或者其他林木，数量较大的行为。根据《审理破坏森林资源刑事案件的解释》的规定，这里的滥伐林木，是指具有下列三种情形之一的行为：一是未经林业行政主管部门及法律规定的其他主管部门批准并核发林木采伐许可证，或者虽持有林木采伐许可证，但违反林木采伐许可证规定的时间、数量、树种或者方式，任意采伐本单位所有或者个人所有的森林或者其他林木的；二是超过林木采伐许可证规定的数量采伐他人所有的森林或者其

他林木的；三是林木权属争议一方在林木权属确权之前，擅自砍伐森林或者其他林木的。这里的“数量较大”，以10～20立方米或者幼树500～1000株为起点。本罪的主体是一般主体，单位也可以构成。本罪的主观方面是故意。

根据《刑法》第345条第2款、第4款(《刑法修正案（四)》第7条第2款、第4款修正）以及第346条的规定，犯本罪的，处3年以下有期徒刑、拘役或者管制，并处或者单处罚金；数量巨大的，处3年以上7年以下有期徒刑，并处罚金。滥伐国家级自然保护区内的森林或者其他林木的，从重处罚。单位犯本罪的，对单位判处罚金，并对其直接负责的主管人员和其他直接责任人员，依照自然人犯本罪的规定处罚。这里的“数量巨大”，根据上述司法解释的规定，以50～100立方米或者幼树2500～5000株为起点。

十五、非法收购、运输盗伐、滥伐的林木罪

非法收购盗伐、滥伐的林木罪，是指非法收购、运输明知是盗伐、滥伐的林木，情节严重的行为。本罪的客体是国家森林保护管理秩序。本罪的客观方面表现为非法收购、运输盗伐、滥伐的林木，情节严重的行为。这里的情节严重，根据《审理破坏森林资源刑事案件的解释》的规定，主要是指非法收购、运输盗伐、滥伐的林木20立方米以上或者幼树1000株以上，或者非法收购、运输盗伐、滥伐的珍贵树木2立方米以上或者5株以上。本罪的主体是一般主体，单位也可以构成。本罪的主观方面是故意，即明知是盗伐、滥伐的林木而予以收购、运输。

根据《刑法》第345条第3款(《刑法修正案（四)》第7条第3款修正)、第346条的规定，犯本罪的，处3年以下有期徒刑、拘役或者管制，并处或者单处罚金；情节特别严重的，处3年以上7年以下有期徒刑，并处罚金。单位犯本罪的，对单位判处罚金，并对其直接负责的主管人员和其他直接责任人员，依照自然人犯本罪的规定处罚。这里的“情节特别严重”，根据《审理破坏森林资源刑事案件的解释》进行认定。

第八节　走私、贩卖、运输、制造毒品罪

一、走私、贩卖、运输、制造毒品罪

（一）走私、贩卖、运输、制造毒品罪的概念和构成

走私、贩卖、运输、制造毒品罪，是指走私、贩卖、运输、制造毒品的行

为。本罪的构成要件如下：

1. 本罪的客体是国家对毒品的管理秩序。本罪的犯罪对象是毒品。所谓毒品，是指鸦片、海洛因、甲基苯丙胺（冰毒）、吗啡、大麻、可卡因以及国家规定管制的其他能够使人形成瘾癖的麻醉药品和精神药品。所谓麻醉药品是指连续使用后易产生身体依赖性、能成瘾癖的药品。所谓精神药品是指直接作用于中枢神经系统，使之兴奋或抑制，连续使用能产生依赖性的药品。

2. 本罪在客观方面表现为行为人进行走私、贩卖、运输、制造毒品的行为。

（1）走私毒品，是指违反国家对麻醉药品和精神药品的管制与海关法规，运输、携带、邮寄毒品进出国（边）境的行为。"运输"是指使用交通工具运载、输送；"携带"是指利用自己或他人的身体或行李提携、夹带；"邮寄"是指通过邮政部门以邮件形式寄发。依照刑法的规定，直接向走私人非法收购走私进口的毒品以及在内海、领海运输、收购、贩卖国家禁止进出口的毒品的行为，应以走私毒品罪论处。

（2）贩卖毒品，是指在境内非法销售毒品的行为，包括非法交换，有偿批量或零星转让，或以贩卖为目的而非法收购毒品等行为。如果行为人明知毒品持有人委托其转让的是毒品而帮助转让的，应以贩卖毒品罪的共犯处理，如果没有认识到是毒品，则不能以贩卖毒品罪处理。贩卖毒品一般要以牟利为目的，不以牟利为目的的无偿转让毒品的行为（如赠与），不应构成贩卖毒品罪。至于营利目的是否达到，以及贩卖的次数、数量与购买者如何，均不影响本罪的成立。

（3）运输毒品，是指在境内采用随身携带、邮寄、利用他人或交通工具等方法非法将毒品从一地运往另一地的行为。只要明知是毒品而运输，不管采取何种方式，不管是否得利，也不论其实际运送目的地是否到达，均构成犯罪。但运输毒品的行为必须发生在境内，而且不是发生在领海、内海，否则便构成走私毒品罪。

（4）制造毒品，是指利用毒品原料和制毒材料依一定方法非法加工、提炼、配制毒品的行为。它包括利用毒品原植物作原料，提炼或制造成毒品，或者利用化学合成方法将粗制毒品精炼、加工、合成为精制毒品等行为方式。如果行为人明知他人制造毒品而为其提供用于制造麻醉药品和精神药品的化学物品的，应以制造毒品行为论罪。

走私、贩卖、运输、制造毒品四种行为，属于选择性行为，只要实施了其中一种行为，即可构成本罪，只是罪名依行为人实际实施的行为而定。若行为人同时实施了其中数种行为的，也无须数罪并罚，而以一罪论处即可。

3. 本罪主体既可由自然人构成，也可由单位构成。其中走私、运输、制造毒品罪的主体必须是已满16周岁且具有刑事责任能力的人，而贩卖毒品罪的主体则可由已满14周岁并具有控制和辨认能力的人构成。单位犯罪的情况下，除了单位非法从事前述行为可以构成本罪外，依法从事生产、运输、管理、使用国家管制的麻醉药品、精神药品的单位，以牟利为目的，向吸食、注射毒品的人提供国家规定管制的麻醉药品、精神药品的，或者明知他人制造毒品而为其提供用于制造毒品的原料或者配剂的单位，均可构成贩卖毒品罪。

4. 本罪在主观方面表现为故意。行为人明知不是毒品而欺骗他人说是毒品而予以出售的，则不应按贩卖毒品罪论处。行为人对毒品的明知只要求认识到是毒品，而不要求认识到毒品的名称等具体内容，而且只要求行为人认识到毒品的可能性即可构成本罪。2007年最高人民法院、最高人民检察院、公安部《办理毒品犯罪案件适用法律若干问题的意见》第2条规定，走私、贩卖、运输毒品主观故意中的“明知”，是指行为人知道或者应当知道所实施的行为是走私、贩卖、运输、非法持有毒品行为。具有下列情形之一，并且犯罪嫌疑人、被告人不能作出合理解释的，可以认定其“应当知道”，但有证据证明确属被蒙骗的除外：（1）执法人员在口岸、机场、车站、港口和其他检查站检查时，要求行为人申报为他人携带的物品和其他疑似毒品物，并告知其法律责任，而行为人未如实申报，在其所携带的物品内查获毒品的；（2）以伪报、藏匿、伪装等蒙蔽手段逃避海关、边防等检查，在其携带、运输、邮寄的物品中查获毒品的；（3）执法人员检查时，有逃跑、丢弃携带物品或逃避、抗拒检查等行为，在其携带或丢弃的物品中查获毒品的；（4）体内藏匿毒品的；（5）为获取不同寻常的高额或不等值的报酬而携带、运输毒品的；（6）采用高度隐蔽的方式携带、运输毒品的；（7）采用高度隐蔽的方式交接毒品，明显违背合法物品惯常交接方式的；（8）其他有证据足以证明行为人应当知道的。

（二）走私、贩卖、运输、制造毒品罪的界限划分

1. 本罪与非罪的界限

根据医疗、教学、科研需要，经国家有关主管部门依法特许从事生产、运输、管理、使用以及进出口麻醉药品、精神药品的活动，属于合法行为，不能以犯罪论处。同时走私、贩卖、运输、制造毒品情节显著轻微危害不大的，不构成本罪。尽管《刑法》第347条第1款规定“走私、贩卖、运输、制造毒品，无论数量多少，都应当追究刑事责任，予以刑事处罚”，但并不等于说任

何走私、贩卖、运输、制造毒品的行为，不管数量情节如何均构成犯罪，还是要根据我国刑法总则但书所确立的情节显著轻微危害不大不构成犯罪这一原则，视具体情况处罚。

2. 走私毒品罪与走私罪的界限

两者之间的区别关键在于走私的物品不同，走私毒品罪的对象只限于毒品，而一般走私罪的对象范围极为广泛，涉及除毒品和制毒物品之外的国家禁止或限制进出口的任何物品。如果行为人在一次走私活动中，既走私毒品又走私其他货物、物品的，一般应分别构成走私毒品罪和其他走私罪，实行数罪并罚。

3. 贩卖毒品罪与诈骗罪的界限

两罪在认定贩卖假毒品行为的性质时容易发生混淆。如果行为人故意以假毒品冒充真毒品或者明知是假毒品而贩卖牟利的，应以诈骗罪定罪处罚。如果行为人并不知是假毒品而当做真毒品贩卖牟利的，应认定为贩卖毒品罪（未遂）。因为前者行为人的目的在于骗取他人钱财，纯属欺骗性质，故只要达到了数额较大的标准，即应认定为诈骗罪。而后者行为人尽管卖出的是假毒品，也可能牟取了非法利益，并且不会造成毒品犯罪的实际危害，但行为人主观上具有贩卖毒品的故意，只是发生了认识上的错误（属对象认识错误），而致危害结果没有发生，但这并不改变行为的性质，因此，应将其认定为贩卖毒品罪。另外，贩卖掺假毒品的，因为其贩卖物品中含有毒品成分，则不能以诈骗罪论处。这是考虑到掺假毒品只是引起毒品纯度的变化，以增加毒品数量，并未消除毒品的性质，因而仍应以贩卖毒品罪论处。

4. 贩卖毒品罪与销赃罪的界限

销赃罪是指明知是犯罪所得赃物，而代为销售的行为（限于没有事先通谋）。这里就存在明知代为销售的是走私、贩卖、运输、制造毒品犯罪分子委托销售的毒品，而仍然代为销售的行为定性问题。我们认为这种行为应定贩卖毒品罪而非销赃罪。虽然代为销售毒品行为形式上与销赃罪没有多大区别，但由于犯罪对象的不同，导致了行为性质的不同，侵犯的客体也随之不同，毒品属于国家绝对禁止流通的物品，当然不能将此种行为定为销赃罪。

5. 本罪既遂与未遂的界限

由于本罪具有走私、贩卖、运输、制造毒品四种行为方式，其既遂与未遂的标准也因行为方式而异。（1）走私毒品罪的既遂与未遂。判断走私毒品罪的既遂与未遂，应以毒品是否出境或入境为标志。走私毒品已经入境或出境的，应视为既遂，反之则为未遂。（2）贩卖毒品罪的既遂与未遂。该罪以毒品是否卖出成交即以毒品实际上转移给买方为既遂。行为人是否获利不能作为既遂未遂的区分标准。在行为人获得利益或已达成转移毒品的协议的情况下，如果毒品实际上没有转移，仍不能认为是既遂。（3）运输毒品的既遂与未遂。运输毒品罪的既遂与否应以是否到达目的地为标准。行为人以转移毒品所在地为目的，开始运输毒品，是运输毒品罪的着手，由于行为人意志以外的原因没有到达目的地时，属于未遂，到达目的地则属于既遂。（4）制造毒品的既遂与未遂。制造毒品罪应以毒品是否实际制成为既遂与否的标准。至于所制造出的毒品数量多少，纯度高低，均不影响既遂的成立。

（三）走私、贩卖、运输、制造毒品罪的刑事责任

1. 根据《刑法》第 347 条的规定，犯本罪的，根据毒品数量的大小与情节轻重不同，而有三种不同的处罚：（1）走私、贩卖、运输、制造毒品，有下列情形之一的，处 15 年有期徒刑、无期徒刑或死刑，并处没收财产：第一，走私、贩卖、运输、制造鸦片 1 千克以上、海洛因或者甲基苯丙胺 50 克以上或者其他毒品数量大①的；第二，走私、贩卖、运输、制造毒品集团的首要分子；第三，武装掩护走私、贩卖、运输、制造毒品的；第四，以暴力抗拒检查、拘留、逮捕，情节严重的；第五，参与有组织的国际贩毒活动的。需要注意的是，根据最高人民法院、最高人民检察院、公安部《办理毒品犯罪案件适用法律若干问题的意见》第 4 条的规定，对于可能判处死刑的毒品犯罪案件，毒品鉴定结论中应有含量鉴定的结论。（2）走私、贩卖、运输、制造鸦片 200 克以上不满 1 千克、海洛因或者甲基苯丙胺 10 克以上不满 50 克或者其

---

①　按照 2000 年最高人民法院《关于审理毒品案件定罪量刑标准有关问题的解释》（以下简称《解释》）第 1 条的规定，“其他毒品数量大”是指：a. 苯丙胺类毒品（甲基苯丙胺除外）100 克以上；b. 大麻油 5 千克、大麻脂 10 千克、大麻叶及大麻烟 150 千克以上；c. 可卡因 50 克以上；d. 吗啡 100 克以上；e. 度冷丁（杜冷丁）250 克以上（针剂 100 毫克/支规格的 2500 支以上，50 毫克/支规格的 5000 支以上；片剂 25 毫克/片规格的 1 万片以上，50 毫克/片规格的 5000 片以上）；f. 盐酸二氢埃托啡 10 毫克以上（针剂或者片剂 20 微克/支、片规格的 500 支、片以上）；g. 咖啡因 200 千克以上；h. 罂粟壳 200 千克以上；i. 上述毒品以外的其他毒品数量大的。根据 2007 年最高人民法院、最高人民检察院、公安部《办理毒品犯罪案件适用法律若干问题的意见》第 3 条第 1 款的规定，二亚甲基双氧安非他明（MDMA）等苯丙胺类毒品（甲基苯丙胺除外）100 克以上；氯胺酮、美沙酮 1 千克以上；三唑仑、安眠酮 50 千克以上；氯氮卓、艾司唑仑、地西泮、溴西泮 500 千克以上等情形，也属于其他毒品数量大的情形。

他毒品数量较大①的，处7年以上有期徒刑，并处罚金。(3) 走私、贩卖、运输、制造鸦片不满200克、海洛因或者甲基苯丙胺不满10克或者其他少量毒品②的，处3年以下有期徒刑、拘役或者管制，并处罚金；情节严重③的，处3年以上7年以下有期徒刑，并处罚金。

2. 根据《刑法》第347条的规定，单位犯本罪的，对单位判处罚金，并对其直接负责的主管人员和其他直接责任人员，依照前述规定处罚，实行双罚制。

3. 根据刑法的规定，具有下列情节的应当从重处罚：(1) 利用、教唆未成年人走私、贩卖、运输、制造毒品，或者向未成年人出售毒品的；(2) 因走私、贩卖、运输、制造、非法持有毒品罪被判过刑，又犯本罪的。

4. 对多次走私、贩卖、运输、制造毒品，未经处理的，毒品数量累计计算。

---

① 根据《解释》第2条的规定，“其他毒品数量较大”是指：a. 苯丙胺类毒品（甲基苯丙胺除外）20克以上不满100克；b. 大麻油1千克以上不满5千克，大麻脂2千克以上不满10千克，大麻叶及大麻烟30千克以上不满150千克；c. 可卡因10克以上不满50克；d. 吗啡20克以上不满100克；e. 度冷丁（杜冷丁）50克以上不满250克（针剂100毫克/支规格的500克以上不满2500支，50毫克/支规格的1000支以上不满5000支；片剂25毫克/片规格的2000片不满1万片，50毫克/片规格的1000片以上不满5000片）；f. 盐酸二氢埃托啡2毫克以上不满10毫克（针剂或者片剂20微克/支、片规格的100支、片以上不满500支、片）；g. 咖啡因50千克以上不满200千克；h. 罂粟壳50千克以上不满200千克；i. 上述毒品以外的其他毒品数量大的。根据前引《办理毒品犯罪案件适用法律若干问题的意见》第3条第2款的规定，二亚甲基双氧安非他明（MDMA）等苯丙胺类毒品（甲基苯丙胺除外）20克以上不满100克的；氯胺酮、美沙酮200克以上不满1千克的；三唑仑、安眠酮10千克以上不满50千克的；氯氮卓、艾司唑仑、地西泮、溴西泮100千克以上不满500千克的等情形，也属于其他毒品数量大的情形。

② 根据前引《办理毒品犯罪案件适用法律若干问题的意见》第3条第3款的规定，“其他少量毒品”是指：二亚甲基双氧安非他明（MDMA）等苯丙胺类毒品（甲基苯丙胺除外）不满20克的；氯胺酮、美沙酮不满200克的；三唑仑、安眠酮不满10千克的；氯氮卓、艾司唑仑、地西泮、溴西泮不满100千克的；上述毒品以外的其他少量毒品的。

③ 根据《解释》第3条的规定，情节严重，是指具有下列情形之一：a. 走私、贩卖、运输、制造鸦片140克以上不满200克、海洛因或者甲基苯丙胺7克以上不满10克或者其他数量相当毒品的；b. 国家工作人员走私、贩卖、运输、制造毒品的；c. 在戒毒监管场所贩卖毒品的；d. 向多人贩毒或者多次贩毒；e. 其他情节严重的行为。

二、非法持有毒品罪

（一）非法持有毒品罪的概念和构成

非法持有毒品罪，是指非法持有较大数量的毒品，司法机关又无法证明行为人持有毒品的来源与用途的行为。本罪的构成要件如下：

1. 本罪的客体是国家对毒品的管理秩序。国家通过一系列的法规规定，特定的医疗机构和单位可以生产、制造毒品。对于有特许权的单位还规定了详细的制造数量、制造品种、生产用途，有力地防止毒品外流危害社会。同时，在规定生产、制造管理规定的同时，也对运输即毒品的流转过程加以详细的规定，由国家根据实际的需要对毒品加以运用。非法持有毒品的行为无疑是对毒品管制法规的违反。

2. 本罪的客观方面包括以下四个方面：（1）持有行为的非法性。即行为人持有毒品时没有合法的根据，或者说行为人持有毒品不是基于法律、法规的允许。（2）行为人实际持有毒品。所谓持有毒品就是事实上的控制和支配，行为人与毒品之间存在着一种事实上的支配与被支配关系。第一，持有表现为占有、携带、藏有或者以其他方法实际支配毒品。第二，持有关系要求物理上据有，并不要求行为人时刻将毒品拿在手中，放在口袋里或身上，只要行为人认识到毒品存在且实际能支配和控制即可。第三，持有并不要求行为人直接持有，即介入第三人时也不影响本罪的成立。第四，持有毒品并不要求行为人对毒品具有所有权，行为人是否知道毒品所有权属于谁，并不影响犯罪的成立。第五，持有行为一般表现为一种状态，是一种持续行为。只有当行为人在一定时间内形成支配时才叫持有，并非行为人一接触毒品就可以构成持有。第六，对毒品非法持有，不包括走私、贩卖、运输、制造或窝藏毒品。这一点在区分此罪与彼罪上具有特别重要的意义。（3）司法机关对毒品来源与用途的无法查证性。所谓非法持有毒品，一般是指那些拒不说明毒品的真实用途，并且也没有充分证据证明毒品的其他犯罪用途的行为。（4）持有毒品数量较大。非法持有鸦片200克以上不满1千克、海洛因或者甲基苯丙胺10克以上不满50克或者其他毒品数量较大的才构成本罪。

3. 本罪的犯罪主体为一般主体，凡年满16周岁且具有刑事责任能力的自然人均可成为本罪主体。

4. 本罪在主观罪过形式上表现为直接故意，即行为人在未经有关主管部门批准和许可的情况下，明知是毒品仍然持有。

（二）非法持有毒品罪的界限划分

1. 本罪与非罪的界限

首先要正确认定合法行为。对于依照法律规定而控制、支配一定数量的麻醉药品、精神药品的，属于合法持有行为，而不能以犯罪论处。其次要正确认定一般违法行为与犯罪行为之间的界限。本罪为数量犯，只有非法持有鸦片200克以上、海洛因或者甲基苯丙胺10克以上或者其他毒品数量较大的，才构成本罪，而对于非法持有鸦片200克以下、海洛因或者甲基苯丙胺不满10克，或者其他毒品数量较小的行为，则应认定为一般违法行为，而不构成犯罪。

2. 本罪与走私、贩卖、运输、制造毒品罪的界限

非法持有毒品是走私、贩卖、运输、制造毒品行为的一个必不可少的行为过程。没有对毒品的非法持有，就不可能实施走私、贩卖、运输、制造毒品犯罪行为。因此，凡是行为人因为走私、贩卖、运输、制造毒品而非法持有毒品的，就不能认定为本罪，而应根据其犯罪真实目的相应地认定为走私、贩卖、运输、制造毒品罪。同时，也不能对此实行数罪并罚。在上述情形下，非法持有毒品行为只是走私、贩卖、运输、制造毒品罪行为的必然环节，属于吸收犯，① 只能定一重罪。

3. 本罪与窝藏毒品罪的界限

行为人窝藏毒品必然表现为对毒品的非法持有，因而非法持有毒品与窝藏毒品的外在表现极为相似，但二者的区别也是很明显的。（1）两罪犯罪目的不同。本罪的目的一般不明显，要么为了吸食而持有，要么为了一种难以查明的目的而持有；而窝藏毒品罪的目的十分明确，即为犯有走私、贩卖、运输、制造毒品罪的犯罪分子窝藏毒品，使其逃避司法机关的追查与惩处。（2）两罪的犯罪客体及犯罪对象也有所不同。本罪属于典型的毒品犯罪，侵犯了国家对毒品的管理秩序这一客体，其犯罪对象为任何毒品；而后罪侵犯的客体则为国家对毒品的管制与国家司法机关惩治毒品犯罪的正常司法活动，其犯罪对象仅限于犯走私、贩卖、运输、制造毒品罪的犯罪分子的毒品，其他毒品犯罪分子的毒品不是该罪的犯罪对象。

（三）非法持有毒品罪的刑事责任

根据《刑法》第348条的规定，非法持有鸦片1千克以上、海洛因或甲基苯丙胺50克以上或者其他毒品数量大的，处7年以上有期徒刑或者无期徒

① 参见张明楷：《刑法学》，法律出版社2007年版，第834页。

刑，并处罚金；非法持有鸦片200克以上不满1千克、海洛因或者甲基苯丙胺10克以上不满50克或者其他毒品数量较大的，处3年以下有期徒刑、拘役或者管制，并处罚金；情节严重的，处3年以上7年以下有期徒刑，并处罚金。有关其他毒品数量大、数量较大的认定标准，与走私、贩卖、运输、制造毒品罪的相同。所谓情节严重，一般是指在行为人非法持有毒品数量较大的情况下，非法持有毒品种类较多或毒品纯度高；非法持有时间较长；司法机关调查取证时拒不交出等情形。根据《刑法》第356条的规定，因走私、贩卖、运输、制造毒品被判过刑，又犯本罪的，从重处罚。

三、包庇毒品犯罪分子罪

包庇毒品犯罪分子罪，是指在事先无通谋的情况下，明知是走私、贩卖、运输、制造毒品的犯罪分子，为其提供隐藏处所、财产，帮助其逃匿，或者作虚假证明掩盖其罪行，使其逃避法律制裁的行为。本罪的客体是司法机关惩治毒品犯罪的正常司法活动。本罪的犯罪对象必须是走私、贩卖、运输、制造毒品的犯罪分子。本罪的客观方面表现为为走私、贩卖、运输、制造毒品的犯罪分子提供隐藏处所、财物，帮助其逃匿，或者作假证明掩盖其罪行的行为。包括两种行为方式：（1）窝藏行为。即为特定的毒品犯罪分子提供隐蔽场所，如自己家、亲友家，提供交通工具或其他方便条件，资助其逃跑、逃匿、逃避法律制裁等。（2）包庇行为。即为特定的毒品犯罪分子逃避制裁，向司法机关提供假证明，帮助其掩盖罪行，或者帮助毁灭罪证等。本罪主体为一般主体。单位不能构成本罪。本罪在主观方面表现为故意。

根据《刑法》第349条的规定，犯本罪的，处3年以下有期徒刑、拘役或者管制；情节严重的，处3年以上10年以下有期徒刑。所谓情节严重，一般是指包庇毒品犯罪分子动机或手段十分恶劣的，多次实施包庇的或包庇多人的，包庇的毒品犯罪分子罪行极其严重，使司法工作受到严重阻碍或造成其他严重后果等情况。如果缉毒人员或者其他国家机关工作人员掩护、包庇走私、贩卖、运输、制造毒品的犯罪分子的，则依本罪规定从重处罚。如果事先与前述特定毒品犯罪分子通谋的，以走私、贩卖、运输、制造毒品罪的共犯论处，而不再以本罪定罪处罚。根据《刑法》第356条的规定，因犯走私、贩卖、运输、制造、非法持有毒品罪被判过刑，再犯本罪的，从重处罚。

四、窝藏、转移、隐瞒毒品、毒赃罪

窝藏、转移、隐瞒毒品、毒赃罪，是指在事先无通谋的情况下，明知是走

私、贩卖、运输、制造毒品的犯罪分子的毒品及其犯罪所得的财物，而予以窝藏、转移、隐瞒的行为。本罪的客体为国家司法机关惩治毒品犯罪的正常司法活动和国家对毒品的管制。本罪的犯罪对象是毒品、毒赃，此处特指走私、贩卖、运输、制造毒品的犯罪分子的毒品和其犯罪所得的财物，如果是其他毒品犯罪的毒品以及犯罪所得的毒赃，则不能作为本罪的犯罪对象。本罪在客观方面具体表现为下列几种行为：（1）窝藏毒品、毒赃行为。这是指将上述特定毒品犯罪分子托付的毒品或犯罪所得的财物隐藏在自己住所或其他隐蔽场所，以逃避司法机关追查的行为。行为人利用不知情的第三者或无刑事责任能力人来实施窝藏毒品、毒赃行为，也构成窝藏行为。（2）转移毒品、毒赃行为。这是指将上述特定毒品犯罪分子托付的毒品或者犯罪所得的财物从一地迁移到另一地，以躲避司法机关对毒品或毒赃进行追查、收缴的行为。本罪的转移行为与运输毒品行为的区别在于两者的目的不同：前者的目的在于使走私、贩卖、运输、制造毒品的犯罪分子逃避司法制裁，而后者的目的一般是为了贩卖或进行其他交易，或受人雇佣替人运输。如果行为人的转移行为是在上述特定毒品犯罪分子事先有通谋的情况下实施的，则属于典型的运输行为，而不能以本罪论处。(3) 隐瞒毒品、毒赃行为。这是指行为人在司法机关依法追查毒品、毒赃时，明知前述毒品犯罪分子的毒品或毒赃隐藏之处而掩盖的行为。这种行为不包括知情不报的消极不作为，而是指转移司法人员视线，避免毒品、毒赃暴露，有意阻挠司法工作人员查获毒品、毒赃等积极行为。本罪的犯罪主体为一般主体。本罪在主观方面表现为故意。

根据《刑法》第 349 条第 1 款的规定，犯本罪的，处 3 年以下有期徒刑、拘役或者管制；情节严重的，处 3 年以上 10 年以下有期徒刑。该条第 3 款规定，犯本罪，事先与走私、贩卖、运输、制造毒品犯罪分子通谋的，以走私、贩卖、运输、制造毒品罪的共犯论处，而不再以本罪定罪处罚。根据《刑法》第 356 条的规定，因犯走私、贩卖、运输、制造、非法持有毒品罪被判过刑，再犯本罪的，不受刑法总则规定的累犯处罚原则的限制，一律予以从重处罚。

五、走私制毒物品罪

走私制毒物品罪，是指违反国家规定，非法运输、携带醋酸酐、乙醚、三氯甲烷或者其他用于制造毒品的原料或配剂进出境的行为。本罪的客体是国家对制毒物品的管制。本罪在客观上表现为违反国家规定，逃避海关监管，非法运输、携带醋酸酐、乙醚、三氯甲烷或者其他用于制造毒品的原料或者配剂进出境的行为。本罪的主体是一般主体，包括自然人和单位。本罪的主观方面是故意。

根据《刑法》第350条的规定，犯本罪的，处3年以下有期徒刑、拘役或者管制，并处罚金；数量大的，处3年以上10年以下有期徒刑，并处罚金。① 单位犯本罪的，对单位判处罚金；并对其直接负责的主管人员和其他责任人员依照自然人犯本罪的规定处罚。

六、非法买卖制毒物品罪

非法买卖制毒物品罪，是指违反国家规定，在境内非法买卖醋酸酐、乙醚、三氯甲烷或者其他用于制造毒品的原料或者配剂的行为。本罪侵犯的客体是国家对制毒物品的管制。本罪的犯罪对象是醋酸酐、乙醚、三氯甲烷或者其他用于制造毒品的原料或配剂。本罪在客观方面表现为违反国家有关规定，在境内买卖醋酸酐、乙醚、三氯甲烷或其他用于制造毒品的原料或者配剂的行为。具体而言包括三个方面：一是在中华人民共和国境内。二是非法性，即买卖上述制毒物品违反了国家有关规定。三是行为的买卖性，即表现为有偿转让或有偿受让制毒物品。这种有偿性可以表现为钱货交易或以货易货交易等方式。如果是无偿地赠与、借用，则不构成本罪。本罪与走私制毒物品罪一样，客观方面也存在一个制毒物品的数量分析问题。根据《解释》的规定，本罪的数量标准与走私制毒物品罪的数量标准相同。本罪的主体是一般主体，单位也可构成本罪。本罪的主观方面表现为故意。

根据《刑法》第350条的规定，犯本罪的，处3年以下有期徒刑、拘役或者管制，并处罚金；数量大的，处3年以上10年以下有期徒刑，并处罚金。单位犯本罪的，对单位判处罚金，并对直接负责的主管人员和其他直接责任人员，依照自然人犯本罪所受处罚的标准进行处罚。根据《刑法》第356条的规定，因走私、贩卖、运输、制造、非法持有毒品罪被判过刑，又犯本罪的，从重处罚。

---

① 根据《解释》第4条的规定，违反国家规定，非法运输、携带进出境醋酸酐、乙醚、三氯甲烷或者其他用于制造毒品的原料或者配剂达到下列数量标准的，依照《刑法》第350条第1款的规定定罪处罚：a. 麻黄碱、伪麻黄碱及其盐类和单方制剂5千克以上不满50千克；麻黄浸膏、麻黄浸膏粉100千克以上不满1000千克；b. 醋酸酐、三氯甲烷200千克以上不满2000千克；c. 乙醚400千克以上不满3000千克；d. 上述原料或者配剂以外其他相当数量的用于制造毒品的原料或者配剂。超过上述数量标准的，应当认定为《刑法》第350条第1款规定的“数量大”。

七、非法种植毒品原植物罪

非法种植毒品原植物罪，是指违反国家规定，非法种植罂粟、大麻等毒品原植物，数量较大，或者经公安机关处理后又种植，或者抗拒铲除的行为。本罪的客体是国家对毒品原植物种植的管制。犯罪对象为毒品原植物。毒品原植物是指罂粟、大麻、古柯等一类能用于提炼、加工成鸦片、海洛因、甲基苯丙胺、吗啡、可卡因以及国家规定管制的其他能够使人形成瘾癖的麻醉药品和精神药品的植物。本罪在客观方面表现为违反国家规定，非法种植罂粟、大麻等毒品原植物数量较大，或者经公安机关处理后又种植的，或者抗拒铲除的行为。它具体包括三个方面：（1）行为的非法性。（2）行为以种植方式表现出来。所谓种植，是指播种、施肥、灌溉、插栽、除草、收获一系列具体行为的总称。无论实施了从播种到收获的全部行为，还是只参与了其中一种或几种行为，均可视为种植。（3）情节严重性。所谓“情节严重”，是指《刑法》第351条第1款规定的构成犯罪的三种情形：第一，种植罂粟500株以上或其他毒品原植物数量较大的。第二，经公安机关处理后又种植的。第三，抗拒铲除的。这种情形是指非法种植毒品原植物的人在有关执法机关依法强制铲除时，采用暴力、威胁等强制方法抵制铲除的情形。本罪主体为一般主体，凡年满16周岁且具有刑事责任能力的自然人，均能成为本罪的主体。本罪只能由故意构成。

根据《刑法》第351条的规定，犯本罪的，处5年以下有期徒刑、拘役或者管制，并处罚金；非法种植罂粟3000株以上或者其他毒品原植物数量大的，处5年以上有期徒刑，并处罚金或者没收财产。根据《刑法》第356条的规定，因走私、贩卖、运输、制造、非法持有毒品罪被判过刑，又犯本罪的，从重处罚。如果非法种植原植物的行为人在收获前自动铲除的，可以免除处罚。

八、非法买卖、运输、携带、持有毒品原植物种子、幼苗罪

非法买卖、运输、携带、持有毒品原植物种子、幼苗罪，是指违反国家规定，未经国家主管部门批准而买卖、运输、携带、持有未经灭活的罂粟等毒品原植物种子或幼苗，数量较大的行为。本罪的客体是国家对毒品原植物种子或幼苗的管理秩序。本罪的对象是未经灭活的毒品原植物种子和幼苗，即未经杀死而可以用于种植的毒品原植物种子和幼苗。本罪在客观方面表现为违反国家规定，未经国家主管部门批准而买卖、运输、携带、持有未经灭活的罂粟等毒

品原植物种子或幼苗，数量较大的行为。所谓买卖是指以金钱或实物作价非法购买或出售未经灭活的毒品原植物种子或者幼苗的行为。所谓运输是指使用交通工具将上述种子或者幼苗从一个地方装载运送到另一个地方的行为。所谓携带是指随身或在其他物品中夹带上述种子或者幼苗的行为。构成本罪，必须达到“数量较大”的标准，但法律没有明确规定数量较大的标准，对此还需要根据实际情况以及对毒品犯罪的可能影响程度，由司法解释或立法解释作出规定。本罪主体为一般主体，单位不能构成本罪。本罪在主观方面表现为故意。

根据《刑法》第352条的规定，犯本罪的，处3年以下有期徒刑、拘役或者管制，并处或者单处罚金。根据《刑法》第356条的规定，因走私、贩卖、运输、制造、非法持有毒品罪被判过刑，又犯本罪的，从重处罚。

九、引诱、教唆、欺骗他人吸毒罪

引诱、教唆、欺骗他人吸毒罪，是指违反国家关于麻醉药品、精神药品的管理法规，采用引诱、教唆、欺骗的手段，促使他人吸食、注射毒品的行为。本罪侵犯了国家关于麻醉药品、精神药品的管制和他人的身心健康。本罪在客观方面表现为违反国家关于麻醉药品、精神药品的管理法规，采用引诱、教唆、欺骗的手段，促使他人吸毒的行为。所谓引诱，是指采用金钱、物质或其他方法，进行勾引、诱惑、拉拢，以使他人产生吸毒欲望的行为。所谓教唆，是指通过授意、劝说、怂恿、请求、示范等方法使那些原来无吸毒欲望的人产生吸毒意念的行为。所谓欺骗，是指编造虚假事实，掩盖毒品真相，以使他人在不知情的状况下吸食、注射毒品的行为。本罪主体为一般主体。本罪主观方面表现为故意。

根据《刑法》第353条第1款的规定，犯本罪的，处3年以下有期徒刑、拘役或管制，并处罚金。情节严重的，处3年以上7年以下有期徒刑，并处罚金。所谓情节严重，一般是指引诱、教唆、欺骗多人多次吸毒的；引诱、教唆、欺骗他人吸毒致使成瘾的，并造成其他恶果或使他人身心遭到严重摧残或诱发了其他犯罪的；致使被引诱、教唆、欺骗吸食者伤残或死亡的等情形。《刑法》第353条第3款规定，引诱、教唆、欺骗未成年人吸毒的，从重处罚。另外，因走私、贩卖、运输、制造、非法持有毒品被判过刑，又犯本罪的，从重处罚。

十、强迫他人吸毒罪

强迫他人吸毒罪，是指公然违背他人意愿，以暴力、胁迫或者其他强制手段迫使他人吸食、注射毒品的行为。本罪既侵犯了国家对麻醉药品、精神药品的管制，又侵犯了公民的人身自由权利和身心健康权利。本罪犯罪对象是任何不愿意吸食、注射毒品的人。本罪在客观方面具体表现为违背他人意愿，使用暴力、胁迫或其他强制手段，迫使他人吸食、注射毒品的行为。暴力是指对不愿吸毒者实行人身殴打、捆绑、杀伤、禁闭等方式，足以危及其身体健康或人身安全，致使被强迫者不能反抗的行为；而胁迫则是指行为人以立即实施暴力或其他强制手段相威胁，实行精神方面的强制，使不愿吸毒者产生恐惧心理，被迫吸毒的行为。本罪的犯罪主体属于一般主体，单位不能构成本罪。本罪在主观方面表现为故意，即行为人明知自己的强迫行为会发生他人吸毒的结果，仍希望这种结果发生。

根据《刑法》第353条第2款的规定，犯本罪的，处3年以上10年以下有期徒刑，并处罚金。根据该条第3款的规定，强迫未成年人吸毒的，从重处罚。根据《刑法》第356条的规定，因走私、贩卖、运输、制造、非法持有毒品被判过刑，又犯本罪的，从重处罚。

十一、容留他人吸毒罪

容留他人吸毒罪，是指违反国家关于麻醉药品、精神药品的管理法规，故意为他人提供吸食、注射毒品场所的行为。本罪既侵犯了国家对麻醉药品、精神药品的管制，又侵犯了社会治安管理秩序。本罪的行为对象是那些自愿吸食、注射毒品的自然人。本罪在客观方面表现为行为人违反国家关于麻醉药品、精神药品的管理法规，为他人吸食、注射毒品提供场所的行为。其行为体现在“容留”上，所谓容留，是指行为人给吸食、注射毒品的人提供吸食、注射毒品的场所。本罪的主体为一般主体。本罪的主观方面表现为故意。

根据《刑法》第354条的规定，犯本罪的，处3年以下有期徒刑、拘役或者管制，并处罚金。根据《刑法》第356条的规定，因走私、贩卖、运输、制造、非法持有毒品被判过刑，又犯本罪的，从重处罚。

十二、非法提供麻醉药品、精神药品罪

非法提供麻醉药品、精神药品罪，是指依法从事生产、运输、管理、使用国家管制的麻醉药品、精神药品的单位和个人，违反国家规定，明知他人是吸食、注射毒品的人员而向其提供国家规定管制的能够使人形成瘾癖的麻醉药品、精神药品的行为。本罪的客体是国家对麻醉药品、精神药品的管理秩序。本罪在客观方面包含以下几层含义：（1）行为的业务相关性。本罪行为与行

为人依法从事的业务有关，即行为人利用合法支配权而非法提供毒品。（2）行为的非法性。行为人向吸毒者提供麻醉药品、精神药品的行为具有违反国家有关规定这一非法性。（3）行为提供对象的特定性。行为人利用职务之便非法提供麻醉药品、精神药品的对象必须是吸食、注射毒品的人这一特定对象。（4）行为的无偿性。如果这种提供毒品的行为是有偿的，不管是货款交易、以物易物，还是用劳务进行交换，都不属于本罪的非法提供行为。本罪的犯罪主体属于特殊主体，即只有依法从事生产、运输、管理、使用国家管制的麻醉药品、精神药品的单位和个人才能构成本罪。本罪在主观方面表现为故意。

根据《刑法》第355条的规定，犯本罪的，处3年以下有期徒刑或者拘役，并处罚金；情节严重的，处3年以上7年以下有期徒刑，并处罚金。所谓情节严重，一般是指非法提供麻醉药品、精神药品数量较大，或非法提供次数较多；或者行为人因为非法提供麻醉药品、精神药品曾受到行政处分或处罚，但屡教不改的；或者非法提供麻醉药品、精神药品造成了重大影响或其他严重危害社会的情节。单位犯本罪，对单位判处罚金，并对其直接负责的主管人员和其他直接责任人员，依照处罚自然人犯本罪的原则进行处罚。根据《刑法》第356条的规定，因犯走私、贩卖、运输、制造、非法持有毒品罪被判过刑的，又犯本罪的，从重处罚。

第九节　组织、强迫、引诱、容留、介绍卖淫罪

一、组织卖淫罪

（一）组织卖淫罪的概念和构成

组织卖淫罪，是指以雇佣、招募、纠集、引诱、容留等手段，控制多人从事卖淫的行为。本罪的构成要件如下：

1. 本罪的客体是社会治安管理秩序和良好的社会道德风尚。犯罪对象是“他人”，包括三人以上的男性或者女性。

2. 本罪的客观方面表现为组织他人卖淫的行为。这里的“组织”，是对卖淫活动实施策划、指挥、领导和安排的行为，其手段可以是雇佣、招募、纠集、引诱、容留等非强制手段。一般包括下述两类情形：（1）设置专门的卖淫场所或者变相的卖淫场所组织他人卖淫；（2）虽然没有固定的场所，但行为人能有组织地对卖淫活动进行总体控制。这里的“卖淫”，是指以获取金钱或者其他利益为目的向他人出卖肉体的行为，卖淫者通常为女性，但也不能排

除男性卖淫的现象。这里的卖淫者，多为自愿，如果组织者以强制手段迫使不明真相者卖淫的，应以强迫卖淫罪论处。组织卖淫罪中的被组织者必须达到多人的要求，如果达不到多人的标准，则不构成本罪，多人是指三人以上。本罪属于行为犯。只要组织者的组织行为实施完毕，无论其被组织的卖淫人员是否从事了卖淫活动，就可以认定为既遂。

3. 本罪的主体是一般主体，即年满16周岁具有刑事责任能力的自然人。这里的组织者，可以是一人也可以是多人，单位不能成为本罪主体。根据《刑法》第361条的规定，旅馆业、饮食服务业、文化娱乐业、出租汽车业等单位的人员，利用本单位的条件，组织他人卖淫的，仍按自然人犯本罪处理，只处罚组织卖淫的主管人员和直接责任人员，如果组织者是单位的主要负责人，从重处罚。

4. 本罪的主观方面是故意，并且一般具有营利目的，但这种目的并非本罪的必备构成要素。

（二）组织卖淫罪的界限划分

1. 本罪与非罪的界限

本罪的成立不需要出现特定的危害结果，只要行为人实施了组织他人卖淫的行为即可构成。但要注意将本罪与卖淫者自动结伙卖淫的行为区别开来，后者的结伙人都是卖淫者，没有主从，也没有固定的组织策划者，对此一般不按犯罪处理，而应以违反社会治安管理的一般违法行为处理。但如果组织他人卖淫的行为人，自己也参与卖淫的，应当对其以本罪定罪处罚。

2. 本罪与聚众淫乱罪的界限

本罪与聚众淫乱罪的主要区别在于：（1）行为的表现不同。本罪表现为对卖淫人员的组织和对卖淫嫖娼活动的安排、策划和指挥，而聚众淫乱罪则表现为聚集男女多人之间的群奸群宿。（2）主体不同。虽然二者都是一般主体，但本罪只对组织者追究刑事责任，参加卖淫、嫖娼者不构成本罪，而聚众淫乱罪的主体则可以是首要分子和多次参加者。（3）目的不同。本罪一般具有谋取非法利益的目的，存在卖淫嫖娼之间的金钱交换过程，而聚众淫乱罪则没有营利目的和金钱交换，主要是出于寻求精神刺激。

3. 一罪与数罪的界限

在组织他人卖淫的过程中，如果其组织行为中有强迫、容留、引诱、介绍等行为，应当如何认定？我们认为，组织他人卖淫罪的组织行为并不包含有强迫等违背卖淫人员意志的暴力行为，否则，刑法就没有必要专门规定强迫卖淫罪。至于组织行为是否可以包括一些非暴力的，如引诱、劝导、容留、蒙蔽等手段，我们认为，一般情况下，只要这些行为不违背卖淫人员意志，是可以包括到组织行为之中去的。但当引诱、容留的手段又构成了引诱、容留他人卖淫罪时，就绝不能视为引诱、容留手段包括在组织行为之中而只定为组织他人卖淫罪。针对不同人实施引诱、容留和组织行为应该成立数罪，并实行并罚。

（三）组织卖淫罪的刑事责任

根据《刑法》第 358 条第 1 款、第 2 款以及第 361 条的规定，犯本罪的，处 5 年以上 10 年以下有期徒刑，并处罚金；情节严重的，处 10 年以上有期徒刑或者无期徒刑，并处罚金或者没收财产；情节特别严重的，处无期徒刑或者死刑，并处没收财产。旅馆业、饮食服务业、文化娱乐业、出租汽车业等单位的主要负责人，利用本单位的条件，犯本罪的，从重处罚。这里的“情节严重”，一般是指多次组织卖淫的，组织卖淫集团的，组织大规模的幼女卖淫的等情形。

二、强迫卖淫罪

（一）强迫卖淫罪的概念和构成

强迫卖淫罪，是指违背他人意志，以暴力、胁迫或其他强制方法，迫使他人卖淫的行为。本罪的构成要件如下：

1. 本罪的客体是复杂客体，包括社会治安管理秩序、良好的社会道德风尚、受害者的人身权和性的不可侵犯权。本罪的对象，既包括女性，也包括男性。

2. 本罪的客观方面表现为违背他人意志，以暴力、胁迫或其他强制方法，迫使他人卖淫的行为。行为的手段可以各式各样，如殴打、捆绑、拘禁、恐吓、要挟、麻醉、灌酒等。但不论使用何种强制手段，只要迫使他人在不自愿的情况下卖淫的，即可构成本罪。如果行为人强迫他人从事卖淫之外的其他活动的，则不构成本罪。

3. 本罪的主体是一般主体。

4. 本罪的主观方面是故意，目的与动机不影响定罪。

（二）强迫卖淫罪的界限划分

1. 本罪与组织卖淫罪的界限

本罪与组织卖淫罪都有促使他人卖淫的行为，并且都规定在刑法的同一条款之中。但二者的区别也很明显，具体表现在：（1）客体不完全相同。两罪的客体都包括社会治安管理秩序、良好的社会道德风尚。本罪的客体还包括被迫卖淫者的人身权和性的不可侵犯权。（2）客观方面的行为方式不同。本罪的行为是违背他人的意志，采取暴力、胁迫或其他方法，迫使他人卖淫，而组织卖淫罪的行为是招募、引诱、容留、纠集等手段策划、指挥、领导自愿卖淫者卖淫，一般不使用暴力、威胁方法，也不违背卖淫者的意志。（3）本罪可以对多人或一人采用强迫手段，而组织卖淫罪则必须针对多人，具有一定的“组织性”和规模性。

2. 一罪与数罪的界限

本罪与数罪的界限，主要存在于行为人强迫他人卖淫的同时，又有拐卖妇女、组织卖淫、强奸或者因强迫卖淫造成卖淫者重伤、死亡或其他严重后果的情况。这些情况下，要严格按照刑法的条文规定，把握犯罪的构成要件。如果在拐卖妇女的过程中，强迫被拐卖的妇女卖淫或者将被拐卖的妇女卖给他人迫使其卖淫的，按照《刑法》第 240 条的规定，仍按拐卖妇女罪定罪，但在量刑幅度上属于“情节严重”一档；如果在组织卖淫的过程中强迫他人卖淫的，可以按牵连犯的处罚原则，从一重罪处理，考虑到组织卖淫罪与强迫卖淫罪被规定在同一刑法条文之中，并且法定刑相同，所以可以根据案件的具体情况或者以组织卖淫罪论处，或者以强迫卖淫罪论处；如果强奸行为或者造成卖淫者重伤、死亡或其他严重后果的行为与强迫卖淫的行为存在内在的联系，则仍按强迫卖淫罪论处，在量刑档次上适用“情节严重”的情形；如果强迫卖淫后再强奸，或者造成卖淫者重伤、死亡或其他严重后果的行为与强迫卖淫行为之间不存在内在的联系，则按数罪并罚处理。

（三）强迫卖淫罪的刑事责任

根据《刑法》第 358 条第 1 款、第 2 款以及第 361 条的规定，犯本罪的，处 5 年以上 10 年以下有期徒刑，并处罚金。有下列情形之一的，处 10 年以上有期徒刑或者无期徒刑，并处罚金或者没收财产：（1）强迫不满 14 周岁的幼女卖淫的；（2）强迫多人卖淫或者多次强迫他人卖淫的；（3）强奸后迫使卖淫的；（4）造成被强迫卖淫的人重伤、死亡或者其他严重后果的。犯本罪，情节特别严重的，处无期徒刑或者死刑，并处没收财产。旅馆业、饮食服务业、文化娱乐业、出租汽车业等单位的主要负责人，利用本单位的条件，犯本罪的，从重处罚。

三、协助组织卖淫罪

协助组织卖淫罪，是指在组织他人卖淫的活动中，起协助、帮助作用的行为。考虑协助组织卖淫的行为与组织卖淫者有很大的不同，不宜笼统以组织卖淫罪的共犯处理，所以刑法将其作为单独的罪名予以规定。本罪的客体与组织卖淫罪的相同，即为社会治安管理秩序和良好的社会道德风尚。本罪的客观方面表现为协助、帮助他人组织卖淫的行为。本罪的主体是一般主体。本罪的主观方面是故意。

根据《刑法》第358条第3款的规定，犯本罪的，处5年以下有期徒刑，并处罚金；情节严重的，处5年以上10年以下有期徒刑，并处罚金。

四、引诱、容留、介绍卖淫罪

（一）引诱、容留、介绍卖淫罪的概念和构成

引诱、容留、介绍卖淫罪，是指利用金钱、财物等手段诱使他人卖淫，或者提供场所给他人卖淫使用，或者居间介绍、联系卖淫活动的行为。本罪的构成要件如下：

1. 本罪的客体是社会治安管理秩序和良好的社会道德风尚。卖淫作为一种社会丑恶现象，为良好的道德风尚所不容，而引诱、容留、介绍卖淫行为正是这种丑恶社会现象产生、存在、发展的外部原因，也是卖淫嫖娼屡禁不止的重要因素。国家行使对社会的管理权的目的是消除社会上各种丑恶现象，使社会秩序达到和谐的运行状态。卖淫嫖娼活动本身就是对这种社会管理秩序的亵渎，引诱、容留、介绍他人卖淫的行为更是侵犯了社会治安管理秩序。因此，必须要严厉打击。

2. 本罪的客观方面表现为引诱、容留、介绍卖淫的行为。所谓“引诱”，是指行为人用金钱、财物或其他方面的利益作为诱惑手段，拉拢那些原本无卖淫意愿的人进行卖淫的行为。如果卖淫完全是卖淫人员的主动行为，并非行为人引诱的结果，而且行为人也没有容留、介绍的情节，则不成立本罪。所谓“容留”，是指行为人给卖淫者提供场所和方便的行为。所谓“介绍”，是指行为人在卖淫者和嫖客之间沟通联络，撮合搭桥，在二者之间相互介绍，实现卖淫嫖娼。

本罪是行为犯，并且属于选择性罪名。只要行为人实施了引诱、容留或者介绍卖淫的三种行为之一，就可以构成犯罪。同时实施其中两种或者全部三种行为的，仍然只成立一个罪名。

3. 本罪的主体是一般主体，即年满16周岁且具有刑事责任能力的自然人。

4. 本罪的主观方面是故意，是否出于营利目的，不影响本罪的成立。

（二）引诱、容留、介绍卖淫罪的界限划分

1. 本罪与组织卖淫罪的界限

两罪在侵犯客体、犯罪主体等方面具有一致性，并且组织卖淫罪的行为人

在实施组织行为过程中往往兼有引诱、容留、介绍等行为。因此两罪之间就容易混淆。我们认为，两罪有如下几点区别：（1）行为对象的人数不尽相同。本罪可以是多人或一个人，但后罪却必是多人。（2）从是否营利的角度来分析，本罪的行为人一般收取床铺费用等，而后罪行为人收获的却是组织他人卖淫所得的利益。（3）从行为的方式来看，本罪是对卖淫人员实施了引诱、容留、介绍行为，而后罪不仅包括对卖淫分子的组织行为，还包括对卖淫活动的策划、安排、指挥领导的行为。（4）故意内容不同。本罪行为人具有引诱、容留、介绍的故意，后罪却是出于组织故意。

2. 本罪与强迫卖淫罪的界限

两罪都是使他人卖淫的行为，但是两罪区别也是较大的：（1）两罪侵犯的客体不同。前罪侵犯了社会治安管理秩序和良好的社会道德风尚；但后罪除此之外，还侵犯了他人的人身权和性的不可侵犯权。（2）客观方面不同。本罪实施了引诱、容留、介绍行为；后罪则采用强迫行为。（3）卖淫者表现出来的主观意志不同。本罪的卖淫人员是自愿的，并没有受到行为人的强制；但后罪的卖淫者却是不自愿的，而是受到行为人的强迫才去从事卖淫行为，具有意志上的被动性。

如果行为人先是引诱、容留、介绍他人卖淫，后来卖淫者的意志发生了变化，不愿意卖淫了，行为人采用强制手段继续使其卖淫的，可以定数罪。如果犯罪人对不同的“他人”分别实施引诱、容留、介绍行为和强迫行为，也成立数罪。

3. 本罪与聚众淫乱罪的界限

两罪都侵犯了社会管理秩序，但也有明显区别：（1）主观方面有所不同。本罪多数以营利为目的；后罪则主要是为了填补精神空虚，寻求精神刺激。（2）客观方面的表现不同。本罪客观方面表现为引诱、容留、介绍他人卖淫的行为；后罪则表现为公然藐视社会公德，召集众人在一起群奸群宿的行为。（3）主体不同。两罪的主体均为一般主体，但是后罪只处罚聚众的首要分子或者其他经常参与者。

（三）引诱、容留、介绍卖淫罪的刑事责任

根据《刑法》第359条第1款、第361条的规定，犯本罪的，处5年以下有期徒刑、拘役或者管制，并处罚金；情节严重的，处5年以上有期徒刑，并处罚金。旅馆业、饮食服务业、文化娱乐业、出租汽车业等单位的主要负责人，利用本单位的条件，犯本罪的，从重处罚。其中的“情节严重”，大致可以包含以下几种情况：（1）多次引诱、容留、介绍他人卖淫的；（2）引诱、容留、介绍多人卖淫的；（3）介绍、容留未满14周岁幼女卖淫的；（4）引诱、容留、介绍那些有严重性病的人卖淫的；（5）因从事引诱、容留、介绍他人卖淫行为，被治安处罚以后，又实施引诱、容留、介绍他人卖淫行为的；（6）引诱、容留、介绍他人卖淫获利较大或以此所得作为主要的生活、经济来源的；（7）其他情节严重的引诱、容留、介绍他人卖淫的行为。

五、引诱幼女卖淫罪

引诱幼女卖淫罪，是指利用金钱、财物或其他手段勾引、诱骗不满14周岁的幼女卖淫的行为。本罪的客体是复杂客体，包括社会治安管理秩序、良好的社会道德风尚和幼女的身心健康。本罪的对象限于不满14周岁的幼女。本罪的客观方面表现为引诱幼女卖淫的行为。本罪的主体是一般主体。本罪的主观方面是故意。

根据《刑法》第359条第2款的规定，犯本罪的，处5年以上有期徒刑，并处罚金。

六、传播性病罪

（一）传播性病罪的概念和构成

传播性病罪，是指明知自己患有梅毒、淋病等严重性病而进行卖淫、嫖娼的行为。本罪的构成要件如下：

1. 本罪的客体是复杂客体，包括社会治安管理秩序、良好的社会道德风尚和他人的身体健康权利。

2. 本罪的客观方面表现为患有梅毒、淋病等严重性病而卖淫、嫖娼的行为。具体而言包括两个方面的要素：（1）行为人确实患有梅毒、淋病等严重性病。对这里的“等严重性病”，学术界有三种不同的观点：第一种观点认为“等严重性病”是指其他与梅毒、淋病危害性相当的性病。① 第二种观点认为“等严重性病”既指性病性质的严重，也指性病症状的严重。② 第三种观点认为“等严重性病”是指与梅毒、淋病的危害特点相当并且易于通过卖淫、嫖娼传染的性病。③ 笔者赞同第三种观点。确定其他严重性病的范围时，应当考

① 参见刘家琛主编：《新刑法条文释义》，人民法院出版社1998年版，第1579页。

② 参见张穹主编：《新刑法罪与非罪此罪与彼罪的界限》，中国检察出版社1998年版，第413页。

③ 参见陈兴良：《刑法疏议》，中国人民公安大学出版社1997年版，第582页。

虑两点：第一，必须是与梅毒、淋病危害性相当的性病；第二，必须是容易通过卖淫、嫖娼传染的性病。主要是指对人体健康危害较重或者传染性较强、发病率较高的性病。司法实践中要在《传染病防治法》中规定的性病与卫生部规定实行性病监测的性病范围内从严掌握。如果行为人所患的病不是性病而是其他传染病，或者虽然是性病，但不是梅毒、淋病等严重性病，均不构成本罪。(2) 必须实施了卖淫或者嫖娼的行为。这里的卖淫嫖娼，是指不特定的男女之间以金钱、财物为媒介发生不正当性关系的行为。对以营利为目的发生手淫、口淫的行为，应按卖淫嫖娼处理。① 如果行为人虽患有严重性病，但并没有从事金钱交易和面向不特定人的卖淫嫖娼活动，而是通过通奸、强奸或者猥亵等行为面向特定人传播性病的，不构成本罪。本罪是行为犯，是否实际已经造成他人染上性病的结果，不影响本罪的成立。

3. 本罪的主体是特殊主体，即年满16周岁具有刑事责任能力且患有梅毒、淋病等严重性病的人。

4. 本罪的主观方面是故意。即明知自己患有梅毒、淋病等严重性病而卖淫嫖娼。目的和动机不影响本罪的构成。

（二）传播性病罪的界限划分

1. 本罪与非罪的界限

认定本罪主要需要把握上述客观方面的两个要素，除此之外，还有以下几种情况需要注意：

(1) 行为人虽然明知自己患有严重性病，但是被他人强迫卖淫、嫖娼的，是否构成本罪？我们认为对此应视行为人有无意志自由而定。如果行为人被他人强迫完全丧失了意志自由如被捆绑、被灌醉等，此时对行为人来讲属不可抗力，不成立犯罪。但是如果行为人只是精神上受到强制，或者虽然身体受到强制，但并未完全丧失意志自由，在这种情况下，行为人还是有意志自由的，他参加犯罪仍是自行选择的结果，因此其行为应构成本罪，只是可酌情从轻、减轻甚至免除处罚。

(2) 本罪的成立不需要发生严重性病传播的结果，只要行为人明知自己患有严重性病却仍然卖淫、嫖娼即构成本罪。因此即使行为人能够充分地证明其卖淫、嫖娼行为根本不会发生传染性的后果，亦不能否定本罪的成立。

2. 本罪与故意伤害罪的界限

---

① 参见1995年公安部《关于对以营利为目的的手淫、口淫等行为定性处理问题的批复》。

如果行为人基于泄愤报复或者其他动机，意图加害他人，而通过卖淫嫖娼的方式把严重性病传播给相对人，在此种情况下，传播性病罪与故意伤害罪之间极易混淆。但二者之间却有较大区别：（1）侵犯的客体不同，本罪是复杂客体，即社会治安管理秩序、良好的社会道德风尚和他人的身体健康权利；后罪客体是他人的身体健康权利。（2）行为方式不同，本罪是行为人实施卖淫嫖娼的行为；后罪可以包括卖淫嫖娼在内的其他更多的方式，并且一般情形下是通过暴力作为方式，也可以是特定情况下的不作为方式。（3）主观内容不同，本罪是行为人明知自己患有严重性病而故意进行卖淫嫖娼，对于造成其他的严重危害结果持放任态度，行为人也可能具有营利或非法获得其他利益等特定目的；后罪只有伤害他人身体健康的故意。（4）主体不同，本罪属于特殊主体，即年满16周岁具有刑事责任能力且患有严重性病的卖淫嫖娼者；后罪包括年满14周岁不满16周岁具有刑事责任能力的自然人。

3. 一罪与数罪的界限

（1）行为人明知自己患有严重性病而又嫖宿了不满14周岁的幼女的，如果行为人确实不知对方是幼女的，应以传播性病罪论；如果行为人明知（含确切知道和可能知道）是幼女的，则属于想象竞合犯，应依一重罪即嫖宿幼女罪论处，其明知自己患有严重性病又实施嫖娼的行为可以作为量刑时的从重情节加以考虑。

（2）行为人是严重性病患者，既实施了组织、强迫、引诱、容留、介绍他人卖淫的行为，又从事了卖淫嫖娼活动，行为人实施了数个行为，并且又具有数个故意内容，成立数罪，应当数罪并罚。

4. 本罪的犯罪停止形态

本罪是否存在犯罪中止？有学者认为，传播性病罪存在犯罪预备过程中以及犯罪着手实行而未完成时的犯罪中止形态，并举例说，比如行为人已脱完衣服，正准备进行性行为时，忽然良心发现，告诉对方自己患有性病并停止正欲进行的性行为，即为犯罪中止。① 笔者认为上述观点并不妥当。我国刑法并未单独规定卖淫、嫖娼罪，本罪设立的主要目的在于防止性病的传播而非杜绝卖淫、嫖娼行为，因此行为人在开始性行为前自动停止卖淫嫖娼行为，其整个行为便丧失了传播性病的性质，也就不属于本罪的范畴，由于其行为社会危害性不大，不应当认为是犯罪，自然也就不成立所谓的犯罪中止了。

---

① 参见赵秉志主编：《疑难刑事问题司法对策》（第五集），吉林人民出版社1999年版，第394页。

（三）传播性病罪的刑事责任

根据《刑法》第366条第1款的规定，犯本罪的，处5年以下有期徒刑、拘役或者管制，并处罚金。

七、嫖宿幼女罪

嫖宿幼女罪，① 是指嫖宿不满14周岁卖淫的幼女的行为。本罪的客体是复杂客体，包括良好的社会道德风尚和幼女的身心健康。本罪的对象是不满14周岁的卖淫幼女。本罪的客观方面表现为实施了嫖宿不满14周岁幼女的行为。值得注意的是，本罪必须发生在卖淫嫖娼活动中，否则应以奸淫幼女罪论处。而且，我们认为，嫖宿幼女的行为应该与其他嫖宿行为要求不同，嫖宿幼女不一定要求发生性交行为，即可构成嫖宿幼女罪，这样有利于对幼女的特殊保护。本罪的主体是一般主体。本罪的主观方面是故意，即明知是不满14周岁的幼女而仍然嫖宿。值得的注意的是，这里的“明知”不等于“确知”，而是知道或者应当知道。如果行为人对卖淫幼女的年龄处于一种不确定的认识状态，而放任其嫖宿的行为，只要行为人实际嫖宿的对象是不满14周岁的幼女，按照2001年最高人民法院《关于构成嫖宿幼女罪主观上是否需要具备明知要件的解释》的规定，应按本罪论处。

根据《刑法》第360条第2款的规定，犯本罪的，处5年以上有期徒刑，并处罚金。

第十节　制作、贩卖、传播淫秽物品罪

一、制作、复制、出版、贩卖、传播淫秽物品牟利罪

（一）制作、复制、出版、贩卖、传播淫秽物品牟利罪的概念和构成

制作、复制、出版、贩卖、传播淫秽物品牟利罪，是指以牟利为目的，制

① 从出于彻底地保护幼女身心健康的立场出发，笔者主张取消嫖宿幼女罪这一罪名。因为该罪名的存在可能会给那些和幼女发生性关系的人以他是在和妓女发生性行为为借口，或者总是伪装成和妓女发生性关系而达到奸淫幼女的目的，这样就可能导致《刑法》第236条第2款规定的虚置。而且，《刑法》第236条第2款设置的根本目的在于，保护不满14周岁幼女的身心健康，但嫖宿幼女罪的设置却让人感觉对于无论什么原因沦为妓女的未满14周岁的幼女仅仅从善良社会风尚的维护着眼，而基本放弃了对这些幼女的身心健康保护。

作、复制、出版、贩卖、传播淫秽物品的行为。本罪的构成要件如下：

1. 本罪的客体是国家查禁淫秽物品的管理秩序和良好的社会道德风尚。本罪的行为对象是淫秽物品，即具体描绘性行为或者露骨宣扬色情的诲淫性的书刊、影片、录像带、录音带、图片及其他淫秽物品。值得注意的是淫秽物品不限于淫秽出版物，它既包括印刷品类、音像制品类，还包括如淫秽的玩具、用品、淫药、淫具、广告等其他淫秽物品类。有关人体生理、医学知识的科学著作和包含有色情内容的有艺术价值的文学、艺术作品不属于淫秽物品。1988年新闻出版署颁布的《关于认定淫秽及色情出版物的暂行规定》中对淫秽出版物界定为整体上宣扬淫秽行为，挑动人们的性欲，以导致普通人堕落，而又没有艺术价值或科学价值的出版物：（1）淫秽地具体描写性行为、性交及心理感受；（2）公然宣扬色情淫荡形象；（3）淫亵地描述或者传播性交技巧；（4）具体描写乱伦、强奸或者其他性犯罪的手段、过程或细节，足以诱发犯罪；（5）具体描写少年儿童的性行为；（6）淫亵地具体描写同性恋的性行为或者其他性变态行为，或者具体描写与性变态有关的暴力、虐待、侮辱行为；（7）其他令普通人不能容忍的对性行为的淫亵性描写。根据2004年最高人民法院、最高人民检察院《关于办理利用互联网、移动通讯终端、声讯台制作、复制、出版、贩卖、传播淫秽电子信息刑事案件具体应用法律若干问题的解释》第9条的规定，“其他淫秽物品”包括具体描绘性行为或者露骨宣扬色情的诲淫性的视频文件、音频文件、电子刊物、图片、文章、短信息等互联网、移动通讯终端电子信息和声讯台语音信息。

2. 本罪的客观方面表现为制作、复制、出版、贩卖、传播淫秽物品牟利的行为。“制作”，是指用撰写、拍摄、绘画、生产、录制、剪辑、翻译、洗印、印刷、印刻等方式创造淫秽物品的行为。“复制”，是指对原已存在的淫秽物品通过翻印、翻拍、复印、转录等方式制作一份或多份的行为。“出版”，是指以编辑、印刷等方式，通过一定的出版单位和出版条件对淫秽物品予以出版发行的行为。“贩卖”，是指以运输、兜售、批发、发行、倒卖等有偿转让淫秽物品的行为。“传播”，是指通过租借、播放、展示、邮寄、传阅等方式使淫秽物品让不特定或多数人感知，以此流传和扩散的行为。按照2000年全国人大常委会《关于维护互联网安全的决定》以及前引《关于办理利用互联网、移动通讯终端、声讯台制作、复制、出版、贩卖、传播淫秽电子信息刑事案件具体应用法律若干问题的解释》的规定，以牟利为目的，利用互联网（包括利用聊天室、论坛、即时通信软件、电子邮件等方式）、移动通讯终端制作、复制、出版、贩卖、传播淫秽电子信息，或者在互联网上建立淫秽网站、网页，提供淫秽站点链接服务，或者传播淫秽书刊、影片、音像、图片的，也属于本罪行为。

本罪属选择性罪名，即上述五种行为不需要同时具备，只要实施了其中一种行为，即可以构成犯罪，定罪时应以行为人具体实施的行为来确定具体罪名。即使行为人实施了数种行为，也只能以一罪定罪处罚，不能数罪并罚。

本罪是行为犯，是否已经发生实际的危害结果，并不影响本罪的构成。具体构罪条件，根据1998年最高人民法院《关于审理非法出版物刑事案件具体应用法律若干问题的解释》及其他相关司法解释进行认定。司法实践中对于那些情节较轻或者轻微，危害不大的制作、复制、出版、贩卖、传播淫秽物品牟利行为，一般不应以犯罪处理。

3. 本罪的主体是一般主体，凡年满16周岁且具有刑事责任能力的自然人都可以成为本罪的主体。单位也可以成为本罪的主体。

4. 本罪的主观方面是故意，并且具有牟利的目的。不具有牟利目的，不构成本罪。行为人对于淫秽物品性质的认识并不要求明确与准确，只要明知可能是淫秽物品而出于牟利目的实施制作、复制、出版、贩卖、传播行为的，即可构成本罪。

（二）制作、复制、出版、贩卖、传播淫秽物品牟利罪的界限划分

1. 本罪与非罪的界限

区分本罪与非罪的时候应当注意：（1）淫秽物品和科学著作、文学艺术作品的界限。介绍人体生理知识、医学知识的，具有一定艺术价值的或者是用于科学研究、普及科学知识的都不属于淫秽物品。如果用于性教学、研究的物品，超出其使用范围而在社会上广为传播以牟利的话，应认定为淫秽物品。（2）要注意区分淫药、淫具与性药、性具的界限。性药是指通过人的内服或外用，能够在一段时间内引起人体强烈的性欲或者在性行为中起保护作用的药品。性具是指能激发人的性欲、满足人的性欲或在性交过程中起保护作用的器具。性药、性具本身不属于淫药、淫具，但性药和性具的生产与传播必须遵守我国药品和医疗器械的有关规定，而且性药、性具只能在一定范围内使用，如夫妻性生活时使用。性药、性具在非正当使用并引起非常理性性欲，使人丧失伦理、理智时，才被称为淫药、淫具。所以，只有以牟利为目的，违反有关规定，制作、复制、传播、贩卖用于非正当使用能使人产生丧失伦理、理智的非常理性性欲的性药、性具时，才构成本罪。（3）要界定淫秽物品的数量。如果没有达到上述司法解释第8条规定的数量，情节轻微的，不作为犯罪处理。

2. 本罪与走私淫秽物品罪的界限

两罪在主观方面、主体和行为对象方面都有相似之处，都要求以牟利为目的，犯罪行为的对象都是淫秽物品。但两罪的界限是很明显的：第一，两罪侵犯的客体不同。走私淫秽物品罪侵犯的客体是国家对外贸易管理秩序和国家查禁淫秽物品的管理秩序，而本罪侵犯的客体是国家查禁淫秽物品的管理秩序和良好的社会道德风尚。第二，两罪的客观行为不同。走私淫秽物品罪的行为表现为行为人违反国家有关规定，非法运输、携带、邮寄淫秽物品进（出）国（边）境，逃避海关监督和检查，而本罪的行为是对淫秽物品予以制作、复制、出版、贩卖、传播。第三，两罪的目的要求不同。走私淫秽物品罪以传播或牟利为目的，而本罪只能以牟利为目的，否则应按其他罪处理。

3. 本罪与传授犯罪方法罪的界限

传授犯罪方法罪是指以言词、行为等方式向他人传授犯罪方法的行为。两罪在客体、客观方面和主观方面都存在差异，一般不会混淆。但在实践中会出现一些不易区分的情况，大致有以下三种：（1）行为人以传授犯罪方法为目的，制作、复制、出版、贩卖、传播淫秽物品的，因为不具有牟利目的，不以本罪处理，应以传授犯罪方法罪定罪为宜。（2）行为人既以牟利目的制作、复制、出版、贩卖、传播淫秽物品，又实施了传授犯罪方法行为的，符合数罪要求，以制作、复制、出版、贩卖、传播淫秽物品牟利罪和传授犯罪方法罪并罚。（3）因淫秽物品中有犯罪方法的描写，行为人进行传播牟利的，客观上造成了传授犯罪方法的事实。这时要分两种情况：一是行为人没有认识到淫秽物品中的犯罪方法的描写，其主观上具有过失，不构成传授犯罪方法罪，应以传播淫秽物品牟利罪处理。二是行为人明知淫秽物品具有传授犯罪方法的内容，有意或者放任自己的传播行为，即行为人以传播牟利的方式向他人传授了犯罪方法，其行为符合牵连犯的要求，按牵连犯的处罚原则，以传授犯罪方法罪论处。

（三）制作、复制、出版、贩卖、传播淫秽物品牟利罪的刑事责任

根据《刑法》第363条第1款、第366条的规定，犯本罪的，处3年以下有期徒刑、拘役或者管制，并处罚金；情节严重的，处3年以上10年以下有期徒刑，并处罚金；情节特别严重的，处10年以上有期徒刑或者无期徒刑，并处罚金或者没收财产。单位犯本罪的，对单位判处罚金，并对其直接负责的主管人员和其他直接责任人员，依照自然人犯本罪的规定处罚。这里的“情节严重”、“情节特别严重”，可以参照上述司法解释的规定进行认定。

二、为他人提供书号出版淫秽书刊罪

为他人提供书号出版淫秽书刊罪，是指违反国家关于书号管理的规定，向他人提供书号，致使淫秽书刊得以出版的行为。本罪的客体是国家关于书号的管理秩序和良好的社会道德风尚。本罪的客观方面表现为违反书号管理规定，向他人提供书号，致使淫秽书刊得以出版的行为。这里的书号，是指国家新闻出版管理部门统一批准，由国家批准设立的出版机构自己使用的编号。包括“中国标准书号”、“中国标准期刊号”以及其他刊号，如ISBN、ISSN、CN，等等。根据前引《关于审理非法出版物刑事案件具体应用法律若干问题的解释》第9条的规定，为他人提供书号，出版淫秽音像制品的，依照本罪定罪处罚。本罪的主体，既可以是单位，也可以是自然人。本罪的主观方面是过失。如果明知他人用于出版淫秽书刊而提供书号、刊号的，其行为符合出版淫秽物品牟利罪共犯的要求，应以出版淫秽物品牟利罪定罪处罚。

根据《刑法》第363条第2款、第366条的规定，犯本罪的，处3年以下有期徒刑、拘役或者管制，并处或者单处罚金。单位犯本罪的，对单位判处罚金，并对其直接负责的主管人员和其他直接责任人员，依照自然人犯本罪的规定处罚。

三、传播淫秽物品罪

传播淫秽物品罪，是指不以牟利为目的，传播淫秽的书刊、影片、音像、图片或者其他淫秽物品，情节严重的行为。本罪的客体是国家查禁淫秽物品的管理秩序和良好的社会道德风尚。本罪的行为对象是淫秽书刊、影片、音像、图片或者其他淫秽物品。本罪的客观方面表现为传播上述淫秽物品，情节严重的行为。按照前引《关于维护互联网安全的决定》和《关于办理利用互联网、移动通讯终端、声讯台制作、复制、出版、贩卖、传播淫秽电子信息刑事案件具体应用法律若干问题的解释》的规定，不以牟利为目的，利用互联网（包括利用聊天室、论坛、即时通信软件、电子邮件等方式）、移动通讯终端传播淫秽电子信息，或者在互联网上建立淫秽网站、网页，提供淫秽站点链接服务，或者传播淫秽书刊、影片、音像、图片的，也属于本罪行为。这里的“情节严重”，按照前引相关司法解释的规定认定。本罪的主体是一般主体，单位也可以构成。本罪的主观方面是故意，但不能出于牟利目的。如果出于牟利目的传播淫秽物品，则应按传播淫秽物品牟利罪定罪处罚。

根据《刑法》第364条第1款、第4款以及第366条的规定，犯本罪的，处2年以下有期徒刑、拘役或者管制。向不满18周岁的未成年人传播淫秽物品的，从重处罚。单位犯本罪的，对单位判处罚金，并对其直接负责的主管人员和其他直接责任人员，依照自然人犯本罪的规定处罚。

四、组织播放淫秽音像制品罪

（一）组织播放淫秽音像制品罪的概念和构成

组织播放淫秽音像制品罪，是指不以牟利为目的，组织播放淫秽的电影、录像等音像制品的行为。本罪的构成要件如下：

1. 本罪的客体是国家查禁淫秽音像制品的管理秩序和良好的社会道德风尚。音像制品给我们的影响尤为直接和形象，国家对于音像制品播放的管理非常严格，特别是对播放淫秽音像制品历来是严厉禁止的。组织播放淫秽音像制品的行为不但侵犯了良好健康的社会风尚，也必然会侵犯我国良好的音像播放秩序，同时也破坏了国家对于这种违禁品查禁的管理秩序。本罪的行为对象是“淫秽音像制品”，即通过一定技术把具体描写性行为或者露骨宣扬色情的诲淫性的淫秽内容固定于一定介质之上，观看、收听时必须借助专用的放音、放像、放映器材，以还原淫秽影像、声音的物品，包括淫秽的电影、录像、幻灯片、录音带、激光唱片、影碟等。

2. 本罪的客观方面表现为组织播放淫秽音像制品的行为。所谓“组织”，是指策划、安排、指挥、召集多人观看或收听淫秽音像制品的行为。所谓“播放”，是指利用录音机、录像机、CD机、VCD机、DVD机等播放设备将图像、声音等信息予以展示供人观看或收听的行为。播放的对象只能是淫秽音像制品，如果播放的是科学教育、科学研究或有关生理、医学知识的或虽包含有色情内容但有艺术价值的音像制品的，则不构成本罪。在认定淫秽音像制品时，应当注意以下三点：（1）要从该物品的全部内容来判断，不能因某部分有淫秽或色情内容而不考察其他部分，否则就会出现以偏概全，以一部分内容而否定了其他部分的科学性和艺术性的错误。（2）要从该项作品对性的描写程度与科学性、艺术性的程度的对比关系来判断。我们认为，科学性和艺术性是可以淡化淫秽性的，如果该音像制品尽管有一定的性描述，但如果其具有较高的科学性和艺术性，我们则不能因为该音像制品具有淫秽性的描写而抹杀它较高的科学性和艺术性。（3）要从其内容上来考察该音像制品是否有具体描写性行为或露骨宣扬色情的诲淫性的描写。本罪是行为犯，但并非只要实施了组织播放淫秽制品的行为即构成本罪。具体构成犯罪的条件，根据前引相关司法解释的规定予以认定。

值得注意的是，本罪行为实际上也是一种传播淫秽物品的行为，但强调了“组织”这种行为，而且这种行为现象比较突出，危害相对较重，因而将其规定为独立的罪名。

3. 本罪的主体是一般主体，单位也可以构成。本罪旨在惩治“组织播放者”，对于只向个别人播放或者是仅仅参与观看的行为，不能按本罪论处。

4. 本罪的主观方面是故意，并且不能以牟利为目的。如果以牟利目的组织播放淫秽音像制品的，应按传播淫秽物品牟利罪定罪处罚。

（二）组织播放淫秽音像制品罪的界限划分

1. 本罪与非罪的界限

认定本罪的罪与非罪应注意以下三点：(1) 该行为对象是不是淫秽音像制品，组织播放不具有具体描写性行为或露骨宣扬色情的诲淫性内容的其他音像制品的，不构成本罪。(2) 播放的范围是否符合国家的有关规定。如果是用于科学研究、教育或介绍人的生理、医学知识的目的，如对婚前青年进行婚前性知识教育的，不构成本罪。(3) 行为人是不是组织播放者。本罪只处罚播放淫秽音像制品的组织者，对其他参与观看的，不按本罪处罚。

2. 本罪与传播淫秽物品牟利罪的界限

本罪与传播淫秽物品牟利罪最主要的区别在于是否具有牟利目的。如果不具有牟利目的的组织播放音像制品的行为只能按本罪处理，否则按传播淫秽物品牟利罪处罚。其次，两罪的行为对象也有所不同，本罪特指淫秽音像制品，而后罪没有要求，泛指一切淫秽物品。最后，两者的行为方式也不尽相同，本罪特指利用一定播放设备进行组织播放的行为，而后罪未作要求。

3. 本罪与传播淫秽物品罪的界限

首先，本罪要求客观上实施策划、指挥等组织行为展示淫秽音像制品的内容，而传播淫秽物品罪只要求实施将淫秽物品传播给他人的行为，而不特别要求播放其内容供他人收看或收听。其次，两罪的行为对象不同，本罪特指淫秽音像制品，而后罪泛指一切淫秽物品。如果将淫秽音像制品播放出来并召集、组织他人收看或收听的，按本罪定罪处罚；如果将淫秽音像制品散布、流传、分发而不展示其内容，或仅展示其淫秽物品的内容的，只能按传播淫秽物品罪论处。

（三）组织播放淫秽音像制品罪的刑事责任

根据《刑法》第364条第2款、第3款、第4款以及第366条的规定，犯本罪的，处3年以下有期徒刑、拘役或者管制，并处罚金；情节严重的，处3年以上10年以下有期徒刑，并处罚金。制作、复制淫秽的电影、录像等音像制品并组织播放的，依照本罪从重处罚。向不满 18 周岁的未成年人组织播放淫秽音像制品的，从重处罚。单位犯本罪的，对单位判处罚金，并对其直接负责的主管人员和其他直接责任人员，依照自然人犯本罪的规定处罚。

五、组织淫秽表演罪

组织淫秽表演罪，是指召集、策划、指挥、安排他人进行淫秽表演的行为。本罪的客体是国家对文化娱乐业的管理秩序和良好的社会道德风尚。本罪的客观方面表现为组织他人进行淫秽表演的行为。这里的“组织”，是指“召集、策划、指挥、安排”他人进行淫秽表演的行为。这里的“淫秽表演”，是指以体态和动作向观众表达色情意识的行为，主要包括性交表演、手淫口淫表演、人兽交配表演、变态性行为表演或者脱衣舞表演，等等。本罪的主体是一般主体，单位也可以构成。本罪惩治的对象是淫秽表演的组织者，表演者和观众不构成本罪。对于明知他人组织淫秽表演，仍为其提供场所或者其他便利的，按本罪的共犯论处。但对于为组织者提供卖票、茶水等服务性活动的，一般不按犯罪处理。本罪的主观方面是故意。虽然在现实中组织淫秽表演活动通常都有营利的目的，但目的和动机并不影响本罪的构成。认定本罪时，要注意其与聚众淫乱罪的区别：淫秽表演活动的参与人分组织者、卖票者、表演者和观众等，而聚众淫乱活动的参与人则都是淫乱者。

根据《刑法》第365条、第366条的规定，犯本罪的，处3年以下有期徒刑、拘役或者管制，并处罚金；情节严重的，处3年以上10年以下有期徒刑，并处罚金。单位犯本罪的，对单位判处罚金，并对其直接负责的主管人员和其他直接责任人员，依照自然人犯本罪的规定处罚。

第八章　危害国防利益罪

第一节　危害国防利益罪概述

一、危害国防利益罪的概念和构成

危害国防利益罪，是指破坏或者干扰国防活动，严重危害国防利益的行为。本类犯罪的构成要件是：

1. 本类犯罪的客体是国防利益。根据《宪法》和《国防法》的规定，我国的国防是指国家为防备和抵抗侵略，制止武装颠覆，保卫国家的主权、统一、领土完整和安全所进行的军事活动，以及与军事有关的政治、经济、外交、科技、教育等方面的活动。我国的国防利益，是指国防活动能够顺利进行的正常状态及其所产生的国家安全效益。国防事关国家生死存亡，国防利益直接影响国家安全，因此，国防活动和国防利益体现着国家和人民的根本利益，在刑法中规定危害国防利益罪，有重大意义。

2. 本类犯罪的客观方面主要表现为破坏或者干扰国防的行为。危害国防利益罪的犯罪对象主要是军事人员、军事设施、武器装备和其他军用物品。这类犯罪行为有的表现为作为，也有的表现为不作为。例如，阻碍军人执行职务罪、阻碍军事行动罪、聚众冲击军事禁区罪、冒充军人招摇撞骗罪等表现为作为；而战时拒绝、逃避征召、军事训练罪，战时拒绝、逃避服役罪，战时拒绝、故意延误军事订货罪等则表现为不作为。本类犯罪中有的犯罪无须发生危害结果即可构成，如阻碍军人执行职务罪，煽动军人逃离部队罪，战时扰乱军心罪等；也有的犯罪要求危害结果发生才能成立，如阻碍军事行动罪，过失提供不合格武器装备、军事设施罪，战时故意提供虚假敌情罪等。此外，本类犯罪中有的犯罪以“战时”这一时间因素作为构成犯罪必不可少的条件。战时，是指国家宣布进入战争状态、部队受领作战任务或者遭敌突然袭击时。部队执行戒严任务或者处置突发性暴力事件时，以战时论。

3. 本类犯罪的主体大多为一般主体，少数犯罪的主体为特殊主体。此外，大多数本类犯罪的主体仅限于非军人，少数犯罪的主体既可以是非军人也可以是军人。

4. 本类犯罪在主观方面绝大多数表现为故意，但也有的犯罪的主观罪过形式是过失。

二、危害国防利益罪的种类

危害国防利益罪列于刑法分则第七章，共14个条文，含有22个罪名。对于这类犯罪，可以根据成立犯罪是否要求特定的时间，将其分为无论平时还是战时均能实施的危害国防利益的犯罪和战时才能实施的危害国防利益的犯罪两大类型。

平时与战时均能实施的危害国防利益的犯罪（以下简称平时危害国防利益的犯罪）的具体罪名有：阻碍军人执行职务罪，阻碍军事行动罪，破坏武器装备、军事设施、军事通信罪，过失损坏武器装备、军事设施、军事通信罪，故意提供不合格武器装备、军事设施罪，过失提供不合格武器装备、军事设施罪，聚众冲击军事禁区罪，聚众扰乱军事管理区秩序罪，冒充军人招摇撞骗罪，煽动军人逃离部队罪，雇用逃离部队军人罪，接送不合格兵员罪，伪造、变造、买卖武装部队公文、证件、印章罪，盗窃、抢夺武装部队公文、证件、印章罪，非法生产、买卖军用标志罪。

战时才能实施的危害国防利益的犯罪（以下简称战时危害国防利益的犯罪）的罪名具体有：战时拒绝、逃避征召、军事训练罪，战时拒绝、逃避服役罪，战时故意提供虚假敌情罪，战时造谣扰乱军心罪，战时窝藏逃离部队军人罪，战时拒绝、故意延误军事订货罪，战时拒绝军事征用罪。

第二节　平时危害国防利益的犯罪

一、阻碍军人执行职务罪

（一）阻碍军人执行职务罪的概念和构成

阻碍军人执行职务罪，是指以暴力、威胁方法阻止、妨碍军人依法执行职务的行为。本罪具有以下构成要件：

1. 本罪的客体是军人依法执行职务的活动。依法执行职务，是指军人依照上级合法军事命令而执行职务。这是关于本罪客体的一种主流观点。但另有观点认为，本罪的客体是军队所担负的国防职能。国防职能的中心任务是作战和备战。军队是专门担负国防职能的武装集团，而其职能又是通过全体军人执行法定职务来实现的，因此，阻碍军人依法执行职务，实质上是侵害了军队所担负的国防职能。① 本罪的犯罪对象主要是现役军人，包括正在或正要依法执行职务的中国人民解放军的现役军官、文职干部、士兵及有军籍的学员，也可包括正在执行军事任务的预备役人员和其他人员。

2. 本罪在客观上表现为以暴力、威胁方法阻碍军人依法执行职务的行为。首先，行为人具有阻碍军人依法执行职务的行为。军人依法执行职务，是指军人依照有关军事法的规定，行使职权或履行职责的活动。其次，阻碍的方法必须是暴力、威胁方法。所谓暴力，是指对军人的身体进行打击或强制的方法。所谓威胁，是指以杀害、伤害相威胁。以揭发军人的隐私相威胁是否能构成本罪值得研究。从“暴力”与“威胁”并列规定在一起的情况来看，这里所讲的“威胁”应是指以暴力相威胁。本罪是行为犯，只有行为人实施了以暴力、威胁方法阻碍军人依法执行职务的行为，就可能构成犯罪。至于行为人的行为是否造成了军人的伤害后果，以及是否导致了军人难以或无法执行职务，均不影响本罪的构成。

3. 本罪的主体是不具有军人身份且未执行军事任务的非军职人员。军职人员阻碍其他军人依法执行职务的，应按军人违反职责罪的有关罪名认定。

4. 本罪的主观方面是故意。行为人实施行为时必须明知军人正在依法执行职务，否则，不构成本罪。至于行为人的动机可以是多种多样的，有的因为军人依法执行职务触犯了个人的利益；有的出于私仇宿怨而泄愤报复；有的是为了庇护他人进行非法活动或者逃避法律责任，等等。具体动机如何，不影响阻碍军人执行职务罪的成立，但可以作为酌定的量刑情节予以考虑。如果行为人不知道其所侵害的对象是军人，或者虽然知道是军人但不知道其正在依法执行职务，或者误认为其所执行的职务不合法而加以阻碍的，由于缺乏本罪的犯罪故意，不能以本罪论处，而应依处理认识错误的理论，依法不以犯罪论处或者以其他犯罪论处。

（二）阻碍军人执行职务罪的界限划分

1. 本罪与故意伤害罪、故意杀人罪的界限

在阻碍军人执行职务的过程中，有的行为人故意造成军人重伤，甚至死

① 参见高铭暄、马克昌主编：《刑法学》（第三版），北京大学出版社、高等教育出版社 2007 年版，第 685 页。

亡，对此，应按故意伤害罪或者故意杀人罪定罪处罚。

2. 本罪与抢夺枪支、弹药、爆炸物罪和抢劫枪支、弹药、爆炸物罪的界限

当行为人以抢夺或者抢劫依法执行职务的军人所持有的枪支、弹药、爆炸物的手段阻碍军人依法执行职务时，对行为人应根据具体情况分别按照抢夺枪支、弹药、爆炸物罪和抢劫枪支、弹药、爆炸物罪定罪处罚，而不能按本罪处理。因为上述情况属于想象竞合犯，对想象竞合犯，应以其中的重罪定罪并从重处罚。

3. 本罪与妨害公务罪的区别

从广义上讲，阻碍军人依法执行职务也是一种妨害公务的行为，但鉴于军人依法执行职务是执行公务的一种特殊表现形式，因此，将其从通常所讲的“执行公务”中独立出来，对其加以特殊保护。这样就形成了妨害公务罪与阻碍军人依法执行职务罪两个不同的罪名。二者的区别主要在于：其一，公务的范围不同。本罪中的“公务”是指军事职务，而妨害公务罪所讲的“公务”是指军事职务之外的“公共事务”。其二，对象不同。本罪的对象是依法执行军事职务的军人，而妨害公务罪的对象则是依法执行军事职务的军人之外的公务人员。据此，凡阻碍军人执行公务的，构成本罪；凡阻碍其他国家工作人员执行公务的，则按妨害公务罪定罪处罚。

（三）阻碍军人执行职务罪的刑事责任

根据《刑法》第368条第1款的规定，犯本罪的，处3年以下有期徒刑、拘役、管制或者罚金。

二、阻碍军事行动罪

（一）阻碍军事行动罪的概念和构成

阻碍军事行动罪，是指故意阻碍武装部队军事行动，造成严重后果的行为。本罪具有以下构成要件：

1. 本罪的客体是武装部队的军事行动。根据《中华人民共和国兵役法》第4条的规定，我国武装部队包括中国人民解放军现役部队、预备役部队、武装警察部队和民兵组织。所谓军事行动，是指为达到一定目的而有组织地使用武装力量的活动。军事行动包括平时的军事行动和战时的军事行动。军事行动的顺利进行，是我国国防建设和对敌作战的保证，因此，军事行动受我国刑法的保护。本罪的对象，既可以是参与武装部队军事行动的军人，也可以是军事行动所需的物品和设施等。

2. 本罪在客观上表现为阻碍武装部队军事行动，并造成严重后果的行为。军事行动，是指武装部队奉命执行作战、演习、戒严、平暴、调防等任务的活动以及与此相联系的武装开进或驻扎过程。对正在执行救助自然灾害任务的部队进行阻碍的，亦可构成本罪。构成本罪，还必须发生严重后果，主要是指阻碍行为造成了军事行动的迟延或影响了军事行动的效果，或者造成武装部队人员伤亡、武器装备受到较大损失等情况。

3. 本罪的主体是一般主体，凡是已满16周岁具有刑事责任能力的自然人，都可以成为本罪的主体。

4. 本罪在主观上是出于故意，即行为人明知自己的行为会发生阻碍军事行动的严重后果，并且希望或者放任该后果的发生。因过失而导致阻碍军事行动后果的，不构成本罪，构成其他犯罪的，按其他犯罪定罪处罚。

（二）阻碍军事行动罪的界限划分

1. 本罪与非罪的界限

首先，本罪的罪过形式是故意，因此，由于过失而造成军事行动受阻的，不构成本罪。其次，本罪以造成严重后果为构成犯罪的要件，因而，故意阻碍军事行动但没有造成严重后果的，不构成犯罪。

2. 本罪与阻碍军人执行职务罪的界限

本罪与阻碍军人执行职务罪在主客观方面都有相同之处。二者的主体都是一般主体，主观方面都是故意，客观方面都表现为阻碍行为。二者的区别表现在：第一，犯罪的客体不同。本罪的客体是武装部队的军事行动，而阻碍军人执行职务罪的客体则是军人依法执行职务的活动。第二，二者的客观方面不尽相同。本罪的方法没有限制，即任何具有阻碍军事行动作用的方法都可成为本罪的方法，而阻碍军人执行职务罪的方法则只能是暴力、威胁方法。另外，本罪的构成要求行为客观上造成了严重后果，是结果犯，而阻碍军人执行职务罪的构成则不以发生严重后果为必要。

3. 本罪与故意伤害罪、故意杀人罪的界限

当行为人在阻碍军事行动的过程中，故意造成他人重伤、死亡时，应按故意伤害罪、故意杀人罪定罪处罚，而不能按本罪处理。因为，阻碍军事行动罪虽然是一种故意犯罪，而且也以造成严重后果为构成要件，但由于其法定最高刑是5年有期徒刑，因而，如果行为人在阻碍军事行动中故意造成他人重伤、死亡，仅按本罪定罪处罚是不够的，只有按故意伤害罪、故意杀人罪处理，才能做到罚当其罪。

4. 本罪与某些危害公共安全罪的界限

阻碍军事行动的方法多种多样，当行为人采取放火、决水、爆炸、投放危险物质等危险方法或者通过破坏交通、通信工具和设施，破坏电力、易燃易爆设备等来阻碍军事行动，危害公共安全的，应按放火罪，决水罪，爆炸罪，投放危险物质罪，破坏交通工具罪，破坏电力、易燃、易爆设备罪等定罪处罚。

5. 一罪与数罪的界限

阻碍军事行动有时以扰乱公共秩序、制造社会混乱的方法实施，如非法举行游行示威、煽动群众围攻部队，聚众对部队“打砸抢”，侵扰部队计算机系统，扰乱公共场所或阻碍交通等，就会在触犯本罪的同时，也触犯妨害社会管理秩序罪中的有关罪名，对这类案件应按想象数罪以其中一重罪定罪并从重处罚，而不能实行数罪并罚。

（三）阻碍军事行动罪的刑事责任

根据《刑法》第368条第2款的规定，犯本罪的，处5年以下有期徒刑或者拘役。

三、破坏武器装备、军事设施、军事通信罪

（一）破坏武器装备、军事设施、军事通信罪的概念和构成

破坏武器装备、军事设施、军事通信罪，是指故意破坏武器装备、军事设施或者军事通信的行为。本罪具有以下构成要件：

1. 本罪的客体是军队的物质战斗力。武器装备、军事设施、军事通信，是保卫祖国、抵抗侵略、维护国家安全利益和领土、主权完整的军事物质保证，体现着军队的物质战斗力。破坏武器装备、军事设施、军事通信，必然使军队的物质战斗力受到严重影响，因此，本罪的客体是军队的物质战斗力。本罪的对象是：（1）武器装备，是指军队直接用于实战和保障作战的武器和器材的总称，包括枪支、火炮、弹药、爆破器材、地雷、鱼雷、炸弹、导弹、核弹、坦克、装甲车或其他运兵车辆、军舰、军用飞机、雷达、电子对抗装备、通信指挥器材、军用测绘器材、气象保障器材、侦察探测器材、情报处理器材、野战工程机械。（2）军事设施，是指国家直接用于军事目的的建筑、场地和设备，包括指挥部、地面和地下的指挥工程、作战工程；军用机场、港口、码头、营区、训练场、试验场；军用仓库；军用通信、侦察、导航、观测台站和测量、导航、助航标志；军用公路、铁路专用线；军用通信、军用输油、输水管道；等等。（3）军事通信，是指军队专用的各种通信手段，表现为各种军用通信设施、设备和工具，如通信站、电台、电话系统、通讯线路、计算机通信网络系统、信号通信系统、军用邮件等。

2. 本罪在客观上表现为用各种方法破坏武器装备、军事设备、军事通信的行为。破坏武器装备、军事设施、军事通信的行为是多种多样的，只要实施了足以导致武器装备、军事设施、军事通信损坏、毁灭、失去应有功能或不能发挥应有作用、严重缩短使用寿命的破坏行为，即可构成本罪。是否导致了危害结果的实际发生，不影响本罪的成立。

3. 本罪的主体是一般主体，凡年满 16 周岁具有刑事责任能力的自然人，均可以成为本罪的主体。

4. 本罪的主观罪过形式是故意，即行为人明知是武器装备、军事设施、军事通信而予以破坏。

（二）破坏武器装备、军事设施、军事通信罪的界限划分

1. 本罪与有关危害公共安全罪的界限

在危害公共安全罪中，存在着一些以破坏为手段的犯罪，如破坏交通设施罪，破坏易燃易爆设备罪，破坏广播电视设施、公用电信设施罪等，并且这些犯罪的主观方面都表现为故意，因此，有必要将本罪与上述犯罪区别开来。区分本罪与上述犯罪的界限关键在于它们的对象不同。本罪的对象是武器装备、军事设施、军事通信，而破坏交通工具罪，破坏易燃易爆设备罪，破坏广播电视设施、公用电信设施罪等犯罪的对象则是民用的工具、设备和设施。

2. 本罪与盗窃罪的界限

表现为盗窃手段的破坏武器装备、军事设施、军事通信罪与盗窃罪在主体、主观方面以及犯罪手段上，都具有相同性。区分它们之间的界限的关键要看盗窃的是固定在武器装备、军事设施、军事通信上的设备、器材，还是武器装备、军事设施、军事通信的零、部件，盗窃前者的，构成本罪；盗窃后者，具备盗窃罪成立条件的，应按盗窃罪定罪处罚。

（三）破坏武器装备、军事设施、军事通信罪的刑事责任

根据《刑法》第 369 条第 1 款的规定，犯本罪的，处 3 年以下有期徒刑、拘役或者管制；破坏重要武器装备、军事设施、军事通信的，处 3 年以上 10 年以下有期徒刑；情节特别严重的，处 10 年以上有期徒刑、无期徒刑或者死刑。战时犯本罪，从重处罚。

四、过失损坏武器装备、军事设施、军事通信罪①

过失损坏武器装备、军事设施、军事通信罪，是指行为人因过失而损坏武

① 本罪名是《刑法修正案（五）》第 3 条所增设的罪名。

器装备、军事设施或者军事通信，造成严重后果的行为。本罪的客体是军队的物质战斗力，其对象是武器装备、军事设施以及军事通信。本罪的客观方面表现为行为人实施了损坏武器装备、军事设备、军事通信的行为，并造成了严重后果。所谓造成严重后果，是指造成武器装备、军事设施、军事通信的大量毁损、造成严重经济损失、影响部队完成重要任务等。是否造成严重后果，是区分过失损坏武器装备、军事设施、军事通信罪与破坏武器装备、军事设施、军事通信罪的重要标志。本罪的主体是一般主体，凡已满16周岁具有刑事责任能力的自然人，都可以成为本罪的主体。本罪的主观方面是过失，即行为人应当预见自己的行为会造成损坏武器装备、军事设施或者军事通信的严重后果，因为疏忽大意而没有预见，或者已经预见而轻信能够避免的心理态度。

根据《刑法》第369条第2款的规定，犯本罪的，处3年以下有期徒刑或者拘役；造成特别严重后果的，处3年以上7年以下有期徒刑。战时犯本罪，从重处罚。

五、故意提供不合格武器装备、军事设施罪

（一）故意提供不合格武器装备、军事设施罪的概念和构成

故意提供不合格武器装备、军事设施罪是指明知是不合格的武器装备、军事设施而提供给武装部队的行为。本罪的构成要件是：

1. 本罪的客体是武器装备、军事设施的质量管理秩序以及武装部队的物质战斗力。

2. 本罪在客观上表现为提供不合格武器装备、军事设施的行为。所谓不合格，是指不符合国家有关部门规定的质量标准，如用于制作、建造武器装备、军事设施的原材料不合格，产品性能不符合要求，或者所建造的军事设施的外形、内部结构、坚固程度未达到规定的设计要求等。所谓提供，应作广义上的理解，不仅包括将不合格的武器装备、军事设施交给使用单位这一最后环节，还包括在武器装备或军事设施的科研、勘探、设计、建造、生产、销售、修理、验收等各环节中提供不合格的武器装备或者军事设施。另外，提供不意味着是免费的，可能是免费的，也可能是有偿的，本罪中的“提供”通常是有偿的。本罪是行为犯，即只要行为人实施了提供不合格武器装备、军事设施的行为，就可构成本罪。至于接收单位是否接收了不合格的武器装备、军事设施，以及是否造成了严重后果，均不影响本罪的构成。

3. 本罪的主体是特殊主体，即只能是负责生产、建造、维修、采购武器装备或军事设施的军队或地方的单位和自然人。

4. 本罪的主观方面是故意，即明知武器装备、军事设施不合格，却仍将其提供给武装部队。

（二）故意提供不合格武器装备、军事设施罪的界限划分

在认定本罪时，应注意划分本罪与销售伪劣产品罪的界限。本罪与销售伪劣产品罪在主客观方面都有相同之处：从客观方面来讲，本罪中的“提供”与销售伪劣产品罪的中“销售”都是将产品供给他人（包括自然人与单位）的行为；从主观方面讲，两罪的罪过形式都是故意；从主体上讲，两罪的主体都可以是自然人和单位。二者的区别在于：本罪的对象是不合格的武器装备、军事设施，而销售伪劣产品罪的对象是武器装备、军事设施以外的用于非军事活动的产品。

（三）故意提供不合格武器装备、军事设施罪的刑事责任

根据《刑法》第370条第1款、第3款的规定，个人犯本罪的，处5年以下有期徒刑或者拘役；情节严重的，处5年以上10年以下有期徒刑；情节特别严重的，处10年以上有期徒刑、无期徒刑或者死刑。所谓情节严重，是指徇私舞弊谋取私利的；造成武器装备、军事设施严重毁损，经济损失重大的；因武器装备、军事设施严重毁损而造成人员伤亡的，等等。所谓情节特别严重，是指因武器装备、军事设施质量问题造成重大人身伤亡的；严重影响部队完成重大作战任务的；造成特别重大经济损失的，等等。单位犯本罪的，对单位判处罚金，并对其直接负责的主管人员和其他直接责任人员，依照自然人犯本罪的规定处罚。

六、过失提供不合格武器装备、军事设施罪

过失提供不合格武器装备、军事设施罪，是指因过失而提供了不合格武器装备、军事设施，造成严重后果的行为。本罪的客体是武器装备、军事设施的质量管理秩序以及武装部队的物质战斗力。本罪在客观上表现为提供不合格武器装备、军事设施，并且造成了严重后果的行为。所谓严重后果，是指造成人员重伤、死亡或者重大的财产损失、严重影响军事任务完成等情形。本罪的主体是特殊主体，即只能是负责提供武器装备、军事设施的个人。本罪在主观上是出于过失，即行为人应当预见自己提供给武装部队的武器装备、军事设施不合格，将会造成严重后果，因为疏忽大意而没有预见，或者已经预见而轻信能够避免，以致发生这种结果的心理态度。

根据《刑法》第370条第2款的规定，犯本罪的，处3年以下有期徒刑或者拘役；造成特别严重后果的，处3年以上7年以下有期徒刑。所谓造成特别

严重后果，是指造成多人重伤、死亡的；严重影响部队完成重要作战任务的；造成巨大经济损失的；直接造成战斗、战役失利，部队损失惨重的。

七、聚众冲击军事禁区罪

（一）聚众冲击军事禁区罪的概念和构成

聚众冲击军事禁区罪，是指聚众冲击军事禁区，严重扰乱军事禁区秩序的行为。本罪具有以下构成要件：

1. 本罪的客体是军事禁区的管理秩序。根据《中华人民共和国军事设施保护法》第15条的规定，军事禁区，是指最重要或者具有重大危险因素的军事设施保护性区域，包括陆地、水域和空域。聚众冲击军事禁区罪的犯罪对象是军事禁区，包括禁区内的军事设施、各种建筑、自然环境、周围设置的障碍物等。

2. 本罪在客观上表现为聚众冲击军事禁区，严重扰乱军事禁区秩序的行为。所谓聚众，是指聚集三人以上。所谓冲击，是指驾驶交通工具或者徒步强行闯入军事禁区。严重扰乱军事禁区秩序，是指冲击行为使得军事禁区指挥失调，军事人员、车辆、船舰无法通过，飞机不能起降，作战、训练、戒严、抢险救济、教学科研活动等无法正常进行，等等。

3. 本罪的主体是一般主体，凡已满16周岁具有刑事责任能力的人均能成为本罪的主体，但由于本罪是聚众性犯罪，因此，刑法规定只对其中的首要分子和其他积极参加者追究刑事责任，而对一般参加者则不按犯罪处理。

4. 本罪的主观方面是故意，即行为人明知是军事禁区而聚众冲击。

（二）聚众冲击军事禁区罪的界限划分

1. 本罪与非罪的界限

区分本罪与非罪的界限，应该从两个方面着手：一是看聚众冲击行为是否严重扰乱了军事禁区内的秩序。严重扰乱了军事禁区内秩序的，才构成本罪。虽有聚众冲击行为但没有扰乱或者只轻微扰乱了军事禁区内秩序的，则不按本罪处理。二是看行为人是否首要分子和其他积极参加的。聚众扰乱军事禁区秩序的首要分子和其他积极参加者，构成本罪，而一般参加者，则不构成本罪。

2. 本罪与武装叛乱罪的界限

武装叛乱可以表现为冲击军事禁区的形式，对这种武装叛乱并严重扰乱军事禁区秩序的行为，应按处理想象竞合犯的原则处理，即按聚众冲击军事禁区罪与武装叛乱罪中的一个重罪定罪并从重处罚。

(三) 聚众冲击军事禁区罪的刑事责任

根据《刑法》第 371 条的规定，犯本罪的，对首要分子处 5 年以上 10 年以下有期徒刑；对其他积极参加的，处 5 年以下有期徒刑、拘役、管制或者剥夺政治权利。

八、聚众扰乱军事管理区秩序罪

聚众扰乱军事管理区秩序罪，是指聚众扰乱军事管理区秩序，情节严重，致使军事管理区的工作无法进行，造成严重损失的行为。本罪的客体是军事管理区秩序。所谓军事管理区，是指国家根据军事设施的特点、作用、安全保密的需要和使用交通的要求，在依法划定的陆地、水域的一定范围内，采取严格保护措施的区域。军事管理区的正常秩序，是我国军事管理工作得以正常进行的前提条件，而聚众扰乱军事管理区秩序的行为，妨碍了军事管理工作，因而有必要对其进行刑法规制。本罪的客观方面表现为聚众扰乱军事管理区秩序，且情节严重，从而导致军事管理区工作无法进行，造成严重损失的行为。情节严重，一般是指聚集人数多，冲击区域大，持续时间长，携有凶器、武器弹药或爆炸物等情况。军事管理区工作无法进行，是指军事管理区的管理执勤工作以及其他工作不能开展。造成严重损失，是指造成了他人的轻伤、财物的重大损毁等情况。本罪的主体是一般主体，即凡已满 16 周岁且具有刑事责任能力的自然人，都可成为本罪的主体，但并非所有的参与者都构成犯罪，而是只有首要分子和其他积极参加者才构成犯罪。本罪的主观方面是故意，即行为人明知聚众扰乱军事管理区秩序的行为会使军事管理区工作无法进行，造成严重损失，并且希望或者放任上述结果的发生。

根据《刑法》第 371 条第 2 款的规定，对犯本罪的首要分子，处 3 年以上 7 年以下有期徒刑；对其他积极参加的，处 3 年以下有期徒刑、拘役、管制或者剥夺政治权利。

九、冒充军人招摇撞骗罪

(一) 冒充军人招摇撞骗罪的概念和构成

冒充军人招摇撞骗罪，是指以谋取非法利益为目的，假借军人的身份，予以炫耀，进行诈骗的行为。本罪具有以下构成要件：

1. 本罪的客体是军队的崇高威信。我国军队作为人民的子弟兵，在人民群众中具有崇高的威信，这种崇高的威信是克敌制胜的重要保证。冒充军人招摇撞骗，必然会对军队和军人的崇高威信造成损害，从而损害国防利益。

2. 本罪在客观上表现为假借军人身份，到处炫耀，进行诈骗的行为。假借军人身份，是指没有军人身份而声称自己是军人。具体表现形式有以下几种：(1) 通过花言巧语使他人相信自己是军人；(2) 利用伪造的军人身份证明表明自己是军人；(3) 利用他人军人身份的真实证件冒名顶替；(4) 通过能够起到标示军人身份作用的服装或其他物品冒充军人；(5) 冒充军人使用伪造、变造、盗窃的武装部队车辆号牌。① 予以炫耀，是指以各种形式表明自己是军人，如口头说明，实物展示等。所谓诈骗，是指以军人的名义和身份骗取一定的利益，是否实际取得这些利益，不影响本罪的构成。

3. 本罪的主体是特殊主体，具体是指不具有军人身份的非军职人员。军人不能成为本罪主体。

4. 本罪的主观方面是故意，即明知自己冒充军人招摇撞骗的行为会发生骗取一定非法利益的结果，而希望这种结果的发生。

(二) 冒充军人招摇撞骗罪的界限划分

1. 本罪与招摇撞骗罪的界限

本罪与招摇撞骗罪在客观方面都具有招摇撞骗的行为，在主观方面都是故意。二者的区别在于：(1) 客体不同。本罪的客体是军队的崇高威信，招摇撞骗罪的客体是国家机关的威信和信誉。(2) 冒充的身份不同。本罪冒充的是军人，招摇撞骗罪冒充的是国家机关工作人员。(3) 犯罪主体有所不同。本罪的主体只能是非军人，而招摇撞骗罪的主体则是包括军人在内的所有达到刑事责任年龄、具有刑事责任能力的人。

2. 本罪与诈骗罪的界限

本罪与诈骗罪的相同之处在于二者的客观方面都有欺骗行为；骗取的对象都可以是财产；主观方面的罪过形式都是故意。二者的区别表现在：(1) 客体不同。本罪的客体是军队的崇高威信，而诈骗罪的客体是公私财产所有权。(2) 客观方面表现不尽相同。本罪的客观方面表现为冒充军人行骗，而诈骗罪的客观方面则可以表现为任何欺骗方法。(3) 成立犯罪要求的数额标准不同。本罪没有数额的要求，而诈骗罪则要求数额较大才构成犯罪。(4) 故意的内容不同。本罪中行为人的故意包括骗取物质利益和非物质利益的内容，而诈骗罪的故意仅指骗取物质利益的故意。

---

① 根据 2002 年最高人民法院《关于审理非法生产、买卖武装部队车辆号牌等刑事案件具体应用法律若干问题的解释》第 4 条的规定，冒充军人使用伪造、变造、盗窃的武装部队车辆号牌，造成恶劣影响的，依照《刑法》第 372 条的规定定罪处罚。

（三）冒充军人招摇撞骗罪的处罚

根据《刑法》第372条的规定，犯本罪的，处3年以下有期徒刑、拘役、管制或者剥夺政治权利；情节严重的，处3年以上10年以下有期徒刑。

十、煽动军人逃离部队罪

煽动军人逃离部队罪，是指煽动军人逃离部队，情节严重的行为。本罪的客体是我国部队的兵员管理秩序。正常的兵员管理秩序是部队完成作战、战备、训练、值勤等任务的保证。煽动军人逃离部队的行为，势必破坏部队的管理秩序，削弱部队的战斗力，影响部队作战、训练、战备、值勤、抢险救灾等任务的完成。本罪的对象是军人。本罪在客观上表现为以语言、文字、图画等形式煽动军人逃离部队，情节严重的行为。煽动，是指以口头、书面、手势等形式唆使、怂恿、鼓动军人离开部队。情节严重，主要是指战时煽动军人逃离部队的；用威胁、欺骗等卑鄙手段煽动军人逃离部队的；煽动军人逃离部队人数多、时间长、影响恶劣的；煽动在重要岗位的军人或者指挥、值班、值勤人员逃离部队，影响部队正常工作和战备任务完成，后果严重的；等等。本罪的主体是一般主体，凡已满16周岁具有刑事责任能力的人，均可以成为本罪的主体。本罪在主观方面表现为故意，即行为人明知煽动军人逃离部队会发生危害部队管理秩序的结果，并希望这种结果的发生。

根据《刑法》第373条的规定，犯本罪的，处3年以下有期徒刑、拘役或者管制。

十一、雇用逃离部队军人罪

雇用逃离部队军人罪，是指明知是逃离部队的军人而雇用，情节严重的行为。本罪的客体是部队的兵员管理秩序。本罪的对象是逃离部队的现役军人，具体指的是为逃避服兵役而离开部队的现役军人，包括未经领导批准擅自离开部队和虽经领导批准，但逾期不归的军人。本罪的客观方面表现为雇用逃离部队的军人，情节严重的行为。雇用，是经他人同意，使他人在自己的管理和领导之下工作或劳动，并付给报酬的行为。情节严重，主要是指雇用战时或执行重大任务时逃离部队的军人；雇用多名逃离部队的军人；多次雇用逃离部队的军人；雇用担负重要职务或处于重要岗位的逃离部队的军人；等等。本罪的主体是一般主体，即已满16周岁具有刑事责任能力的自然人，都可以成为本罪的主体。本罪在主观上是出于故意，即明知他人是逃离部队的军人而仍然决意加以雇用。行为人的动机如何，不影响本罪的成立。

根据《刑法》第373条的规定，犯本罪的，处3年以下有期徒刑、拘役或者管制。

十二、接送不合格兵员罪

（一）接送不合格兵员罪的概念和构成

接送不合格兵员罪，是指在征兵工作中徇私舞弊，接送不合格兵员，情节严重的行为。本罪具有以下构成要件：

1. 本罪的客体是我国的兵役管理秩序。兵员是军队战斗力的基本构成因素，通过征兵工作接受、输送合格兵员，是保证和加强军队战斗力的重要措施。在征兵工作中接送不合格兵员的行为，破坏了我国接送兵员的兵役管理秩序。本罪的犯罪对象是不合格兵员。不合格兵员，是指不符合年龄、身体、政审等法定标准的兵员。符合一般兵员标准但不符合特种兵员标准的，如被作为特种兵员接送，亦属于接送不合格兵员。

2. 本罪在客观上表现为在征兵工作中徇私舞弊，接送不合格兵员，情节严重的行为。所谓徇私舞弊，是指在征兵工作中徇私情或图私利，弄虚作假，违反有关规定和要求接送兵员。例如，接受不到入伍年龄的兵员；接送学历不符合要求的兵员；接送健康状况不符合入伍条件的兵员；接送政治审查不合格的兵员；等等。所谓情节严重，主要是指多次接送不合格兵员；接送多个不合格兵员；所接送的兵员中有犯罪嫌疑人或逃犯；弄虚作假的手段恶劣，严重地破坏了征兵工作的秩序；等等。

3. 本罪的主体是特殊主体，即本罪的主体只能是在征兵工作中具有接送兵员职权和职责的人员，包括部队中负责接兵的人员，地方人民武装工作部门负责送兵的人员等。

4. 本罪的主观方面是故意，即行为人明知接送不合格兵员的行为会发生危害部队建设的后果，并希望或者放任这种危害结果的发生。

（二）接送不合格兵员罪界限的划分

1. 本罪与非罪的界限

本罪的构成，必须同时具备“徇私舞弊”、“接送不合格兵员”、“情节严重”三个方面的条件，以下情况不构成本罪：（1）接送了不合格兵员，但没有徇私舞弊；（2）徇私舞弊，但接受的是合格的兵员；（3）接送了不合格兵员并且徇私舞弊，但没有达到情节严重的程度。

2. 一罪与数罪的界限

负责接兵或者送兵工作的人员，利用接兵或者送兵职务上的便利，收受索要应征者或者其家属的财物，构成受贿罪，但没有徇私舞弊的，应按受贿罪一罪定罪处罚；如果行为人在接送兵员的工作中徇私舞弊，接送不合格兵员，情节严重，并索要或者收受他人财物，且构成受贿罪，对此，应按接送不合格兵员罪和受贿罪的牵连犯处理，以其中的重罪定罪并从重处罚。对采用伪造居民身份证、个人档案等手段接送兵员，同时又触犯了本罪与伪造居民身份证罪，伪造国家机关公文、印章罪的，也应按处罚牵连犯的原则从一重罪论处。

（三）接送不合格兵员罪的刑事责任

根据《刑法》第374条的规定，犯本罪的，处3年以下有期徒刑或者拘役；造成特别严重后果的，处3年以上7年以下有期徒刑。特别严重后果，主要包括：不合格兵员入伍后实施了犯罪行为的；因接送不合格兵员而严重影响重大军事行动完成的；接送的不合格兵员是重大犯罪嫌疑人或重大逃犯，造成恶劣影响的；等等。

十三、伪造、变造、买卖武装部队公文、证件、印章罪

伪造、变造、买卖武装部队公文、证件、印章罪，是指伪造、变造、买卖武装部队公文、证件、印章的行为。本罪的客体是武装部队的公文、证件、印章管理秩序，其对象是武装部队的公文、证件、印章。本罪的客观方面表现为伪造、变造、买卖武装部队公文、证件、印章的行为。伪造，是指无制作权的人和单位仿照武装部队公文、证件、印章进行制作。变造，是指在真实的武装部队的公文、证件、印章的基础上，采用涂改、擦消、更换照片等方式改变其真实内容。买卖，是指购买、出售武装部队的公文、证件、印章。买卖可以是用钱物交易，也可以是以物易物。另外，本罪的构成还有一定量的要求和其他要求，即伪造、变造、买卖武装部队车辆行驶证3本以上、车辆驾驶证3本以上，以及伪造、变造买卖车辆监理印章的，才构成犯罪。① 本罪的主体是一般主体，凡已满16周岁具有刑事责任能力的自然人，都可以成为本罪的主体。本罪的主观方面是故意，即行为人明知是武装部队公文、证件、印章而仍然予以伪造、变造、买卖。

根据《刑法》第375条的规定，犯本罪的，处3年以下有期徒刑、拘役、管制或者剥夺政治权利；情节严重的，处3年以上10年以下有期徒刑。所谓情节严重，是指伪造、变造、买卖武装部队公文、证件、印章数量较大的；因

---

① 参见2002年最高人民法院《关于审理非法生产、买卖武装部队车辆号牌等刑事案件具体应用法律若干问题的解释》第1条。

伪造、变造、买卖武装部队公文、证件、印章而成为他人犯罪条件的；引起军政、军民、军警纠纷等严重后果的；造成恶劣影响，严重损害武装部队声誉的；等等。

十四、盗窃、抢夺武装部队公文、证件、印章罪

盗窃、抢夺武装部队公文、证件、印章罪，是指以秘密手段窃取或者公然夺取武装部队公文、证件、印章的行为。本罪的客体是武装部队的公文、证件、印章管理秩序。本罪的客观方面表现为以秘密手段窃取或者公然夺取武装部队公文、证件、印章的行为。但并非只要实施了上述行为就构成犯罪，而是盗窃、抢夺武装部队车辆行驶证3本以上、车辆驾驶证3本以上以及车辆监理印章的，① 才构成本罪。本罪的主体是一般主体，凡已满16周岁具有刑事责任能力的自然人，都可以成为本罪的主体。本罪的主观方面表现为故意，并且以非法占有武装部队的公文、证件、印章为目的。如果行为人主观上不具有非法占有武装部队公文、证件、印章的目的，不构成本罪。

根据《刑法》第375条的规定，犯本罪的，处3年以下有期徒刑、拘役、管制或者剥夺政治权利；情节严重的，处3年以上10年以下有期徒刑。所谓情节严重，是指盗窃、抢夺武装部队公文、证件、印章数量较大的；多次盗窃、抢夺武装部队公文、证件、印章的；因盗窃、抢夺武装部队公文、证件、印章，造成恶劣影响的；等等。

十五、非法生产、买卖军用标志罪

（一）非法生产、买卖军用标志罪的概念和构成

非法生产、买卖军用标志罪，是指非法生产、买卖武装部队制式服装、车辆号牌等专用标志，情节严重的行为。本罪具有以下构成要件：

1. 本罪的客体是武装部队专用标志的管理秩序。武装部队专用标志的管理秩序，是指武装部队根据武装部队专用标志管理法规而进行专用标志生产、发放、使用的秩序。

2. 本罪在客观上表现为非法生产、买卖武装部队制式服装、车辆号牌等专用标志，情节严重的行为。武装部队的制式服装，是指武装部队依法按照统一制式订购的，专供武装部队官兵使用的服装。武装部队的车辆号牌，是指由

① 参见2002年最高人民法院《关于审理非法生产、买卖武装部队车辆号牌等刑事案件具体应用法律若干问题的解释》第1条。

武装部队最高车辆主管部门监制、专供武装部队使用的车辆号牌。武装部队的其他专用标志，是指武装部队依法定购、监制，专供武装部队使用的制式服装、车辆号牌以外的专用标志。本罪的行为方式是非法生产、买卖。非法生产，是指在无法定依据或合法授权的情况下制造武装部队专用标志的行为；非法买卖，是指无权销售、购买武装部队的专用标志而销售、购买的行为。上述生产、买卖行为，只要实施其中之一，即可构成本罪。所谓情节严重，一般是指：非法生产、买卖武装部队制式服装、车辆号牌等专用标志数量大的；严重影响部队执行作战、戒严等军事任务的；严重损害武装部队形象的；造成严重经济损失或者其他恶劣影响的；等等。

3. 本罪的主体是一般主体，任何已满16周岁具有刑事责任能力的自然人及单位，均可成为本罪的主体。

4. 本罪的主观方面是故意。

（二）非法生产、买卖军用标志罪的界限划分

1. 本罪与非罪的界限

区分本罪与非罪的界限主要从两个方面进行：一是看行为人主观上是否具有实施本罪的故意。如果行为人明知自己生产、买卖的是武装部队的制式服装、车辆号牌等专用标志而仍进行生产、买卖，则构成本罪；反之，则不构成犯罪。二是看行为人所实施的生产、买卖武装部队专用标志的行为是否达到了情节严重的程度。达到情节严重程度的，按本罪定罪处罚；反之，则按一般违法行为处理。

2. 本罪与非法生产、买卖警用装备罪的界限

非法生产、买卖警用装备罪，是指非法生产、买卖人民警察制式服装、车辆号牌等专用标志、警械，情节严重的行为。本罪与上述犯罪在主客观方面都有相同之处。二者的主体均是一般主体；主观罪过形式都是故意；客观方面的行为方式都是生产、买卖，而且都以"情节严重"为构成犯罪的条件。二者的区别在于：一是犯罪客体不同。本罪的客体是武装部队专用标志的管理秩序，而非法生产、买卖警用装备罪的客体是警用标志的管理秩序。二是行为的对象不同。本罪的行为对象是武装部队的专用标志，而非法生产、买卖警用装备罪的对象是人民警察的专用标志。

3. 一罪与数罪的界限

行为人利用自己非法生产、买卖的军用标志冒充军人身份招摇撞骗的，构成牵连犯，按其中的一个重罪定罪并从重处罚。行为人除了利用自己生产的军用标志招摇撞骗外，而且还生产了不用于招摇撞骗的军用标志或者实施了买卖

军用标志的行为，情节严重的，应按本罪与招摇撞骗罪实行数罪并罚。

（三）非法生产、买卖军用标志罪的刑事责任

根据《刑法》第375条第2款、第3款的规定，对犯本罪的个人，处3年以下有期徒刑、拘役或者管制，并处或单处罚金。对犯本罪的单位处以罚金，并对其直接负责的主管人员和其他直接责任人员，依照自然人犯本罪的规定处罚。

第三节　战时危害国防利益的犯罪

一、战时拒绝、逃避征召、军事训练罪

战时拒绝、逃避征召、军事训练罪，是指预备役人员战时拒绝、逃避征召或者军事训练，情节严重的行为。本罪的客体是国家兵役管理活动。预备役是我国兵役的组成部分，预备役人员是国家武装力量之一，有应征应召、参加军事训练的义务。预备役人员违反国家法律、法规关于其应参加军事训练和响应国家征召的规定，在战时拒绝、逃避征召或军事训练，会影响部队兵员的补充和人员素质的提高，从而危害国家兵役管理活动。本罪的客观方面表现为战时拒绝、逃避征召或者军事训练，情节严重的行为。战时是构成本罪的时间条件，包括国家宣布进入战争状态时、部队受领作战任务时、遭敌突然袭击时、部队执行戒严任务时、部队处置突发性暴力事件时五种情形。所谓拒绝，是指拒不接受征召或军事训练的通知，或者接通知后拒不报到。所谓逃避，是指以各种手段有意躲避征召或军事训练。情节严重，是指影响作战或重要军事任务完成的；以暴力抗拒征召或军事训练的；多人共同抗拒或聚众抗拒的；等等。本罪的主体是特殊主体，即只能是预备役人员，具体指编入民兵组织或者经过登记服预备役的人员，包括预备役军官和预备役士兵。本罪的主观方面表现为故意，即行为人明知自己应受征召和参加军事训练而予以拒绝。拒绝应召、参加军事训练的动机如何，不影响本罪的成立。

根据《刑法》第376条第1款的规定，犯本罪的，处3年以下有期徒刑或者拘役。

二、战时拒绝、逃避服役罪

战时拒绝、逃避服役罪，是指公民战时拒绝、逃避服役，情节严重的行为。本罪的客体是国家战时兵役管理活动。战时公民依法服兵役是兵役管理活

动的重要组成部分，而战时拒绝、逃避服兵役的行为使我国战时兵役管理活动受到直接的影响，从而不能正常地进行。本罪的客观方面表现为行为人战时拒绝或逃避服役，情节严重的行为。拒绝，是指当国家有关部门根据法律的规定和实际情况要求行为人服兵役时，行为人以各种理由予以推脱的行为。逃避，是指以某种不正当的理由逃脱、避免服兵役。情节严重，主要是指以下几种情形：（1）以暴力、威胁方法拒绝服兵役的；（2）拒绝、逃避服兵役影响作战或者其他重要任务完成的；（3）煽动他人拒绝、逃避服兵役，影响恶劣的；等等。本罪的主体为依法应服兵役的公民。本罪的主观方面表现为故意，即行为人明知自己拒绝、逃避服役的行为会发生危害战时兵役管理活动的结果，并希望这种结果的发生。

根据《刑法》第376条第2款的规定，犯本罪的，处2年以下有期徒刑或者拘役。

三、战时故意提供虚假敌情罪

战时故意提供虚假敌情罪，是指战时故意提供虚假敌情，造成严重后果的行为。本罪的客体是武装部队的作战指挥秩序。武装部队良好的作战指挥秩序是武装部队夺取作战胜利的基本前提和重要保障。向武装部队提供虚假的敌情，必然扰乱武装部队的战略部署和行动方案，从而使作战指挥秩序遭受严重的破坏。本罪在客观上表现为战时提供虚假敌情，造成严重后果的行为。虚假敌情，是指与实际情况不相符合的有关敌方人员的数量、武器装备状况、行动方案等各方面的信息。提供虚假敌情，是将虚假敌情报告给武装部队、有关部门和人员，可以是在被问及敌情时提供，也可以是主动提供。本罪的犯罪时间仅限于战时，平时提供敌方虚假情报的，不构成本罪。本罪是结果犯，必须是行为人提供虚假敌情的行为已经造成了严重后果，如导致作战行动严重受阻；导致人员不必要的牺牲；造成武器装备、战斗设施遭受重大损失；等等。本罪的主体是除军人之外的已满16周岁具有刑事责任能力的自然人。军人战时提供虚假敌情的，构成谎报军情罪。本罪的主观方面表现为故意，即行为人明知是虚假敌情而予以提供。

根据《刑法》第377条的规定，犯本罪的，处3年以上10年以下有期徒刑；造成特别严重后果的，处10年以上有期徒刑或者无期徒刑。特别严重后果，是指因行为人提供的虚假敌情致使战斗、战役遭受重大损失的；影响其他重大军事行动的；人员、装备、物资损失惨重的；等等。

四、战时造谣扰乱军心罪

战时造谣扰乱军心罪，是指战时造谣惑众，扰乱军心的行为。本罪的客体是武装部队的战时管理活动。本罪的客观方面表现为战时造谣惑众，扰乱军心的行为。造谣惑众，是指制造谣言并予以散布，蛊惑官兵，煽动厌战、怯战、急躁、不满、失望等情绪。扰乱军心，是指造成军队对战斗或者战役的胜利的信心丧失或者动摇。另外，本罪以特定的时间为构成要件，即在战时造谣惑众，扰乱军心的，才构成本罪。非战时造谣惑众，扰乱军心的，不构成本罪，构成其他犯罪的，按其他犯罪定罪处罚。本罪的主体是除军人之外的已满 16 周岁具有刑事责任能力的自然人。军人战时造谣惑众，扰乱军心的，应以战时造谣惑众罪定罪处罚。本罪在主观方面表现为故意，即行为人明知自己造谣惑众，扰乱军心的行为，会影响部队士气，危害作战行动，并希望或者放任这种危害结果的发生。

根据《刑法》第 378 条的规定，犯本罪的，处 3 年以下有期徒刑、拘役或者管制；情节严重的，处 3 年以上 10 年以下有期徒刑。情节严重，主要是指：广泛散布谣言的；谣言内容涉及重大军事行动的；在执行重大军事行动的部队中散布谣言或对担负重大军事任务的人员散布谣言的；因谣言而导致参战或担负军事任务的人员士气严重低落的；因造谣惑众并扰乱军心的行为而导致军事行动失败的；等等。

五、战时窝藏逃离部队军人罪

战时窝藏逃离部队军人罪，是指战时明知是逃离部队的军人而为其提供隐蔽处所、财物，情节严重的行为。本罪的客体是战时部队正常的兵员管理秩序。在战时，兵员是重要的战斗力量，对逃离部队的兵员提供隐蔽场所，扰乱了战时部队对兵员的正常管理，削弱了部队的战斗力。本罪的对象是逃离部队的军人。本罪的客观方面表现为在战时为逃离部队的军人提供隐蔽处所、财物，情节严重的行为。平时为逃离部队的军人提供隐蔽处所、财物的，不构成本罪，构成其他犯罪的，按其他犯罪定罪处罚。隐蔽处所，是指行为人自认为不会被人发现的处所；财物，既包括现金，也包括其他形式的财物。本罪中的“隐蔽处所”、“财物”是选择性要件，提供其中之一或者同时提供二者，均可构成本罪。情节严重，一般是指：因窝藏逃离部队的军人，影响部队作战或者其他重要军事任务完成的；窝藏部队指挥人员或者其他负有重要职责的人员，如保密人员的；战时国家发布总动员后窝藏的；窝藏多名逃离部队军人的；窝藏时间长，次数多，经批评教育后仍不悔改的；等等。本罪的主体是一般主体，凡已满16周岁并具有刑事责任能力的自然人（包括军人和非军人），均可以成为本罪的主体。本罪的主观方面表现为故意，即行为人明知是逃离部队的军人而仍然予以窝藏。

根据《刑法》第379条的规定，犯本罪的，处3年以下有期徒刑或者拘役。

六、战时拒绝、故意延误军事订货罪

战时拒绝、故意延误军事订货罪，是指战时拒绝、故意延误军事订货，情节严重的行为。本罪的客体是战时武装部队的军事力量。战时武装部队的军事订货直接关系到军事力量的建设，接受国家军事订货任务和按期交货是企业事业单位应尽的国防义务。拒绝军事订货或者故意延误军事订货，将会对我国武装部队的军事力量造成危害。本罪的客观方面表现为战时拒绝或者故意延误军事订货，情节严重的行为。军事订货，是指军事单位向有关企业事业单位发出的购买武器装备、军用设施或设备、军用物资，由企业生产、供货的要约。本罪以特定的时间即“战时”为构成要素。所谓拒绝军事订货，是指行为人有能力接受并完成军事订货任务，却以各种理由和借口拒不接受。所谓故意延误军事订货，是指行为人已经接受了军事订货，但故意违反合同的规定，延期交付或者没有按合同所要求的数量与质量交付军事订货。上述两种行为同时实施或者只实施其中一种，均可构成本罪。本罪中的“情节严重”主要是指：有能力完成但拒绝接受军事订货任务，手段恶劣的；因拒绝接受军事订货任务导致部队人员伤亡、武器装备损失惨重的；因延误交货日期而导致战斗、战役失利的；等等。本罪的主体是有生产能力或供货能力的生产、销售单位。自然人不能单独成为本罪的主体。本罪的主观方面表现为故意，即明知是军事订货而予以拒绝或者虽然接受订货，但是却以各种借口拖延生产、拖延供货等。

根据《刑法》第380条的规定，犯本罪的，对单位判处罚金，并对其直接负责的主管人员和其他直接责任人员处5年以下有期徒刑或者拘役；造成严重后果的，处5年以上有期徒刑。所谓“严重后果”，主要是指因拒绝订货或者延误订货导致军事行动严重失利的；我方人员、装备、物资遭受严重损失的。

七、战时拒绝军事征用罪

战时拒绝军事征用罪，是指战时拒绝军事征用，情节严重的行为。本罪的

客体是国家的战时军事征用活动。军事征用，是指有权代表国家的军事部门出于军事目的接管、使用他人所有、经管或使用的土地、房屋、设施、运输工具以及其他物质资源或人力资源的行为。本罪的客观方面表现为战时拒绝军事征用，情节严重的行为。所谓拒绝军事征用，是指有条件、有能力提供武装部队所要求征用的土地、设备、建筑物等，而拒绝提供的行为。情节严重，主要是指：煽动众人拒绝军事征用的；以暴力、威胁方法，拒绝提供战时所需的物资的；因拒绝而致使军事行动无法进行或遭受重大损失的；等等。本罪主体是一般主体，即已满 16 周岁并具有刑事责任能力的自然人，都可以成为本罪的主体。本罪的主观方面是故意，即行为人明知是军事征用而予以拒绝。

根据《刑法》第 381 条的规定，犯本罪的，处 3 年以下有期徒刑或者拘役。

第九章　贪污贿赂罪

第一节　贪污贿赂罪概述

一、贪污贿赂罪的概念和构成

贪污贿赂犯罪严重扰乱了社会经济秩序和正常的经济环境，阻碍国家政治、经济体制改革的顺利进行。党和政府一贯重视同贪污贿赂犯罪作斗争。

修订的刑法将贪污贿赂罪单列成章，突出了贪污贿赂犯罪的本质特征；突出了刑法打击的锋芒。从贪污罪、贿赂罪发展的历史沿革来看，二者关系甚密。我国古代刑法中，未曾使用“贪污罪”这个法定罪名，而有“赃”之罪名，其内容已包含了现代意义的贪污罪、贿赂罪。我国新民主主义革命时期，也曾将贪污贿赂归在一起。1982 年 3 月《关于严惩严重破坏经济的罪犯的决定》将受贿罪修改为：“国家工作人员索取、收受贿赂的，比照《刑法》第 155 条贪污罪论处，情节特别严重的，处无期徒刑。”此外，国外立法也有将此二者作为一类犯罪加以规定的立法例，如 1988 年《印度防止腐败法》第三章“违法与惩处”中将公务员收受贿赂和采取欺骗手段盗用或者占有他人财产都视为贿赂犯罪。作为实体法的刑法应当与刑事诉讼法互相协调。《刑事诉讼法》第 18 条对公检法三机关的职能管辖中明确规定：“……贪污贿赂罪……可以由人民检察院侦查。”因此，刑法将其规定为一类犯罪也便于司法机关操作。

对贪污贿赂罪的类罪名的界定需要把握相关具体犯罪的共性，考虑 12 种个罪的主客观特征。基于这一考虑，贪污贿赂罪，是指具有特殊身份的自然人或单位，利用职务上或职权上的便利，非法侵占公共财物的，或者具有特殊身份的自然人或单位、一般自然人或单位非法收受、给予、介绍贿赂的，或者国家工作人员所实施的侵犯国家公务廉洁性的其他行为。① 本类罪的构成要件如下：

1. 本类罪的客体主要是国家公务的廉洁性。多数犯罪同时也侵犯了公共财产或者国有资产的所有权，为非法占有型贪污贿赂罪；少数犯罪如贿赂犯罪则属于典型的权钱交易型犯罪，行为人在亵渎公务行为的廉洁性的同时，也间接侵犯了公共财产或者他人财产所有权。

2. 本类罪的客观方面表现为国家工作人员利用职务上的便利，实施了破坏国家廉政建设制度的行为。这些行为包括：非法占有公共财物的行为，如贪污、私分国有资产等；钱权交易型行为，如受贿、行贿等；还有其他行为，如挪用公款，拥有来源不明的巨额财产，隐瞒境外存款等。本类犯罪一般要求数额较大或具有其他较为严重的情节。

3. 本类罪的主体一般是特殊主体，如贪污罪、受贿罪、挪用公款罪等的主体，必须是国家工作人员。少数与受贿具有对向性或者撮合性的犯罪的主体则是一般主体，如行贿罪、对单位行贿罪和介绍贿赂罪即是。大多数犯罪只能由自然人实施，但少数犯罪则只能由单位实施，行贿罪则既可以由自然人实施，也可以由单位实施。

4. 本类罪的主观方面均是故意，且只能是直接故意，间接故意和过失不构成本罪。本类犯罪的故意具体表现为行为人明知自己的行为会发生侵犯国家公务廉洁性的结果并且希望这种结果发生。

二、贪污贿赂罪的种类

《刑法》第382条至第386条的15个条文规定了12个罪名。关于贪污贿赂罪的分类，目前理论上主要有以下两种做法：

其一，将贪污贿赂罪分为以下三类：一类是作为自然人的国家工作人员实施的犯罪，包括贪污罪、挪用公款罪、受贿罪、巨额财产来源不明罪、隐瞒境外存款罪；二是作为自然人的一般主体实施的犯罪，包括行贿罪、对单位行贿罪和介绍贿赂罪；三是以单位为主体的犯罪，包括单位受贿罪、单位行贿罪、私分国有资产罪、私分罚没财物罪。②

其二，将贪污贿赂罪分为以下两类：一类是广义上的贪污犯罪，具体包括

---

① 参见李希慧主编：《贪污贿赂罪研究》，知识产权出版社2004年版，第2页。

② 参见高铭暄、马克昌主编：《刑法学》（下），中国法制出版社1999年版，第1120页。

贪污罪、挪用公款罪、巨额财产来源不明罪、隐瞒境外存款罪、私分国有资产罪、私分罚没财物罪。另一类是贿赂犯罪，具体包括受贿罪、单位受贿罪、行贿罪、对单位行贿罪、介绍贿赂罪、单位行贿罪。①

上述第一种分类法以行为的主体作为分类标准，这本是无可非议的。但是，有些具体的表述也许有所不妥。如将第一类犯罪表述为作为自然人的国家工作人员实施的犯罪，其中包括了贪污罪、挪用公款罪、受贿罪、巨额财产来源不明罪、隐瞒境外存款罪，但根据《刑法》第 382 条的规定，贪污罪的主体不仅可以是国家工作人员，也可以是受国家机关、国有公司、企业、事业单位、人民团体委托管理、经营国有财产的人员。因此，将贪污罪归于作为自然人的国家工作人员实施的犯罪一类，就有所不妥。此外，第一种分类法中的第二类犯罪作为自然人的一般主体实施的犯罪，其中包括了对单位行贿罪，而根据《刑法》第 391 条的规定，对单位行贿罪的主体既可以是一般的自然人，也可以是一般的单位，因此，这一归类也不无瑕疵。再者，上述第一种分类法并没有在随后的理论体系中予以贯彻，即分类是一种方式，具体犯罪的理论排列顺序是另一种方式，② 这就使分类失去了其应有的意义。

上述第二种分类法以犯罪行为为标准将贪污贿赂罪分为广义的贪污犯罪和贿赂犯罪两类，符合类罪名的语义，因为类罪名“贪污贿赂罪”意味着这类犯罪就是由贪污犯罪和贿赂犯罪组合而成的，将其分为贪污犯罪和贿赂犯罪两类是其类罪名语义演绎的自然结果。因此，我们采纳上述第二种分类法。

第二节 贪 污 犯 罪

一、贪污罪

（一）贪污罪的概念和构成

贪污罪，是指国家工作人员利用职务上的便利，侵吞、窃取、骗取或以其他手段非法占有公共财物的行为以及受国家机关、国有公司、企业、事业单位、人民团体委托管理、经营国有财物的人员，利用职务上的便利，侵吞、窃

① 参见高铭暄主编：《新编中国刑法学》（下），中国人民大学出版社 1998 年版，第 971～972 页。

② 参见高铭暄、马克昌主编：《刑法学》（下），中国法制出版社 1999 年版，第 1120～1157 页。

取、骗取或以其他手段非法占有国有财物的行为。贪污罪的构成要件如下：

1. 本罪的客体是国家工作人员职务行为的廉洁性和公共财产所有权。本罪的犯罪对象是公共财产。根据《刑法》第91条的规定，公共财产是指国有财产、劳动群众集体所有的财产以及用于扶贫和其他公益事业的社会捐助或专项基金的财产。在国家机关、国有公司、企业、集体企业和人民团体管理、使用、运输中的私人财产，以公共财产论。

2. 本罪的客观方面表现为行为人利用职务上的便利，侵吞、窃取、骗取或者以其他手段非法占有公共财物的行为。

第一，行为人利用了职务之便。贪污罪中的“利用职务上的便利”是指直接利用本人职务上的权力和职责范围内的方便条件。根据1999年最高人民检察院《关于人民检察院直接受理立案侦查案件立案标准的规定（试行）》（以下简称《立案标准》）第1条的规定，贪污罪中“利用职务上的便利”是指利用职务上主管、管理、经手公共财物的权力和方便条件。

所谓“主管”是指不具体负责经手、管理、经营公共财物，但依其职权范围具有调拨、使用或者以其他方式支配公共财物的权力。所谓“管理”与利用职务上便利的主管相比，利用职务上的管理具有直接性，即行为人直接对公共财物具有保管、使用的处置权。管理包括对国家机关、国有公司、国有企业、国有事业单位、人民团体财物的管理，还包括受前述单位委托所从事的管理。所谓“经手”是指行为人本身并不负责对公共财物的主管与管理，只是由于工作上的需要，而具有领取、支出等经办公共财物流转事项的权限。行为人对于公共财物具有临时的控制权。经手和管理的区别在于，经手是对财物较短时间的支配，管理则是在相对较长的时间内保护、保管和支配财产。

第二，关于贪污罪的行为手段。根据我国《刑法》第382条的规定，贪污罪的行为手段是利用职务上便利实施的，包括侵吞、窃取、骗取或其他手段。所谓侵吞，是指从事公务的人员利用职务上的便利（包括主管、管理、经手），将公共财产非法据为己有或者转归他人的行为。如将财物隐匿、扣留，应当上缴上交而不上交，应当支付而不支付；将依法追缴的赃款、赃物、罚没财物据为己有等。所谓窃取，是指采取不为人知的方法，将自己单独管理、经营的公共财物或自己与他人共同管理、经营的公共财物窃为己有的行为，如行为人利用管库、守库或经手现金之便，将公款直接盗出，归自己所有。所谓骗取，是指行为人利用职务上的便利，采用虚构事实或者隐瞒真相的方法，非法取得他人主管、管理、经手的公共财物或行为人自己与他人共同主管、管理、经手的公共财物的行为。例如出差人员用涂改或伪造单据的方法虚报或谎报支出冒领公款，工程负责人多报工时或伪造工资表冒领工资。除了这几种手段之外，还有其他手段，即行为人利用职务上的便利，采用侵吞、窃取、骗取以外的方法非法占有公共财物。《刑法》第394条规定，国家工作人员在国内公务活动和对外交往中接受礼物，依照国家规定应当交公而不交公，数额较大的，以贪污罪定罪处罚。

3. 本罪的主体是特殊主体，即必须是国家工作人员。（1）根据《刑法》第93条的规定，所谓国家工作人员，是指国家机关中从事公务的人员；国有公司、企业、事业单位、人民团体中从事公务的人员；国家机关、国有公司、企业、事业单位委派到非国有公司企业、事业单位、社会团体从事公务的人员；以及其他依照法律从事公务的人员。此外，受国家机关、国有公司、企业、事业单位、人民团体委托管理、经营国有财产的人员，也可以成为本罪的主体。其中国家机关工作人员，是指在国家权力机关、行政机关、审判机关、检察机关和军事机关中从事公务的人员。此外，在各级党委、政协中从事公务的人员也应当视为国家机关工作人员。（2）在国有公司、企业、事业单位、人民团体中从事公务的人员。国有公司是指由国家财政投资、依照《中华人民共和国公司法》而设立的代表国家经营的经济实体，其组织形式有有限责任公司和股份有限公司。国有企业是指财产属于国家所有的从事生产经营活动的企业。国有事业单位是指由国家兴办，经费由国库支出，从事科教文卫等公益活动的非经营性组织，如公立学校、医院、科研院所、广播电视台等。（3）国家机关、国有公司、企业、事业单位委派到非国有公司、企业、事业单位、社会团体中从事公务的人员：根据最高人民法院关于《准确理解和适用刑事法律，惩治贪污贿赂和渎职犯罪——全国法院审理经济犯罪案件工作座谈会讨论办理惩治贪污贿赂和渎职刑事案件适用法律问题意见综述》，对于委派，“不论被委派者的身份如何，只要是接受国家机关、国有公司、企业、事业单位委派，代表国家机关、国有公司、企业、事业单位到非国家机关、国有公司、企业、事业单位、人民团体中行使管理职权，都可以认定为国家机关、国有公司、企业、事业单位委派到非国家机关、国有公司、企业、事业单位、社会团体中从事公务的人员”。因此，被委派者只要从事了公务，即为国家工作人员。（4）其他依照法律从事公务的人员。人民陪审员、人民检察员、人大代表、政协委员等可以视为其他依照法律从事公务的工作人员。2000年全国人大常委会《关于〈中华人民共和国刑法〉第九十三条第二款的解释》规定，“村民委员会等村基层组织人员协助人民政府从事下列行政管理工作，属于

《刑法》第九十三条第二款规定的'其他依照法律从事公务的人员'……"①这个立法解释颁行之后，就有了一个统一的结论，即不应该一概而论，而应该具体问题具体分析。从这个解释来看，村民委员会等村基层组织人员从事前款规定的公务，以国家工作人员论。村民委员会等村基层组织人员，不是协助政府从事公共管理工作，不是依照法律从事公务，不能以国家工作人员论。在司法实践中，参照全国人大常委会关于对村民委员会的解释精神，城镇居民委员会等城镇基层组织中协助政府从事有关行政管理工作的人员，是"其他依照法律从事公务的人员"。② 此外，《刑法》第382条第2款规定，"受国家机关、国有公司、企业、事业单位、人民团体委托管理、经营国有财产的人员……以贪污罪论"。基于委托而以国家工作人员论的工作人员本身不一定是国家工作人员，但由于《刑法》的特别规定，如果其利用受委托管理、经营国有财产的职务之便，侵吞、窃取、骗取或以其他手段非法占有国有财产的，以贪污罪论处。

4. 本罪的主观方面是故意，且只能是直接故意，同时具有非法占有公共财物的目的。非法占有公共（国有）财物的目的，既可以是行为人企图将公共（国有）财物永久地占为己有，也可以是行为人希望将公共（国有）财物非法获取后转送他人。另外，贪污罪不以特定的犯罪动机为其主观方面的必备要素，只要行为人故意实施了利用职务之便非法占有公共（国有）财物的行为，无论出于何种动机，均可构成贪污罪。

（二）贪污罪的界限划分

1. 本罪与非罪的界限

构成贪污罪的贪污行为，还具有贪污数额和情节上的要求。因此，认定贪污罪与一般贪污违法行为时，应把握以下方面：第一，要看行为人贪污的数额是否达到5000元。其中，贪污的数额按累计方法计算。对于行为人贪污的数额达到5000元的，无论其情节如何，均构成贪污罪；而对于贪污的数额尚未达到5000元的，一般应视为一般贪污违法行为。第二，要看行为人的贪污情

① 值得注意的是，最高人民法院于1999年6月18日作出了《关于村民小组组长利用职务便利非法占有公共财物行为如何定性问题的批复》，其中指出：对村民小组组长利用职务上的便利，将村民小组集体财产非法占为己有，数额较大的行为，应当依照《刑法》第271条第1款的规定，以职务侵占罪定罪处罚。从这个批复我们可以看出，村民小组长不是"其他依照法律从事公务的人员"，即不能以国家工作人员论，上述人员，利用职务上的便利侵占村民小组集体财产的，构成职务侵占罪，而不构成贪污罪。

② 参见周其华：《刑法典问题之全景揭示》，法律出版社2003年版，第422～423页。

节。如果贪污数额不满5000元，但情节较重时，对该贪污行为就应认定为贪污罪。

对于情节轻重应从以下几个方面进行综合判断：行为人的一贯表现；行为人贪污行为的动机和目的；行为人所贪污的财物的性质、用途；行为人贪污的手段；贪污行为所造成的后果；行为人的悔罪表现等。《立案标准》规定，个人贪污数额不满5000元，但具有贪污救灾、抢险、防汛、防疫、优抚、扶贫、移民、救济款物及募捐款物、赃款赃物、罚没款物、暂扣款物，以及贪污手段恶劣、毁灭证据、转移赃物等情节的，应按照贪污罪论处。

此外，要把本罪与错账、错款以及违反财经纪律的行为区别开来。错账、错款一般是因为工作疏忽或业务不熟造成的，没有非法占为己有的目的，不宜作贪污罪处理。如果是原因不明的短款，应在查明原因之后再进行处理。实践中，某些单位以单位名义滥发小额奖金、补助，这属于违反财经纪律的行为，不以贪污罪处理。

2. 本罪与相关犯罪的界限

（1）本罪与职务侵占罪的界限。本罪与职务侵占罪的主要区别表现在：首先，二者的客体和犯罪对象不同。本罪的客体是复杂客体，即既侵犯国家工作人员职务行为的廉洁性，也侵犯公共财产所有权；职务侵占罪的客体则是简单客体，即侵犯单位财产所有权。本罪的犯罪对象是公共财物；而职务侵占罪的犯罪对象则是非国有公司、企业或者其他单位的财物。其次，二者的主体不同。本罪的主体是国家工作人员以及受国家机关、国有公司、企业、事业单位、人民团体委托，管理、经营国有财产的人员；而职务侵占罪的主体只能是非国有公司、企业或者其他单位的人员。最后，二者构成犯罪的标准不同。本罪通常以5000元作为构成犯罪的起始标准，对于情节较重的，即使不满5000元也可构成犯罪；而职务侵占罪以5000~20000元作为构成犯罪的起点标准。

村民委员会等村基层组织人员只有在协助人民政府从事公务时，利用职务上的便利，非法占有公共财物的才按照贪污罪处理。除此以外，非法占有所在单位、集体组织的财物的，应当按照职务侵占罪处理。

（2）本罪与盗窃罪、诈骗罪、侵占罪的界限。本罪客观手段包括窃取、骗取、侵占三种。本罪与盗窃罪、诈骗罪、侵占罪的区别主要表现在：第一，犯罪客体和犯罪对象不同。本罪的客体是复杂客体，即国家工作人员职务行为的廉洁性和公共财产所有权，本罪的犯罪对象是公共财物。盗窃罪、诈骗罪、侵占罪的客体是简单客体，即公私财产所有权。盗窃罪、诈骗罪的犯罪对象是公私财物，侵占罪的犯罪对象是保管物、遗忘物和埋藏物。第二，客观方面不尽相同。本罪的窃取、骗取、侵占，是利用职务上的便利进行的。而盗窃罪、诈骗罪、侵占罪的窃取、骗取、侵占则不存在利用职务上的便利的问题。第三，犯罪主体不同。本罪的主体为特殊主体，即国家工作人员和受国家机关、国有企业、事业单位、人民团体委托管理、经营国有财产的人员。而盗窃罪、诈骗罪、侵占罪的主体为一般主体。

3. 本罪共犯的认定

根据《刑法》第382条第3款的规定，“与前两款所列人员勾结，伙同贪污的，以共犯论处”。也就是说，对普通人员与国家工作人员或受委托管理、经营国有财产的人员勾结，伙同贪污的，以贪污罪的共犯论处。2000年最高人民法院《关于审理贪污、职务侵占案件如何认定共同犯罪几个问题的解释》的第3条规定：“公司、企业或者其他单位中，不具有国家工作人员身份的人与国家工作人员勾结，分别利用各自的职务便利，共同将本单位财物非法占为己有的，按照主犯的犯罪性质定罪。”据此，贪污罪共犯表现形式有多种：国家工作人员与国家工作人员勾结，利用职务之便（双方或一方）实施贪污；国家工作人员与无贪污罪主体资格者勾结，利用有身份者的职务之便实施贪污；受托经营、管理国有资产者与无身份者勾结，利用有身份者职务之便贪污等。

此外，根据上述司法解释，行为人与国家工作人员勾结，利用国家工作人员的职务便利，共同侵吞、窃取、骗取或者以其他手段非法占有公共财物的，以贪污罪共犯论处。

4. 本罪既遂与未遂的界限

本罪的既遂，是指行为人所故意实施的非法占有公共（国有）财物的行为，已具备了贪污罪构成的全部要件，同时产生了危害结果。因此，认定贪污罪既遂与否，应把握以下两点：第一，看贪污行为是否符合贪污罪构成要件的特征。其中，衡量非法占有的标准，是行为人是否已实际非法占有了公共（国有）财物或实现了财产的转移。如果已实际非法占有、转移了财物，即视为既遂。第二，行为人的贪污行为是否造成了客观的危害结果。其中，衡量造成了客观危害结果的标准：一是贪污数额实际上已达到5000元；二是贪污数额虽然实际上尚未达到5000元，但客观上存在贪污情节较重的事实。符合上述两方面贪污行为之一的，就可以认定为贪污罪既遂。

所谓贪污罪未遂，是指行为人已经着手实行贪污犯罪，由于犯罪分子意志以外的原因而未得逞。即行为人实施了贪污行为，但由于意志外的原因，未取得财物的控制或非法占有财物。正确认定贪污罪未遂时，除掌握其特点外，还应注意以下问题：对于一般的贪污未遂行为，如果属于犯罪情节轻微不需要判处刑罚的或具备其他免予刑事处罚条件的，一般不以贪污罪论处。但是，对于符合下列情形的贪污未遂行为，仍应以贪污罪论处：(1) 贪污数额巨大；(2) 为首组织策划共同贪污的；(3) 毁灭罪证、逃避侦查的；(4) 为掩盖贪污罪行，而嫁祸于人的；(5) 企图贪污特定款物造成恶劣影响的；(6) 有证据证实其犯罪而拒不供认的；(7) 打击报复报案人或举报人的；(8) 其他贪污情节严重的行为。

(三) 贪污罪的刑事责任

根据《刑法》第383条的规定：犯本罪的，根据情节轻重，分别依照下列规定处罚：

(1) 个人贪污数额在10万元以上的，处10年以上有期徒刑或者无期徒刑，可以并处没收财产；情节特别严重的，处死刑，并处没收财产。

(2) 个人贪污数额在5万元以上不满10万元的，处5年以上有期徒刑，可以并处没收财产，情节特别严重的，处无期徒刑，并处没收财产。

(3) 个人贪污数额在5000元以上不满5万元的，处1年以上7年以下有期徒刑；情节严重的，处7年以上10年以下有期徒刑。个人贪污数额在5000元以上不满1万元，犯罪后有自首、立功或者悔改表现、积极退赃的，可以减轻处罚或者免予刑事处罚，由其所在单位或者上级主管机关给予行政处分。

(4) 个人贪污数额不满5000元，情节较重的，处2年以下有期徒刑或者拘役；情节较轻的，由其所在单位或者上级主管机关酌情给予行政处分。

对多次贪污未经处理的，按照累计贪污数额处罚。多次贪污未经处理，是指两次以上的贪污行为，既没有受过刑事处罚，也没有受过行政处理。累计贪污数额应按本法有关追诉时效的规定执行。在追诉时效期限内的贪污数额应累计计算，已过追诉时效期限的贪污数额不予计算。

二、挪用公款罪

(一) 挪用公款罪的概念和构成

挪用公款罪，是指国家工作人员利用职务上的便利，挪用公款归个人使用，进行非法活动的，或者挪用公款数额较大，进行营利活动的，或者挪用公款数额较大，超过3个月未还的行为。本罪的构成要件如下：

1. 本罪的客体是复杂客体，即既侵犯国家工作人员职务行为的廉洁性，也侵犯公共财产的占有、使用、收益权。

从《刑法》第384条的规定来看，本罪的对象主要包括两种：公款和特定公物。所谓“公款”，是指公共财产中呈货币或者有价证券形态的部分，主要包括属于国有和劳动群众集体所有的钱款以及用于扶贫和其他公益事业的社会捐助或者专项基金的钱款；此外，国家机关、国有公司、企业、集体企业和人民团体管理、使用或者运输的私人款项，以公款论。据《刑法》第 384 条第 2 款的规定，挪用用于救灾、抢险、防汛、优抚、扶贫、移民、救济款物归个人使用的，从重处罚。依此规定，挪用公款罪的犯罪对象并不限于公款，还包括特定物。但除上述特定物外的一般物，不属于挪用公款罪的犯罪对象。

2. 本罪的客观方面表现为国家工作人员利用职务上的便利，挪用公款归个人使用，进行非法活动的，或者挪用公款数额较大，进行营利活动；或者挪用公款数额较大，超过 3 个月未还的行为。由此可以看出，本罪的客观方面包括以下几点内容：

（1）利用职务上的便利。所谓利用职务上的便利，是指行为人利用主管、经手、管理公款的便利条件。本人虽不直接经手、管理这些公共财物，但是由于职务关系对其有权调拨、支配和处分，从而将其挪归个人使用的，同样是利用职务上的便利。此外，利用自己职务和地位形成的便利让下属单位挪用公款归本人或他人使用的，也应属于利用职务上的便利。而单纯利用工作上的便利当然不应包括在内。①

（2）挪用公款归个人使用。挪用公款归个人使用，包括挪用公款归本人使用或者给他人使用。对于行为人以个人名义为私利将挪用的公款归私有企业、公司使用，构成挪用公款罪不存在争议。1998 年最高人民法院《关于审理挪用公款案件具体应用法律若干问题的解释》（以下简称《解释》）第 1 条规定：“刑法第三百八十四条规定的‘挪用公款归个人使用’，包括挪用者本人使用或者给他人使用。挪用公款给私有公司、私有企业使用，属于挪用公款归个人使用。”根据 2002 年全国人大常委会《关于〈中华人民共和国刑法〉第三百八十四条第一款的解释》（以下简称《立法解释》），挪用公款归个人使用，是指将公款供本人、亲友或者其他自然人使用；以个人名义将公款供其他单位使用；个人决定以单位名义将公款供其他单位使用，谋取个人利益的情况。

（3）挪用公款行为的具体表现形式包括以下三种：

其一，挪用公款进行非法活动。非法活动是指国家法律、法规所禁止的活动，包括犯罪活动和一般违法活动。《解释》第 2 条将“非法活动”限制在

① 参见李希慧主编：《贪污贿赂罪研究》，知识产权出版社 2004 年版，第 370 页。

“赌博、走私等”范围内，这里的“等”字从适用解释上应是指同“赌博、走私”的性质及危害性相当的活动，例如，卖淫、嫖娼、倒卖外汇、毒品犯罪、制售假冒伪劣产品等行为。这些行为具有较严重的社会危害性，是挪用公款罪中最为严重的一种类型，故刑法对其并未规定“数额较大”和“挪用时间”的限制，体现了对此类挪用公款犯罪从严惩处的立法精神。但这并不意味着挪用公款进行非法活动，不论数额多少，时间长短，一律构成犯罪，实践中对于挪用公款数额相当小或时间特别短，情节显著轻微，危害不大的，依照《刑法》第13条的规定，不应以犯罪论处。对此，《解释》作了明确规定：挪用公款归个人使用，进行非法活动的，以挪用公款5000元至1万元为追究刑事责任的数额起点，挪用公款5万元至10万元以上，属于挪用公款归个人使用，进行非法活动，“情节严重”的情形之一。

其二，挪用公款归个人使用进行营利活动，且数额较大。营利活动是指国家法律所允许的牟利活动，包括生产、经营、交换等各个环节的再生产物质和资金的营利活动。例如，将公款用于生产领域扩大再生产，将公款用于经营和交换环节，促进资金周转，挪用公款存入银行、用于集资、购买股票等。这种挪用公款行为构成犯罪，要求挪用数额较大，但不受挪用时间和是否归还的限制。挪用公款给他人使用，不知道使用人将公款用于营利活动的，数额较大、超过3个月未还的，构成挪用公款罪。明知使用人将公款用于营利活动的，应当认定为挪用人挪用公款进行营利活动。对于挪用公款进行营利活动的，刑法明确规定必须达到“数额较大”，但没有挪用时间的限制。挪用公款进行营利活动数额较大的标准，《解释》确定为1万元至3万元。

其三，挪用公款归个人使用，数额较大且超过3个月未还。这种形式的挪用公款既不是用于非法活动，也不是用于营利活动，而是用于非法活动、营利活动之外的其他用途，例如，挪用公款用于造私房，购置家具和其他生活用品，支付医疗费等个人消费。对于这种形式的挪用公款，需要同时具备两个条件才能构成犯罪：一为数额较大，根据《解释》的规定，以挪用公款1万元至3万元为起点；二是超过3个月未还。

3. 本罪的主体是特殊主体，即只能由国家工作人员构成。根据《刑法》第93条的规定，该罪主体包括国家机关工作人员，在国有公司、企业、事业单位中从事公务的人员，国家机关、国有公司、企业、事业单位委派到非国有公司、企业、事业单位和社会团体中从事公务的人员以及其他依照法律从事公务的人员。此外，根据最高人民法院《关于对受委托管理、经营国有财产人员挪用国有资金的行为如何定罪问题的批复》的规定，受委托管理、经营国有财产的非国家工作人员如果利用职务之便，挪用本单位公款归个人使用，数额较大的，可以构成挪用资金罪，而不构成本罪。村民委员会等村基层组织人员协助人民政府从事公务时，利用职务上的便利挪用公款，构成挪用公款罪。

4. 本罪的主观方面是直接故意，即明知是公款而有意违反有关规定予以挪用，其目的是非法取得公款的使用权，而不具有非法占有的目的。

（二）挪用公款罪的界限划分

1. 本罪与非罪的界限

首先，注意挪用公款罪与一般挪用公款行为的区别。对挪用公款罪与一般挪用公款行为的界限，应当从挪用数额、挪用用途、挪用时间、挪用对象、使用主体、主观因素等多方面进行分析，予以综合认定。

其次，注意合法借贷与挪用公款犯罪的区别。判断某种具有“借贷”形式的行为是否属于“挪用”，关键要看其行为的本质特征。如果该行为是由单位集体研究，或由法定代表人决定并以单位的名义实施的，出于为单位谋取利益的动机，并办理了正当的借贷手续的，属于合法借贷。① 如出于个人意志，动机是出于私利性的，可考虑为挪用。如果是为了单位的利益，但却是由单位负责人违反法定程序擅自决定的，只能属于非法借贷，不能以挪用公款罪论处。

2. 本罪与有关犯罪的界限

（1）本罪与贪污罪的界限。两罪的客体都是复杂客体，即既侵犯国家工作人员职务行为的廉洁性，也侵犯公共财产所有权。客观方面的要件都包含利用职务上的便利的内容。主观方面的罪过形式都是直接故意。二者的区别在于：其一，次要客体存在一定区别。本罪次要客体限于公共财产的占有、使用、收益权；贪污罪的次要客体是公共财产所有权。其二，客观方面的行为方式不同。本罪表现为利用职务上的便利挪用公款进行非法活动，或者挪用公款数额较大进行营利活动，或者挪用公款数额较大超过 3 个月未还；贪污罪的客观方面表现为利用职务上的便利，以侵吞、窃取、骗取或者以其他手段非法占有公共财物的行为。实施本罪的行为人为了暂时非法使用公款，一般不采取做假账、虚报账目等行为；而实施贪污罪的行为人往往有做假账、涂改账目、毁损凭证、毁灭罪证等行为。其三，犯罪对象不同。本罪的对象除了救灾、抢

---

① 根据 2003 年最高人民法院《全国法院审理经济犯罪案件工作座谈会议纪要》，挪用公款是一种未经领导批准，未办理合法借贷手续而擅自将公款挪归个人使用的行为。只要行为人经过单位领导集体研究决定或单位负责人为单位利益的，不构成挪用公款罪。

险、防汛、优抚、扶贫、移民、救济的特定公物外，均为公款；而贪污罪的犯罪对象既包括公款，也包括其他任何公物，甚至包括在运输和使用中的私人财物。其四，主体范围不同。本罪的主体限于国家工作人员；贪污罪的主体除了国家工作人员外，还包括受国有单位委托管理、经营国有财产的人员。其五，主观目的不同。本罪以使用公款为目的；而贪污罪则以非法占有公共财物为目的。

（2）本罪与挪用特定款物罪的界限。本罪与挪用特定款物罪在行为方式上均表现为挪用，在主观上有些是相同的，在犯罪对象与客观要件上也有诸多相似之处。当挪用对象同为救灾、抢险、防汛、优抚等特定款物时，二罪的主要区别在于：第一，犯罪客体不同。两罪侵犯的客体都是复杂客体，都侵犯公共财产所有权，但本罪同时还侵犯国家工作人员职务行为的廉洁性，挪用特定款物罪则同时还侵犯国家的财经管理秩序。第二，挪用性质不同。本罪一般是挪用公款归个人或他人使用，实质上是“公款私用”，挪用特定款物罪是将特定款物挪归单位其他事项使用，未能专款专用。第三，犯罪主体不同。本罪的主体是国家工作人员，而挪用特定款物罪的主体则是管理、支配、经手特定款物的直接责任人员。第四，特定的犯罪成立要件不同。挪用公款达到规定的数额标准即构成犯罪，而挪用特定款物情节严重，致使国家和人民利益遭受重大损失的，才构成犯罪。

（3）本罪与挪用资金罪的界限。本罪与挪用资金罪在主客观方面都有相同之处。主观方面都是故意,并且都以使用单位资金为目的。客观方面都表现为行为人利用职务上的便利,实施了挪用单位资金的行为。二者的区别主要表现在:其一,犯罪客体与对象不同。挪用公款罪的客体是国家工作人员职务行为的廉洁性和公共财产的占有、使用、收益权;挪用资金罪侵犯的客体则是公司、企业和其他单位工作人员职务行为的廉洁性和单位资金的占有、使用、收益权。此外,挪用公款罪的对象是公款和特定公物;而挪用资金罪的对象是非国有单位资金。其二,犯罪主体不同。本罪的主体是国家工作人员;而挪用资金罪的主体则是非国有公司、企业中不具有国家工作人员身份的人员。

（三）挪用公款罪的刑事责任

根据《刑法》第384条的规定，犯本罪的，处5年以下有期徒刑或者拘役；情节严重的，处5年以上有期徒刑。挪用公款数额巨大不退还的，处10年以上有期徒刑或者无期徒刑。情节严重，主要是指挪用公款数额巨大，或者数额虽未达到巨大，但挪用公款手段恶劣；多次挪用公款；因挪用公款严重影响生产、经营，造成严重损失等情形。关于数额巨大的标准，依《解释》的规定，营利活动型和超期未还型为15万元至20万元以上，非法活动型为5万元至10万元以上。多次挪用公款不还，挪用公款数额累计计算；多次挪用公款，并以后次挪用的公款归还前次挪用的公款，挪用公款数额以案发时未还的实际数额认定。“挪用公款数额巨大不退还的”，是指挪用公款数额巨大，因客观原因在一审宣判前不能退还的。

此外，因挪用公款索取、收受贿赂构成犯罪的，依照数罪并罚的规定处罚。挪用公款进行非法活动构成其他犯罪的，同样依照数罪并罚的规定处罚。携带挪用公款潜逃的，依照《刑法》第382条、第383条的规定以贪污罪论处。

三、私分国有资产罪

（一）私分国有资产罪的概念和构成

私分国有资产罪，是指国家机关、国有公司、企业、事业单位、人民团体违反国家规定，以单位名义将国有资产私分给个人，数额较大的行为。本罪具有如下构成要件：

1. 本罪的客体是复杂客体，既侵犯国家公务的廉洁性，又侵犯国有资产的所有权。国有资产是指由国家机关、国有公司、企业、事业单位、人民团体管理、使用或者运输中的国有资产。根据1999年最高人民检察院《关于人民检察院直接受理立案侦查案件立案标准的规定（试行）》附则第6条的规定，私分国有资产罪中的“国有资产”，“是指国家依法取得和认定的，或者国家以各种形式对企业投资和投资收益、国家向行政事业单位拨款等形成的资产”。

2. 本罪的客观方面表现为违反国家规定，将国有资产以单位名义集体私分给个人，数额较大的行为。首先，必须违反国家规定。所谓违反国家规定，是指违反全国人民代表大会及其常务委员会和国务院有关国有资产使用、管理和保护等的法律、行政法规。其次，必须是以单位名义将国有资产集体私分给个人。所谓以单位名义是指由单位领导班子集体决策或由单位负责人决定并且通过直接责任人员经手实施，将国有资产私分给本单位所有职工或大多数职工。再次，私分数额较大。根据《立案标准》的规定，私分国有资产数额累计在10万元以上的，应予追究刑事责任。

3. 本罪的主体是特殊主体，即只能由国有公司、企业、事业单位、人民团体等国有单位构成。本罪为纯正的单位犯罪，只是在处罚上采用单罚制，仅处罚单位直接负责的主管人员和其他直接责任人员。

4. 本罪的主观方面是直接故意。即明知是国有资产，仍故意违反国家规定，以单位名义进行私分。

（二）私分国有资产罪的界限划分

1. 本罪与非罪的界限

关于私分国有资产罪与非罪的认定应注意以下几个方面：一是，数额必须较大。私分的数额总计在10万元以上才构成本罪，否则，不构成犯罪。二是，分产品代替发工资的问题。实践中有的国有企业因经济效益不好，产品销路不畅，发不出工资，将本单位产品代替工资发给职工。这是极少数企业解决工资支付困难的临时办法，不属犯罪行为。三是，本罪处罚的对象为直接负责的主管人员和直接责任人员，不得追究单位其他人员的刑事责任。

2. 本罪与贪污罪的界限

两罪区别如下：（1）行为手段不同。私分国有资产罪是违反国家规定，集体私分国有资产，具有一定的公开性；贪污罪则表现为利用职务上的便利，侵吞、窃取、骗取或以其他手段非法占有公共财产，具有一定的隐蔽性。（2）犯罪对象不同。私分国有资产罪的犯罪对象为国有资产；贪污罪的犯罪对象是公共财产，包括国有资产和公共财产以及国有单位运输、使用中的私人财产。（3）犯罪主体不同。本罪的主体为国有单位中对国有资产直接负责的主管人员和直接责任人员；贪污罪的主体是国家工作人员，不仅包括在国有单位中从事公务的人员，还包括其他准国家工作人员。（4）承担责任的主体不同。私分国有资产罪是处罚直接负责的主管人员和其他直接责任人员，对于其他单位成员，即使分得了国有资产，也不能以犯罪论处；在贪污罪中，凡是参与了贪污犯罪的行为人，都要依法承担刑事责任。（5）犯罪主观方面不同。私分国有资产罪是单位犯罪，行为体现的是单位的意志；贪污罪的行为是实施非法占有公共财物的行为，实现的是个人的目的，体现的是个人意志。

（三）私分国有资产罪的刑事责任

根据《刑法》第396条第1款的规定，犯本罪的，对其直接负责的主管人员和其他直接责任人员，处3年以下有期徒刑或者拘役，并处或者单处罚金；数额巨大的，处3年以上7年以下有期徒刑，并处罚金。

四、私分罚没财物罪

私分罚没财物罪，是指司法机关、行政执法机关违反国家规定，将应当上缴国家的罚没财物，以单位名义集体私分给个人的行为。本罪的客体是复杂客体，既侵犯国家工作人员职务行为的廉洁性，也侵犯罚没财物的所有权。犯罪对象限于罚没财物。罚没财物，包括：（1）司法机关、行政执法机关追缴、没收的违法犯罪所得的赃款、赃物及其犯罪工具等。(2) 行政执法机关依据有关法律、法规，对公民、法人组织的行政罚款。(3) 法律、法规授权的机构依据有关法律、法规，对违背有关行政法律秩序的公民、法人组织的罚款。本罪的客观方面表现为违反国家规定，将应当上缴国家的罚没财物，以单位名义私分给个人的行为。第一，违反国家规定。即违反国家法律、行政法规及行政命令中罚没财物应当上缴国家的规定。这是构成本罪的前提条件。第二，以单位名义将罚没财物集体私分给个人。"以单位名义"，是指私分罚没财物给个人经过单位领导集体研究决定，体现了单位的意识和意志。"私分给个人"，是指擅自分给单位的所有成员或者绝大多数成员。第三，私分罚没财物数额较大。"数额较大"，参照《立案标准》的规定，是指私分罚没财物，数额在10万元以上。本罪的主体是特殊主体，限于司法机关、行政执法机关等单位。司法机关，是指人民法院、人民检察院、公安机关、国家安全机关。行政执法机关，是指海关、工商管理部门、税务部门、商检部门、环境保护执法部门等。处罚实行单罚制，只处罚直接负责的主管人员和其他直接责任人员。本罪的主观方面是直接故意，即明知是应当上缴的罚没财物，仍故意以单位名义进行集体私分。

根据《刑法》第396条第2款的规定，犯本罪的，对直接负责的主管人员和其他直接责任人员，处3年以下有期徒刑或者拘役，并处或者单处罚金；数额巨大的，处3年以上7年以下有期徒刑，并处罚金。

五、巨额财产来源不明罪

(一) 巨额财产来源不明罪的概念和构成

巨额财产来源不明罪，是指国家工作人员的财产或者支出明显超过合法收入，且差额巨大，经责令说明来源，本人不能说明其来源合法的行为。本罪具有如下构成要件：

1. 本罪的客体是国家工作人员职务行为的廉洁性。

2. 本罪的客观方面表现为行为人明知自己的财产或支出明显超过合法收入，且差额巨大，而本人又不能说明其来源是合法的行为。具体包括两个方面的内容：一是行为人的财产或者支出明显超过合法收入，且差额巨大。这里的"财产"，是指行为人实际拥有的财物，包括住房、交通工具、存款等，名义上属于别人实质是行为人的财产，应当属于行为人拥有的财产。这里的支出，是指行为人已经对外支付的款物，包括赠与他人的款物。合法收入，是指按法律规定应属于行为人合法占有的财产，如工资、奖金、继承的遗产、接受馈赠、捐助等。根据《立案标准》的规定，巨额财产来源不明，数额在30万元以上的，应予立案。二是行为人不能说明与合法收入差额巨大的财产或者支出的来源合法。这里的不能说明，既包括拒不说明，也包括不能说明并证明，即行为人虽然作了说明，但司法机关不能证明其内容真实。如果查明其差额部分是贪污、受贿、盗窃、诈骗等犯罪行为所得的财物，应按照贪污、贿赂等犯罪处理。凡是不能查明的部分按照本罪论处。

3. 本罪的主体是特殊主体，即只能由国家工作人员构成，包括：在国家机关、国有公司、企业、事业单位、人民团体中从事公务的人员和国家机关、国有公司、企业、事业单位委派到非国有公司、企业、事业单位、社会团体从事公务的人员，以及其他依照法律从事公务的人员。

4. 本罪的主观方面是直接故意。即行为人明知财产不合法而故意占有，案发后又故意拒不说明财产的真正来源，或者有意编造财产来源的合法途径。

（二）巨额财产来源不明罪的界限划分

1. 本罪与合法收入的区别

国家工作人员的合法收入，应当包括国家工作人员的工资、奖金、国家发放的各种补贴、本人的其他劳动收入、亲友的馈赠和依法继承的财产。非法所得数额应以国家工作人员的财产或者支出与其合法收入的差额部分计算。计算非法所得时，应将合法收入部分扣除，只计算差额部分。如果行为人能够说明财产的来源是合法的，并经查证属实的，应作为本人的合法收入；如果行为人不能说明财产的来源是合法的，则应减去其合法收入的差额部分，即视为非法所得。当非法所得数额达到差额巨大的标准时，对其行为按照巨额财产来源不明罪论处。

2. 本罪与贪污罪、受贿罪的界限

二者的主要区别在于犯罪的客观方面不同。巨额财产来源不明罪的客观方面表现为行为人拥有超过合法收入的巨额财产而且不能说明其来源。贪污罪、受贿罪的客观方面则表现为行为人非法占有公共财物或者非法收受他人财物。

（三）巨额财产来源不明罪的刑事责任

根据《刑法》第395条第1款的规定，犯本罪的，处5年以下有期徒刑或者拘役，财产的差额部分予以追缴。

六、隐瞒境外存款罪

隐瞒境外存款罪，是指国家工作人员对于个人在境外的存款，应当依照国家规定申报而隐瞒不报，数额较大的行为。本罪的客体是国家工作人员的财产申报管理秩序。犯罪的对象为境外的存款，包括各种货币、有价证券、货币支付凭证以及黄金等具有货币价值的贵重金属。本罪的客观方面表现为应申报境外存款而隐瞒不报，数额较大的行为。具体包括三点内容：第一，行为人有申报境外存款的义务，这是构成犯罪的前提条件。所谓境外存款，是指行为人在国（边）境外各种金融机构存入的各种货币、有价证券、货币支付凭证以及黄金等具有货币价值的贵重金属。这些境外存款的来源是否合法，不影响犯罪构成。第二，行为人不履行申报义务，对境外存款隐瞒不报，这是成立本罪的关键条件。第三，隐瞒不报的境外存款数额较大。至于数额较大的标准，可以参照《立案标准》的规定，即隐瞒境外存款案件，数额在30万元以上的，应予追究刑事责任。本罪的主体是特殊主体，即只能由国家工作人员构成。本罪的主观方面是直接故意。如果行为人不是故意隐瞒不报，而是由于对国家的申报制度不了解，或者由于客观方面的原因而未能申报，则不构成本罪。

根据《刑法》第395条第2款的规定，犯本罪的，处2年以下有期徒刑或者拘役；情节较轻的，由其所在单位或者上级主管机关酌情给予行政处分。

第三节 贿赂犯罪

一、受贿罪

（一）受贿罪的概念和构成

受贿罪，是指国家工作人员利用职务上的便利，索取他人财物，或者非法收受他人财物，为他人谋取利益的行为。本罪的构成要件如下：

1. 本罪的客体是国家工作人员职务行为的廉洁性。本罪的犯罪对象是贿赂。关于贿赂的外延问题，刑法理论界存在分歧，主要有财物说、财产性利益说、利益说三种不同观点。笔者认为，关于贿赂的范围问题，应严格执行刑法的规定，以财产性利益说较妥，即贿赂除包括金钱和可以用金钱计算的财物外，还应当包括其他物质性利益。

2. 本罪的客观方面表现为利用职务上的便利，索取他人财物或者非法收受他人财物，为他人谋取利益。具体包含以下几个要素：

首先，行为人利用了职务上的便利。所谓“利用职务上的便利”，是指利用本人职务范围内的权力，即自己职务上主管、负责或者承办某项公共事务的职权以及利用其职权或地位形成的便利条件。受贿罪中的“利用职务上的便利”所包含的权力及其所形成的便利条件，体现为行为人本人职务所产生的一定制约关系。这种制约关系一部分表现在单位内部或某一系统内上下级之间、各职能部门之间的制约关系；一部分表现在担负某种职务的国家工作人员，在处理公共事务时，直接与有关的单位或当事人之间的制约关系。就前者而言，只要认定行为人的职权、便利条件属于该职权范围即可；就后者而言，需认定行为人承办的具体事务是否与职务相符，如果具体事务并非在其职权范围内，则谈不上"利用职务上的便利"。"利用职务上的便利"，可以分为积极利用和消极利用两种方式，具体包括：（1）通过积极实施或者承诺实施自己正当的职务行为，为他人谋求利益，以此为交换条件，向他人索取或非法收受贿赂；通过积极实施或者承诺实施在其职务范围内能够实施，却不应该实施的行为，为他人谋求利益，以此为交换条件，向他人索取或非法收受贿赂。(2) 通过消极不实施自己的职务行为，即不履行自己的职责，为他人谋求利益，以此为交换条件，向他人索取或非法收受贿赂。

其次，行为人实施了受贿的行为。受贿的行为具体表现为以下几种形式，其构成条件各不相同：（1）索取他人财物。这是指行为人在公务活动中主动向他人索要财物，包括向他人勒索财物。主动索取他人财物是性质更为严重的受贿行为，比被动收受他人贿赂具有更大的社会危害性，因此，刑法规定，利用职务上的便利索取他人财物的即构成受贿罪，不要求行为人为他人谋取利益。(2) 非法收受他人财物，为他人谋取利益。这是指在行贿人主动向行为人提供财物时，行为人不予拒绝，而予以非法接受，并许诺、着手或已经在公务活动中为行贿人谋取利益的行为。其中，许诺的方式可以是明示的，如在收受贿赂的同时或之后对行贿人明确表示将为其谋利益，也可以是默示的，如在行贿人有求于行为人并向其行贿时，行为人收受贿赂，但对其要求不作明确答复，双方心领神会、心照不宣。许诺可以是直接向行贿人作出，也可以通过第三人间接作出。至于为他人谋取的利益是否正当，为他人谋取的利益是否实际兑现，为他人谋取的利益是在收受贿赂之前、当时，还是之后，均不影响受贿罪的成立。因此，被动地收受贿赂行为构成受贿罪，必须同时具备"非法收受他人财物"和"为他人谋取利益"两个要素。（3）斡旋受贿。根据《刑法》第388条的规定，所谓斡旋受贿，是指国家工作人员利用本人职权或者地位形成的便利条件，通过其他国家工作人员职务上的行为，为请托人谋取不正当利益，索取或者收受请托人财物的行为。斡旋受贿有以下三个特点：第一，必须是国家工作人员利用本人职权或者地位形成的便利条件，即利用因本人的职权或地位而对其他国家工作人员形成的上下级之间的隶属关系、同事关系、与其他部门或单位之间的工作关系。如果仅仅是利用与其他国家工作人员之间的单纯的亲友关系的，不能成立斡旋受贿。第二，必须是通过其他国家工作人员职务上的行为为请托人谋取利益。如果是通过国家工作人员的非职务行为为请托人谋取利益，或者是通过不具有国家工作人员身份的人员为请托人谋取利益的，不能成立斡旋受贿。第三，为请托人谋取的利益必须是不正当利益，即依法不应当得到的利益。斡旋受贿，符合受贿罪的数额和情节要求的，按受贿罪定罪处罚。（4）收受回扣、手续费。“回扣”，是指在经济往来中，卖方从卖得的价钱中返还给买方单位或者其委托代理人的款项。“手续费”，是指经济往来中在买卖双方当事人之间做居间活动的经纪人因付出一定劳动而获取的费用。回扣、手续费是经济活动中的一种交易手段，但并非所有的回扣、手续费都是正当、合法的。我国反不正当竞争法明确规定，经营者销售或者购买商品可以明示方式给对方折扣，可以给中间人佣金，接受折扣、佣金的经营者必须如实入账。因此，《刑法》第385条第2款规定，国家工作人员在经济往来中，违反国家规定，在账外私自收受回扣、手续费，归个人所有的，应当以受贿论处。（5）根据2005年最高人民法院、最高人民检察院《关于办理赌博刑事案件具体应用法律若干问题的解释》第7条的规定，通过赌博的形式收受贿赂，或者在赌博中接受他人资金，也以受贿罪论处。

在受贿罪的客观方面中，尚有两个问题值得研究：第一，行为人利用的职务是否限于现实的职务，利用过去的职务或者将来的职务，是否构成受贿罪。第二，贿赂物是否仅限于财物，获取财物以外的利益，是否构成受贿罪。

关于第一个问题，笔者认为，利用职务便利与受贿行为之间具有紧密联系，是本罪得以成立的一个重要条件，即行为人必须有可以利用的职务，才会损害国家公务的廉洁性，没有现实的职务，就无从利用职务受贿。因此，离退休的国家工作人员利用原来的职权和地位形成的影响，通过在职的国家工作人员职务上的行为，为请托人谋取利益，而本人从中收受请托财物的，不能以受贿罪论处。根据2000年最高人民法院《关于国家工作人员利用职务上的便利为他人谋取利益离退休后收受财物行为如何处理问题的批复》，离退休人员在职期间为他人谋取利益，约定在其离退休后收受他人财物的，应以受贿罪论处。

关于第二个问题，当前理论界较为一致的意见认为，应将贿赂扩大至一切不正当利益，既包括财物和财产性利益，也包括非财产性利益，如提供住房使用权、安排就业、出国、提供色情服务等，都可以成为贿赂的内容。

对此，笔者持不同看法。笔者认为，虽然有必要扩大贿赂的范围，但是，是否应当将贿赂扩大至一切“不正当利益”，却不无商榷之处。首先，将贿赂扩大到非财产性利益，将使行、受贿双方关系变得模糊不清，权钱交易的本质特征无从体现。诚如有学者所指出的，相互利用权力进行非财产性利益的交易中，究竟谁受贿、谁行贿势必无法区分。其次，将贿赂扩大到非财产性利益，还将因为无法计量而面临一个具体的司法操作问题。鉴于此，我们认为将贿赂的范围由财物扩大至财产性利益更为妥当。①

3. 本罪的主体是特殊主体，即必须是国家工作人员。这里所说的国家工作人员，是指在职的国家工作人员，与《刑法》总则第93条关于国家工作人员的范围相同。至于《刑法》第93条规定的“其他从事公务的人员”，可以根据前述立法解释加以确定。已经离退休的国家工作人员，利用本人原有职权或者地位所形成的便利条件，通过在职的国家工作人员职务上的行为，为请托人谋取利益，而本人从中向请托人收取财物的，不构成本罪。

4. 本罪的主观方面必须出于故意，但故意的具体内容因受贿的行为方式不同而有所不同。在索取贿赂时，行为人主观上具有利用职务上的便利，索取他人财物的犯罪故意；在收受贿赂时，行为人主观上不仅具有利用职务上的便利，非法收受他人财物的故意，而且具有为他人谋取利益的犯罪意图。如果行为人主观上并不具有非法收受他人财物的犯罪意图（如对行贿人的贿赂行为确实不知情或者虽然知情但碍于情面当时被迫收下财物，但准备事后交公或退还行贿人的），或者虽然主观上有非法收受他人财物的故意，但自始就没有为他人谋取利益的犯罪故意的，均不能以受贿罪论处。

（二）受贿罪的界限划分

1. 本罪与非罪的界限

（1）本罪与一般受贿违法行为的界限。区分受贿罪与一般受贿违法行为的关键在于查明受贿的数额大小和情节轻重。根据《刑法》第383条和第386条的规定，个人受贿额在5000元以上的，构成受贿罪。个人受贿不满5000元，但情节较重的，也应以受贿罪论处；情节较轻的，不构成犯罪，按一般受贿行为论处，由其所在单位或者上级主管机关酌情予以行政处分。所谓情节较重，一般是指受贿行为使国家和人民利益遭受严重损失、受贿行为造成恶劣影响、索取他人财物的手段恶劣、受贿后订立攻守同盟、抗拒侦查或者拒不退赃等情形。

（2）本罪与正当馈赠的界限。礼尚往来是中华民族的传统美德，亲友之

---

① 参见熊选国：《关于“贿赂”范围的再思考》，载《人民法院报》2007年第12期。

间出于亲情和友谊的馈赠礼物是正当、合法的行为，不能把接收正当馈赠认定为受贿。二者区别的关键是看行为人是否利用职务上的便利为他人谋利益。在实践中，有些犯罪人为掩人耳目，往往在节假日或者趁国家工作人员家中婚丧嫁娶之机借口馈赠、送礼而行行贿之实。对这些“以赠代贿”、“以礼代贿”、“明礼暗贿”的行为，应以受贿罪论处。在查证时，应注意从以下几个方面进行综合分析：第一，给予方与接受方是否存在亲友关系。第二，给予方是否要求接受方为其谋取利益，接受方是否许诺、着手或者已经为其谋取利益。第三，接受方是否利用了职务上的便利。第四，给予与接收的方式是否具有隐蔽性。第五，接受的财物的数额与价值。

（3）本罪与取得合法报酬的界限。合法报酬，是公民在法律、政策允许的范围内，为他人提供智力或体力劳动而获得的报酬。国家工作人员在本职工作以外，在法律、政策允许的范围内，利用业余时间为他人提供智力或体力劳动，获得报酬的，不能成立受贿罪。例如：国有单位的科技人员在完成本职工作并且不利用本单位的科技成果、不损害本单位的技术利益的前提下，利用业余时间从事有偿技术服务收取报酬的，不能以受贿论处。但是，如果国家工作人员在业余时间，利用职务上的便利为他人谋取利益获得报酬的，则应以受贿论处。

2. 本罪与贪污罪的界限

本罪与贪污罪都是国家工作人员利用职务之便实施的犯罪，都具有渎职性犯罪与贪利性犯罪的双重特点。其区别在于：（1）犯罪主体的范围不同。本罪主体只限于国家工作人员，而贪污罪的主体除国家工作人员外，还包括受国家机关、国有公司、企业、事业单位、人民团体委托管理、经营国有资产的人员。（2）犯罪客观方面不同。本罪是利用职务上的便利索取他人财物，或者非法收受他人财物为他人谋取利益；而贪污罪则是利用职务上的便利，以侵吞、窃取、骗取、或者其他手段非法占有公共财物。

3. 以索贿方式构成的受贿罪与敲诈勒索罪的界限

以索贿方式构成的受贿罪中索取他人财物的行为与敲诈勒索罪中勒索他人财物的行为比较相似，受贿罪中索取他人财物的行为有时甚至也包括勒索他人财物的行为，这就使得二者的界限有时难以区分。但二者还是有本质区别的，主要表现在：（1）犯罪主体不同。本罪是特殊主体，只限于国家工作人员。敲诈勒索罪的主体是一般主体。（2）犯罪客观方面不同。本罪是利用职务上的便利，在他人有求于己时主动向他人索要财物，或者以不给财物不为其办事要挟、刁难他人，迫使他人交付财物。敲诈勒索罪不是利用职务上的便利，而是以实施暴力、揭发隐私、毁坏财产等手段威胁、要挟他人，迫使他人交付财物。（3）犯罪客体不同。以索贿方式构成的受贿罪侵犯的主要是国家工作人员职务行为的廉洁性。敲诈勒索罪侵犯的是他人的财产权利。

4. 本罪与非国家工作人员受贿罪的界限

本罪与非国家工作人员受贿罪都是利用职务上的便利，索取或者收受他人财物为他人谋利益的行为。两者的主要区别在于：（1）客体不同。本罪的客体是国家工作人员职务行为的廉洁性，而非国家工作人员受贿罪的客体则是公司、企业工作人员行为的廉洁性和公司、企业的管理秩序。（2）客观方面不同。本罪客观方面的索贿行为不以为他人谋取利益为要素，只有收受贿赂的行为才以为他人谋利益为要素，而非国家工作人员受贿罪无论索取贿赂还是收受贿赂，都以为他人谋取利益为要素。（3）犯罪主体不同。本罪的主体是国家工作人员，而非国家工作人员受贿罪的主体是公司、企业中的非国家工作人员。

（三）受贿罪的刑事责任

根据《刑法》第386条的规定，犯本罪的，根据受贿所得数额及情节，依照《刑法》第383条关于贪污罪的法定刑处罚。具体处罚标准如下：

1. 个人受贿数额在10万元以上的，处10年以上有期徒刑或者无期徒刑，可以并处没收财产；情节特别严重的，处死刑，并处没收财产。

2. 个人受贿数额在5万元以上不满10万元的，处5年以上有期徒刑，可以并处没收财产；情节特别严重的，处无期徒刑，并处没收财产。

3. 个人受贿数额在5000元以上不满5万元的，处1年以上7年以下有期徒刑；情节严重的，处7年以上10年以下有期徒刑。个人受贿数额在5000元以上不满1万元，犯罪后确有悔改表现、积极退赃的，可以减轻处罚或者免予刑事处罚，由其所在单位或者上级主管机关给予行政处分。

4. 个人受贿数额不满5000元，情节较重的，处2年以下有期徒刑或者拘役；情节较轻的，由所在单位或者上级主管机关酌情给予行政处分。“情节较重”，是指因受贿行为而使国家或者社会利益遭受重大损失的；故意刁难、要挟有关单位、个人造成恶劣影响的；强行索取财物的。对多次受贿未经处理的，应当按照累计受贿数额处罚。索贿的从重处罚。

二、单位受贿罪

单位受贿罪，是指国家机关、国有公司、企业、事业单位、人民团体，索取、非法收受他人财物，为他人谋取利益，情节严重的行为。本罪的客体是国有单位公务的廉洁性。犯罪对象是贿赂，即财产性利益。本罪的客观方面包括三点内容：(1) 行为的方式有两种：索取他人财物，即主动要求他人给付财物；非法收受他人财物，即对他人主动给付的财物予以接受。他人，既可以是其他单位，也可以是其他个人。(2) 为他人谋取利益。至于利益是否实际谋取到，不影响犯罪的成立。(3) 情节严重。无论是索取贿赂形式还是收受贿赂形式，都要求同时具备为他人谋取利益的要件，而且必须是情节严重。"情节严重"包括两种情形：第一，单位受贿在10万元以上的。第二，单位受贿不满10万元，但具有下列情形之一的：故意刁难、要挟有关单位、个人，造成恶劣影响的；强行索取财物的；致使国家或者社会利益遭受重大损失的。此外，上述国家机关或国有单位在经济往来中，在账外暗中收受各种名义的回扣、手续费的，也以受贿论。本罪的主体只限于国家机关、国有公司、企业、事业单位或人民团体，非国有单位不能构成本罪。本罪的主观方面必须是故意，目的是索取或非法收受他人财物归单位所有。如果先以单位名义索取或非法收受他人财物，然后中饱私囊，归个人所有，则应当以受贿罪论处。

根据《刑法》第387条第1款的规定，犯本罪的，对单位判处罚金，并对其直接负责的主管人员和其他直接责任人员处5年以下有期徒刑或者拘役。根据《刑法》第387条第2款的规定，上述单位在经济往来中，违反国家规定于账外暗中收受各种名义的回扣、手续费，以受贿论，并依照第1款的规定处罚。

三、行贿罪

（一）行贿罪的概念和构成

行贿罪，是指为谋取不正当利益，给予国家工作人员以财物的行为。本罪构成要件如下：

1. 本罪的客体是国家工作人员职务行为的廉洁性。行贿与受贿是相伴而生，对应而存的。行贿行为是引发受贿行为的催化剂，其实质在于以金钱、财物收买国家工作人员的公务行为，进行权钱交易，从中谋取不正当利益，其行为必然侵犯国家工作人员职务行为的廉洁性，损害国家机关及其工作人员的形象和威信，助长贪污受贿等腐败现象的蔓延，因此在惩治受贿罪的同时，也应注重对行贿犯罪的打击。

2. 本罪的客观方面表现为给予国家工作人员数额较大的财物。在经济往来中，违反国家规定，给予国家工作人员财物，数额较大的，或者违反国家规定，给予国家工作人员以各种名义的回扣、手续费的，也应当以行贿论处。另外根据2005年最高人民法院、最高人民检察院《关于赌博刑事案件具体应用法律若干问题的解释》第7条的规定，通过赌博或者为国家工作人员赌博提供资金的形式实施行贿的，也依照行贿罪的规定定罪处罚。行贿行为的方式多种多样，有公开行贿的，也有伪装后秘密行贿的；有事前行贿的，也有事后行贿的；有主动行贿的，也有被动行贿的。不论采用何种方式，只要行贿人为谋取不正当利益而给予国家工作人员财物，就构成行贿罪。所谓“谋取不正当利益”，根据最高人民检察院《立案标准》附则的规定，是指“谋取违反法律、法规、国家政策和国务院各部门规章规定的利益，以及谋取违反法律、法规、国家政策和国务院各部门规章规定的帮助或者方便条件”。需要注意的是，如果因为国家工作人员勒索而被迫交付财物，本人没有获得不正当利益的，则不构成行贿罪。此外，还应注意，本罪是与受贿罪相对应的犯罪，行贿的对象也只能是国家工作人员，贿赂物的内容也仅限于财物。

3．本罪的主体是一般主体，凡是年满16周岁具有刑事责任能力的自然人均能成为本罪的主体。

4．本罪的主观方面是直接故意，且具有谋取不正当利益的目的。

（二）行贿罪的界限划分

1．本罪与非罪的界限

首先，要区分本罪与馈赠礼物的界限。行贿与馈赠礼物的性质截然不同，二者的区别表现在：（1）目的、动机不同。行贿的目的是为了让对方利用职务之便为自己谋取不正当利益，是一种钱权交易；馈赠是为了增加亲朋好友的情谊，不是以财物收买权力。（2）内容和方式不同。行贿往往是秘密进行的，给付财物是附条件的；馈赠则是公开的，馈赠礼物是无条件的。

其次，要区分本罪与一般行贿行为的界限。《刑法》第389条对行贿行为构成行贿罪并未明确规定必须达到数额较大或者情节严重，但这并不意味着行贿罪的构成没有行贿数额或情节方面的要求。根据《立案标准》的规定，行贿数额在1万元以上的，或者行贿数额不满1万元，但有以下情形之一的，应当追究刑事责任：（1）为谋取非法利益而行贿的。（2）向3人以上行贿的。（3）向党政领导、司法工作人员、行政执法人员行贿的。（4）致使国家或者社会利益遭受重大损失的。对于达不到上述情节的行贿行为，不能以犯罪论处。

2．本罪与对非国家工作人员行贿罪的界限

两者在主观上都是为了谋取不正当利益，在客观方面都表现为实施了给予他人财物的行为。其区别主要在于犯罪主体、犯罪客体和行贿对象不同。本罪只能由自然人实施，而对非国家工作人员行贿罪则既可以由自然人实施，也可以由单位实施；本罪的犯罪客体是国家工作人员职务行为的廉洁性，行贿对象只限于国家工作人员；而对非国家工作人员行贿罪侵犯的主要是公司、企业的管理秩序，行贿对象只能是公司、企业中除国家工作人员外的其他工作人员。

3. 一罪与数罪的界限

司法实践中，有的行为人在实施犯罪后，为逃脱或者减轻刑事责任，而给有关国家工作人员以财物，或者在实施犯罪之前或者在犯罪过程中，为使犯罪得以顺利实施而给有关国家工作人员以财物，又构成行贿罪的，应按行贿罪与行为人实施的其他犯罪实行数罪并罚。

（三）行贿罪的刑事责任

根据《刑法》第390条的规定，犯本罪的，处5年以下有期徒刑或者拘役；因行贿谋取不正当利益，情节严重的，或者使国家利益遭受重大损失的，处5年以上10年以下有期徒刑；情节特别严重的，处10年以上有期徒刑或者无期徒刑，可以并处没收财产。行贿人在被追诉前主动交代行贿行为的，可以减轻或者免除处罚。

四、对单位行贿罪

对单位行贿罪，是指个人或者单位为谋取不正当利益，给予国家机关、国有公司、企业、事业单位、人民团体财物，或者在经济往来中，违反国家规定，给予国家机关、国有公司、企业、事业单位、人民团体各种名义的回扣、手续费的行为。本罪的客体是国有单位公务的廉洁性。具体说来，是指国家机关、国有公司、企业、事业单位、人民团体等国有单位的正常管理活动。行贿的对象必须是国家机关、国有公司、企业、事业单位、人民团体，向非国有公司、企业、事业单位、社会团体给予财物的，不能构成对单位行贿罪。本罪的客观方面表现为行为人为了谋取不正当利益而给予国家机关、国有公司、企业、事业单位、人民团体财物，或者在经济往来中，违反国家规定，给予各种名义的回扣、手续费。本罪的主体是一般主体，既可以是自然人，也可以是单位，也即任何已满16周岁具有刑事责任能力的自然人和任何所有制性质的单位都能成为本罪的主体。本罪的主观方面是故意，并且以谋取不正当利益为目的。至于实际上是否获取到不正当利益，不影响犯罪的成立。

根据《刑法》第391条的规定，自然人犯对单位行贿罪的，处3年以下有期徒刑或者拘役。单位犯对单位行贿罪的，对单位判处罚金，并对其直接负责的主管人员和其他直接责任人员依上述自然人犯对单位行贿罪的法定刑处罚。

五、介绍贿赂罪

介绍贿赂罪，是指在行贿人与受贿人之间进行引见、沟通、撮合，向国家工作人员介绍贿赂，情节严重的行为。本罪的客体是国家工作人员职务行为的廉洁性。本罪的客观方面表现为在行贿人与受贿人之间进行引见、沟通、撮合，向国家工作人员介绍贿赂。介绍贿赂情节严重的，才构成本罪。所谓“情节严重”是指：第一，介绍个人向国家工作人员行贿，数额在2万元以上的；介绍单位向国家工作人员行贿，数额在20万元以上的。第二，介绍贿赂数额不满上述标准，但具有下列情形之一的：为使行贿人获取非法利益而介绍贿赂的；3次以上或者为3人以上介绍贿赂的；向党政领导、司法工作人员、行政执法人员介绍贿赂的；致使国家或者社会利益遭受重大损失的。本罪的主体是一般主体。本罪的主观方面是故意。

根据《刑法》第392条的规定，犯本罪的，处3年以下有期徒刑或者拘役。介绍贿赂人在被追诉前主动交待介绍贿赂行为的，可以减轻或者免除处罚。

六、单位行贿罪

单位行贿罪，是指单位为谋取不正当利益，而给予国家工作人员以财物，或者违反国家规定，给予国家工作人员以回扣、手续费，情节严重的行为。本罪的客体是国家工作人员职务行为的廉洁性。本罪的客观方面表现为给予国家工作人员财物或者违反国家规定，给予国家工作人员回扣、手续费，而且情节严重。“情节严重”是指下列两种情形：第一，单位行贿数额在20万元以上的。第二，单位为谋取不正当利益而行贿数额在10万元以上不满20万元，但具有下列情形之一的：为牟取非法利益而行贿的；向3人以上行贿的；向党政领导、司法工作人员、行政执法人员行贿的；致使国家或者社会利益遭受重大损失的。本罪的主体是单位，单位的性质不限。本罪的主观方面是故意，目的是为了谋取不正当利益，至于目的是否实现，不影响犯罪的成立。

根据《刑法》第393条的规定，犯本罪的，对单位判处罚金，并对其直接负责的主管人员和其他直接责任人员，处5年以下有期徒刑或者拘役。因行贿取得的违法所得归个人所有的，依照行贿罪定罪处罚。

第十章　渎　职　罪

第一节　渎职罪概述

一、渎职罪的概念和构成

渎职罪，是指国家机关工作人员滥用职权、玩忽职守、徇私舞弊，妨害国家机关正常的活动，严重损害国家和人民利益的行为。本类犯罪具有以下构成要件：

1. 本类犯罪的客体是国家机关的正常管理活动。这是本类犯罪区别于其他类犯罪的本质特征。国家机关具有政治、经济、文化等各方面的管理职能。这些职能的正常行使，是实现国家机关各项任务的重要保证。而国家机关的各项管理职能，是通过国家机关工作人员来实施的。国家机关工作人员所实施的滥用职权、玩忽职守、徇私舞弊等行为，必然会使国家机关的正常管理活动遭受严重的破坏。

2. 本类犯罪的客观方面表现为行为人实施了滥用职权、玩忽职守、徇私舞弊的行为，并致使公共财产、国家和人民利益遭受重大损失。这表明，渎职罪的行为大致可分为三类，即滥用职权、玩忽职守以及徇私舞弊。滥用职权，表现为超越职权和玩弄职权两种形式。《刑法》第397条第1款所规定的滥用职权罪的行为是这类渎职行为的典型代表。玩忽职守，是指疏于职守、不按规章和程序行使管理职权。玩忽职守罪的行为是这类渎职行为的典型代表。徇私舞弊，是指为了徇个人之情而违反规章制度，从中弄虚作假。《刑法》第399条所规定的徇私枉法罪和民事、行政枉法裁判罪的行为最具徇私舞弊这类渎职行为的代表性。本类犯罪中的多数犯罪，以使公共财产、国家和人民的利益遭受重大损失为构成要件。如玩忽职守罪、滥用职权罪等犯罪即是如此。其中，公共财产的重大损失，根据最高人民法院《全国法院审理经济犯罪案件工作座谈会议纪要》的有关解释，通常是指渎职行为已经造成了重大经济损失。

在司法实践中，有以下情形之一的，虽然公共财产作为债权存在，但已无法实现债权的，可以认定为行为人的渎职行为造成了经济损失：（1）债务人已经法定程序被宣告破产；（2）债务人潜逃，去向不明；（3）因行为人责任，致使超过诉讼时效；（4）有证据证明债权无法实现的其他情况。

3. 本类犯罪的主体，除个别犯罪外，都是特殊主体，即国家机关工作人员。根据《刑法》第93条的规定和全国人民代表大会常务委员会《关于〈中华人民共和国刑法〉第九章渎职罪主体适用问题的解释》，这里所称的国家机关工作人员包括：（1）国家机关工作人员，即在国家权力机关、行政机关、审判机关、检察机关、军事机关从事公务的人员，如乡政府、街道办事处的公务员，法院的审判人员等。（2）在非国家机关的组织中从事公务的人员。包括：其一，在依照法律、法规规定行使国家行政管理职权的组织中从事公务的人员，这些组织主要指法律授权在某些领域行使国家行政管理职权的非国家机关的组织；或者在机构改革中由原来的国家机关调整为非国家机关，但仍然保留其行使某些行政管理的职能的事业单位，如证券监督管理委员会、地方烟草专卖局、土地管理所及房产所工作的人员等。其二，在受国家机关委托代表国家机关行使职权的组织中从事公务的人员。（3）没有列入国家机关人员编制但在国家机关中从事公务的人员。上述人员在代表国家机关行使职权时，有渎职行为，构成犯罪的，依照刑法关于渎职罪的规定追究刑事责任。根据最高人民法院《全国法院关于审理经济犯罪案件工作座谈会议纪要》的规定，在乡（镇）以上中国共产党机关、人民政协机关中从事公务的人员，司法实践中也应当视为国家机关工作人员。

4. 本类犯罪中多数犯罪的主观方面的罪过形式是故意，少数犯罪的罪过形式为过失。罪过形式是故意的犯罪有：滥用职权罪，故意泄露国家秘密罪，徇私枉法罪，民事、行政枉法裁判罪，执行判决、裁定滥用职权罪，枉法仲裁罪，私放在押人员罪，徇私舞弊减刑、假释、暂予监外执行罪，徇私舞弊不移交刑事案件罪，滥用管理公司、证券职权罪，徇私舞弊不征、少征税款罪，徇私舞弊发售发票、抵扣税款、出口退税罪，违法提供出口退税凭证罪，违法发放林木采伐许可证罪，非法批准征用、占有土地罪，非法低价出让国有土地使用权罪，放纵走私罪，商检徇私舞弊罪，动植物检疫徇私舞弊罪，放纵制售伪劣商品犯罪行为罪，办理偷越国（边）境人员出入境证件罪，不解救被拐卖、绑架妇女、儿童罪，阻碍解救被拐卖、绑架妇女、儿童罪，帮助犯罪分子逃避处罚罪，招收公务员、学生徇私舞弊罪等。罪过形式是过失的犯罪有：玩忽职守罪，过失泄露国家秘密罪，执行判决、裁定失职罪，失职致使在押人员脱逃罪，国家机关工作人员签订、履行合同失职被骗罪，环境监管失职罪，传染病防治失职罪，商检失职罪，动植物检疫失职罪，失职造成珍贵文物毁损、流失罪等。罪过形式为故意的本类犯罪通常具有“徇私”的动机。需要指出的是，作为罪过形式的故意与过失，是行为人对其渎职行为造成的损害结果的心理态度，而不是对渎职行为本身的态度。

二、渎职罪的种类

《刑法》分则第九章共有24个条文，计36个罪名，依据各种具体犯罪主体的不同身份，本章犯罪大体可分为以下三类：

1. 一般国家机关工作人员的渎职犯罪，具体包括：滥用职权罪；玩忽职守罪；故意泄露国家秘密罪；过失泄露国家秘密罪；国家机关工作人员签订、履行合同失职被骗罪；非法批准征用、占用土地罪；非法低价出让国有土地使用权罪；招收公务员、学生徇私舞弊罪；失职造成珍贵文物毁损、流失罪9个罪名。

2. 司法工作人员的渎职犯罪，具体包括：徇私枉法罪；民事、行政枉法裁判罪；执行判决、裁定失职罪；执行判决、裁定滥用职权罪；枉法仲裁罪；私放在押人员罪；失职致使在押人员脱逃罪；徇私舞弊减刑、假释、暂予监外执行罪8个罪名。

3. 特定国家机关工作人员的渎职犯罪，即公安、证券管理部门、税务机关、林木采伐管理机关、环境保护机关、卫生防疫部门、海关、商检部门、出入境证件管理机关的工作人员的渎职罪，具体包括：徇私舞弊不移交刑事案件罪；滥用管理公司、证券职权罪；徇私舞弊不征、少征税款罪；徇私舞弊发售发票、抵扣税款、出口退税罪；违法提供出口退税凭证罪；违法发放林木采伐许可证罪；环境监管失职罪；传染病防治失职罪；放纵走私罪；商检徇私舞弊罪；商检失职罪；动植物检疫徇私舞弊罪；动植物检疫失职罪；放纵制售伪劣商品犯罪行为罪；办理偷越国（边）境人员出入境证件罪；放行偷越国（边）境人员罪；不解救被拐卖、绑架妇女、儿童罪；阻碍解救被拐卖、绑架妇女、儿童罪；帮助犯罪分子逃避处罚罪19个罪名。

第二节 一般国家机关工作人员的渎职犯罪

一、滥用职权罪

（一）滥用职权罪的概念和构成

滥用职权罪，是指国家机关工作人员超越职权，决定、处理其无权决定、处理的事项，或者违反规定处理其权限范围内的公务，致使公共财产、国家和人民利益遭受重大损失的行为。本罪具有以下构成要件：

1. 本罪的客体是国家机关的正常职能活动，即各级各类国家机关对社会生活各个领域的管理活动。

2. 本罪的客观方面表现为滥用职权，致使公共财产、国家和人民利益遭受重大损失的行为。由此，本罪客观方面要件包括两个具体要素：

首先，行为人实施了滥用职权的行为。滥用职权的行为又分为两种具体的类型：(1) 滥用职务范围内的权力。所谓滥用职务范围内的权力，是指行为人在法定职权范围内出于不法目的或以不法方法而实施的背离其职务行为宗旨的行为。该种行为有两个特征：第一，行为人的行为是其职务范围内的行为，即没有逾越法定权限，如果行为人根本不享有实施其一公务行为的相应职权或者虽然有相应职权但其行为客观上超越了法定权限，则属逾越职权。第二，行为人的行为背离了其职务行为的宗旨。如果行为人不按照法定要求实施其职权行为，则有可能导致滥用职权行为，背离其职务行为的宗旨。如税务机关工作人员在征税时，徇私舞弊不征或者少征应征税款，就属于滥用其职务范围内的权力的行为。(2) 超越职权。在刑法没有将逾越职权的行为规定为一种独立犯罪的情况下，将逾越职权的行为视为滥用职权罪的一种行为类型，是符合我国刑事立法的实际情况的，有利于惩治和防范国家机关工作人员的职务犯罪。

其次，行为人滥用职权的行为致使公共财产、国家和人民利益遭受重大损失。即本罪是结果犯。根据最高人民检察院《关于渎职侵权犯罪案件立案标准的规定》，因滥用职权造成以下危害结果之一的，构成犯罪：(1) 造成死亡1人以上，或者重伤2人以上，或者重伤1人、轻伤3人以上，或者轻伤5人以上的；(2) 导致10人以上严重中毒的；(3) 造成个人财产直接经济损失10万元以上，或者直接经济损失不满10万元，但间接经济损失50万元以上的；(4) 造成公共财产或者法人、其他组织财产直接经济损失20万元以上，或者直接经济损失不满20万元，但间接经济损失100万元以上的；(5) 虽未达到第3、4两项数额标准，但第3、4两项合计直接经济损失20万元以上，或者合计直接经济损失不满20万元，但合计间接经济损失100万元以上的；(6) 造成公司、企业等单位停业、停产6个月以上，或者破产的；(7) 弄虚作假，不报、缓报、谎报或者授意、指使、强令他人不报、缓报、谎报情况，导致重特大事故危害结果继续、扩大，或者致使抢救、调查、处理工作延误的；(8) 严重损害国家声誉，或者造成恶劣社会影响的；(9) 其他致使公共财产、国家和人民利益遭受重大损失的情形。同时最高人民检察院的上述司法解释还指出：直接经济损失，是指与行为有直接因果关系而造成的财产损毁、减少的实际价值；间接经济损失，是指由直接经济损失引起和牵连的其他损失，包括失去的在正常情况下可以获得的利益和为恢复正常的管理活动或者挽回所造成的损失所支付的各种开支、费用等。直接经济损失和间接经济损失，是指立案时确已造成的经济损失。移送审查起诉前，犯罪嫌疑人及其亲友自行挽回的经济损失，以及由司法机关或者犯罪嫌疑人所在单位及其上级主管部门挽回的经济损失，不予减扣，但可作为对犯罪嫌疑人从轻处理的情节考虑。

3. 本罪的主体是特殊主体，即只有国家机关工作人员才能成为本罪的主体。

4. 本罪的罪过形式是故意，即行为人明知自己滥用职权的行为可能致使公共财产、国家和人民利益遭受重大损失，并且希望或放任这种结果发生。

（二）滥用职权罪的界限划分

1. 本罪与非罪的界限

是否造成严重后果，是区分滥用职权罪与一般滥用职权行为的关键标准。滥用职权造成严重后果的，构成犯罪；未造成严重后果的，属于一般滥用职权的行为。

2. 本罪与刑法另有规定的滥用职权犯罪的关系

《刑法》另有规定的特定的滥用职权（徇私舞弊）的犯罪有：第 399 条的徇私枉法罪，民事、行政枉法裁判罪，执行判决、裁定人员滥用职权罪；第 400 条的私放在押人员罪；第 401 条的徇私舞弊减刑、假释、暂予监外执行罪；第 402 条的徇私舞弊不移交刑事案件罪；第 404 条的徇私舞弊不征、少征税款罪；第 405 条的徇私舞弊发售发票、抵扣税款、出口退税罪，非法提供出口退税罪；第 407 条的违法发放林木采伐许可证罪；第 410 条的非法批准征用、占用土地罪，非法低价出让国有土地使用权罪；第 411 条的放纵走私罪；等等。本罪与上列其他具有滥用职权（徇私舞弊）性质的犯罪是一般与特别的关系，行为人的行为触犯《刑法》第 393 条的规定和其他有关条款规定的，应按特别规定定罪处罚。最高人民检察院《关于渎职侵权犯罪案件立案标准的规定》（以下简称《渎职犯罪立案标准》）指出：国家机关工作人员滥用职权，符合刑法第九章所规定的特殊渎职罪构成要件的，按照该特殊规定追究刑事责任；主体不符合刑法第九章所规定的特殊渎职罪的主体要件，但滥用职权涉嫌具有该罪应予立案的第 1 项至第 9 项规定情形之一的，按照《刑法》第 397 条的规定以滥用职权罪追究刑事责任。

3. 本罪与其他近似犯罪的界限

《刑法》第165条的非法经营同类营业罪；第166条的为亲友非法牟利罪；第168条的国有公司、企业、事业单位人员滥用职权罪；第169条的徇私舞弊低价折股、低价出售国有资产罪等犯罪，都具有滥用职权（徇私舞弊）的性质，与本罪具有相似之处。本罪与上述犯罪的区别表现在：（1）客体不同。本罪侵犯的客体是国家机关的正常职能活动；后几罪侵犯的客体是公司、企业的管理秩序。（2）主体不同。本罪主体为国家机关工作人员；后几罪的主体为国有公司、企业、事业单位的负责人或者工作人员。（3）职务的性质不同。本罪的职务是公务性职务；后几罪的职务是公司、企业、事业单位的经营、管理业务性职务。

（三）滥用职权罪的刑事责任

根据《刑法》第397条第1款的规定，犯本罪的，处3年以下有期徒刑或者拘役；情节特别严重的，处3年以上7年以下有期徒刑。根据《刑法》第397条第2款的规定，犯本罪且徇私舞弊的，处5年以下有期徒刑或者拘役；情节特别严重的，处5年以上10年以下有期徒刑。所谓情节特别严重，主要是指致使公共财产、国家和人民利益遭受的损失特别严重；此外行为人滥用职权的严重程度以及行为人的动机是否恶劣，也是判断情节是否特别严重的重要因素。

二、玩忽职守罪

（一）玩忽职守罪的概念和构成

玩忽职守罪，是指国家机关工作人员严重不负责任，不履行或者不认真履行职责，致使公共财产、国家和人民利益遭受重大损失的行为。本罪的构成要件如下：

1. 本罪的客体是公务职责的公正、勤勉性和国家机关的正常职能活动。

2. 本罪在客观方面表现为玩忽职守，致使公共财产、国家和人民利益遭受重大损失的行为。所谓玩忽职守，表现为以下几种情形：（1）不履行职责。即行为人有能力且有条件履行自己的职责而不履行或不正确履行。（2）擅离职守。即行为人在执行职务期间，违背其职责义务而擅自离开自己工作岗位的行为。（3）未尽职责。即行为人虽然实施了一定的履行职责的行为，但并未完全履行职责的情况。根据《关于渎职侵权犯罪案件立案标准的规定》，所谓致使公共财产、国家和人民利益遭受重大损失，是指因玩忽职守涉嫌下列情形之一：（1）造成死亡1人以上，或者重伤3人以上，或者重伤2人、轻伤4人以上，或者重伤1人、轻伤7人以上，或者轻伤10人以上的；（2）导致20人以上严重中毒的；（3）造成个人财产直接经济损失15万元以上，或者直接经济损失不满15万元，但间接经济损失75万元以上的；（4）造成公共财产或者法人、其他组织财产直接经济损失30万元以上，或者直接经济损失不满30万元，但间接经济损失150万元以上的；（5）虽未达到第3、4两项数额标准，但第3、4两项合计直接经济损失30万元以上，或者合计直接经济损失不满30万元，但合计间接经济损失150万元以上的；（6）造成公司、企业等单位停业、停产1年以上，或者破产的；（7）海关、外汇管理部门的工作人员严重不负责任，造成100万美元以上外汇被骗购或者逃汇1000万美元以上的；（8）严重损害国家声誉，或者造成恶劣社会影响的；（9）其他致使公共财产、国家和人民利益遭受重大损失的情形。

3. 本罪的主体是特殊主体，即本罪的主体通常是国家机关工作人员。根据2000年最高人民检察院《关于合同制民警能否成为玩忽职守罪主体问题的批复》，合同制民警在依法执行公务活动中的玩忽职守行为，符合玩忽职守罪构成要件的，应以玩忽职守罪追究刑事责任。根据2000年最高人民检察院《关于属工人编制的乡（镇）工商所所长能否依照〈刑法〉第397条的规定追究刑事责任问题的批复》，乡镇工商所所长，如果玩忽职守，致使公共财产、国家和人民利益遭受重大损失的，应以玩忽职守罪追究刑事责任。此外，根据2002年最高人民检察院《关于企业事业单位的公安机关在机构改革过程中其工作人员能否构成渎职侵权犯罪主体问题的批复》，企业事业单位的公安机关在机构改革过程中虽尚未列入公安机关建制，其工作人员在行使侦查职责时，实施渎职侵权行为的，可以成为渎职侵权犯罪的主体。

4. 本罪主观方面的罪过形式是过失，即行为人应当预见自己玩忽职守的行为可能致使公共财产、国家和人民利益遭受重大损失但没有预见，或者已经预见但轻信能够避免的心理态度。至于行为人玩忽职守的行为则通常是故意的，但这种故意不是罪过意义上的故意。

（二）玩忽职守罪的界限划分

1. 本罪与非罪的界限

首先，要区分本罪与工作失败、失误之间的界限。工作失败，是由于人类对于自然规律认识的有限性所导致的，行为人主观上往往并无过错；工作失误是行为人因为水平与工作能力不足，在完成任务的心态下实施行为，但造成了危害社会的结果，对这种情况不宜按照犯罪处理。

其次，要区分本罪与一般玩忽职守行为的界限。二者都存在玩忽职守的行为，其区别表现在是否造成了公共财产、国家和人民利益的重大损失。造成重大损失的，构成玩忽职守罪；尚未造成重大损失的，则不构成玩忽职守罪，但对行为人可以按失职行为予以相应的党纪、政纪处分。

2. 本罪与滥用职权罪的界限

本罪与滥用职权罪在犯罪主体、犯罪客体、犯罪结果等方面具有相同性。二者的主要区别在于：(1) 客观行为方式不同。本罪主要表现为以不作为的方式不履行职责或者怠于履行职责；而滥用职权罪则主要表现为以作为的方式超越权限处理无权处理的事务或者违反履行职责的程序和宗旨随心所欲地处理事务。(2) 主观方面的罪过形式不同。本罪主观方面的罪过形式是过失；滥用职权罪主观方面的罪过形式则是故意。

3. 本罪与刑法另有规定的玩忽职守犯罪的关系

刑法另有规定的具有玩忽职守性质的渎职犯罪有：第 398 条的过失泄露国家秘密罪；第 399 条的执行判决、裁定失职罪；第 400 条的失职致使在押人员脱逃罪；第 406 条的国家机关工作人员签订、履行合同失职被骗罪；第 407 条的非法发放林木采伐许可证罪；第 408 条的环境监管失职罪；第 409 条的传染病防治失职罪；第 412 条的商检失职罪；等等。本罪与上列有关犯罪是一般与特殊的法条竞合关系，因此行为人触犯刑法另有规定的玩忽职守犯罪的，依法应以特别的规定定罪处罚。

4. 本罪与有关重大责任事故犯罪的界限

其他责任事故型犯罪主要有《刑法》第 131 条的重大飞行事故罪、第 132 条的铁路运营事故罪、第 134 条的重大责任事故罪、第 135 条的重大劳动安全事故罪、第 136 条的危险物品肇事罪、第 137 条的工程重大安全事故罪、第 138 条的教育设施重大安全事故罪、第 139 条的消防责任事故罪、第 330 条的妨害传染病防治罪、第 335 条的医疗事故罪、第 338 条的重大环境污染事故罪等。从广义上讲本罪以造成重大损失为要件，亦属于责任事故型犯罪，因此有相同之处。但本罪与其他责任事故型犯罪是性质完全不同的犯罪。本罪与上述其他责任事故型犯罪的主要区别在于：(1) 犯罪主体不同。本罪主体为国家机关工作人员；而有关责任事故型犯罪的主体一般为厂矿企业、事业单位的职工或者工作人员。(2) 发生的场合不同。本罪发生在国家机关的公务活动过程中；而有关责任事故型犯罪，一般发生在生产、作业等业务活动中以及直接指挥生产、作业或者管理生产、作业等业务活动过程中。(3) 犯罪的客体不同。本罪的客体是国家机关的正常职能活动；而有关责任事故型犯罪侵犯的客体为公共安全、公共卫生或者自然环境的保护、管理秩序。

（三）玩忽职守罪的刑事责任

根据《刑法》第397条第1款的规定，犯本罪的，处3年以下有期徒刑或者拘役；情节特别严重的，处3年以上7年以下有期徒刑。根据《刑法》第397条第2款的规定，犯本罪且徇私舞弊的，处5年以下有期徒刑或者拘役；情节特别严重的，处5年以上10年以下有期徒刑。所谓情节特别严重，主要是指致使公共财产、国家和人民利益遭受的损失特别严重；此外行为人玩忽职守的严重程度以及行为人的动机是否恶劣，也是判断情节是否特别严重的重要因素。

三、故意泄露国家秘密罪

（一）故意泄露国家秘密罪的概念和构成

故意泄露国家秘密罪，是指国家机关工作人员或者非国家机关工作人员违反保守国家秘密法，故意使国家秘密被不应知悉者知悉，或者故意使国家秘密超出了限定的接触范围，情节严重的行为。本罪具有以下构成要件：

1. 本罪侵犯的客体是国家的保密管理秩序。国家的保密管理秩序，是指我国保守国家秘密的法律、法规所确定的有关国家秘密不能泄露的管理秩序。我国现行的保守国家秘密的法律、法规主要有：《宪法》、《保守国家秘密法》、《保守国家秘密法实施办法》、《国家秘密技术出口审查暂行规定》、《科学技术保密规定》等。此外，我国现行的《法官法》、《检察官法》、《人民银行法》、《地图编制出版管理条例》等法律、法规中也含有保守国家秘密的规定。国家机关工作人员与非国家机关工作人员，都有保守国家秘密的义务。违反国家保密法的规定，泄露国家秘密的行为，就是对我国保密管理秩序的侵犯。

2. 本罪的客观方面表现为违反保守国家秘密法的规定，泄露国家秘密的行为。所谓违反保守国家秘密法的规定，是指违反《宪法》以及《保守国家秘密法》、《保守国家秘密法实施办法》等法律、法规的规定。根据《保守国家秘密法》第2条的规定，所谓国家秘密，是指关系国家的安全和利益，依照法定程序确定，在一定时间内只有限定范围的人员知悉的事项。该法第8条明确规定的国家秘密包括：（1）国家事务的重大决策中的秘密事项；（2）国防建设和武装力量活动中的秘密事项；（3）外交和外事活动中的秘密事项；（4）国民经济和社会发展中的秘密事项；（5）科学技术的秘密事项；（6）维护国家安全活动和追查刑事犯罪中的秘密事项；（7）其他经国家保密工作部门确定应当保守的国家秘密事项。根据《保守国家秘密法》第9条的规定，国家秘密分为绝密、机密和秘密三个等级。绝密是国家的最高级机密，只允许极少数人知悉；机密是仅次于绝密的国家重要信息，只允许特定的专门工作人员知悉；秘密是国家的不宜在社会上大范围传播而限于一定范围人员知悉的重要信息。所谓泄露，是指知悉国家秘密的有关人员不顾法律禁止性规定，把国家秘密传递给无权知悉者，或者违反保密法规，使国家秘密让不被允许接触的人员接触而不能证明未被不应知悉者获知。

只有泄露国家秘密达到了情节严重的程度，才构成本罪。所谓情节严重，根据有关司法解释的规定①，应是国家机关工作人员涉嫌故意泄露国家秘密具有下列情形之一的：(1) 泄露绝密级国家秘密 1 项（件）以上的；(2) 泄露机密级国家秘密 2 项（件）以上的；(3) 泄露秘密级国家秘密 3 项（件）以上的；(4) 向非境外机构、组织、人员泄露国家秘密，造成或者可能造成危害社会稳定、经济发展、国防安全或者其他严重危害后果的；(5) 通过口头、书面或者网络等方式向公众散布、传播国家秘密的；(6) 利用职权指使或者强迫他人违反国家保守秘密法的规定泄露国家秘密的；(7) 以牟取私利为目的泄露国家秘密的；(8) 其他情节严重的情形。

3. 本罪的主体一般是国家机关工作人员。但《刑法》第 398 条第 2 款规定，非国家机关工作人员也可构成本罪。

4. 本罪的主观罪过形式是故意，即明知泄露国家秘密的行为会发生危害国家利益的结果，并且希望该结果的发生。泄露国家秘密的动机是多种多样的，无论出于何种动机都不影响本罪的构成。但行为人如果出于危害国家安全的目的而故意将国家秘密提供给境外的机构、组织或者人员的，则应按《刑法》第 111 条规定的危害国家安全的犯罪定罪处罚。

(二) 故意泄露国家秘密罪的界限划分

1. 本罪与非罪的界限

根据《刑法》第 398 条的规定，本罪的构成要求泄露国家秘密的行为达到了情节严重的程度，尚未达到情节严重的，则不构成本罪。

2. 本罪与为境外窃取、刺探、收买、非法提供国家秘密、情报罪的界限

二者的相同之处在于：主体都包含了一般主体；主观方面的罪过形式均是故意；行为的对象都可以是国家秘密。二者的主要区别在于：(1) 犯罪客体不同。前者的客体为国家的保密管理秩序；后者的客体则为国家安全。(2) 构成犯罪的标准不同。前者以情节严重为构成犯罪的要件；后者则无此限制。

3. 本罪与非法获取国家秘密罪的界限

---

① 参见 2006 年最高人民检察院《关于渎职侵权犯罪案件立案标准的规定》。

本罪与非法获取国家秘密罪的相同之处在于：犯罪对象都是国家秘密；罪过形式都是故意。二者的区别主要在于在获取国家秘密上是否使用了窃取、收买、刺探等“非法”手段。本罪的行为人往往是有权知悉国家秘密或掌管国家秘密的人员，在取得国家秘密上不存在“非法获取”的问题，只存在“泄露”的问题。但是，如果行为人在取得国家秘密上采取了非法的手段，则还构成非法获取国家秘密罪。而在非法获取之后向他人泄露的，则属于非法获取国家秘密罪的牵连犯。

4. 本罪与侵犯商业秘密罪的界限

二者主观方面的罪过形式都是故意。二者的区别表现在：（1）犯罪客体不同。本罪的客体是国家的保密管理秩序，后罪的客体为知识产权。（2）行为对象不同。本罪的对象是国家保密法所规定的国家秘密，后罪的对象则仅限于商业秘密。

（三）故意泄露国家秘密罪的刑事责任

根据《刑法》第398条的规定，犯本罪的，处3年以下有期徒刑或者拘役；情节特别严重的，处3年以上7年以下有期徒刑。非国家机关工作人员犯本罪的，依照此规定酌情处罚。

四、过失泄露国家秘密罪

过失泄露国家秘密罪，是指国家机关工作人员或者非国家机关工作人员违反保守国家秘密法，过失泄露国家秘密，致使国家秘密被不应知悉者知悉或者超出了限定的接触范围，情节严重的行为。本罪的客体是国家的保密管理秩序。本罪在客观上表现为违反国家保守秘密法的规定，客观上造成了泄露国家秘密的结果，并且情节严重的行为。根据2006年最高人民检察院《关于渎职侵权犯罪案件立案标准的规定》，情节严重是指，具有下列情形之一：（1）泄露绝密级国家秘密1项（件）以上的；（2）泄露机密级国家秘密3项（件）以上的；（3）泄露秘密级国家秘密4项（件）以上的；（4）违反保密规定，将涉及国家秘密的计算机或者计算机信息系统与互联网相连接，泄露国家秘密的；（5）泄露国家秘密或者遗失国家秘密载体，隐瞒不报、不如实提供有关情况或者不采取补救措施的；（6）其他情节严重的情形。非国家机关工作人员的立案标准参照上述标准执行。本罪的主体主要是国家机关工作人员，根据《刑法》第398条第2款的规定，非国家机关工作人员也可构成本罪。本罪的主观方面是过失。

根据《刑法》第398条的规定，犯本罪的，处3年以下有期徒刑或者拘役；情节特别严重的，处3年以上7年以下有期徒刑。非国家机关工作人员犯本罪的，依照此规定酌情处罚。

五、国家机关工作人员签订、履行合同失职被骗罪

（一）国家机关工作人员签订、履行合同失职被骗罪的概念和构成

国家机关工作人员签订、履行合同失职被骗罪，是指国家机关工作人员在签订、履行合同过程中，因严重不负责任，不履行或者不认真履行职责被诈骗，致使国家利益遭受重大损失的行为。本罪具有以下构成要件：

1. 本罪的客体是国家机关对经济活动的正常管理秩序和国有财产的所有权。

2. 本罪在客观上表现为在签订履行合同过程中，因严重不负责任被诈骗，致使国家利益遭受重大损失。具体包括以下几个方面的要素：（1）行为发生在签订、履行合同的过程中。（2）因严重不负责任被诈骗。所谓严重不负责任，是指在签订、履行合同的过程中，马马虎虎，草率从事，不认真了解对方的情况，不审查对方当事人的合同主体资格、资信情况、履约能力，随意签订、履行合同；或者应当公证的不予公证；应当经集体研究或者上级审批而不经集体研究或者上级审批，擅自越权签订或者履行经济合同；或者违反规定为他人签订经济合同提供担保等。（3）致使国家利益遭受重大损失。根据2006年最高人民检察院《关于渎职侵权犯罪案件立案标准的规定》，重大损失是指具有下列情形之一：造成直接经济损失30万元以上，或者直接经济损失不满30万元，但间接经济损失150万元以上的；其他致使国家利益遭受重大损失的情形。

3. 本罪的主体是国家机关工作人员。

4. 本罪的主观方面是过失，即行为人应当预见在签订、履行合同的过程中严重不负责任的行为，可能造成国家利益的重大损失，因为疏忽大意而没有预见，或者虽然已经预见但轻信能够避免的心理态度。

（二）国家机关工作人员签订、履行合同失职被骗罪的界限划分

1. 本罪与非罪的界限

区分本罪与非罪的界限，关键看行为人签订、履行合同的失职行为是否造成了国家利益的重大损失，造成重大损失的，构成犯罪；否则，不构成犯罪。

2. 本罪与玩忽职守罪的界限

本罪与玩忽职守罪的主、客观方面都有相同之处。二者的主体都是国家机关工作人员。客观方面都是由于对工作不负责任而造成了国家利益的重大损

失。二者的区别在于：本罪的行为发生在国家机关工作人员签订、履行合同过程中，而玩忽职守罪的行为则发生签订、履行合同之外的管理活动中。

3. 本罪与国有公司、企业、事业单位人员失职罪的界限

本罪与国有公司、企业、事业单位人员失职罪在主观方面均为过失，客观方面都以造成严重损失为成立要件。二者的区别在于：(1) 二者的客体不同。本罪的客体是国家对经济活动的正常管理秩序和国有财产的所有权，后者的客体则是国有公司、企业、事业单位的财产利益。(2) 行为发生的领域不同。本罪的行为发生在签订、履行合同的过程中，后者则不限于发生在上述过程中。(3) 主体不同。本罪的主体为国家机关工作人员，而后者的主体则为国有公司、企业、事业单位的工作人员。

(三) 国家机关工作人员签订、履行合同失职被骗罪的刑事责任

根据《刑法》第406条的规定，犯本罪的，处3年以下有期徒刑或者拘役；致使国家利益遭受特别重大损失的，处3年以上7年以下有期徒刑。

六、非法批准征用、占用土地罪

非法批准征用、占用土地罪，是指国家机关工作人员，违反土地管理法规，滥用职权，非法批准征用、占用土地，情节严重的行为。本罪的客体是国家的土地管理秩序。本罪的客观方面表现为违反国家土地管理法规，滥用职权，非法批准征用、占用土地，情节严重的行为。具体包括以下几个方面的内容：(1) 违反国家土地管理法规。根据2001年全国人大常委会《关于〈中华人民共和国刑法〉第二百二十八条、第三百四十二条、第四百一十条的解释》，所谓违反土地管理法规，是指违反土地管理法、森林法、草原法等法律以及有关行政法规中关于土地管理的规定。(2) 非法批准征用、占用土地。根据上述立法解释，非法批准征用、占有土地，是指非法批准征用、占用耕地、林地等农用地以及其他土地。具体的表现形式有：采取欺骗、隐瞒的手段，非法批准占用土地；有权批准征用、占用土地的国家机关工作人员，利用职务上的便利，超越其批准土地种类、数量等方面的权限，非法批准占用土地；对不符合征用、占用土地条件的，违法予以批准；等等。(3) 情节严重。根据2006年最高人民检察院《关于渎职侵权犯罪案件立案标准的规定》的规定，情节严重，是指具有下列情形之一：其一，非法批准征用、占用基本农田10亩以上的。其二，非法批准征用、占有基本农田以外的耕地30亩以上的。其三，非法批准征用、占用其他土地50亩以上的；虽未达到上述数量标准，但造成有关单位、个人直接经济损失30万元以上，或者造成耕地大量毁坏或

者植被遭到严重破坏的；非法批准征用、占用土地，影响群众生产、生活，引起纠纷，造成恶劣影响或者其他严重后果的；非法批准征用、占用防护林地、特种用途林地分别或者合计10亩以上的；非法批准征用、占用其他林地20亩以上的；非法批准征用、占用林地造成直接经济损失30万元以上，或者造成防护林地、特种用途林地分别或者合计5亩以上或者其他林地10亩以上毁坏的；其他情节严重的情形。而根据2000年最高人民法院《关于审理破坏土地资源刑事案件具体应用法律若干问题的解释》第4条的规定，具有下列情形之一的，属于“情节严重”：其一，非法批准征用、占用基本农田10亩以上的；其二，非法批准征用、占用基本农田以外的耕地30亩以上的；其三，非法批准征用、占用其他土地50亩以上的；其四，虽未达到上述数量标准，但非法批准征用、占用土地造成直接经济损失30万元以上；造成耕地大量毁坏等恶劣情节的。该解释第9条还指出：“多次实施本解释规定的行为依法应当追诉的，或者1年内多次实施本解释规定的行为未经处理的，按照累计的数量、数额处罚。”2005年最高人民法院《关于审理破坏林地资源刑事案件具体应用法律若干问题的解释》第2条将“情节严重”解释为具有下列情形之一：其一，非法批准征用、占用防护林地、特种用途林地数量分别或者合计达到10亩以上的；其二，非法批准征用、占用其他林地数量达到20亩以上的；其三，非法批准征用、占用林地造成经济损失数额达到30万元以上，或者造成上述第一项规定的林地数量分别或者合计达到5亩以上或者上述第二项规定的林地数量达到10亩以上毁坏。本罪的主体是特殊主体，即国家机关工作人员。具体地讲，本罪的主体主要是具有土地审批权限的国家土地管理、城市规划等机关的工作人员。本罪的主观方面是故意。即行为人明知非法批准征用、占用土地的行为会发生危害土地管理秩序的结果，并且希望或者放任这种结果的发生。

根据《刑法》第410条的规定，犯本罪的，处3年以下有期徒刑或者拘役；致使国家或者集体利益遭受特别重大损失的，处3年以上7年以下有期徒刑。

七、非法低价出让国有土地使用权罪

非法低价出让国有土地使用权罪，是指国家机关工作人员徇私舞弊，违反土地管理法规，非法低价出让国有土地使用权，情节严重的行为。本罪的客体为国家的土地管理秩序。本罪的客观方面表现为违反国家土地管理法规，滥用职权，非法低价出让国有土地使用权，情节严重的行为。这里所讲的国家土地

管理法规，与前罪中的同一表述的内容一致。滥用职权，非法低价出让国有土地使用权，是指行为人超越职权或者不正当地行使职权，以低于行为当时市场的平均价格非法将国有土地使用权出让给他人。情节严重，根据2006年最高人民检察院《关于渎职侵权犯罪案件立案标准的规定》，是指具有下列情形之一：（1）非法低价出让国有土地30亩以上，并且出让价额低于国家规定的最低价额标准的60%的；（2）造成国有土地资产流失价额30万元以上的；（3）非法低价出让国有土地使用权，影响群众生产、生活，引起纠纷，造成恶劣影响或者其他严重后果的；（4）非法低价出让林地合计30亩以上，并且出让价额低于国家规定的最低价额标准的60%的；（5）造成国有资产流失30万元以上的；（6）其他情节严重的情形。根据2000年最高人民法院《关于审理破坏土地资源刑事案件具体应用法律若干问题的解释》第6条的规定，情节严重，是指具有下列情形之一：（1）出让国有土地使用权面积在30亩以上，并且出让价额低于国家规定的最低价额标准的60%的；（2）造成国有资产流失价额在30万元以上的。本罪的主体是国家机关工作人员。本罪的主观方面是故意，且必须出于徇私情私利的动机。

根据《刑法》第410条的规定，犯本罪的，处3年以下有期徒刑或者拘役；致使国家或者集体利益遭受特别重大损失的，处3年以上7年以下有期徒刑。根据上述最高人民法院的解释，致使国家和集体利益遭受特别重大损失，是指具有下列情形之一：（1）非法低价出让国有土地使用权面积在60亩以上，并且出让价额低于国家规定的最低价额标准的40%的；（2）造成国有土地资产流失价额在50万元以上的。根据2005年最高人民法院《关于审理破坏林地资源刑事案件具体应用法律若干问题的解释》第5条的规定，非法低价出让国有林地使用权，造成国有资产流失价额达到60万元以上的，属于“致使国家和集体利益遭受特别重大损失”。

八、招收公务员、学生徇私舞弊罪

招收公务员、学生徇私舞弊罪，是指国家机关工作人员在招收公务员、学生工作中徇私舞弊，情节严重的行为。本罪的客体为国家招录公务员、学生的管理制度。本罪的客观方面表现为在招收公务员、学生工作中徇私舞弊，情节严重的行为。据此，本罪的客观方面包括两点内容：一是行为人在招收公务员、学生工作中实施了徇私舞弊的行为。所谓徇私舞弊，是指徇私人之情弄虚作假，通过不正当的手段将不符合公务员、学生招录条件的人员予以招录。徇私人之情，既可以是徇亲戚之情，也可以是徇朋友之情。二是行为人徇私舞弊的行为达到了情节严重的程度。所谓情节严重，根据2006年最高人民检察院《关于渎职侵权犯罪案件立案标准的规定》，是指具有下列情形之一：(1) 徇私舞弊，利用职务便利，伪造、变造学历、户口档案、考试成绩或者其他影响招收工作任务的有关资料，或者明知是伪造、变造的上述材料而予以认可的；(2) 徇私舞弊，利用职务便利，帮助5名以上考生作弊的；(3) 徇私舞弊招收不合格公务员、学生3人以上的；(4) 因徇私舞弊招收不合格的公务员、学生，导致被排挤的合格人员或者其近亲属自杀、自残造成重伤、死亡，或者精神失常的；(5) 因徇私舞弊招收公务员、学生，导致该项招收工作重新进行的；(6) 其他情节严重的情形。本罪的主体是从事招收公务员和招生工作的国家机关工作人员。本罪的主观方面是故意。

根据《刑法》第418条的规定，犯本罪的，处3年以下有期徒刑或者拘役。

九、失职造成珍贵文物损毁、流失罪

失职造成珍贵文物损毁、流失罪，是指国家机关工作人员严重不负责任，造成珍贵文物损毁或者流失，后果严重的行为。本罪的客体是国家的文物管理制度。本罪的对象是国家珍贵文物。本罪的客观方面表现为严重不负责任，造成珍贵文物损毁或者流失，后果严重的行为。“损毁”是指致使珍贵文物损伤、毁坏无法修复或者价值受到影响；“流失”是指珍贵文物被他人持有、带走或者下落不明无法追回，如被偷运境外、被窃、丢失等。根据2006年最高人民检察院《关于渎职侵权犯罪案件立案标准的规定》，后果严重，是指具有下列情形之一：(1) 导致国家一、二、三级珍贵文物损毁或者流失的；(2) 导致全国重点文物保护单位或者省、自治区、直辖市级文物保护单位损毁的；(3) 其他后果严重的情形。本罪的主体是国家机关工作人员，一般是各级文化行政管理部门主管文物的工作人员。本罪的主观方面为过失。

根据《刑法》第419条的规定，犯本罪的，处3年以下有期徒刑或者拘役。

第三节　司法工作人员的渎职犯罪

一、徇私枉法罪

（一）徇私枉法罪的概念和构成

徇私枉法罪是指司法工作人员徇私枉法、徇情枉法，对明知是无罪的人而使他受追诉、对明知是有罪的人而故意包庇使他不受追诉，或者在刑事审判活

动中故意违背事实和法律作枉法裁判的行为。本罪具有以下构成要件：

1. 本罪的客体是司法机关的正常活动和司法公正。

2. 本罪的客观方面表现为行为人在刑事司法活动中，实施了徇私枉法、徇情枉法，进行枉法追诉或者枉法裁判的行为。其行为的具体表现形式有以下三种：(1) 使无罪的人受追诉。这是指他人根本没有实施危害社会的行为或者虽然实施了危害社会的行为，但其程度还没有达到构成刑法所规定的某种犯罪的程度，而行为人却利用其职权使他人受追诉。这里的"受追诉"，是指受到刑事追诉，包括被立案侦查、采取刑事强制措施、审查起诉以及移送起诉。(2) 包庇有罪的人而使他不受追诉。这是指对有确凿证据证明其实施了犯罪的人，采取伪造、隐匿、毁灭证据或者其他隐瞒事实的手段，包庇使其不受侦查、起诉。故意包庇使不受追诉的犯罪事实，既可以是全部的犯罪事实，也可以是部分犯罪事实。(3) 违背事实和法律作枉法裁判。这一徇私枉法的行为发生在刑事审判活动中。违背事实，是指公然地视案件的客观事实而不顾。违背法律，是指不讲法律根据或者适用显然错误的法律根据。枉法裁判，是指行为人作出违法的裁定、判决，将有罪判无罪、无罪判有罪或者重罪轻判、轻罪重判以及将此罪判为彼罪，将彼罪判为此罪，等等。根据2006年最高人民检察院《关于渎职侵权犯罪案件追诉标准的规定》，具有下列情形之一的，应作为犯罪予以立案：第一，对明知是没有犯罪事实或者其他依法不应当追究刑事责任的人，采取伪造、隐匿、毁灭证据或者其他隐瞒事实、违反法律的手段，以追究刑事责任为目的立案、侦查、起诉、审判的。第二，对明知是有犯罪事实需要追究刑事责任的人，采取伪造、隐匿、毁灭证据或者其他隐瞒事实、违反法律的手段，故意包庇使其不受立案、侦查、起诉、审判的。第三，采取伪造、隐匿、毁灭证据或者其他隐瞒事实、违反法律的手段，故意使罪重的人受较轻的追诉，或者使罪轻的人受较重的追诉的。第四，在立案后，采取伪造、隐匿、毁灭证据或者其他隐瞒事实、违反法律的手段，应采取强制措施而不采取强制措施，或者虽然采取强制措施，但中断侦查或者超过法定期限不采取任何措施，实际放任不管，以及违法撤销、变更强制措施，致使犯罪嫌疑人、被告人实际脱离司法机关侦控的。第五，在刑事审判活动中故意违背事实和法律，作出枉法判决、裁定，即有罪判无罪、无罪判有罪，或者重罪轻判、轻罪重判的。第六，其他徇私枉法应予追究刑事责任的情形。

3. 本罪的主体是特殊主体，即司法工作人员。根据《刑法》第94条的规定，司法工作人员，是指有侦查、检察、审判、监管职责的工作人员。在审判实践中，司法机关中任职的专业技术人员也可以成为本罪的主体。

4. 本罪的主观方面是故意，并且只能是直接故意。即行为人明知自己的行为会发生使无罪的人受追诉，使有罪的人不受追诉，或者枉法裁判的结果，并且希望这种结果的发生。

（二）徇私枉法罪的界限划分

1. 本罪与非罪的界限

区分本罪与非罪的界限要看行为人徇私枉法的行为是否具备了上述司法解释所确定的构罪条件，具备其中条件之一的，构成本罪；否则，不能构成犯罪。

2. 本罪与帮助毁灭、伪造证据罪的界限

司法工作人员在徇私枉法的行为过程中，可能采取毁灭、伪造证据的方法进行枉法追诉、裁判，这与帮助毁灭、伪造证据罪相似。二者的主要区别是：(1) 本罪的毁灭、伪造证据行为是作为徇私枉法犯罪的方法行为，是在实行徇私枉法犯罪过程中实施的；而帮助毁灭、伪造证据罪则不是在徇私枉法犯罪过程中实施的。(2) 本罪毁灭、伪造证据的行为必须利用司法职权；而后者则无此限制。在徇私枉法的犯罪过程中，利用司法职权毁灭、伪造证据的，实质属于方法行为牵连到帮助毁灭、伪造证据罪，应择较重的罪，即本罪论处。

3. 本罪与伪证罪的界限

本罪与伪证罪，其主体均为特殊主体，主观上都以陷害或包庇为目的，均发生于刑事诉讼过程中，均可能有提供伪证的行为，颇多相同之处。二者的主要区别是：(1) 犯罪客体不同。本罪的客体是司法机关的正常活动和司法公正；伪证罪的客体则是正常的司法活动。(2) 犯罪主体不同。本罪的主体限于有侦查、起诉、审判等司法职责的人员；伪证罪的主体为证人、鉴定人、翻译人和记录人。(3) 客观方面的行为前提条件不同。本罪客观方面表现为利用司法职务之便；而伪证罪则不以利用司法职务之便为必需。

4. 本罪与诬告陷害罪的界限

诬告陷害罪具有使无罪的人受到刑事处罚的特征，这与徇私枉法罪中的使无罪的人受追诉有相似之处。二者的区别在于：(1) 犯罪客体不同。本罪的客体是司法机关的正常活动和司法公正，诬告陷害罪的客体则是公民的人身权利。(2) 客观方面存在着重大差异。本罪的客观方面虽然包含了“对无罪的人而使他受追诉”的内容，但与诬告陷害罪中的行为具有显著的不同。本罪是利用自身职权的便利条件而使无罪的人受追诉，而诬告陷害罪则是通过诬告使司法机关对无罪的人追究刑事责任。(3) 主体不同。本罪的主体是特殊主体，仅限于司法工作人员，而诬告陷害罪的主体则可由任何已满16周岁具有刑事责任能力的自然人构成。

（三）徇私枉法罪的刑事责任

根据《刑法》第399条的规定，犯本罪的，处5年以下有期徒刑或者拘役；情节严重的，处5年以上10年以下有期徒刑；情节特别严重的，处10年以上有期徒刑。

二、民事、行政枉法裁判罪

（一）民事、行政枉法裁判罪的概念和构成

民事、行政枉法裁判罪，是指审判人员在民事、行政审判活动中，故意违背事实和法律作枉法裁判，情节严重的行为。本罪具有以下构成要件：

1. 本罪的客体是人民法院的正常审判活动和判决的公正性。

2. 本罪的客观方面表现为在民事、行政审判活动中，作出违背事实和法律的判决、裁定，情节严重的行为。具体包括以下三点内容：一是行为发生在民事、行政审判活动中。所谓民事审判，是指按照民事诉讼法进行的审判活动，也包括经济审判、海事审判。所谓行政审判，是指按照行政诉讼法进行的审判活动。二是违背事实和法律作枉法裁判。所谓违背事实，是指不依据已有的证据所证明的案件事实；所谓违背法律，是指不适用应该适用的法律规定，反而适用不应该适用的法律规定，或者曲解有关法律规定的含义而予以适用。在违背事实和法律的情况下所作的裁判，必然属于枉法裁判。三是情节严重。所谓情节严重，根据2006年最高人民检察院《关于渎职侵权犯罪案件立案标准的规定》，是指具有下列情形之一：其一，枉法裁判，致使当事人或者其近亲属自杀、自残造成重伤、死亡，或者精神失常的；其二，枉法裁判，造成个人财产直接经济损失10万元以上，或者直接经济损失不满10万元，但间接经济损失20万元以上的；其三，枉法裁判，造成法人或者其他组织财产直接经济损失20万元以上，或者直接经济损失不满20万元，但间接经济损失100万元以上的；其四，伪造、变造有关材料、证据，制造假案枉法裁判的；其五，串通当事人制造伪证，毁灭证据或者篡改庭审笔录而枉法裁判的；其六，徇私情、私利，明知是伪造、变造的证据予以采信，或者故意对应当采信的证据不予采信，或者故意违反法定程序，或者故意错误适用法律而枉法裁判的；其七，其他情节严重的情形。

3. 本罪的主体为特殊主体，即在民事、行政诉讼活动中行使审判职责的人员，包括案件的具体承办人员和相关分管、主管人员。

4. 本罪的主观方面的罪过形式是故意，即行为人明知判决或者裁定违背了案件的事实真相或者法律根据，而仍然作出裁定或判决。

（二）民事、行政枉法裁判罪的界限划分

1. 本罪与非罪的界限

本罪与非罪的界限包括两种情形：一是本罪与工作失误的界限。实践中存在一些由于行为人对工作不够细致、认真而致使民事、行政案件被错判或者被错误裁定的情况，由于这类行为人在主观上不具有违背事实和法律的故意，而是由于工作的责任心不够强导致了错误判决或者错误裁定，对此，应按工作失误予以行政处分，而不能按犯罪，也不能按一般违法行为处理。二是本罪与民事、行政枉法裁判的一般违法行为的界限。凡具备上述司法解释所规定的构成本罪成立条件的，按本罪处理；凡民事、行政枉法裁判没有具备司法解释所确定的情形之一的，则按一般违法行为处理。

2. 本罪与徇私枉法罪的界限

本罪与徇私枉法罪在主客观方面都有相同之处。二者的主体都是特殊主体，即都是人民法院审判人员；二者的主观罪过形式都是故意，并且均有徇私的动机；二者在客观方面都实施了枉法裁判的行为。二者的区别是：（1）行为发生的活动领域不尽相同。本罪枉法裁判的行为发生在民事审判活动中；而徇私枉法的行为则发生在刑事诉讼活动中。（2）构成犯罪的程度条件不同。本罪的构成以情节严重为条件；而徇私枉法罪无此要件的限定。（3）行为的对象不同。本罪的行为对象是民事、行政诉讼的当事人；徇私枉法罪的行为对象则是一般公民和刑事案件的犯罪嫌疑人及被告人。

3. 本罪的罪数问题

本罪的罪数问题主要包括两种情况：（1）负有审判职责的人利用职务之便，在民事、行政枉法裁判的过程中采取了毁灭、伪造证据的手段，应视为牵连犯，只以民事、行政枉法裁判罪定罪处罚。（2）收受他人贿赂后进行枉法裁判，既构成受贿罪又构本罪的，择一重罪定罪处罚，不实行数罪并罚。

（三）民事、行政枉法裁判罪的刑事责任

根据《刑法》第399条的规定，犯本罪的，处5年以下有期徒刑或者拘役；情节特别严重的，处5年以上10年以下有期徒刑。

三、执行判决、裁定失职罪①

（一）执行判决、裁定失职罪的概念和构成

执行判决、裁定失职罪，是指司法工作人员在执行已经发生法律效力的判

---

① 本罪名是《刑法修正案（四）》第8条通过修订《刑法》第399条后形成的罪名。

决、裁定的活动中，严重不负责任，不依法采取诉讼保全措施、不履行法定执行职责，或者违法采取保全措施、强制执行措施，致使当事人或者其他人的利益遭受重大损失的行为。本罪具有以下构成要件：

1. 本罪的客体是人民法院执行判决、裁定的正常活动。

2. 本罪的客观方面表现为在执行判决、裁定活动中，严重不负责任，不依法采取诉讼保全措施、强制执行措施，致使当事人或者其他人的利益遭受重大损失的行为。具体包括以下几个方面的要素：（1）行为发生在执行判决、裁定的活动中。（2）严重不负责任，不依法采取诉讼保全措施、不履行法定执行职责，或者违法采取诉讼保全措施、强制执行措施。（3）致使当事人或者其他人的利益遭受重大损失。这里的当事人，指有关案件的原告、被告和第三人；其他人指前述当事人以外与案件的判决、裁定有利益关系的人。根据2006年最高人民检察院《关于渎职侵权犯罪案件立案标准的规定》，所谓“重大损失”是指具有下列情形之一：其一，致使当事人或者其近亲属自杀、自残造成重伤、死亡，或者精神失常的；其二，造成个人财产直接经济损失15万元以上，或者直接经济损失不满15万元，但间接经济损失75万元以上的；其三，造成法人或者其他组织财产直接经济损失30万元以上，或者直接经济损失不满30万元，但间接经济损失150万元以上的；其四，造成公司、企业等单位停业、停产1年以上，或者破产的；其五，其他致使当事人或者其他人的利益遭受重大损失的情形。

3. 本罪的主体为特殊主体，即只能由人民法院从事执行工作的人员构成本罪的主体。

4. 本罪的主观方面表现为过失，即行为人应当预见自己在执行已发生法律效力的判决、裁定活动中的严重不负责任的行为可能造成当事人或者其他人的利益遭受重大损失，但由于疏忽大意而没有预见，或者虽然已经预见但轻信能够避免的心理态度。

（二）执行判决、裁定失职罪的界限划分

1. 本罪与非罪的界限

本罪与非罪的界限区分，关键在于是否造成了当事人或者其他人的利益的重大损失。造成重大损失的，构成本罪；没有造成重大损失，或者虽然造成了损失但尚未达到重大程度的，都不构成本罪，对行为人可以追究一定的行政责任。

2. 本罪与玩忽职守罪的界限

本罪与玩忽职守罪在主体、主观方面的罪过形式、客观方面的行为和后果

等方面都具有相同性。二者的区别表现在：（1）犯罪客体不同。本罪的客体是人民法院执行判决、裁定的正常活动，而玩忽职守罪的客体则是国家机关对社会的正常管理职能。（2）主体范围不尽相同。作为本罪主体的国家机关工作人员具有特定的范围，即只能是在国家审判机关从事判决、裁定执行工作的人员，而玩忽职守罪的主体则可以由所有的国家机关工作人员构成。（3）行为发生的领域不同。本罪的行为发生在执行判决、裁定的活动中，而玩忽职守罪的行为则发生在刑法没有特别规定的任何国家管理活动中。

3. 本罪与徇私枉法罪，民事、行政枉法裁判罪的界限

本罪与后两罪的主体都是国家司法机关的工作人员，危害行为都发生在司法活动中，因而，具有某些相同之处。本罪与后两罪的区别表现在：（1）主体不完全相同。本罪的主体是人民法院从事判决、裁定执行工作的人员，而徇私枉法罪的主体则不仅是指法院从事审判工作的人员，而且还包括公安机关、检察机关的工作人员。（2）发生的活动领域不同。本罪发生在判决、裁定执行活动中，徇私枉法罪则发生在刑事司法活动中，民事、行政枉法裁判罪则发生在民事、行政诉讼活动中。

（三）执行判决、裁定失职罪的刑事责任

根据《刑法》第399条的规定，犯本罪的，处5年以下有期徒刑或者拘役；致使当事人或者其他人的利益遭受特别重大损失的，处5年以上10年以下有期徒刑。

四、执行判决、裁定滥用职权罪①

（一）执行判决、裁定滥用职权罪的概念和构成

执行判决、裁定滥用职权罪，是指司法工作人员在执行判决、裁定的活动中，滥用职权，不依法采取诉讼保全措施、不履行法定执行职责，或者违法采取诉讼保全措施、强制执行措施，致使当事人或者其他人的利益遭受重大损失的行为。本罪具有以下构成要件：

1. 本罪侵犯的客体是人民法院执行判决、裁定的正常活动。

2. 本罪的客观方面表现为在执行判决、裁定活动中滥用职权，违法采取诉讼保全措施、强制执行措施，致使当事人或者其他人的利益遭受重大损失的行为。具体包括以下三个方面的要素：（1）行为人滥用职权的行为发生在执行判决、裁定的活动中。（2）行为人违法采取诉讼保全措施、强制执行措施。

① 本罪名是《刑法修正案（四）》第8条通过修订《刑法》第399条后形成的罪名。

所谓违法采取诉讼保全措施、强制执行措施，包括不应采取诉讼保全措施、强制执行措施而采取了上述的措施，以及虽然应该采取诉讼保全措施、强制执行措施，但没有按照适当的程序和方法采取上述措施。（3）致使当事人或者其他人的利益遭受重大损失。所谓“重大损失”，根据2006年最高人民检察院《关于渎职侵权犯罪案件立案标准的规定》，是指具有下列情形之一：其一，致使当事人或者其近亲属自杀、自残造成重伤、死亡，或者精神失常的；其二，造成个人财产直接经济损失10万元以上，或者直接经济损失不满10万元，但间接经济损失50万元以上的；其三，造成法人或者其他组织财产直接经济损失20万元以上，或者直接经济损失不满20万元，但间接经济损失100万元以上的；其四，造成公司、企业等单位停业、停产6个月以上，或者破产的；其五，其他致使当事人或者其他人的利益遭受重大损失的情形。

3. 本罪的主体是特殊主体，即人民法院从事执行工作的人员。

4. 本罪的主观方面是故意，即行为人明知滥用职权，不依法采取诉讼保全措施、强制执行措施、不履行法定执行职责，或者违法采取诉讼保全措施、强制执行措施的行为，会造成当事人或者其他人利益遭受重大损失，并且希望或者放任这种结果的发生。

（二）执行判决、裁定滥用职权罪的界限划分

1. 本罪与非罪的界限

本罪与非罪界限的区分在于行为人所实施的有关滥用职权的行为是否造成当事人或者其他人的利益的重大损失，造成重大损失的，构成本罪；尚未造成任何损失或者造成的损失尚未达到重大程度的，均不构成本罪。

2. 本罪与滥用职权罪的界限

本罪与滥用职权罪的主体都是特殊主体；主观方面都是故意；客观方面表现为滥用职权的行为，并且都要求造成重大损失。二者之间实际上存在着特殊与一般的法条竞合关系，应按处理法条竞合犯的原则即特别法优于普通法的原则处理。但是，如果行为人在执行判决、裁定的活动中滥用职权的行为不构成执行判决、裁定滥用职权罪，而具备了滥用职权罪的构成要件，那就应按滥用职权罪定罪处罚。

3. 本罪与执行判决、裁定失职罪的界限

本罪与执行判决、裁定失职罪的客观行为都发生在执行判决、裁定的活动中，并且以行为造成重大损失为客观方面的必备要件；主体也完全相同。二者之间的关键区别在于主观罪过形式不同。本罪的主观罪过形式是故意，而执行判决、裁定失职罪的罪过形式则是过失。

（三）执行判决、裁定滥用职权罪的刑事责任

根据《刑法》第399条的规定，犯本罪的，处5年以下有期徒刑或者拘役；致使当事人或者其他人的利益遭受特别重大损失的，处5年以上10年以下有期徒刑。

五、枉法仲裁罪①

枉法仲裁罪，指依法承担仲裁职责的人员，在仲裁活动中故意违背事实和法律作枉法裁决，情节严重的行为。本罪的客体是仲裁活动的公正性。本罪的客观方面表现为在仲裁活动中故意违背事实和法律作枉法裁决，情节严重的行为。仲裁制度是指民商事争议的双方当事人达成协议，自愿将争议提交选定的第三者根据一定的程序规则和公正原则作出裁决，并有义务履行裁决的一种法律制度。所谓违背事实和法律作出枉法裁决，是指不依据已有的证据所证明的案件事实，或者虽然在仲裁时依据的是已经查清的案件事实但错误地适用法律，作出了颠倒事实、歪曲法律的裁决。本罪的构成以情节严重为要件。虽有违背事实和法律作枉法裁判的行为，但情节尚未达到严重程度的，不构成本罪。本罪的主体是依法承担仲裁职责的人员。本罪的主观罪过形式是故意，即明知案件的事实或应当适用的法律，而故意违背事实和法律作出仲裁裁决。

根据《刑法》第399条之一和《刑法修正案（六）》第20条的规定，犯本罪的，处3年以下有期徒刑或者拘役；情节特别严重的，处3年以上7年以下有期徒刑。

六、私放在押人员罪

（一）私放在押人员罪的概念和构成

私放在押人员罪，是指司法工作人员私放在押的犯罪嫌疑人、被告人或者罪犯的行为。本罪具有以下构成要件：

1. 本罪的客体是国家对在押人员的监管秩序。

2. 本罪的客观方面表现为私放犯罪嫌疑人、刑事被告人或者罪犯的行为。私放的场所包括在羁押场所和押解途中。私放通常表现为作为，即行为人利用职务上的便利主动地将犯罪嫌疑人、刑事被告人或者罪犯予以释放。私放也可以表现为不作为，即行为人已经发现被关押人员正在逃离羁押场所或者在押解途中脱逃，而不加制止，最终使其逃离羁押或者押解。虽然《刑法》第400

① 本罪名是《刑法修正案（六）》增设的罪名。

条第1款没有规定构成本罪需要达到一定的标准，但根据2006年最高人民检察院《关于渎职侵权犯罪案件立案标准的规定》，私放在押人员，具有下列情形之一的，才构成犯罪：（1）私自将在押的犯罪嫌疑人、被告人、罪犯放走，或者授意、指使、强迫他人将在押的犯罪嫌疑人、被告人、罪犯放走的；（2）伪造、变造有关法律文书、证明材料，以使在押的犯罪嫌疑人、被告人、罪犯逃跑或者被释放的；（3）为私放在押的犯罪嫌疑人、被告人、罪犯，故意向其通风报信、提供条件，致使该在押的犯罪嫌疑人、被告人、罪犯脱逃的；（4）其他私放在押的犯罪嫌疑人、被告人、罪犯应予追究刑事责任的情形。

3. 本罪的主体是特殊主体，即仅限于司法工作人员。所谓司法工作人员，是指公安机关、国家安全机关、检察机关、审判机关、狱政管理机关的工作人员，还包括执行监所看守任务的武警人员。另外，根据2001年最高人民检察院《关于工人等非监管机关在编监管人员私放在押人员行为和失职致使在押人员脱逃行为适用法律问题的解释》的规定，工人等非监管机关在编人员在被监管机关聘用受委托履行监管职责的过程中私放在押人员的，应按照《刑法》第400条第1款的规定，以私放在押人员罪追究刑事责任。

4. 本罪的主观罪过形式是故意，即行为人明知对方是在押的犯罪嫌疑人、被告人或者罪犯，而故意予以释放。

（二）私放在押人员罪的界限划分

1. 本罪与徇私枉法罪的界限

本罪与徇私枉法罪的主体都是特殊主体，主观罪过形式都是故意，并且都是出于包庇罪犯的动机，并且都可能产生使罪犯逃避刑事追究的后果。二者的区别主要在于：本罪的私放行为使在押人员摆脱人身羁押，由于脱离人身羁押可能导致罪犯逃避刑事追诉或处罚；而徇私枉法罪则是通过对犯罪嫌疑人、被告人或罪犯的实体内容进行枉法的调查、认定、裁判而致使罪犯逃避应有的处罚。

2. 本罪与脱逃罪的界限

“私放”的行为本身包含有利用司法人员的身份或监管、押解职务上便利的内容。如果司法人员没有利用身份或职务上的便利，帮助在押人员脱逃或脱离羁押状态的，应当认定为脱逃罪。

（三）私放在押人员罪的刑事责任

根据《刑法》第400条第1款的规定，犯本罪的，处5年以下有期徒刑或者拘役；情节严重的，处5年以上10年以下有期徒刑；情节特别严重的，处10年以上有期徒刑。

七、失职致使在押人员脱逃罪

失职致使在押人员脱逃罪，是指司法工作人员由于严重不负责任，不履行或者不认真履行职责，致使在押的犯罪嫌疑人、被告人、罪犯脱逃，造成严重后果的行为。本罪的客体是国家对在押人员的监管秩序。本罪的客观方面表现为行为人由于严重不负责任致使在押人员脱逃，造成严重后果的行为。所谓严重不负责任，是指在监管在押犯罪嫌疑人、被告人或者罪犯的工作中草率马虎，不依法严肃认真履行监管在押人员的职责，如在羁押场所、押解途中未按规定采取有关看守、监管措施；擅离看守、监管岗位；发现在押人员有脱逃迹象，不及时采取有效的防范措施等。所谓造成严重后果，根据2006年最高人民检察院《关于渎职侵权犯罪案件立案标准的规定》，是指具有下列情形之一：(1) 致使依法可能判处或者已经判处10年以上有期徒刑、无期徒刑、死刑的犯罪嫌疑人、被告人、罪犯脱逃的；(2) 致使犯罪嫌疑人、被告人、罪犯脱逃3人以上的；(3) 犯罪嫌疑人、被告人、罪犯脱逃以后，打击报复报案人、控告人、举报人、被害人、证人和司法工作人员等，或者继续犯罪的；(4) 其他致使在押的犯罪嫌疑人、被告人、罪犯脱逃，造成严重后果的情形。本罪的主体是特殊主体，即司法工作人员。2000年最高人民法院《关于未被公安机关正式录用的人员、狱医能否成为构成失职致使在押人员脱逃罪主体问题的批复》规定，未被公安机关正式录用，受委托履行监管职责的人员，由于严重不负责任，致使在押人员脱逃，造成严重后果的，应依《刑法》第400条第2款的规定定罪处罚。不负监管职责的狱医，由于严重不负责任，致使在押人员脱逃，造成严重后果的，应依《刑法》第400条第2款的规定定罪处罚。2001年最高人民检察院《关于工人等非监管机关在编监管人员私放在押人员行为和失职致使在押人员脱逃行为适用法律问题的解释》规定，工人等非监管机关在编监管人员在被监管机关聘用受委托履行监管职责的过程中，由于严重不负责任，致使在押人员脱逃，造成严重后果的，应按照《刑法》第400条第2款的规定，以失职致使在押人员脱逃罪追究刑事责任。本罪主观方面是过失，即行为人应当预见自己对监管工作严重不责任的行为可能造成严重的后果，由于疏忽大意而没有预见或者虽然已经预见但轻信能够避免的心理态度。

根据《刑法》第400条第2款的规定，犯本罪的，处3年以下有期徒刑或者拘役；造成特别严重后果的，处3年以上10年以下有期徒刑。

八、徇私舞弊减刑、假释、暂予监外执行罪

徇私舞弊减刑、假释、暂予监外执行罪，是指司法工作人员徇私舞弊，对不符合减刑、假释、暂予监外执行条件的罪犯，予以减刑、假释、暂予监外执行的行为。本罪的客体是国家的行刑法律制度。本罪的客观方面表现为行为人徇私舞弊，对不符合减刑、假释、暂予监外执行条件的罪犯，予以减刑、假释或者暂予监外执行的行为。我国法律对减刑、假释、监外执行的条件都作出了相关规定。如《刑法》第78条规定的减刑条件是：被判处管制、拘役、有期徒刑、无期徒刑的犯罪分子，在执行期间认真遵守监规，接受教育改造，确有悔改表现或者有立功表现的。《刑法》第81条规定的假释条件是：已经执行原判刑期1/2以上的被判处有期徒刑的犯罪分子或被判处无期徒刑而已执行10年以上的犯罪分子，认真遵守监规，接受教育改造，确有悔改表现，且假释后不致再危害社会。《刑事诉讼法》第214条规定的可以暂予监外执行的条件是具有下列情形之一：其一，有严重疾病需要保外就医的；其二，怀孕或者正在哺乳自己婴儿的妇女。另外，对于被判处有期徒刑、拘役，生活不能自理，适用暂予监外执行不致危害社会的罪犯，可以暂予监外执行。对不符合上述刑法及刑事诉讼法规定暂予监外执行条件的罪犯适用暂予监外执行的，即具备了本罪的客观行为要件。根据2006年最高人民检察院《关于渎职侵权犯罪案件立案标准的规定》，只有具备下列情形之一的，才构成本罪：其一，刑罚执行机关的工作人员对不符合减刑、假释、暂予监外执行条件的罪犯，捏造事实，伪造材料，违法报请减刑、假释、暂予监外执行的；其二，审判人员对不符合减刑、假释、暂予监外执行条件的罪犯，徇私舞弊，违法裁定减刑、假释或者违法决定暂予监外执行的；其三，监狱管理机关、公安机关的工作人员对不符合暂予监外执行条件的罪犯，徇私舞弊，违法批准暂予监外执行的；其四，不具有报请、裁定、决定或者批准减刑、假释、暂予监外执行权的司法工作人员利用职务上的便利，伪造有关材料、导致不符合减刑、假释、暂予监外执行条件的罪犯被减刑、假释、暂予监外执行的；其五，其他徇私舞弊减刑、假释、暂予监外执行应予追究刑事责任的情形。本罪的主体是特殊主体，即司法工作人员。本罪主观方面的罪过形式是故意，并且只能是直接故意，即行为人明知自己徇私舞弊，对不符合减刑、假释、暂予监外执行条件的罪犯，予以减刑、假释、暂予监外执行的行为，会发生危害国家的行刑管理秩序的结果，并且希望这种结果的发生。

根据《刑法》第401条的规定，犯本罪的，处3年以下有期徒刑或者拘

役；情节严重的，处3年以上7年以下有期徒刑。

第四节　特定国家机关工作人员的渎职犯罪

一、徇私舞弊不移交刑事案件罪

徇私舞弊不移交刑事案件罪，是指行政执法人员徇私舞弊，对依法应当移交司法机关追究刑事责任的案件不移交，情节严重的行为。本罪的客体是国家正常的行政执法制度。本罪的客观方面表现为利用行政执法的职权徇私舞弊，对依法应当移交司法机关追究刑事责任的案件不移交，且情节严重的行为。所谓徇私舞弊，是指弄虚作假，或者伪造案件、或者篡改鉴定结论等。不移交刑事案件，是指行为人对明知有犯罪嫌疑的案件不依法移交司法机关处理，或者将刑事违法行为当做一般违法行为处理，或者不作任何处理。所谓情节严重，根据2006年最高人民检察院《关于渎职侵权犯罪案件立案标准的规定》，是指具有下列情形之一：（1）对依法可能判处3年以上有期徒刑、无期徒刑、死刑的犯罪案件不移交的；（2）不移交刑事案件涉及3人以上的；（3）司法机关提出意见后，无正当理由仍然不予移交的；（4）以罚代刑，放纵犯罪嫌疑人，致使犯罪嫌疑人继续进行违法犯罪活动的；（5）行政执法部门主管领导阻止移交的；（6）隐瞒、毁灭证据、伪造材料，改变刑事案件性质的；（7）直接负责的主管人员和其他直接责任人员为牟取本单位私利而不移交刑事案件，情节严重的；（8）其他情节严重的情形。本罪的主体是行政执法人员，即在公安、工商、税务、海关、检疫等行政机关中依法行使行政职权的国家机关工作人员。本罪的主观方面是故意，动机是徇私利、私情。

根据《刑法》第402条的规定，犯本罪的，处3年以下有期徒刑或者拘役；造成严重后果的，处3年以上7年以下有期徒刑。

二、滥用管理公司、证券职权罪

滥用管理公司、证券职权罪，是指国家有关主管部门的国家机关工作人员，徇私舞弊，滥用职权，对不符合法律规定条件的公司设立、登记申请或者股票、债券发行、上市申请，予以批准或者登记，致使公共财产、国家和人民利益遭受重大损失的行为。本罪的客体是国家的公司、证券管理秩序。本罪的客观方面表现为徇私舞弊，滥用职权，对不符合法律规定条件的公司设立、登记申请或者股票、债券发行、上市申请，予以批准或者登记，致使公共财产、国家和人民利益遭受重大损失的行为。本罪是结果犯。根据2006年最高人民检察院《关于渎职侵权犯罪案件立案标准的规定》，重大损失，是指具有下列情形之一：（1）造成直接经济损失50万元以上的；（2）工商行政管理部门的工作人员对不符合法律规定条件的公司设立、登记申请，违法予以批准、登记，严重扰乱市场秩序的；（3）金融证券管理机构工作人员对不符合法律规定条件的股票、债券发行、上市申请，违法予以批准，严重损害公众利益或者严重扰乱金融秩序的；（4）工商行政管理部门、金融证券管理机构的工作人员对不符合法律规定条件的公司设立、登记申请或者股票、债券发行、上市申请违法予以批准或者登记，致使犯罪行为得逞的；（5）上级部门、当地政府直接负责的主管人员强令登记机关及其工作人员，对不符合法律规定条件的公司设立、登记申请或者股票、债券发行、上市申请予以批准或者登记，致使公共财产、国家和人民利益遭受重大损失的；（6）其他致使公共财产、国家和人民利益遭受重大损失的情形。本罪的主体是特殊主体，即国家有关主管部门的国家机关工作人员，主要是指工商行政管理，金融、证券管理等国家有关主管部门的工作人员。本罪的主观方面是故意。

根据《刑法》第403条的规定，犯本罪的，处5年以下有期徒刑或者拘役。

三、徇私舞弊不征、少征税款罪

徇私舞弊不征、少征税款罪，是指税务机关工作人员徇私舞弊，不征、少征应征税款，致使国家税收遭受重大损失的行为。本罪的客体是国家的税收征管制度。本罪在客观上表现为徇私舞弊，不征、少征应征税款，致使国家税收遭受重大损失的行为。徇私舞弊，是指行为人在税收征管中弄虚作假；不征应征税款，是指行为人违反法律规定，对应该征收的税款不予征收；少征应征税款，是指违反法律规定，没有全额征收应征的税款。致使国家税收遭受重大损失，根据2006年最高人民检察院《关于渎职侵权犯罪案件立案标准的规定》，是指具有下列情形之一：（1）徇私舞弊不征、少征税款，致使国家税收损失累计达10万元以上的；（2）上级主管部门工作人员指使税务机关工作人员徇私舞弊不征、少征税款，致使国家税收损失累计达10万元以上的；（3）徇私舞弊不征、少征税款不满10万元，但具有索取或者收受贿赂或者其他恶劣情节的；（4）其他致使国家税收遭受重大损失的情形。本罪的主体是特殊主体，即税务机关工作人员。本罪的主观方面是故意，即行为人明知应该征缴税款而故意不征或者少征税款。

根据《刑法》第404条的规定，犯本罪的，处5年以下有期徒刑或者拘役；造成特别重大损失的，处5年以上有期徒刑。

四、徇私舞弊发售发票、抵扣税款、出口退税罪

徇私舞弊发售发票、抵扣税款、出口退税罪，是指税务机关工作人员违反法律、行政法规的规定，在办理发售发票、抵扣税款、出口退税工作中，徇私舞弊，致使国家利益遭受重大损失的行为。本罪的客体是国家的税收管理制度。本罪的客观方面表现为违反法律、行政法规的规定，在办理发售发票、抵扣税款、出口退税工作中，徇私舞弊，致使国家利益遭受重大损失的行为。违反法律、行政法规的规定，是指违反了国家关于发售发票、抵扣税款、出口退税的法律、法规所确定的条件、程序等规定。在办理发售发票、抵扣税款、出口退税工作中徇私舞弊，是指在上述活动中弄虚作假，多报抵扣税款、出口退税等情形。致使国家利益遭受重大损失，根据2006年最高人民检察院《关于渎职侵权犯罪案件立案标准的规定》，是指具有下列情形之一：（1）徇私舞弊，致使国家税收损失累计达10万元以上的；（2）徇私舞弊，致使国家税收损失累计不满10万元，但发售增值税专用发票25份以上或者其他发票50份以上或者增值税专用发票与其他发票合计50份以上，或者具有索取、收受贿赂或者其他恶劣情节的；（3）其他致使国家利益遭受重大损失的情形。本罪的主体是税务机关工作人员。本罪的主观方面是故意，即明知违反国家有关法律、行政法规的规定，徇私舞弊办理发售发票、抵扣税款、出口退税的行为会使国家利益遭受重大损失，并且希望这种结果的发生。

根据《刑法》第405条的规定，犯本罪的，处5年以下有期徒刑或者拘役；致使国家利益遭受特别重大损失的，处5年以上有期徒刑。

五、违法提供出口退税凭证罪

违法提供出口退税凭证罪，是指非税务机关的国家机关工作人员违反国家规定，在提供出口货物报关单、出口收汇核销单等出口退税凭证的工作中，徇私舞弊，致使国家利益遭受重大损失的行为。本罪的客体是国家办理出口退税凭证的管理制度。本罪的客观方面表现为违反国家规定，在提供出口货物报关单、出口收汇核销单等出口退税凭证的工作中，徇私舞弊，致使国家利益遭受重大损失的行为。违反国家规定，是指违反国家有关法律、法规的规定。在提供出口货物报关单、出口收汇核销单等出口退税凭证的工作中徇私舞弊，是指在上述工作中弄虚作假，提供出口货物报关单、出口收汇核销单等出口退税凭证。例如，违反出口退税的规定，对明知没有货物出口的而办理出口退税凭证，或者对虽有货物出口，但以少报多、以劣报优的行为予以纵容，在其报关单上加盖海关验讫章或者出具出口货物银行收汇单。致使国家利益遭受重大损失，根据2006年最高人民检察院《关于渎职侵权犯罪案件立案标准的规定》，是指具有下列情形之一：（1）徇私舞弊，致使国家税收损失累计达10万元以上的；（2）徇私舞弊，致使国家税收损失累计不满10万元，但具有索取、收受贿赂或者其他恶劣情节的；（3）其他致使国家利益遭受重大损失的情形。本罪的主体是非税务机关的国家机关工作人员，通常是指负有办理出口货物报关单、出口收汇核销单等出口退税凭证责任的行政机关工作人员，如海关、检验检疫、外汇管理工作人员等。本罪的主观方面是直接故意，即明知在提供出口货物报关单、出口收汇核销单等出口退税凭证的工作中，徇私舞弊的行为，会发生国家利益遭受重大损失的结果，并且希望这种结果的发生。

根据《刑法》第405条的规定，犯本罪的，处5年以下有期徒刑或者拘役。致使国家利益遭受特别重大损失的，处5年以上有期徒刑。

六、违法发放林木采伐许可证罪

违法发放林木采伐许可证罪，是指林业主管部门的工作人员违反森林法的规定，超过批准的年采伐限额发放林木采伐许可证或者违反规定滥发林木采伐许可证，情节严重，致使森林遭受严重破坏的行为。本罪的客体是林木采伐管理制度。本罪的客观方面表现为违反森林法的规定，超过批准的年采伐限额发放林木采伐许可证或者违反规定滥发林木采伐许可证，情节严重，致使森林遭受严重破坏的行为。本罪的行为表现形式有两种：一是超过批准的年采伐限额发放林木采伐许可证，即国家批准的林木年采伐限额已经届满，仍然继续发放采伐许可证。二是违反规定滥发林木采伐许可证，即超越自己的权限发放采伐许可证或者对不符合法律规定条件的采伐许可证申请，仍然予以批准并发放采伐许可证。根据2006年最高人民检察院《关于渎职侵权犯罪案件立案标准的规定》，情节严重，致使森林遭受严重破坏，是指具有下列情形之一：（1）发放林木采伐许可证数量累计超过批准的年采伐限额，导致林木被超限额采伐10立方米以上的；（2）滥发林木采伐许可证，导致林木被滥伐20立方米以上，或者导致幼树被滥伐1000株以上的；（3）滥发林木采伐许可证，导致防护林、特种用途林被滥伐5万立方米以上，幼树滥伐200株以上的；（4）滥发林木采伐许可证，导致珍贵树木或者国家重点保护的其他树木被滥伐的；（5）滥发林木采伐许可证，导致国家禁止采伐的林木被采伐的；（6）其他情节严重，致使森林遭受严重破坏的情形。本罪的主体是特殊主体，即林业主管部门的工作人员。本罪的主观方面是故意，即明知超过批准的限额发放林木采伐许可证或者违反规定滥发林木采伐许可证的行为，会发生森林遭受严重破坏的结果，并且希望或者放任这种结果的发生。

根据《刑法》第 407 条的规定，犯本罪的，处 3 年以下有期徒刑或者拘役。

七、环境监管失职罪

环境监管失职罪，是指负有环境保护监督管理职责的国家机关工作人员严重不负责任，导致发生重大环境污染事故，致使公私财产遭受重大损失或者造成人身伤亡的严重后果的行为。本罪的客体是国家的环境保护制度。本罪的客观方面表现为严重不负责任，导致重大环境污染事故，致使公私财产遭受重大损失或者造成人身伤亡的严重后果。首先，行为人具有严重不负责任的行为。其次，该行为导致重大环境污染事故，致使公私财产遭受重大损失或者造成人身伤亡的严重后果。根据 2006 年最高人民检察院《关于渎职侵权犯罪案件立案标准的规定》，公私财产的重大损失或者人身伤亡的严重后果，是指具有下列情形之一：（1）造成死亡 1 人以上，或者重伤 3 人以上，或者重伤 2 人、轻伤 4 人以上，或者重伤 1 人、轻伤 7 人以上，或者轻伤 10 人以上的；（2）导致 30 人以上严重中毒的；（3）造成个人财产直接经济损失 15 万元以上，或者直接经济损失不满 15 万元，但间接经济损失 75 万元以上的；（4）造成公共财产、法人或者其他组织财产直接经济损失 30 万元以上，或者直接经济损失不满 30 万元，但间接经济损失 150 万元以上的；（5）虽未达到（3）、（4）两项数额标准，但（3）、（4）两项合计直接经济损失 30 万元以上，或者合计直接经济损失不满 30 万元，但合计间接经济损失 150 万元以上的；（6）造成基本农田或者防护林地、特种用途林地 10 亩以上，或者基本农田以外的耕地 50 亩以上，或者其他土地 70 亩以上被严重毁坏的；（7）造成生活饮用水地表水源严重污染的；（8）其他致使公私财产遭受重大损失或者造成人身伤亡严重后果的情形。根据 2006 年最高人民法院《关于审理环境污染刑事案件具体应用法律若干问题的解释》，具有下列情形之一的，属于“公私财产重大损失”：（1）致使公私财产损失 30 万元以上的；（2）致使基本农田、防护林地、特种用途林地 5 亩以上，其他农用地 10 亩以上，其他土地 20 亩以上基本功能丧失或者遭受永久性破坏的；（3）致使森林或者其他林木死亡 50 立方米以上，或者幼树死亡 2000 株以上的。具有下列情形之一的，属于“人身伤亡的严重后果”：（1）致使1人以上死亡、3人以上重伤；（2）1人以上重伤并且5人以上轻伤的；（3）致使传染病发生、流行或者人员中毒达到《国家突发公共卫生事件应急预案》中突发公共卫生事件分级Ⅲ级情形，严重危害人体健康的；（4）其他致使人身伤亡的严重后果或者严重危害人体健康的情形。本罪的主体是特殊主体，即负有环境保护监督管理职责的国家机关工作人员。本罪的主观方面是过失，即行为人应当预见自己严重不负责任的行为会发生重大环境污染事故，致使公私财产遭受重大损失或者造成人身伤亡的严重后果，因为过于自信而没有预见，或者虽然已经预见但轻信能够避免的心理态度。

根据《刑法》第408条的规定，犯本罪的，处3年以下有期徒刑或者拘役。

八、传染病防治失职罪

传染病防治失职罪，是指从事传染病防治的政府卫生行政部门的工作人员严重不负责任，不履行或者不认真履行传染病防治监管职责，导致传染病传播或者流行，情节严重的行为。本罪的客体是国家对传染病防治的管理秩序。本罪的客观方面表现为严重不负责任，不履行或者不认真履行传染病防治监管职责，导致传染病传播或者流行，情节严重的行为。具体可分为以下内容：（1）行为人对传染病防治工作严重不负责任。（2）导致了传染病传播或者流行。（3）情节严重。根据2006年最高人民检察院《关于渎职侵权犯罪案件立案标准的规定》，是指具有下列情形之一：其一，导致甲类传染病传播的；其二，导致乙类、丙类传染病流行的；其三，因传染病传播或者流行，造成人员重伤或者死亡的；其四，因传染病传播或者流行，严重影响正常的生产、生活秩序的；其五，在国家对突发传染病疫情等灾害采取预防、控制措施后，对发生突发传染病疫情等灾害的地区或者突发传染病病人、病原携带者、疑似突发性传染病病人，未按照预防、控制突发传染病疫情等灾害工作规范的要求做好防疫、检疫、隔离、防护、救治等工作，或者预防、控制措施不当，造成传染病范围扩大或者疫情、灾情加重的；其六，在国家对突发传染病疫情等灾害采取预防、控制措施后，隐瞒、缓报、谎报或者授意、指使、强令他人隐瞒、缓报、谎报疫情、灾情，造成传染范围扩大或者疫情、灾情加重的；其七，在国家对突发传染病等灾害采取预防、控制措施后，拒不执行突发传染病疫情等灾害应急处理指挥机构的决定、命令，造成传染范围扩大或者疫情、灾情加重的；其八，其他情节严重的情形。本罪的主体是特殊主体，即从事传染病防治的政府卫生行政部门的工作人员。本罪的主观方面是过失。

根据《刑法》第409条的规定，犯本罪的，处3年以下有期徒刑或者拘役。

九、放纵走私罪

放纵走私罪，是指海关工作人员徇私舞弊，放纵走私，情节严重的行为。本罪的客体是国家海关对进出口业务的监管秩序。本罪的客观方面表现为徇私舞弊，放纵走私，情节严重的行为。所谓徇私舞弊，是指利用海关监管、查处走私的职权，弄虚作假。所谓放纵走私，是指对走私行为予以纵容或者放任不管。这里的走私，既包括走私犯罪行为，也包括走私违法行为。所谓情节严重，根据2006年最高人民检察院《关于渎职侵权犯罪案件立案标准的规定》，是指具有下列情形之一：（1）放纵走私犯罪的；因放纵走私致使国家应收税税额损失累计达到10万元以上的。（2）放纵走私行为3起以上的。（3）放纵走私行为，具有索取或者收受贿赂情节的。（4）其他情节严重的情形。本罪的主体是特殊主体，即国家海关工作人员。本罪的主观方面是故意，即行为人明知他人进行走私的违法犯罪行为并且予以放纵。

根据《刑法》第411条的规定，犯本罪的，处5年以下有期徒刑或者拘役；情节特别严重的，处5年以上有期徒刑。

十、商检徇私舞弊罪

商检徇私舞弊罪，是指国家商检部门、商检机构的工作人员徇私舞弊，故意伪造商品检验结果的行为。本罪的客体是国家的商品检验制度。本罪的客观方面表现为在商品检验过程中，对报检的商品采取伪造、变造的手段对商检的单证、印章、标志、封识、质量认证标志等作虚假的证明或者出具不真实的结论，包括将送检的合格商品检验为不合格，或者将不合格商品检验为合格等行为。根据2006年最高人民检察院《关于渎职侵权犯罪案件立案标准的规定》，具有下列情形之一的，可构成本罪：（1）采取伪造、变造的手段对报检的商品的单证、印章、标志、封识、质量认证标志等作虚假的证明或者出具不真实的证明结论的。（2）将送检的合格商品检验为不合格，或者将不合格的商品检验为合格的。（3）对明知是不合格的商品，不检验而出具合格检验结果的。（4）其他伪造检验结果应予追究刑事责任的情形。本罪的主体是特殊主体，即国家商检部门、商检机构的工作人员。本罪的主观方面是故意。

根据《刑法》第412条第1款的规定，犯本罪的，处5年以下有期徒刑或者拘役；造成严重后果的，处5年以上10年以下有期徒刑。

十一、商检失职罪

商检失职罪，是指国家商检部门、商检机构的工作人员严重不负责任，对应当检验的物品不检验，或者延误检验出证、错误出证，致使国家和人民利益遭受重大损失的行为。本罪的客体是国家的商品检验制度。本罪的客观方面表现为严重不负责任，对应当检验的物品不检验，或者延误检验出证、错误出证，致使国家和人民利益遭受重大损失的行为。具体包括以下两个要素：(1) 严重不负责任，对应当检验的物品不检验、延误检验出证、错误出证。所谓对应当检验的物品不检验，是指对列入国家商检部门制定的《商检机构实施检验的进出口商品种类表》、必须经过检验才能进出口的商品，不进行检验。所谓延误检验出证，是指超出了法定检验出证期限而没有检验。所谓错误出证，是指在检验工作中因严重不负责任，出具了与被检验商品的客观情况不相符合的检验证明文件。(2) 致使国家和人民利益遭受重大损失。根据2006年最高人民检察院《关于渎职侵权犯罪案件立案标准的规定》，致使国家和人民利益遭受重大损失，是指具有下列情形之一：(1) 采取伪造、变造的手段对报检的商品的单证、印章、标志、封识、质量认证标志等作虚假的证明或者出具不真实的证明结论的；(2) 将送检的合格商品检验为不合格，或者将不合格商品检验为合格的；(3) 对明知是不合格的商品，不检验而出具合格检验结果的；(4) 其他伪造检验结果应予追究刑事责任的情形。本罪的主体是国家商检部门、商检机构的工作人员。本罪的主观方面是过失。

根据《刑法》第412条第2款的规定，犯本罪的，处3年以下有期徒刑或者拘役。

十二、动植物检疫徇私舞弊罪

动植物检疫徇私舞弊罪，是指动植物检疫机关的检疫人员利用职权徇私舞弊，伪造检疫结果的行为。本罪的客体是国家动植物检疫制度。本罪的客观方面表现为行为人在动植物检疫中徇私舞弊，伪造检疫结果的行为。具体是指在动植物检疫过程中，采取伪造、变造的手段对检疫的单证、印章、标志、封识等作虚假的证明或出具不真实的结论，包括将合格检验为不合格，或者将不合格检验为合格，等等。根据2006年最高人民检察院《关于渎职侵权犯罪案件立案标准的规定》，具有下列情形之一，可构成犯罪：(1) 采取伪造、变造的手段对检疫的单证、印章、标志、封识等作虚假的证明或者出具不真实的结论的。(2) 将送检的合格动植物检疫为不合格，或者将不合格动植物检疫为合格的；（3）对明知是不合格的动植物，不检疫而出具合格检疫结果的；（4）其他伪造检疫结果应予追究刑事责任的情形。本罪的主体是动植物检疫机关的检疫人员。本罪在主观上是故意，并具有徇私动机。

根据《刑法》第413条第1款的规定，犯本罪的，处5年以下有期徒刑或者拘役；造成严重后果的，处5年以上10年以下有期徒刑。

十三、动植物检疫失职罪

动植物检疫失职罪，是指动植物检疫机关的工作人员严重不负责任，对应当检疫的检疫物不检疫，或者延误检疫出证、错误出证，致使国家利益遭受重大损失的行为。本罪在客观上表现为严重不负责任，对应当检疫的检疫物不检疫，或者延误检疫出证、错误出证，致使国家利益遭受重大损失的行为。具体包括：（1）严重不负责任，对应当检疫的物品不检疫、或延误检疫出证、错误出证。对应当检疫的物品不检疫，是一种不作为，即行为人有法定的检疫义务而不履行该义务。延误检疫出证，是指在检疫工作中推诿或者拖拉，效率低下，在规定的期限内未能检疫出证。所谓错误出证，是指出具、签发的检疫单证与被检疫物的客观情况不相符合，将不合格的检疫为合格，将合格的检疫为不合格。（2）致使国家利益遭受重大损失。所谓重大损失，根据2006年最高人民检察院《关于渎职侵权犯罪案件立案标准的规定》，是指具有下列情形之一：（1）导致疫情发生、造成人员重伤或者死亡的；（2）导致重大疫情发生、传播或者流行的；（3）造成个人财产直接经济损失15万元以上，或者直接经济损失不满15万元，但间接经济损失75万元以上的；（4）造成公共财产或者法人、社会组织财产直接经济损失30万元以上，或者直接经济损失不满30万元，但间接经济损失150万元以上的；（5）不检疫或者延误检疫出证、错误出证，引起国际经济贸易纠纷，严重影响国家对外贸易关系或者严重损害国家声誉的；（6）其他致使国家利益遭受重大损失的情形。本罪的主体是动植物检疫机关的检疫人员。本罪的主观方面是过失。

根据《刑法》第413条第2款的规定，犯本罪的，处3年以下有期徒刑或者拘役。

十四、放纵制售伪劣商品犯罪行为罪

放纵制售伪劣商品犯罪行为罪，是指对生产、销售伪劣商品犯罪行为负有追究责任的国家机关工作人员，徇私舞弊，不履行法律规定的追究职责，情节严重的行为。本罪的客体是国家机关查处生产、销售伪劣商品犯罪行为的职能。本罪的客观方面表现为行为人徇私舞弊，不履行法律规定的职责，情节严重的行为。具体包括三个要素：（1）对生产、销售伪劣商品的犯罪行为负有追究责任。这是本罪客观方面的前提条件。（2）违背职责，弄虚作假，不履行法律规定的追究职责。由于负有追究职责的人员的权限不同，其不履行追究职责的表现形式也不相同，主管查禁伪劣商品的人员表现为对所发现的生产、销售伪劣商品的犯罪行为不直接查处、不责令其他部门查处、不同意或不批准其他部门查处。技术监督部门、工商行政管理部门则表现为不查处，或者在查处后，发现违法行为构成犯罪的，不移交司法机关追究刑事责任，包括仅给予行政处罚结案或者根本不作任何处罚。司法机关则表现为对举报、控告、移交的生产、销售伪劣商品的犯罪行为，不立案侦查、起诉、审判，依法追究刑事责任。（3）情节严重。最高人民法院、最高人民检察院《关于办理生产、销售伪劣商品刑事案件具体应用法律若干问题的解释》第 8 条规定，情节严重，是指具有下列情形之一：其一，放纵生产、销售假药或者有毒、有害食品犯罪行为的；其二，放纵依法可能判处 2 年有期徒刑以上刑罚的生产、销售伪劣商品犯罪行为的；其三，对 3 个以上有生产、销售伪劣商品犯罪行为的单位或者个人不履行追究职责的；其四，致使国家和人民利益遭受重大损失或者造成恶劣影响的。根据 2006 年最高人民检察院《关于渎职侵权犯罪案件立案标准的规定》，情节严重是指具有下列情形之一：其一，放纵生产、销售假药或者有毒、有害食品犯罪行为的；其二，放纵生产、销售伪劣农药、兽药、化肥、种子犯罪行为的；其三，放纵依法可能判处 3 年有期徒刑以上刑罚的生产、销售伪劣商品犯罪行为的；其四，对生产、销售伪劣商品犯罪行为不履行追究职责、致使生产、销售伪劣商品犯罪行为得以继续的；其五，3 次以上不履行追究职责，或者对 3 个以上有生产、销售伪劣商品犯罪行为的单位或者个人不履行追究职责的；其六，其他情节严重的情形。本罪的主体是对生产、销售伪劣商品犯罪行为负有追究责任的国家机关工作人员。本罪的主观方面是故意。

根据《刑法》第 414 条的规定，犯本罪的，处 5 年以下有期徒刑或者拘役。

十五、办理偷越国（边）境人员出入境证件罪

办理偷越国（边）境人员出入境证件罪，是指负责办理护照、签证以及其他出入境证件的国家机关工作人员，对明知是企图偷越国（边）境的人员，予以办理出入境证件的行为。本罪的客体是国家的出入境管理秩序。本罪的客观方面表现为为企图偷越国（边）境的人员办理护照、签证及其他出入境证

件的行为。所谓其他出入境证件，是指除护照、签证之外用以出入境的证件。本罪的主体是负责办理出入境证件的国家机关工作人员。本罪的主观方面是故意，即行为人明知是企图偷越国（边）境的人员而予以办理出入境证件。

根据《刑法》第415条的规定，犯本罪的，处3年以下有期徒刑或者拘役；情节严重的，处3年以上7年以下有期徒刑。

十六、放行偷越国（边）境人员罪

放行偷越国（边）境人员罪，是指边防、海关等国家机关工作人员，对明知是偷越国（边）境的人员，予以放行的行为。本罪的客体是边防、海关机关的职能和国（边）境管理秩序。本罪的客观方面表现为对偷越国（边）境的人员予以放行的行为，即利用职务上的便利让偷越国（边）境人员通过边卡口岸，进出国（边）境。本罪的主体是边防、海关等国家机关工作人员。本罪的主观方面是故意，即明知是偷越国（边）境的人员，而予以放行。

根据《刑法》第415条的规定，犯本罪的，处3年以下有期徒刑或者拘役；情节严重的，处3年以上7年以下有期徒刑。

十七、不解救被拐卖、绑架妇女、儿童罪

不解救被拐卖、绑架妇女、儿童罪，是指对被拐卖、绑架的妇女、儿童负有解救职责的国家机关工作人员，接到被拐卖、绑架妇女、儿童及其家属的解救要求或者接到其他人的举报，而对被拐卖、绑架的妇女、儿童不进行解救，造成严重后果的行为。本罪的客体是国家机关正常的职能和被拐卖、绑架妇女、儿童的人身权利。本罪的客观方面表现为接到被拐卖、绑架妇女、儿童及其家属的解救要求或者接到其他人的举报，而对被拐卖、绑架的妇女、儿童不进行解救，造成严重后果的行为。具体包括以下三个要素：（1）已经接到被拐卖、绑架妇女、儿童及其家属的解救要求或者接到其他人的举报。这是构成本罪的前提。如果因不知被拐卖、绑架妇女、儿童的情况及其下落，无法采取解救措施的，不构成本罪。（2）有不履行解救职责的行为，即在接到解救要求或者举报后，有法定的义务也有条件履行解救职责，而不采取任何的解救行动，或者推诿、拖延解救工作。不予解救的行为对象是被拐卖、绑架的妇女、儿童，包括在拐卖、绑架妇女、儿童犯罪分子和收买被拐卖、绑架的妇女、儿童的犯罪分子控制之下的妇女、儿童。（3）造成严重后果。根据2006年最高人民检察院《关于渎职侵权犯罪案件立案标准的规定》，造成严重后果，是指具有下列情形之一：其一，导致被拐卖、绑架的妇女、儿童或者其家属重伤、

死亡或者精神失常的；其二，导致被拐卖、绑架的妇女、儿童被转移、隐匿、转卖，不能及时进行解救的；其三，对被拐卖、绑架的妇女、儿童不进行解救3人次以上的；其四，对被拐卖、绑架的妇女、儿童不进行解救，造成恶劣社会影响的；其五，其他造成严重后果的情形。本罪的主体是特殊主体，即对被拐卖、绑架的妇女、儿童负有解救职责的国家机关工作人员。本罪的主观方面是故意，即行为人在已接到解救请求或举报后，仍不履行解救职责。

根据《刑法》第416条第1款的规定，犯本罪的，处5年以下有期徒刑或者拘役。

十八、阻碍解救被拐卖、绑架妇女、儿童罪

阻碍解救被拐卖、绑架妇女、儿童罪，是指对被拐卖、绑架的妇女、儿童负有解救职责的国家机关工作人员，利用职务阻碍解救被拐卖、绑架的妇女、儿童的行为。本罪的客体是国家机关正常的职能和被拐卖、绑架妇女、儿童的人身权利。本罪的客观方面表现为利用职务之便阻碍解救被拐卖、绑架的妇女、儿童的行为。这是指利用负责或者参与、协助解救工作的职务或者其职权范围内的便利条件，对解救工作人为地设置障碍，阻拦、干扰解救工作的进行。根据2006年最高人民检察院《关于渎职侵权犯罪案件立案标准的规定》，具有下列情形之一的，构成犯罪：（1）利用职权，禁止、阻止或者妨碍有关部门、人员解救被拐卖的妇女、儿童的；（2）利用职务上的便利，向拐卖、绑架者或者收买者通风报信，妨碍解救工作正常进行的；（3）其他利用职务阻碍解救被拐卖、绑架妇女、儿童应予追究刑事责任的情形。本罪的主体是负有解救被拐卖、绑架妇女、儿童职责的国家机关工作人员。本罪的主观方面是故意，即明知被解救者是被拐卖、绑架的妇女、儿童，而故意阻拦解救。

根据《刑法》第416条第2款的规定，犯本罪的，处2年以上7年以下有期徒刑；情节较轻的，处2年以下有期徒刑或者拘役。

十九、帮助犯罪分子逃避处罚罪

帮助犯罪分子逃避处罚罪，是指有查禁犯罪活动职责的国家机关工作人员，向犯罪分子通风报信、提供便利，帮助犯罪分子逃避处罚的行为。本罪的客体是国家机关查禁犯罪活动的正常活动。本罪的客观方面表现为向犯罪分子通风报信、提供便利，帮助犯罪分子逃避处罚的行为。所谓通风报信，是指向犯罪分子有意泄露或者直接通报有关部门查禁犯罪活动的部署、方案、措施、时间、地点、规模等情况。通报的内容，既包括集中统一的查禁活动，也包括

对个别刑事案件的查处行动；既包括已有确定方案的查处行动，也包括拟议中的查处行动及其他有关的秘密信息。所谓提供便利，是指除通风报信以外的各种各样的帮助犯罪分子逃避处罚的行为，例如，提供隐藏处所、逃离的交通工具，在查处活动中网开一面放纵犯罪分子脱身，指点躲避或者向犯罪分子指示案件的要点，使其串供、翻供、隐匿、毁灭伪造证据逃避法律追究的，等等。本罪的主体是有查禁犯罪活动职责的国家机关工作人员。本罪的主观方面是故意，并且行为人具有帮助犯罪分子逃避处罚的目的。

根据《刑法》第 417 条的规定，犯本罪的，处 3 年以下有期徒刑或者拘役；情节严重的，处 3 年以上 10 年以下有期徒刑。

第十一章　军人违反职责罪

第一节　军人违反职责罪概述

一、军人违反职责罪的概念和构成

根据《刑法》第420条的规定，军人违反职责罪，是指军人违反职责，危害国家军事利益，依照法律应当受刑罚处罚的行为。军人违反职责罪具有如下构成要件：

1．这类犯罪的客体是国家的军事利益。国家的军事利益，是指国家在国防建设、作战行动、军队物质保障、军事科学研究等方面的利益。具体说来，危害国家的军事利益，就是破坏我国陆、海、空军的军威、军机、军械、军供、军纪等平时和战时的正常状态与正常关系。危害国家军事利益，是军人违反职责罪区别于刑法分则所规定的其他各类犯罪的最本质的特征。军事利益直接关系着国家的安全与人民的幸福，理当受到特殊保护。

2．这类犯罪的客观方面表现为行为人具有违反军人职责，危害国家军事利益的行为。军人职责包括一般职责和具体职责。军人的一般职责，是指每一个军人都具有的职责，主要规定在《中国人民解放军内务条令》中。军人的具体职责，是指军队中各种不同人员有执行各种不同任务的职责，规定在中央军委、中国人民解放军各总部和各军兵种的各种条例和条令如《战斗条令》、《舰艇条令》、《飞行条令》、《保守国家军事机密条例》等之中。军人违反职责罪的行为方式，多数犯罪表现为作为，如逃离部队罪，阻碍执行军事职务罪，盗窃、抢夺武器装备、军用物资罪等；也有少数犯罪表现为不作为，如遗弃伤病军人罪等；还有少数犯罪既可以由作为形式构成，也可以由不作为形式构成，如战时违抗命令罪等。犯罪的时间和地点，对于军人违反职责罪的定罪量刑，具有非常重要的意义。一方面，“战时”、“在战场上”、“在军事行动地区”等时间或地点，是许多军人违反职责罪如战时自伤罪、战时临阵脱逃罪、遗弃伤病军人罪、战时违抗命令罪等犯罪的构成要件，不具备这些特定的时间或者地点就不构成这些犯罪；另一方面，对于时间、地点不是犯罪构成要件的军人违反职责罪来说，特定的时间、地点往往也是影响量刑的重要情节，如《刑法》第426条对阻碍执行军事职务罪，规定了“战时从重处罚”。

3．这类犯罪的主体为特殊主体，即只有军职人员才能成为本类犯罪的主体。军职人员具体可以分为两类：其一，现役军人，即正在中国人民解放军和中国人民武装警察部队中服役的军官、警官、文职干部、士兵以及具有军籍的学员。“现役军人”的资格应当从公民依法参军之日即被兵役机关正式批准入伍之日起算，至其为部队批准退役、退休、离休或因受处分被除名、开除军籍之日终止。关于保留军籍正在服刑的军人以及正在被劳动教养的军人能否成为这类罪的主体，我国学界有两种观点：有人认为服刑军人与被劳动教养的军人不能成为这类罪主体，其理由是：军人服刑与被劳教期间不计算军龄，他们已不履行军职。也有人认为服刑军人与被劳动教养军人可以成为这类罪主体，其理由是他们还有军籍，如果他们的行为符合军人违反职责罪的其他构成条件，则仍应按这类犯罪处理。① 上述第二种观点是通行的观点。此外，军人在服役期间犯有这类罪行而在其退役、退休、离休之后才发现，只要没有超过追诉时效，仍应按这类犯罪处理。其二，执行军事任务的预备役人员和其他人员。预备役人员是指编入民兵组织或者经过登记服预备役的人员；其他人员是指军内在编职工等。执行军事任务是指执行作战、支前、战场救护等任务。

4．这类犯罪的主观方面多数是故意，少数是过失。本章还对某些故意犯罪的动机作了具体的描述和限定。

二、军人违反职责罪的种类

刑法分则第十章军人违反职责罪共有32个条文，其中规定具体罪和法定刑的条文28个，合计31个罪名。关于军人违反职责罪的分类，通常有两种划分方法：一是根据各种军人违反职责罪所侵犯的客体进行分类。按照此种分类法，可将军人违反职责罪分为如下几类：（1）违反部队管理秩序的犯罪；（2）违反兵役法规和国（边）境管理的犯罪；（3）侵犯部属人身权利、阻碍执行职务的犯罪；（4）损害武器装备、军用物资、军事设施的犯罪；（5）危害作战利益的犯罪；（6）危害平民、战俘的犯罪。二是根据犯罪发生的时间、地

① 参见高铭暄、马克昌主编：《刑法学》（第三版），北京大学出版社、高等教育出版社2007年版，第766页。

点进行分类。按照此种分类法，可将军人违反职责罪分为：(1) 战时的犯罪；(2) 平时的犯罪；(3) 军事行动地区才构成的犯罪；(4) 战时、平时以及非军事行动地区均能构成的犯罪。① 以上两种分类法各有其分类标准，都能成立。但我们根据犯罪行为所危害的军事利益的不同方面，将本类犯罪具体划分为危害作战利益的犯罪、违反部队管理秩序的犯罪，危害军事秘密的犯罪，危害部队物资保障的犯罪，侵犯部属、伤病军人、平民、俘虏利益的犯罪五类。

第二节　危害作战利益的犯罪

一、战时违抗命令罪

(一) 战时违抗命令罪的概念和构成

战时违抗命令罪，是指军人在战时对上级的命令、指示故意违抗、拒不执行，对作战造成危害的行为。本罪只能发生在“战时”。战时，根据《刑法》第451条的规定，是指国家宣布进入战争状态、部队受领作战任务或者遭敌突然袭击时；部队执行戒严任务或者处置突发性暴力事件时，以战时论。本罪的构成要件是：

1. 本罪的客体是作战指挥秩序。关于本罪的客体，我国学者有不同表述，有人认为是作战指挥秩序；有人认为是部队的作战利益。两种观点均有一定道理，但比较而言，前者似乎更准确一些，因此，我们赞同前者的表述。所谓作战指挥秩序，是指战时部队在上级指挥下有条不紊地各司其职，各就各位，相互配合，顺利完成战斗任务的状况。而这种“状况”正是通过下级服从上级的严明军纪来体现的。《中国人民解放军内务条令》第47条、第48条规定：“首长有权对部属下达命令”；“部属对命令必须坚决执行，并将执行情况及时报告首长”。下级服从上级是作战指挥秩序的具体体现，也是战斗胜利的重要纪律保障。而违抗作战命令严重扰乱了作战指挥秩序，因此理当受到刑罚处罚。

2. 本罪在客观方面表现为战时违抗命令，对作战造成危害的行为。所谓战时违抗命令，是指在战时拒不执行上级命令，拖延执行命令，或故意实施与命令内容相反的行为等。其行为既可以是作为，也可以表现为不作为。这里的

---

① 参见高铭暄、马克昌主编：《刑法学》(第三版)，北京大学出版社、高等教育出版社2007年版，第766页。

“命令”，不仅指战斗命令，还应包括与战斗有关的其他命令，如战时军需物资调遣命令、救助伤员命令等。应当指出，本罪的成立，必须是违抗命令的行为对作战造成危害。换言之，如果行为人虽然违抗了命令，但尚未对作战造成危害，则不以本罪论处，而应以军纪处之。所谓对作战造成危害，是指由于行为人违抗命令而扰乱了战斗部署，贻误了战机，影响了作战任务的完成。

3. 本罪的主体是应接受命令或指示的部属人员。本罪的主体不仅包括参加战斗的人员，也包括为战斗服务的救护人员、勤务人员等。

4. 本罪的主观方面是故意，即明知是上级的命令而予以违抗，拒不执行。

（二）战时违抗命令罪的刑事责任

根据《刑法》第421条的规定，犯本罪的，处3年以上10年以下有期徒刑；致使战斗、战役遭受重大损失的，处10年以上有期徒刑、无期徒刑或者死刑。

二、隐瞒、谎报军情罪

隐瞒、谎报军情罪是指行为人故意隐瞒、谎报军情，对作战造成危害的行为。本罪的客体是作战指挥秩序。本罪的客观方面表现为隐瞒、谎报军情，并给作战造成了危害。所谓“军情”，是指与军事特别是与作战有关的情况，如敌军的兵力、装备、部署情况，我军部队的兵员、装备、作战准备、战斗进展等情况，战区的地形、地貌、水文、气象等情况，以及与军事有关的政治、经济、科学等方面的情况。隐瞒，是指隐而不报，掩盖事实真相，属于不作为。谎报，是指违背客观事实，将编造或者篡改的军情向上级报告，欺骗上级，属于作为。隐瞒、谎报军情都可能导致上级在作战及其准备上决策错误，最终对作战造成危害。所谓对作战造成危害，是指以下几种情形：扰乱我军作战部署的；使我军作战部队遭受较大损失的；应取得战果而未取得的；给敌军造成可乘之机的等。本罪的犯罪主体是负有报告军情义务的军内侦察员、通讯员、机要员以及其他军内负有报告军情责任的军职人员。本罪的主观方面是故意，即明知真实军情而故意将其隐瞒不报或者谎报。至于行为人动机如何，并不影响犯罪成立。

根据《刑法》第422条的规定，犯本罪的，处3年以上10年以下有期徒刑；致使战斗、战役遭受重大损失的，处10年以上有期徒刑、无期徒刑或者死刑。

三、拒传、假传军令罪

拒传、假传军令罪，是指明知是军事命令而拒绝传递或者故意编造、篡改军事命令，并传达、发布，或者明知是假军事命令而传达、发布，对作战造成危害的行为。本罪的客体是作战指挥秩序。本罪的客观方面表现为拒传、假传军令，并对作战造成危害。军令，是指军队首长或组织对部属下达的绝对性任务，可以是书面的，也可以是口头的。拒传军令，是指明知是军令而拒绝传递；假传军令，是指故意编造或者篡改军令并予以传递或者明知是编造、篡改的军令而予以传递。本罪的主观方面是故意。

根据《刑法》第422条的规定，犯本罪的，处3年以上10年以下有期徒刑；致使战斗、战役遭受重大损失的，处10年以上有期徒刑、无期徒刑或者死刑。

四、投降罪

投降罪，是指在战场上贪生怕死，自动放下武器投降敌人的行为。本罪的客体是军人的战斗义务。本罪的客观方面表现为行为人在战场上贪生怕死，自动放下武器投降敌人的行为。所谓贪生怕死，是指为了活命而放弃战斗。所谓自动放下武器，是指有能力作战而不作战，并非专指扔下手中的武器，凡能用武器作战而不作战，不论是否抛弃手中的武器，均属于“自动放下武器”。所谓投降敌人，是指军人停止作战，向敌人屈服、让步。本罪的主体是具有使用武器打击敌人资格的参战军职人员。本罪的主观方面是故意。

根据《刑法》第423条的规定，犯本罪的，处3年以上10年以下有期徒刑；情节严重的，处10年以上有期徒刑或者无期徒刑；投降敌人后，为敌人效劳的，处10年以上有期徒刑、无期徒刑或者死刑。所谓情节严重，是指率部投降敌人；指挥人员或其他负有重要作战责任的人员在战斗紧要关头投降敌人；胁迫他人投降敌人，等等。所谓效劳，是指为敌人提供我方情况、出卖战友、为敌人进行宣传、充当敌人向导，等等。

五、战时临阵脱逃罪

（一）战时临阵脱逃罪的概念和构成

战时临阵脱逃罪，是指军人在战场上或在战斗状态下贪生怕死、畏惧战斗而脱离战斗岗位，逃避战斗的行为。本罪的构成要件是：

1. 本罪的客体是军人的战斗义务。关于本罪的客体，目前刑法理论上有三种不同的观点：一种观点认为，本罪客体是军队的作战利益；另一种观点则认为是武装力量的作战指挥秩序；第三种观点认为本罪的客体是军人的战斗义务。① 我们认为，第三种观点更为具体、准确，是一种可取的主张。

2. 本罪的客观方面表现为战时临阵脱逃的行为，即在战场上或在战斗状态下，行为人实施了擅自逃离战斗岗位的行为。“在战斗状态下”，不仅理解为是在战斗进行的过程中，也指尚未参加战役、战斗，但已接受了作战任务的情况。

3. 本罪的主体是参战的军职人员。参战的军职人员，不限于参加战役、战斗或接受参加作战指示或命令的直接战斗人员，非直接战斗人员，如参战的后勤、医疗人员、通讯人员等，只要是在临阵状态下逃跑的，也可以构成本罪。

4. 本罪的主观方面是故意。动机是贪生怕死、畏惧战斗。如果是由于过失而在临阵状态下脱离部队，或因受伤、敌人阻截而脱离部队的，不是临阵脱逃，也不构成犯罪。

（二）战时临阵脱逃罪的界限划分

1. 本罪与非罪的界限

并非所有的临阵脱逃的行为都构成犯罪。实践中对于情节显著轻微、危害不大的临阵脱逃的行为，如行为人尚未逃离阵地、战场即被阻拦、追回而不具有其他严重情节的；初次参加作战的新兵于接受作战任务后尚未进入实际作战之时逃跑，不具有其他严重情节的，等等，可以不以犯罪论处。

2. 本罪与投敌叛变罪的界限

二者的主要区别在于：（1）主体有所不同。前者的主体只能是战时参战的军职人员；后者的主体则可以是军内外人员。（2）主观目的有所不同。前者主观目的是逃避履行战斗义务；后者则具有危害国家安全的目的。（3）行为表现不同。前者行为人是在战场上或在战斗状态下脱离岗位，并非是向敌方投奔；而后者则是投奔敌方或在被捕、被俘后投降敌人，并进行危害国家安全的活动。

3. 本罪与投降罪的界限

二者的主要区别在于：（1）两罪客观方面有所不同。战时临阵脱逃罪表现为临阵脱逃，逃避作战的行为；投降罪则表现为在战场上贪生怕死，自动放

---

① 参见高铭暄、马克昌主编：《刑法学》（第三版），北京大学出版社、高等教育出版社 2007 年版，第 769 页。

下武器投降敌人的行为。（2）两罪在具体案件中可能出现犯罪想象竞合，如行为人临阵脱逃向敌人投降。对这种情况，一般应以投降罪论处，但如果致使战斗、战役遭受重大损失的，则应以战时临阵脱逃罪论处。

4. 本罪与战时违抗命令罪的界限

两罪主要区别在于：（1）客观方面的表现不同。战时违抗命令罪是故意不执行命令，但并不一定脱离战斗岗位；战时临阵脱逃罪主要表现为脱离战斗岗位，逃避作战任务。（2）如果在具体案件中出现了犯罪想象竞合，如在遭到敌人进攻时抗拒执行坚守阵地的命令而逃离阵地，应按处理想象竞合犯的原则，以较重的罪名即战时违抗命令罪论处。

（三）战时临阵脱逃罪的刑事责任

根据《刑法》第 424 条的规定，犯本罪的，处 3 年以下有期徒刑；情节严重的，处 3 年以上 10 年以下有期徒刑；致使战斗、战役遭受重大损失的，处 10 年以上有期徒刑、无期徒刑或者死刑。所谓情节严重，是指率众临阵脱逃；指挥人员和其他负有重要职责的人员在紧要关头或危急时刻临阵脱逃；胁迫他人以及策动他人临阵脱逃；等等。所谓致使战斗、战役遭受重大损失，是指因为行为人临阵脱逃，使部队战斗失利，人员伤亡惨重，或者给整个战斗、战役带来重大消极影响等情况。

六、违令作战消极罪

违令作战消极罪，是指军事指挥人员违抗命令，临阵畏缩，作战消极，造成严重后果的行为。本罪的客体是部队的作战秩序。本罪的客观方面表现为违抗命令，临阵畏缩，作战消极，并且因此造成了严重后果。所谓严重后果，是指因行为人作战消极而致使军队损失重大、贻误战机等情况。本罪的主体是部队中的指挥人员，即具有一定指挥权力的军职人员。本罪的主观方面是故意。

根据《刑法》第 428 条的规定，犯本罪的，处 5 年以下有期徒刑；致使战斗、战役遭受重大损失或者有其他特别严重情节的，处 5 年以上有期徒刑。

七、拒不救援友邻部队罪

拒不救援友邻部队罪，是指在战场上明知友邻部队处境危急请求救援，能救援而不救援，致使友邻部队遭受重大损失的行为。本罪的客体是部队的作战利益和作战秩序。本罪的客观方面表现为在战场上拒绝处境危急的友邻部队的救援请求，能救援而拒不救援，从而使友邻部队遭受了重大损失。本罪的主体只能是部队的指挥人员，即负有战场指挥责任的军职干部（军官）。本罪的主观方面是故意，即明知友邻部队处境危急请求救援而故意不救援。

根据《刑法》第429条的规定，犯本罪的，处5年以下有期徒刑。

八、战时造谣惑众罪

战时造谣惑众罪，是指在战时造谣惑众、动摇军心的行为。本罪的客体是部队的作战利益。本罪的客观方面表现为在战时造谣惑众、动摇军心的行为。所谓造谣惑众，是指捏造事实，散布不利于我方军事行动、有可能导致军心动摇的信息。至于我军军心是否实际上已被谣言所动摇，不影响本罪的成立。本罪的主体是参加作战的军职人员。本罪的主观方面是故意。

根据《刑法》第433条的规定，犯本罪的，处3年以下有期徒刑；情节严重的，处3年以上10年以下有期徒刑。勾结敌人造谣惑众，动摇军心的，处10年以上有期徒刑或者无期徒刑；情节特别严重的，可以判处死刑。所谓情节严重，是指造谣惑众的行为已经引起军心动摇或严重损害我军士气等情况。所谓情节特别严重，是指勾结敌人造谣惑众的行为给我国军事利益造成了特别重大的损失的情况，如使我军牺牲惨重、损失特别巨大等。

九、战时自伤罪

战时自伤罪，是指在战时自伤身体，逃避军事义务的行为。本罪的客体是部队的作战利益和军人的军事义务。本罪的客观方面表现为在战时自伤身体，逃避军事义务的行为。所谓自伤身体，是指行为人借助刀、枪等器械的力量使自己身体受伤，也可以利用自身的体力来使自己受伤，以何种手段自伤，不影响本罪的构成。此外，自伤必须是在战时。所谓逃避军事义务，是指自伤身体之后借故不履行依法应尽的军事职责。本罪的主体是参加作战的军官和战士。本罪的主观方面是故意，并且具有逃避军事义务的目的，其动机可能多种多样，但动机如何不影响本罪的成立。

根据《刑法》第434条的规定，犯本罪的，处3年以下有期徒刑；情节严重的，处3年以上7年以下有期徒刑。

第三节　违反部队管理秩序的犯罪

一、擅离、玩忽军事职守罪

擅离、玩忽军事职守罪，是指指挥人员和值班、值勤人员擅离职守或者玩忽职守，因而造成严重后果的行为。本罪的客体是军职人员的岗位责任管理秩序。本罪的客观方面表现为擅离职守、玩忽职守并造成了严重后果的行为。所谓擅离职守，是指擅自离开正在工作的岗位。所谓玩忽职守，是指未履行或未认真履行自己应尽的职责。所谓严重后果，是指擅离职守、玩忽职守的行为引起了重大军事利益的损失，如贻误战机致使战斗或战争失败、让敌特乘机混入军事禁区并造成重大破坏，等等。本罪的主体是现役军人中的指挥人员或正在值班、值勤的人员。本罪的主观方面为过失。

根据《刑法》第425条的规定，犯本罪的，处3年以下有期徒刑或者拘役；造成特别严重后果的，处3年以上7年以下有期徒刑。战时犯本罪的，处5年以上有期徒刑。

二、阻碍执行军事职务罪

阻碍执行军事职务罪，是指以暴力、威胁方法阻碍指挥人员，值班、值勤人员执行职务的行为。本罪的客体是军队的指挥、值班、值勤管理秩序。本罪的客观方面表现为以暴力、威胁方法阻碍指挥人员，值班、值勤人员执行职务。本罪属于行为犯，构成犯罪不要求发生危害结果。本罪的主体是军人。本罪的主观方面只能是故意。

根据《刑法》第426条的规定，犯本罪的，处5年以下有期徒刑或者拘役；情节严重的，处5年以上有期徒刑；致人重伤、死亡，或者有其他特别严重情节的，处无期徒刑或者死刑。战时犯本罪的，从重处罚。

三、指使部属违反职责罪

指使部属违反职责罪，是指部队中的指挥人员滥用职权，指使部属进行违反职责的活动，并造成严重后果的行为。本罪的客体是军队的正常秩序。本罪的客观方面表现为行为人滥用职权，指使部属进行违反职责的活动，并造成了严重后果。所谓滥用职权，是指行为人超越职权范围行使职权，或者不正当地行使职权。所谓指使部属进行违反职责的活动，是指指挥或命令和自己具有隶属关系的被领导者从事与其军职要求相违背的事情。应当注意的是，并非所有滥用职权，指使部属进行违反职责的行为都构成犯罪，成立本罪，还要求行为人的行为造成了严重后果。所谓严重后果，既可以是影响作战行动，引起军民、军政、军警严重纠纷，以及造成巨大经济损失等情况，也可以是造成战士、群众人身、财产重大伤亡或损害等情况。本罪的主体是部队中具有一定指挥、调动、命令一定数量军队或下属人员职权的军职干部。本罪的主观方面是故意。

根据《刑法》第427条的规定，犯本罪的，处5年以下有期徒刑或者拘役；情节特别严重的，处5年以上10年以下有期徒刑。

四、军人叛逃罪

（一）军人叛逃罪的概念和构成

军人叛逃罪，是指军职人员在履行公务期间，擅离岗位，叛逃境外或者在境外叛逃，危害国家军事利益的行为。本罪的构成要件是：

1．本罪的客体为国家的军事利益以及军人永不叛国的义务。

2．本罪的客观方面表现为行为人在履行公务期间，擅离岗位，叛逃境外，或者在境外叛逃。

3．本罪的主体为正在履行公务的军职人员。

4．本罪的主观方面是故意。其动机可能多种多样，但动机如何不影响本罪的成立。

（二）军人叛逃罪的界限划分

实践中主要应注意区分本罪与投敌叛变罪的区别。二者的主要区别在于：军人叛逃罪并不要求行为人的犯罪目的一定是投奔敌方；而投敌叛变罪的行为人主观上必然具有投奔敌方、危害国家安全的目的。

（三）军人叛逃罪的刑事责任

根据《刑法》第430条的规定，犯本罪的，处5年以下有期徒刑或者拘役；情节严重的，处5年以上有期徒刑；驾驶航空器、舰船叛逃的，或者有其他特别严重情节的，处10年以上有期徒刑、无期徒刑或者死刑。所谓情节严重，一般是指率众叛逃的，因其叛逃行为而给国家军事利益带来重大损失的，等等。所谓其他特别严重情节，是指胁迫他人叛逃、策动多人叛逃或者携带重要军事秘密叛逃的，等等。

五、逃离部队罪

逃离部队罪，是指违反兵役法规，逃离部队，情节严重的行为。本罪的客体是国家兵役管理秩序。本罪的客观方面表现为违反兵役法规，逃离部队的行为。凡未经批准，为逃避军事义务而擅自离开部队不归的，都是逃离部队的行为。但并非所有的逃离部队的行为都构成犯罪。对情节轻微的逃离部队行为，应采取说服教育、欢迎归队的政策，必要时予以军纪处分，但不能作为犯罪处理。本罪的主体为现役军人。本罪的主观方面是故意，目的是逃避继续服兵役。如因迷失方向、受伤掉队，或被敌人围困而脱离部队的，则不构成本罪。

根据《刑法》第435条的规定，犯本罪的，处3年以下有期徒刑或者拘役；战时犯本罪的，处3年以上7年以下有期徒刑。

六、私放俘虏罪

私放俘虏罪，是指违反军事纪律，私自释放俘虏的行为。本罪的客体是对俘虏的管理秩序。本罪的客观方面表现为违反军事纪律，私自释放俘虏的行为。所谓“俘虏”，是指在战争或者武装冲突中被我方俘获的敌方武装人员及其他为武装部队服务的人员。所谓“私放”，是指未经批准，擅自将俘虏放走。本罪的主体是对俘虏有管理、看护等权限的军官和值勤人员。本罪的主观方面是故意，即明知是俘虏而私自予以释放。

根据《刑法》第447条的规定，犯本罪的，处5年以下有期徒刑；私放重要俘虏、私放俘虏多人或者有其他严重情节的，处5年以上有期徒刑。

第四节　危害军事秘密的犯罪

一、非法获取军事秘密罪

非法获取军事秘密罪，是指以窃取、刺探、收买方法，非法获取军事秘密的行为。本罪的客体是国家保守军事秘密的管理秩序。本罪的客观方面表现为窃取、刺探、收买军事秘密的行为。所谓军事秘密，是指在一定时空范围内，只限于一定范围的人员知悉的关系国防安全的信息。本罪的主体限于军职人员。本罪的主观方面是故意。

根据《刑法》第431条第1款的规定，犯本罪的，处5年以下有期徒刑；情节严重的，处5年以上10年以下有期徒刑；情节特别严重的，处10年以上有期徒刑。所谓情节严重，是指多次非法获取军事秘密、非法获取较多军事秘密等情况；所谓情节特别严重，是指获取军事秘密的手段特别恶劣的，从作战、机要、保密等重要部门非法获得军事秘密的，以及非法获得重大或众多军事秘密的等情况。

二、为境外窃取、刺探、收买、非法提供军事秘密罪

为境外窃取、刺探、收买、非法提供军事秘密罪，是指为境外的机构、组织、人员窃取、刺探、收买、非法提供军事秘密的行为。本罪的客体是国家保

守军事秘密的管理秩序。本罪的客观方面表现为为境外的机构、组织、人员窃取、刺探、收买、非法提供军事秘密的行为。所谓窃取，是指秘密偷取。所谓刺探，是指打听与收集。所谓收买，是指行为人用金钱等物质利益换取。所谓非法提供，是指行为人违反国家保守军事秘密的法规，将偷取、收集、收买或自己所掌握的国家军事秘密送给或告知境外的机构、组织、人员。窃取、刺探、收买、非法提供是本罪的四种表现形式，行为人实施其中之一，即可成立本罪。本罪的主体为军职人员。本罪的主观方面为故意。

根据《刑法》第431条第2款的规定，犯本罪的，处10年以上有期徒刑、无期徒刑或者死刑。

三、故意泄露军事秘密罪

（一）故意泄露军事秘密罪的概念和构成

故意泄露军事秘密罪，是指违反保守国家秘密法规，故意泄露国家军事秘密，情节严重的行为。本罪的构成要件是：

1. 本罪的客体是国家军事秘密的管理秩序。

2. 本罪的客观方面表现为违反保守国家秘密法规，泄露军事秘密的行为。所谓违反保守国家秘密法规，是指不遵守国家有关保守军事秘密的法规，如《中国人民解放军保守国家军事机密条例》、《国防尖端技术保密规定》等。所谓泄露军事秘密，是指将军事秘密透露出去，至于以何种方式泄露，并不影响本罪的成立。

3. 本罪的主体是军职人员。

4. 本罪的主观方面是故意。

故意泄露军事秘密的行为，只有“情节严重”的才构成犯罪。所谓情节严重，一般是指：机要人员或其他负有特殊保密义务的人员泄密的；泄密的动机恶劣的；出卖军事秘密的；多次泄密或泄露多种军事秘密的；因泄密造成严重后果的等。

（二）故意泄露军事秘密罪的界限划分

1. 本罪与故意泄露国家秘密罪的界限

它们虽同属于侵犯国家秘密的犯罪，但有特殊与一般的区别：第一，主体不同。前者的主体是军职人员；后者的主体主要是国家机关工作人员。第二，客观方面不同。前者是泄露军事秘密的行为；后者是泄露国家秘密的行为。

2. 本罪与间谍罪的界限

二者的主要区别是：第一，侵犯的客体不同。间谍罪侵犯的是我国的国家安全；而故意泄露军事秘密罪侵犯的则是国家军事秘密的管理秩序。第二，犯罪的行为不同。间谍罪表现为参加间谍组织或者接受间谍组织及其代理人的任务的行为；而故意泄露军事秘密罪则是违反保守国家秘密法规，故意泄露军事秘密的行为。第三，犯罪主体不同。故意泄露军事秘密罪的主体只能是军职人员；而间谍罪的主体一般是外国人，也可以是中国公民。第四，主观方面不同。间谍罪具有危害国家安全的目的；故意泄露军事秘密罪不具有危害国家安全的目的。

（三）故意泄露军事秘密罪的刑事责任

根据《刑法》第 432 条的规定，犯本罪的，处 5 年以下有期徒刑或者拘役；情节特别严重的，处 5 年以上 10 年以下有期徒刑。战时犯本罪的，处 5 年以上 10 年以下有期徒刑；情节特别严重的，处 10 年以上有期徒刑或者无期徒刑。前述所谓情节特别严重，是指泄露了核心秘密，或者因泄密而造成了特别严重的后果等情况。

四、过失泄露军事秘密罪

过失泄露军事秘密罪，是指违反保守国家秘密法规，过失泄露国家军事秘密，情节严重的行为。本罪的客体是国家军事秘密的管理秩序。本罪的客观方面表现为违反保守国家秘密法规，泄露军事秘密的行为。本罪的主体是军职人员。本罪的主观罪过形式是过失。另外，本罪的构成以“情节严重”为要件。“情节严重”，主要是指已经造成严重后果。

根据《刑法》第 432 条的规定，犯本罪的，处 5 年以下有期徒刑或者拘役；情节特别严重的，处 5 年以上 10 年以下有期徒刑。战时犯本罪的，处 5 年以上 10 年以下有期徒刑；情节特别严重的，处 10 年以上有期徒刑或者无期徒刑。

第五节　危害部队物资保障的犯罪

一、武器装备肇事罪

（一）武器装备肇事罪的概念和构成

武器装备肇事罪，是指违反武器装备使用规定，情节严重，因而发生责任事故，致人重伤、死亡或者造成其他严重后果的行为。本罪的构成要件是：

1. 本罪的客体是部队武器装备的管理和使用秩序。所谓“武器装备”，是指用于杀伤敌人的武器和军事技术装备，如枪、炮、弹药、战车、飞机、船舰、化学武器、核武器和通讯、侦察、工程、防化等军事技术设备。对于这些武器装备，军队有关部门都分别制定了使用规定和操作规程。本罪的行为违反了这些使用规定和操作规程。

2. 本罪的客观方面表现为违反武器装备使用规定，情节严重，因而发生责任事故，致人重伤、死亡或者造成其他严重后果的行为。这主要包括三个方面：一是行为人实施了违反武器装备使用规定的行为；二是行为的情节严重，这主要是指行为人故意违反武器装备的使用规定或者在使用过程中严重不负责任，以及擅自使用武器装备等情况；三是行为发生了重大事故，致人重伤、死亡或者造成了其他严重后果。“其他严重后果”，是指造成爆炸、火灾、大面积污染或其他重大损失等。

3. 本罪的主体是军职人员。

4. 本罪的主观方面是过失，但行为人对违反武器装备使用规定也可能是明知故犯。这里所说的“过失”，是针对行为人对自己的行为引起的责任事故而言的。

（二）武器装备肇事罪的界限划分

1. 本罪与一般违反武器装备使用规定行为的界限

两者区分的关键在于行为人违反武器装备使用规定行为的情节是否严重，是否造成人员重伤、死亡或其他严重后果。只有行为人违反武器装备使用规定情节严重，并造成人员重伤、死亡或其他严重后果的，才构成犯罪，反之，如果行为人虽有违反武器装备使用规定的行为，但行为情节不严重，并且也未造成人员重伤、死亡或其他严重后果的，只能按一般违反武器装备使用规定的违纪行为处理。

2. 本罪与意外事件的界限

构成武器装备肇事罪，行为人主观上存在过失，而意外事件中行为人则不存在过失。如果行为人在使用武器装备的过程中，并未违反有关使用规定，而是由于其不能预见的原因，如机械故障，从而客观上造成了严重损害结果，这种情况因行为人不存在过失，应当认定为意外事件。

3. 本罪与过失致人重伤罪、过失致人死亡罪的界限

武器装备肇事罪中的致人重伤、死亡与过失致人重伤罪、过失致人死亡罪在主观罪过形式和客观危害后果上完全一样。但前者致人重伤、死亡是由军职人员在违反武器装备使用规定的情况下造成的；后者则与此不同。军职人员在训练、执勤、作战时使用、操作武器装备，或者在管理、维修、保养武器装备

的过程中，违反武器装备使用规定和操作规程，情节严重，因而发生责任事故，致人重伤、死亡或者造成其他严重后果的，应以武器装备肇事罪论处；凡违反枪支、弹药管理使用规定，私自携带枪支、弹药外出，造成走火或者爆炸，致人重伤、死亡或者使公私财产遭受重大损失的，应分别以过失致人重伤罪、过失致人死亡罪或者过失爆炸罪论处。

4. 本罪与交通肇事罪的界限

尽管军用车辆属于武器装备的范围，但一般情况下，军用车辆交通肇事的，按交通肇事处理，而不应按武器装备肇事处理。但军用炮车、坦克、导弹牵引车等机动车辆在训练、作战、执行任务中发生责任事故时，则应以武器装备肇事罪论处。

军职人员驾驶军用装备车辆肇事的，是定交通肇事罪还是定武器装备肇事罪，这要看行为人是否违反武器装备使用规定的操作规程。行为人违反武器装备使用规定和操作规程，情节严重，因而发生责任事故，致人重伤、死亡或者造成其他严重后果的，应根据特别法优于普通法的原则，以武器装备肇事罪定罪处罚；如果行为人因违反交通运输规章管理秩序而发生重大事故，致人重伤、死亡或者使公私财产遭受重大损失的，则应按交通肇事罪定罪处罚。

5. 本罪与重大责任事故罪、危险物品肇事罪的界限

二者虽都是行为人违反某种规定，造成人员重伤、死亡或其他严重后果的犯罪，但有严格的区别：第一，本罪的主体是军职人员；而重大责任事故罪的主体则是厂矿企业等单位的生产作业人员、生产指挥人员，危险物品肇事罪的主体则是生产、储存、运输、使用爆炸性、易燃性、放射性、毒害性、腐蚀性物品的人员。第二，本罪的客观方面表现为军职人员违反武器装备使用规定，因而发生严重后果的行为；重大责任事故罪的客观方面表现为生产人员不服管理、违反规章制度，或者生产指挥人员强令工人违章冒险作业，因而造成严重后果的行为；危险物品肇事罪的客观方面表现为在生产、储存、运输、使用中违反爆炸性、易燃性、放射性、毒害性、腐蚀性物品的管理规定发生重大事故，造成严重后果的行为。第三，本罪的客体是部队武器装备的管理和使用秩序；而重大责任事故罪的客体是厂矿企业等单位的生产安全管理活动，危险物品肇事罪的客体则主要是危险品的安全管理秩序，而且该罪所指的危险品不属于“武器装备”的范围。

(三) 武器装备肇事罪的刑事责任

根据《刑法》第436条的规定，犯本罪的，处3年以下有期徒刑或者拘役；后果特别严重的，处3年以上7年以下有期徒刑。所谓后果特别严重，一

般是指造成多人重伤、死亡或者毁坏重要军事装备等情况。

二、擅自改变武器装备编配用途罪

擅自改变武器装备编配用途罪，是指违反武器装备管理规定，擅自改变武器装备编配用途，造成严重后果的行为。本罪的客体是武器装备的管理秩序。本罪的客观方面表现为违反国家武器装备管理规定，自作主张，随意改变武器装备编配用途，并造成了严重后果的行为。本罪的主体是军人，一般是指军人中武器装备的保管者、使用者、看护者。军中文职人员一般不构成本罪。本罪的主观方面为过失。这里所说的过失，是针对行为人对其行为所造成的严重后果所持的心理态度而言的，其擅自改变武器装备编配用途则是故意的。

根据《刑法》第437条的规定，犯本罪的，处3年以下有期徒刑或者拘役；造成特别严重后果的，处3年以上7年以下有期徒刑。

三、盗窃、抢夺武器装备、军用物资罪

（一）盗窃、抢夺武器装备、军用物资罪的概念和构成

盗窃、抢夺武器装备、军用物资罪，是指以非法占有为目的，秘密窃取或者公然夺取部队的武器装备、军用物资的行为。本罪具有以下构成要件：

1. 本罪的客体是国家对武器装备和军用物资的所有权以及军队战斗力的物质保障。

2. 本罪的客观方面表现为行为人秘密窃取或者公然夺取武器装备或军用物资的行为。所谓武器装备，已在前面“武器装备肇事罪”述及。所谓军用物资，是指除武器装备以外的供军事上使用的物资，如粮食、车船、油料、医药、器材和军事设施工程材料等。

3. 本罪的主体是军职人员，非军职人员不能单独构成本罪，但可以成为本罪的共犯。

4. 本罪的主观方面是故意，并具有非法占有的目的。如果盗窃、抢夺枪支、弹药、爆炸物，则按盗窃、抢夺枪支、弹药、爆炸物罪论处。

（二）盗窃、抢夺武器装备、军用物资罪的界限划分

1. 正确处理采取破坏性方法盗窃武器装备、军用物资的定罪问题

在具体案件中，采取破坏性方法盗窃武器装备、军用物资的，可能出现与《刑法》第369条关于破坏武器装备、军事设施、军事通讯罪的规定竞合的现象。因为这两种犯罪的法定刑不同，根据罪数理论，对法条竞合犯的处罚采取从一重处断原则。而盗窃、抢夺武器装备、军用物资罪的法定刑从最低刑与最

高刑看，与第369条规定的法定刑是基本相同的，但从规定的不同档次的法定刑看，本罪的法定刑重，根据处罚法条竞合犯的原则，应以盗窃武器装备、军用物资罪论处。

2. 正确处理军人盗窃、抢夺部队的枪支、弹药、爆炸物的法律适用问题

为了保障公共安全，《刑法》第127规定了盗窃、抢夺枪支、弹药、爆炸物罪，并对盗窃、抢夺军警人员的枪支、弹药、爆炸物作了加重处罚的规定，规定了比盗窃、抢夺武器装备、军用物资罪更重的法定刑。部队的武器装备、军用物资种类繁多，其中包括枪支、弹药、爆炸物。所以根据罪责刑相适应的原则，军人盗窃或者抢夺部队的枪支、弹药、爆炸物的，不能再定盗窃、抢夺武器装备、军用物资罪，而应依照《刑法》第127条第2款的规定，以盗窃、抢夺枪支、弹药、爆炸物罪论处。

3. 正确处理数罪并罚问题

盗窃、抢夺武器装备、军用物资罪虽然并列规定在同一条文中，但属于两个独立的犯罪。行为人如果分别构成了这两个罪，应实行数罪并罚。但这两个罪名中，在每一个罪内部不能依据选择性犯罪对象进行数罪并罚。如果行为人既盗窃或者抢夺了武器装备又盗窃或者抢夺了军用物资，应分别以盗窃武器装备、军用物资罪或者抢夺武器装备、军用物资罪论处。

（三）盗窃、抢夺武器装备、军用物资罪的刑事责任

根据《刑法》第438条的规定，犯本罪的，处5年以下有期徒刑或者拘役；情节严重的，处5年以上10年以下有期徒刑；情节特别严重的，处10年以上有期徒刑、无期徒刑或者死刑。这里的“情节严重”，一般指多次盗窃的；盗窃重要武器装备的；盗窃的数量较多或数额巨大的；盗窃武器装备或军用物资后出卖的，等等。所谓“情节特别严重”，是指为首组织大量盗窃的；内外勾结多次或大量盗窃的；盗窃大量武器装备或巨额军用物资后出卖的；盗窃特别重要的武器装备因而造成严重后果的；因盗窃严重影响部队战斗力而给战斗造成损失的；等等。

四、非法出卖、转让武器装备罪

非法出卖、转让武器装备罪，是指违反武器装备管理规定，非法出卖、转让军队武器装备的行为。本罪的客体是国家对武器装备的所有权以及军队战斗力的物质保障。本罪的客观方面表现为非法出卖、转让军队武器装备的行为。应当注意，非法出卖或者转让的武器装备应是行为人合法管理的。如果是将抢

劫、盗窃、诈骗、抢夺所得的武器装备出卖的，应当以所构成的具体犯罪从重论处，而不应定为非法出卖武器装备罪。本罪的主体是对于武器装备有合法管理权力的军职人员。本罪的主观方面是故意，行为人一般具有牟利的目的。

根据《刑法》第439条的规定，犯本罪的，处3年以上10年以下有期徒刑；出卖、转让大量武器装备或者有其他特别严重情节的，处10年以上有期徒刑、无期徒刑或者死刑。所谓其他特别严重情节，是指非法出卖、转让的武器装备被用于犯罪活动的；致使武器装备流散于社会危害公共安全的；非法出卖、转让武器装备给境外的机构、组织、人员的；以及在战争时期非法出卖、转让部队急需的武器装备的；等等。

五、遗弃武器装备罪

遗弃武器装备罪，是指违抗命令，遗弃武器装备的行为。本罪的客体是部队的武器装备的管理秩序。本罪的客观方面表现为违抗命令，遗弃武器装备的行为。这里的违抗命令，是指不遵守武器装备使用、保管、处置的有关规则和命令。所谓"遗弃"，就是指抛弃，是一种故意的行为。本罪中的遗弃行为，一般认为主要发生于军事行动期间，例如在战场上或戒严期间。平时在训练中抛弃武器装备行为，情节严重的，也应当以本罪论处。本罪的主体是武器装备的使用者、保管者、指挥者。对武器装备不具备使用权、保管权、指挥权的人，不能成为本罪的主体。本罪的主观方面是故意，过失不能构成本罪。犯罪动机如何，不影响本罪的构成。

根据《刑法》第440条的规定，犯本罪的，处5年以下有期徒刑或者拘役；遗弃重要或者大量武器装备的，或者有其他严重情节的，处5年以上有期徒刑。

六、遗失武器装备罪

遗失武器装备罪，是指遗失武器装备，不及时报告或者有其他严重情节的行为。本罪的客体是部队的武器装备的管理秩序。本罪的客观方面表现为遗失武器装备，不及时报告或者有其他严重情节的行为。这里的武器装备，是指部队直接用于实施和保障作战行动的武器、武器系统和军事技术器材的统称。所谓不报告，是指遗失后隐瞒事实，拒不报告，意图逃避责任的行为。所谓有其他严重情节，一般认为包括以下几种情形：遗失武器装备后编造假情况欺骗组织或者意图嫁祸于人的；因遗失武器装备严重影响部队完成任务的；遗失的武器装备被敌人或者犯罪分子利用的；造成其他严重后果的等。本罪的主体是军职人员，而且一般是武器装备的合法使用者、持有者及保管者。本罪的主观方面是过失。

根据《刑法》第441条的规定，犯本罪的，处3年以下有期徒刑或者拘役。

七、擅自出卖、转让军队房地产罪

擅自出卖、转让军队房地产罪，是指违反规定，擅自出卖、转让军队房地产，情节严重的行为。本罪的客体是军队房地产的管理秩序。本罪的客观方面表现为违反规定，擅自出卖、转让军队房地产的行为。本罪的主体是军职人员。本罪的主观方面是故意，即明知其出卖、转让军队房地产行为是违反规定的、非法的，但仍决意加以出卖、转让。擅自出卖、转让军队房地产的行为，必须是“情节严重”的才构成犯罪。所谓情节严重，是指出卖、转让了大量军队房地产，由于出卖、转让军队房地产而给我国军事利益造成重大损失等情况。因此，虽然出卖、转让军队房地产，但如情节并不严重，不成立犯罪，而应按军纪处分。

根据《刑法》第442条的规定，犯本罪的，对直接责任人员处3年以下有期徒刑或者拘役；情节特别严重的，处3年以上10年以下有期徒刑。

第六节　侵犯部属、伤病军人、平民、俘虏利益的犯罪

一、虐待部属罪

虐待部属罪，是指滥用职权，虐待部属，情节恶劣，致人重伤或者造成其他严重后果的行为。本罪的客体是部属的人身权利。本罪的客观方面表现为滥用职权，虐待部属，且情节恶劣的行为。所谓滥用职权，是指不公正地使用手中权力对部属恣意妄为。所谓虐待部属，是指对部属刁难、摧残、折磨，包括给部属施加精神上的不正当压力和使其感受肉体上的痛苦，如打骂、冻饿、伤害人格，等等。所谓部属，是指下级军职人员或士兵。所谓情节恶劣，在这里即是指因虐待而致人重伤、死亡或者造成其他严重后果。这里的“其他严重后果”，一般是指虐待、迫害行为导致部属集体军心涣散而影响部队完成或执行重大任务以及其他军事利益方面的严重损失。本罪的主体是处于领导岗位的

军职人员，包括班长以及各级军官。一般而言，虐待者和被虐待者之间应具有直接领导与被领导的上下级隶属关系。本罪的主观方面是故意。至于动机则多种多样，但动机如何，不影响本罪的成立。

根据《刑法》第443条的规定，犯本罪的，处5年以下有期徒刑或者拘役；致人死亡的，处5年以上有期徒刑。

二、遗弃伤病军人罪

遗弃伤病军人罪，是指在战场上故意遗弃伤病军人，情节恶劣的行为。本罪的客体主要是军队的作战利益，同时也包括战场上伤病军人的被救护权利。犯罪对象是战场上的伤病军人。本罪的客观方面表现为在战场上遗弃伤病军人的行为。所谓“在战场上遗弃伤病军人”，是指行为人在战场上对伤病军人有救护职责而故意不予救护的行为。本罪的主体是对伤病军人负有救护任务的直接责任人员，即对伤病员有救护责任的救护人员和指挥人员。本罪的主观方面只能是故意。如果对伤病军人负有救护责任的救护人员和指挥人员因为过失而将伤病军人留在战场上的，不构成本罪。构成本罪还必须以“情节恶劣”为条件。所谓“情节恶劣”，主要是指行为人由于贪生怕死，苟且保命，对有条件救护的伤病员故意不予抢救，或者对已抢救下来的伤病员无故遗弃的；因遗弃行为而造成伤病军人死亡、残废、被俘、被杀等严重后果的；遗弃伤病军人造成恶劣影响，严重瓦解军心斗志的；等等。

根据《刑法》第444条的规定，犯本罪的，对直接责任人员，处5年以下有期徒刑。

三、战时拒不救治伤病军人罪

战时拒不救治伤病军人罪，是指战时在救护治疗职位上的军职人员，有条件救治而拒不救治危重伤病军人的行为。本罪的客体是部队的作战秩序和军人的生命健康权。本罪的客观方面表现为战时在救护治疗职位上，有条件救治而拒不救治危重伤病军人的行为。所谓拒不救治，是指有条件救治而拒绝救治。如果行为人根据当时的医疗卫生条件以及个人的医疗技术水平认为没有条件实施救护或治疗行为，强行实施可能更严重损害危重伤病军人的身体或导致其他更为严重的后果，因而不愿意实施救护治疗行为的，不能以犯罪论处。本罪的主体是军职人员中具有救护、治疗职责的人员，如军医、护理人员等。本罪的主观方面只能是故意，即明知他人属于危重伤病军人，并且有条件救治而拒绝救治。行为人的犯罪动机是多种多样的，犯罪动机如何，不影响本罪的构成。

根据《刑法》第445条的规定，犯本罪的，处5年以下有期徒刑或者拘役；造成伤病军人重残、死亡或者有其他严重情节的，处5年以上10年以下有期徒刑。所谓其他严重情节，是指阻止他人救治的，故意给救治工作设置障碍的，等等。

四、战时残害居民、掠夺居民财物罪

战时残害居民、掠夺居民财物罪，是指战时在军事行动地区，残害无辜居民或者掠夺无辜居民财物的行为。本罪的客体是我军的作战利益和军事行动地区居民的人身、财产权利。本罪的客观方面表现为在军事行动地区对无辜居民实施残害、掠夺行为。所谓军事行动地区，既包括我军作战地区，也包括我军宣布的戒严地区。所谓“无辜居民”，是指对我国无任何敌对行动的军事行动地区的居民群众。所谓“残害”，是指对军事行动地区无辜居民实施伤害、强奸、烧杀等暴行。所谓掠夺，是指以暴力、胁迫手段抢劫军事行动地区无辜居民的财物。本罪的主体是在军事行动地区实施军事行动的军职人员。本罪的主观方面是故意。过失不能构成本罪。

根据《刑法》第446条的规定，犯本罪的，处5年以下有期徒刑；情节严重的，处5年以上10年以下有期徒刑；情节特别严重的，处10年以上有期徒刑、无期徒刑或者死刑。

五、虐待俘虏罪

虐待俘虏罪，是指对战争或战斗中被我方俘获的敌方人员不给予人道待遇，对其进行虐待，情节恶劣的行为。本罪的客体是部队的作战利益和被俘人员的人身权利。本罪的客观方面表现为对俘虏实施精神折磨、肉体摧残和生活上不人道待遇的虐待行为。虐待俘虏，必须是情节恶劣的，才构成犯罪。本罪的主体一般是管理战俘的人员。其他军职人员虐待俘虏达到犯罪程度的，也按本罪论处。本罪的主观方面是故意，犯罪动机如何，不影响本罪的成立。所谓“情节恶劣”，是指采用特别残酷的手段进行虐待的；虐待伤病俘虏造成严重后果的；多次或一贯虐待俘虏的；虐待俘虏造成恶劣国际影响的；等等。

根据《刑法》第448条的规定，犯本罪的，处3年以下有期徒刑。

后　记

受武汉大学出版社钱静编辑之邀，我们五位中青年学者继编著了《刑法总论》之后，又编著了这本《刑法各论》。五位作者都是武汉大学培养的博士或者博士后，都具有教授职称，虽然分别在五所不同的大学任教，但都对母校怀有深深的感恩之情，谨以此教材回报母校的培养。五位作者是：北京师范大学刑事法律科学研究院李希慧（教授、法学博士、博士后、博士生导师）；武汉大学法学院康均心（教授、法学博士、博士生导师）；湘潭大学法学院黄明儒（教授、法学博士、博士生导师）；东南大学法学院刘艳红（教授、法学博士、博士生导师）；中南财经政法大学公安学院董邦俊（教授、法学博士）。具体分工如下（以撰写章节顺序为序）：

李希慧：第一、二、十一章；

刘艳红：第三章；

董邦俊：第四、九、十章；

康均心：第五、六、八章；

黄明儒：第七章。

教材稿由各位作者撰写后，由主编李希慧教授，副主编康均心教授、黄明儒教授分工审稿，最后由主编统稿、定稿。

武汉大学出版社钱静编辑为本书的出版付出了辛勤的劳动，在此深表谢忱！

编著者

2008年10月